暴力

從常態到殘暴，
以微觀角度探索個人、家庭和社會中
超過30種暴力的形成和真相

Viole—
—nce

A
Micro-sociological
Theory

Randall Collins
蘭德爾・柯林斯——著　　劉冉——譯

目次

第二部 淨化後的舞臺暴力

第三部 暴力情境的動力與結構

謝詞

感謝下列人士的批評建議及資訊提供：Jack Katz、Elijah Anderson、Larry Sherman、Anthony King、Curtis Jackson-Jacobs、Georgi Derlugian、David Grazian、Marc Sageman、Tom Scheff、Eric Dunning、Johan Goudsblom、Johan Heilbron、Murray Milner、Robin Wagner-Pacifici、Katherine Newman、Dan Chambliss、Jerry M. Lewis、Geoffrey Alpert、Jens Ludwig、Meredith Rossner、Wes Skogan、Lode Walgrave、Ian O'Donnell、Nikki Jones、Peter Moskos、Alice Goffman、Deanna Wilkinson、Maren McConnell-Collins、Ken Donow、Jon Olesberg、Jon Turner、Rae Lesser Blumberg、Anthony Oberschall、Rose Cheney、Irma Elo、Patricia Maloney、Mollie Rubin、Clark McCauley、Judith McConnell、Heather Strang、Stefan Klusemann、Donald Levine、Robert Emerson、Jeff Goodwin、Richard Trembley、Anthony McConnell-Collins。謝謝各大專院校學術研討會的與會人士：阿姆斯特丹大學、劍橋大學、哥本哈根大學、愛爾蘭高威大學（NUI Galway）、都柏林大學、聖母大學、普林斯頓大學、肯特州立大學、加州大學洛杉磯分校、西班牙奧尼亞蒂法律社會學國際研究所（International Institution for the Sociology of Law at Onati）；感激各地執法人員：聖地牙哥和費

城警察局、加州公路巡警、紐澤西州警察局、愛爾蘭和平衛隊；也要向我在加州大學河濱分校和賓州大學社會衝突課程的學生致上謝意。我特別要感謝Danielle Kane給予無價的研究奧援。謝謝艾士族裔政治衝突研究所（Solomon Asch Center for Study of Ethnopolitical Conflict）提供鼓勵討論多面向衝突的環境，賓州大學的傑瑞・李犯罪學研究中心（Jerry Lee Center for Criminology）和犯罪學系也是。

第一章

暴力衝突的微觀社會學

暴力分成很多種類型。有的短促且突然，如一記耳光；有的大型且計畫周詳，如一場戰爭。有的激動憤怒，如一場爭吵；有的冷酷無情，如毒氣室的官僚單位。有些令人愉悅，如醉酒狂歡；有些令人恐懼，如沙場上的戰鬥。有些鬼鬼祟祟，如強姦殺人；有些光明正大，如公開處決。暴力是體育競賽形式的娛樂節目，是戲劇的張力，是動作片的情節，是聳人聽聞的新聞報導。它既恐怖又充滿英雄氣概，既令人厭惡又令人興奮，是最可恥也是最光榮的人類行為。

形形色色的暴力可以用一個相對簡潔的理論來解釋。幾種主要過程加上不同的激烈程度，便滿足了各式各樣的暴力在特定時間和情境下發生的條件。

本書的分析將會從兩個層面展開。首先，會以互動為核心來分析，而非個體、社會背景、文化及動機；也就是說，我所關注的是暴力情境的特點。這意味著我所分析的素材會盡可能的接近暴力互動情境。其次，本書將會比較不同類型的暴力。我們需要打破既有的分類方式，例如將謀殺視為一種特殊的研究領域，再來分別是戰爭、虐待兒童、警察暴力等等，轉而關注這些事件發生的情境。並非所有情境都一模一樣；我們希望能夠比較不同情境的差異程度，其對出現的暴力類型及結果皆有影響。此舉將使諸多類型的暴力成為一種方法論上的優勢，幫助我們理解暴力展開的時機與方式。

暴力情境

「沒有暴力的個體，只有暴力的情境。」這就是微觀社會學的理論。我們探求情境的框架，它形塑了身處其中的個體的情緒和行為。這誤導我們不斷在各種情境中，尋找暴力個體的類型。對此，大量的研究都未能得出非常有力的結論。沒錯，年輕男性最有可能成為各種暴力行為的加害者，但並非所有年輕男性都是暴力的。在特定的情境下，中年男性、兒童和女性也可能是暴力的。像是貧困、種族、出身離異或單親家庭等背景變數，同樣無法解釋暴力問題。儘管這些變數與某些類型的暴力具有統計學上的相關性，但用它們來預測暴力卻至少有三個方面的缺陷：

第一，絕大部分年輕男性、窮人、黑人或單親家庭的兒童都不會殺人、強姦、家暴和持槍搶劫。不過，卻有大批富人、白人或出身傳統家庭的人犯下以上罪行。同樣的，人們通常認為施暴者有童年受虐陰影，但事實上這種解釋僅適用一小部分案例[1]。

第二，這種分析看似說明了暴力的病因，但其實只是因為它將因變數限制在非法或高度汙名化的暴力類型中。所以一旦擴及全部暴力類型，它就不能給出很好的解釋。貧困、家庭關係緊張、童年受虐陰影等，既無法用於解釋警察暴力，也無法預測哪種士兵會在戰場上殺敵最多，更無法解釋哪種人會負責毒氣室的運作或執行種族淨化。沒有證據顯示，童年受虐會導致長大後成為暴力警察、宴會醉漢或戰場英雄。有些讀者無疑會對此一說法嗤之以鼻，對他們來說，暴力當然屬於一個被隔絕的獨立範疇，「壞」的社會條件會導致「壞」的暴力；反之，只要是國家官方機構所執行的作為，那麼這種「好」的暴力根本就不是暴力，既然是正常社會秩序的一部分，就也不在討論範圍之內。這麼說來，還有一種暴力居於兩者之間，它無傷大雅或可說是「淘氣的」暴力（例如無法控制自己的醉鬼）或「好」人施加的暴力，只能由另一套道德分類來解釋。這種區分是傳統社會分類思維阻礙社會學分析的很好範例。如果我們聚焦在互動情境之上，例如憤怒的男友面對哭鬧不休的嬰兒、持槍搶匪對受害者扣扳機、警察暴打嫌疑人等情境，就能看到衝突、緊張及情緒變化的不同類型，這些才是暴力情境的核心。這是我們說貧困、種族、童年經歷等背景條件，離解釋暴力情境的核心動機還很遠的另一個原因。

第三，即使是真正暴力的人，也只有少數時間是暴力的。當我們說一個人暴力或「很暴力」的時候，究竟是什麼意思？我們想到的是一個已被定罪的殺人犯，或許還是連續殺人犯；是一個經常打架、拿刀捅人或用拳頭揍人的傢伙。但是如果我們細想日常生活中的每分每秒，就會發現大部分時間裡，暴力其實很少出現。這從民族誌*觀察就明顯可以看出，即使是統計上來說非常暴力的街區也是如此。「加害（他殺）標準化死亡率」（homicide rate）每十萬人口十人（此為一九九〇年美國的最高比凶率）已經相當高了，但這意味著十萬人中有九萬九千九百九十九人在

＊譯注：一種寫作文本，指社會人類學者以參與觀察的方式，探究特定文化中人們的生活方式、價值觀念和行為模式，並在此過程中蒐集資料、記錄並評價該特定文化及社會。一般稱為人種誌研究或民族誌研究法。

一年中不會遭到謀殺，還有九萬七千人（同樣以最高比率計算）連最輕微的攻擊也不會遇到。這些暴力行為發生的時間分散在一年之中，因此在這一年裡，一起謀殺或攻擊事件在某一特定日期的特定時刻發生在某個特定的人身上的機率是非常小的。這點對在一年裡確實犯下一起或多起凶殺、攻擊、搶劫或強姦案的人（或者是暴打嫌疑人的警察）來說同樣成立。即便是就統計學而言犯下許多罪行的人，也很少會在一週內連續多次犯案；由個人犯下，發生在學校、工作地點或公共場所最惡名昭彰的殺人案件，即使死亡人數在二十五人以上，往往只是個案（Hickey 2002; Newman et al. 2004）。最頑固的暴力分子是連續殺人犯，他們平均一年會殺害六至十三人，但這種案例十分罕見（平均每五百萬人才會有一個受害者），而且即使是這種連續殺人犯，在兩次作案之間也會間隔數月，等到最適合的時機才發動攻擊（Hickey 2002: 12-13, 241-42）。另一種罕見的暴力行為是持續數日的連續犯罪，即一系列由情緒和情境緊密聯繫而成的事件，組成了一條「暴力隧道」（tunnel of violence）。暫時撇開這些延伸而來的連續暴力事件不談，我想強調的結論是：即使我們認為有些人非常暴力，他們不只在一種情境下出現暴力行為，或在某些場合裡特別暴力，但其實他們也僅在特定的情況下，才出現暴力行為[2]。就連最凶惡的暴徒也會休息一下。大部分時候，最危險、最暴力的人並沒有任何暴力舉措。即使是針對這些人，情境互動也仍舊是解釋他們的暴力行為的關鍵。

微證據：情境的記錄、重建與觀察

針對個體的調查會讓我們的理論偏向關注個體特質，並用標準社會學變數的角度來包裝。要想轉向暴力情境而非個體暴力的社會學理論，我們必須著重在以不同的方式來蒐集與分析資料。我們得直接觀察暴力互動，從而捕捉真實的施暴過程。我們的理論之所以受限，是因為建立在以事實組合而成的統計資料上，取材自刑事司法體系，或是對已定罪的囚犯或其他參與者的訪談。受害者調查是一個正確的方向，卻仍然受到限制，不僅因為受害者講實話的程度有待商榷，人們往往不善於觀察戲劇性事件的細節與來龍去脈也是個問題。平常的話語無法對微互動提供很好的描述；反之，只能提供一套預先決定人們言論的陳腔濫調和迷思。這對軍事暴力、暴動、運動暴力乃至普通的爭執都同樣適用；當參與者談論暴力情境時，他們往往傾向於對所發生之事給出非常斷章取義以及就他們自己角度而言理想化的版本。

近年來，隨著暴力行為被保全系統、警察錄影、媒體及業餘攝影師記錄下來，對暴力的研究也進入了一個新的時代。一般觀察者看到這些錄影時，通常十分震驚。一九九一年，羅德尼·金（Rodney King）*在洛杉磯被逮捕時的場景被一名普通人用攝錄放影機錄下來，影片公開後最終引發一場暴動。人們總是傾向用當前的意識形態類別來解釋事件；因此眼前最適合這起事件的概念就是種族攻擊。然而在羅德尼·金事件的影片中，令人如此震驚的並不是種族方面，而是這場毆打本身看起來與我們想像中的暴力完全不同。視覺證據讓我們看到暴力出人意料的一面。許多事件裡都存在同樣的情況，在許多不同的種族中，交錯著各種族群（我們會在第二章和第三章繼續探討這一點）。種族主義可能有助於建立某種暴力情境，但僅僅是諸多誘發條件之一，而且既非充分條件也非必要條件；暴力情境本身存在一種比種族主義更普遍的動能。

暴力在真實生活情境中的表現為恐懼、憤怒、激動等人類情緒的糾結，其方式往往與正常時候的傳統道德背道而馳。正是暴力這種令人震驚和出乎意料的特質，就像冰冷的相機鏡頭所捕捉到的那樣，為暴力的微情境理論核心的情緒動能提供一條線索。

我們生活的時代，能夠比以往看到更多真實生活情境中所發生的事。這個新視野要歸功於科技與社會學方法的合作。一九六〇年代和一九七〇年代，隨著思想運動與新型可攜的卡式磁帶錄音機的相互合作後，民族誌方法學開始崛起；我們至少可以記錄下真實生活中有關社會互動的音訊部分，並且反覆重播、慢速播放，用真實生活中轉瞬即逝的觀察所力不能及的嶄新方法來進行分析；由此，會話分析的領域也發展起來（Sacks, Schegloff, and Jefferson 1974; Schegloff 1992）。隨著錄影設備變得越來越普及和方便攜帶，觀察微行為的其他面向也有了可能，包括身體的韻律、姿態、表情和情緒等。因此，毫不意外的，情感社會學從一九八〇年代起便進入黃金時代（Katz 1999，還有許多其他人等）。

所謂的「一圖勝千言」這句話未必準確，大部分人都看不到一幅圖像中的真實內涵，也看不穿最容易看出來的陳腔濫調。只有經過訓練，掌握分析的語彙，才能真正討論一幅圖像的內容，才能知道該尋找什麼。當我們需要訓練自己對微觀細節的觀察力時，更是如此：透過臉部特定肌肉的動作來判斷究竟是真笑還是假笑；透過動作判斷恐懼、緊張和其他情緒；透過身體韻律的流暢與停頓來判斷不協調與衝突；此外，還要觀察人們如何把握主動和在他人身上強加節奏。現在透過錄音與錄影的方式，我們得以開啟看到人類互動嶄新面貌的潛力；但我們的觀察力串連著我們關於什麼過程會在那裡被看到的理論的發展。

在暴力的微觀社會學中也是如此。影像革命讓我們能夠得到許多前所未有的暴力情境資訊。但實際生活中錄影條件與好萊塢電影攝影棚不同，光線和設備並不理想，攝影角度和距離也許並不符合微觀社會學的期待。我們需要抽離傳統上具有戲劇性的、令人滿意的影片（包含電視廣告），它們頂多幾秒鏡頭就會變換一次角度，剪輯者也努力讓趣味及吸引力在鏡頭中並存。微觀社會學家經常在幾秒內，就能分辨出原始的觀察錄影與經過藝術加工或剪輯的影片。基於種種原因，原始的衝突並不非常吸引人；作為微觀社會學家，我們並不是來享受娛樂的。

除了即時攝影之外，還有其他方法可以揭開暴力實際發生時的面貌。過去一個半世紀以來，攝影技術越發進步，照相機變得更加方便攜帶，過去受限於只能在相對有遮蔽性的場景下才能拍攝的靜態鏡頭，如今隨著打光設備和鏡頭的進步也變得易於捕捉。專業攝影師變得越來越勇敢，特別是在暴動、示威及戰爭的地區，過去十年裡，死於非命的攝影師人數以前所未有的幅度急劇上升[3]。對於微觀社會學家而言，這同樣是一個機會，雖然前面的注意事項再次適用。比起影

* 譯注：非裔美國人，一九九一年三月三日因超速駕駛被洛杉磯警方追逐，遭攔截後拒捕襲警，被警方用警棍暴力制伏。一名愛好攝影的經理人霍利迪（George Holliday）在附近公寓內用攝錄放影機拍下制伏過程，影片隨後在各大電視台播放，引發警方暴力是否在合理範圍內以及是否屬於種族歧視的爭論。一九九二年，加州地方法院的十二人陪審團判決逮捕羅德尼·金的四名白人員警無罪，引發了一九九二年洛杉磯暴動。

片，靜態的照片仍然比較能捕捉到暴力互動中的情感面向。當我們分析一場衝突的影片（或甚至是任何一種互動的影片）時，我們也許會將其分割為幾秒鐘的片段來慢速播放（舊式膠捲可以一格一格播放），尋找身體姿勢、面部表情及微動作順序等細節。我在本書中常會描述到暴動，在這些情境裡，靜態照片能戲劇性的顯現出分野，區隔活躍在最前方的少數暴力人士與後方支持的示威群眾。然而，危險之處在於假定人們沒有社會學的敏感度也能看得懂靜態照片。高度藝術化或意識形態化的攝影師遠不如日常新聞攝影師有用，有些示威或衝突的照片帶有主導整個構圖的藝術性或政治性訊息，我們需要從截然不同的有利角度來了解衝突在微觀社會學中的各種面向。

以學術層面來說，尋求的資訊會隨著技術進步而提升，有時甚至會更為超前。軍事歷史學家基根（John Keegan 1976）開始從頭重新建構戰役，調查軍隊衝刺上陣或倒下每個階段真實發生的事件：因為馬匹、士兵和車輛全都混亂的堵在一起；因為武器被熟練的使用著、恰好被用上，或根本沒用到。對戰場士兵的了解，讓我們能理解一般的暴力情境。士兵與戰友之間、士兵與同樣作為人類的敵人之間的情感羈絆，為暴力情境究竟如何展開提供最初的線索[4]。

就我們看待事物的一般分類方式而言，軍事史與重建警察暴力事件之間似乎差別很大，但其方法論和理論卻很接近。透過像是錄影等技術和事件重建（例如彈道分析，有多少發子彈打中目標、非目標，或是完全打偏了）等方法，我們能夠理解警察暴力的產生情境。傳統的民族誌也有幫助：一九六〇年代就有社會學家隨警出勤，在技術進步之前，就提供了一些重要的理論依據。技術本身很少能提供真正的見解；技術加上分析的觀點才是最關鍵的。

總而言之，至少有三種方法能夠獲得暴力互動的情境細節：錄影、重建和觀察。將這三者結合運用的成效是最好的。

因為以下這些原因，用錄影技術來記錄真實生活中的衝突非常有用：它能提供我們看不出來、來不及看到或不知在哪裡的細節；能為我們提供分析性更強的角度，從日常感性視角和關於暴力的老生常談中跳出來；能讓我們反覆觀察同一情境，超越最初的震驚（或是厭倦、色慾），從理論著手展開分析，從而發現或檢驗理論。

重建是重要的，因為暴力情境相對少見，而且許多我們最想理解的事件，事發當時並沒有可用的錄影設備。但我們並不像曾經以為的那樣毫無頭緒：我們在情境分析方面有所發展，新技術也（從另一個角度）不斷進步，幫助我們分析現場遺留的物理線索，使得許多暴力場景有重建的可能。包括歷史事件在內，大範圍的重建對我們非常有用，因為它們將會帶給我們理論方面的影響，來找出不同暴力情境中，共通性及程度的變化。

最後，是人類的觀察。這既可以是傳統民族誌方法，特別是社會學家（或人類學家、心理學家、老練的記者）深入現場，以敏銳的感官來尋找透露真相細節的參與式觀察（participant observation），也可以是同樣傳統的自我觀察（self-observation），即記述自己作為參與者的經歷。在暴力的領域，我們從曾經身為士兵和罪犯的人身上學到很多，或是他們甚至仍保有這些身分，具有足夠的反思能力來談論自己親眼目睹或親身參與的鬥爭。暴力受害者的記述同樣極有價值，儘管社會學家對此的利用不多，除了少數統計某種受害者出現的頻率之外。此外，隨著我們在理論上對暴力衝突的重要微觀細節有更好的理解，也就能更好的反思自身經歷，以及能更好的要求觀察者回憶我們想知道的他們遭遇暴力時的特定細節。透過提供一種語彙，我們就能讓這些資訊提供者成為出色的記述者，提供他們原本可能忽略的細節。

這三種情境證據彼此契合，在方法和實質內容上互相補充，共同揭示普遍存在的情境互動。這就是本書的內容。

不同暴力類型的跨情境比較

發展關於暴力的互動理論，需要另一種轉變：跨越研究專業，而非被其所限。這個方法的核心就是在統一的理論框架內比較不同的暴力。這是不是將風馬牛不相及的東西擺在一起，抑或只是做個分類而已呢？我們無法預先給出答案。一旦深入觀察，我們就會發現暴力是一系列過程，所有暴力都由一個常見的暴力衝突情境特點而來。

我在此大致說明這一點：暴力是圍繞在衝突性緊張和恐懼周圍的一系列路徑。儘管氣勢洶洶，有時甚至帶著無法抑制的憤怒，人們在面對暴力的直接威脅時，依然是緊張且通常是恐懼的，就連他們自己是施暴者時也是如此。這種情緒動能會決定當衝突爆發時，他們會怎麼做。暴力究竟是否會發生，取決於一系列條件或轉捩點，它們使緊張和恐懼朝特定方向發展，將情緒重組為一個涉及在場所有人的互動過程，包括敵對雙方、觀眾，甚至是表面上毫不相干的路人。

我們是如何知道的呢？透過積累各種暴力情境的資訊，這個論點已經開始發展。第一個突破來自對軍事戰鬥的研究。從十九世紀法國軍官杜皮克（Ardant du Picq）對前線軍官進行問卷調查開始，在分析前線軍隊戰鬥行為時，研究者就注意到了恐懼、胡亂的射擊、誤傷隊友、僵立無法動彈等特點。歷史學家馬歇爾（S.L.A. Marshall）從對二戰士兵進行的戰後訪問中，得以更加貼近戰爭行動。一九七〇年代，透過基根等人所進行的歷史重建工作，戰鬥行為的場面被進一步系統化。到了一九九〇年代，軍事心理學家葛司曼（Dave Grossman）發展出一套以恐懼管理為核心的戰鬥理論。在一九六〇年代所拍攝的有關部落戰爭的民族誌影片中，恐懼與攻擊行為的交替出現更為顯著的模式。透過比較不同類型的軍事暴力，我們得到一種理論見解：軍隊之所以戰鬥力不同，是因為內部控制恐懼的組織方式不同。基於這一點，我們可以說所有類型的暴力都符合少數幾種模式，好在面對敵對暴力時，避免緊張和恐懼的關卡出現。

軍事模型也適用於警察在逮捕和處置囚犯時的暴力。警察與軍事衝突透過同樣的路徑導致暴行，在第三章中，我將這一系列情緒事件稱為「恐慌進攻」（forward panic）。群體暴力或暴動在某些核心機制上與軍事暴力類似，大部分的衝突只是虛張聲勢，很少產生實質傷害；真正決定命運的是某一方的團結突然被打破，產生數個小團體，這樣在人數上占優勢的另一方，就能孤立並暴打落單的一、兩個人。當我們真的檢視這些暴力細節時，就會發現它們都很醜陋；事實上，這種理想化的自我形象與凶殘的現實之間的區別，正是這些暴力所共有的情境特點之一。

這些不同形式的暴力，正是圍繞在衝突性緊張和恐懼周圍的主要路徑之一的子類型：尋找一個較弱的受害者來攻擊。旁觀者比較難直接研究家庭暴力，這方面也幾乎沒有錄音存在；我們不得不依賴訪問來進行重建，而這些訪問幾乎從來都是一面之詞。不過透過研究大量證據，我得出如下結論：家庭暴力的主要形式與軍事和警察暴力的情境類似，都屬於「攻擊弱者」的範疇。最不堪的情況發生在衝突性緊張高漲時，隨著突如其來的崩潰，原本看似具有威脅性的一方忽然變得無助，另一方便會將恐懼與緊張轉變為殘忍的攻擊。攻擊弱者也有更加制度化的形式，重複模式為其中一方或雙方在情境劇中變得習慣扮演強者或弱者角色。這包括霸凌，也包括專業罪犯的暴行：強盜和劫匪都能嫻熟的在最合適的情境中找到最合適的受害者，他們的成功是靠著利用衝突本身所帶來的緊張。因此，透過比較不同形式的暴力，我們能夠發現相似的情緒互動機制。

在另外很大一系列的情境中，圍繞著緊張與恐懼的是一種十分不同的路徑。在這裡，情緒注意力的焦點不是尋找軟弱的受害者，而是聚焦於觀看鬥爭的觀眾。這種鬥爭與攻擊弱者的路徑不同，因為鬥爭雙方對觀眾的注意力勝過對彼此；在第六章所呈現的證據中，我們能夠看到，觀眾的態度對暴力是否會發生及發生的程度有決定性的影響。這種鬥爭是典型的程序化並且受限，雖然發生在那些限制之內的暴力可能也足以見血或真的致命。有一個主要的變異是將暴力公開組織為公平鬥爭，局限在某些方面實力相當的對手之間。在此，透過比較各種情境，推動和控制這種鬥爭的社會結構顯著的變得明顯。這包括發生在街上或娛樂場所的私人鬥毆、醉鬼間玩笑式的打鬧、兒童間尋常的扭打或模仿暴力、決鬥、武術等其他格鬥學校，以及運動員間和球迷之間的運動暴力。這一系列情境也許會被視為娛樂型或榮譽型暴力，有別於我們之前提到的真正惡劣的、尋找軟弱受害者的暴力。然而，當我們仔細觀察娛樂型或榮譽型暴力的微觀現實，就會發現它們同樣是由衝突性緊張和恐懼所塑造，絕大部分參與者都不擅長暴力，他們的行為取決於他們如何調適觀眾所給予的超越對手的情感優勢。

鬥毆的迷思

圍繞在衝突性緊張和恐懼周圍的諸多路徑中，最常見的反倒是一條無法通往更遠處的短路徑，它只能局限在衝突帶來的緊張情緒之內，如果不是爆發，就是找到顧全面子或有時有點丟臉的方法撤退。當暴力真的爆發，通常也是無力的，因為緊張與恐懼始終存在著。

暴力之所以如此醜陋，是因為我們曾見過太多暴力的迷思。我們總是在影視節目中看到暴力情節，以至於相信這就是暴力的真實面目。當代電影追求用血腥場景和殘酷攻擊來攫取觀眾注意力的風格，可能會讓許多人誤認為娛樂型暴力是很真實的。然而，事實卻非如此。傳統表現暴力的方法，幾乎總是忽略暴力最重要的互動過程，就是暴力是由衝突性緊張和恐懼開始，在大部分情況下都是虛張聲勢，不過一旦克服這種緊張，往往就會導致比娛樂節目更醜陋的暴力。娛樂媒體並不是鬥毆現實普遍扭曲的唯一原因，自吹自擂、口頭威脅和事後講述我們親眼目睹的暴力，都會讓暴力成為當今社會的一大迷思。

其中一個特別愚蠢的迷思是鬥毆具有傳染性。這是傳統喜劇電影和音樂劇常用的橋段。在擁擠的酒吧或餐廳裡，有個人出手揍了一個人，而服務生被托盤絆倒，惹惱了一名客人，結果在下一個畫面裡，所有人都已經打成一團。這種所有人彼此打在一起的場面，我敢肯定從未在真實生活中發生。一旦擁擠的地方發生打鬥事件，旁觀者通常會立刻退到安全距離之外觀看。中產階級的斯文人會更加不安或恐懼，在不露出明顯驚慌的情況下，盡可能退得越遠越好。例如，我曾在市中心的劇場外，目睹幾名流浪漢在人行道上打了起來，那時正是中場休息時間，有些觀眾聚集在門外。不過，那些流浪漢真正打鬥的時間其實很短暫，其他時候都在揮舞拳頭和咒罵，而衣著體面的中產階級則是沉默不安的保持著警戒的距離。打鬥若是發生在工人階級或年輕人之間，人們通常會給鬥毆者讓出一個獨立空間，有時也會在安全距離之外喝采加油。但是如果鬥毆者非常憤怒，旁觀者就會傾向於盡可能後退，也不太願意開口摻和[5]。如果是在不那麼擁擠的公共空間，旁觀者會保持距離這一點更加明顯。

我們並不會看到好鬥性蔓延開來，導致所有人都開始揍其他人。人們的攻擊性並非那麼容易激發，並不是只要一點微弱的催化劑就能釋放出來。從最常見的證據來看，霍布斯式*的人類形象在現實中是錯誤的。鬥毆及外顯的衝突行為最可能引發的是恐懼，不然至少是警戒。

這種不具傳染性也有例外，那就是當群體已經被劃分出敵對身分時。如果鬥毆在屬於敵對群體的個體之間爆發，其他群體成員就可能會加入其中，使得鬥毆擴散。典型的場景就是發生在互相敵視的足球隊球迷（所謂的足球流氓，尤其是英國足球流氓）之間的暴力事件，這同時也會誘發種族暴力，以及被美國社會學家提利（Charles Tilly 2003）稱為群體身分認同的「邊界啟動」（boundary activation）等其他現象。這種並非所有人對所有人的戰爭被稱為「混戰」（free-for-all）其實並不適當，雖然在外人眼裡看來其太過混亂且毫無章法，不過這種鬥毆其實具有很高的

* 譯注：指英國政治哲學家霍布斯（Thomas Hobbes）的思想。在霍布斯所描述的「自然狀態」（state of nature）下，每個人都需要世界上的每樣東西，也就對每樣東西都有權力，但由於世界上的東西都是不足的，所以這種爭奪權力的所有人對所有人的鬥爭便永遠不會結束。

【圖 1.1】旁觀者遠離鬥毆。（New York City, 1950）Elliott Erwitt/Magnum Photos

組織性。正是這種組織性使個體戰勝讓大多數人遠離鬥毆的一切恐懼。如果不是具有良好的社交組織性，大規模鬥毆根本不會發生。

即使在這些案例中，我們也應該要小心，不應假設所有由敵對群體中的個體所參與的衝突，都會發展為集體鬥毆。足球流氓在進入客場城市之後，如果遇到當地的支持者，可能會叫囂、威脅，甚至發生小規模衝突，他們可能會衝上前去，隨即又退回到安全的己方陣營。但在大部分情況下，他們並不會全體捲入暴力行為。導火線不一定都會被點燃，特別是當己方處於弱勢時，甚或是勢均力敵時，雙方成員總是樂於尋找藉口，他們總認為自己所期望的衝突應該在未來發生。這種小型衝突扮演群體不間斷的傳說故事的重要部分，這是他們喜歡談論的話題，重新詮釋過去幾小時或幾天裡發生的事情，是他們在酒桌上慣常的核心話題。和局常被吹噓成一場戰役，或被拿來當成因為己方的強大而讓怯懦的敵方退卻的表徵（King 2001; Eric Dunning，二〇〇一年三月的私人通信）。曾參與鬥毆的群體會建構關於自身的迷思，誇大鬥毆的規模和己方表現，並掩飾自己在大部分鬥毆中都有退縮的傾向。

另一種顯而易見不具傳染性的例外是朋友間的混戰，例如「枕頭大戰」或「食物大戰」。「枕頭大戰」往往發生在像是孩童在朋友家過夜這類歡樂場合，具備「所有人對戰所有人」的典型特色，不僅能促進提升歡樂氣氛，也暗示著當下的情況是非常獨特的，建構出一個特別好玩的氛圍。「枕頭大戰」的多面性更像是參與者的擴散，能將每個人都捲入群體娛樂中。從這個角度來看，朋友間的「枕頭大戰」就像是新年或其他節日的慶典，人們會隨意向他人噴射彩色紙帶及製造噪音。同樣的場景也會發生在游泳池中，人們會開玩笑的向其他人潑水，根據我的觀察，這通常發生在一群熟人剛剛進入泳池的時候，也就是剛剛進入「歡樂空間」（festive space）之時。無論如何，一旦場面變得粗野，就會陷入兩方對戰。例如，在監獄中作為娛樂活動的「枕頭大戰」，往往會升級成在枕頭中夾著書本或其他硬物對擲，最後變成一群人圍毆最弱小、最可能崩潰的受害者（O'Donnell and Edgar 1998a: 271）。在員工或學生餐廳等處發生的「食物大戰」，人們往往會漫無目標的隨意投擲食物，通常對著坐在遠處的其他人或桌子丟過去。在這種場景中，「食物大戰」既有自娛自樂的特點，同時也是一種對整個機構權威的反抗。「食物大戰」也經常發生在美國中學受歡迎的午餐群體之間，不過這時並非所有人皆可參加，而是更像某種男女間的調情方式，或是朋友間的好玩遊戲，他們將分享食物作為親密關係的象徵（Milner 2004: chap. 3）。結論就是，當我們看到「所有人對所有人」的打鬥模式時，可以肯定那只是玩樂性質的打鬧，並不是認真的。此處的情緒並不是衝突性緊張和恐懼，每個人也都能感覺到這種情緒存在的時機點。

第二個迷思是鬥毆會持續很長時間。在好萊塢電影（更不用提香港功夫片和世界各地類似的動作冒險片了）中，肉搏戰與槍戰都能持續上數分鐘。打鬥者極有韌性，被打中多次後仍能反擊對方，有時他們會撞上桌子、撞翻滿是瓶罐的架子、從牆壁上彈下來，或是跌落陽臺、階梯和山坡，還有在車裡、車外及其他飛速行駛的交通工具上打個不停。槍戰則包含許多不屈不撓的追蹤，從一個掩蔽處跑到另一個掩蔽處，有時主角還會大膽的迂迴包抄敵人，但絕不會後退。而在另一邊，邪惡的一方則不停的來回，要不是鬼鬼祟祟、小心翼翼，就是窮凶極惡。一九八一年的電影《法櫃奇兵》（*Raiders of the Lost Ark*）中，英雄主角與健壯如牛的反派搏鬥四分鐘，接著迅速跳上馬背追趕一輛飛馳的卡車，爬上車後立刻進入下一個打鬥場景，並持續了八分鐘半。在這一段的連續鏡頭中，被英雄打死或打倒的敵人共有十五名，另外還有七個無辜的旁觀者。當然，戲劇中的時間並不等於真實時間，但是大多數的電影和舞臺劇會將真實生活進行壓縮，掩蓋日常生活無聊、平淡的時刻，將打鬥場景擴展許多倍。娛樂性的打鬥場面更進一步加深這個錯覺。拳擊比賽通常是以三分鐘為一回合，整場比賽最久可持續三十至四十五分鐘（在十九世紀有時還更久），不過這些比賽是受到社會及身體上的支持和限制精心控制的，以保證大部分的比賽或多或少都能繼續進行數分鐘之久。即使在這種場合，裁判也需要強迫選手停止拖延或箝住對方不放手的行為。要想讓一場打鬥繼續進行下去，就需要有持續不斷的社會壓力。這種打鬥完全是人為構築而成，它之所以被稱為「娛樂場面」，正是因為它與正常現實相去甚遠。

在現實生活中，大部分在個人或小團體之間的嚴重鬥毆往往非常短暫。如果拋去羞辱、叫嚷、揮舞拳頭等前奏與後續，僅僅觀察暴力本身，就會發現它通常非常短暫。一八八一年發生在亞利桑那州墓碑鎮（Tombstone）O.K.牧場上的槍戰，事實上只持續不到三十秒（參見《墓碑鎮墓誌銘報》〔*Tombstone Epitaph*〕，一八八一年十月重印版），但在一九五七年的電影裡，卻持續了七分鐘。持槍的犯罪行為幾乎從來不是持槍雙方相互射擊的形式。絕大部分使用致命武器的殺人或攻擊行為都是一名或多名持有武器者，對另一名手無寸鐵者的短暫攻擊。從二十世紀下半葉起，出現在市中心種族貧民區等經常發生暴力的區域的黑幫火拚、毒梟鬥毆和榮譽衝突等案件，往往會使用槍枝。但它們通常並不是槍戰，而是只有其中一方非常短暫的開火。

肉搏通常也很短暫。許多酒吧和街頭鬥毆事件都是一拳了事。這裡面的學問在於，先動手的一般都能贏。為什麼會這樣？想想其他情況吧！相對而言，勢均力敵的鬥毆也許能持續一段時間，但在這種情況下，雙方通常都不滿足，因為誰也無法給對方造成嚴重傷害，也無法用戲劇性的一擊取得優勢。這時，打鬥者往往會大聲宣告自己願意好好打上一架，然後用虛張聲勢和叫囂辱罵來替代真正的打鬥。另一種常見的情況，則是其中一名打鬥者傷害了自己，例如在揮拳時傷到了拳頭[6]。此類傷害常被視為是結束打鬥的公平理由。因此，關鍵因素之一是認定打鬥結束的時間點。與長時間的、勢必要擊倒對方的好萊塢或拳擊場式打鬥不同，普通的鬥毆者往往喜歡短暫而具有戲劇性的情節，並將實際打鬥時間盡可能縮短。雙方都會樂於在這一過程中造成或承受傷害，然後將其作為結束打鬥的理由，或至少也是暫時休戰的藉口。

這種打鬥也可能會是一系列暴力衝突的一部分。例如，一場短暫的酒吧鬥毆可能導致其中一名參與者離開酒吧、弄到一把槍，然後回來對剛剛的勝利者開槍。但這一般只是一場微型衝突的兩個短暫章節罷了。個人的憤怒和對一場衝突的參與感，並不會擴張其薄弱的能力，來行使真正的暴力。

使用刀具或其他鋒利武器的鬥毆往往也很短暫。大部分時候，雙方只是互相揮舞亮閃閃的刀子，但衝突本身卻陷入僵局，不過當刀鋒快速落下造成嚴重傷害時，打鬥就被視為已經結束。由此可見，早期另一種娛樂故事特色，就是在電影或戲劇中會刻意安排長時間的刀劍打鬥，這其實可能大部分都是迷思而已。在近代歐洲，如果真有人成功殺死對手，或是造成對方嚴重傷害（這種案子也會引起官方注意），通常是透過伏擊或者多人攻擊一人所致（Spierenburg 1994）。這跟酒吧鬥毆中的一拳制勝或是冷不防一擊是一樣的。

這裡有兩類重要的例外。例外對於綜合性的概述來說是有價值的，因為它們能讓我們的解釋更完備。某些時候個人或小團體的鬥毆時間會比較長，通常是因為：第一，打鬥受到嚴格限制，因此並不會真的「認真」，或者雙方都清楚知道會有保護措施來限制打鬥；第二，其中一方在對方已經倒下後，仍不斷出手攻擊（儘管受害者可能是女人或小孩），這實際上已不是真正的打鬥，而是一種屠殺或懲罰。

第一種例外情況類似拳擊比賽，或者更像是為此類比賽而進行的對打訓練。十七至十八世紀的歐洲貴族，將許多時間花在劍術課程上，十九世紀的德國大學生會參加決鬥兄弟會，勝利的比賽結果往往比不上在臉上添一道代表榮耀的傷疤。這些都是受到控制的打鬥形式，可以長達十五分鐘（Twain 1880/1997: 29-31），不僅受傷程度通常很輕微，而且衝突情緒本身也受到抑制。這些非由怒火燃起的衝突，甚至是一種團結的形式。

只要將決鬥訓練與決鬥本身做一下對比，我們就能看出這種例外情況有多麼受限（詳見第六章）。大部分手槍決鬥是一槍定勝負，也就是雙方都只計畫開一槍。危險的時刻雖然真實，卻也極其短暫，如果雙方都生還，也就都保全了榮譽。決鬥與現代打鬥具有相同的結構：通常十分短暫，真正的暴力僅持續數秒；暴力之前通常會有一段儀式性的相互羞辱；最終雙方會對打鬥的結果公開或私下達成共識，就此結束打鬥。

同樣的模式也出現在德川幕府時期的日本（十七至十八世紀）。在理想狀態下，武士階級會為捍衛榮譽而奮戰至死，而且他們對公開羞辱十分敏感（Ikegami 一九九五年的私人通信）。事實上，在武士眼中，很多事情都可以被視為羞辱，走路時劍鞘不小心碰到都可能被當成挑釁。這造成一個副作用（或許是激勵練習的主要作用），就是武士習慣緊握兩側劍柄，因為武士階級的標誌和特權就是佩戴雙劍。這讓他們時刻注意自己身為鬥士的社會身分，不過此一動作同時也防止許多衝突的發生。一旦鬥爭爆發，就會立刻原地解決，並沒有歐洲決鬥中的挑戰、應戰和約定時間等程序。因此，武士階級通常一直處於被威脅和虛張聲勢的狀態，而較少參與真正的打鬥。根據劍術師的專業說法，致命的打鬥應該十分簡短，依靠突如其來的致勝一擊。在現實生活中，大部分的打鬥者沒有這麼高的水準，不過這說法或許也證明實際打鬥耗時短暫是合理的。人們把絕大部分時間花在武士學校裡，練習嚴格控制下的打鬥方式，盡量避免造成傷害和挑起怒火。事實上，這種學校往往教授的是面對想像中的對手該如何行動，例如空手道武術學校大部分時間都在教授「形」（*Kata*）。

武士面對羞辱最著名的復仇故事，是一七〇二年所謂的「浪人四七」事件*。一位高階武士遭到另一位高階武士在禮節上的羞辱，因而在將軍居所拔劍刺傷對方，旋即被其他侍衛解除武裝。這並不是一場決鬥，因為羞辱者並未拔出武器，攻擊也不算有效，因為對方並未喪命。事發

* 譯注：又稱元祿赤穗事件，發生於日本江戶時代中期元祿年間。赤穗藩藩主淺野長矩在奉命接待朝廷敕使時，受到總指導高家旗本吉良義央的刁難與侮辱，憤而在將軍居城江戶城的大廊上拔刀刺傷吉良義央。將軍德川綱吉怒不可遏，當日便命令淺野長矩切腹謝罪，並將赤穗廢藩，但對吉良義央卻沒有任何處分。以首席家老大石內藏助為首的赤穗家臣們雖試圖向幕府請願，以圖復藩再興，但一年過後確定復藩無望，於是大石內藏助率領赤穗家臣共四十七人夜襲吉良宅邸，斬殺吉良義央為主君復仇。事發後雖輿論皆謂之為忠臣義士，但幕府最後仍命令與事的赤穗家臣切腹自盡，吉良家則遭到沒收領地及流放的處分。

時間顯然很短暫，只是揮舞了幾劍。攻擊者因在將軍居所拔劍而受到責罵，並被命令切腹。他的四十七名家臣（浪人）最終為死去的主人復仇，但是也不是透過決鬥，而是對羞辱者的居所發動攻擊，刺殺了數名衛兵及這名未加反抗的武士。在攻擊中，四十七名浪人無人死亡，說明他們的力量占據絕對上風，是典型的以強勝弱型鬥爭。就連事件結局也不符合英雄主義。幕府判決，復仇並不能成為這次事件的藉口，但這四十七名浪人被允許以符合榮耀的切腹方式自盡。理論上，切腹應該是跪坐的武士先用一把短刀切開自己的腹腔，再由站在他身後的介錯人斬下他的頭顱以終結他的痛苦。在現實中，四十七名浪人實施了「扇腹」，即用扇子而非短刀來象徵性的畫過腹部，隨即由介錯人斬下頭顱（Ikegami 1995）。這實際上就是斬首處決，只不過是用儀式性的自殺形式來加以緩和，並以此昭告世間，而民間也才能接受。日本的武士電影延續早期故事的特性，與西方的好萊塢電影一樣充滿迷思。

另一種持續較久、具有保護的打鬥形式，出現在孩童打鬧時。家庭中最常見的暴力形式就是兒童間的打鬧，這比配偶暴力或虐待兒童要常見得多（參見第四章）。但在這些打鬧中，兒童很少會受傷，部分原因是兒童（特別是幼年時期）幾乎沒有傷害對方的能力。但更重要的，是兒童會挑選這些打鬧的場合，通常父母或監護人都在附近，這樣即使打鬧加劇，他們也能尋求幫忙好結束打鬧。我的民族誌筆記中就有這樣一個例子：

一九九四年十二月的某個週日早晨，在麻薩諸塞州薩默維爾市的工人階級住宅區裡，有戶人家準備開車外出。父親在駕駛座上發動了汽車，兩名分別年約八歲及十歲的男孩和一名三、四歲的女孩在車後打鬧（在停放車子的屋外小巷），而年約三十歲的母親是最後從屋裡出來的。小女孩正要從四門房車的左側進入後座時，小男孩用車門撞了她，女孩哭了起來，大男孩於是打了小男孩一下，「看你幹的好事！」母親正好在這時候走了出來，而父親則未加理會。母親此時匆匆忙忙的試著將男孩們趕進車裡，他們躲到車後，開始在四周跑來跑去並互相追打。小男孩把大男孩放在後車廂蓋上的一杯汽水打翻，大男孩開始用力打弟弟並把他弄哭了。母親開始介入，大男孩被罵後跑開了。母親轉身將小男孩從車子左側塞進車裡。大男孩跑過來想把弟弟拉出來：「那是我的位子！」父親從駕駛座上轉過身，漫不經心的想把男孩們扯開。原本雖然匆忙但還相當冷靜的母親現在開始怒吼，並將大男孩拖出車外。他對父親說自己有東西忘在家裡後，就進屋去了。現在，母親要小男孩挪到另一邊的座位上去，被拒絕後，她便在小男孩抗議說是哥哥欺負自己的同時，將他拖出車子，強迫他坐到另一邊。大男孩回來了，兩人又對後座位置鬥爭了一番，但這次歷時較短。終於所有人都上車了（大男孩坐在左後方），車子也開走了。

在這個場景中，兒童的舉措與成人一樣，但成人懂得如何自己結束鬥爭，兒童則需要依賴外人來幫他們做到這一點[7]。與此相似的是，學校中的鬥爭往往發生於老師在場或可以迅速趕來制止的地方，而監獄裡大部分發生於獄警在場時（Edgar and O'Donnell 1998）。這也是打鬥之所以短暫的機制之一。

第二種可能導致較長時間暴力的例外情況，通常發生在雙方實力差距較大時，可能是一群人持續圍毆落單的敵人，或是一名壯漢痛打一名弱者。從這種例外狀況可以看出，難以延續較長時間的並不是暴力本身，而是鬥爭的衝突。不論單挑或是打群架，若是勢均力敵、你來我往，便會帶來緊張感，但要是其中一方被打倒，或是陷入無防護的境地，這種緊張感就會油然消散，而暴力也就能持續下去。

真正的打鬥通常是短暫的，參與者似乎都沒有動機要跟對方陷入長時間的苦鬥。打鬥之所以短暫，是因為參與者善於尋找雙方都認為適當的結束點。打鬥也可能會持續較長時間，前提是刻意設置在不太嚴肅的場合，不是真的事發處。如果能夠得到控制、降低受傷的可能性、稀釋敵意氛圍，那麼暴力情節也可能會被拉長。因此，打鬥訓練比真正的打鬥持續時間要長得多。就連怒火中燒的鬥毆，往往也是發生在容易被拉開勸架的場所。

另外一個娛樂方面的迷思是微笑的、玩世不恭的殺人犯或壞人。事實上，殺人犯、搶劫犯或鬥毆者在動手時，很少會心情愉快，甚至很少會用冷笑來表現自己的智慧[8]。「狂笑的惡徒」這種形象之所以會深入人心，正是因為他並不真實，從而暗示著其邪惡的行為是假的，只存在於娛樂的框架之中，所以才會成為卡通、動漫、奇幻音樂劇等作品中最受青睞的角色類型，能將詼諧氣氛引進嚴肅的劇碼中。這一形象讓觀眾能用娛樂的心態去看戲，而不會陷入面對真正的暴力時可能會產生的恐懼。再一次，娛樂型暴力靠著演繹暴力掩蓋其關鍵特性：衝突性緊張和恐懼。

暴力情境由緊張和恐懼的情緒磁場塑造而成

我希望能夠建立一種將暴力視為情境過程的一般理論。暴力情境由緊張與恐懼的情緒磁場塑造而成，所有成功的暴力必定都要克服這種緊張與恐懼。方法之一是將情緒性的緊張轉變為情緒能量，通常只有衝突裡的一方能做到這一點，這時另一方便會倒楣。成功的暴力是其中一方靠著掌握情緒節奏化解衝突性緊張和恐懼而成為優勝者，這時對方往往就會成為受害者。但在現實生活中，只有一小部分人能夠做到這一點。這是情境的結構性特質，而不是個人特質。

我在之前出版的《互動儀式鏈》（*Interaction Ritual Chains*, 2004）中曾指出，情緒能量（emotional energy，我將其縮寫為ＥＥ）是一種產生於所有互動情境的變數，而大部分互動情境是非暴力的。情緒能量的變化取決於人們於彼此的情緒和身體韻律中曳引（entrainment）的程度，以及對共同目標的關注程度。當所有的參與者都感覺到團結與互為主體性，就會產生正面的體驗。在這種成功的互動儀式中，個人會從中獲得力量、信心及對團體行動的熱情，這種感覺就是我所謂的情緒能量。相反的，如果這種互動無法替某些個人激起漣漪（或者如果他們遭到他人的排擠和壓制），他們就會失去情緒能量，並會感到抑鬱、消沉，對團體目標不再感興趣。

暴力互動是困難的，因為它與一般的互動儀式本質恰恰相反。若想在彼此的情緒與韻律中曳引，就意味著當雙方目標相反，互動帶有敵意時，都會體會到普遍的緊張感。這就是我所謂的衝突性緊張，隨著強度升高，這種緊張會轉化為恐懼。因此，實施暴力是困難的。那些善於使用暴力的人必定發現了克服衝突性緊張和恐懼的方法，能夠將這種情緒情境轉化為自身的優勢和對手的劣勢。

正是情境的特點決定暴力是否發生、暴力的類型、暴力發生的時間與方式。這也就意味著，雙方在進入衝突情境前所發生的事，並非是否會發生鬥毆，以及一旦發生鬥毆會如何進行的關鍵因素，更無法決定誰會勝利，以及會造成何種損害。

其他理論方法

目前對暴力的解釋大部分可歸類為背景解釋，也就是導致及引發暴力的情境外因素。有些背景條件也許是必要條件，或至少有強烈的誘發性，但它們顯然不是充分條件。情境條件永遠都是必要條件，有時也同時是充分條件，這為暴力賦予了比人類其他行為還要多更多的突現特質。正如先前提到的，貧困、種族歧視、家庭解體、虐待和壓力等條件，遠不足以決定暴力是否會發生。對悠久的心理學假說而言也是如此，不論是久遠以前或是新近產生的挫敗，都可能會引發攻擊性。

我反對這些解釋的理由是：它們假設只要動機存在，暴力就很容易發生。事實恰恰相反，微觀情境下的證據證明暴力是罕見的。無論一個人具備多麼強烈的動機，如果情境的發展不足以克服衝突性緊張和恐懼，那麼暴力就不會發生。衝突與暴力不同，即使是明確表現出來的衝突也是，最後一步絕不是自然而然就邁出去的。情境中突然湧現的挫敗感同樣如此，也許有人會因挫敗而感到憤怒，並遷怒於導致挫敗的人，但這仍然不足以引發暴力。許多（也許是絕大部分）遭受挫敗的人只是默默嚥下怒火，或只是虛張聲勢一番罷了。

看起來最自然的方法就是建立一種多層次理論（multi-level theory），將背景條件與情境條件結合起來。這也許最終會成為一種不錯的進行方法。不過，我們踏出這一步以前，還需要了解許多東西。大部分關於暴力的背景理論都關注在暴力犯罪這狹隘的範疇裡。但我們其實對許多其他形式的暴力的背景條件並不太了解。例如，士兵中有一小部分是能力出眾的戰士，他們所執行的暴力該如何理解？還有暴徒與警察、運動員與球迷、決鬥者與其他菁英、狂歡者與娛樂活動的觀眾等等，這些人所捲入的暴力又該如何解釋？這種暴力實施者的背景，往往與那些據稱導致暴力犯罪的關鍵背景完全相反，同時，這些形式的暴力有著情境突現的特質，其中群體的情緒動能格外明顯。我偏好的策略是將一個情境觀點推演到極致，最終我們可能是處於回溯和納入部分背景條件的狀況，但我仍不認為背景條件有我們通常相信的那麼重要。也許更有效的方法是徹底反轉這個型態，將精力集中在「前景」而非背景上，並把其他因素都排除。

強調情境的機會理論（opportunity theory）與社會控制理論（social control theory），顯然是走對了方向。這些理論對背景動機不太關注，它們通常假定暴力動機無所不在，或是假定犯罪動機可能是突現情境。日常活動理論（routine activity theory; Cohen and Felson 1979; Felson 1994; Meier and Miethe 1993; Osgood et al. 1996）是機會理論中最重要的一支，一般而言是一種關於犯罪的理論，未必與暴力有關。舉個典型的例子：一群青少年偷車的原因，可能只是他們發現有人忘了拔車鑰匙。如果面對的是一場暴力犯罪，這種機會理論的解釋只會留下更難跨越的鴻溝。犯罪的公式是同時、同地出現懷有動機的犯罪者、能夠接近的受害者，而且有能力阻止犯罪的社會控制者恰好缺席。日常活動理論關注的是後面兩個條件的變化，它們被用來解釋排除動機條件變化（例如之前討論過的背景條件）的犯罪率變化。此類研究主要證明，工作與娛樂模式（如深夜外出也包含在內）加上特定人群在特定社區的人口密度，影響了犯罪受害者的比例。這是一個包含若干變數的互動模型，因此不需要改變犯罪動機來證明犯罪率的變化。事實上，如果機會特別適合的話，犯罪動機也不需要很強烈。儘管這種理論是情境化的，但其分析依然集中在宏觀層面的比較。因此，它並未深入觀察暴力發生的過程。機會理論的不完善之處在於它假設暴力會輕易發生，如果機會出現而四周沒有阻止暴力的權威者，暴力便會自動發生。但暴力沒有那麼容易發生，而且一開始威脅暴力的情境模式也是必須除掉的障礙。我們仍然需要應用微觀情境機制。

社會學家布萊克（Donald Black 1998）的法律行為理論（theory of the behavior of law）也有類似的局限。該理論在其範疇內是正確的，但這一範疇是解釋一旦暴力發生後該如何控制衝突。正式法律的干預程度是由社會結構的重複性及跨情境特質所決定，如衝突相關者的層級距離及親密程度等。看到暴力道德化這個變數能夠用參與者和社會控制者在社會中的位置來解釋，是個重大的理論進步。但這項理論依然假設暴力很容易發生，它所關注的是暴力發生之後的社會反應。許多暴力確實是自發產生的，例如熟人之間的衝突持續升高所引發的暴力，雙方非常親密的關係阻止了警方和法律機關的正式干預。然而，自發產生的暴力仍然需要情境建構，需要克服衝突性緊張和恐懼。要做到這一點並不容易；此外，雖然很多人都懷有對熟人產生敵意的動機，但這種自發產生的暴力遠沒有預料中那麼多（例如加州大學洛杉磯分校的社會學教授愛默生〔Robert Emerson〕在其未發表的研究中，描述室友的爭執）。

包含將暴力理論化為抵抗的更宏觀暴力解釋，也面臨相同問題。抵抗理論（resistance theory）下的暴力為大型社會結構中對次級階層的局部反應，通常是資本主義經濟中的階級位置，有時則是抽離到包含種族和性別等更一般的優勢結構[9]。微觀的論點再次適用於此，抵抗理論假設暴力發生得輕而易舉，所需要的僅僅是動機而已。但事實上，抵抗型暴力與其他暴力一樣不容易發生。當抵抗型暴力（或者因其發生在種族貧民窟或下層社會，而至少能被解釋為抵抗型暴力）發生時，通常伴隨著情境化的互動和限制。同樣的模式在其他暴力類型中也似曾相識：極少數暴力專家會從群體中的非暴力者身上汲取能量，要求觀眾支持，並打擊情緒脆弱者。微觀情境條件傾向於攻擊受壓迫群體內部的受害者，而不是表面上的階級壓迫者。抵抗理論通常具有一種扭曲的特性：它是由利他主義的旁觀者所提出的解釋，他們竭盡全力想要同情暴力的實施者，因此將其英雄化和正當化，但這些暴力大多施加在與其同屬受壓迫群體的成員身上。

即使在極度明確的抵抗型暴力實例中，例如高舉反抗種族歧視大旗的貧民窟起義（ghetto uprising），暴力也大多局限於當地，大部分破壞發生在暴力行為者自身的社區之中。起義的修辭是一回事，實際的暴力則是另一回事。攻擊之所以局限於當地，是因為就情境上來說這樣最容易。當一群人的意識形態被喚起而入侵其他人的社區，這往往不太可能是自下而上對支配一切的社會秩序的反抗，反而更可能是對其他種族群體的平行攻擊。因此，對來自更高社會階級的利他主義旁觀者來說，這種暴力便喪失作為抵抗的道德合法性。

暴力的文化解釋（cultural explanation）幾乎總是宏觀解釋，用一種寬泛的、跨情境的文化（作為必要條件，甚至暗示是充分條件）的假設去解釋暴力發生的原因。從微觀情境分析角度來看，即使這個解釋有時與抵抗理論思路相反，卻有著相同的瑕疵。有些理論認為暴力不是一種抵抗，而是自上而下施加的力量，藉維護文化秩序的名義來懲戒和威嚇抵抗者。因此，種族主義、恐同或大男人主義的文化就被用來解釋針對少數群體、女性及其他受害者的攻擊。這種闡釋至少比抵抗理論具有更加堅強的經驗基礎，因為這些攻擊者往往會在攻擊中公開聲明他們的偏見，而那些所謂的抵抗者則不會如此。但這種解釋卻沒能深入分析微觀情境中的互動，絕大部分微觀情境都涉及虛張聲勢、用口頭羞辱來取代身體暴力，有時（加以額外條件）也會借用虛張聲勢的能量，來實施真正的暴力。我們完全不清楚這些情境中使用的羞辱措辭是否代表長期信仰和內心深處的行為動機。我會在第八章透過體育運動粉絲和足球流氓的儀式性羞辱，來深入探討這個問題。微觀社會學的證據表明，種族主義和恐同主義也是情境建構的。由於這些「主義」都是名詞，我們可能會將其誤認為是具體化的概念，而它們其實是變動的、暫時性的情境過程。

犯罪學中的「暴力文化」（culture of violence）解釋也有著類似的論調。這種解釋多立基於民族誌研究之上，較少在資料上強加政治化的闡釋。但是，即使我們能夠觀察到某些特定群體中的個體（例如貧民窟的年輕人）總是對暴力津津樂道，卻也無法證明這些言論就會自然而然的演化為暴力行為。暴力是很難發生的，絕非輕而易舉。事實上，沒有哪種文化話語肯承認這一點，更不用提暴力的實施者、愛好者、受害者、利他主義者和衣冠楚楚的遙遙觀望者了。所有人都覺得暴力很容易實施，無論是那些吹噓、恐懼還是希望消除暴力的人。但是，談論暴力的微觀情境現實，又一次變成儀式性的虛張聲勢，而這些儀式則提供一種意識形態，用來隱藏暴力的真正本質：它其實很難實施，包括那些自吹自擂的人在內，大部分的人不善此道。在不同的社會網絡中的確流傳著這種暴力言論，從這個意義上來說，暴力文化確實存在，但我們必須超脫他們的言論之外。

一旦觸及「象徵暴力」（symbolic violence）這個概念，對暴力的宏觀文化理論就變得空洞起來。這根本無助於解釋真正的暴力，卻讓分析工作變得更加混亂。身體暴力有明確的核心對象，我們可以透過微觀情境觀察來進行研究。法國社會學大師布赫迪厄（Pierre Bourdieu）將校規視為象徵暴力，並將整個象徵事物的範疇定義為「溫和而不可見的暴力形式，從不被承認為暴力，也並非有意選擇，如信用、信任、責任、忠誠、好客、禮物、感激、孝順的暴力……當暴力無法公開實施時，象徵暴力便是其溫和而隱祕的形式」（Bourdieu 1972/1977: 192, 195）。然而當他寫下這些話語時，我們身處非常不同的概念體系。這只是一種修辭手法，用來生動表達學業成就、文化品味和儀式行為是階層結構自我再生的一部分的論點，布赫迪厄想以此向讀者證明，這在道德上是不正當的。然而，學校規定和文化分層的互動情況，與身體暴力衝突的互動情況毫不相似。後者是一種微觀情境過程，牽涉恐懼與緊張等情緒，以及恐慌進攻，具有強烈的發生要素。反之，布赫迪厄的「象徵暴力」是平和、無衝突、毫無緊張感、高重現性，而且不具備情境化的偶然性[10]。

當然，任何核心概念都有其邊緣區域。一味堅持暴力必須符合某種先決定義並無濟於事。當人們互相揮舞著拳頭或武器時，總有一個建構和預期的階段，哪怕這一階段最終並未引發暴力，仍然值得研究。我們知道，拳頭和武器都可能錯失目標，有時可能故意打不中對手，有時則可能無意間傷到旁人。我們該把界線畫在哪裡？威脅是一種暴力形式嗎？顯然，威脅已經夠接近暴力，我們必須將其納入情境互動模型中，哪怕在很多情況下，威脅咒罵並不會引發暴力。同理，我們也需要研究爭吵時和一般時候的恐懼、緊張和敵意等情緒的情境互動。在這裡，方法論的原則應該是在研究過程中，找到其自身邊界。在這個原則的指引下，我們就可以將裝模作樣的修辭解釋拋諸腦後了，因為它們並不相關。

「象徵暴力」僅是一種理論上的文字遊戲，如果將其當真，我們就會大大誤解真正的暴力本質。「象徵暴力」是輕而易舉的，真正的暴力卻十分困難。前者跟隨情境互動的形勢而動，利用互動儀式中的正常特點。後者則與互動本質南轅北轍，因為真正暴力的威脅與情緒曳引和互動團結的基本機制相悖，從而導致暴力情境很難發生。正是這種緊張產生了衝突性緊張和恐懼，這是微觀情境互動的主要特徵，當暴力真的發生，這種緊張與恐懼也將位於其所有特徵的軸心。

控制衝突性緊張：社會技術的歷史演化

最後，我們再來稍微討論一下演化心理學，這個重要研究學科對暴力有十分明確的理論解釋。它從基因演化的一般理論來推斷包括謀殺、鬥毆和強姦等人類特殊行為（Daly and Wilson 1988; Thornhill and Palmer 2000）。這個理論就許多經驗模式看來，生育高峰期的年輕男子是大部分暴力行為的實施者，暴力的導火線往往是關於性嫉妒或是為了表現男子氣概。暴力被解釋為一種演化選擇的傾向，讓男性以競爭來獲得生育支配權。

我們不能排除人類行為有受基因影響的可能。然而，經過廣泛實際比較所得出的結論是，即使基因的確有作用，影響也非常微小，而且會被社會條件所壓制。首先，暴力並不僅限於育齡年輕男子。例如，家庭中最常見的暴力形式，並非發生在成人性伴侶之間，父母對兒童施加的暴力遠勝於此，並且常以體罰形式出現，而體罰又比兒童之間的暴力行為還少見（參見第四章）。兒童之間的暴力往往並不嚴重，我們認為原因包括暴力傾向往往被外來者（在這種情況下是成年人）限制和控制，因此雖然不斷發生但其實並不嚴重。這就給演化理論出了個難題，兒童在很小時便開始會互相扭打，小女孩的攻擊行為通常也包含在內，但隨著年齡增長會逐漸受到控制（Trembley 2004）。單從數量上來說，暴力事件最常發生在非生育期，也不僅限於男性之間。演化心理學家可能會忽視此類暴力，因為它們並不嚴重，也不會記錄在官方犯罪統計上。然而，無論如何，一個完整的理論應該要能解釋所有類型和所有程度的暴力。微觀情境理論能將兒童數據資料整合得很好，我們應該會看到，幼兒間的扭打表現出兩種與成人暴力核心相同的模式：在情境中處於上風者聯手欺壓弱者和膽小鬼，或是上演受到限制的鬥毆行為。這種模式是結構化而非個人化，如果將兒童從這個群體中剝離，並加入新的成員，那麼支配模式便會發生改變，霸凌者和受害者的角色也會發生變化（Montagner et al.1988）。

就算是在年輕男子捲入嚴重暴力事件傾向這個演化心理學的主要範圍內，演化心理學也有其漏洞。我們很容易就能以社會條件為基礎來構成相同概念，以解釋年輕男性的暴力傾向。在所有年齡層中，就屬他們在社會上最具野心，身體條件也具有優勢，暴力是他們在經濟條件和組織權力上處於下層也不受人尊重時的一種對策。這裡我想再次強調我的微觀社會學理論：演化心理學假設暴力很容易發生，只要具備誘發暴力的基因就夠了，但事實上暴力是很難發生的，即使對年輕男性來說也一樣。事實上，在我們的微觀證據中，絕大部分是年輕男性間未成功的暴力。

如今，學術圈中許多領域都不太歡迎演化理論，一方面是因為它對文化和互動模式似乎太不敏感，另一方面也是出於學術界在詮釋（interpretive）與實證（positivistic）研究取向之間、人文科學（Geisteswissenschaft）與自然科學（Naturwissenschaft）之間長久以來的對立。儘管我的學術界同盟大多站在詮釋研究取向的陣營中，但我仍想踏入演化心理學領域，用其自身概念來指出它所犯的兩個嚴重錯誤。

第一個錯誤是在基因上究竟有什麼演化。今天的正統演化心理學認為，人類已經演化成為以自我為中心的基因傳播者，男性更是已經演化為一種生物機器，他們之所以具有攻擊性，是為了讓自己的基因傳播優先於其他男性的基因。但是我對生物層面的主要演化產物有不同的解釋。我在其他作品中曾主張（Collins 2004: 227-28，對於人類性衝動的解釋），演化使人類對他人發出的微觀互動信號具有格外高的敏感性。人類的感知會在彼此間互相保持關注，並以相同的節奏對他人的情緒做出回饋。這是一種不斷演化的生物學傾向，人類會陷入覺察彼此緊張與內分泌系統瞬間微妙變化的情況中，這讓他們容易創造互動儀式，以保持面對面溝通時的一致。我想說的遠不只是人類演化出龐大的大腦和學習文化的能力這種老套的論點。更重要的是，我們演化成特別容易理解彼此的情感，因此也就格外容易受到互動情境中的動態所影響。

人類以自我為中心的演化模式並不是最重要的，它僅見於特殊情況，而且大部分發生在人類歷史晚期（參見 Collins〔2004〕，第九章，〈作為社會產物的個人主義與本質〉〔Individualism and Inwardness as Social Products〕）。這一切都對人類暴力有直接影響，卻與演化心理學的假設恰好相反。人類被設計成帶有互動與團結的生物，這讓暴力非常難發生。衝突性緊張和恐懼並不僅僅出自個體對身體傷害的自私性恐懼，後文將詳細闡述這一點。當雙方的注意力集中在同一點上，這種緊張直接違背彼此之間的情緒曳引傾向。在心理學層面上，演化使打鬥遭遇深層的互動性障礙，因為我們神經系統設計的關係，讓我們對在眼前的其他人裝腔作勢。衝突性緊張和恐懼正是我們為文明所付出的演化代價。

人類有能力變得憤怒並調動身體能量來讓自己變得強大和具有攻擊性。這同樣具有心理學基礎，在所有社會中都是如此（Ekman and Friesen 1975），並且在大部分幼童身上都能看到[11]。演化心理學將憤怒的能力解釋為一種調動身體能量來克服障礙的方式（Frijda 1986: 19）。但當障礙是另一個活生生的人，這種憤怒和攻擊的能力就會遭遇到另一種甚至更強的形式：我們會傾向於將注意力集中到同一處，並時刻注意對方的情感變化。我們由何得知這種曳引互動的傾向比動員攻擊的傾向更加強烈？因為本書中回顧的微觀情境證據顯示，最常見的傾向是杜絕公開暴力的發生，即使暴力發生，也會呈現為一種互動過程，並致力在細節上克服衝突性緊張，儘管其依然有跡可循。

這並不是說人類之間就不可能發生衝突。事實上，人們往往有著不同的利益，並常會向對手顯露敵意。但是，這種敵意往往是針對遙遠的、在人們視野和聽力所及之外的個體（乃至身分模糊的群體）。正是直接的情境性衝突帶來壓倒性的緊張感，要想激發面對面的暴力，就必須有一種情境方法來包圍這個情感領域。

在此，我將介紹演化與建構人類暴力有關的第二個特點。現在，我們關注的不是人類身體的生物學演化，而是也能隨著時間發展的人文制度，有些制度被選中留存，有些則消失。如果人類在心理層面的演化，使得彼此在遇到懷有敵意的對手時，會產生衝突性緊張，那麼人類歷史中之所以會發展出暴力，一定是因為社會演化出克服衝突性緊張或恐懼的技術。

透過比較歷史，我們得知社會組織對暴力發生的程度具有決定性關鍵。軍隊的歷史就是透過組織的技術來讓人們堅持戰鬥（或至少儘管恐懼卻沒逃跑）的歷史。部落社會中的戰鬥往往很短暫，大多是不到幾百人或更少人斷斷續續進行幾小時的小衝突，通常以某人被殺或受重傷而結束。沒有社會組織來給士兵排列隊形，他們會在交火線上時而衝刺時而後撤，每次只出動幾個人，踏上敵人地盤不出幾秒就會撒腿逃離。這種結構與當今的黑幫類似，互為世仇的兩個幫派常會在飛馳而過的車裡向對方射擊，如果兩夥人當真碰上，經常會破口大罵，但同時又會想辦法避免真的打起來。這項對比顯示出，引起暴力的社會技術演化並非只是歷史時間的問題，如果沒有組織機構迫使士兵保持戰鬥狀態，現代社會群體仍會與小型原始部落身處同樣的結構狀況[12]。

在古希臘、羅馬和中國，更複雜的社會組織能讓更大規模（有時甚至是數以萬計）且紀律嚴明的部隊投入戰鬥，並能讓他們保持戰鬥一整天。中世紀歐洲的戰鬥通常也會長達一天。到拿破崙戰爭時期，軍隊有時已經達到數十萬規模，戰鬥也能持續三天之久。到了二十世紀的世界大戰時，戰役常常會長達六個月，或甚至更久（例如凡爾登戰役和史達林格勒戰役），背後有巨型的官僚組織支援。在所有歷史時期，大部分軍人都是生育高峰期的年輕男性，然而決定傷亡數量的卻是社會組織的種類。為繁衍後代而進行的鬥爭無法解釋這個變數。發生演化的是讓士兵在能造成破壞之處保持戰鬥（或者面對可能造成自身傷害的遠距離武器不會畏縮）的組織技術。這些技術透過一系列設計得到演化，例如：密集方陣；地面部隊四周伴隨軍官團，負責讓士兵保持隊形；現代大型軍隊中的政治化訴求和道德建設技術；用官僚方式將個體困在無法逃離的組織中；此外還有憲兵等強制性執法專員來防止士兵逃脫（可以參見基根〔1976〕來對比不同歷史時期的此類技術，此外也可參見麥克尼爾〔William McNeill 1982, 1995〕）。

想要追蹤研究社會技術如何克服非暴力的生物傾向，軍隊組織是最容易入手的。在其他暴力領域，此類技術也得到演化，例如決鬥、武術和其他格鬥學校的發展，以及體育運動粉絲集體的行為慣例。例如，二十世紀英國足球流氓的發展，可被視為此類技術的演化：從一開始參與體育競賽的激動，而後將這種激動從運動本身抽離出來，如此一來，善於此道的專業佼佼者就可以提升自己「隨需暴動」（riot on demand）的形式。這些主題將會在後面的章節中出現。

我們過去常用「演化」來表示進步，但這與暴力的歷史模式並不符合。如果說真的存在一種歷史模式，那就是暴力的等級會隨著社會組織的等級而提高。暴力並不是原始的，文明也並未馴服暴力，真相恰恰與之相反。不過，演化論的其中一個面向在技術上與此相關，只是其結論並不令人放心。用德國社會學家愛里亞斯（Norbert Elias）的話來說，這個歷史模式的「去文明化」（decivilizing）程度與其「文明化歷程」（civilizing process）不相上下[13]。我並未執著在不喜歡演化這個概念上的字彙，而是更傾向於用韋伯（Max Weber）的理論來描述這個歷史過程，即社會權力組織的多面向維度變化（關於這一點，最全面的闡釋來自於英國社會學家曼恩〔Micheal Mann 1986, 1993, 2005〕）。實施暴力的技術必須要總是能完成克服衝突性緊張和恐懼的任務，無論這些組織在宏觀和中觀層面的範圍有多大，其效果總是要經過微觀層面的檢驗。在這裡，演化的觀點對我們來說，主要是從一個非常長遠的觀點來提醒我們自己，人類的生物設計使我們對於面對面的暴力有情緒上的困難，而社會技術的發展正是為了解決這個問題。幸好對人類福祉來說，這個問題有很大程度仍未解決。

資料來源

本書根據理論來組織結構，不過仍強烈以資料為導向，企圖盡可能近距離的深入描述暴力。我窮盡一切可能的資訊來源，使用一切可能的視覺紀錄資料。鬥毆的紀錄影片主要是容易取得的警察暴力、運動暴力和群體暴力。在當代戰爭中有時候也會有錄影資料，不過更發人深省的還是部落戰爭中的人類學紀錄片。此外，照片往往比錄影帶更有用，因為它們能夠捕捉情緒，並展現身體在空間中的細節。我也會盡可能在實際條件允許下，在文字中插入圖片。有些結論是依據我對特定類型暴力的全部照片收藏得出。

另一個重要資訊來源是觀察。我利用自己的觀察來蒐集可能的資訊。有些資訊是有意蒐集的，例如當我在危險時期身處暴力地帶時（我曾住在東海岸城市的某些地區，這些經驗對我的研究有助益），或是跟隨並觀察警方執行任務時*，有些則是由於我時刻保持警覺，隨時可以進入社會學家的狀態，在身邊發生相關事態時能認真觀察並詳細記錄。這其實並沒有想像中那麼戲劇化，我對高低各種程度的衝突情境都很感興趣，而且看人們如何處理衝突也很有趣，其中大部分不會真的升級為暴力，更不用說極端的暴力了[14]。

在本書的部分話題上，我充分利用了學生報告，是他們曾觀察的情境的回溯闡釋。我事先指導他們應該注意情緒、身體姿態、時間細節。我要他們形容他們曾近距離觀察到的一次衝突，這些衝突並不一定要是暴力的，也可以包括爭吵和失敗的打鬥，這些都是情境互動中的重要組成部分。由於這些學生大多來自中產階級家庭（儘管他們在國籍和種族方面很多元），他們記述的暴力通常僅限於狂歡、娛樂和體育領域，也包括不少家庭衝突，還有些人描述示威遊行和暴動等。顯然，這些資料並不能用來計入各種暴力的統計次數，卻有助於揭示這些情境不同特點之間的關聯，而這正是我所關注的。

我還訪問了許多曾以不同方式觀察或捲入暴力的人，包括不同國家的警察、退役士兵、年輕樂手、保鏢、法官和罪犯。我關注的重點是他們觀察到的東西，而不是他們對此如何闡釋（儘管這部分很難排除）。這些訪談的問題有些經過精心設計（但大多是開放式的），有些則是非正式的討論，當成效良好時，我還進行長時間的多次討論。向其他民族誌學者詢問觀察性細節格外有用，他們告訴我許多在已出版的記述中沒收錄的內容，這不是因為他們隱瞞了什麼，而是我從嶄新的角度入手，問出新的資料。我還從法院那裡得到一些對於不同類型暴力的詳細解釋。多年來我還加入許多武術學校，這也是資訊來源之一。

新聞報導大大凸顯了某些話題。雖然它們提供的情境細節大不相同，但因暴力相對罕見，尤其是更加複雜精細的形式，所以通常也沒什麼資料能夠代替新聞報導。它們在報導警方提供的後

＊譯注：在美國等許多國家，平民百姓可以申請坐在警車裡跟隨和觀察警方的日常巡邏工作，即隨警出勤。

續資訊方面格外有用，例如彈道報告等。網路上也能找到一些（例如關於暴動等的）長篇報導，它們比經過刪減的新聞快報提供更多細節。電視新聞往往更加模糊，充斥較多評論，因此用處不大，除非它們提供錄影畫面。最主要的例外是運動暴力。我用自己對體育賽事轉播的觀察來分析運動員和粉絲引發的暴力。美國對體育運動的紀錄非常完善，我們經常能從關於一場鬥毆的簡短新聞報導開始，重建當時的大部分脈絡，例如運動員和隊伍在那場導致鬥毆的賽事中都做了些什麼。此外，我還能夠檢驗某些特定的特點，例如運動員被擊中的頻率與最終是否會引發鬥毆之間的關聯。

本書在分析中還穿插過去出版的材料。有些來自於其他研究者，特別是研究暴力的民族誌學者（安德森〔Elijah Anderson〕、安東尼．金〔Anthony King〕、布福德〔Bill Buford〕、傑克森－雅各布斯〔Curtis Jackson-Jacobs〕、瓊斯〔Nikki Jones〕等人）和研究特定暴力發生環境的學者（格拉齊安〔David Grazian〕研究娛樂場所的暴力；米爾納〔Murray Milner〕研究高中層級系統），提供格外寶貴的資料。我特別感謝卡茨（Jack Katz）等研究者，他們率先將不同角度的精密觀察資料匯總起來。這些學者中，有些人（卡茨、米爾納、格拉齊安）使用了集體民族誌，也就是多名觀察者提供的觀察報告，其中有些是回溯性的，有些則是特地派去觀察特定場景的。雖然這個方法在方法論文獻中並未得到充分討論，但它有許多優勢值得學界重視。

我還使用公開發表的訪問（例如對監獄內或監獄外罪犯的訪問），以及暴力（尤其是軍事暴力）參與者的傳記或自傳資料。歷史學家提供的微觀觀察細節也對我的研究大有助益。

圖書館資源有時也是有用的。不過我們需要十分謹慎，因為文學藝術對暴力的解釋正是阻礙我們理解暴力迷思的主要原因。尤其是電影，絕大多數電影對暴力的描述都十分不可靠，僅有寥寥幾部例外。有些文學作品（主要是二十世紀早期採用自然主義風格的那些）也有助於我們去了解戰爭和鬥毆的細節，以及究竟是怎樣的微觀互動或狂歡場景引發了鬥毆。在微觀社會學家成為一種職業之前，少數作家已經成為微觀社會學家，例如托爾斯泰、海明威和費茲傑羅。更加古老的文學作品，例如荷馬和莎士比亞的作品，即使沒有涉及暴力過程，但有時也有助於我們去理解在特定歷史時期中與暴力相關的宗教儀式。

本書也使用了相關的計量資料。這些資料（雖然很難獲得）有助於我們理解警察暴力的特定面向，而軍事重建則已經成為學術界關注暴力如何真的發生的核心，包括士兵射擊和命中的數目、彈藥消耗量和傷亡數目等。有些示威遊行及其傷亡也得到詳盡的記錄（例如一九七〇年發生在肯特州立大學的國民警衛隊槍擊案*）；此外，我也參考了暴動蔓延和加劇過程中的搶劫行為、逮捕人數及時間模式等資料。

整本書中，我奉行的原則是對資料做出自己的解釋。這通常意味著將資料從原記述者的視角、過往研究者關注的重點，以及他們的理解框架中剝離出來。可以說，社會學在很大程度上是一種重新闡述他人觀察的藝術。當這些觀察來自於之前的社會學家，而他們的重新闡釋又在很大

---

* 譯注：一九七〇年五月，美國俄亥俄州肯特城肯特州立大學的部分學生舉行反戰抗議示威，引發鎮上小型騷亂。五月四日，國民警衛隊向抗議者開槍，在十三秒內發射六十七發子彈，造成四名學生死亡，九名學生受傷，其中一人終身殘廢。

程度上相互重疊時，我們就達到了累積性的理論進步。

我的資料十分多元，原本也就該如此。我們需要盡可能從多元視角來理解暴力這個現象。單一的方法論將會嚴重阻礙理解，尤其是在像暴力這種特別難以理解的現象上。顯然，將來對於暴力的微觀社會學研究將會比我在這裡做得更好，而就此時此刻而言，重要的是這個發展的方向。

全書概述

第二章展現暴力情境充滿衝突性緊張和恐懼的基本模型。因此，大部分暴力只是虛張聲勢，只有少數會真的發生，或是只附加一點無心傷害的不及格暴力。想要對敵人造成真正的傷害，必須有方法繞過衝突性緊張和恐懼，接下來的章節將會詳細闡釋這些方法。

第三章描述一系列互動過程，它們讓衝突性緊張突然轉變為對其中一方有利的局面，並讓其獲得壓倒性優勢。我將其結果稱為「恐慌進攻」。許多暴行（包括不少頭條新聞中報導的那些）都是這麼發生的。

第四章和第五章研究克服衝突性緊張和恐懼的方法：攻擊弱小的受害者。在這裡我們將會檢視家庭暴力、霸凌、攔路搶劫和持械搶劫等行為中的情境互動。其中一些行為相對更加制度化並會反覆發生。前一章提到的恐慌進攻也是另一種攻擊弱者，只不過是位於光譜的另一端，這種弱者是突現的，而攻擊之所以殘忍，關鍵在於突發的情緒轉移。所有這些攻擊弱者的行為模式，都顯現成功暴力行為的關鍵特性，就是選擇情緒上的弱者作為目標，這比體能處於弱勢更為關鍵。

到目前為止，這些章節所描述的暴力都是細看起來無比醜陋，而且在道德上令人不齒的。本書的第二部涵蓋另外一系列克服衝突性緊張和恐懼的方法。在這裡，暴力是可敬的、歡樂的、熱情的，至少是介於能被社會原諒和私下鼓勵之間。第六章研究特地為觀眾表演的打鬥，那些限制和保護打鬥的特性，同時將參與者提升到受尊重的菁英地位。然而，即使在這裡，衝突性緊張和恐懼也依然存在，並將暴力塑造得像是「被壓抑物的回歸」（return of the repressed）*。

第七章研究慶祝、狂歡和娛樂等歡樂情境下產生暴力的不同方式，以及為何原本並不歡樂的暴力形式（如暴動）會採取一種狂歡的風格。

第八章解釋體育運動作為一種戲劇性的偽暴力（pseudo-violence）形式，如何在可以預見的情況下，導致運動員間與球迷間發生真正的暴力。我也考慮到在何種條件下球迷的暴力會溢出體育場，甚至自發產生：此時，「B隊」會提升自己在體育運動上的情感激情至與「A隊」不相上下，甚至略勝一籌。

第九章研究何時會發生打鬥，何時又不會。我關注的是虛張聲勢中的微觀互動，並研究這些互動如何被確立為受貧民區喜愛的「街頭作風」。

第十章和第十一章研究的是在微觀情境支配的過程中，誰是打鬥的贏家及輸家。暴力的成功是在情緒部分分層，這與學術界和藝術界形塑創造力的「小數法則」類似，全都是在注意力空間有限的範圍內，攫取情緒優勢的變體。那些成為暴力菁英的人從同一領域的其他所有人身上攫取

---

*譯注：精神分析理論中的一個概念，指的是被壓抑的情感隱藏在潛意識中，並傾向於在意識或行為中重新出現。

情緒優勢，當然這種「菁英」就結構上的意義可能在道德上被人鄙視，也可能受人奉承。他們在情緒上衝動的對受害者落井下石，在他們獲得勝利的同時，對手則遭遇失敗，同時他們也會從不那麼重要的支持者和旁觀者身上汲取情緒動力。

至少在社會學上還有一線希望。暴力具有強烈的結構性限制，其本質是一種情緒場域的產物。那些讓一小部分人成功實施暴力的特質，恰恰使絕大部分其他人都成為非暴力者。至於這個模式究竟能有何建設性發現，還有待未來進一步探索。

微觀理論與宏觀理論的補充

由於社會科學家總是喜歡爭辯，彷彿我們自己的理論才是唯一正確的，因此我想特地聲明：微觀社會學理論並不是社會學的全部。研究者早已在未分析微觀細節的情況下，成功的研究過大規模結構，例如網路、市場、組織、國家，以及它們在世界舞臺上的互動等。對於這些中觀結構和宏觀結構，我們已經積累了一些有用的理論，我並不是在建議社會學家將這些理論拋諸腦後，只關注面對面的情境。這個問題並不是本體論的「什麼是真實的，什麼又不是」，而是實用主義的「什麼好用，什麼不好用」。在暴力研究這個特殊領域，我們可能比其他領域都更加誤解最基本的微觀互動模式。我們認為暴力很容易由個人實施，所以認為微觀層面不成問題而略過，轉向中觀背景、宏觀組織乃至無所不在的文化中去尋找條件。

結果，這犯了一個實用主義的錯誤。暴力絕不容易實施，其最大阻礙和轉捩點恰恰在於微觀層面。這並不是說中觀和宏觀條件就不存在，或是一旦我們弄清楚正確的微觀機制，就不能將它們有效的融入在一個更加全面的理論中。

本書可能在許多讀者看來都太過微觀了。它省略了之前的動機、背景條件和暴力的長期後果，也省略了大型社會結構（如軍隊或政治）產生暴力的過程，而只關注最直接的情境。我也同意這項批評。不過，為了將注意力集中在暴力的微觀互動層面，我們有必要省略其他部分。本書是以兩冊為一系列，這是第一冊。第二冊將會拓展這一框架，涵蓋第一冊所省略的內容。它會討論到我們對制度性暴力的理解，即那些反覆出現的結構化的暴力，它們體現在中型和大型組織中，提供源源不斷的資源去培養暴力專家。它還將討論到戰爭和地緣政治、虐待，以及不同情境和類型的強姦。

這種對暴力話題的拓展，跨越若干概念上和實際中的邊界。產生暴力的大型和長期結構與衝突論大致相交，而衝突論是一個更加寬泛的話題，因為衝突往往並不是暴力的。兩者透過一系列升級與反升級過程相連接，我將會進一步拓展這一方面，引入至關重要卻甚少被提及的降級理論（theory of de-escalation）。第二冊將會關注衝突，無論它們是暴力的還是非暴力的，將其視為一個隨著時間而潮起潮落的過程。它將嘗試描繪衝突的時間定律，究竟何時會發生，又為何會發生在特定時刻。這意味著把時間過程作為暴力本身的關鍵特質，排除其他引起暴力的條件。暴力事件的發生取決於其相對於其他事件的時機，以及微觀事件內部的時機流動。這也許能讓我們進一步理解相對罕見的暴力事件，畢竟單用背景條件去理解是遠遠不夠的。

微觀社會學與宏觀社會學之間的正確關係並不是此消彼長，而是相輔相成，共同得出一些有用的結論。在暴力研究領域，做到這一點至關重要。儘管一、二兩冊跨越了宏觀與微觀，但始終由一條主線聯繫著，那就是情緒場域中的互動過程理論。第一冊將會呈現時間、空間的微觀部分，第二冊則會呈現更加宏觀的部分。

在接下來的章節，我將會用男性代詞「他」來特指男性。男性與女性在暴力情境中的行為也有類似之處，但在這話題中以慣用的「他」來指代所有人，會引發很大誤解。所以我將會分別且明確的討論女性對女性的暴力，以及分別是男性或女性所施加的暴力。

第一部

暴力的骯髒祕密

第二章 衝突性緊張和失能的暴力

下述引文摘自我的民族誌筆記：

麻薩諸塞州薩默維爾市（波士頓的一個工人階級區），一九九四年十月，一個工作日的晚上十一點半。我走在街上，看到一輛車閃著燈停在商業區的路邊，剛好停在一家店舖門口。一名身穿短夾克的二十多歲白人男子下了車，砰的一聲摔上車門。我繼續走著。街道遠處（另一側的人行道上，即當我轉身回頭望去時的右手邊）有另外一名年輕白人男子，他從垃圾（路旁等待翌日回收的垃圾堆）中揀出瓶子，扔在人行道上。他很憤怒，四處踱步。他看到了路對面約四十公尺處的那個人，衝其喊起「喬伊！〔省略髒話〕」。「我馬上過去收拾你，喬伊！」之類的話。他衝到馬路中央（一條很寬闊的主幹道，此時空空蕩蕩），另一個人則從左側向他跑過來。（顯然他們約好了見面。）與此同時，又有一個人從街道遠方約五十公尺處跑了過來，我猜大概是從右側跑出來的。兩個戰友（喬伊和他的朋友）一起攻擊了那個摔瓶子的傢伙。他們彼此揮動了幾下拳頭，但好像並沒有人真正打中對方。摔瓶子的傢伙開始嚷嚷：「嘿，公平點，公平點！不能兩個打一個！單挑！」他們向遠處退了幾步。叫喊聲持續了幾分鐘，然後平靜下來，但很快又再次爆發。最後，我離開了（大概過了五分鐘，我一直在大概五十公尺外的地方旁觀，有另一位女性行人也在我身旁駐足旁觀，打架者完全沒有注意我們）。我不清楚他們最後到底打起來沒有。

打架者一開始表現得憤怒、強橫、好鬥，他摔瓶子、摔車門、叫嚷汙言穢語。他們互相揮舞拳頭，卻沒打中。很快，他們就找到停止打架的藉口，而雙方都接受了這個藉口，不只是以少敵多的那位，也包括人數占優勢的一方。最後，他們只是再次製造出一些憤怒的噪音罷了。

勇敢、能力和勢均力敵？

關於打架鬥毆，盛行的迷思包括打架者都是勇敢的、能幹的，而且勢均力敵。在娛樂節目及日常生活的修辭中，「好鬥」這項特質通常會用道德詞彙加以區分，例如英雄和惡棍，值得景仰和應受譴責的人，然而壞人往往在打架方面強壯而優秀，否則劇情就會被毀了，主角的地位也無法突出。運動本身是一種娛樂方式，其組織形式具有令人滿足的戲劇性衝突，通常會設計成勢均力敵的競爭形式。在假想的衝突中，只有當英雄挫敗擁有超人之力的對手，實力不對等的交鋒才是可以接受的。當然，這在虛構中要比在真實生活中容易做到多了。

真實生活中的情形幾乎完全相反。打架者大多心懷恐懼，在實施暴力時也往往能力不足，當他們勢均力敵時，就會顯得格外不濟。在強者攻擊弱者時，大部分暴力都能成功。

有一部展現新幾內亞高地的部落戰爭（Garner 1962）的人類學電影《索魂惡鳥》（*Dead Birds*），充分描繪了這項模式。參與者包括兩個相鄰部落的所有成年男子，兩邊各有數百人，他們在雙方領土交界處的傳統戰爭場地見面。影片顯示，數十名戰士站在前列，其中一、兩人衝到最前方，向對方陣營射出一支箭，每當這一幕發生，另一方就會立刻後退。戰鬥有一種波浪般的節奏感，前前後後，彷彿有一種力量阻止著哪怕最勇敢的戰士踏過那條界線，彷彿一旦有人踏入敵方陣營，哪怕只有幾公尺，攻擊的勇氣便會立刻洩盡，而一旦開始後退，敵人便會獲得前進的勇氣。大部分的箭沒有射中。大部分傷患都是在逃跑時屁股和後背受了傷。結果，經過一天的戰鬥，傷患也只有寥寥幾位，大約僅占總人數的百分之一至百分之二。戰鬥持續了幾天，直到最後有人死亡或重傷瀕死為止。

只要有一個人死亡，戰鬥就會停止，屍體會被帶回村莊安葬，另一方則會舉行慶祝儀式。這段用於慶祝的時間其實是一種潛在的休戰，前線無須有人把守，所有人都在參與雙方各自的儀式。此外還有其他方法來限制戰鬥，倘若天氣糟糕，或者雨水會破壞他們的戰鬥裝飾，戰士們便會同意暫停戰鬥。他們也會在戰鬥中暫停，用來進食和討論各自的表現，通常都是自吹自擂、誇大其詞。

此類部落戰爭帶有家族血仇的結構特點：通常每次會殺死一個受害者，而每個受害者都要有人為之復仇，從而引發更多衝突。對方陣營的每個成員都可以成為下一個合適的受害者。在《索魂惡鳥》一片中，敵方陣營的突擊隊越過部落邊界，在偏遠地帶殺害了一個小男孩。雙方成年人之間的大規模衝突通常會陷入僵持，彷彿跳芭蕾一般假裝武力對峙，但其實誰也無力殺死對手，反倒是針對敵方陣營中弱小成員的孤立攻擊更加有效。這個模式在部落戰爭中十分常見（Divale 1973; Keeley 1996）。除了大規模武裝衝突，部落之間也會互相發起突襲，試圖直接襲擊對方的村莊，特別是當戰士們不在時，或者有時候也會伏擊對方的戰士。當部落戰士面對手無縛雞之力的敵方成員占有優勢時，通常便會發起屠殺。從北美印第安部落對其他印第安部落和歐洲白人定居者發動的攻擊中，人類學家基利（Lawrence Keeley）提供不計其數的例子。最嚴重的暴力事件發生在一方實力遠遜於另一方時[1]。

既然對戰士的戲劇化描摹如此不準確，那麼這種形象又是如何流傳下來的？這部分是因為娛樂型暴力本身，包括其體育運動形式在內，是一種人為製造的、戲劇化的、予人滿足感的形象。日常生活對話也是如此，大多是充斥著戲劇性情節，由人們講述自己和他人的故事。日常對話的吸引力在於引人注目和具有娛樂性，而不是忠於事實。這就是為什麼人們往往缺乏詞彙來準確的描述真實的暴力，對於他們親身參與的暴力，他們有壓倒性的動機將自己描述為勇敢善鬥的形象，而且敵人必然是勢均力敵的強大，他們絕不會說自己面對這樣的敵人抱頭鼠竄。當然，有一種修辭方法是將敵人稱為懦夫，但這通常意味著敵人的攻擊是成功的，因為它出乎意料，因而並不公平，或者這只是一種自吹自擂，意思是一旦狹路相逢自己必會取勝。真正經歷過戰鬥、直接面對過敵人的戰士，通常會將敵人形容為勇敢的形象。只有遠方的敵人才不值得尊重。戰線後方的戰士乃至待在家中的平民百姓，則更傾向於輕視敵人（Stouffer et al. 1949: 158-65）。事實上，人們在戰鬥中的表現與在其他衝突中一樣，通常都是心懷恐懼，因此前線的戰士也在塑造這個迷思，不管是關於敵人還是自己。這就是為什麼我們需要用直接證據來展示人們在衝突情境中的表現，而不是依賴他們自己的描述。

核心現實：衝突性緊張

本章開頭，我描述了在波士頓街頭的硬漢間，發生了一場沒怎麼打起來的架。最簡單的闡釋是，當衝突發展到暴力的關口，這些人進入一種恐懼狀態，或者至少是一種高度緊張的狀態。我將其稱為緊張／恐懼（tension/fear），這是一種群體性的互動情緒，它描繪了暴力衝突中所有參與者的情緒特點，並透過幾種典型方式塑造了所有參與者的行為。

當我們親眼看到戰鬥是什麼樣子，並試圖在口頭表述之外對其進行分析，情緒模式就會浮現出來。在一張路透社的照片（Oct. 1, 2000, Ahmed Jadallah/Reuters；本書未收錄）及一張美聯社的照片（Feb. 28, 2002, Nasser Ishtayeh/AP；本書未收錄）中，展現了戰火中的男人，他們的某些舉動也許可以稱得上勇敢。但即使如此，他們的姿勢和面部表情也是蜷曲而充滿恐懼，就連最活躍的槍手也顯得十分緊張。在一張美聯社的照片中（Sept. 27, 1990, Kevin Ricel Berkeley, California；本書未收錄），一支特警部隊（ＳＷＡＴ，特殊武器和戰略部隊，即專門應對軍事攻擊的警方部門）正在逼近一個劫持了人質的槍手。他們在人數和武器上都遠勝對方，卻依然動作謹慎而緩慢，彷彿是在極不情願的迫使自己的身體前進。

另一張路透社的照片（July 29, 2002, Ahmed Jadallah/Reuters；本書未收錄）近距離展現了面部表情。在巴勒斯坦暴動中，一群男孩正向一輛以色列坦克投擲石塊。並沒有人向他們射擊，他們的行為只不過是虛張聲勢；但他們全都曳引在衝突性的情緒中。最前面那個男孩的臉上表現出恐懼的典型特徵：眉毛抬高並擰在一起，前額出現橫向皺紋，上眼皮抬起，下眼皮繃緊，嘴唇張開，舌頭微微繃直（Ekman and Friesen 1975: 63）。正在扔石頭的男孩臉上也有相似的表情，他雖然顯得很勇敢，卻同時心懷恐懼，而非無所畏懼。其他人則蜷縮著，流露出不同程度的緊張。

無論衝突情境中發生了什麼事，都是由緊張／恐懼所塑造的：暴力如何實施（在絕大部分時候都是無法實施的）；打鬥持續的時間；當打鬥成為迫在眉睫的威脅，人們如何傾向於逃避動手並試圖結束衝突，或是避免讓自己捲入其中。如何控制緊張／恐懼也同樣決定著暴力在何時、在何種程度上、針對何人能成功實現。

緊張／恐懼與軍事戰鬥中的非表演性

關於恐懼及其影響，最詳盡的例證來自於士兵在戰鬥中的表現。馬歇爾（1947）曾經擔任過美國陸軍首席戰鬥歷史學家，一九四三年在中太平洋、一九四四年至一九四五年在歐洲，都於戰鬥後立即訪問了士兵。馬歇爾總結道，在戰鬥中，通常僅有百分之十五的前線士兵開了槍，即使在效率最高的部隊裡，這個數字也不會超過百分之二十五。

當（一個步兵團的指揮官）遇到敵人，他手下的士兵最多有百分之二十五會真正與對方交火，除非他們面臨被對方壓倒性攻擊的局面而不得不進攻，或者所有初級軍官都在不斷督促士兵們加強炮火。百分之二十五這個數字即使對訓練有素、身經百戰的軍隊也同樣適用。我的意思是，百分之七十五的士兵不會開火，或者**不會堅持**對敵人及其工事持續開火。這些人也許會面臨危險，但不會開火。（1947: 50，粗體字為後加）

我們發現，平均下來只有不超過百分之十五的士兵真正對敵人開了火……這個數字在任何行動中都不曾超過百分之二十至百分之二十五……大部分行動在發生時，其場地和戰術條件都可以允許至少百分之八十的士兵開槍，幾乎所有人都曾在某個時刻進入足以命中敵人及其工事的射程範圍之內。這些行動很少是隨隨便便發生的，大部分是具有決定性的軍事行動，其中某支步兵連的行為將會對更多士兵的命運具有至關重要的影響，而這支步兵連本身也因此承受著強大的壓力。大部分情況下，這支隊伍都會大獲全勝。在某些情況下，它也會被迫撤退，在局部戰場上敗於敵人的炮火。（1947: 54）

在戰場上一個尋常日子的軍事行動中，一支戰鬥經驗處於平均水準的步兵連中，約有百分之十五的士兵使用了任何類型的武器。在攻擊性最強的部隊中，在最緊張、壓力最大的情況下，從行動開始到結束，這個數字也很少會超過百分之二十五……更有甚者，這些數字體現的僅僅是開過火的士兵，而他們並不需要堅持一直開火就會被算進去。哪怕他只是開了一、兩槍，也沒有特別瞄準什麼目標，或者只是衝著敵人大概的方向扔了一枚手榴彈，他就已經被計算到這個數字裡了……地形、戰術、敵人身分乃至命中率等，在這個開火／未開火比率中都不曾得到體現。哪怕是經歷了三、四場戰役之後，經驗也沒有帶來任何期望中的劇烈轉

> 變。結果顯示，這個數字的最高值固定為某個常數，根植於部隊之中，或者也可能是由於我們無法正確理解其本質，因而無法提供合理的改進措施。（1947: 56-57）

如果一名軍官直接站在士兵身旁命令他開槍，那麼開火率就會上升，但正如馬歇爾所記錄的，大部分軍官「無法一直在前線東奔西跑的逼迫士兵使用武器」（Marshall, 1947: 57-58）。這不僅僅是因為不停的跑來跑去更可能招來子彈，更是因為軍官更可能在嘗試自己開火擊退敵人，並且「支持和鼓勵那些寥寥無幾的、願意開火來維繫行動的士兵」。

在馬歇爾描繪的畫面中，雙方部隊中都只有一小部分士兵支撐著全部的交火。（我將此稱為SLAM效應，取自馬歇爾本人由他姓名縮寫而來的暱稱。）但就連這些人也不是那麼有效，事實上，多數人都擊不中目標。其他人在做什麼？他們都在戰鬥情境中不同程度的喪失行為能力。舉個近距離觀察的例子，來自一九〇〇年義和團起義時，攻入北京的美軍部隊：

> 一名中國士兵從防線後衝了出來，盡可能快速的向我們不停開槍、換子彈、開槍。第十四步兵團的一個士兵指著他，對厄珀姆（Upham）喊道：「他在那兒！開槍打他！打他！」我問他為什麼他自己不開槍。他沒有回答，卻一直跳上竄下的喊著：「開槍打他！」（Preston 2000: 243-44）

厄珀姆開槍了，他的第三槍擊中那個中國士兵。

有時士兵會逃跑。這通常很容易被注意到又很丟臉，除非整支部隊都在驚慌中潰逃，這時個人行為就容易獲得原諒。大規模恐慌性撤退在決定性戰役中可能會造成重要影響，卻並不是戰爭中最常見的喪失行為能力形式。只顧自己逃跑的士兵可能會被視為懦夫，但其他形式的膽怯卻往往能夠獲得戰友們的共鳴。逃跑被視為一種令人鄙視的膽怯，特別是在其他人沒有一起逃跑的時候。然而，所有的恥辱都集中在這種行為之上，也就使得膽怯的其他表現形式能夠保留尊嚴，至少不至於被貼上恥辱的標籤。

括約肌失控導致大小便失禁的情況也不少見（Holmes 1985: 205; Stouffer et al. 1949 vol.2; Dollard 1944; Grossman 1995: 69-70）。二戰期間，美軍士兵這方面的比例是百分之五至百分之六，在某些戰鬥中甚至高達百分之二十。英軍、德軍和越戰中的美軍也有相關報告。這種情況並不僅僅是現代戰爭的專利，皮薩羅（Francisco Pizarro, 1471/1476-1541）*的士兵在抓獲印加帝國國王之前也曾嚇到尿褲子（Miller 2000: 302）。戰爭是骯髒的，這句話可以從多個角度去理解。其他心理反應還包括心跳加劇（百分之七十的士兵報告有此類反應）、發抖、冒冷汗、身體發軟、嘔吐等。

有些士兵試圖在地上挖坑把自己的腦袋藏在裡面，或是用毯子或睡袋把自己蓋起來（Holmes 1985: 266-68）。這種行為可以發生在光天化日之下、戰鬥最激烈的時刻，幾乎不可能逃過敵人

* 譯注：西班牙早期殖民者，開啟了西班牙征服南美洲的時代。一五三二年，皮薩羅率領不足兩百人的小軍團在祕魯北部的卡哈馬卡（Cajamarca）戰勝八千名印加士兵，並俘虜印加國王阿塔瓦爾帕（Atawallpa）。

的眼睛。這是恐懼導致的一種近乎癱瘓的行為，有時處於這種狀態的部隊連投降的能力都喪失了，更不用提反擊，結果他們死在自己躺下的地方。這似乎並不是現代西方士兵獨有的軟弱，德國、法國、日本、越共、美國、阿根廷和以色列士兵都有此類表現，中世紀和近代早期的戰爭中也有此類紀錄（Holmes 1985: 267）。

馬歇爾提出的美軍在二戰中開火比例不超過百分之十五至百分之二十五這項資料，一直飽受爭議。最主要的批評是針對他採用的方法，馬歇爾並沒有進行系統性的訪問，明確詢問每一位士兵是否開火（Spiller 1988; Smoler 1989）。有些二戰指揮官（通常是高級軍官）對這個數字嗤之以鼻，認為其荒謬不堪，其他老兵則支持他的結論，證實戰鬥中開槍者的低比例（Moore 1945; Kelly 1946; Glenn 2000a: 5-6, 2000b: 1-2, 134-36）。一位德國軍官寫道，德國步兵團中有數不勝數的人沒開過槍，但「比例並不明確」（Kissel 1956）。一位澳洲軍官用二戰中的德軍和駐韓英聯邦軍的例子支持馬歇爾的總體立場，稱在後者中有百分之四十至百分之五十的士兵在遭受攻擊時可能不曾回擊（Langtry 1958）。一項研究比較英軍的訓練演習和實際戰鬥結果，其發現與馬歇爾所估計的百分之十五開火率相一致（Rowland 1986）。

如果我們結合一些條件來看這個問題，這些不同的紀錄就可能會趨於一致：㈠軍隊中不同位置的觀察者各自心懷特定偏見，因而在描述和解釋戰鬥表現時也就會有差別；㈡我們應該要更完善的區分士兵開火的頻率和方式；㈢高度活躍的開火者、未開火者和介於兩者之間的群體比例，會隨著歷史階段中軍事組織結構的變化而改變。

我們應該可以預料到，高級軍官最難感受到這個問題。在所有組織中，身處高層者最難獲得底層實際操作中的準確資訊。此外，等級越高，越會認同組織前臺所呈現的理想形象，因而也就更可能會使用官方語彙。前線作戰的低階士兵則會有不同的觀點。此外，另一種偏誤來自於不同的觀察方式：對每個微觀情境的細緻觀察，以及對理想表現的總結報告。後者會更加理想化的呈現出積極的形象，而可以預見到的是，這個偏誤會隨時間增大，因為關於戰鬥經歷的實際記憶會漸漸消退。在這些方面，馬歇爾在戰鬥之後立刻訪問全部士兵、詢問其有何行動和觀察的方法（Marshall 1982: 1），仍然是我們所能獲得的資料中，品質最好的[2]。更寶貴的是，馬歇爾的方法是將所有士兵都聚集到一處，這有點類似焦點團體（focus group）的形式，不分軍銜的進行詢問，直到他們能夠還原出完整且一致的場面。

正如我們在此前引用的段落中所看到的，馬歇爾使用各種方法來捍衛這項數據，他指出，在某些情況下，這個數字也會短暫的高於百分之二十五。這看起來很清楚，馬歇爾並不是在呈現一個統計學上的論斷，而是在總結自己的判斷。他是第一個深入研究這項問題的人，在戰區研究了兩年多，訪問約四百個步兵連，而大部分參與戰鬥的士兵極少或完全沒有開火。

馬歇爾提供的印象儘管有時不盡準確，卻有他對特定戰鬥的細緻描繪作為支持。其中有個例子，一九四三年十一月在西太平洋吉伯特群島（Gilbert Islands）上，有個美軍營（完整規模應有六百至一千人）面對日軍發起的徹夜攻擊進行防衛戰。日軍的進攻失敗了，並造成嚴重傷亡。「大部分殺戮發生在一段不到十公尺的區間裡……每寸土地上都躺滿敵人的屍體。」在美軍這邊，「散兵坑裡約有一半人受傷或死亡」。馬歇爾總結道：

> 我們開始調查我方究竟有多少士兵使用了武器。這項調查耗費巨大的精力，需要逐個士兵、逐個炮手問過去，對每個人都要詳細詢問他究竟做了什麼。然而，若不考慮死者，我們僅發現有三十六名士兵真正對敵人使用了武器，其中大多是持有重武器的士兵。最活躍的槍手往往是一同作戰的小隊。有些人所在的位置遭受直接攻擊，卻根本不曾還擊或嘗試使用武器，哪怕自己的領地被炮火蹂躪也是如此。（Marshall 1947: 55-56）

這個比例小得驚人：在全部六百多人裡，所有炮火僅僅由（最終生還者中的）三十六人發出。即使考慮到前線散兵坑中只有兩個連，其中大約一半死亡或喪失了行動能力，開火率也僅僅約為兩百分之三十六，也就是百分之十八[3]。

馬歇爾主要是從定性而非定量的角度來描述戰鬥中普遍存在的能力不足現象，這項發現也得到戰鬥領域主要學者的支持。最早研究戰鬥行為的杜皮克上校（1903/1999）在一八六〇年代向法國軍官發放了問卷調查，結果發現士兵傾向於往空中亂放槍。基根（1976）引領現代歷史學界重建實際戰場行為的運動，他形容戰場是充斥著恐怖的地方，而不見英雄主義的進攻精神，包括中世紀的戰鬥、拿破崙戰爭和第一次世界大戰。在十八世紀和十九世紀早期的大型槍炮編隊中，士官的位置通常就在火線後，往往需要拔劍橫在士兵背上強迫他們保持戰鬥行列（Keegan 1976: 179-85, 282, 330-31）。在世界大戰中，所有主要軍隊都設有憲兵，他們通常挑選自體格最魁梧高大的士兵，任務是阻止其他士兵從前線逃跑。蘇聯軍隊使用哥薩克騎警來完成這項任務，當馬匹面對現代炮火已經成為一種不合時宜的弱點，它們卻在此找到其存在的意義。三十年戰爭

（一六一八年至一六四八年）中的一位將軍也將騎兵派上類似用場，他同時切斷了己方退路，使懦夫毫無選擇，並下令軍隊射殺逃兵（Miller 2000: 131）。格里菲斯（Patrick Griffith 1989）在美國內戰中也發現無處不在的恐懼和無法開火的類似情況。英國歷史學家霍姆斯（Richard Holmes 1985）和葛司曼（1995）詳細記錄二十世紀戰爭中的類似情形，他們審閱那些批評馬歇爾的證據，並認為馬歇爾的論斷是正確的。作家戴爾（Gwynne Dyer 1985）估算日軍和德軍的開火數量，認為他們與盟軍的情況相似，也存在同樣程度的不開火現象。

這種戰鬥恐懼有多少程度上是因為徵募到的士兵不適應軍旅生活，或者是由於第一次參戰而受到了驚嚇呢？第十八任美國總統格蘭特（Ulysses Grant 1885/1990: 231-32, 1005）描述了一八六二年四月西羅之役（Battle of Shiloh）第一天的景象：剛剛抵達戰區和拿到武器的士兵，面對南方邦聯軍的進攻而驚慌潰逃，四、五千人（在聯邦軍最初參戰的五個師中大約占了一整個師的人數）最後躲藏到聯邦一側後方的河岸下。格蘭特說道，有十二名軍官因懦弱而被捕。

然而，新兵與老兵之間的差別並不大。對二戰同盟軍士兵的研究顯示，士兵在獲得十至三十天戰鬥經驗時，戰鬥效率達到最高峰，如果他們此後繼續戰鬥，很快就會變得緊張不安、草木皆兵，而五十天後就會變得精疲力竭（Swank and Marchand 1946; Holmes 1985: 214-22）。如果戰鬥中時有休息，最終失去戰鬥能力的時間會推後到「累計兩百至兩百四十個戰鬥日」（Holmes 1985: 215）。軍官也會經歷效率崩潰，特別是當他們壓抑恐懼（也許正是因為這麼做的壓力）之時，這個時間大約是參與戰鬥一年之後。他們的表現包括消極、懈怠、冷漠、逃避等[4]。戰鬥經驗的作用並不會簡單的讓士兵變得堅強，而是也會同時透過心理和身體上的壓力讓他們變得軟弱。作為佐證，在一九四四年諾曼第登陸戰役中的英軍部隊裡，老兵軍團的表現比新兵差得多（Holmes 1985: 222）。

事實上，「身經百戰」的部隊在經歷長時間高強度的壓力後，對戰鬥的抗拒心理可能會達到一個極端。戰鬥後期的老兵中，往往容易發生兵變。基根（1976: 275-77）提供了一個大致的解釋：當一支部隊的傷亡率達到百分之百，也就是原隊伍的每一名士兵都已死亡或身受重傷，每個人都會被替代，士兵會認為自己已經與死人無異，從而拒絕繼續作戰。一戰中，所有長期參戰或累計傷亡慘重的部隊都發生了兵變：一九一七年五月和七月的法軍、一九一七年七月和九月的俄軍、一九一七年十一月的義軍、一九一七年九月和一九一八年三月的英軍、一九一八年五月的奧匈聯軍，以及一九一八年十月最後發生兵變的德軍，儘管他們在整場戰爭中常常凱歌高奏。美軍是個例外，但他們的參戰期最多不超過六個月（Gilbert 1994: 319, 324-43, 349, 355, 360, 397, 421-22, 429, 461-62, 481-85, 493-98）。

緊張和恐懼對戰鬥表現的影響在不同的歷史階段也會有變化，這取決於軍隊有何措施控制這種恐懼。就馬歇爾的估算，僅有一小部分士兵（大約百分之二十五）會主動開火，這對二十世紀的世界大戰和十九世紀的類似戰爭同樣適用。然而，美軍在韓戰中的開火率卻提升到百分之五十五（馬歇爾本人的紀錄），在越戰更是提高到百分之八十至百分之九十五，至少對最優秀的部隊來說是如此（Grossman 1995: 35; Glenn 2000a: 4, 212-13）。近半個世紀以來，軍隊在戰場上的組織結構已經發生變化，招募和訓練方式也與過去不同。從歷史上來看，大型軍團採用閱兵排列整齊劃一的列隊開火的形式往往有較高的開火率，但其問題恰恰相反：漫無目標的射擊往往無法擊中目標，而且還可能會對友軍造成傷亡。二十世紀戰爭中的小型編隊，為了減少成為機關槍瞄準目標的風險，不再有嚴格的組織控制，因而士兵在戰場上很大程度上要靠自己，失去堅實的社會支持帶來的抗衡作用，他們格外容易受到衝突性緊張／恐懼的影響。韓戰結束之後，美軍從馬歇爾的發現中認識到這一點，於是重新設計了訓練和戰鬥時的組織結構，用來鼓勵士兵開火，並維繫戰鬥編隊中的社會團結。這是一個罕見的例子：社會科學的研究發現被用來促進社會變革。傳統的射擊練習由特別真實的戰鬥情境所取代，士兵要練習向突然出現的目標自動射擊（Grossman 1995: 257-60）。招募方式也有影響，在世界大戰中，徵募軍比志願軍的開火率要低（我們可以從美國歷史學家葛蘭〔Russell Glenn 2000a〕提供的證據中看到這一點）。因此，馬歇爾在二戰中觀察到的士兵，從各個方面來看都可能是戰鬥表現最差的一批人。

葛蘭（2000b: 37-39, 159-61）對越戰老兵的調查，顯示訓練方式的變化所帶來的影響及其局限。只有百分之三的士兵報告說他們曾在該開火時沒能開火，也就是說，自我報告的開火率達到百分之九十七。然而，詢問他們是否觀察到其他士兵在類似情況下沒能開火時，百分之五十的人說他們曾觀察到一次或多次這種現象。百分之八十的士兵認為其他人不開火的原因是恐懼。

我們得到一個數字範圍：自我報告的開火率是百分之九十七（自我中心導致的偏誤），他人觀察中有百分之五十的偶然未開火現象；此外，他人觀察中有百分之八十三的人在必要時會開火。這些數字是否太高了？這些調查可能帶有一定的偏誤，它們是回溯性調查，在士兵參戰之後過了十五至二十二年才進行，並將特定場景整合為一種概括性的記憶。軍銜較高的樣本，其估算的數字也會偏高，這導致對戰爭場景的描繪更加理想化。此外，樣本還包含更多具有雄心壯志的、渴望戰鬥的部隊，這些人大多是最優秀的戰士，而不是普通士兵[5]。

葛蘭的數據（2000b: 162-63）可以用來重新計算，透過士兵的自我報告來得出開火行為的分布情況。相對來說，很少有人報告說他們「極少」開火（即面對敵人且生命受到威脅時，開火率依然低於百分之十五），但分別有相當比例的士兵報告說他們幾乎一定會開火（同等情況下開火機率達到百分之八十五至百分之百），或是介於兩者之間（有時開火、有時不開火）。

開火率最高的一組人占全部士兵的百分之四十左右，這比馬歇爾的二戰數據要高，訓練和組織方法的改進，成功提高了開火率。戰鬥軍官（班長和副排長）開火率的數字要高一些（百分之五十二），這與韓戰中的調查一致，就是徵募軍的開火率與其軍銜相關（Glenn 2000b: 140）。需要協同操作的武器使用者，往往有著最高的開火率（百分之七十六至百分之八十四），這再一次與馬歇爾的觀察一致。最後，我們還注意到，作為對照組的非戰鬥人員（主要任務並非在戰鬥中使用武器的人員，包括行政人員和後勤人員等）面臨炮火且手邊有武器可以還擊時，其開火率與馬歇爾的預測更為接近，開火率最高的組別僅占百分之二十三。他們也能幫助我們了解馬歇爾的估算中未開火的士兵如何分布：百分之二十五的士兵從未開火，只是尋找辦法來逃避戰鬥，另有百分之五十的士兵偶爾也會這樣做。總體來看，除了那些特殊武器人員中絕大部分都是高開火率者之外，約有一半士兵位於中間位置，有時開火，有時不開火。考慮到馬歇爾的研究結果公布之後，軍隊特別改進了訓練方式和戰鬥組織來提高開火率，我們應該注意到，在攻擊性格外高的菁英與絕大部分普通士兵之間，依然存在一道鴻溝。在這一方面，他們就像工廠和其他體力勞動的工人一樣，大部分的人付出的努力只是剛好可以讓整體工作效率看上去還過得去罷了（Roy

1952）。

另外一種對士兵做調查的方法，是利用照片並數出其中開火士兵的人數[6]。照片作為證據在很高的程度上印證了相對較低的開火率。將所有戰鬥照片蒐集起來之後，我們發現開火率與馬歇爾估算的較低範圍吻合，也就是百分之十三至百分之十八（如果允許畫面人數較多的照片拉低平均值的話，這個數字會低至百分之七至百分之八）。如果採用更加嚴格的標準，只考慮至少一人開槍的照片，那麼最高的開火率也不過百分之四十六至百分之五十。這些是美軍在越戰和伊拉克戰爭中的表現，此時他們已經採用新的訓練方法。在此之前，許多國家的軍隊以及近年來的準軍事部隊的開火率都要更低一些，不過仍然在馬歇爾估算範圍的上限附近。整體而言，當我們以為士兵都應該開火的時候，最多不過半數人真正這麼做了。馬歇爾的估計並沒有錯。此外，軍事組織對提高開火率能起到的作用似乎也很有限。

無論何種形式的軍事與打鬥組織，都需要處理緊張／恐懼的問題。處理這個問題的方式決定了組織的性質和表現。其中一種方法就是將個人動機從士兵身上剝離，將軍隊排列成整齊劃一的隊伍。西方曾有兩個時期流行這種大型陣形：古地中海時期的士兵曾手執長矛排成方陣，在中世紀晚期和現代歐洲早期，這種長矛方陣陣形再次復甦，直到十七世紀火槍時代早期為止。過去，毫無章法的軍隊依賴的是士兵的個人勇氣，是英雄主義的鬥士在其他士兵的喝采聲中衝鋒陷陣，如同《索魂惡鳥》中的游擊戰一般，相較之下，方陣的效果優越得多。羅馬軍團一般總能打敗高盧人和日耳曼人[7]，這並不僅是因為方陣中嚴明的紀律有利提高士氣、加強防守，更因為敢於面對他們的狂暴勇士和個人英雄都只是原始部落中的一小部分而已。基於馬歇爾估算的比例，部落

【表 2.1】有生命危險的對敵衝突中的開火率

	開火率			
	極少	有時	幾乎一定	人數
非武裝人員[a]	23%	54%	23%	43
戰鬥人員	12%	48%	40%	73
士官	4%	42%	52%	69
直升機人員	10%	14%	76%	28
機關槍人員	0	14%	86%	7
全部戰鬥人員	9%	45%	46%	181[b]

a 這裡指的是那些主要任務並非直接使用武器的士兵，包括行政人員、炮兵、工程師等，但他們仍有可能直接面對敵人，並會攜帶能夠使用的小型武器。

b 這一行是從葛蘭（2000b: 162）的資料計算得來，並排除了炮兵、飛行員、行政人員等，因此這裡並不是以上類別的總和。

軍隊中富有攻擊性的戰士在人數上，肯定少於真正使用武器的羅馬人。正如馬歇爾和麥克尼爾等人所指出的，在紀律嚴明的隊伍和小組團體操作的武器營，武器的使用率是最高的。在羅馬軍隊的方陣中，有效使用長矛或劍的士兵比例並不需要太高，就能完勝一支典型的部落隊伍。

當方陣之間互相作戰（例如希臘城邦戰爭、羅馬古迦太基戰爭和內戰等），雙方緊張／恐懼的程度似乎旗鼓相當。古代作家（Thucydides Book 5; para.71）注意到，方陣通常會擠向右側，因為士兵會越來越傾向於躲在右側人的盾牌下面。方陣的初衷是讓士兵各司其職、防止逃跑，但戰鬥往往是你推我擠，除非一方陣形遭到破壞，否則很少造成傷害。即使在那時的希臘城邦戰役中，人們通常也不會去追擊一支潰逃的隊伍，因此傷亡率最高不過百分之十五左右（Keegan 1993: 248-51）。

從十七世紀到十九世紀中期，密集隊形成為歐洲軍隊首選的陣形。這一方面是為了加快火藥重裝的速度，因為當時每發子彈射出之後都要重裝火藥；另一方面，這也是為了保證能夠一聲令下集體射擊，以降低內部誤傷。最

【表 2.2】戰鬥照片中開火士兵的比例

	全部照片	照片中的士兵人數	只考慮至少有一人開火的照片	至少有一人開火的照片中的士兵人數
越戰	18%	342	46%	133
其他二十世紀戰爭	7%-13%[a]	338-640[a]	31%	146
伊拉克戰爭	8%-14%[b]	63-103[b]	28%-50%[b]	10-50[b]

a 其中一張照片記錄了一戰中一個俄軍步兵團的進攻行動，在這支三百人的部隊中，沒有一個人在開槍。表格中較高的開火比例是基於將這張照片排除之後，所計算出來的。

b 其中一張照片顯示海軍陸戰隊中一個四十人的排正在密集交火。對於究竟多少人在開火，我的估算可能未必準確。排除這張照片後，全部照片中約有百分之八的士兵開火，百分之二十八是至少有一人開火的照片比例。

後，由於當時命中率很低，密集隊形同時射擊也能集中火力。正如之前提到的，閱兵式陣形有著同樣的結構優勢，能夠防止士兵逃跑。作為一種紀律形式，它無疑也對軍官有極大的吸引力，因為當時軍隊正在不斷增長，從中世紀戰場的數千人發展到拿破崙戰爭時期的數十萬人。然而，閱兵式陣形中的開火率與理想狀態依然相距甚遠。美國內戰中的蓋茨堡戰役之後，戰場上蒐集到的前裝式毛瑟槍百分之九十是上了膛的，其中半數裝填多發火藥，槍管裡有著兩發或更多的子彈（Grossman 1995: 21–22）。這說明至少半數士兵在中彈或棄槍時，都經歷了反覆裝填子彈卻未開槍的過程。我們之後還會看到，這種大型陣形造成的傷亡事實上並不高，這可能一方面是由於低開火率，另一方面則是由於低命中率。

閱兵式陣形在十九世紀中期便過時了，因為後裝式來福槍和再後來的機關槍使戰場上的火力大大加強，也讓大型陣形成為極其顯眼和容易遭受攻擊的目標。值得注意的是，這些隊形已經持續存在超過兩百年，因為它們對彼此並不危險。如今，戰鬥以鬆散的隊形展開，士兵沿著一條長線散開，在躲避子彈的同時，也在各自尋找掩蔽。不過，密集隊形行軍操練依然是軍事訓練的一部分，也常見於非戰鬥時期、大後方及和平時期的軍隊生活。它被認為是建立紀律意識不可缺少的一環，這種自動服從權威的意識，能夠讓士兵在戰鬥的壓力下表現出色。理論上，受到馬歇爾對於戰鬥恐懼和低開火率複雜研究的啟發，密集隊形操練可能會被作為一種解決馬歇爾及其他類似研究中提及的動機問題的方案。然而實際上，機械服從在戰鬥中並不會提高有效開火率。馬歇爾（1947: 60-61）指出，戰鬥中開火的少數士兵往往是紀律性不太強的那批人，他們在操練中表現並不好，還常常因為冒犯上級而被關禁閉。看起來，即使在大型陣形時期，密集陣形也不能讓士兵在戰鬥中表現更加積極，即使在當時，陣形有很大程度也是一種和平時期的紀律儀式，是象徵性的努力，用以向外人和自己展示軍隊的形象。行軍和操練能夠讓士兵投入戰鬥，卻不能使他們變成高效的鬥士。它們繼續作為訓練新兵的儀式，並在無關戰鬥條件的時期標誌著士兵與平民百姓之間的區別。

較高的開火率（縱觀歷史應稱為更高的武器使用率），取決於一系列條件（葛司曼〔1995〕總結其中許多條件）：

一、需要集體操作的武器：多人操作的機關槍、火箭炮、火箭筒、迫擊炮等武器，需要隊伍中一部分人來更換彈藥或提供後勤服務。

二、距離敵人較遠：炮兵通常開火率較高，使用瞄準鏡的遠距離狙擊手開火率很高，近距離作戰的步兵團開火率較低，肉搏戰中武器的使用率更低。

三、較強的命令階層：上級軍官在作戰現場直接命令士兵開火。這在大型陣形和非常小的隊伍中比較容易實現，而在現代戰鬥中分散的戰場條件下很難做到。

四、心理上貼近現實的訓練：不使用閱兵式陣形演習和目標訓練，而是類比戰場條件中的混亂與緊張，並透過不斷練習，使得士兵能夠條件反射向突然出現的威脅開槍。

這些方法都可以用來克服暴力對抗場景中的緊張／恐懼。集體操作的武器在最微觀層面上仰賴於團結的力量，在最有效的戰鬥編隊中，相較於敵人，士兵更需要關注戰友的情況。集體操作的武器之所以重要，並不是因為它們是某種特殊的技術，而是它們有利於培養一種團結的精神。有證據表明，開火本身是一種催化劑，這些武器編隊的士兵在戰鬥進行過程中，會不斷更換武器[8]。集體操作的武器除了能夠提供火力之外，還能幫助士兵進入一種彼此互動的儀式之中，讓他們的身體成為一個集體，擁有共同的韻律。正如在非衝突性儀式中一樣，情感曳引和相互關注能夠創造一種團結與情緒能量，讓士兵在其他人都屈服於戰鬥中產生的緊張感時，仍能擁有開火的信心與熱情。

這種儀式能夠精心設計並體現在訓練中。進入二十一世紀的英國軍隊在訓練中特別強調，士兵在戰鬥中應與身旁戰友透過聲音或事先約定的手勢保持溝通，從而產生一種能夠提高開火率的社會凝聚力（King 2005）。步兵班則訓練士兵交替移動和開火，這實際上將個體使用的武器轉變成團體操作的武器。

離敵人越遠，就越有助於減少那些產生衝突性恐懼的因素。單用指揮官的權威來克服衝突性恐懼和緊張，可能是這些方法裡效果最差的。不過，指揮官的權威也許能夠重建士兵對戰友的關注。不計其數的案例表明，當指揮官堅定的下達指令，落荒而逃的隊伍就能迅速止步。相反的，當指揮官搖擺不定或是自己都陷入恐慌，撤退中的士兵就會失去控制（Holmes 1985）。最後，貼近現實的戰鬥訓練，正是有意識的希望士兵能在衝突性情境中形成開火的自動反應。

然而，這些條件本身的效果也有差別。在一個團結度很高的集體裡，士兵也許會受到鼓勵去抗拒或無視上級命令，而不是提高開火率。因此，解釋開火率不同的時候，我們還需要增加第五個原因：即使在所有這些條件之下，仍然只有一小部分士兵承擔了大部分戰鬥任務。在此，理論問題就是去解釋這些人員的分布，也就是更深層的解釋恐懼及緊張的情境如何被一小部分能夠駕馭恐懼的人消除，以及在絕大部分被恐懼所壓倒的人心中扎根。

低戰鬥能力

無論士兵是否開火，或者使用武器，他們似乎都不是特別善於使用武器。高開火率並不意味著高命中率。作戰能力強的少數士兵也許遠遠低於百分之十五至百分之二十，事實上，越戰中超過百分之八十的開火率也已證實，戰鬥效果並未比之前更好。

在毛瑟槍時代，當時對命中率的估算從五百發命中一次到兩千至三千發命中一次，現代的回溯則顯示最高不會超過百分之五。滑膛槍在遠距離射擊時並不精準。但十八世紀晚期的普魯士軍隊在向相當於敵方軍隊陣形大小的目標射擊時，成績是「在一百三十五公尺外命中百分之四十，六十八公尺外命中百分之六十」。然而，在戰鬥中，即使距離約為二十七公尺，命中率也不會超過百分之三（Grossman 1995: 10; Keegan and Holmes 1985）。遠距離射擊的成績會稍好一些，在拿破崙戰爭中，英國一支菁英射手小隊在一場戰役中發射了一千八百九十發子彈，造成四百三十人傷亡，命中率為百分之二十三。他們當時是在原地遭受法軍攻擊，發射距離約為一百零四至一百一十七公尺（Holmes 1985: 167-68）。然而這是超乎尋常的，在拿破崙戰爭和美國內戰期間的大部分戰役中，雙方都是向明確的敵方陣形射擊，通常距離約二十七公尺，而一支兩百至一千人組成的軍隊「每分鐘只能射中一、兩個人」。格里菲斯（1989）評論道：「之所以傷亡慘重，是因為戰爭進行得太久了，而不是炮火的傷害真的有多麼大。」

十九世紀晚期的後裝式來福槍從技術上來說的確更好，但其主要作用卻是提高固定時間內開火次數，而不是提高命中率。在一八七〇年普法戰爭期間的一場戰役裡，日耳曼人用了八萬發子彈擊中四百名法國人，法國人用了四萬八千發子彈擊中四百零四名日耳曼人：他們的命中率分別只有千分之五和千分之八。在一八七六年美國西部平原的一場戰役裡，美軍平均每兩百五十二發子彈才能擊中一名印第安人。如果短距離內有大量容易擊中的目標，命中率就會上升，但可靠度仍然不高。一八七九年在南美，英軍一支一百四十人的隊伍被三千名祖魯人攻擊，他們為擊退進攻發射了兩萬多發子彈，但命中率最高不超過百分之八[9]。第一次世界大戰中，來福槍是主流，命中率通常在百分之四左右。越戰中的美國士兵配備自動化武器，據估計大約五萬發子彈能夠殺死一名敵人（Grossman 1995: 9-12; Holmes 1985: 167-72）。一支軍隊剛剛抵達戰場時，往往會進行一項幾乎是儀式性的程序，那就是所謂的「瘋狂時刻」（mad moment），士兵向四周瘋狂掃射，用盡所有彈藥（Daugherty and Mattson 2001: 116-17）。簡單來說，儘管武器升級，總體效率依然很低，更好的武器只是允許士兵進行更多瘋狂和不準確的射擊罷了[10]。二戰期間，超過半數士兵相信他們從未殺死過一名敵人（Holmes 1985: 376）。這無疑是真的，事實上，大部分聲稱自己殺過人的士兵都是在吹牛。

僅有少數人在戰鬥中擁有較高的射擊命中率。其中最主要的是狙擊手，但他們在軍隊中只是極少數，更何況戰爭中的大部分傷亡並不是這些神射手造成的。現代戰爭中的傷亡主要是由遠距離攻擊性武器帶來的。在使用毛瑟槍的閱兵式陣形時期，接近前線的加農炮差不多造成百分之五十的傷亡。最成功的將軍，包括十七世紀的瑞典國王古斯塔夫二世・阿道夫（Gustavus Adolphus）和十九世紀初的拿破崙，都強調小型機動野戰炮的作用，它們遍布整個軍隊系統，能夠近距離射擊，特別是能夠發出霰彈，造成像機關槍一樣的效果（Grossman 1995: 11; 154）。一戰期間，英國軍隊中百分之六十的傷亡是敵方炮兵造成的，只有不到百分之十是子彈造成的。在韓戰中，美軍百分之六十的傷亡是迫擊炮造成的，只有百分之三的死亡和百分之二十七的受傷是小型武器所致（Holmes 1985: 210）。這並不是說炮彈在給對方造成傷亡上特別有效益。例如，在一九一六年的一天裡，英軍發射了二十二萬四千枚炮彈，殺死了六千名德軍（平均每三十七枚炮彈殺死一名敵軍）。一戰期間的西方戰線的確消耗了大量炮彈，但在二戰和二十世紀的小型戰爭中，炮火造成的傷亡率與此近似（Holmes 1985: 170-71）。

我們該如何解讀這個模式？正如葛司曼所記錄的，炮兵的開火率整體而言比槍手和前線軍隊都要高。他們距離敵人較遠，更重要的是看不到自己嘗試殺死的人，因此表現水準得到提升。此外，大炮是團體操作的武器，小組團結與情緒曳引可以確保士兵做到盡忠職守，保持相對平穩的開火率。因此，炮兵能夠克服馬歇爾提出的低開火率問題。即使如此，高開火率並不意味著高命中率；在戰爭的迷霧中，炮火通常會錯失目標。即使擊中目標，敵方士兵也往往事先有防護。無論從哪方面來看，戰鬥從本質上來說都是低效率的。遠距離武器之所以能夠造成更多傷害，主要是因為戰爭中的後勤補給得到提升，使得大量彈藥能被帶到戰場上，並保證在很長一段時間內不斷開火，如此一來，即使效率很低，也能使傷亡數字上升。戰鬥的緊張／恐懼在個人持有小型武器近距離相遇時，幾乎能令人失去行動能力，而在相距較遠時，緊張／恐懼就得以克服，但相似的情緒依然在某種程度上存在著。只要雙方都保持戰鬥，那麼傷害主要是長時間而低效率的開火造成的，而不是因為在某一個瞬間全面擊潰了敵人[11]。

誤傷友軍和旁觀者

所有證據都表明，戰鬥發生在緊張和恐懼的條件之下。大部分戰士在面對敵人時，很少會採取勇敢的舉動，只有受到強大的組織控制或受到小組內部關係支持時，士兵才會開火，而其中一小部分則會成為富有攻擊性的參與者。然而，大部分開火者無論是否情願，都並不善於此道。他們通常會向四周漫無目的的掃射，結果，毫不奇怪，他們會射中己方戰友。二十世紀晚期，這種現象被宣傳為「誤傷友軍」，即由「盟友」而非敵人造成的傷亡。

誤傷友軍存在於所有歷史時期的所有軍隊中，也存在於所有戰鬥情境。在大型陣形時期，當士兵面臨更強大的組織壓力，他們可能會在開赴戰場的途中，由於傳染性的興奮而不慎擦槍走火。一名十九世紀的法國軍官形容士兵「醉於槍聲」，杜皮克和一些德國軍官也曾描述過士兵將槍放在臀部、不瞄準就開槍，而且大多是向空中漫無目的的射擊（Holmes 1985: 173）。十九世紀的軍事作家稱這種現象為「恐慌性開火」或「緊張性開火」，它通常發生在距離敵人很遠的敵方，純屬浪費彈藥，而且與上司下達的開火命令直接抵觸。軍隊進入戰場時的集體情緒，也許可以更準確的被形容為一種關於戰鬥的象徵符號。它發生在從心理上來說相對安全的地帶，開火強度遠遜於真正的戰場衝突，從本質上來說是一種虛張聲勢[12]。因此，這些士兵在某種程度上，克服了馬歇爾描述的低開火率問題，卻未能克服命中率問題，同時他們也帶來一個新的問題，就是誤傷戰友。「據聖西爾將軍（Laurent Gouvion Saint-Cyr）*估計，拿破崙時期法國軍隊中百分之二十五的傷亡，都是前線士兵被其後方戰友誤傷所致。」（Holmes 1985: 173）

軍事演習時，會特意訓練使用密集陣形，設計這種陣形的原因之一，就是防止誤傷戰友。然而，一旦戰鬥爆發，陣形通常四分五裂[13]。類似的問題顯然也困擾著更早的方陣陣形，當士兵手執長矛伸向前方，還能將攻擊方向集中在敵人的威脅之上，然而一旦他們進行近身搏鬥，刀劍與棍棒四處揮舞，這時他們不僅很難傷到敵人，反而很可能會誤傷戰友。此類誤傷事件最廣為人知的一樁，莫過於西元前五二二年波斯國王岡比西斯二世（Cambyses）被自己的佩劍重傷致死（Holmes 1985: 190）。這種情形在現代戰爭中依然如此。一九三六年，西班牙內戰中最受愛戴的領袖杜魯提（Buenaventura Durruti），就是因為戰友的自動手槍卡在車門上走火中彈而死（Beevor 1999: 200）。

現代戰爭採用不同的陣形，士兵往往沿著一條長長的火線散開，然而問題依然存在。霍姆斯

（1985: 189-92）提供了不計其數的例子：一戰期間炮兵朝著自己的隊伍開火（單是法軍就因此死亡七萬五千人）、二戰期間轟炸機誤炸己方據點、士兵因為未能認出友軍而錯誤的發動進攻。法軍、德軍、英軍及其他軍隊，都發生過許多起哨兵和警戒隊向陌生人開槍，結果誤傷己方軍官的情事。一八六三年的美國內戰中，南方邦聯的石牆傑克森將軍（Stonewall Jackson）在錢斯勒斯維爾戰役（Battle of Chancellorsville）大獲全勝，最後卻因未被己方哨兵認出而遭誤殺，這只不過是諸多此類事件中的一起罷了。

據基根（1976: 311-13）估算，戰鬥傷亡中有百分之十五至百分之二十五是事故。在機械戰爭時代，越來越多事故由交通運輸或重型設備引發，例如被坦克或卡車撞倒，或者移動大炮或其他重型武器時慘遭輾壓。在移動不便的地方，例如一九四二年至一九四三年緬甸戰役中的英軍前線，非戰鬥傷亡人數是戰鬥傷亡人數的五倍（Holmes 1985: 191）。空中支援也可能導致死亡，成箱的食物可能砸在地面部隊的頭上。巴頓將軍以快速坦克行軍聞名，卻在二戰結束後不久死於一場車禍，與其說這是一種諷刺，倒不如說恰如其分。軍事飛機比民用飛機更容易發生事故，韓戰期間，美軍飛機有百分之二十在高於敵方炮火時因事故墜毀（Gurney 1958: 273）。軍隊開始採用高度機動的直升機後，也帶來相應的事故傷亡。二〇〇一年至二〇〇二年的阿富汗戰爭期間，很大一部分傷亡是直升機事故所致。二〇〇三年三月至二〇〇五年八月的伊拉克戰爭期間，百分之十九的美軍死亡導因於事故（*Philadelphia Inquirer*, Aug. 11, 2005; from iCasualties.org）。緊

＊譯注：法國革命和拿破崙戰爭期間的法國元帥、政治家。

張不僅影響士兵使用武器的能力，使其可能誤傷身旁的戰友，更進一步影響更大規模的組織環境。戰爭中常常需要移動大型的危險物品，在高度緊張的情境下，更容易與人類發生碰撞[14]。

到目前為止，我的分析主要考慮的是軍事戰鬥的情境，但我們也可以將這些模式應用到所有的暴力衝突。在小型平民衝突中，誤傷友軍和與之類似的所謂誤傷旁觀者現象（軍隊中稱之為「連帶傷害」）同樣常見。

黑幫槍戰的一種主要類型是飛車射擊（至少在美國西岸是這樣），也就是某幫派的成員在行駛的車輛中，向正在集會的敵對幫派開槍（Sanders 1994）。這些集會通常是婚禮、派對或其他節日慶典，因為黑幫知道能在這種場合找到目標。通常只需向對方射出一發子彈就夠了，然後車會加速開走。由於這是幫派仇殺，所以聚會中的每個成員（無論男女）都有可能成為被攻擊的目標。一般而言，中彈的會是幫派成員的親朋好友而非他們自己。這種飛車射擊也可能射中毫無關係的路人，包括孩童或其他特別脆弱的受害者。

黑幫仇殺中，有很大比例會射中無關者，卻很少射中敵對幫派的成員，這看起來實在有些不公平。然而，這十分符合另一個領域常見的模式：在災難中，最容易死去的是孩童和老人，身體健壯的年輕男性最容易存活（Bourque et al. 2006）。槍戰場景與災難場景很相似，最敏捷和警覺的人最容易躲避危險，最脆弱的人則最容易手足無措。在槍戰中，前者會想辦法不引起注意，而後者會在子彈橫飛時嚇得不敢動彈。

同樣的模式也適用於小型混戰或單挑，無論是否使用武器。在高度緊張的打鬥中，一方成員很可能會狂野的揮舞拳頭或武器，從而打中自己的盟友，特別是當所有人都擠在一處的時候。

以下內容摘自一份學生報告：十五個十多歲的男孩走進一所高中的更衣室，其中兩個人跟某個男孩發生過爭吵，他們現在要去找那男孩麻煩。觀察者注意到雙方都有的緊張情緒：被當作目標的男孩頭上冒汗，渾身發抖，試圖躲藏；攻擊者則身體僵硬，呼吸沉重，持續互相鼓勵，彷彿需要鼓起勇氣。當他們發現了目標的恐懼，便一擁而上，對其拳打腳踢。由於這場毆打發生在更衣室狹小的空間裡，有幾拳打在攻擊方自己身上，其中一人跌倒在地，手指頭被踩到骨折，還有一人手臂擦傷。圍觀者無法保持安全距離，其中一人被意外打中臉部。最終的受傷者包括一個受害者、兩個攻擊者（都屬於誤傷友軍）和一個旁觀者。

另一份學生報告：十七名青少年幫派成員搭乘四輛車去尋找敵對幫派一名成員的住所。從一開始就發生各種問題，他們就誰該坐哪輛車討論了很久，在路上又拐錯好多次彎。最終抵達目的地後，他們變得更加猶豫不決，沒人肯去敲門。十分鐘後，受害者的哥哥（一名二十八歲的男子）出來說他不在家。他們隔著車窗吵了三十秒之後，幫派成員中最好鬥的一個跳下車跟他扭打起來。當對方被打倒在地，其他幫派成員也紛紛下車，衝上前去對他拳打腳踢。此時，幫派成員還剩下十四人，因為有三個人在爭執一開始就跳進其他兩輛車開走了，只給其他人留下兩輛車。幫派中的大部分人都沒注意到這件事，因為他們正擠成一團，想要找機會往倒在地上的人身上再踩一腳。至少有兩個人在混亂中互相打中了對方。兩分鐘後，從房子裡走出來兩男兩女，他們年紀稍大，應該是那個二十八歲男子的家人，他們開始向車子投擲瓶子和石塊。這個意料之外的抵抗讓攻擊者陷入驚慌，他們試圖擠回剩下的兩輛車裡。這讓扔瓶子的人更加有了勇氣，他們儘管面露恐懼，卻繼續攻擊準備逃跑的對手，而幫派成員這邊則互相推擠著想鑽進車裡。其中一個司機不得不下車換位置，因為他在毆打第一個受害者時手受傷了，沒辦法開車。這場慌不擇路的撤退最後只剩下一輛車，裡面擠了八名幫派成員，車子在原地發動了三分鐘，對方則繼續在遠處向他們扔東西，並砸中一側車窗。最後他們終於成功逃脫。觀察者注意到，他們安全返回自己的地盤後，在描述這個事件時，忽略了所有不光彩的細節，轉而自吹自擂他們如何贏得這場戰鬥。

赤手空拳打架時，人們通常會狂野的揮舞拳頭，此時旁觀者很容易被誤傷，除非他們得到足夠的警告，能夠迅速後退到安全區域。但在擁擠的地方，要做到這一點並不一定總是可行。由於沒有系統紀錄的資料，我們無法得知特定類型的打鬥，究竟多麼經常導致旁觀者被誤傷。從我蒐集到的所有對打鬥的描述資料來看，似乎有相當比例的打鬥會傷及無辜。例外情形是當打鬥事先經過計畫，且被當成一場表演來組織時。這些情況被視為「公平打鬥」，我們會在第六章討論。也就是說，除非打鬥經過特別組織，從而得到限制（特別是要注意避免誤傷友軍），否則衝突帶來的緊張就會導致參與者普遍找不準目標，很可能誤傷無辜。

在這一方面以及其他大部分層面，警察暴力都與其他暴力一樣。警察與犯罪嫌疑人之間的槍戰常會導致誤傷友軍。例如下面這個事例：在追捕一名謀殺通緝犯時，對方跑進一家汽車旅館的房間（資訊由州警局一名警官提供）。十名警察對旅館房門圍成半圓形，嫌疑人出來時，手中揮舞著一個電視遙控器，結果被警察射殺。嫌疑人顯然想要被警察殺死，而不想被逮捕，這種行為被稱為「透過警察來自殺」。因此，在這個例子中，所有子彈都由警方射出。值得指出的是，十名警察打傷了一名自己人，彈道測試表明，許多子彈都射入牆壁和天花板，二十八發子彈中，只有八發打中嫌疑人。

一九九八年，七十六萬名美國警察中，有六十人在執行任務時死亡，其中百分之十是被自己人射殺，也就是友軍誤傷。二〇〇一年，如果除去「九一一」時在世貿中心死去的七十一名警察，另外總共有七十名警察在執行任務時被殺害（大部分是被槍殺），另有七十八人死於事故（大部分是車禍），總共有八人被自己的武器或者戰友射中，也就是百分之十一的友軍誤傷率（*Los Angeles Times*, July 26, 1999; FBI report, Dec 3, 2002）。

警方的子彈也可能打中旁觀者。這裡的模式與黑幫槍戰並無太大不同，尤其是射擊在飛駛的車中變得格外困難之時。

警方開車追捕嫌疑人時，也可能傷及無辜（Alpert and Dunham 1990；第三章對此有深入討論）。在這裡，社會學的觀點並不是想要指責警方，而是想指出這個模式：衝突情境在涉及車輛時，常常類似軍事情境。軍事設備是在高度緊張的情境中移動，致力於迅速消滅敵人，結果便容易造成事故。

在這裡，對暴力的娛樂化描述再次帶來嚴重的扭曲。動作片中最常見的場景是汽車追逐戰。這種場景通常描繪了事故帶來的大量財產損失，最後以一場驚天動地的撞擊作為高潮，常常帶有一種輕鬆幽默的氣氛。主角很少受重傷或死亡，我們頂多能看到反派角色駕駛的汽車消失在火焰之中。誤傷旁觀者之類的事情更是從未被提及。

只要有平民在場，誤傷旁觀者就是軍事戰鬥中不可避免的一大特徵。這在都市巷戰中格外常見，平民百姓在這種情況下往往無法撤離，因而出現在傳統與現代的圍城戰中。此外，這在游擊戰中也很常見，戰士會故意隱藏在平民當中。在人群高度密集的區域進行戰鬥，幾乎必然會帶來非戰鬥人員傷亡，無論採取何種措施，但凡開槍就很難避免。

理論上，技術進步會降低誤傷旁觀者的機率。到了二十一世紀初葉，這些技術包括電腦控制開火、遠端雷達和衛星感應、導彈與炮彈上應用的高度精確的導航系統，以及地面武器和小型武器視野與感應系統的改進。然而，二十一世紀初葉的戰爭經驗表明，誤傷旁觀者和友軍的情況依然存在[15]。這些模式表明，根本原因不在於技術，而是戰鬥帶來的緊張情緒。武器無論在技術上多麼可靠，最終都是被人類控制，是人類在挑選目標，至少是人類設定了開火的必要條件，無論這個過程本身是否被自動化。考慮到戰鬥包含自衛性躲避、欺騙和偽裝，想精確鎖定目標，原本就是一件十分困難的事。因此，一場阿富汗婚禮可能會被誤認為是基地組織的武裝集會，特別是當感應裝置遠在外太空之時，又或者一座醫院被認為是武器庫的偽裝。壓倒性的火力會促使敵人尋找一切可能的躲避地點，包括平民設施內部或附近，得知這一點後，持有高科技進攻性武器的士兵就會傾向於更寬泛的定義目標，而非縮窄打擊範圍。軍事戰鬥創造這樣一種氛圍：攻擊目標是在一種戰鬥的陰霾中選擇出來的。儘管科技進步已經發展了幾代，卻依然沒有紀錄表明這些因素會喪失其重要性。

隨著戰鬥傷亡降低，友軍誤傷率卻上升了。二〇〇一年至二〇〇二年間的阿富汗戰爭中，友軍誤傷及事故傷亡率達到百分之六十三[16]。如果在戰爭中只有一方占有科技上的優勢，那麼敵人對高科技隊伍所造成的傷害往往很低。高科技部隊通常能夠遠距離開火，具有高度的機動性，撤退能力很強，傷患很容易得到救治，因此死亡率偏低。死者中很大一部分是由於友軍誤傷，特別是在兩軍毗鄰處發生的誤傷和交通事故。這是因為敵軍造成的傷亡比例下降，也是因為軍隊越發依賴高科技武器，特別是戰鬥直升機和其他更加危險的設備。軍火設備在殺傷力變得越強大的同時，也讓周圍的人承擔更多風險，特別是那些負責移動和儲存它們的部隊。二〇〇三年至二〇〇五年間的伊拉克戰爭中，事故傷亡中有相當一部分是軍火設備導致的。

正是在一九九〇年代美軍軍事行動的傷亡率不斷下降的時候，新聞媒體發現了誤傷友軍這個現象。當每隔幾週才會發生一起傷亡事件，其中僅涉及一名或幾名士兵時，媒體的注意力更會集中到一名飛行員被擊落或是一名中情局特工在審訊囚犯時被殺這種事情上，這在過去傷亡頻仍的戰爭年代是不可能發生的，當時許多死者連姓名都不得而知。在如今這種曝光度下，誤傷友軍事件會遭到詳細調查，而在二戰期間的大規模傷亡中，此類事件大多會被掩蓋。然而，對誤傷友軍進行調查和找到應該承擔責任的人，並不能降低此類事故發生的機率，因為它是結構性的建構在暴力衝突情境中。就像政治醜聞一樣，此類充滿爭議的事件不斷發生，調查、譴責和懲罰都無法令其消失殆盡[17]。

誤傷友軍和旁觀者都是戰鬥情境基本特徵的分支：緊張／恐懼以及隨之而來的失能。這是「欲速則不達」的一種表現，因為戰鬥的首要原則是在暴力進行過程中能夠迅速行動。人們有時稱之為「戰鬥迷霧」（fog of combat）的現象，其實也可以描述為一種被稱為「隧道視野效應」

（tunnel vision）的心理學情境。戰鬥意味著調動參與者全部的注意力，進而占用其全部的感官與焦點，從而使其對其他一切都視而不見。將注意力集中在敵人身上都是十分困難的，一時間忽視了位於戰爭地帶中的其他人也就在所難免。當憤怒的雙方勢均力敵的不斷咒罵、虛張聲勢時，就可能忽視驚慌失措的旁觀者。當警方開著響亮的警笛和閃爍的警燈風馳電掣，將奔赴犯罪現場作為勝過一切正常人類活動的首要目標，以及當戰士利用戰場上的一切資源和條件爭取勝利，無論是占用一座房屋還是將其炸毀，都有可能發生這種事[18]。

這種戰鬥情境中的自我中心甚至能影響到戰鬥菁英，包括那些在馬歇爾的統計中算是菁英射手的人，以及數量更少的能夠保持開火準確度的人。這方面有個著名的例子是一九九二年發生的「紅寶石山脊事件」（Ruby Ridge）：一名配備遠端瞄準鏡的警方狙擊手，沒有擊中山間小屋中的監視對象，反而擊中了那人抱著孩子走到窗邊的妻子（Whitcomb 2001: 241-311; Kopel and Blackman 1997: 32-38）。這正是一起誤傷旁觀者的事例。其原因並不是技術不足，神槍手在精準擊中人類目標這件事上恐怕無人能及。在這起事件中，命中率是一發一中。狙擊手僅僅是錯認了窗邊的人，他以為站在那裡的會是目標人物。戰鬥情境會限制注意力，在衝突性緊張的「隧道」中，傷害常常會發生，而這些情況與「隧道」之外有意為之的情況並不相似。

在什麼條件下能夠感受到戰鬥的樂趣？

戰鬥離不開緊張與恐懼。但有些人在某些情境下卻也會享受戰鬥。我們該如何解釋這一小部分人呢？更重要的是，思考這個疑問，對我們理解產生暴力行為的種種過程又會有何助益？

許多研究者採取的極端立場是：男人通常熱愛戰鬥。這個論點顯然是建立於性別之上；男性無論是因為大男人主義文化還是基因，都被視為鬥士和殺手，並被認為能從這些行為中獲得快感。最極端的一種闡釋就是認為殺戮是出於一種性愉悅的動力（Bourke 1999）。

這個論點的證據需要區分在何種情境下，男性（某些情況下也包括女性）會表達對戰鬥的愉悅感。其中一種情境是戰前動員中的興奮。歷史學家伯克（Joanna Bourke 1999: 274）引用一名一戰英軍牧師的形容，說他自己及其軍隊「終於能夠『真正』上陣殺敵時，心懷古怪而令人恐懼的愉悅」。這種感覺源自於這些人初次上陣之前，並且仍然停留在修辭的層面。同樣的，格蘭特（1885/1990: 178）曾形容，一八六一年十一月，當他在內戰中第一次擔任指揮時，軍隊十分渴望戰鬥，以至於如果他不能為士兵找到一場交火的機會，就幾乎無法維持部隊紀律。

與此類情況相近的，是距離前線很遠時表現出的嗜血修辭。考慮到二十世紀和二十一世紀軍隊大規模的後勤部隊和補給列車，軍隊中相當一部分人所處的位置不具備真正向敵人開火的條件，也相對不太容易受到敵人炮火攻擊，但他們也大多攜帶武器，並接受過使用武器的訓練，因此會自我認同為戰士[19]。與前線士兵相比，後方士兵會對敵人表現出更多恨意，態度也更殘忍（Stouffer et al. 1949: 158-65）。參與戰鬥的士兵對囚犯的態度往往更好，一旦危險時機已過、敵人已束手就擒，他們就會樂意與其分享食物和飲水，而後方部隊對待囚犯則常常更不近人情，甚至可以稱得上是殘暴（Holmes 1985: 368-78, 382）。以此類推，待在家裡的平民更容易對敵人表現出充滿暴力修辭的仇恨，以及從嗜血的殺戮中獲得愉悅感（Bourke 1999: 144-53）。考慮到大後方女性所占比例相對較高，因此我們有理由懷疑，究竟是性別還是情境的不同，能夠解釋殘暴程度上的區別。

距離前線越遠，人們在修辭上表現出的殘暴就會越明顯，也會對參與戰鬥表現出越高的熱情。在任何類型的戰鬥中都是如此：真正的打鬥發生之前總是充斥著虛張聲勢，打鬥一旦真正發生又會立刻被緊張和恐懼所取代（Holmes 1985: 75-8，引用自許多觀察者）。越是接近後方，空洞修辭的比例就會越高；戰爭修辭會越理想化，敵人會越非人化，對殺戮的態度會越殘忍，對戰爭的整體態度也會越類似運動場上觀眾的喝采。

在真正的戰鬥中，愉悅感更加罕見。對於士兵們究竟經歷了什麼，我們需要描繪得非常精確。考慮到馬歇爾估算的低開火率，戰鬥經驗也許並不一定包括使用武器，再考慮到低命中率，戰鬥經驗自然也不一定包括擊中敵人。因此，伯克（1999: 21）曾引用二戰時一位英國飛行員的話來表明他熱愛呼嘯而過的子彈聲：「多讓人興奮啊！」正如馬歇爾和其他人曾指出的，士兵通常會認為軍事訓練中最有趣的部分在於向遠方射擊，但這與擊中敵人的感受可不同。

最後，我們來看一下對於殺死敵人，士兵是否表現出正面的情緒。伯克（1999）引用兩次世界大戰、韓戰和越戰中以英語為母語的士兵（英國人、加拿大人、澳洲人和美國人）的信件、日記和回憶，提供二十八個例子。其中，只有四例在殺戮中表現出類似性愉悅的情緒，另外九例形容了在能夠親眼看到敵人的近距離殺戮中，所體會到的狂怒和興奮感。後者看起來更像是我將在第三章談到的「恐慌進攻」。其他所有例子（超過一半）都是遠距離殺戮，要麼是曾經的獵人命中敵人，要麼是飛行員的空中襲擊。但正如我們將在第十一章看到的，狙擊手和王牌飛行員是所有戰士中最特別的，他們比其他人的戰鬥能力更強，因為他們有特殊的情緒控制技巧來克服衝突性緊張。如果仔細分析伯克所舉出的殺戮愉悅感，就會發現它們其實是一種自豪感，或是對於成功完成任務的輕鬆感，大部分飛行員都沒有擊落敵機，那些真正擊落敵機的則被視為菁英。

在戰鬥中真正殺死敵人的士兵相對較少，他們表現出多種不同情緒：冷漠和例行公事者有之；自豪者有之；因勝利完成任務而興奮者有之；也有人感到憤怒、仇恨和為戰友復仇的快感，以及正面的愉悅感。很難分辨究竟有多大比例的士兵體會到上述每一種情緒，對理論解釋來說，更重要的是要分辨在哪些情境下，他們會體會到這些不同的情感。我們談及關於殺戮的正面情緒時，同樣應該顧及相應的負面情緒，就像下面這個取自義和團運動的例子：

〔一名英軍士兵〕此前在圍攻時刺中和擊中了一名敵人。他將刺刀深深刺入對方胸腔，而後打空了彈匣。現在他的心理受到嚴重創傷。他躺在那裡輾轉反側，不停的哀號：「都濺出來了！都濺出來了！」（Preston 2000: 213）

緊張／恐懼與戰鬥表現的連續光譜

士兵在戰鬥中的行為有很多種。我們最好將其視為不同程度和類型的緊張與恐懼，以及在相應的戰鬥表現中，體現出的不同程度的戰鬥能力。其中一個極端是呆若木雞、趴在地上動彈不得或是像小孩子般試圖躲開敵人的視線。接下來是慌不擇路的逃跑。再接下來是嚇得尿了褲子、手忙腳亂，但不一定到徹底無法戰鬥的地步；這一部分也包括從前線逃離，尋找藉口拒絕前進，或是遊蕩到其他地方（Holmes 1985: 229）。接著是仍能前進卻無法開火；然後是雖然自己無法開火卻能幫戰友開火，例如幫忙運送和裝填彈藥；再接下來是自己能夠開火但因準頭不夠而無法命中敵人。最後，在另一個極端，有一群人百發百中、衝鋒陷陣。我們仍然沒有證據證實這些人究竟體會到怎樣的情緒。他們僅僅是沒有表面上的恐懼感嗎？抑或是更罕見的、徹底未能體會到自身或隱藏的恐懼感？相對來說，僅有很少人報告說在戰鬥中沒有恐懼感（Holmes 1985: 204）。儘管有些傳說提到過這一點，但我們仍然需要證據來證實：戰鬥能力爆表的暴力，究竟是熱血還是冷血？

讓我們再次審視照片上的證據吧！透過分析本章注釋6提及的資料中的戰鬥照片，我們能夠從可見的面部表情和身體姿態來判斷兩百九十名士兵的情緒[20]。他們的情緒分布如下：

強烈的恐懼：百分之十八
中度恐懼和擔憂：百分之十二
震驚、疲倦、悲痛：百分之七
叫喊、呼喊命令、求助：百分之二
緊張、謹慎：百分之二十一
警惕、專注、嚴肅、努力：百分之十一
冷靜、放鬆、無動於衷：百分之二十六

憤怒：百分之六

愉悅、微笑：百分之零點三

大約三分之一的士兵（百分之三十）表現出重度或輕度恐懼，另外三分之一（百分之三十二）則處於緊張和專注之間。大約四分之一（百分之二十六）表現得平靜和麻木。也許有人會推斷最後這組人在戰鬥中能力最強，但事實上，他們開火和不開火的機率與其他士兵並沒有區別。處於震驚到喪失行動能力狀態的人很少（百分之七）。這些主要是重傷或瀕死者，以及囚犯和遭受虐待的士兵。那些即將被處刑的囚犯也會表現出恐懼，但恐懼更常見於未受傷的士兵。在一張著名的照片中（Howe 2002: 26），一名西貢警察用一把手槍處決一名被抓獲的越共分子，受害者臉上表現出恐懼與震驚混合的情感，但最強烈的恐懼卻是出現在一名旁觀的警察臉上。行刑者的表情冷酷而麻木，正是審訊者照片中常見的神情。

戰鬥中的愉悅幾乎是不存在的。只有一張照片中有一名炮兵在微笑，他所使用的是遠距離而非直接對抗型武器。全部照片中還包括另外十五張有士兵微笑的照片，不過他們都不在戰鬥場景中。大部分都處於勝利的時刻（炫耀從敵人那裡繳獲的武器），或是在宣布和平的時刻。最常露出微笑的是那些順利完成任務後回到基地的飛行員，他們為自己贏取王牌飛行員的聲望又添了一把火，其中有些是站在自己的飛機前露出微笑（亦見於 Toliver and Constable 1997）。在其中一張照片中，越戰美軍首位王牌飛行員正在向一圈微笑的同僚講述自己的戰鬥功勛，但飛行員本人臉上卻流露出憤怒和攻擊性的表情（Daugherty and Mattson 2001: 508）。

也許最讓人驚訝的是憤怒在戰鬥中有多罕見。只有百分之六的士兵表現出憤怒。大部分憤怒都不是體現為痛擊敵人，雖然有幾張照片體現機槍手咬著嘴唇憤怒開槍的場景。憤怒更常見於俘虜（特別是在越南）和受到殘酷虐待的士兵臉上（如果他們並未處於不知所措的狀態），有時他們的憤怒中也會夾雜著恐懼。受傷的士兵是最不知所措的，有時也會表現出中度恐懼，而憤怒更常見於他們的戰友和照料者臉上，特別是那些呼喊求助的人，通常也會夾雜著悲痛和恐懼。施虐者本人看起來並不憤怒，儘管有幾張照片顯示一些憤怒的士兵將俘虜拖向戰俘營，在這裡，憤怒還夾雜著肌肉用力壓制反抗的表情。事實上，憤怒最常見於緊張和努力的時刻。我們可以從在白熱化的戰鬥中大聲下達命令的軍官臉上看到這一點。兩張最為憤怒的臉是美軍警衛隊隊員，他們在西貢陷入敵手時，與試圖登上撤離飛機的恐慌人群扭打在一起，警衛隊隊員肌肉繃緊，試圖清理機艙門前的人好讓飛機起飛，其中一人揮拳打在一名平民臉上（Daugherty and Mattson 2001: 556）。在那本收錄八百五十張越戰照片的書裡，最強烈的憤怒表情根本不是出現在戰場上，而是出現在美國的和平示威中（Daugherty and Mattson 2001: 184）。

這給了我們一些證據來探討憤怒與暴力之間似有似無的關聯。使用武器的能力在很大的程度上，並非建立在憤怒之上。憤怒僅在肉搏戰中有效，更常見於制伏而非傷害敵人之時。憤怒通常產生於對抗性恐懼較少或不存在的時候，像是對手已經被制伏、局勢得到控制，或是出現在不涉及打鬥，而僅僅是表達觀點的純粹象徵性衝突中[21]。具有諷刺意味的是，日常生活中的憤怒，恐怕要比實際戰場上的更多。

想解釋暴力，詢問人類對殺戮的基本反應究竟是恐懼、愉悅還是其他感受恐怕是走錯了路。

最好是假設所有人類本質都是相似的，而特定時刻的情境互動決定了士兵的情緒會處於連續光譜的何處。同一名士兵可能幾分鐘前還在怒火中燒的殺死無助的敵軍，或是因戰鬥勝利而興高采烈，接下來卻開始與身旁的戰俘一同分享口糧（Holmes 1985: 370-71）。也許在這之前一小時，他們還處於高度緊張中，以至於進入無法開火的半癱瘓狀態。沒有暴力的個體，只有暴力的情境；同理，沒有恐懼的個體，只有情境中令人恐懼的位置。這一點同樣適用於其他情緒。

警方與非軍事戰鬥中的衝突性緊張

軍事戰鬥中的這些模式顯示緊張／恐懼的重要性，同樣的模式也發生在幾乎所有形式的打鬥中。主要的例外情形是暴力被包裝和限制成顯而易見的表演情境，例如決鬥和娛樂型暴力等，我們將會在第六、七、八章詳細探討。除了這些情形之外，「嚴肅」的暴力在各處都是一樣的。在警察暴力中，我們也能看到同樣的情況：會真的開槍或是對嫌疑人動粗的警察相對來說比較少，而真正開槍的警察往往亂打一氣，錯失目標、誤傷同事和旁觀者的情況都很常見。此外，也可見過度殺傷和恐慌進攻的情形。

黑幫火拚的情況也一樣，十分常見的是驅車槍戰和其他形式的「打一槍就跑」式攻擊，此外是以多欺少的暴力，特別是那些獨自一人或寥寥幾人落單在敵人領地的情形。與此相對的，則是雙方勢均力敵之時常見的虛張聲勢、口頭威脅和對峙。

暴亂中的情況也是如此，特別是種族暴亂。我們將會看到，群體性暴力事件幾乎總是由一小部分衝在最前面的人所引發，他們會投擲石塊，挑釁敵人，對敵人的財產打砸搶燒。暴亂中，大部分人的行為會流露出緊張和恐懼，表現為高度謹慎、發現對方出現反擊跡象便頻繁逃離至安全地帶。那些站在前面的「菁英」與影像紀錄中的部落戰爭一模一樣。群體性鬥毆者（或稱暴亂參與者）會小心挑選目標，攻擊少數落單或是武力反抗的敵人。當敵人顯得頗有實力，或者當警方或其他權威機構看上去會動用武力時，暴亂者幾乎總是會選擇撤退，至少在當下的情形中是如此[22]。一張美聯社的照片展示了這種情景：一名美軍士兵裝備了盔甲和槍枝，卻是手無寸鐵的伊拉克群眾向他氣勢洶洶的走來，而他在這場衝突中則是步步後退。在這種衝突性情景的集體情緒中，撤退與攻擊的情勢是可以互相轉換的。

正如我們所看到的，個人打鬥的結構中充斥著緊張與恐懼。在相對公平的大部分打鬥情形中，存在大量的虛張聲勢和極少的行動，而那些偶爾出現的行動也常顯示出雙方對暴力的失能。當暴力發生時，往往是強者欺凌弱者，也就是多人攻擊落單的受害者，全副武裝者攻擊手無寸鐵者，或是壯漢攻擊手無縛雞之力者。就連此類打鬥也常會顯現暴力實施者的失能，諸如錯失目標和平民百姓版的誤傷隊友及旁觀者都很常見。哪怕赤手空拳或是使用其他原始武器時，情況也是如此。

比起軍事戰鬥的開火率和命中率，對於非軍事打鬥中的低效率，我們並沒有系統性的證據。關於警方開槍的一些資料可能與其最接近，這些資料與軍事行動中的模式也很相近。我們沒有資料表明有多少飛馳而過的槍擊事件錯失了目標，又有多少擊中他人。社會學家桑德斯（William B. Sanders 1994: 67, 75）指出，並不是所有黑幫成員都喜歡狩獵敵對黑幫成員，那些在飛馳而過的車裡開槍的人往往只發一彈，因此飛車槍擊事件的開火率大概不會超過百分之二十五。既然飛車槍擊的目的在於讓衝突時間越短越好，持續槍戰的可能性也就變得很低。關於黑幫槍戰最詳盡的資料來自俄亥俄州立大學人類發展與家庭科學系副教授威爾金森（Deanna Wilkinson 2003）對紐約黑人和拉美貧民窟的暴力罪犯的研究。她讓那些人形容他們曾捲入的各種暴力事件，在一百五十一起涉槍事件中，百分之七十一的情況下有人開槍，而當有人開槍時，百分之六十七的情況下有人受傷（計算自 Wilkinson 2003: 128-30, 216）。有人中彈時，百分之三十六的情況下傷者是一名旁觀者而非相關人員，這顯示相當高比例的誤傷[23]。

平民暴力與軍事暴力之間的對比，指出另一個問題。士兵的低開火率和在命中敵人方面相對較差的戰鬥表現，可以用緊張／恐懼來作為一種解釋。但這其中可能還包含其他原因，其中之一是在現代戰場上，士兵較為分散，各自尋找隱蔽之處，因而整個戰場看起來空空蕩蕩[24]，所以缺乏可見目標可能也是低開火率和命中率的原因之一。但馬歇爾本人否認了這一點，他指出，在近身作戰中，低開火率依然存在，從歷史上來看，前近代戰場上的密集射擊陣列也存在類似的模式。更重要的是，在曠日持久的戰爭中，士兵往往被剝奪了睡眠，他們有時缺糧少水，有時長期受到敵軍炮火帶來的噪音和情緒滋擾，因而精疲力竭（Holmes 1985: 115-25; Grossman 1995: 67-73）。在這些條件下，士兵可能會陷入一種麻木如僵屍的狀態，根本無法開槍，更不用說瞄準敵人了。但是暴力情境中的平民也與士兵的舉動類似，主動參與的比例較低，且無效暴力相當高，甚至在他們的目標很清晰時也是如此。他們本人並不缺乏睡眠，也沒有經受體能上的壓力或者長期處於衰弱乏力。這說明是暴力衝突中的緊張／恐懼本身決定了暴力的行為表現，這與軍事戰鬥中的特殊困難無關。

毫無疑問，也有一部分平民處於戰鬥表現光譜的頂端，有些人毫不畏懼暴力衝突，有些人會將緊張轉化為猛烈的攻擊，有些人則很享受暴力，無論能否成功實施。有些人是所謂的「牛仔警察」（cowboy cop），他們會以極高的比例展現出槍擊或攻擊嫌疑人的行為，有些警衛是習慣性的施虐狂，有些小孩也喜歡欺負別人。但他們都只占人群的極少數。對情境行動理論來說，更重要的是這些情況也僅占所有情境中的極少數。同樣的，士兵所報告的對軍事戰鬥的感受也一樣，這些報告中提到的感受涉及不同距離的戰鬥，我們必須謹慎的將其區分開來，並分辨出他們的話語中有多大程度是在虛張聲勢、裝模作樣，藉以掩蓋自己在打鬥中真正的表現。在大城市黑幫聚集的貧民窟，鬥毆有時被視為「演出時間」（Anderson 1999），但這很可能是旁觀者而非鬥毆參與者的感受。無論如何，在極少數情況下，有效的暴力確實會發生，想要理解這一點，我們就需要理解為何情境中的某些位置會允許個體利用緊張和恐懼，並將其轉化為針對他人的暴力。

恐懼「什麼」？

大部分人在暴力情境中體會到的是什麼樣的恐懼呢？最明顯的猜測是他們害怕被殺或受傷。士兵會親眼目睹戰友和敵人被炮彈炸得四分五裂，或是因血淋淋的傷口而痛苦不堪，自然而然的，他們就不希望這種事發生在自己身上。這與人們趨利避害的天性是一致的，士兵從前線退縮、暴動參與者保持在安全距離之外、黑幫分子邊開槍邊飛馳而去。這也符合一個常見的模式：

在雙方受到保護、傷害降到最低時，打鬥最可能變成長期或週期性的。我們將在第八章看到，在運動員的護具最結實的運動中，暴力也最常見。在社會領域，暴力最常發生在兒童之間，而他們對彼此造成傷害的可能性則是微乎其微[25]。

但這項解釋也面臨幾項悖論。首先，在某些社會情境下，人們會心甘情願去冒極大的危險，甚至樂意承受傷痛。許多成年禮和入會儀式都包含某種程度的折磨乃至羞辱，有時也會充滿痛苦。北美部落的戰士成年禮不僅包含嚴酷的考驗，還會讓人身體飽受折磨，只有在痛苦之中面不改色的人才會受到尊重，進而被部落接納。有些幫派的入會儀式要求參與者與更強壯的對手打鬥，並要承受相當程度的毆打（Anderson 1999: 86-87）。日本黑幫（有組織的犯罪團夥）的入會儀式甚至要求入會者切斷自己一根手指（Whiting 1999: 131-32）。對於暴力運動的運動員和大部分年輕男性來說，傷疤、黑眼圈和繃帶可能會成為驕傲的標誌。當然，這些都是受到控制的情境，暴力有明確的邊界，在許多情況下，身體受的傷還不如打一架來得厲害。但在儀式化的情境中，痛苦與傷害也可能達到十分嚴重的程度，例如日本的切腹自殺儀式。

當痛苦與傷害發生在眾目睽睽之下，可能被成功的儀式化，傳達出一種對排外團體的強烈歸屬感。這就成為法國社會學家涂爾幹（Emile Durkheim 1912/1964）所說的「負面儀式」（negative cult）：自願承擔大部分普通人不願意承受的痛苦，以躋身某個菁英團體。但這個儀式的關鍵在於自己承受折磨，而非把痛苦強加給他人。因此，在戰爭中許多士兵會情願冒著受傷致殘乃至死亡的危險，儘管很多人在戰場上其實什麼也沒做。承受傷亡要比引發傷亡容易得多。人們常說，在戰爭中，士兵可能會因害怕讓自己蒙羞或令戰友失望，而克服對受傷的恐懼。不過，這種社會恐懼似乎克服了對傷亡的恐懼，卻沒能克服緊張，結果士兵仍然無法出色的戰鬥。事實上，士兵最初進入戰場時，對傷亡的恐懼占據上風（Shalit 1988），然而一旦見慣了遍地傷殘和屍體，就會變得無動於衷。可是，正如我們已經看到的，他們的戰鬥表現並沒有提高多少，這說明緊張感依然存在。

與此相關的另一個問題是，最令人恐懼的情境在客觀上來看，不一定是最危險的。我們已經看到，遠端炮彈造成最嚴重的傷亡，士兵通常也了解這一點（Holmes 1985: 209-10）。但是，戰鬥表現中最困難的是在戰場前線對抗小型武器。一些調查表明，士兵對死於刺刀和匕首有著相當高的恐懼，儘管這種情況罕見到近乎幻想，但它說明了士兵對前方的想像。那些處於高度危險境地中的人，也不一定會表現出前線部隊所經受的令人喪失行動能力的恐懼（Grossman 1995: 55-64）。除了面臨沉沒的危險以外，海軍與陸軍一樣隨時可能被敵軍炮火轟上天（這是地面作戰最主要的傷亡來源），但因戰鬥壓力而崩潰（一種測量戰鬥恐懼的方式）的長期數據顯示，戰爭地帶的海軍的崩潰率要低得多。同樣的，在遭受空襲的平民區（如德軍對英國的長期閃電戰、盟軍對德國城市的轟炸），受害者可能會被活活燒死，或因燒傷而造成嚴重的肢體殘疾。儘管如此，這些平民區的精神疾病發病率依然比軍隊中低得多。

幾項精確的對比解釋了緊張／恐懼的真正來源。遭受轟炸和空襲的戰俘，並沒有表現出更多的精神問題，而他們的看守者卻越發緊張，精神疾病發病率上升（Grossman 1995: 57-58; Gabriel 1986, 1987）。也就是說，這些看守者仍然處於戰爭模式，也許這是因為他們每天都要與敵人面對面，並要盡可能控制住對方，與此同時，戰俘只需要逆來順受就可以了。葛司曼（1995: 60-

61）也指出，在敵後工作的偵察兵儘管處境極度危險，卻不會導致更高的精神傷害。葛司曼認為，這是因為這些偵察兵是在祕密行動，最重要的是他們要盡可能避免攻擊敵人。此外，在大多數戰爭中，前線軍官的傷亡率都比普通士兵高，但精神疾病發病率卻低得多（Grossman 1995: 64）。在這裡我們看到，壓力的來源並不是對傷亡的恐懼，也不是對殺戮的厭惡，因為軍官恰恰是下達攻擊命令的人，他們要負責迫使自己的手下克服恐懼和失能。真正讓他們免於緊張／恐懼的，是他們不需要去親手殺死敵人。同樣的情形也適用於不直接負責開火的士兵，他們在戰場上承擔其他任務，例如幫助機槍手裝填彈藥等（Grossman 1995: 15）。這說明他們與機槍手面臨同樣的危險；而且他們並非反對殺戮，只是自己不能親手去做而已。

地面戰鬥中的醫務人員與戰士面臨的危險是一樣的，但他們身上表現出的戰爭疲憊程度卻輕得多（Grossman 1995: 62-64, 335）。他們也更常處於高峰狀態，醫務人員在二十世紀美國參與的戰爭中，獲得相當高比例的榮譽勛章，而且這個比例還在不斷上升，這證明他們的勇敢（Miller 2000: 121-24）。他們的日常表現也更穩定，我們從未聽說醫務人員有類似普通士兵那樣的低開火率情況，要知道，如果醫務人員消極怠工，其他士兵肯定會怨聲載道。然而，醫務人員卻是最常目睹敵人炮火帶來的傷亡與痛苦的人。這印證了他們擁有一種社會機制，能夠讓自己遠離對身體受傷的恐懼，更重要的是能夠擺脫戰鬥中造成緊張／恐懼的源頭。他們關注的不是與敵人的衝突，他們關注的也不是殺戮，而是拯救。他們扭轉了對傷痛的看法，從一種截然不同的框架去看待它們，這就是他們能夠不斷行動的原因所在[26]。

此外，那些處於上風的人仍然會表現出恐懼，儘管他們受傷的可能性微乎其微，這進一步證明了對傷亡的恐懼並不是戰鬥緊張產生的唯一來源。對持槍歹徒及其受害者的訪談證明，膠著對峙的局面是最為緊張的。在犯罪率高的街區，具有「街頭智慧」的人都知道，想在膠著對峙局面中活命，千萬不能刺激持槍者，使他們在高度緊張中崩潰開槍。格外重要的一點是要避免直視持槍者的眼睛，不僅是為了避免讓他懷疑自己會被認出，更重要的是為了避免出現衝突性的、帶有敵意與挑釁的對視（Anderson 1999: 127）[27]。因此，在暴力犯罪高發生率的街區，即使在非膠著對峙局面中，直視對方的挑釁行為仍然可能激發一場惡戰。

這意味著衝突性緊張本身才是關鍵。葛司曼（1995）聲稱那是對殺戮的恐懼。在解釋軍事行動中的證據時，馬歇爾曾指出，深植於文明社會與生活體驗的行為標準，讓人們很難大開殺戒，哪怕敵方想要殺死自己也一樣。但這種文化抑制模型並不能充分解釋，為何在各種文化背景下緊張／恐懼都能夠阻礙戰鬥表現。部落戰爭中的前線同樣表現出低效率和很高程度的恐懼，士兵的表現在歷史上各個時期都十分近似，包括那些認同應對敵人殘酷無情的文化和社會。此外，在同一社會和軍隊中，恐懼阻礙暴力的程度是高度情境化的。那些放棄使用武器或在高度緊張的衝突中表現糟糕的人，換成在埋伏戰或是圍殲戰中屠殺敵人也能毫不留情。緊張／恐懼在不同文化中是一致的，無論是號稱好戰的文化還是愛好和平的文化，那些能夠讓人們克服緊張／恐懼去實施暴力的情境也是一致的。儘管現代西方文化中的確存在反對暴力的文化社會化過程，但是人們仍然可能去圍觀及鼓譟殘忍和傷害的發生（我們將會在第六章看到細節）。同一個人在當觀眾時可能對暴力充滿熱忱，而在真正與敵方面對面發生衝突時卻可能畏首畏尾。

那麼，它是某種原生的對殺戮的厭惡嗎？這種解釋認為，人類從基因上就厭惡彼此殺戮。這種抑制機制並不是很強烈，因此能夠被其他社會動力所克服，但每當這種情況發生，人們就會心懷不適，並在生理與心理層面表現出症狀。葛司曼（1995）指出，那些身負人命的士兵，在戰鬥結束後會不同程度的表現出壓力與崩潰症狀。

但是，這種解釋未免太過天馬行空了。畢竟，人類一直都在各種各樣的情境中彼此殺戮和傷害。這些社會場景往往讓殺戮正當化，因此加害方並不會體會到精神上的壓力。之後的章節將會描述一些將殺戮和傷害他人道德中性化，甚至正面化的社會場景。在電影《索魂惡鳥》中，我們也目睹了在殺害一名敵人後舉行的慶祝儀式，其中體現的並非罪惡感，而是歡愉與熱情。

所有潛在的暴力情境都存在衝突性緊張。這不僅僅是對殺戮的恐懼，因為這種緊張也存在於攻擊者只是想狂揍對方一頓時，甚至只是在憤怒的爭吵中彼此威脅時。威脅殺害對方，或者與威脅殺害或重傷自己的對方產生衝突，都只是這個更大的衝突性緊張的一部分。人類對彼此實施暴力的能力，不僅僅取決於將他們迫入這個情境的社會壓力和背景，以及這個情境結束之後他們能夠獲得的回報，更取決於衝突本身的社會特性。葛司曼（1995: 97-110）指出，是否願意對敵人開槍，取決於與對方的物理距離。投彈手、遠距離武器操作員和炮兵隊的開火率最高，對敵人開火的意願也最高。對他們來說，目標被非人化的程度最高，即使他們心中對自己可能導致的人身傷害一清二楚。這與戰鬥區域後方和非戰區表現出的修辭上的殘酷無情是類似的。我認為，緊張之所以未能阻止衝突行為發生，並不是因為他們未能意識到自己的敵人也是人，而是他們與敵人並未處於面對面的直接對抗情境。

社會情境越專注，實施暴力行為也就越困難。隔著幾百公尺的距離發射子彈或其他武器，比近距離開火容易得多。當後者發生時，子彈通常會打偏，我們從警方射擊的照片中看到這項證據，警官在距離目標十公尺之內往往會打偏，儘管他們在更遠的距離上可能百發百中（Klinger 2004; Artwohl and Christensen 1997）。使用近身類兵器（長矛、劍、刺刀、匕首或棍棒等鈍器）更是如此。在古代和中世紀戰爭中，從戰場傷亡比例來看，使用此類兵器時，士兵的表現更加不濟：大部分殺戮發生在恐慌進攻中，這種情況往往發生在緊張消失的時候，具體情況將會在下一章進行研究。人們使用刀劍時，大部分是在亂畫，但其實直接刺入敵人身體能夠造成更加致命的傷口（Grossman 1995: 110-32）。現代的證據更鉅細靡遺：刺刀造成的死亡極其罕見，其在滑鐵盧和索姆河戰役（Battle of Somme）中造成的傷害不超過百分之一（Keegan 1977: 268-69）。在壕溝戰中（主要是一戰），成功攻下戰壕的軍隊常常選擇先投擲手榴彈，士兵會保持較遠的距離，並且看不到自己殺死的人，帶有刺刀的部隊往往會將槍柄倒轉過來當棍棒使用（Holmes 1985: 379）。特別是敵對雙方面對面時，用刀刃刺傷對方似乎特別困難。當刀劍派上用場（例如在突擊隊），目前最受偏愛的方法是從背後發起襲擊，彷彿攻擊者有意想要避免直視受害者的眼睛（Grossman 1995: 129）。歷史紀錄中的持刀攻擊也顯示這一點：在阿姆斯特丹現代史早期，大部分持刀攻擊行為都是從背後或側面發生，極少出現正面襲擊（Spierenburg 1994）。這也符合死刑執行程序：行刑人（無論是儀式化的用斧頭或劍來砍掉罪人的首級，還是黑社會或凶案偵查員從腦後射擊受害者）幾乎總是站在受刑者後方，避免產生面對面的對抗。同樣的，綁架案的受害者如果被蒙住頭，更有可能被殺害（Grossman 1995: 128）。正因如此，面對射擊隊的受刑者才應該蒙住眼睛，這對行刑者和受刑者來說同樣重要。

面對面殺死受害者格外困難，德國軍警對猶太人進行大屠殺的影像中展現了這一點（Browning 1992）。他們的受害者逆來順受，毫無還擊之力，士兵也接受了納粹反猶太主義和戰爭宣傳的意識形態灌輸，還被訓練成要嚴守軍隊等級命令。然而，絕大部分士兵仍然對屠殺表現出反感，甚至在反覆訓練之後，仍然會表現出沮喪之態。當士兵與受害者有密切接觸，在心理上會表現出更加強烈的對殺戮的反感，大部分時候，他們會向被迫俯臥在地上的受害者後腦開槍。然而，即使在這種射程內，士兵也常會錯失目標。一名忠誠的納粹軍官出現一種身心失調的病症（腸胃炎），以至於無法跟隨他的隊伍去執行屠殺任務，這便是一起典型的身體對無處不在的意識形態的厭惡性反應。當他轉移到一般的前線隊伍就復原了，在那裡，士兵都是隔著一段距離開火，他的表現很出色。

大小便失禁經常出現在高度緊張和恐懼的情境，例如士兵在搏鬥中拉肚子，或是小偷因為失禁散發的氣味而被警察發現[28]。英文用「intestinal fortitude」（腸道結實）一詞來表示「有勇氣」，也常形容人有「guts」（腸）或者「stomach」（胃）去參與打架，這並不僅僅是一種隱喻，而是指出身體面對暴力時會產生深層反應的事實，只有克服它才能成功的實施暴力。

敵對衝突本身雖然與暴力不同，但也有著自身的緊張。人們傾向於逃避衝突，哪怕僅僅是口頭衝突而已，比起正在對話的人，我們更可能對不在場者發表負面和敵對的評論。對自然狀態下的錄音進行對話分析之後，我們會發現，人們有一種強烈的互相贊同的傾向（Boden 1990; Heritage 1984）[29]。因此，衝突大部分是在一定距離之外、對不在場者展現出來的。也正因如此，在直接面對面的微觀情境中，發生衝突是很困難的，更遑論暴力了。

讓我們比較一下人類互動的另一面：正常互動而非暴力。人們最基本的傾向是很快注意到彼此，並曳引在對方的身體韻律和情緒語調中（我在二〇〇四年出版的著作中總結這個模式的證據）。這些過程都是在無意識的情況下自行發生。同時，它們也令人沉迷，人類活動中最讓人愉悅的部分，就是當人們曳引在顯而易見的微觀互動韻律之中，所發生的一切。流暢的對話、富有節奏的語調和短句、不約而同的笑聲、共同的熱情、雙方同時產生的性慾等。一般情況下，這些過程形成一種互動儀式，至少在當下帶來主體間性與道德的團結。面對面的衝突之所以很難發生，正是因為它違背了這種集體意識和身體與情緒的共同頻率。暴力互動更加困難，因為贏得一場打鬥意味著要打亂敵人的韻律，透過踐踏對方的頻率來展開自己的行動。

有一個明顯的障礙阻撓人們陷入暴力衝突：暴力違背了人類的心理設定，與人類陷入微觀互動儀式性團結的傾向格格不入。一個人需要切斷自己的所有感知，才能無視人與人之間體現儀式性團結的點滴，集中精力去利用對方的弱點。士兵進入戰爭地帶時，他們的身體會感受到敵人近在咫尺，衝突迫在眉睫。直到此時，他們幾乎完全只與戰友或其他的普通回應者交流，他們彼此之間的對話、心中和表現出的感受，都帶有大量對敵人的負面印象，雖然那時敵人並不在場。己方前線或後方地帶全都是自己人，即使提到敵人，也只是作為一種象徵物，用來定義團體的界線。越到前線，士兵的注意力越是會向敵人一方轉移，並會開始將對方視為真實的社會存在。隨著這個過程的進行，開火變得越來越困難，甚至連擺正姿勢向著敵人繼續前進都變得困難起來。當一戰中的士兵超乎預期的進入無主之地，所有照片都顯示他們會身體前傾，彷彿逆風前行，這不是一種物理上的風，而是從遠處逐漸接近敵人時所特有的步態。一戰中士兵的勇氣並不是體現在開火上，而是體現在冒著槍林彈雨前進之中。與其說那是殺戮的勇氣，不如說是赴死的勇氣。

我們已經看到，軍官在戰鬥中通常比下屬流露出更少的恐懼。從微觀互動層面來看，軍官不會面對這麼多曳引互動。軍官的注意力集中在與自己下屬的互動上，在己方陣地形成積極的曳引合作；他們不太關注敵人，而他們的下屬正在用自己的武器首當其衝的承受著衝突性緊張。

這就是為什麼說在暴力衝突中，目光是十分重要的。因恐懼而癱瘓的士兵會避開目光，好像這樣就能避免被人發現一樣。戰鬥的勝利者不願意看到自己即將殺死的敵人的眼睛。在日常生活中，人們很難互相瞪視數秒以上，甚至連一秒都可能達不到（Mazur et al. 1980）。在搶劫案中，劫匪無法忍受與受害者之間目光對視，無論這個對視多麼短暫。

這項障礙雖然不可見，卻能夠被感知到。只有極少數人（在極少數情況下）能夠越過這項障礙。這通常是一時衝動，彷彿穿過一道玻璃牆，而後他們會瘋狂陷入另一面的恐慌進攻中，所有的緊張感此刻都釋放到進攻上。對有些戰士來說，可以持久的克服這個障礙，或者至少能持續一段時間，他們進入積極的戰鬥領域，能夠主動開火，有時準頭還不錯。這些人就是暴力菁英。我們會在第八章仔細探討他們，但在這裡我們可以說，他們也被戰鬥情境中的情緒結構下的緊張／恐懼這個障礙影響，而這正是當下所處空間內瀰漫的情緒。比較冷靜的人能夠隔著一段距離體會到其他人的緊張與恐懼，他們之所以能夠保持冷靜，是因為他們能與緊張和恐懼脫離關係。而那些瘋狂的人則被其他人的恐懼所驅使，在不對稱曳引之下喪失意志，一方的恐懼造成另一方的瘋狂攻擊。

戰場常被形容為「戰鬥迷霧」。四處蔓延的困惑、慌張和合作的困難在多個層面上發生效力，包括組織、溝通、後勤和實際可見的。我曾指出，這其中最重要的部分就是打破正常的互動團結之時所產生的緊張。除此之外，也有其他的恐懼：既害怕殺死別人，也害怕自己受傷、致殘或致死。這些恐懼串聯成為更廣泛的緊張感。這些恐懼中有一部分可以沉澱下來，或者降低到不太影響表現的程度，其中在社會支持或壓力之下，對自己受傷或死亡的恐懼是最容易克服的。對殺死別人的恐懼也可以被克服，尤其是可以將戰鬥中的集體緊張轉化為進攻中的情緒曳引。這就是為什麼我堅持認為最深層的情緒是衝突中的緊張，是它塑造了戰士的行為，哪怕他們能夠克服恐懼、不逃之夭夭，也無法克服這種緊張。

「戰鬥迷霧」是情緒的迷霧。有時它很沉悶無趣，有些士兵形容自己彷彿在夢中前進。有些士兵感到時間變得很慢，有些士兵則感到時間加快了，而這兩者都意味著日常生活的正常節奏被打破（Holmes 1985: 156-57; Bourke 1999: 208-9；警察開槍的事例中也有類似模式，參見 Klinger 2004; Artwohl and Christensen 1997）。由於我們的情緒與思緒都是由外在的互動所塑造，在戰場上注意力的相互曳引又被嚴重打亂，因此身處其中，我們會感受到不同的節奏與語調，其中最明顯的就是被打亂的節奏。有時情緒迷霧十分濃厚，以至於達到情緒上的混亂乃至麻木；有時則只是淺淺一層，士兵可以在某種程度上有效穿越其中。

「戰鬥迷霧」是一種隱喻，用來代表衝突性緊張。這種緊張能夠蓋過各種各樣的恐懼，因為恐懼有具體的對象：有時是擔心自己的人身安全；有時是不願意去看到或殺死敵人；有時是害怕被嘲笑，害怕被自己的軍官懲罰，害怕令戰友失望，害怕被人看成懦夫；軍官則害怕犯錯，害怕犧牲自己人。在非軍事戰鬥中，恐懼的客體會少一些。但是，所有的暴力衝突都存在緊張，身處這些情境中的人們會對緊張做出相似的反應，其行為也被緊張影響。最深層的緊張並不是對外在客體的恐懼，而是對自己內心傾向的壓抑。

這種最基本的緊張感可稱為「非連帶曳引」。當人們試圖對抗他人，也就是對抗自己內心與他人和睦相處、享受同樣的節奏和認知的傾向時，就會產生這種緊張。暴力情境有自己的焦點，對戰鬥本身的關注、對暴力情境的關注，有時也具有自己的情緒曳引，雙方的敵意、憤怒和興奮都會讓對方更加憤怒和興奮。但是，這些共用的意識與情緒曳引，使人們在這些情境中很難做出暴力行為，對抗雙方陷入涂爾幹式的集體團結（collective solidarity）和集體亢奮（collective effervescence）之中。然而與此同時，他們卻又必須改變方向，將對方視為敵人，並試圖支配對方，令對方陷入恐懼。

這就是衝突區域中的緊張。大部分時候，這種緊張太過強烈，人們無法靠近衝突區域，只是隔著一段距離互相叫罵或是使用遠距離攻擊武器，就感到心滿意足了。有時他們也能短暫的靠近，而後立刻在自己的身體、情緒和神經系統的驅使下，逃之夭夭。如果戰士被迫留在衝突區域，他們的攻擊大多數時候都不會很有效，並有可能導致戰鬥疲憊或崩潰。

還有另外一種方法可以克服這種緊張。如果在高度緊張的情境中停留很長時間，人們的身體和情緒都會被扭曲，此時人們有時就會有機會克服緊張，方法並不是逃離敵人，而是衝向敵人。這就是恐慌進攻，所有社會情境中最危險的一種。

第三章 恐慌進攻

一九九六年四月某一天，兩位南加州地方警長正在驅車追趕一輛擠滿墨西哥非法移民的卡車。卡車駛近國界北部的一處檢查站，非但沒有停車，反而在巡邏車的追趕下開到時速超過一百六十公里。這場追逐在高速公路上的車流中穿來穿去，卡車上的非法移民朝警車投擲垃圾，並試圖撞擊其他車輛來轉移警車的注意。經過近一小時，狂奔了一百二十八公里之後，卡車衝出了路基，裡面的二十一名乘客大多爬了出來，躲進一家植物園。警長只抓到兩個人，其中一個女人因為打不開卡車前門而沒能跑掉，另一個男人留下來幫忙，結果也束手就擒。憤怒的警長用警棍打了他們。其中一名警長擊打了那個男人的背部和肩部六次，對方倒地不起後仍未停手。那個女人從車裡爬出來時，一名警長打了她的背部兩下，拽著她的頭髮一把將她拖到地上，另一名警長則用警棍敲了她兩下。毆打持續約十五秒（*Los Angeles Times*, April 2, 1996）。一架電視新聞頻道的直升機跟上追逐戰的最後一部分，並錄下毆打的整個過程。當這些錄影畫面在電視上播出之後，公眾憤怒了，兩位警官接受審判，聯邦當局展開調查來分析這起事件中的種族因素，包括司機在內的二十一名非法移民全部獲得政治庇護許可，准許進入美國。

這起事件帶有「恐慌進攻」的特質。在警察實施的殘忍行為或是一般的警察暴力中，最常見的類型也是這種。此類互動結構（一系列事件持續湧現）在平民與軍旅生活中都十分常見。海軍中尉卡普托（Phillip Caputo）舉了一個發生在越戰的例子：

> 直升機對戰區的攻擊能帶來比普通地面攻擊更加強烈的緊張情緒。導致這一切的是閉塞的空間、噪音、速度，以及最重要的徹底的無助感。第一次經歷時也許還會感到興奮，但在那之後，這就會成為現代戰爭所帶來的最令人不快的經歷之一。地面作戰的步兵還能對自己的命運有所掌控，至少是擁有這種錯覺。然而在戰火中的直升機上，士兵連這種錯覺也失去了。在冷冰冰的重力、炮彈和機械面前，士兵被彼此衝突的極端情緒撕扯著。狹小的空間讓人產生幽閉恐懼，被無助的困在機械之中，這種感覺令人難以忍受，卻又不得不承受下來。在這個過程中，面對那些令人產生無力感的因素，士兵心中油然而生一種盲目的憤怒，但他必須抑制怒火，直到重新踏上地面。他渴望回歸陸地，但因深知陸地上的危險而猶疑，然而他也被這種危險所吸引，因為他深知，只有直接面對危險才能克服自己的恐懼。他那盲目的怒火開始集中在敵人這個恐懼和危險的源頭上。怒火在心中燃燒，經過某種化學反應而訴諸暴力，直到危險消逝。這種暴力有時也被稱為勇氣，它與其背後的恐懼密不可分，程度也彼此相映。事實上，這種強大的推動力讓人渴望不再恐懼，而方法便是抹消恐懼的源頭。這種內心的情緒搏鬥產生了一種緊張，其強度幾乎類似於性慾。士兵在這種情況下，能夠想到的唯有逃脫這個禁閉的環境、釋放緊張心情的那一刻。其他一切思緒，無論是此刻所做的一切是

> 對是錯，還是在戰爭中勝敗的可能，以及戰鬥究竟是為了什麼，都變得荒謬而無關緊要。除了最後投入戰鬥的那一瞬間，一切都不再有意義。他既渴望又恐懼那暴力。（Caputo, 1977: 277-78）

恐慌進攻是由於衝突情境中的緊張和恐懼而產生的。緊張與恐懼本是暴力衝突中的常見因素，但在特殊情況下，緊張的情緒也會越發滋生蔓延，最終攀升至高潮。警車試圖追上飛馳的卡車，或是直升機在烈火中盤旋，尋找降落地點，其間都經歷了一種轉變：從相對消極的等待，到其中一方終於準備好全面激發衝突。當機會終於到來，緊張／恐懼便噴湧而出。杜皮克在軍事戰鬥中反覆觀察到這個模式，於是稱之為「勢如破竹的進攻」（flight to the front; du Picq 1903/1999: 88-89）。這種情緒類似恐慌，事實上在心理學上的構成也很相似，戰士在陷入這種情緒之後，並沒有轉身逃跑，而是像詹郎二氏論（James-Lange theory）*所描述的那樣，讓恐懼的情緒與奔跑的衝動互相滋生，最終衝向敵人。無論是向前衝鋒還是向後逃跑，他們都被一種強烈的情緒節奏所支配，進而就會做出平時能夠冷靜思考時，絕不會採取的行動。

卡普托在形容另一起事件時，深入描述了這種情緒的變化。一開始，他幹勁十足的帶領著一支小分隊。當他手下的三名偵察員在河對岸的村莊發現敵人的蹤影，而敵人則尚未意識到他們的

* 譯注：由美國心理學家詹姆斯（William James）和丹麥心理學家郎格（Carl Lange）在一八八〇年代分別提出的理論，主張情緒的變化是由於身體生理狀態的改變而引發的。

存在，他的情緒開始發生變化。此刻，卡普托開始興奮起來：「我的心跳聽起來就像隧道裡敲響的銅鼓。」某種程度上來說，這是由於即將到來的進攻，他試著保持冷靜好爬回叢林呼叫後援。當戰火終於爆發，他一時間匍匐在地上無法動彈：「處於炮火攻擊下的感覺令人窒息，空氣突然間變得如同毒氣一般致命。」

接下來發生一種情緒上的轉變：

一種詭異的平靜感籠罩了我。如果我有時間思考，就會發現自己頭腦運轉的速度和清晰度都讓人驚異。電光火石之間，我的腦海中便閃過了整個進攻計畫。同時，我全身繃緊，準備衝鋒。我的身體彷彿不受大腦控制一般，準備衝向敵人。這種身體能量的集中是由於恐懼而產生的。我無法在空地上多待片刻，很快越共就會向我們發起攻擊，他們很容易就能在這個馬平川的空地上發現靜止的目標。我必須行動起來，去直接面對和克服危險……我已經無法做出冷靜的判斷，只能立刻衝進樹林，連滾帶爬的沿著山路跑回去〔呼叫增援〕。

一俟援兵來到，卡普托便興奮起來。整支隊伍由三十名左右的精銳組成，他們的火力立刻壓制住敵人。卡普托此刻「喊啞了嗓子去控制手下的火力。士兵陷入了狂熱狀態，炮彈向著村子傾洩，有些人不知在吼些什麼，有些人大聲罵著髒話……一顆子彈擊中了我們身邊的地面，我們立刻俯身滾到一旁，然後重又滾回原處起身，我歇斯底里的狂笑起來」。隨著敵人的炮火漸漸停止，無線電中傳來越共撤退的消息，卡普托開始想辦法讓士兵渡過前方深深的河流去消滅敵人。

「士兵興奮不已，就像看到獵物背影的捕食者……我能夠感覺到整支隊伍都在渴望渡過那條河。」（Caputo 1977: 249-53）然而，他們發現自己沒辦法渡過那條河，卡普托感到很難平息自己高昂的情緒。「我無法從這次行動帶來的高亢情緒中平復下來。戰火已經落幕，只是偶爾還有零星槍聲響起，但我並不想讓它結束。」隨後，他故意讓自己暴露在敵人的炮火下，好確定對方狙擊手的位置。「我前後踱步，感覺自己像穿著鐵布衫的原始人一樣無畏無懼。」結果什麼也沒發生，他開始大聲吼叫，漫無目的的向四周開槍，當他的戰友開始嘲笑他時，他自己也不受控制的大笑起來。最後，他終於平靜了下來（Caputo 1977: 254-55）。

這起事件正是恐慌進攻的一種形式，只是最後由於敵人的消失而結束得略快了一些。緊張與恐懼貫穿始終，有時則會轉化為一種無動於衷的冷靜和一閃而過的恐慌或窒息，而當某種行動發揮作用，也會穿插一些興奮之情。當恐懼最終消失，他陷入了一種狂熱之中，試圖找到最後一名受害者。

卡普托描述的第三起事件，說明陷入這種情緒的士兵能走多遠。當時，卡普托手下的士兵剛吃了一場敗仗，隨後，他們準備穿過一座村莊，那裡被認為是敵人的一處基地：

> 戰鬥的聲響持續不斷，令人瘋狂，正如身後圍欄的尖刺與炮火的熱浪。就在此時，這件事爆發了：士兵們騷動起來。這是一種群體性的情緒爆發，因為所有人都已經到達忍耐極限。我無法控制他們，甚至也無法控制我自己。我們絕望的想要抵達山腳，於是狂暴的穿過剩下的大半個村子。我們像野人一樣尖叫，縱火燒毀茅草屋，將手榴彈扔到燒

不起來的瓦房上。在這種狂熱之中，我們穿過了灌木叢，絲毫沒有感覺到尖刺帶來的疼痛。我們什麼也感覺不到了。我們已經失去了感覺自身的能力，更不用說感覺他人了。我們聽不到村民的哭喊和哀求。一個老人跑到我面前，抓住我衣服的前襬，問道：「*Tai Sao? Tai Sao?*（為什麼？為什麼？）」

「滾開！」我喊道，一把將他的手甩開。我抓住他的上衣，將他推倒在地，感到自己就像在看自己演一場電影……大部分士兵都不知道自己在做些什麼。其中一個士兵跑到一座小屋前將它點燃，向前跑了一段後又轉身穿過火焰，救出裡面的一名平民，接下來他又跑去點燃下一座小屋。我們如同一陣風一般穿過了這座村子，等我們來到五十二號山腳，哈那村（Ha Na）已被夷為平地，只剩遍地灰燼、燒焦的樹幹和斷壁殘垣。我在越南見過許多醜陋的景象，這是其中最醜陋的一幕：我的手下從一群紀律嚴明的士兵，突然變成一群縱火暴徒。

隊伍幾乎是在瞬間就擺脫了瘋狂狀態。當我們從村子裡逃到山頂上，呼吸著新鮮的空氣，我們的頭腦也冷靜下來……從紀律嚴明的士兵變成不受控制的野蠻人，又再度變回士兵，這項變化是如此迅速和深刻，以至於在戰鬥的最後一段時間，我們就像是做了一場夢。儘管事實不容否認，但我們之中確實有些人無法相信這些破壞是我們自己造成的。（Caputo, 1977: 287-89）

士兵陷入暴力攻擊的情緒隧道（emotional tunnel），最後又回復正常。他們原本以為會在村莊遭遇抵抗，誰知那裡只有一群手無寸鐵的村民，士兵殘暴對待了那些人。士兵們彷彿與自己脫離，與自己認識中的自我形象脫離。而當一切結束之後，他們將自己的行為當成另外一層不相關的現實。

卡普托對燒毀村莊的描述，非常類似一九六八年三月十六日在美萊村（My Lai）發生的更為惡名昭彰的大屠殺。那正是越戰最激烈的時期，在六週前開始的春節攻勢中，越共和北越軍隊暫時攻下了幾座大城市，逼迫美軍陷入防守戰。隨後的反攻試圖將敵人從這些城市趕出去，美萊大屠殺就發生在這個時期。一支小分隊乘坐直升機降落在長期以來被認為是越共掌控的區域，以為會遇到激烈的抵抗。率領這場進攻的前鋒小隊之前從未真正與敵人交火，卻曾因地雷和陷阱而有過傷亡。結果，美萊並沒有敵軍駐紮。前鋒小隊開始屠村，他們燒毀房屋，殺害了三、四百名越南平民，其中大多是婦女和兒童，因為參軍年齡的男子早已逃離村子（Summers 1995: 140-41）。這支小分隊的指揮官卡利中尉（Lt. Calley）情緒高漲的帶領手下製造了這場屠殺。一年之後，這場屠殺終於被官方注意到，最終成為一樁人醜聞。

儘管官方調查並不承認，但此類事件在越戰中並不鮮見，區別只在於屠殺平民的程度，以及其中涉及多麼嚴重的虐待和強姦事件（James William Gibson 1986: 133-51, 202-3; Turse and Nelson 2006; www.latimes.com/vietnam）。這些事件無一例外都造成了巨大的破壞。考慮到游擊戰的特點，恐慌進攻的條件很常見：延續一段時間的緊張／恐懼；不知藏身何處的敵人；對身旁的正常環境與一般平民中，可能掩蓋著一場突襲的強烈懷疑；在危險區域實施進攻行動，期待能最終抓獲敵人，而後又面對失望；敵人似乎終於被發現的瞬間；狂熱的破壞渴望。在游擊戰中，正規軍隊的傷亡一般發生在防備不足時，當他們終於發現游擊隊的身影，武器裝備上的優勢往往能為他們帶來輕而易舉的勝利。捕獲搜索已久的敵人，這種卸下巨石的輕鬆感讓緊張／恐懼轉化為狂熱的恐慌進攻。更嚴重的情況則發生在他們眼前根本沒有敵人，只有與敵人站在同一陣線手無寸鐵的受害者時，例如美萊的老弱婦孺，以及洛杉磯超速卡車中的偷渡婦女。

大部分成為公眾醜聞的警察暴力事件都帶有恐慌進攻的特質。一九九一年洛杉磯發生的羅德尼．金事件正是這方面一個典型事例（www.law.umke.edu/faculty/projects/ftrial/lapd）。警察在高速公路和城市街道上飛馳了十三公里，追捕一輛時速一百八十四公里的超速車輛，他們透過無線電呼叫支援，最後當金被圍困在一間公寓後面，現場已經趕來二十一名警察。一段由業餘者所拍攝的著名影片，記錄下這場追捕行動的最後三分半鐘。經歷高速追捕的巡警正處於興奮和緊張的情緒中，又被對方聽到警笛後仍然拒絕停車的行動激怒，決心打贏這場仗讓他們乖乖聽話。最後，車裡出來兩名黑人青年，其中一名是乘客，他乖乖被逮捕了，另一人就是金，他是個精壯的大塊頭，在警察看來體格很像監獄中常見的犯罪分子，因此推斷他可能有案底，他們還認為金可能服用了迷幻藥。追捕並未結束。金並不服從逮捕，他衝向其中一名警察，進行了短暫的反擊，金隨即被四名警察用警棍和電擊槍（一種能夠產生強電流的設備）擊倒。警察繼續用警棍毆打他八十秒，直到金昏迷不醒，而警察則準備開車撤離。其中毆打最積極的警察正是被金打倒的那一位，他用警棍擊打了金超過四十五次[1]。

讓這起事件格外臭名遠播且吸引大眾目光的，是警察在毆打發生前後的情緒表現。現場有二十一名警察，但只有四人參與毆打，其他人圍成一圈，鼓勵和支持施暴者。毆打發生後，警察無線電的錄音也表現了一種興奮：「我們可真是把他揍得不輕……就像霧裡的大猩猩一樣。」這指的是當時流行的一部關於非洲大猩猩的影片*。金在醫院接受治療時，負責照看他的警官滿懷幽默感的跟他開玩笑，詢問他在道奇棒球場的工作：「我們今晚可是打出了不少全壘打吧？」這種興奮就像卡普托中尉所描述的戰鬥形勢一片大好之時，或是一場熱情高漲的戰鬥結束之後的感受一樣。

衝突性緊張與釋放：奔湧累積的情緒與過度暴力

讓我們詳細分析一下其中的情緒變化吧！首先是緊張感的累積，當條件允許，這些緊張就會隨著狂熱的攻擊動作被釋放出來。前一章總結道，這種緊張和恐懼是與他人發生直接衝突時所特有的情緒。當衝突雙方彼此接近，這種衝突性緊張越發強烈，不僅是因為其中一方可能受傷，還因為其中一方將不得不親眼看到對方倒下，並用暴力控制住對方的反抗。

這種緊張可以由多種成分組合而成。追捕超速者的警察能夠感覺到飛馳的車輛帶來的危險，特別是要不斷躲避其他車輛和障礙物，他們的緊張一部分是興奮，一部分是尚未成功逮捕目標的沮喪。對警察來說，這種情況比日常工作中與平民百姓（包括嫌疑人）打交道更加危險，因此他們會更加努力控制互動局面（Rubinstein 1973）。平民百姓的抵抗帶來了衝突性緊張，進而使得

*譯注：這裡指的是一九八八年上映的電影《迷霧森林十八年》（*Gorillas in the Mist*），影片講述畢生致力於保育黑猩猩的美國女生態學家弗西（Dian Fossey）的故事。此處警察的評論帶有種族歧視的意味。

警察可能同時採用正式權威和非正式壓力來獲得控制權。正如魯賓斯坦（Jonathan Rubinstein）的人類學觀察研究所示，當警察攔下路人詢問，他們會擺出控制對方身體的姿態，在臨檢中，警察會隨時準備奪下對方的武器，或是徹底壓制住對方。即使沒有這麼做，警察至少也會用更微妙的方式獲得控制權，例如緊迫盯人的看著對方不放，其目光與平日裡平民百姓之間的目光交流大不相同。因此，處於追捕行動中的警察會持續不斷的體會到失落感，因為他們無法使用日常行動中常用的互動模式。

能夠導致恐慌進攻的緊張感，在私人打鬥中也時常出現。柯布（Ty Cobb）的傳記素材是一個不錯的資源，他曾捲入多起鬥毆事件，作為一位聲名遠揚的頂級棒球選手，這些事件都被詳細記錄下來。一九一二年五月，柯布跳過圍欄襲擊了一名嘲笑他的球迷。這起事件發生在紐約，他所屬的底特律隊正在客場作戰。在此之前，柯布還曾與一名紐約隊球員在三壘發生衝突，當時柯布正在進行他典型的富於攻擊性的跑壘，兩名球員猛推對方，球迷則在圍欄後投擲雜物。四天後，一名坐在休息區旁邊的球迷對柯布發出連續不斷的咒罵。第四局中（也就是開場約一小時後），柯布終於行動了。「（柯布）躍過欄杆，踏過十幾排觀眾衝到那個口出惡言的人面前。他衝對方臉上連出十幾記重拳，將他打翻在地之後，又用腳上的釘鞋猛踩對方下身……（那人）因為一場工廠事故一隻手沒有手指，另一隻手只有兩根手指……球迷零散的呼喊著：『他沒有手！』目擊者稱，他們聽到柯布說：『就算他沒有腿我也不在乎！』」（Stump 1994: 206-7）

柯布憤怒時常常做出這種暴力行為，只要一開始就停不住手，哪怕對方已被擊倒也不例外。他一動手，對方就輸了，但他仍然會對倒在地上的對手拳打腳踢。在這種情況下，雙方之間實力上的不對等顯而易見，何況對方還是殘疾人士[2]。然而怒火之中的柯布根本不在乎這一點，身處恐慌進攻之中，哪怕受害者再弱勢、哪怕加害者再明確的意識到這一點，也無濟於事。

這起事件中的緊張感由幾部分組成，最顯而易見的，是柯布與紐約隊及其球迷間，在那四天裡一直高昂的敵對情緒。這起事件也有更多背景因素，柯布作為一名球員之所以成功，正是因為他極端富有攻擊性的打球方式，在過去一年裡，他創下盜壘成功次數紀錄，安打率高達零點四二（現代棒球史上的最高紀錄之一）。當時正是一九一二年的賽季中，那一年結束時，他最終獲得前所未有的連續兩年安打率超過零點四（一九一二年是零點四一）的成績[3]。有些人能夠製造高強度的緊張情緒以壓制他人。然而一旦情緒爆發，他們連自己也無法控制。因此，柯布才會在勝券在握的情況下，依然痛打對方，換作其他與他類似的人也會如此。

不同類型的緊張／恐懼所產生的噴湧而出的暴力，常被認為是腎上腺素分泌過多所致。戰鬥中和戰鬥剛結束時的士兵，就像追捕行動尾聲的警察，都無法控制自己的腎上腺素分泌（Artwohl and Christensen 1997; Klinger 2004; Grossman 2004）。但恐慌進攻並不僅是一個簡單的生理過程，在腎上腺素水準較高的情況下，一個人的行動依然可以有不同的選擇和方向，具體情況如何，則取決於當時的情境條件。例如，與交通事故擦身而過的司機可能會出現不受控制的身體顫抖，只有當整個事件徹底結束，再也沒有什麼能做時，這種激動情緒才能漸漸平復。危機結束後，有些人會大哭一場。完成困難目標時的情緒（例如攀上高山頂峰，那種從緊張情緒中得到解脫的感受[4]），一般來說並不是暴力的。只有在某些特殊的情境場景，才會產生憤怒或是對無力反抗的受害者展開暴力襲擊的這種反應[5]。

在恐慌進攻中，究竟浮現出什麼樣的情緒？顯然是最極端形式的憤怒，即「怒火中燒」，乃至「怒不可遏」。這背後的言外之意（特別是「怒火」一詞）說明這種憤怒是壓倒性的，足以主導一切。不過，在這種無法控制的暴力情境中，我們也能看到其他情緒，例如卡普托對若干越戰情境的描述中所出現的那種歇斯底里的大笑。這些情況發生在戰況最激烈的時候，並且具有強烈的傳染性：卡普托與一名戰友一起為了躲避子彈而趴在地上翻滾；之後，當他狂野的站出來挑釁狙擊手時，這種莽撞讓他的手下大笑起來，也讓他自己陷入更加難以抑制的狂笑。無獨有偶，一九九九年四月，科羅拉多州利特爾頓市（Littleton）科倫拜高中（Columbine High School）的兩名學生製造了一起校園槍擊事件，其後留下的錄音顯示，兩名殺手在開槍過程中，一直在歇斯底里的狂笑。在恐慌進攻結束後的一段時間裡，這種大笑和幽默感還會延續下去。例如，在羅德尼·金被圍毆之後，負責逮捕他的警察興致高昂，他們的行為之所以令人震驚，其中一個原因是他們無法抑制自己的情緒，結果在無線電和醫院裡還在說著笑話。

通常情況下，在暴力進行中及結束後，都會洋溢著一種興奮的情緒。卡普托的情緒在緊張、恐懼、憤怒和極端的快樂之間轉換。這些情緒混雜一處，無法用傳統標籤定義。恐慌進攻中的混雜情緒來自於從緊張／恐懼向攻擊性狂怒的轉換。歷史上，近身作戰的士兵總是會發出各種雜訊，包括嘲諷、咒罵、怒吼與叫嚷等（Keegan 1976; Holmes 1985）；卡普托在其著作中的每一個事件中都提到這一點；參見第九章關於恐嚇的一節所提到的非軍事例子）。在勝利的一刻，這些雜訊化作興奮的音符，有時是歇斯底里的狂笑，有時則半是自嘲半是為自己進攻中的動作宣洩能量。恐慌進攻幾乎不可能是安靜的，它總是雜訊與暴力的高峰。衝突過後，情境中往往洋溢著充滿攻擊性的能量、憤怒與歡呼。畢竟，恐慌進攻是一種徹底的勝利（至少在此時此刻的身體與精神層面皆是如此），因此需要慶祝[6]。

恐慌進攻的情緒無論包含什麼，都具有兩種特質。首先，這是一種熾熱而高昂的情感。它的產生具有爆發性，也需要一段時間才能平靜下來。這種情緒與另一種不太常見的暴力不同：那種冷漠的、事不關己的暴力，常常發生在狙擊手和殺手身上，我們會在第十章和第十一章進行討論。此外，這種暴力也不同於我們在第二章討論過的那種因恐懼而無法集中精神的暴力。其次，這種情緒具有節奏感和強烈的吸引力，能令人曳引其中。處於恐慌進攻的人們會不斷重複攻擊性的動作；高速公路巡警不停毆打非法移民；警察反覆毆打羅德尼．金；卡普托手下的士兵燒毀一座又一座房屋，即使他們心知肚明裡面什麼也沒有；柯布不停毆打已經倒在地上的對手。這種情緒流動成為一種自我強化的波浪。人們被困在自己的節奏中[7]；儘管柯布是獨自行動，事件背景是一場棒球比賽，球迷反覆（從而也是富有節奏感的）嘲笑他，他則對此做出反應，但他的行動本身也具有一種自發的節奏。

更常見的情況是集體娛樂情緒。士兵開火時彼此起鬨、咒罵，有時則是歇斯底里的大笑，我們知道他們的命中率並不高，但那種「砰！砰！砰！」的槍聲也成為困住他們的節奏之一。正如前面提到的，科倫拜高中的兩名槍手在整個屠殺過程中都歇斯底里的狂笑，他們似乎一直待在一起，儘管從純粹功利的角度來看，如果分頭行動的話恐怕會殺掉更多人。兩人待在一起，讓他們能夠彼此支持對方的情緒，讓他們可以將彼此閉鎖在歇斯底里的興奮和狂熱中。當然，我們可以質問這種情緒究竟是不是興奮的一種，這其中可能混合著死期將至的感受，因為他們之後不久就自殺了，也可能混合著一旦自殺失敗將會面臨何種懲罰的恐懼。但這正是恐慌進攻的情緒關鍵所在，一次未受阻擋的成功攻擊所產生的所有情緒，像是憤怒、從緊張／恐懼中突然放鬆、興奮、歇斯底里的狂笑等，都會互相加強來作為一種攻擊形式的雜訊，這一切都在製造一種社會氛圍，讓人們繼續重複手頭的動作，反反覆覆，儘管這些動作就算作為攻擊來說也不再有任何意義[8]。

恐慌進攻是一種無法阻止的暴力。它對暴力的使用是過度的，遠遠超出了勝利所必需的條件。當人們從緊張進入恐慌進攻的情緒，他們就進入了一條無法回頭的隧道，無力停止自己在當下的行動。他們會發射遠超所需的子彈，儘管並不需要殺戮，他們卻會破壞視野中的一切，他們會瘋狂的拳打腳踢，甚至連屍體也不放過。他們會製造出大量不必要的暴力，當然，具體情形要看究竟是何種衝突，畢竟柯布並未殺死對方。如果捲入事件的是一群人，通常會出現拉幫結派的情況，所有人都想在已經倒在地上的受害者身上再踩上一腳，如果是在運動比賽中，這種情形叫故意壓人。

恐慌進攻往往看起來帶有幾分殘忍，因為那種情形很明顯是不公平的：恃強凌弱、以多欺少、全副武裝者對付手無寸鐵者（或是已被解除武裝者）。哪怕受害者並沒有遭到嚴重傷害，恐慌進攻也是醜陋的。當真的有人因而致死或致殘，正是暴力的實施過程才是真正殘忍的部分。

戰爭的殘酷

恐慌進攻在戰爭中很常見。最明顯的例子，就是軍隊會企圖殺掉所有試圖投降的敵方士兵。

這在一戰的壕溝戰有格外詳細的紀錄。當雙方士兵抵達敵方戰壕並占據壓倒性優勢，他們很可能會射殺從戰壕中現身準備投降的敵人。德軍士兵榮格（Ernst Jünger）將這視為一種情緒能量：「在血雨腥風之中，人們很難控制和改變自己的感受，他們不想要俘虜，只想要殺戮。」（引自Holmes 1985: 381）霍姆斯總結道：「在任何戰爭中，對拚命作戰直到敵人殺到面前的士兵來說，沒人有超過百分之五十的機會被活捉。」（Holmes 1985: 382, 381-88: Keegan 1976: 48-51, 277-78, 322）這種模式在二戰中也有廣泛紀錄：美國、英國、俄國、日本、中國和其他任何國家的軍隊對待任何敵軍都是如此。

有時殺掉降軍可能是故意的，因為將俘虜帶回後方安置會造成負擔，有時是由於懷疑對方詐降，有時則是為了報復之前敵人給己方造成的損失。然而，這種殺戮有很大一部分產生於當下的情境本身。我們知道，投降者一旦安全度過這個危險時刻就會得到優待，甚至比敵人後方軍隊的待遇還要好（Holmes 1985: 382）。在有些事例中，軍隊可能陷入短時間內無法控制的憤怒。馬歇爾提供一個美軍在一九四四年六月諾曼第戰役中發生的例子，當時美軍連續三天遭到德軍炮火壓制，無法疏散傷患，軍營缺乏飲水。米爾薩普斯中尉（Lt. Millsaps）手下的一支小分隊在敵人的機關槍火線下崩潰了，他們在恐慌中潰逃，直到軍官用暴力迫使他們重新清醒：

> 最後他們衝向敵人，直到對方近在咫尺。他們使用手榴彈、刺刀和槍去攻擊敵人，有些士兵丟了性命，有些受了重傷，但他們彷彿完全無視眼前的危險。屠殺一旦開始便無法停止，米爾薩普斯試圖控制住手下，卻毫無成效。殺死了眼前所有的德國士兵後，他們又衝進一處法

> 國農場，殺死了那裡所有的豬、牛、羊。直到最後一頭牲畜也倒在血泊中，這種狂亂才平息下來。（Marshall 1947: 183）

這些士兵背負著巨大的壓力，那些壓力不僅來自敵人，也來自他們自己的上級軍官。字面上來看，他們首先陷入了恐慌撤退，隨後又轉變為恐慌進攻。最後，他們在情緒的控制下無法停止，甚至開始屠殺牲畜，這正如卡普托中尉在越戰中曾四處尋找更多敵人來殺戮一樣。恐慌進攻蔓延到動物身上，儘管看起來很古怪，但並不罕見[9]。一名目擊者曾如此形容：「一九五三年在卡諾（Kano）發生的暴動中，奈及利亞北部（伊博〔Igbo〕與豪薩〔Hausa〕部落之間）……發生了諸多虐待、閹割、損毀屍體的事例。警察偶爾能控制住鬥爭雙方，在這期間，全副武裝的伊博部落成員曾多次排成『鱷魚』或其他陣形跳起戰舞，同時用斧頭屠殺附近的馬匹、猴子和山羊。」（Horowitz 2001: 116）

古代戰爭也發生過類似情況。西元前四十六年，凱撒與其對手在爭奪羅馬控制權的內戰中，於塔普蘇斯（Thapsus，今突尼西亞地區）進行了一場決定性的戰鬥，被打敗的軍隊試圖投降。按照當時的軍事政治規則，這些軍團將會被收編入凱撒軍中，因此對凱撒來說接受投降才是理性的決定。然而凱撒手下的「老兵滿懷憤怒和憎恨……西庇阿（Scipio）的士兵儘管已經無條件投降，卻在凱撒眼前無一例外慘遭屠殺，就連凱撒懇求手下赦免他們也無濟於事」（Caesar, *Civil War*, 234-35）。這支滿懷怨毒的軍隊在半沙漠地帶行軍超過三個月，忍受著敵人的挑釁與嘲笑，終於等到決一死戰的機會時，被勝利沖昏頭腦的他們，甚至開始屠殺起自己軍隊中不受歡迎的軍官，就連凱撒本人出面求情也無力保護他們。

古代及中世紀戰爭中常見的一個變體，便是在圍城戰勝利之後的屠城行為。有時這是故意為之，為了震懾其他城鎮的居民，從而不費一槍一彈就能拿下城池。中世紀歐洲的傳統是在攻破城牆之時暫時停止進攻，呼籲敵軍投降，如果對方拒絕，那麼戰鬥結束後，他們就會慘遭屠殺，毫無得到赦免的機會（Holmes 1985: 388; Wagner-Pacifici 2005）。然而這種屠殺一旦開始，很難控制在敵方軍隊之內。一六四九年，克倫威爾（Oliver Cromwell）的議會軍在愛爾蘭德羅赫達（Drogheda）進攻保皇黨時，不僅屠殺了守城軍隊，還同時殺害了約四千名平民。西元前三三七年，亞歷山大的馬其頓軍隊攻下希臘底比斯（Thebes），當時在城外的戰鬥中，底比斯人恐慌潰逃，結果沒能關上身後的城門。有些底比斯人是和平派，他們願意向馬其頓人投降，但是惡毒的敵軍並未將他們區分開來，無論士兵還是平民一律格殺勿論，甚至在對方逃入周圍農村時仍然窮追不捨（Keegan 1987: 73）。

當代最惡名昭彰的例子是一九三七年十二月發生的南京大屠殺（Chang 1997）。自從一九三七年七月戰爭爆發以來，日軍長驅直入，直到在上海遭遇頑強抵抗，從當年八月一直苦攻至十一月。最後，日軍終於打贏了這場戰鬥，隨後沿河而上一百五十公里，打敗已經潰不成軍的中國軍隊，攻下中國當時的首都南京。十二月十三日，他們進入南京城。從日軍角度來看，這是一場決定性的勝利，讓他們控制整個中國，因此興高采烈。然而，城內有九萬名已經投降的中國士兵，以及從上海撤退至此的另外二十萬軍隊。當時日軍僅有五萬人，但他們裝備精良，精神上也占據壓倒性優勢，而中國軍隊儘管人數占優勢，但已人心渙散。指揮官考慮到物流問題，以及要看管二至六倍自己手下人數的俘虜有多麼困難，於是下令屠殺降軍。屠殺一旦開始就無法停止。日軍認為許多中國士兵丟下了武器和軍裝，藏身於平民之中。於是，日軍開始屠殺起所有有戰鬥能力的男子。

情況很快便失去了控制。最後約三十萬人慘遭屠殺，占未及逃離南京城的居民人數的一半。如此大規模的屠殺實際上並不容易執行，處理屍體也很困難。最初，有些日本士兵並不願意屠殺手無寸鐵的居民，然而他們受到低級軍官的唆使，後者是在屠殺中表現最積極的一部分人，同時他們也感受到來自已經參與屠殺的身旁戰友的壓力。最後，大部分日本士兵都陷入了屠殺的狂熱情緒[10]。他們一開始還試圖採用日本傳統的處決方式，用劍來處決對方，但後來發現這樣效率太低了。隨後，他們開始在萬人坑或是河邊直接燒死受害者，並將對方當作刺刀的活靶子。屠殺持續了多日，日軍開始發展出殺人遊戲來完成任務，年輕軍官開始競賽看誰能殺死更多人。他們虐待受害者，並將他們的屍體擺弄成奇特的姿勢，肆意處理受害者的身體，甚至蒐集遭到損毀的身體部位。

當殺害俘虜的命令下達後，日軍的指揮官失去了對手下的控制。當時並不存在什麼軍事威脅來轉移他們的注意力，因此他們進入研究群體行為的社會學家所稱的「道德假期」（moral holiday）的情境，如同暴動之中趁火打劫的人群，道德限制被暫時解除，沒有人再去阻止其他人破壞文明準則的行為[11]。一旦中國人成為無差別殺戮的對象，所有禁忌便不復存在。日軍開始強姦中國年輕女性，之後甚至開始強姦老年女性。從歷史上來看，勝利的軍隊時常會發生強姦暴行，直到近代，這種行為才因軍隊加強紀律要求而變得不太常見。此外，日本官方政策中，允許將被俘敵方女性強制收為慰安婦或性奴。但是，這些制度化的實踐大多會讓那些女性活下來，而日軍的強暴卻不只於此。強暴與殺戮的情緒合而為一，並與被虐待和殺人遊戲的氣氛曳引。作家張純如（Iris Chang1997）提供的資料顯示，中國女性被日軍殺害時，常被擺出色情的姿勢，或是陰道內被插入刺刀。這些照片與其他照片中顯示的中國士兵被損毀的首級類似，他們口中被插入香菸，顯示出日軍充滿狂虐、暴力與戲謔感的情緒。

搶劫也是如此。在所有戰爭中，搶劫在某種程度上來說都很常見（Holmes 1985: 353-55）。在南京，搶劫行為已經失去控制，變成一種對財產的有意破壞。最後，這座城市的大部分區域都被焚燒殆盡。與殺戮和強暴一樣，搶劫與破壞可能也帶有一部分現實考慮，但隨著這些行為的蔓延與失控，它們已不再具有現實意義，甚至無法滿足日軍自私的目的，因為他們甚至開始破壞起自己的戰利品。「道德假期」一旦刺穿了日常社會生活（乃至日常軍旅生活）的那層紙，就會變成一場奇異的破壞性狂歡。這種情緒可以延續很久，南京大屠殺最殘忍的時刻是十二月十三日至十九日的第一週，但它直到一九三八年一月初才漸漸冷卻下來，而到那個時候屠殺已經持續了三週之久。

日軍在南京犯下的暴行儘管是一個高度情緒化的過程，卻不是一種無法控制的狂熱，事實上，狂熱的情緒從來不會與社會脫離或僅與個人相關。日軍士兵並沒有變成野蠻人，毫無計畫的橫衝直撞，他們也沒有彼此殘殺，而是依然尊重等級制度，儘管他們並未服從要求他們停止殺戮的上級。他們大體上也尊重「國際區域」的邊界，也就是歐洲人在南京城裡的殖民區租界，當時有許多中國人都躲進了那裡。有些士兵會不時衝進租界去找女人出來強姦，但這些行為也會因為歐洲居民的抗議而中止。一名身穿帶有納粹標誌制服的當地德國官員，在阻止日軍和保護中國百姓方面特別有力[12]。這些例外表明，日軍士兵儘管道德感暫時缺失，但也有隱藏的邊界；儘管這是一種充滿破壞感的狂熱，但也是有目標和邊界的狂熱。這個模式也十分常見。恐慌進攻以及洶湧而出不受控制的暴力情緒，就像進入一個洞穴，但這個洞穴在社會空間中卻有一個位置，在時間中有其開始和結束，並有明確的邊界，對這個邊界的定義便是道德感缺失的空間。[13]

警告：殘忍的多種成因

並非所有殘忍行為都是恐慌進攻的產物。如果說恐慌進攻是原因一，那麼原因二就是高層軍事或政治權威所下達的屠殺指令（可能是出於種族、宗教或意識形態的不一致，也可能是為了處置戰俘）；原因三則是試圖摧毀敵人資源的焦土政策，或是讓軍隊洗劫城池，從而斷絕平民的生活所需，一般來說，在掠奪平民的食物和安身之所的同時，也會製造對平民的直接暴力；原因四是對所控制區域反抗者的刻意懲罰，用以震懾其他潛在的反抗。

原因二的例子可見於十六至十七世紀歐洲宗教戰爭中的屠殺（Cameron 1991: 372-85），納粹對猶太人、共產主義者和其他二戰中東方前線被認定為敵對意識形態者的屠殺（Bartov 1991; Fein 1979），一九九四年盧安達的胡圖族對圖西族的大屠殺等（Human Rights Watch 1999）。原因三表現在一系列前近代戰爭、殖民擴張戰爭、波耳戰爭（Boer War）、中英軍的反游擊戰術中，此外也體現在德國入侵蘇聯時（Keeley 1996; Mann 2005; Bartov 1991）。原因四則體現在納粹軍占領敵方領地後進行的報復性大屠殺（Bartov 1991; Browning 1992），以及西班牙內戰裡雙方軍隊的表現（Beevor 1999）。

這些不同的因果聯繫，意味著並不是所有的殘暴行為都能用同一個理由來解釋，我們的分析也必須從事發之前的條件和事態進行的過程開始，一路分析到事情的結果，而不是反過來，先看結果再假設只有一種可能的原因。恐慌進攻的路徑情緒是在一段分離出來的局部片段間快速湧動，從一開始對於衝突的緊張，突然轉變為與歇斯底里氛圍曳引的殺戮渴望。這就像是一種意識遭到扭曲的狀態，最後，加害者往往像是從另一種完全不同的狀態回歸本人一般。相較之下，另外三種路徑不像恐慌進攻取決於個體和情境，而是更多受到持續存在的制度化情境和宏觀層面影響。這些類型的暴行通常來自刻意的決定，是預先做出並層層轉達下來的。因此，這種情況下的情緒更加平穩和冷酷，加害者的意識中充斥著更多自我正當化的意識形態和理論解釋，因而不具備恐慌進攻所特有的、不同於正常狀態的情感爆發。所有這些變體都是理想型，在某些情況下可能會彼此重疊。在南京大屠殺中，最初是日本軍官下令屠殺中國俘虜，原因是無法看守多於己方軍隊人數的降軍，這是一種出於實際情況的考量。但很快，事態就轉變為一種「道德假期」的狀態，日本士兵的情緒充斥著從之前的戰鬥中帶來的緊張感，如今又面對敵人的潰敗。破壞的狂熱超出任何焦土政策或殺雞儆猴的考量，成為一種延續多日的恐慌進攻。

日本戰敗之後的東京大審判認定，日軍在中國的指揮官及當時的首相對南京大屠殺負有責任，並判處他們死刑。而發出殺害俘虜命令的指揮官和遵從命令的下級軍官卻沒有遭到指控（Chang 1997: 40, 172-76）。發生在越南的美萊大屠殺曝光後，相關師長被降職，並因未能盡力調查這項暴行而遭到處分，旅長梅迪納上尉（Capt. Medina）、連長卡利中尉及其他二十餘名軍官和軍士遭到審判，只有卡利最後被判有罪（Anderson 1998; Bilton and Sim 1992）。一般來說，針對軍隊暴行的法律和政治處理，都是針對高階軍官和政府官員，其假定關鍵因素在於一連串的命令，不管是直接發出命令，或是營造一種鼓勵或默許的氛圍，還是沒有實施足夠的控制，抑或事發後試圖加以掩蓋。被忽視的是捲入事件中的個體的情緒湧動，這些加害者自身（幾乎都是低階士兵）僅僅是在被動服從上面的指令。這並不是說在上面列出的事例中不存在組織上的複雜性，而是說那不足以解釋所發生的事情。在南京大屠殺中，日軍指揮官下達的屠殺戰俘命令是一種催化劑，但恐慌進攻的條件早已齊備。對梅迪納上尉來說也是如此，他的命令下達到卡利中尉的軍團，而卡利中尉此前一晚剛在士兵面前發表了一番鼓動言論。無論如何，那只是參與屠殺的三個軍團之一（約有二十五至三十人），也是最早進入村莊的一個，當時其他人仍在戒備，或是被派去處理附近的目標。個體的情緒傳染成為最關鍵的因素，也是殘忍暴行之所以發生不可或缺的因素[14]。

強調加害者自身的一些長期特點也無法解釋一切。社會學家謝夫（Thomas Scheff 2006: 161-82）曾指出，最簡單的解釋就是卡利中尉自身的過度男性化特質，他在求學和事業中曾反覆遭受失敗，包括被自己的上級訓斥等。從謝夫的理論來看，隱藏的羞恥會轉化為憤怒，面對被壓抑的情緒，卡利並沒有任何社會聯繫，於是他的憤怒爆發為殺戮的渴望，開始下令讓部下屠殺手無寸鐵的平民，並親手殺死了許多人。但是我們應該注意到，卡利的手下在之前的巡邏中也曾對平民犯下許多暴行（美軍的其他小分隊也是如此），卻從未發生如此大規模的集體屠殺，當下建立起的緊張感，以及因發現村子裡沒有越共士兵而產生的突如其來的失望感，共同塑造了暫時性的情境，讓這個屠殺與其他相似事件具有相似的條件。

在關於軍隊暴行的解釋中，有些分析會強調針對敵方的文化嘲諷、歧視和種族主義。這種態度十分常見，在戰爭時期更是會得到強化，但只有在非常特殊的情境中，大屠殺才會發生。張純如（1997）和歷史學者白德甫（Omer Bartov 1992）將軍隊暴行歸因於加害者的意識形態，但是恐慌進攻發生在許多情境中，其中很多情境都沒有長期以來存在的意識形態。此外，意識形態本身若是缺乏情境條件，也無法產生恐慌進攻。恐慌進攻的機制也可以與其他原因相結合，進而使暴行在事件或暴力的類型上得到擴展[15]。如果沒有更多條件，恐慌進攻本身很可能是簡短和克制的；士兵也許會殺害敵人，卻不一定會損毀屍體；他們也許會強姦女性，卻不一定會殺害她們；警察也許會痛揍犯罪嫌疑人，但也許不會打得那麼狠。而對特定的殘暴行為，這些區別對大眾來說也許不是那麼重要，畢竟暴行本身就已經夠可怕了；但在造成的損失上，它們卻可能會有很大的不同。

恐慌進攻與無力反抗的受害者：不對稱的曳引

仔細分析南京大屠殺的事例就會發現，此類屠殺事件具有另一種特點。中國軍隊從數量上來說遠遠超過日本軍隊，既然如此，當他們明知自己即將遭到屠殺時，為什麼不奮起反抗？儘管他們大多缺少武器，但至少可以發起一定程度的集體反抗，從而可能壓制住某些日軍小分隊。事實上，日軍士兵很快就對中國士兵如此懦弱赴死表示鄙夷。這種態度進而強化了他們對敵人的非人化認知，讓殺戮變得更加容易。

恐慌進攻通常產生於一方獲得絕對控制權的氣氛中。這最初有軍事上的原因：一方乘勝追擊，一方潰不成軍。認識到這個境況之後，殺戮的情緒隧道便打開了，這種情緒並不是理性的，而是一種集體性的非理性表現。這種情緒被雙方所共用，具有互動性。也有更多控制權表現在精神上，勝利一方興奮不已、精神百倍，失敗一方絕望無助，完全無能為力。這些情緒互相散播強化，在雙方陣營內部各自形成回路，勝利者為彼此對破壞的狂熱打氣，失敗者則讓彼此的士氣更加低落。此外，還有第三個回路連接這兩個回路：勝利者會打擊失敗者的士氣，失敗者則在勝利者面前越發低落。這是一個不對稱的曳引過程：勝利者曳引在自己的攻擊節奏中，其動作被失敗者的動作所鼓勵。這個過程表現在更低層級的暴力行為中，例如運動賽事中勝利者與失敗者的微觀互動，以及日常生活中更微妙的支配關係（Collins 2004: 121-25）。勝利者輕蔑的挑釁對手，講出殘忍的笑話，並因受害者的絕望哀求和束手就擒而越顯得意。因此，恐慌進攻者會因對方的無力反抗而變本加厲。這就像一個孩子在虐待一隻貓，貓越是哀叫，孩子就越是興奮。

許多事例都記下了受害者的無力反抗現象。西元前三三四年的格拉尼庫斯河戰役（Battle of the Granicus）中，馬其頓軍隊對失敗潰逃的波斯軍隊進行了踩踏。基根引用一名古代歷史學家的描述：「『他們站在原地，』阿里安（Arrian）說：『與其說是勇敢堅決，倒不如說是因意料之外的慘敗而呆若木雞。』」基根繼續總結道：「戰場上時常會發生這種情況，面對意料之外的勝利者的大屠殺，失敗者像兔子一樣瑟瑟發抖一動不動。他們很快便被包圍起來就地解決了。」

（Keegan 1987: 80-81）兩千多年後的一九四四年，當南斯拉夫游擊隊員殺死手無寸鐵的德國戰俘時，這個模式依然持續：「就像大部分戰俘一樣，德國人如同癱瘓般一動不動，完全沒有考慮自衛或者逃跑的可能。」（Keegan 1993: 54）

幾乎所有類型的殘暴行為，都存在被動性這個因素。人們常詢問，為何在納粹大屠殺中，猶太人沒有反抗，至少在最後一刻不應如此機械性的聽話走進毒氣室。同樣的事情也發生在南京大屠殺中的中國人身上。在印度和其他地方的種族暴動中，我們一再看到受害者毫無反抗的現象，他們陷入了情緒癱瘓，無法做出任何有效反抗。在那一刻，受害者失去了反抗的能力（儘管在此之前的其他互動情境中，他們可能曾經反抗過），因為他們陷入一種群體情緒氛圍[16]。

在體育賽事中，我們常說一支隊伍控制了局面、另一支隊伍失去了形勢云云。這與更廣義上暴力控制和殘暴行為情境非常相似：勝利者在局面上壓制住落敗者。在這些情境中，衝突更加極端，但共同的情緒卻近似於非對等的曳引機制。在殘暴行為中，這項機制並不是體育賽事中的勝利和失敗，而是得意洋洋的凶手在無力反抗的受害者面前汲取能量，而受害者則陷入無能為力的震驚與沮喪，徹底被對方的情緒所壓制。這看起來似乎是非理性的，並不符合受害者的個體利益，然而這卻是幾乎存在於任何殘暴行為中的事實。在此，社會科學所說的「責備受害者」（blaming the victim）現象*並不能幫助我們理解這一切。當然我並不是說受害者就能理性的做出

*譯注：指人們有時會傾向於責備犯罪或其他行為中的受害者，認為他們之所以會有此遭遇，是因為他們自己做錯了某些事。例如，有些人可能會責備強姦案的受害者，認為是他們自己不檢點。

不同的選擇，給加害者製造麻煩。衝突的本質並不是做出獨立的、理性的決定，例如在腦海裡清晰的預演自己的行動。在雙方正式接觸之前，這種決定還是可能的。然而一旦陷入衝突，雙方便進入了共通的情緒場域。這種情緒是具有傳染性的，不僅會傳染同陣營的夥伴，也能跨越陣營。正是這種具有傳染性的情緒決定了雙方究竟是否會發生衝突、程度有多激烈、是否會發生和局，以及哪方會贏。在最極端的情況下，情緒場域會轉變成為一方對另一方在精神和肉體上的絕對支配，進而導致殘暴行為。狂熱的勝利者那不必要的殺戮與受害者的軟弱無力，是同一種互動情緒的一體兩面，兩者相輔相成。這點無法用個體特質來解釋，必須應用到暴力互動理論。

到目前為止，我們依然在拼湊這個模式的證據。在隨後的章節中，我們將會探究微觀互動機制，我們的分析也將逐步深化。

恐慌進攻和決定性戰鬥中的單方傷亡

在此類殘暴事件中，情緒能夠在一段時間內累積起來，因此也就顯得格外恐怖。但實際上，戰鬥常會表現出不同程度的殘暴情緒，因為當恐慌進攻的條件達成，一方也往往取得了決定性戰鬥的勝利。

一四一五年的阿金庫爾戰役（Battle of Agincourt）就是一個很好的例子。當時英軍約有六、七千人，大部分是弓箭手；他們擊敗了兩萬五千名全副武裝的法國騎士，其中有些騎著馬。法軍約有六千人死亡，英軍僅數百人受傷，死亡人數很少（Keegan 1976: 82-114）。這一切怎麼可能呢？為何英軍能夠以少勝多，而且傷亡居然遠少於對方？祕訣在於，在面對面作戰的年代，軍隊人數多少只有在能近身肉搏時才有影響。英軍駐紮在一片寬約幾百公尺的草原，兩側都是樹林。人數眾多的法軍在進攻時，進入了這個漏斗陣形，其前線人數最多與英軍前線人數相當，就算他們身後有數目龐大的戰友也無濟於事。第一批法軍騎兵幾乎已經衝破了英軍防線，但是由於英軍在戰場上安插了削尖的木棍，法軍馬匹直接撞了上去，結果進攻因而失敗。

> 這次衝鋒一時間令英軍恐懼起來，畢竟法軍裝備精良，騎兵有他們兩倍高，戰馬還有華麗的裝飾，以時速十六至二十四公里的速度踏著鐵蹄衝來，直到近在咫尺的地方才停下……就在法軍停止衝鋒的同時，英軍的弓箭手卻因危險的突然解除而燃起了熊熊怒火，他們彎弓怒射，一部分馬匹應聲而倒，剩下的也因受驚而不受控制亂竄起來。（Keegan 1976: 96）

法軍騎士幾乎全身鐵甲，但馬匹不及騎士的裝備精良，此時大多已經受傷且驚恐萬分。正如基根（1976: 93）指出的，箭矢撞上盔甲的聲響一定十分刺耳，它產生的效果更多是在心理上而非身體上，與此同時，受傷馬匹的哀鳴也加劇了緊張氣氛。當法軍騎兵被障礙所阻，他們跌跌撞撞的退回到身後的隊伍之中，結果導致整支隊伍都發生衝撞踩踏。全副武裝的士兵跌倒在地之後，因為重達五、六十公斤的盔甲而無法起身，此外又有其他士兵接二連三的跌倒在其他人身上。傷馬四處狂奔，踏傷了更多士兵，讓局面變得越發混亂。

就在此刻，英軍卻又開始進攻。這是一次字面意義上的恐慌進攻，就在幾分鐘前，法軍騎士衝過來的時候，英軍的弓箭手還懦弱的躲在削尖的木棍之後。片刻之前，他們還因氣勢洶洶的來襲法軍騎士而驚恐萬分，轉瞬之間，敵人已經無助的彼此踐踏、橫七豎八的躺在地上。在敵人倒下的時候，弓箭手衝了出來，用匕首捅進敵人盔甲的縫隙，以斧頭、棍棒和木槌狠狠的擊打他們。法軍的前線士兵調轉方向陷入混戰，尚能自由行動的士兵則撤退到安全距離之外，驚慌不已的待了幾個小時都沒能重新加入戰鬥。

對於勝者和負者究竟為何在傷亡率上有如此大的差距，我們最先想到的是在決定性的戰鬥中，勝者會傾向於誇大數字用於宣傳。但是，這種差距普遍存在，現實主義的現代歷史學家透過物資需求方面的資料盡力核算軍隊人數之後，也普遍接受了這一點。傷亡人數的差距可以從兩個方面來解釋。第一，大部分戰鬥中的傷亡數量都很少，這是因為在強大的壓力和恐懼下，士兵無法造成太多傷害。在野戰炮兵出現之前的年代，一場普通戰事如果沒有發生決定性的進展，那麼傷亡率通常在百分之五左右[17]。第二，在決定性的戰鬥中，最大的傷亡發生在戰鬥的尾聲，此時一方潰敗，另一方則在恐慌進攻中乘勝追擊無力反抗的受害者。因此，在阿金庫爾戰役中，英軍與法軍的傷亡比率約為一比二十，絕大部分法軍的傷亡都發生在那場混亂的踩踏中。值得注意的是，在這場戰鬥中生還下來的法軍人數依然遠多於英軍，然而他們已經喪失了士氣和反擊的能力。這說明在戰鬥中，勝利與失敗並不僅僅是人數問題，更是一種基於情緒的感知。如果一般情況下的傷亡率在百分之五左右，那麼短時間內對一支兩萬五千人的軍隊造成六千人傷亡（百分之二十五），的確會讓人震驚不已。對那些生還的人來說，這無疑是一場大災難，足以讓他們呆若木雞，甚至癱倒在地。

類似的例子不計其數。古羅馬軍隊最慘重的一次撤退發生在西元前二一六年的坎尼（Cannae）。漢尼拔指揮的迦太基軍隊打得羅馬人潰不成軍、士氣渙散，最後七萬五千人的羅馬軍隊中約有五萬至七萬人慘遭屠殺。迦太基軍隊的傷亡則介於四千五百人到三萬六千人之間，並且大多發生在戰鬥早期。顯然，在這次戰鬥中，絕大部分傷亡發生在敗者已經無力反抗時（Keegan 1993: 271）。杜皮克（1903/1999: 19-29）以坎尼戰役為基礎建構他的理論：大部分傷亡發生在其中一方潰敗，且在士氣上徹底被壓倒的時候。

亞歷山大對波斯人的決定性勝利也是同樣的形式。波斯人擁有龐大的軍隊（在格拉尼庫斯河戰役中，波斯軍隊有四萬人，希臘有四萬五千人，但前者的騎兵數目為兩萬，後者僅有五千；在伊蘇斯〔Issus〕，波斯軍隊有十六萬人，對手卻只有四萬；在高加米拉〔Gaugamela〕則是十五萬對五萬），他們形成防守陣形，對方則是人數相對較少、陣形密集的馬其頓軍隊。波斯人的前線鋪得很長，並不是所有士兵都能直接與敵人戰鬥。此外，相對靜止的防守策略也阻礙了他們進一步行動，讓他們無法包抄襲擊希臘人的後翼。在每一個例子中，亞歷山大攻擊力最強的部隊（他的私人騎兵隊）都在他的率領下排成楔子陣形，瞄準敵人的薄弱部位（通常是波斯軍隊指揮官的附近）發起攻擊。儘管防守一方整體來說人數占優，但直接交鋒的人數卻勢均力敵，而局勢則傾向於攻擊者一方。基根（1987: 78-79）推測，馬其頓人在一系列心理戰之後已經贏得了戰鬥的一半，波斯人之所以選擇防守，是因為他們畏懼對手。亞歷山大盡可能加劇對方的恐懼，鼓勵自己的部隊擺出極具攻擊性的姿態，讓敵人戰戰兢兢的等待攻擊發生。他很可能在等待波斯人的防線動搖的瞬間，而且馬也有情緒，可以透過牠們的顫抖來判斷這一點，等到最合適的時機來臨，他就會發動攻擊[18]。在三次重要戰役中（格拉尼庫斯靠近波斯在小亞細亞地區的領土邊界；在伊蘇斯，波斯人試圖將亞歷山大阻擋在肥沃新月地帶之外；在高加米拉，大流士必須守護他在巴比倫的首都），希臘人都擊潰了波斯人的防線，迫使對方指揮官逃走，導致敵軍毫無秩序的四散潰逃。三次戰役的傷亡率都是一邊倒：在格拉尼庫斯，波斯軍隊傷亡將近一半，可能比其他兩次戰役更高；而馬其頓軍隊最嚴重的傷亡也不過一百三十人，不到整支軍隊的百分之一（Keegan 1987: 25-27, 79-87）。

這些戰役的一個關鍵特點在於，它們都是決定性的戰鬥。既然這一點只有在事後才能知道，我們需要思考的便是過程中究竟有哪些不同，決定了一場戰鬥是否具有決定性。凱撒對這項區別十分清楚，他在內戰中的長期策略就是策畫一場決定性的戰鬥。那麼，什麼是非決定性的戰鬥呢？密集方陣之間的戰鬥往往是互相推擠的角力，除非一方潰敗，否則傷亡很少，因此古希臘城邦時期的許多戰鬥都是非決定性的（那些小城邦很少會拓展疆土，因此它們可能對這一點也很滿意）。另一種非決定性戰役常發生在騎兵之間或裝備較少且行動迅捷的部隊之間，或是發生在這種軍隊與裝備更精良但更笨重的密集陣形部隊之間。除非行動迅捷的軍隊能打亂敵方陣形，或者發起突襲，或者在對方行軍中發起攻擊，結果通常都是騎兵或行動迅捷一方快速撤退，雙方都沒有發生什麼傷亡。西元前四十六年，凱撒試圖在北非發起一場大規模戰役，當時他的軍團常在行軍中遭到努米底亞（Numidia）部落騎兵和輕型步兵襲擊。但是，「只要凱撒手下經驗豐富的士兵裡有三、四個向著努米底亞人投出長矛，他們兩千多人的軍隊就會如同合為一體一般迅速撤退，然後他們會在某個時刻勒馬回頭重新排成陣形，保持一定距離跟隨著敵人，並衝後者投出長矛」（Caesar, *Civil War*, 226-27）。經過一整天的行軍，凱撒軍中有十人受傷，敵方則有三百人傷亡。努米底亞人採用的戰鬥方法來自部落戰爭，他們反覆衝上前去然後故意撤退，從而避免發生正面的大規模衝突。

一場決定性戰役往往意味著雙方主力要彼此嚴陣以待，全面開戰。凱撒和他的敵人經常試圖挑起這種戰鬥，卻很少如願以償，其中一方可能占據山頂有利地形居高臨下，也可能虛張聲勢、炫耀兵力，等待敵方彈盡糧絕。因此，要想製造一場決定性的戰鬥，必須讓雙方都同意參戰才行。亞歷山大在對波斯人作戰時，特意不採用夜襲和突襲戰術，就是為了不讓敵人有理由宣稱自己是猝不及防，他的目的在於宣傳一場名正言順的人勝，進而終結敵人的抵抗（Keegan 1987: 85-86）。同樣的，凱撒每一次征戰（即一年中的出征時節，針對某一特定地理區域的戰爭）所採取的戰略，也都是試圖以一場大戰終結鬥爭，獲得對該地區的政治控制權。

一旦挑起戰鬥，目的就在於迫使對方軍隊中的某部分發生恐慌撤退，這將隨之擴散到整支軍隊，從而製造出恐慌進攻的情境。西元前四十八年，在希臘和巴爾幹半島南部征戰了七個月後，凱撒與宿敵龐培在法薩羅（Pharsalus）展開全面對決（Caesar, *Civil War*, 123-30）。凱撒有兩萬兩千人，其中一千兩百人死亡（百分之五），龐培有四萬五千人，卻有一萬五千人（百分之三十三）死於這場戰鬥，另外兩萬四千人（三萬名生還者中的大部分）選擇投降。龐培在人數上的優勢毫無作用，因為他們並不能同時與敵人作戰。就像此類戰爭中最典型的情況一樣，戰場上某區域的某個決定性動作，奠定了整場戰鬥的情緒基調和接下來的發展方向。戰鬥一打響，凱撒帶領的小分隊就會衝上前去，最開始沒有什麼作用，這在密集方陣對戰中很常見，因此戰場上只有一小塊區域擠滿了人。轉捩點發生在龐培的騎兵攻擊凱撒軍左翼的時刻，龐培的騎兵在這塊區域暫時獲得上風，於是己方的輕型裝甲兵、弓箭手和遠距離投石兵都向這一側趕來。此時，凱撒派出一支保留軍發起反攻，這項策略很成功，陣形嚴密的長矛方陣可以克制騎兵，更何況龐培的騎兵此刻已經因為自己的衝鋒而失去了陣形，於是龐培的騎兵開始慌張四散，在戰場上四處奔逃。更糟的是，數千名弓箭手和投石兵被暴露在敵人面前，全部遭到殺害。因此，發生在左翼的情況是一種典型的恐慌進攻：在一段時間的緊張和短暫的挫敗之後，凱撒的手下帶著狂熱的殺氣衝向已經喪失反抗能力的目標，並在龐培的軍隊中繼續搜尋下一個受害者。此刻，龐培的軍隊已因己方騎兵的潰散而失去陣形，並被凱撒從後方包抄。結果龐培的軍隊發生了恐慌撤退，被擊敗的士兵丟棄武器，其中有相當一部分都陷入了無力反抗的境地。西元前四十六年，塔普蘇斯之戰終結了北非戰爭；這場戰鬥發生得更簡單。凱撒率軍一直在突尼西亞附近行軍，試圖引誘西庇阿的軍隊離開營地和堡壘，陷入一場經過精心計畫的戰鬥。最後，凱撒圍困了一座重要城市，西庇阿的軍隊出營試圖解圍，終於令凱撒如願以償。西庇阿的一支部隊顯然十分恐懼，他們不停的在營地門前跑進跑出，對於該不該投身戰鬥猶豫不決。發現這一點後，早已準備就緒的凱撒軍隊無法繼續按兵不動，就發動了進攻。恐慌撤退蔓延開來，最後變成我之前形容過的失控的大屠殺。西庇阿三萬至四萬人的軍隊中，有五千人死亡；凱撒三萬五千人的軍隊中，只有大約五十人死亡（Caesar, *Civil War*, 231-35）。這個傷亡數字的巨大差距，加上西庇阿軍士氣徹底渙散，足以終結整場戰爭。

不是只有人類才會恐慌，西庇阿的戰象也被箭鳴和投石驚嚇，開始在己方陣營中橫衝直撞踩踏士兵。一起戰象事故的描寫讓這次遙遠的戰鬥栩栩如生：「左翼的一頭戰象受了傷，在疼痛中瘋狂襲擊了一名手無寸鐵的隨營平民，戰象一腳踩在他身上，而後跪了下來，將整個身體的重量都壓在他身上，就在快要將他壓死的時候，牠仰頭舞動鼻子發出響亮的叫聲。一名士兵（來自凱撒的某個軍團）看不下去了，他覺得自己必須阻止這頭畜生。當大象發現他拔劍準備攻擊時，丟下了身下的屍體，用鼻子捲起那名士兵將其舉向空中。那名士兵相信在這種危險情形，必須有決心，於是他繼續努力揮舞手中的劍砍向象鼻。那頭野獸痛得把他丟到一旁，發出可怕的聲音，而後驚慌的跑回其他戰象身旁。」（Caesar, *Civil War*, 234）戰象的行為與人類非常相似，被攻擊者驚嚇之後，牠找到一名弱小的目標發起攻擊，而且情緒高昂。那名士兵的表現則令人欽佩，因為隨營者的身分不可能比奴隸或受人鄙夷的少數族裔更高，但是戰象的攻擊如此殘忍，那名士兵認為自己不能袖手旁觀，就算受害者已經死去也一樣。當戰象被人類強大的武器或精神所擊敗，便撤回到與其他戰象一同組成的集體中。

凱撒自己的優勢軍隊偶爾也會遭遇對方的恐慌進攻。在西元前四十八年的古希臘，就在法薩羅大捷之前，凱撒曾想在平原上開展壕溝戰，在龐培的軍隊四周建造工事來擊垮他。龐培的軍隊則反過來建造了反包圍工事，結果雙方就像下圍棋一樣。就在其中一個工事建造點，爆發了一場戰鬥：凱撒的騎兵衝鋒隊被困在敵人的工事中而驚慌失措，他們試圖逃離時，在附近的步兵營中激起了一陣恐慌，許多人彼此推搡踩踏，跳入戰壕摔到其他人身上，導致諸多傷亡，這正是阿金庫爾戰役的另一個版本。「人們陷入了困惑、驚慌和潰逃，儘管凱撒試圖揮舞旗幟阻止逃兵，但卻有更多人在驚恐中丟掉了旗幟，沒有一個人停步。」（Caesar, *Civil War*, 113-14）凱撒失去了一千名士兵，約占軍中總人數的百分之五，更嚴重的是，他的軍官中有百分之十五死亡，大部分軍官是在試圖阻止逃兵時被踩踏致死。這場恐慌之所以沒有毀掉凱撒的整支隊伍，是因為他的大軍分散駐紮在一道很長的工事防線上，因此小範圍內的事件能夠得到控制。此外，他的敵人也沒有乘勝追擊，這讓凱撒得到重整旗鼓的機會。然而，這起事件被所有人都視為一場敗仗，也讓凱撒決定撤離這片戰場。

恐慌進攻的一個變形是勝利後的放鬆。如果敵人不堪一擊，或未遭遇有效抵抗就順利拿下某座城池，士兵會陷入一種狂歡慶祝狀態。「我們的頭腦通常處於高度緊張之中，身體則處於戰鬥狀態，」馬歇爾（1947: 194）說：「獲得第一場勝利時，這種緊張突然解除，士兵陷入一種極端的興奮和放鬆狀態。這可能表現為各種形式，也可能蘊含著各種危險。一個相對無害的例子發生在一八六一年十一月，那是格蘭特將軍在美國內戰的第一場戰鬥，發生於密蘇里州貝爾蒙特（Belmont）。當時，他的部隊輕易逼退南軍，接下來幾小時，都在攻陷的地方營地狂歡慶祝。當南軍帶來了增援並發起反攻，格蘭特花了很大力氣才讓部隊集合起來安全撤退。」（Grant 1885/1990: 178-85）一場戰鬥能夠成為決定性戰鬥，有時是經過兩個階段：第一個階段是一方獲得暫時勝利，而後立刻秩序渙散；第二個階段則是敵人開始發起反擊，此時前者已無力應對。

一六四五年英國革命戰爭中的納斯比戰役（Battle of Naseby）也有同樣的模式。當時，議會軍取得對保皇黨的最大勝利。雙方都將步兵團放在陣形中間，側翼由火槍手、長矛手和騎兵團組成。在議會軍看來，魯珀特親王（Prince Rupert of the Rhine）的皇家騎兵團襲擊他們的左翼，在一定區域內控制了局面，並擊潰議會軍騎兵。與此同時，在戰線中間位置，皇家步兵團沿著一道緩坡向山上攻來，為了保持陣形，他們前進得很慢。議會軍的子彈沒起什麼作用（這是戰鬥中常見的現象，尤其是在火槍時代），雙方開始短兵相接。在激烈的戰鬥中，保皇黨開始將議會軍的防線慢慢往後推。議會軍僅在右翼占有一定優勢，克倫威爾率領的騎兵擊敗那一側的皇家騎兵。到此刻為止，戰鬥看起來似乎不分勝負：保皇黨在左翼占優，並向後方挺進；在中間，保皇黨被阻擋；議會軍則在右翼占優，同時也在向後方挺進（從納斯比戰場留下的歷史遺跡可以看出這一點）。

轉捩點出現在左翼的皇家騎兵因為勝利而陷入混亂的那一刻，在慶祝的狂喜中，騎兵衝向後方，試圖襲擊後勤部隊。他們離開了戰場，失去聯絡，也無法再起任何作用，儘管戰鬥仍在持續，並已進入關鍵的第二階段。相反的，克倫威爾在右翼的騎兵並未沾沾自喜，而是以更加嚴明的軍紀維持住了秩序，取得短暫勝利後順利的重新整合起來，並反過來包圍中間的皇家騎兵，迫使他們陷入無助的境地。結果是保皇黨投降，隨後議會軍殺死了許多俘虜，在附近小山頂上觀戰的國王則灰溜溜的逃跑了。從某個角度來說，此次勝利印證了戰爭向現代組織結構的轉型。儘管軍隊人數相對較少，雙方都大約只有一萬人，但議會軍的組織非常出色，因此在第一階段戰鬥過後能夠迅速開展第二階段行動。相較之下，保皇黨一開始因為恐慌進攻而獲得暫時勝利，但他們只有這一次交鋒的計畫，所以面對敵人的第二次進攻也就毫無還手之力。

恐慌進攻在火器出現之前的戰場上，更加具有決定性。與現代軍隊相比，那時的士兵人數相對較少，戰鬥陣形往往將士兵和動物緊緊排列在一起，雙方需要近到手持武器的攻擊距離內才能造成傷害。除了恐慌進攻，還有其他方式可以造成嚴重傷亡，尤其是炮火和遠距離攻擊武器。關鍵在於，儘管現代戰爭無需恐慌進攻也能發生大規模屠殺，但這種戰鬥往往不具決定性[19]。它們不是一錘定音型的事件，不會被雙方認為足以終結一場戰爭或戰役。大部分時候，這些戰鬥都會成為血腥的和局，就像一戰期間西方前線大部分延續數月的戰鬥。

在大規模的現代戰爭中，恐慌進攻常常成為不太引人注目的局部事件。但這個模式在今天仍然十分重要。平民之間的鬥爭往往與古代戰爭甚至部落戰爭相似，就像我們在黑幫鬥毆、種族暴動和警察暴力中看到的。如果這些事件中用到槍，那麼幾乎總是近距離在恐慌進攻或殺戮狂熱中使用的，而且任何事件發生的傷亡往往集中在一方。在最樂觀的情境中，大型軍隊可能不太容易發生恐慌進攻，但種族、部落、人群和警察之間發生的暴力，小規模的平民鬥毆，以及反游擊戰爭等，依然符合恐慌進攻發生的條件。

和平生活中的殘忍行徑

在現代國家的日常生活中，國家宣稱對暴力擁有壟斷性的權力，其他人應該「保持和平」。國家機構工作人員也需要將獲得授權的暴力保持在最低限度。但是這個理想情況常會被恐慌進攻中的微觀情境互動打破。隨之而來的，是自警察機構建立以來就一直存在於歷史中的殘暴行為。一九九〇年以來，這些行為開始被關注揭發，成為惡名昭彰的醜聞。隨著彈道測試和錄影技術的發展，以及對警察暴力的媒體關注和政治反應越發強烈，此類事件的細節也開始為人們所知。

一九九九年二月，紐約發生一起著名案例，四名便衣警察跟蹤一名黑人街頭小販迪亞洛

(Amadou Diallo)進入一座公寓大廳。這些警察屬於一支特別小分隊，也是全市範圍內一個特殊項目的組成成員，任務是搜尋街頭犯罪者。事實上，他們就像反游擊戰中的巡邏兵，對每個平民都心存懷疑。在這起事件中，警察正在尋找一個在附近作案的強姦犯，其形貌與迪亞洛十分相似。警察出現時，迪亞洛顯然被嚇壞了，他突然轉身往建築裡跑，警察將這個行為理解為他做賊心虛，也許他們只是陷入了一種追捕任何逃跑者的情緒中。他們衝上前去，並將迪亞洛的下一個動作理解為掏槍，事實上他只是在找錢包，因為裡面有身分證件。四名警察全部開了槍，總共射出四十一發子彈，其中十九發擊中目標。這個可怕的過度殺傷成為之後媒體報導的焦點，並成為激發大眾抗議的導火線。但此處我們要考慮的是另一點：警察在不到兩公尺的近距離內開火，卻有一半子彈錯失了目標[20]。這個情境具有恐慌進攻的所有特點：警察一方的緊張／恐懼，疑似敵人的對方突然撤退並做出疑似反抗的動作，結果誘發了一種殘忍卻準頭不高的攻擊狂熱。警察被他們自己開火時的情緒所控制，以致無法停止。

下面來看另一個事例，雖然具體發生過程不盡相同，結果卻如出一轍。一九九八年十二月的加州河濱市(Riverside)，一名年輕黑人女性從一場派對上回家，車子在凌晨兩點壞在了路邊(*Los Angeles Times*, Jan. 2, 1999; *San Diego Union*, Dec. 30, 1998; *USA Today*, Jan. 21, 1999)。她認為(確實有一定根據)自己正身處一個危險街區，於是把車停在一家加油站，將自己鎖在車裡，打手機給家人求助。她的家人來了，但她在酒精和毒品的作用下已經陷入沉睡，他們叫不醒她，於是報警。由於害怕危險，她在車子副駕駛座上放了一把手槍。警察在接近她時也拔出了槍，由於叫不醒她，警察打破車窗。在接下來的數秒內，四名警察射出二十七發子彈(由現場發現的彈殼可以確認），其中十二發射中了她。這起事件聽起來荒謬不堪，本該救人的卻殺了人，然而讓其家人和公眾更加震驚的是，警察居然射出如此大量的子彈。當地黑人社群對這則新聞感到十分憤怒，他們對警察發起示威抗議，警察機關也展開調查。在這裡，恐慌進攻的特點同樣十分清晰：緊張／恐懼、突如其來的導火線、瘋狂開槍、過度殺傷。

不計其數的事例都有著相同的模式。一九九八年三月在洛杉磯，一名三十九歲的白人醉漢被警方射出的子彈擊中一百零六次。他在高速公路的匝道上停了一小時，而後在警車的追趕下以時速三十二公里的緩慢速度駛到另一處。他從車裡出來時，手中揮舞著什麼東西，後來發現是一把氣槍，他還把氣槍指著自己的腦袋，好像要自殺（*Los Angeles Times*, July 26, 1999）。警方之所以用掉這麼多子彈，是因為在漫長的追捕中聚集了很多輛警車。在這段時間裡，警方無線電臺發出錯誤的消息，稱此人向警用直升機和當時執行任務的警官開了槍。從不同管轄區調來的大批警察毫無疑問陷入了困惑，也讓整個局勢顯得更具威脅性。有些警察射出的子彈甚至擊中兩個街區之外的公寓。在這起事例中，我們看到狂熱且準頭很低的開火行為，並對無辜者造成威脅；此外，隨著通訊鏈變長，流言也越來越具有煽動性。

一九七〇年五月，肯特州立大學的反戰示威持續進行兩天後，國民自衛隊開槍殺死了四名學生，另有九名學生受傷。當時，示威者縱火焚燒了校園中的軍隊後備役訓練教學大樓，對士兵發起挑釁，部分學生還向他們投擲石頭。事情在突如其來的十三秒裡爆發，士兵共開了六十一槍。其中一名死者並不在示威人群中，她只是路過去上課而已。士兵的命中率是六十一分之十三，大約百分之二十，這在瘋狂且失去準頭的射擊中是個很典型的數字（Hensley and Lewis 1978）。

並非只在警察身上才會發生這種毫無準頭的射擊。一九九七年二月，在洛杉磯的一次銀行搶劫案中，兩名劫匪全副武裝，顯然認為自己無懈可擊，他們與警方發生了長達五十六分鐘的槍戰。劫匪用機關槍發射了一千一百發子彈，兩百名警察也發射相同數量的子彈。有十一名警官和六名旁觀者受傷，其中有些是被己方子彈射中。兩名劫匪都死於槍戰，其中一人被擊中二十九次。據報導，警察趕走醫護人員，用槍指著傷重流血的劫匪的腦袋，直到他死去（*Los Angeles Times*, March 1, 1997; *San Diego Union*, Feb. 20, 2000）。雙方都發生過度開火的現象，大部分子彈都沒有射中目標，只有百分之一的子彈擊中人。

還有更多此類例子。然而我想強調的並不是統計頻率，而是此類事例中體現的模式。最著名的事例無疑都存在恐慌進攻的殘忍特點，因此我們往往傾向於挑選因變數，結果放過了那些沒有升級為恐慌進攻的警方逮捕和衝突事件。我將會在接下來的章節（特別是第九章）討論這個問題，在那些章節中，我們將會討論沒有升級為暴力的互動情境。

一九九〇年代及之後對此類事件的強烈政治反應，往往視其為種族主義的表現。那些令人難以置信的惡行（通常是過度殺傷和反覆而無意義的暴力行為）正是引起公眾關注的原因。如果只是一發子彈或者揮一次拳頭的話，這些事件不會引起太大關注。一旦我們將這些事例定義為惡行，很容易認為警方和受害者的膚色是引發事件的原因。但是，恐慌進攻的互動過程才是事件的核心。這其中有時也許涉及種族主義，但那只是一個偶然因素，有時則可能是誘發事件的最初導火線。在迪亞洛槍擊事件中，警方正在黑人區執行任務，他們認為這裡屬於危險區域，正是因為他們對迪亞洛存在刻板印象，才會產生緊張感，進而在公寓門廳突然發生追捕。但那毫無準頭的過度射擊完全是恐慌進攻的機制，它存在於許多事件中，並不局限於種族邊界。同樣的，在河濱市事件中，導致警方爆發的因素是他們認為黑人區存在危險（受害者本人也這麼認為），而受害者則被認為是這種危險的一部分。當我們比較柯布一生中的多次暴力，就會再一次發現這一點（Stump 1994）。柯布無疑是一個種族主義者，但在現今已經很少有人還會持有像他這種程度的種族主義觀念。作為一九一〇年代生活在美國北方的南方人，每當有黑人拒絕服從他，他就深感被冒犯。他有幾次嚴重的攻擊行為是針對賓館、理髮店或運動場的黑人工作人員。但柯布也會打白人，甚至比打黑人更頻繁，而且具有同樣的模式：對已倒地的對手依然拳打腳踢個不停。在警方的槍擊事件中，我們也會看到白人對白人做出的恐慌進攻，例如洛杉磯那名疑似要自殺的白人男子、肯特州立大學的學生，以及全副武裝的銀行劫匪。

在許多種族內部及彼此之間，都能觀察到恐慌進攻的互動情境，這種現象也體現在照片中（April 4, 1996, Leonard Thuo/AP；本書未收錄）。在一九九二年的肯亞，有個年紀很小的街頭男孩（大概只有九歲至十二歲）在一個露天市場偷竊時被人抓到，兩名成年男子對他拳打腳踢，而至少有十五個人站在一旁袖手旁觀。一九九六年八月在希臘賽普勒斯發生的一起事件中，參與者全部是白人。一名賽普勒斯人參與抗議土耳其移民時，進入土耳其人聚集區，跟其他抗議者分開，他獨自一人被四名男子包圍，對方揮舞長棍將他打翻在地，另外還有九個人急忙跑來參與圍毆（Aug. 11, 1996, Fatih Saribas/Reuters；本書未收錄）。群體暴力的照片顯示，在不同種族參與的不同脈絡中有著大致相同的模式，後面將更系統化分析這一點。

種族歧視也許是最初製造緊張氛圍並誘發恐慌進攻的罪魁禍首，因此它也被認為是殘忍的源頭。但恐慌進攻有特有的互動模式，與種族主義未必相關。正如之前提到的，恐慌進攻可能具有多種原因。結論並不令人欣慰：假如沒有種族主義，警察暴力和類似的殘忍行徑依然會發生。種族仇恨不是引發衝突的唯一原因，當存在種族仇恨時，它往往只是疊加在恐懼／緊張這項更加普遍的原因之上。

群體暴力

恐慌進攻常常出現在群體參與的暴力中（但在群體狂歡中卻非如此），表現出群體與受害者之間極端不對等的實力、暴力行為中的韻律曳引、情緒的醞釀、過度殺傷等種種跡象。但我們不能僅僅從結果推斷出恐慌進攻的存在，我們需要證據來顯示這個模式的漸進發展：緊張／恐懼逐漸累積，隨著受害者突然展示出的弱點而打開了一條漆黑的隧道，人們集體跌落進去。

種族暴動恰好能展現這個模式。當然，種族暴動有其結構性成因，即更為本質和長期的因素，這決定了種族群體之間是否會發展出敵對關係[21]。但是種族仇恨不一定就會引發置人於死地的暴動，大部分時候都不會。即使在時常發生暴動的族群中，也不是每天都會發生這種事情，而是只有在十分特殊的場合才會發生。

種族暴動包括一系列事件，隨之醞釀出不斷增長的戲劇性張力，從而吸引眾人注意、迫使群眾參與。劇本在大部分時候是一樣的，以長期存在的敵對關係為背景（可以將其理解為第一幕的序幕），發生了一起關鍵事件，其中一個族群將此視為另一方的挑釁（第一幕）。接下來則是暴風雨之前的平靜，充斥著不祥的沉默（第二幕）。隨後是種族暴力的爆發；暴動會出現受害者，並且幾乎總是表現為一邊倒的殘忍（第三幕）。這部劇可能還會有更多幕，但通常都是在重複第三幕的內容，偶爾也會發生受壓迫方的反擊，和當局時而成功時而失敗的干涉。我想強調的是第二幕和第三幕的開始，因為恐慌進攻的模式正是在這裡浮現出來。

在暴風雨前的平靜中，其中一方會聚集起來思考對眼前事件的回應，有時會將其認定為挑釁。這段平靜期通常持續不到兩天，不過有時會長達一週（Horowitz 2001: 89-93）。這是一種不祥的平靜，因為此時到處充斥著緊張的情緒。回頭來看，我們可以認為這種緊張出於可能發生的事情，亦即對即將發生的打鬥所產生的情緒。但是，這種緊張也正是出於對敵人的恐懼。在當前的背景下，即將發生的事情會令人恐懼：例如敵人可能剛剛贏得一場選舉，這可能導致我方族群被永遠剝奪權力；也許敵人剛剛氣勢洶洶的進軍我方領地（也可能是宣布進軍的計畫）；也許敵人已經擊敗我們的一部分成員，很快就要來襲擊剩下的人（Horowitz 2001: 268-323）。這段平靜期也充斥著流言，之所以平靜，是因為流言正在暗地裡傳播，遠離公眾視線，也遠離敵人和權威機構的視線。但這種平靜是不正常的，人們不敢上街，放棄了平時的娛樂活動。這種情緒也是有傳染性的，公眾視線中的不正常之處讓所有人都變得緊張兮兮、忐忑不安、小心翼翼，就算他們對即將到來的暴力並無興趣也無濟於事。一種大規模的公眾情緒已經建立起來，就算處於邊緣的人也意識到了這一點，而對處於中心的人來說就更加重要。這是一種具有傳染性的興奮情緒，它沒有表現為喧譁和叫嚷，因此並不熱鬧，而是充滿恐懼和緊張。

流言有若干效果。它會回溯時間，將焦點集中在敵人身上，更加賣力的將他們描述為邪惡和狡詐的一方。流言會進一步加劇恐懼和緊張，部分是因為它誇大了事實。如果目標群體已經聚集起來發起示威抗議，那麼在流言中暴力就已經發生了；如果他們還沒有聚集起來，流言會危言聳聽的形容可能到來的暴行（Horowitz 2001: 79-80）。流言可能包括對宗教的褻瀆、對聖地的襲擊、關於性侵犯的故事（例如閹割男人和割掉女人的乳房等）[22]。隨著這些故事的流傳，可信度越來越高，官方闢謠也無濟於事，任何闢謠的努力都不被認可。因此，這種認知更像是其行為的結果而非原因，傳播流言也是傳染性情緒自我加強的一種機制。流言的內容就像涂爾幹所說的「符號」，是已被動員起來的群體的一種身分象徵。認可流言，就意味著承認自己是群體的一員；質疑流言，就是質疑自己的群體身分；拒絕相信流言，則是將自己置於群體的對立面。因此，之所以存在一段平靜期，還有另外一個原因，就是在這段時間會發生真正的互動，雙方都會對敵人發出或隱晦或公開的威脅。在日益激化的殘暴行徑中，最開始遭到攻擊的，往往是和平主義者和多種族世界主義者（Kaldor 1999; Coward 2004; Horowitz 2001）。這也是緊張感不斷累積的平靜期的另一個特點。

流言也會向前看，首先它會出於對敵人的恐懼而考慮接下來將發生什麼，接下來它會轉向防患於未然的角度，在敵人做出邪惡行徑之前便先發制人。傳播流言之後是計畫反擊，從傳播對方的殘忍行為，到防患於未然的決定先發制人；人們聚集起來，其中有些人可能互相認識，他們會告訴對方即將發生的事情。流言並不僅僅是一種認知，它也是一種行動，意味著在人們之間建立起聯繫，將他們的注意力集中到同一處，並在這段過程中形成一個群體。流言讓人們感覺到他們在參與一件大事、一件了不起的事，一旦採取行動就可能大獲成功。流言傳播如果成功，就會吸引大量人員參與其中，從而成為一個動員過程。

緊張感的建立正是恐慌進攻的第一個階段。比起小規模鬥毆、警察暴力乃至戰鬥中的軍隊行動，種族暴動是一個更大規模的緊張感建立與釋放的過程。它需要更長時間，也會波及更多人。之所以需要更長時間，是因為這是一個群體行動過程，人們會盡可能試圖找到更多同盟。它可以被認為是處於緊張與釋放之間，傳播過程更多是在緊張感建立的過程之中，但有時也會延伸到緊張感釋放的時刻。這項轉化發生的時刻，正是我們之前所形容的「跌入隧道」的時刻。

累積的緊張感釋放之後，經常會形成一面倒的群體暴力。據杜克大學教授霍洛維茨（Donald Horowitz 2001: 385-86）估算，種族暴動中百分之八十五至百分之九十五的傷亡都出於同一群體。這意味著受害者同樣無力反抗，儘管情境與地點可能大不相同[23]。這個模式再次證明與恐慌進攻十分相似，暴力向著毫無反擊能力的受害者傾洩而出，受害者不僅在當下不具備反抗能力，而且在情緒上處於被動狀態，無法策畫反擊[24]。

攻擊發生的時刻充滿興奮甚至歡樂。殘忍的虐待行為可能伴隨著歡愉的情緒，成為一種「惡毒的輕浮」（malevolent frivolity; Horowitz 2001: 114）。暴動剛剛結束時，會有一段時間無人後悔，使得事件成為霍洛維茨（2001: 366）所謂的「道德屠殺」（moral mass murder）。這兩個特點（對殘暴行為的詭異愉悅感，以及事後缺乏道德責任感的表現），對旁觀者來說格外惹人痛恨。但這兩個特點卻共同展示了潛在的過程。正如卡普托中尉曾如此描述越戰中的恐慌進攻和殘暴行為之餘波：「在戰鬥的最後一段時間，我們就像是作了一場夢……我們之中確實有些人無法相信這些破壞是我們自己造成的。」（Caputo, 1977: 289）

此類暴力行為的實施者被封閉在一種共通的情緒之中，這種特殊的現實抑制了當下的一切道德情感，甚至在回溯時，也無法被記憶或外界的道德評判改變。我曾將這個封閉的情緒洞穴形容為「跌入隧道」，它也解釋了身處其中所體會到的詭異欣喜感。在最極端的殘忍之中體會到的欣喜與輕浮，正是身處與日常道德感斷裂的特殊現實之中所體會到的感覺。這種與之前發生的事情無涉的感覺，正是之所以會產生惡魔般的幽默感的原因之一。這種情緒不一定會持續，暴力的實施者日後回憶起來，也未必懷有同樣的欣喜。正如作夢一樣，這些情緒會被封存起來，日後無法回溯。

此類群體暴力也塑造了短時間內弱小的受害者。此處強調的是「短時間內」。種族仇恨的起因，以及對即將到來的事件的預感，通常都是因為敵人力量強大，這也正是導致恐懼和緊張的原因。霍洛維茨（2001: 135-93）舉出的證據顯示，種族暴動挑選目標群體時並不關注對方是否弱小，他們並不會將自己在經濟和其他方面遇到麻煩時產生的沮喪感，方便的發洩到弱小的替罪羊身上。恰恰相反，是否成為目標群體，與他們在經濟上的表現並無關係，無論是因為經濟情況太好而被嫉妒，還是因為太差而被鄙視[25]。種族暴力的目標往往被認為是強大的、具有攻擊性和威脅性的。但之所以可以去攻擊他們，是因為在某一個時間地點下，攻擊他們是安全的（Horowitz 2001: 220-21, 384-94）。這意味著要挑選一個敵人未被動員起來的社區或商業區，被挑上的往往是挑釁者那些無辜、和平的夥伴。這片區域通常臨近攻擊者的大本營，很容易進攻，也很容易在遭遇反抗或政府干涉時撤退。最合適的區域就是多種族群居的區域，攻擊者能夠在其中占到絕對多數[26]。同時，攻擊者也很善於觀察當局，以確認他們的行為是否會得到默許，或者是判斷這些機構過去在鎮壓暴動時是否能力不濟。攻擊者會尋找合適的時機和地點並充分利用。從這個角度來看，他們就像軍隊一樣試圖控制某一區域的局勢。在這兩種情境下，成功的進攻行動通常帶有恐慌進攻的特點。

尋找弱小的受害者也正是發生在平靜期的活動之一。隨著流言的傳播，人們被動員起來，分成小組的參與者因為逐漸聚集起來的群體和即將到來的行動，而感受到更多力量，他們開始偵查和尋找適合攻擊的對象。敵人居住的房屋和經營的商店都被納入注意，並被做上標記。這個活動加上攻擊者對警察和受害者一方行為的精心考量，通常會被用來說明暴力是實現利益的理性方式，而不是情緒化的表現。但人們的行為幾乎總是同時包含了理性計算和基於社會關係的情緒表現。恐慌進攻是情緒化衝突占上風的時間，因為這時情緒由攻擊者及其支持者共用，而攻擊者與無力反抗的受害者之間，也互相強化了對方的情緒。恐慌進攻就像跌入隧道的過程，但是在尋找隧道入口的過程中，卻可以包含精心的計算[27]。正如軍隊和警察的恐慌進攻一樣，在醞釀緊張情緒的過程中，其實存在許多理性計算，將一切引導至衝突的邊緣。恐慌進攻發生時，看上去無法控制，至少會因與日常行為相差太遠而顯得非理性。然而，恰恰是正常的計算和行為邏輯，導致隧道入口被打開。

抗議者及控制人群的力量

有組織的示威遊行中發生的暴力，同樣具有恐慌進攻的特點，這對示威者和被派來控制局勢的警方或軍方而言都是如此。示威遊行通常會聚集起大量人群。但當暴力爆發時，絕大部分情況下傷害並不是在兩大群人正面衝突的時候發生。就像勢均力敵的軍隊一樣，示威者及其反對者通常會陷入僵持，彼此挑釁（在現代情境中則由警察來控制人群，挑釁通常只發生在一邊），隨後當局便會介入來維持秩序。

抗議者與控制人群的警察力量都十分類似密集方陣時代的軍隊，他們之間的衝突一旦爆發，也很像大部分方陣戰鬥中常見的推擠角力。因此，在某些照片中，我們會看到抗議者和鎮壓者都保持密集陣形，彼此推撞。在這種時候，警察會用警棍隨機敲打衝進警方防線的抗議者（也許那些人是被推進去的，甚至是不小心跌倒才與警方衝撞的）。這就像方陣衝撞的一種版本，往往不會產生什麼傷害；基於同樣原因，只要大家都保持陣形，也不太容易引發嚴重的打鬥。這種衝突發生的一個原因是，警察將示威者趕進封閉的區域，例如切斷一個路口或廣場的出口。這會迫使示威者擠成一團，而且警察還會用警棍毆打周圍試圖逃離的人。倫敦的勞動節示威就是這樣一個例子（二〇〇一年五月二日的《每日郵報》和《泰晤士報》上刊登的照片均呈現了這樣的場景）。大部分示威者看起來都驚慌不已、擠成一團，少數幾人試圖對警察防線祭出拳腳，警察則回以警棍。媒體並沒有將警察的行為描繪為一種暴行。這種群體暴力儘管對那些挨揍的人來說可能刻骨銘心的疼痛，對其他人來說可能是一次很不愉快乃至恐怖的經歷，但在記者和觀察者眼裡卻不算很特別的事件，通常也不會得到太多公眾關注。這部分是因為只要雙方群體都老老實實的待在自己的地盤裡，恐慌進攻就不會發生，不過這種情境並不適合由情緒迸發而導致的那種醜陋的暴力。

【圖 3.1】士兵用機關槍射擊時，人群四散而逃。（Petrograd, July 1917）

另一種相對比較少見卻能夠造成驚人傷亡的情況，則是全副武裝的權威機構向相對力量薄弱的群眾開槍或使用其他武器。這方面一個著名的歷史事例是一九一七年七月俄國革命中的聖彼得堡，共產黨領導下的群眾舉行大規模示威，反對俄國重新參與世界大戰。有張照片【圖 3.1】顯示了軍隊突然向示威者開槍的一刻，我們可以看到，人群向四面八方奔逃以躲避子彈，有些人跌倒在地，大部分人縮成一團躲在建築物旁邊。全副武裝的軍隊陷入了恐慌進攻，示威抗議中的緊張突然被一聲槍響打破，這可能僅僅是一個士兵引發的，但卻迅速發展為一波槍聲，橫掃了抗議者。與那些保持陣形的示威抗議不同，這是一種高度戲劇化的事件，有時甚至會成為歷史的轉捩點。正是這種恐慌中的崩潰導致這個印象，因為這種情境既可以被建構為一場盛大的勝利，又可以表現出極端的殘忍。

在聖彼得堡的「七月危機」（July days）裡，革命爆發了，接下來政府成功實施了對異議分子的鎮壓，迫使共產主義者躲藏起來（Trotsky 1930: chapter 25）。不過，媒體和公眾也可以將這種一面倒的鎮壓詮釋為一種暴行，從而進行大規模反抗動員。一九六五年三月七日，在阿拉巴馬州塞爾瑪市（Selma），民權運動的轉捩點發生在警察用警棍和警犬攻擊示威者的時刻，六百名示威者中，有六十七人因此受傷（Gilbert 2000: 323）。這起事件的曝光使議院和總統做出反應，最終通過了《投票權法案》（*Voting Rights Act*），作為對示威者的支持和對種族隔離主義者無可挽回的一擊。

然而，這個戲劇性的結果，並不僅僅是因為傷亡者眾多而導致的。在聖彼得堡，傷亡人數並不多，大約六、七人死亡，二十人受傷，如果示威人數超過一萬人，那麼傷亡率不到百分之零點三。在塞爾瑪，無人死亡，受傷人數約是示威者的百分之十至百分之十一。用軍事術語來說，這只是輕度傷亡，從敵方實力來看並不算高。然而對於局勢的變化，最重要的地方在於一種戲劇性的畫面：其中一方被另一方在情緒上加以碾壓。在示威抗議中，暴力提供了令人大吃一驚的戲碼。但是，這種暴力必須直截了當，可以從兩個角度來解釋：士兵開槍驅散混亂的人群，維護了社會秩序；或是當局攻擊和平示威者，導致一場無差別的大屠殺。無論是哪種情況，最終為公眾所知的都是人群四散奔逃的畫面，而不是實際上的傷亡數字[28]。

但是，最常見的群體暴力具有另一種模式，即雙方都做出反英雄化的行為。骯髒的細節讓整個事件見不得人，因此無法得出直截了當的政治解讀。最典型的讓任何一方產生嚴重傷害的方式是，人群分散成小組，整體衝突化為一系列小型衝突。這通常有兩個階段。首先，示威者分散成了小群體。有時會出現四處遊走的暴力分子小隊，到處投擲石頭或其他物品。例如，一張美聯社的照片（Jan. 1, 2002, Walter Astrada/AP；本書未收錄）展示了二〇〇二年一月發生在阿根廷布宜諾斯艾利斯的一次反總統示威，其中六名男子正沿著一條扔滿了鵝卵石的街道向前跑去。其中三個看起來最激進的傢伙裸著上身正在投擲石頭，他們身後的兩個人為他們提供支援，另外一個人則稍稍靠邊（也許與其他人並無關係），姿態像是在退縮。他們身後十八公尺外，十幾名戴著頭盔的警察正在追過來，此外遠處還分散著幾名旁觀者，也許是最初示威遊行隊伍中不太激進的那些成員。

一開始，這些小型群體很可能會實施一些常見的、破壞力較低的暴力以顯示自己的勇敢，但絕大多數人都會錯失目標或是意外擊中什麼人（不一定是最初瞄準的人）。當這些小型群體在某一區域獲得壓倒性優勢，事態才真正變得危險起來。這時，要麼是一群警察開始痛毆某一個示威者，要麼就是一群示威者痛毆一個警察或士兵。示威者通常只有在發現少數幾名警察或士兵與大部隊隔離開來時，才會實施嚴重的暴力行為，在這種情況下，人數比率可能為四比一，甚至八比一。那些代表當局權威的個體也許仍舊有武裝，但他們已無力使用武器，他們成為受害者，面前是陷入恐慌進攻的氣勢洶洶的人群。當這些小型群體發現被包圍在脆弱境況中孤立無援的敵人時，他們就會變得活躍起來，此時面前的敵人甚至無法決定該面朝哪個方向，只能抱著腦袋蜷縮在地上，任由他們拳打腳踢，有時他們甚至會使用鐵棍或其他武器。有一張拍攝於二〇〇二年十月貝爾格勒的照片（本書未收錄），顯示了在推翻塞爾維亞獨裁者米洛塞維奇（Slobodan Milošević）的過程中，四名男子攻擊一名落單的警察。那名警察試圖用手臂遮擋頭部，卻並未嘗試拔出配槍，兩名攻擊者試圖將他扭倒在地，另外幾人則衝他揮舞木棍或鐵棍（*Daily Telegraph*, Oct. 6, 2000）。

警察對示威者的暴力則是這種情況的鏡像：示威者的陣形或其警戒線被打亂為零散的小組，通常都發生在他們躲避警察攻擊時，隨後，一小群警察包圍一名落單的示威者，用警棍痛毆示威者。二〇〇二年七月拍攝於布宜諾斯艾利斯一次反失業遊行的照片（*The Australian*, June 28, 2002；本書未收錄）描繪了這一刻：警察發起攻擊，示威者四散奔逃，許多人蜷縮在人行道旁的牆角，街上不少人在逃跑時跌倒在地，被手握警棍的警察痛毆。

這些小型衝突之所以具有破壞性，是因為每一次小型衝突都會以恐慌進攻收場：首先是在大規模衝突中醞釀起來的緊張情緒，一開始只是預感到有什麼事情即將發生，對警察來說則是因權威受到反抗而產生憤怒；這些情緒與恐懼混合在一起，隨著暴力的爆發（哪怕只是零星的暴力）和身體衝撞的加劇，恐懼感也越強烈。隨後，突如其來的停頓刺激雙方迅速行動起來，導致嚴重暴力事件的發生。產生暴力的區域除了洋溢著緊張感之外，還會感受到此前強大的敵人突然暴露出軟弱的一面。一般來說，這發生在人群迅速移動時，往往會打破人群原有的秩序；有時當示威者或警察跌倒在地，會形成真正的「交通堵塞」，正如阿金庫爾戰役中發生的一樣。而也正是那些跌倒的人（那些不夠敏捷、沒能立刻躲開或是與同伴一同擺出防禦姿態的人），會成為攻擊的目標[29]。

這些過程表現在一九九〇年代末期發生在柏林的一次由激進勞工組織參與的勞動節遊行中（Stefan Klusemann, unpublished paper, Univ. of Pennsylvania, 2002）。大約七百名示威者在兩千五百名警察嚴防死守的街道上前行，雙方都在高聲叫嚷，從聽覺上攻擊對方：示威者用車上裝載的揚聲器播放口號和音樂，同時大聲唱歌和敲鼓；警察則拉響警笛，並反覆透過擴音器下達指令。傳統上的遊行終點是個小型廣場，四周環繞著狹窄的街道，當示威者遊行抵達終點，嚴陣以待的警察收攏了包圍圈，迫使示威者分散開來，肩並肩抵擋面前的盾牌和警棍。當其中一名示威者飛快衝過廣場，緊張終於爆發，人群開始慌張四散。也就是說，其中一些示威者陷入了恐慌撤退。就在那一刻，警察開始追逐攻擊他們。警察揮舞著棍棒，分成三、四人組成的小組去襲擊和威脅那些被抓到的人，並對倒地不起的人反覆毆打。

有些示威者抵達隱蔽角落的庇護所之後，就會停下來開始衝警察投擲鵝卵石。這時恰恰是警察自己的攻擊打破了警戒線，他們開始跟在一小群示威者身後窮追不捨，而不是去維持整體秩序。在發生衝突的某些區域，有一、兩名警察落了單，導致示威者占了多數，於是四人以上的示威者開始毆打他們。陷入這種境地的警察會擺出防禦性姿勢，躲在盾牌後面。當更多的警察來到三十公尺之內，剛剛還在大著膽子襲擊落單警察的示威者立刻鳥獸散，其中有些人也會落單，隨後反過來被三、四名警察追打；警察在逮捕勢單力薄的示威者時，會將他按倒在地，坐在他身上用警棍狠揍一頓（這正是一系列羅德尼．金類型的事件）。這一切反反覆覆，無論是示威者還是警察取得短暫的優勢，他們都會去襲擊弱小的受害者。整體而言，警察有更好的凝聚性和裝備，因此他們會實施更多暴力，而施加在他們身上的暴力，反而會誘使他們在抓到機會後，更加瘋狂的予以反擊。

恐慌進攻最典型的情境，是在有組織的群體之間發生衝突並建立緊張感之後，其中某一群體在某些區域內獲得了數量和力量上的決定性優勢。大規模對峙塑造了緊張情緒，人群分散成小組之後導致情緒突然釋放。這是產生嚴重傷害事件的最典型情境。關於此類群體事件的照片中，很多都表現了一群人圍毆一個人的場景，受害者往往倒在地上無力自衛。一九九二年，當羅德尼·金事件中的警察被判無罪之後，洛杉磯及許多地方隨之發生暴動。這段時間內，有不計其數的照片都是這種例子，其中勢單力薄的白人或亞裔受害者被一群年輕黑人男子圍毆（May 1, 1992/Reuters；本書未收錄）。世界各地都存在這種模式，無論其種族組成如何[30]。恆定不變的只有人數比率，通常是三、四個人對一個人。

這似乎是一個典型比率。在人群中，大部分成員（就像戰爭中的大部分士兵一樣）只是背景中的參與者，而那一小群「戰鬥菁英」在勢均力敵的衝突中，也沒有太大的破壞力。因此，有效暴力僅發生在他們能找到落單的受害者，並以大約四比一的比率以多欺少之時。

群體放大效應

類似恐慌進攻的模式也會發生在一對一的衝突中，這通常發生在攻擊者在體格和力量上具有壓倒性優勢的時候，例如成年人對孩童，我們將會在下一章討論這些情況。然而，最為人所知的恐慌進攻事例都發生在群體之間，往往是一群人毆打落單的個體，或是武裝力量攻擊手無寸鐵或暫時失去武裝的人。現場群體的規模越大（即人數越多），就越有可能發生恐慌進攻。因此，警察暴行的絕大多數例子（過度殺傷或長時間毆打），發生在多名警察在場的情況下。羅德尼·金被毆打時，現場有二十一名警察，如果當時只有寥寥數人，那麼很可能這樁暴行並不會發生，或者暴力程度不會如此嚴重。

羅德尼・金事件實際上是由一系列因素決定的，這些因素都與警察暴力有關。警察暴力更常見於嫌疑人進行反抗，尤其是試圖逃跑的時候（Worden 1996; Geller and Toch 1996; Alpert and Dunham 2004）。除了反抗之外，在汽車追逐戰之後也更容易發生警察暴力（本章開篇提到的非法移民車輛追逐戰證實了這個模式）。南加州大學犯罪學教授阿爾珀特與邁阿密大學社會學教授鄧納姆（Geoffrey Alpert and Roger Dunham 1990: 28-39, 97；以及我本人的計算）發現，在不同的警方管轄區，都有百分之十八至百分之三十的車輛能在警方追逐中逃脫。因此，除了高速駕駛的緊張感和對嫌疑人反抗權威的憤怒之外，警察對事情的結果還抱有一種不確定感。在百分之二十三至百分之三十的汽車追逐戰中，會發生財產損害。在百分之十至百分之十七的案例中會發生人身傷害，儘管通常是輕傷（如果被追逐的車輛沒能逃脫，那麼這個數字會上升到百分之十二至百分之二十四）。在百分之三十三的案例中，傷害發生在追逐停止之後，也就是說，人身傷害不是出於車輛事故，而是出於暴力。另一項研究發現，在百分之四十六至百分之五十三的車輛追逐案中，警察最後使用了暴力，大約百分之十一至百分之十四使用過度暴力（Alpert and Dunham 2004: 24）。

從因果關係來看，羅德尼・金案例有著三重危險模式：拘捕、高速追車、旁觀者效應。第三個模式指的是參與追捕的警察越多（事實上是旁觀者越多，無論其身分如何），越有可能發生警察暴力（Worden 1996; Mastrofski, Snipes, and Supina, 1996）。人群數量會有這種效應，並不是因為有更多人參與攻擊，因為人群中通常只有極少數的暴力菁英和活躍分子，無論這個群體的總人數有多少；在那二十一名警察中，只有四人全程參與對羅德尼．金的毆打[31]。人群的作用是放大情緒：讓緊張感變得越發強烈，讓行動迸發之後變得更加激烈。這個放大效應記錄在一系列族群暴力和其他政治群體的暴力事件之中，此外在其他類型的群體暴行中也有體現，這些例子和下面的例子都由霍洛維茨（2001: 116-17）總結和引用：「實驗證明，群體攻擊要比個體攻擊更加嚴重、激烈而迅速……大規模的暴徒群體所犯下的殘忍行徑，比小型團體多得多。」（Mullen 1986）

心理學家傾向於用「去個人化」（deindividuation）一詞來解釋這些效應，也就是個體在群體中喪失了自己的身分，進而喪失個體責任感。這一點實際上被過分誇大了，因為個體通常是被熟人網絡招募進入運動群體，大部分個體在人群中都是作為某一小團體的成員而參與其中，因此能夠清醒的保持自己的身分感（McPhail 1991）。我會更強調情緒的建構過程，即人們的情緒韻律如何互相曳引；社會互動最重要的吸引力和愉悅感都來自於身體與情緒韻律模式的相互曳引。人類面對這種曳引是很難逃開的，在建立緊張感的階段，共用這種緊張感是感受群體團結所必須付出的代價，儘管這種將所有人都捲入群體情緒的過程，反而會使緊張感水漲船高。而緊張感爆發所產生的群體暴力，特別是在過度殺傷和殘暴行為中，常見的具有韻律感和重複性的模式，對參與者具有強大的吸引力，因為它能為他們提供一種極其強烈的團結感。

這種變形誇大的現實反而更有吸引力，因為暴力正是與日常現實的脫節，暴力是進入這個特殊體驗的場合。這也發生在嚴格來說並不算恐慌進攻的案例中，例如之前可能並沒有建立緊張感的過程，至少沒有建立在恐懼之上的緊張。這種情境通常帶有一種慶祝的情緒，從外部來看可能會認為不符合道德。例如，在有人威脅要自殺的時候，「在場的人越多，他們就越可能會取笑他並催促他趕快跳下來」（Horowitz 2001: 117，轉引自 Mann 1981）。

下面這個例子發生在一九九三年八月加州奧克蘭市，它同時表現了純粹的旁觀者效應和打鬥升級的過程。一名十九歲的黑人女性李（Stacey Lee）怒氣沖沖的試圖趕走另一名三十一歲的黑人女子威廉絲（Deborah Williams），因為她發現威廉絲在她的公寓大廳抽大麻：

> 威廉絲拒絕了，於是一場打鬥爆發。李很快便占據了優勢，用拳頭和一塊鐵製床架痛打威廉絲。鄰居最後將她倆拉開，威廉絲逃走了。李隨後回到公寓，從水槽裡拿出一把廚刀，然後開始去追威廉絲……威廉絲流著血一拐一拐的逃開，試圖躲進一家賣酒的商店。但據目擊者稱，商店老闆當著她的面把門關上並上鎖……幾分鐘後，威廉絲被一群年輕人（大約十五人）包圍，他們大多是男性，一直聚集在街角。他們將她打翻在地並咒罵她。她像嬰兒一樣蜷縮在下水道的格柵上被人拳打腳踢，還有人用酒瓶猛敲她的腦袋……
>
> 警察說，如果不是那群人，威廉絲可能不會死……那群人將她絆倒在地，困住了她，而後大聲叫嚷著「殺了她！」、「打死她！」來鼓勵李。李告訴警察，一開始圍觀者的起鬨並沒有影響她的行為，因為她「已經瘋了」。後來她則辯稱，正是那些人的叫嚷讓她騎在威廉絲身上，將刀子刺進了她的身體一側。（*Los Angeles Times*, Aug. 30, 1993）

旁觀者參加鬥毆，很可能是想透過圍觀兩個女人打架找找樂子，畢竟比起男人打架，女人打架並不那麼常見，因此他們帶有一種看熱鬧心理，也許還有某種滿足色情慾望的心態。一開始，旁觀者也許只是想阻擋其中一方逃離，讓事件不至於結束得那麼快，當商店老闆向她關上大門時，這一切就開始了，人們開始圍觀一場漫畫般的追趕。但很快他們的行為就升級為自己版本的恐慌進攻，或者至少是一種情緒曳引，他們已經將那個女人打翻在地，但卻依然沒有停止毆打。最開始的打鬥也有恐慌進攻的因素，其中的勝利者李一開始心情沮喪，是因為打鬥就發生在她的地盤門口。這兩種恐慌進攻（年輕女人和街頭群眾）互相曳引，最終導致暴行發生。

二〇〇二年十月發生在威斯康辛州密爾瓦基的一起事件，具有同樣的機制。當時一名三十六歲的黑人男子被一群十歲至十八歲的青少年圍毆致死。受害者衣衫襤褸，無家可歸，還常常酩酊大醉，顯然是一個軟弱可欺的目標：

> 大約十六至二十名年輕男子慫恿一名十歲男孩向楊丟出一個雞蛋。雞蛋打中了他的肩膀，他開始追趕男孩（短暫的威脅）。但一名十四歲的男孩擋在他們中間，楊打掉了他一顆牙（威脅成真，原本以為不堪一擊的人做出了反抗）。其他幾個年輕人開始一起襲擊楊。他們將他圍在一棟房子的門廊上拳打腳踢，地板和天花板都濺上了血滴（持續很久的毆打）。楊一度逃進屋子裡面，但那群人又將他拖出來繼續毆打，直到警察因一名鄰居撥打報案電話而趕到。（AP News report, October 1, 2002）

此處的模式包括：挑釁對方，以獲得攻擊性的樂趣；短暫的反擊，加劇緊張氛圍；軟弱的受害者驚慌逃跑，導致眾人曳引在追逐模式中，進而受到群體放大效應的影響。

此類互動過程也可能發生在「好人」身上。在南加州一個海灘社區，一名五十八歲的婦女在停車場將購買的東西裝進車裡時，被兩名十幾歲的男孩偷了錢包。「她大聲叫喊求助，開始追趕那兩個男孩。一名商店員工和一名路人跟了上來，後來一名送水工和其他人也加入追逐。」最後追逐者達到大約五十人，男性居多，有的開車，有的騎自行車，有的步行；他們地毯式搜索了周邊社區，最終在某戶人家後院的樹叢裡找到那兩名男孩。參與者的行為很有團隊精神，他們為自己對社區做出貢獻而深感自豪。但也有令人不快的事情發生：「一名騎自行車的不明身分男子搜尋時太過激動，最後在逮捕過程中，警察不得不先按住他。」（*San Diego Union Tribune*, March 23, 1994）簡言之，好心人為保護一名婦女而產生的熱情，轉變為一種情緒湧動，當目標終於束手就擒後，至少有一名參與者仍不願意停止攻擊[32]。在這裡，我們很容易給人們貼上「英雄」和「惡徒」的標籤，然而這種塑造團結的互動過程與任何衝突群體中的互動過程並無二致，在參與者看來似乎充滿英雄氣概的行為，旁觀者眼中卻可能是殘忍暴行。

恐慌進攻之外的路徑

恐慌進攻是許多引人注意的暴力形式的基礎，包括道德上無可厚非的盛大勝利（例如戰爭），也包括我們必須清清楚楚看到的殘忍暴行（無論是因為現代文明的誠實，還是因為現代錄影技術的進步），還包括不帶道德傾向的情況。從理論上來說，恐慌進攻也是極為關鍵的，因為它與我們對衝突的理論分析基礎密切相關。衝突情境首先充斥著緊張與恐懼，正是這種緊張／恐懼在釋放時製造了恐慌進攻，將累積已久的情緒轉化為暫時失控的、重複不斷的、針對無力反抗者的攻擊。這種爆發與過度殺傷在外部旁觀者看來令人震驚，因而被認為是殘忍暴行。恐慌進攻的驚人特點讓它幾乎無處不在。但是從衝突性情境中的緊張與恐懼出發，恐慌進攻只是其中一條路徑而已。只有在明顯的威脅突然解除，強大的敵人突然露出弱點，從而使得緊張突然釋放時，恐慌進攻才會發生。此外，情境中還必須有前進而非轉身逃跑的空間，才能讓衝突得以發生。如果這個空間不存在，這個情境就會朝著不同的方向發展。

在很多情況下，緊張都不會得到釋放，因為對方並不會輕易展示出超乎尋常的軟弱。許多衝突性情境（事實上，如果考慮到所有輕微衝突的話，那就是絕大多數）都會形成對峙，雙方虛張聲勢一番後，局勢慢慢緩和，基本上不會造成什麼傷害。有時在很罕見的情況下，暴力不是狂熱的，而是冰冷的，不是表現為情緒的湧動（或是狂熱卻無害的虛張聲勢），而是冷靜的實施經過精心計畫的暴力行徑。這種冷暴力之罕見，足以讓它登上暴力等級的頂端，因為它表現了一種實現暴力的能力，我們將會在第十一章討論這種情況。還有一種發展路徑是衝突被置於社會舞臺之上，成為公平的打鬥。這種情境模式與常見的衝突相反，由於衝突中普遍存在緊張，以及人們普遍渴望不公平的打鬥和軟弱的受害者，所以為了保證這種人為製造的公平性得到維持，我們需要尋找特殊的場景來將它隔離。除了恐慌進攻，還有其他形式的不公平打鬥，有些模式並不存在從緊張到軟弱受害者的突然轉向，卻存在制度化的暴力控制、欺凌或尋找替罪羊等情境。有些模式則存在著社會飛地，那裡非但沒有緊張感，反而洋溢著歡愉感；在這種狂歡慶祝的氣氛中製造出的暴力，在情緒與政治上都會受到保護。我們將會在之後的章節詳細討論這些路徑。

第四章

攻擊弱者（一）：家庭暴力

以下是對法院證詞的重述：

保母幫一歲的小孩洗澡，孩子的父母不在家。小孩拒絕洗澡，身子不停扭來扭去，並哭了起來。保母試圖努力控制住小孩，兩人角力之時，保母打開了浴缸的熱水龍頭，並將小孩的一隻手拽到下面。小孩尖叫的聲音更大了，讓保母更加堅定的將小孩壓在水裡。小孩最後被診斷為二級燙傷（出自加州法院文件）。

這是一個恐慌進攻的例子。保母原本並不想傷害孩子，這是一次在爭奪控制權的過程中不斷升級的鬥爭。小孩拒絕洗澡，因此感受到憤怒和疼痛，大人也在努力控制局面。就在保母透過純粹的身體暴力強迫小孩留在水中、從而贏得這場衝突的同時，她也因受害者的尖叫、憤怒和繃緊的肌肉而曳引進了對方的情緒。衝突雙方都是失控的，由於其中一方比另一方軟弱得多，鬥爭的緊張感轉變為恐慌進攻常見的特點：情緒的狂熱湧動和惡意的過度殺傷。與第三章提到的那些燒毀越南村莊的士兵一樣，虐童者在從暴力情境中清醒過來時往往像是大夢一場，對自己所做的事情大為震驚。

情境中對情緒的定義

如果說在迫在眉睫的暴力衝突中，緊張／恐懼是最主要的情緒，那麼破壞又是怎麼發生的呢？大部分時候，人們並不會造成破壞；他們會逃避打鬥，尋找避免暴力衝突的理由，或是用虛張聲勢來滿足自己。想讓暴力發生，人們必須找到一條路徑來繞過衝突性緊張／恐懼。這種路徑中最常見的一條就是襲擊弱小的受害者。

弱者之所以為弱者，並不是因為他們無力反擊，因此無法傷害攻擊者，之所以會產生衝突性緊張／恐懼，不是由於人們害怕死亡或受傷，而是微觀互動過程中可能產生的衝突和壓力。在這個過程中，人們恐懼的是破壞社會基本的群體儀式，也就是彼此以情緒相互曳引的傾向。暴力衝突在一方獲得支配權之前，是一種吸引雙方注意力的互動儀式，但雙方嘗試的韻律是非常不和諧的。衝突性緊張的微觀互動核心是，雙方拚命試圖將韻律調整為自己的模式並強加於對方，同時阻止對方建立起這種韻律並強加於己方的過程。

在這種情況下，「恐懼」可能有些用詞不當，它無法概括這個情境中的全部情感。受害者的「軟弱」是情境性的，是一種互動的姿態；受害者無法自衛，這一點非常重要，因為它允許攻擊者先發制人，並控制雙方互相曳引的過程與方向。成功的攻擊使得行動本身不再具有相反目標，而是將雙方目標統合起來，攻擊者與受害者進入一種特殊的曳引狀態，其中一方帶領著另一方。在霸凌和持槍搶劫的互動細節中，我們將會清楚看到這一點，攻擊者試圖控制局面，讓情境變成一面倒的態勢，同時盡可能避免產生直接衝突，這時受害者扭轉局面或攻擊者自我傷害的可能性都是很低的。在家庭暴力中，我們也可以看到這個塑造受害者角色的微觀情境。家庭暴力通常被形容為一種強調控制權的行為，是女權主義理論強調男性對女性施加的控制，但即使從更加寬泛的層面來說，這種理解也沒有錯。施虐者登上了一輛滿載情緒的列車，飛馳向殘忍暴行，而這之所以會發生，是因為克服衝突性緊張時的努力，轉化成了暫時互相對抗的兩者之間惡意的曳引過程，使得其中一方成為弱小的受害者，而之前曾經有過掙扎的施虐者，此刻已經取得徹底的支配權。支配意味著控制情境中對情緒的定義。

背景與前景解釋

背景條件與暴力多少有些關係，例如貧困和社會歧視會與某些類型的暴力共生，但這種關聯通常很微弱。首先，許多類型的暴力並不局限於（或特別常見於）下層階級或被歧視的少數群體，比如霸凌、醉酒暴力、娛樂型暴力、決鬥等表演型公平打鬥、軍隊與警察暴力、社會運動暴力、恐怖主義等。其次，就弱勢群體中常見的暴力而言，並不是這些群體的所有成員都是暴力的，絕大部分窮人和受歧視者都不是搶劫犯、街頭鬥毆者或家暴者。暴力與背景條件之間的微弱關係，讓人難以確定暴力究竟是否會發生。第三點更加強了這種不確定性：即使暴力者也並不總是暴力的。他們究竟會在何時何地變得暴力，取決於情境中的條件，特別是那些能夠克服衝突性緊張／恐懼並將其引向支配力的條件。窮人和受歧視者需要繞過這些阻礙，其他人也一樣。

曾經有過受虐經歷，則是另一種背景條件，儘管人們常常認為這是暴力的一種成因，但它同樣有不能解釋的地方。許多證據都表明，童年受過虐待的人後來可能會成為暴力施加者，而且不僅是施虐者，也包括其他類型的暴力犯罪（和其他形式的社會偏差行為）。但這個模式也是不確定的。大部分受虐者並不會去犯罪。童年遭受過虐待或忽視（這在背景條件中又添加了一個更加廣泛的非暴力類型），後因青少年時期或成年後犯罪而被逮捕的人約占百分之十八，但這僅比條件相似的控制組高一點，後者的資料是百分之十四，兩者之比約為一點三比一[1]。反過來看，在那些實施了各種犯罪的人當中，我們沒有發現較高比例的人（更不用說大多數）曾遭受虐待。

當然，這並不能解釋暴力光譜上的所有類型：沒有證據表明（也不太可能有證據）士兵是否會成為戰鬥力較強的百分之十五與他們過去是否遭受虐待有關，那些逞英雄的警察、扔石頭的示威者，以及參與兄弟會欺辱活動、決鬥和其他表演型公平打鬥、醉酒和娛樂型暴力的人也是如此。也許在家暴這個特殊領域，暴力實施者可能過去曾遭受類似虐待。但絕大多數家暴者並沒有受害者的經歷[2]。除了遭受虐待之外，還有其他通往成為家暴者的路徑[3]。遙遠的背景條件僅僅是微弱的相關因素。無論這些長期因素對最後事件的爆發有何作用，也許僅僅是童年時在不愉快的經歷中學會的某種技能，如果不是當下存在情境條件來克服緊張／恐懼，這些都派不上用場。要成為施虐者，最後也必須走過所有暴力實施者都會走過的道路。

虐待格外弱小者：從常態到殘暴的時間變化模式

家庭暴力涉及許多類型的關係。可能是夫妻中的一方虐待另一方，可能是父母虐待孩子，施暴者也可能是繼父母或單親媽媽的男友，還可能是保母。也有成年子女對老年父母的虐待，或是類似的由照看老年人的看護實施的虐待。最後，最常見的家庭暴力往往發生在兄弟姐妹之間（Gelles 1977）。討論一個通用的理論是否適用時，我們應該考慮家庭暴力的不同類型。

通常人們懷疑可能導致家暴的因素包括貧困、壓力、生活狀態的改變和社會隔離等（Straus, Gelles, and Steinmetz 1988; Gelles and Straus 1988; Starr 1988; Straus 1990; Giles-Sim 1983; Stets 1992; Cazenave and Straus 1979; Gelles and Cornell 1990; Bishop and Leadbeater 1999）。但身處這些情境中的人大多並不暴力，必須有進一步的情境過程，才會促成真正的暴力事件。

從一些最可怕的情境中，我們能夠看出這一點。受虐者很可能是殘疾人或有慢性疾病（Lau and Kosberg 1979; Pillemer and Finkelhor 1988; Sprey and Mathews 1989; Garbarino and Gilliam 1980），無論是虐待兒童、老人還是其他成年人的案例都是如此。對這些格外無助的受害者施加虐待，看似特別狠毒，然而那些施虐者也不過是普通人，他們只是陷入一種獨特的暫時性互動中。殘疾與疾病都會喚起人們的同情心，而同情心又是一種為社會所認可的特質。所以人們很容易在短時間內假裝出利他主義的作風，疾病和其他緊急情況在一開始都會喚起情緒的湧動，從而帶來一種儀式性的高度團結感。如果這些發生在關係親密的人們之間，這種團結感就會表現為對需要照料的人做出承諾。

然而，隨著時間流逝，照料對方變成日常之舉。與此同時，照料者從扮演利他主義的角色中所獲得的情緒能量也漸漸減少（這種精神消耗在看護行業很常見），這時兩者之間就會開始體會到權力鬥爭的感受。照料者承諾要做出利他主義的行為，這項事實讓病人獲得針對他的武器。就像在其他形式的愛情關係中一樣，最小利益原則（principle of least interest）在這裡也成立：愛得更深的人往往處於弱勢地位。因此，儘管健康的成年人照料者在肉體上有更強的力量，無助的兒童或老人卻有精神上的武器，來分辨和利用照料者做出的承諾，無論這項承諾是來自宗教信仰、利他主義信仰、責任感還是私人關係[4]。衝突的一般模式依然適用，不對等的資源會導致衝突，特別是當存在兩種不同資源，而且這種不對等未被公開認知到的時候。當然，這只是一種充滿利他主義和愛意的理想情形，因為它沒有認知到本質上的不平等，同時也沒有認知到彼此是在資源配置不平等的前提下行動。

結果可能是雙方都產生憤怒與憎恨。照料者開始感受到壓力，這部分是因為減少參加其他活動的時間與精力，但更可能導致他們成為施虐者的，是那種自己受到控制的感覺。病人也許僅僅是出於無聊而在這種鬥爭中投入精力，因為他們無法行動，因而沒有其他事好做。哪怕是痛苦和煩躁的打發時間，也比百無聊賴的打發時間要好。與照料者進行鬥爭進而獲得注意，正是他們獲取平時缺少的社會交往的一種方法。

這種照料者與被照料者之間的關係會變得越來越糟。照料者也許會嘗試暫時逃離，透過不滿足或不立刻回應對方的要求來獲得一些小小的勝利，病人則會越來越多的發出哀鳴、呼叫幫助，或是戲劇化的表現出煩躁。透過情緒和心理上的回饋效應，這樣的病人會因情緒壓力或僅僅是表現出情緒壓力而使自己病情加重。如果一再反覆，這些情境就會帶來越發嚴重的不信任，雙方都會開始懷疑對方的動機和誠意，當照料者顯得不耐煩甚至流露出敵意，病人就會懷疑照料者曾立下的利他主義誓言。而照料者則會宣稱「瞧瞧我都為你做了什麼」，儘管這種自豪感合情合理，但帶來的厭惡感同樣合情合理。結果，雙方就陷入了負面情緒的惡性循環。雙方可能都會嘗試用罪惡感控制對方，他們有時會成功的暫時馴服對方，但這種權力鬥爭和控制手段的結果卻會製造出更多的怨恨及相應的反擊。

這些模式在對老年人的虐待案例中有詳細的紀錄，特別是那些發生在家中的案例，不過養老院可能也有類似模式。大部分此類研究都集中在照料者體會到的壓力上，尤其是當她（大部分照料者是女性）需要全權負責、無人可以分擔的時候（Steinmetz 1993; Philips 1983）。如果照料的責任能夠分擔到不同人身上，從病人角度來看就可以增加人際關係，從而減輕他們的社會隔離感，因此病人的弱勢感就會減輕，照料者的壓力也會降低。許多證據都表明，老年人的依賴感會增加虐待發生的機會（Fulmer and O'Malley 1987; Fulmer and Ashley 1989）。但是，並不是病人的身體情況讓他們成為受害者。老年學權威皮勒摩（Karl Pillemer 1993）總結的證據表明，老年人是否會遭受虐待，與他們的身體健康情況無關。關鍵在於是否建立起一種衝突模式，導致雙方發生攻擊與反擊。皮勒摩（1993）注意到，實施虐待的照料者更可能在財務上依賴那位長者，因此雙方都占有某些資源，長者透過金錢來實施控制，年輕人則因被迫長期照料對方而產生壓力，並因金錢上受到控制而感到格外沮喪。

大部分照料者不會變成施虐者，至少不會做出特別嚴重的虐待行為。許多照料者都會擔心自己的感受，害怕自已變得暴力起來，但是大部分人都不會真正施暴，他們與施虐者之間，似乎在背景條件上並不存在能分辨的區別（Pillemer and Suitor 1992）。情境過程似乎才是一切的關鍵。

這個短暫的過程可謂至關重要。一個典型的場景可能有如下形式：一名病人與照料者陷入了權力鬥爭，他們開始因照料者回應病人要求是否及時、是否認真滿足病人要求等問題發生小爭吵。隨著時間流逝，照料者越發煩躁，越發感到不公，病人則越發不配合，要求也越來越多。這讓照料者的工作從身體到情緒上都更艱難；病人主要的武器在於表現得更加病弱，或者在身體機能和進食方面搞得一塌糊塗。如果從不具有同情心的角度來看，病人變得越來越醜陋，越來越不值得成為利他主義的對象。同樣的行為，一開始或在緊急情況中還是利他主義者願意接受的挑戰，但矛盾加劇後就會導致觀點走向極端化，最後則會變得令人厭惡。

在這種意志鬥爭下，照料者就會故意不認真提供服務，不去解決病人製造的問題和不斷升級的要求，這種情境可能進而發生身體上的虐待。在這裡，殘疾的程度本身有可能隨著衝突升級而加劇，同時也會加劇心理的極化，進而使得身體虐待成為在心理上能夠接受的行為。通常我們還需要其他條件配合才能讓這一切發生，特別是要有一個封閉的場所，讓照料者能夠逃避懲罰。這種情境對受虐者來說可謂生不如死，但從心理上來說，它可能讓施虐者同樣痛苦。

虐待哭泣的嬰兒也具有類似的互動模式。最開始的先兆往往是嬰兒開始哭個不停。這可能是因為嬰兒病了或腹痛；也許是因為他與照料者不停爭奪控制權，也許是想吸引注意，這可能會導致多方鬥爭，例如兄弟姐妹之間爭取父母的注意力，也許是成年人之間在爭奪注意力，結果忽視了嬰兒。這些因素互相作用和累積，並能與其他條件相結合，例如父母可能正因眼前的其他事情心煩氣躁。因此，醫院文獻記錄了許多情境（例如 S-ith, Williams, and Rosen 1990; Hutchings 1988; Thorman 1980），包括父母失業或工作艱苦，或母親因同時照料多個孩子而精疲力盡，結果嬰兒嚎啕大哭時，他們或是出手打了孩子，或是拚命搖晃他，最後導致孩子死亡或受傷。

虐待並不會在孩子剛開始哭時就發生，我們可以觀察到一個時間模式：首先是孩子嚎啕大哭一段時間，而後是試圖讓他平靜下來的努力都不奏效。這其中包含兩個過程：先是一個長期過程，其中嬰兒多次反覆不停的哭泣，而且完全無法安撫下來，因此進入了「又來了」的階段，即可以預見到的沮喪感。接下來是一個短期過程，即嬰兒持續哭泣的時間，以及他在哭泣或尖叫中曳引得有多深。我們沒有證據表明這兩個過程究竟要多長才能讓虐待更可能發生，據推測，大概在六、七次反覆哭泣之後，並且在最近一次哭泣持續十五分鐘以上，同時安撫無濟於事時，就會進入最危險的時刻。

這些時間階段模式也可能隨父母的背景因素（例如社會壓力、孤立、能否得到各種控制資源等）而變化，但似乎無論背景條件如何，某種長期的積累過程和短期的爆發過程都是必備的。更嚴重的壓力、孤立和資源缺乏也許會縮短這些階段，但不可能縮得太短。例如，一個經常觀察到的模式是，當單親媽媽的男友來訪（通常是為了性）而孩子在一旁亂動、哭泣或生病時，就相對容易發生暴力。這很可能是一種爭奪注意力的鬥爭（儘管只是暗中進行，並不會公開表現出來），因此這場鬥爭會進行至少數分鐘，長則可能數小時。這名男友最後可能會暴打孩子，導致嚴重傷害，或是將孩子扔到牆上。這並不只是一時沮喪煩躁的行徑，也不僅是在長期壓力後無法應對而表現出的行為。這是衝突的一系列階段，而這個衝突早已經歷了多個升級過程。也許來訪男友比孩子的生父更缺乏耐心，也許是吸毒降低了他的忍耐力，但此處依然存在一系列時間階段模式，人們必須經過這些階段才能讓衝突不斷升級，最後對弱小者實施壓倒性的暴力[5]。

哭泣是一種衝突性的情境。它是弱者的武器，也是一種危險的武器，但歸根結底仍是一件武器。身體條件上的極端弱小與成為受害者之間，需要透過一個衝突的時間階段聯繫起來，在這個過程中，其中一方的行動是純粹情緒化的。我們很難忽視這些，因為它們在所有形式的情感表達中最強調相互之間的情感曳引。哭泣帶來不對稱的曳引（不同於對稱的情感曳引，如愉悅、歡笑、悲傷、恐懼和憤怒等）。哭泣是一個塑造緊張的過程：在製造聲響的同時，身體陷入自己的韻律之中。卡茨（1999: 229-73）對影片和音訊的微觀細節分析顯示，哭泣的兒童會陷入一個反覆製造悲鳴聲的階段，就像唱歌一樣，將所有的注意力都緊鎖在自己身體中的一個繭裡，僅能大致感覺到照料者在這個硬殼外的衝擊。照料者（在該案例中是一名幼稚園的助理）也陷入同樣的身體運動韻律，儘管她試圖分散孩子的注意力好讓她停止哭泣，但她本人的行動卻與孩子那高低反覆、彷彿歌聲一樣的哭聲曳引了。兩個人的身體互相曳引，在這個案例（及許多其他案例）中，照料者賦予這種曳引善意，其中並沒有混雜因安撫孩子太困難而帶來的沮喪感。在這種情況下，相對而言並沒有什麼衝突，因為孩子與大人曳引，而大人很大程度上則是妥協。然而，對於這些週期性韻律的爭奪若是建立在雙方的惱怒之上，再加上恐懼、憤怒、罪惡感等情緒，就可能導致照料者對哭聲做出衝突性的反應，進而引發暴力。

所有不同類型的虐待，無論是虐待兒童、配偶還是老人，都包含一個時間階段模式，其中衝突帶來了情緒的互相曳引。了解這個時間階段模式，既有助於我們在培訓中建立實用的方法來防止暴力，同時也有助於我們清醒的認知到最危險的地帶。

暴力的三條因果路徑：日常的有限衝突、嚴重的恐慌進攻和恐怖主義式的制度化虐待

有人曾經提出，家庭暴力有兩種。其中一種被前賓州州立大學社會學教授強森（Michael P. Johnson 1995）稱為「一般配偶暴力」（common couple violence），相對常見，不太嚴重，通常（在現代美國）在男性和女性之間相對平等的發生。第二種暴力則被用於獲得控制權，強森稱之為「親密恐怖主義」（intimate terrorism），其中包括嚴重的身體傷害或持續的威脅氛圍，加害者主要是男性，受害者主要是女性。我們將會發現，這種嚴重暴力可以進一步區分成兩條因果路徑：其一是恐慌進攻，其二是恐怖主義式的制度化虐待。

在配偶暴力和其他伴侶暴力中，較為溫和的版本有著相似的模式：規律性的爭吵、提高的嗓門、白熱化的表達，最後升級到打耳光、推搡和抓住等。根據對家庭衝突的統計，女性與男性使用這些暴力形式的頻率相差不大（Sugarman and Hotaling 1989; Johnson and Ferraro 2000; Kimmel 2002）。在這裡，暴力的升級得到控制，因此很有限；這種衝突幾乎是一種受到保護的公平打鬥。之所以說是受到保護的，是因為它們能夠保持在一個可以理解的升級範圍。受傷的機率很低（約百分之三，參見 Stets and Straus 1990）；嚴重程度並不會隨時間而加劇。這意味著這種暴力是規律性的，雖然會反覆發生，但不會毀掉一段關係。

這種暴力也隱含著伴侶之間的權力平衡。雙方都不是軟弱的受害者，考慮到暴力衝突中普遍

存在的緊張／恐懼，以及通常情況下人們難以實施暴力，因而雙方都無法做出太大破壞。這裡並不存在能夠產生恐慌進攻的嚴重不平衡，因此也沒有產生不顧一切的暴力狂熱。身處這些爭吵之中的人們不一定會憤怒，因為他們能夠透過吵鬧、叫嚷和哭泣得到宣洩。這表明情緒既會遵從社會限制，也會被互動模式引導。情緒宣洩可以透過摑耳光和摔東西來完成，對伴侶造成的傷害仍然限制在一定程度之內。在此類爭吵中，參與者（特別是女性）一般不會聲稱自己感到恐懼（O'Leary 2000）。這種打鬥沒有釋放出嚴重傷害他人的可能，也沒有製造過於強烈的挑戰，它就像是受到某種保護，也許早就成了一種雙方彼此都能接受的日常事件，甚至在某種程度上還會讓人興奮和愉悅。

這種有限的暴力在年輕戀人之間很常見，特別是在約會和追求階段（Stets 1992; Stets and Pirog-Good 1990; O'Leary 2000; Kimmel 2002）。此類事件通常比較溫和，只包含推擠、抓住、打耳光等動作，一般來說在性別上也比較平衡。其中一個原因是雙方在測試彼此之間的權力關係（Blood and Wolfe 1960）。他們在有爭議的小事上試探支配權（其中一方有多大權力告訴另一方該做些什麼、誰來控制對話、誰來設定情境中的情緒、誰來選擇社交活動等），從而導致較為高漲而溫和的情緒。追求與承諾階段的約會暴力，被許多女性認為是愛的表現（Henton et al. 1983），彷彿這種彼此協商控制權的方式意味著更嚴肅的承諾。在追求階段，雙方的性吸引力很可能都達到高峰，由於這往往是在雙方事業初期，男性在收入上的優勢還不是很明顯，女性在性方面的籌碼讓雙方在權力上相對平衡。這也是為何在這個年齡，日常爭吵中的暴力通常並不嚴重，且在性別上較為平衡的原因之一。

無論是短期的性別平衡的暴力，還是長期的男性主導下的嚴重暴力，都需要經過一個在情境中發展的過程。就像任何類型的暴力一樣，它們只有在找到克服衝突性緊張／恐懼的方法之後才能爆發出來。一般的戀人暴力與嚴重的暴力情形相比，區別在於前者將衝突引導成為一種受到保護和限制的暴力，後者則將衝突發展為一種情境性緊張，並在緊張突然釋放時轉化為帶有過度殺傷特點的恐慌進攻，或是發展為持久的虐待行為。

一般的戀人衝突會經過幾個雙方都能接受的階段，並在升級到某個程度之後就不再加劇。這些矛盾常常都有一個照本宣科的結局。暴力的最初爆發往往就能終結整個事件，一旦暴力達到高潮（亦即雙方心照不宣的最大限度），打鬥就會停止。這種爆發能夠清除矛盾，參與者會認知到，一旦走得更遠，就會危及這段關係，並破壞他們已經建立起來的權力平衡。於是暴力場景就此結束，其間往往帶有某些標準化的戲劇性姿態，例如某一方可能氣勢洶洶的轉身離開並摔上門。隨後，雙方會冷戰一段時間，最後要麼是假裝忘記之前的衝突，要麼就是道歉與和解。

我們可以將這種暴力與父母對兒童施加的暴力相比，因為後者同樣可以區分為一般且有限的暴力和類似恐慌進攻的嚴重虐待行為。這個比較顯示，之所以會出現兩種程度不同的暴力，原因並不在於性別，而是情境性的時間動態能否限制暴力升級。

針對兒童不太嚴重的暴力是很常見的。美國家長常會打小孩屁股或是打耳光等，有些研究顯示，兩歲至三歲的兒童中有百分之八十五、四歲至五歲的兒童中有百分之九十五在過去一年曾挨打，平均每週發生二點五次（Dietz 2000; Straus 1994; Holden et al.1995）。這種現象是如此普遍，以至於即使育兒原則不同也不會造成什麼差別，聲稱自己反對體罰和認為體罰可以作為控制手段的父母，在體罰頻率上不相上下（Straus and Donnelly 1994: 208）。這表明是眼前的情境動態帶來了針對兒童的暴力。這很容易理解，因為物質上的控制（例如零花錢）並不適用於太小的孩子，而更複雜的儀式性／情緒性控制方法也不適用於還沒學會說話或者還沒內化思考能力的孩子[6]。這讓強制成為一種最立竿見影的控制手段。

針對兒童的溫和暴力與一般且有限的配偶暴力常常產生於同樣的情境。它同樣在性別上是平衡的，無論是父親還是母親，抑或是男性或女性的照料者，都可能對兒童做出暴力行為，而在最常見的針對低齡兒童的案例中，受害者是男孩或女孩的比例也大致相同（考慮到某些案例中有百分之八十五至百分之九十五的男性比例）。不過有些證據顯示，女生比男生遭受的體罰要輕微一些（Jouriles and Norwood 1995）。大部分情況下，女性比男性更常對幼童使用日常暴力，當然，這一點很自然，因為女性與幼童相處的時間比男性多得多（Dietz 2000: 1531; Straus and Donnelly 1999）。

在更加嚴重的暴力事件中，通常男性虐待少年的情況更多，而女性則更常見於虐待幼童的案件（Garbarino and Gilliam 1980; Gelles 1977）。這與強者襲擊弱者的模式是一致的，年紀稍大些的兒童（特別是少年）對女性來說通常難以掌控（除非少年本人已經在精神上習慣於忍耐）。在最嚴重的虐童類型，也就是殺嬰案例中，母親的男友或其他非親生父母總是會被公眾認為是常見的犯人。但實際上，女性殺死自己親生嬰兒的情況比其他任何人作為犯人的比例都要高，她們通常是為了處理掉不想要的孩子[7]。此處我並不想分析動機，而是想指出，這種模式是很常見的，因為雙方在力量和脆弱性方面存在巨大的差別。

表面來看，這並不是男性支配的模式，男性在體罰兒童（或其他嚴重虐待行為）時，不會對女孩更有針對性，面對青少年，父親通常不會體罰女兒（但母親有時會；Straus and Donnelly 2001）[8]。結果便是，常見的兒童體罰或虐待案例並不符合男性使用暴力來控制女性的模式。女性也會使用暴力，有時是為了控制男性，有時也是為了控制女性[9]；有些證據表明，成年男性對女童使用暴力的案例較為少見。這種情況倒是符合配偶之間的有限暴力的模式；兩種案例都顯示，當暴力成為一種水到渠成的資源，男性與女性都會視情況使用暴力，也都可能成為暴力的受害者，在虐童案例中，實際上男童遭受的暴力更多。在針對兒童的嚴重暴力案例中，如果考慮比例，其實也同樣存在性別的平衡性。

一般的紀律性體罰與嚴重虐童案例之間的區別，並不在於是否存在權力爭奪問題，因為兩者中都存在。其區別在於後者升級到了更加嚴重的階段，且各個事件之間存在更加緊密的關聯，就像配偶之間的暴力一樣。一般的紀律性體罰就像普通的伴侶爭吵，多次事件之間並無關聯，很快就會被忘記，而兩種情境中的嚴重虐待行為則都具有一種持續性的戲劇發展過程。前者就像一本短篇小說集，後者則像一本卡夫卡的小說或是一部莎士比亞悲劇。

接下來我們思考三種類型的家庭暴力。第一種在本章開頭已經提到，就是保母燙傷幼童的案件。這起案件發生得很快，就像一段插曲，是沒有背景而突然發生的恐慌進攻。

第二種則是下面這位十歲女孩回憶的場景：

兩個月前的一天，媽媽和爸爸吵了一架。一開始，媽媽和我從商場回到家裡，我們逛得很開心，但我們回到家後事情就變得很糟糕。我知道他們會吵架，所以我回到自己的臥室開始做作業。我知道爸爸會跟媽媽談些事情，但我不知道他們要談什麼。然後我聽到媽媽開始尖叫，我走到門口問他們怎麼了。爸爸說：「沒事沒事，回去做妳的作業。」但我知道肯定出了什麼事，於是我開始向上帝祈禱。那天爸爸脾氣很不好……然後我聽到媽媽在尖叫什麼，但我聽不懂，因為爸爸用手堵住了她的嘴。事後她告訴我她報了警。然後，我走到臥室門口，告訴媽媽說我的作業需要人輔導，其實我並不需要。然後他們都出來了。於是我抱了抱媽媽，就去睡覺了。然後，爸爸開始勒住媽媽的脖子。我走出去要爸爸住手。他叫我趕快回去睡覺。於是我就回去了……然後我聽到媽媽尖叫起來。於是我來到客廳，看到爸爸正在踢媽媽。他不停的踢媽媽的手臂和腿。我要他住手。他要我回去睡覺，但我說：不！然後他舉起吉他，想要砸媽媽的腦袋。但我護在媽媽身前。他要我閃開。但我說：不！於是他把吉他放下了。後來他拿出冰塊敷在媽媽手臂上。然後我哭著睡覺去了。第二天我沒去學校，媽媽也沒去上班。然後他打電話來，跟她說了幾句話。他威脅要殺了她。於是我們就離開家，去了收容所。（Stith et al. 1990: 38-39）

這次衝突經歷了一系列階段：㈠情緒緊張：女孩知道父母會發生爭吵（說明之前曾發生過類似事情），但不清楚為什麼；㈡爭吵開始了，媽媽尖叫起來；㈢媽媽尖叫著說要報警，父親用手捂住她的嘴，這顯然是第一次肢體接觸；㈣女孩試圖打斷爭吵或分散父母的注意力，干擾父親的動作，而父親試圖勒住母親的脖子，母親仍在尖叫，從用手捂嘴到勒住脖子，這是一個逐漸發展的過程；㈤接下來，父親開始反覆踢母親的手臂和腿（顯然她已被打倒在地）；㈥最後，父親舉起吉他，想要砸母親的腦袋，女孩這時試圖制止父親，並用身體護住了母親，父親則拿來冰塊給母親敷在傷口上，用這微不足道的行為來作為一種補償，於是情境中的緊張感也得以解除；㈦第二天，父親的電話讓爭吵重新開始，甚至升級為死亡威脅。

爭吵持續了幾小時，從當天下午母親和女兒回到家開始，一直到晚上睡覺時間，甚至持續到更晚。緊張感是一步一步建立起來的，其中包括一系列新的策略和不同級別的強制手段，最後父親甚至拿出了武器。我們很難分辨母親的行為與語調經歷什麼樣的變化，只知道從階段㈠到㈢，她的尖叫聲顯得更加緊張，在整個過程中，她的尖叫也讓對方一直曳引在鬥爭情緒中。與正常的爭吵不同，這個升級過程並未停止在有限的暴力，甚至連嚴重的暴力都未能使它停下。於是，父親開始搜尋新的動作，試圖用戲劇化的方式表現他有多嚴肅：用手堵住對方的嘴、掐她的脖子、在她倒地不起之後仍然不停的踢她（但踢的只是四肢而不是致命部位），甚至試圖用武器去砸她的腦袋（儘管只是吉他這種比較輕型的武器），表明他已經不在乎破壞自己的財產。不管怎樣，他的憤怒是十分集中的，儘管女兒反覆干涉，但他並未去打女兒，也沒有威脅她，女兒用身體護住母親時，成功阻止了整個事件，因為父親若要砸到母親就必須傷害女兒。他被曳引在自己的憤怒和妻子的反抗中，但這是一個隧道，而他自己並未意識到隧道的界線，也未嘗試去打破這道界線。事實上，女兒的干涉打破了將他曳引在暴力中的情緒，從而改變了他的情緒。

這起事件顯示出一種短時間內升級與曳引的微觀互動模式。這是一種恐慌進攻：在一段強烈的衝突性緊張之後，轉化為一邊倒的控制，後期更是出現狂熱的過度殺傷傾向。在第三個案例中，我們可以看到另外一種情境，在恐慌進攻熾熱的情緒湧動之外，還有一種更加冷酷、反覆發生的暴力控制手段，它如同恐怖主義一般，卻又在日常生活中例行出現。

芭芭拉與男友比爾同居了十二年，爭吵模式總是有著同樣的階段：

比爾喝酒時，虐待行為就會反覆發生，因為比爾總是聲稱芭芭拉並不愛他並準備離開他。芭芭拉的解決方法則是向他保證自己的愛和忠誠。等她越動了感情，比爾就會開始打擊她。他會先罵她，然後從言語侮辱升級到身體上的推擠和制伏，以顯示自己的力量更強。接下來，芭芭拉會表示自己很難過，然後再次嘗試向他做出保證……最近，比爾在發出虐待威脅時開始揮舞一把獵刀。他甚至曾將獵刀橫在芭芭拉的脖子上，也曾在不只一個場合刺痛她的胸口。（Stith et al. 1990: 62）

這是一種襲擊弱者的模式，特別是在她展示出自己軟弱的時刻，攻擊者被曳引在她的妥協中。當她在身體和精神上讓步，對方便會得寸進尺。這並不是簡簡單單的男性保證自己擁有控制權的問題。沒有證據表明在這個案例中（報告的材料中毫無此類線索）他是在尋回一開始失去的控制權。他們的情境互動（似乎持續了至少半小時，也可能長達數小時）讓他們在虐待的模式中陷得更深。這就像是一場拉長的恐慌進攻的最後階段，但既沒有明顯的衝突性緊張作為開始，也沒有突如其來的崩潰。這是態度恭敬的受害者（在這個案例中，受害者因這種態度而陷入從屬地位）與反覆的攻擊行為之間的雙向曳引，就像軍人向陷入無助的敵人做出殘忍行為一樣。這就像一張損壞的唱片，唱針陷在唱片裡，導致同一段音樂反覆播放。在這裡，情感基調是低沉和傷感，而不是熾熱和喧鬧。暴力並沒有對兩人的關係造成太大壓力，而是成為一種已經制度化的遊戲和儀式，由攻擊者來設定整個韻律節奏。

這名女性「出色」扮演了受害者的角色，並提供一種微觀互動回饋，讓支配者始終曳引在攻擊的情緒中。在這個案例中，此類證據是十分明顯的。當芭芭拉的心理治療師告訴她這種模式未來不會改變，她採取了行動。

> 下一次療程開始時，芭芭拉一臉燦爛的微笑。她告訴治療師，當比爾再次指責她不愛他時，她辨認出了這是又一次虐待的開始。當時她正與比爾坐在同一輛車裡，懷裡抱著一大瓶可樂。芭芭拉說，她拿起可樂倒在比爾的大腿上。「如果我再跟他這麼玩下去就完蛋了，我告訴他。」芭芭拉講述說。比爾大驚失色，接下來，他們的談話焦點集中在芭芭拉的行為，而沒有繼續沿用之前的虐待模式。（Stith et al. 1990: 62）

對處於這種關係中的女性來說，只是建議她們不要再扮演受害者的角色，未免太過簡單。有時這可能奏效，有時則可能無濟於事。採取反擊行動的女性，是在冒險讓情境升級到更加危險的暴力，如果女性離開這段關係，可能導致另一種升級，例如被迷戀她的男性跟蹤等，有時甚至可能讓衝突升級到謀殺的地步（Tjaden and Thoennes 2000; Kimmel 2002: 1350-53）。這與搶劫案中的兩難處境很相似，我們之後將會看到，反抗比乖乖就範更可能讓搶劫失敗，但反抗同時也會增加受害者受傷的可能。

受害者與攻擊者之間的相互曳引是一種關鍵的微觀互動過程，讓虐待行為獲得情境性的能量。最關鍵的環節存在於升級過程中，也就是那些反覆出現的行為得以固化的時刻。我們仍然不知道這一系列行為是如何開始的，在案例分析中，我們選擇的都是能夠揭示互動模式的例子，也因而錯失了互動開始的環節。若有研究能夠揭示這一點，無疑將會有重大的實踐價值。

施暴者與受害者之間的互動談判技巧

我的論點中似乎有相當一部分不確定因素。背景條件（壓力、生活狀態的轉變、與社會隔離）不一定會導致嚴重暴力，甚至不一定會導致暴力。我之前形容的情境階段也是如此：在案例研究文獻中，某些類型的情境階段紀錄完善，但這些都是在因變數上做了選擇，因此只包括那些結果特別殘忍的暴力情境。在這些情境中，可能會有弱者（例如哭泣的嬰兒）捲入極端化的衝突，攻擊者陷入非人性的情緒，隨著時間累積而發展為殘暴行為，但絕大部分哭泣的嬰兒、弱者和老人不會遭到嚴重虐待，因為一般來說事情並不會發展到這種地步。體罰兒童是很常見的，但絕大部分不會很極端，大部分普通人之間發生的爭吵也是如此。

我們無法避免這個方法問題，只是簡單的進行大規模比較研究來避免出現選擇因變數的情況是不夠的，因為這樣會受到很多限制，不僅是標準因變數的範圍受限，也無法找出過程中的互動模式。溫和的衝突事件與最終升級為暴力和嚴重虐待事件的案例之間的主要區別，在於過程中的轉捩點。如果我們能夠比較下面這些過程，就能將其轉變為分析上的優勢：**非暴力的家庭衝突**、**有限且公平的打鬥**，以及兩種嚴重暴力，分別是熱血上湧的**恐慌進攻**，以及冷酷的**恐怖主義式的制度化虐待**。

這些過程中的微觀機制有何不同？不同之處正是雙方的情緒與注意力互相曳引過程中壓倒一切互動的變數。我們再次討論一下最有爭議性的一點。我曾提出，人類是不善於運用暴力的，暴力最大的障礙是衝突性緊張／恐懼。這才是人們最害怕的東西，而不是害怕受傷，也不是害怕被社會懲罰。

這聽起來似乎有些不可思議。恃強凌弱、以大欺小、有武器者欺負手無寸鐵者，這聽起來簡直再容易不過。但請捫心自問，你能做到嗎？更具體的說，你願意去打（或者其他形式的暴力）**什麼人**嗎？或者說，你願意跟什麼人提高聲音說話，或者陷入其他形式的衝突嗎？在你的一生中，你在**什麼時候**會這麼做？也許這些特殊情境涉及伴侶、兄弟姐妹、熟人、孩子，或者在某些特定情境中也可能涉及陌生人。在你能夠具體想像的案例中，會發生一個溝通談判的過程，最終決定了可能會發生哪種暴力，這個談判過程主要是關於如何控制情境中的衝突性暴力，而不是對懲罰或報復的恐懼。

進入暴力關係的溝通過程是這樣發生的：

> 珍妮大學畢業後不久就結婚了。她的丈夫羅夫前一年畢業於法學院，正要成為一名前途無量的律師。婚後第一年，羅夫開始對珍妮指手畫腳。在公共場合，他毫無顧忌的羞辱她智商不

> 夠高。當他們拜訪友人歸來後，他會批評她的行為舉止，說她太愛出風頭，不夠有女人味。在這些情況下，珍妮始終一言不發。她從不反抗丈夫，只是接受他的批評，並且同意改變自己的行為來取悅他。
>
> 婚後第二年，羅夫對珍妮的心理和口頭攻擊越發嚴重。珍妮再次選擇退縮。羅夫對珍妮的口頭攻擊越來越頻繁，最後終於發展到對其進行身體攻擊。這種事情通常發生在深夜，最後羅夫會堅持用性愛來作為解決問題的手段。（Thorman 1980: 139）

看起來，丈夫的職業發展比妻子要好得多，他們的社交活動也更多是與丈夫的同事來往（Kanter 1977）。因此，他是在自己的同事面前羞辱她，同時也是因為對她在此類場合的表現不滿，而開始在家裡動粗。他在社會上的地位越來越強勢，而她則接受了這種關係。此後，他一再提升自己的權力優勢，直至由口頭攻擊轉變為身體暴力。

對這項整體模式的社會學詮釋是，在婚姻的前兩年，丈夫發現他在互動市場上的位置相對於妻子上升了。他顯然並不想離開自己的妻子，或是尋找新的伴侶，於是他利用自己在市場上的優勢，要求妻子在兩人的私人關係和性關係中採取更加服從的態度。美國社會學家布勞（Peter Blau 1964）的原則在這裡同樣適用：在交換關係中處於弱勢的人，可以用服從的態度來彌補。他最開始對她的指責暗含著她配不上他的意味，並表明他希望能跟更加門當戶對的人在一起，這種指責強化了她的被動和弱勢地位。實際上，兩人是在探索各自的交易籌碼能夠轉化成為什麼樣的角色身分。他在學習建立作為支配者的情緒能量，她則在學習如何做一名受害者。

我曾指出，所有的暴力都必須找到一種克服衝突性緊張／恐懼的路徑。這裡我將提出我的第二個論點：暴力的特性恰恰在於衝突性緊張／恐懼如何轉變。這是一種情境過程，隨著時間發展，參與雙方（至少在家庭暴力案例中是如此）會共同找到一種路徑來克服緊張／恐懼，並將其轉化為某種特定的暴力場景。透過同一種路徑，參與者發展出衝突的技術，能夠利用自身手頭資源去控制對方，這包括實施暴力的技術，也包括作為暴力受害者的技術。顯然，其中某些「技術」並不符合受害者的利益，但它們依然是雙方在互動中共同完成的。它們是雙方共同學習扮演並且同時扮演的角色。

在恐慌進攻的情況下，這個過程既包含攻擊者與受害者之間互相強化的曳引回路，也包括攻擊者的自我曳引。不對稱的相互曳引發生在軍隊恐慌進攻的高潮中：被擊敗的一方陷入了絕望、無助、被動的境地，攻擊者則陷入狂熱的殺戮狀態，並對無力反抗的受害者感到厭惡。家庭暴力中也存在同樣的情況，被動無助的受害者因其流露出來的無力感或失敗的反抗，進一步刺激攻擊者陷入更加瘋狂的過度殺傷中（在之前形容過的案例裡，丈夫一直試圖尋找新的方式來傷害妻子，最後終於舉起吉他試圖砸向她的腦袋）。在這裡，我們再一次發現兩條岔路，其中一條是受害者的低聲下氣讓攻擊者感到厭惡，進而益發憤怒，這是一個自我強化的回路，攻擊者只是因為對方的低聲下氣讓其怒火中燒，因而無法停止攻擊。其效果是攻擊者與受害者在暴力發生的時刻被捆綁在一起，這兩個有機體互相發送身體與情緒信號，從而進一步強化了他們當下的行為：其中一方越低聲下氣，另一方越憤怒攻擊對方。

下一個例子提供了攻擊者的主觀視角，雖然它並不是家庭暴力案例，但在這個論點上卻很相似。兩名年輕黑人男子從一輛露營車裡綁架了一名年長白人女性：

當她回到露營車上，我們掏出刀子頂著她，命令她開車。她說：「我全都聽你們的，請不要傷害我。」……她停好車後開始涕泗橫流。「求求你們了，別傷害我，別傷害我。對不起，求求你們了……」我知道那個臭烘烘的老傢伙在說謊。看到她眼淚鼻涕一把抓，只會讓我更生氣，也更厭惡她。

我跳出露營車，抓住她的肩膀把她一把扔出。她臉朝下摔在泥巴裡。她趴在地上開始嚷嚷：「救命！警察！救命啊！警察！快救救我！」我說：「閉嘴妳這個臭老太婆！」然後我用最大的力氣踢她肚子，踹得她都快喘不過氣來。她滾倒在地，縮成一團，呼吸困難，我又踢了她一腳，她像一根棍子一樣挺直了身子。我想抓著她的領子把她扯起來，但她身上的泥巴太多，從我手裡滑了出去，於是我扯住了她的頭髮。詹姆斯說：「你瞧瞧她那張老醜臉。」我看了一眼，立刻怒不可遏，打了她二十幾個耳光。然後我把她摔到車身上，她滑到了地上。詹姆斯打開一罐汽水，問她：「妳想喝汽水嗎？」她說：「不，我只求你們放我走。」我說：「我才不會放妳走，妳這個臭老太婆。我要殺了妳。」我再次抓住她的頭髮，把她的腦袋往車身上猛撞，直到血從她的頭髮裡流出來，沾滿了耳朵。然後我把她丟在地上，再次把她踢進了泥坑，讓她留在那兒等死。我們開走了她的露營車。（Athens 1989: 3）

我們從中不僅看到了攻擊者和受害者的互相曳引，也看到攻擊者如何曳引在自己的行動與情緒裡[10]。情緒高揚的行為有其獨特的身體韻律和張力，就像一名跑步者會陷入跑步的韻律一樣，攻擊者也會陷入自己的模式。他已經勢不可擋，獲得自己的動量。這也是一種情緒恍惚，一種荷爾蒙的大量分泌，就像吃鹽味堅果一樣，食慾會自我維持下去，讓人感覺良好，無法停止，彷彿坐上一輛火車，既下不來，也不想下來。這就是自我曳引，它不取決於受害者的反應，而是依賴於攻擊者自己的韻律和情緒能量，能夠自我維持攻擊動作，不斷迴圈下去。

現在我們來思考恐慌進攻和對受害者冷酷刻意的折磨之間的區別。後者通常會涉及心理上的壓力，例如威脅受害者長達數小時，讓她抱有取悅攻擊者的希望，但攻擊者不會因她的低聲下氣而滿足，而是將其作為墊腳石走向最終的暴力（例如那名男子最後拿起了獵刀）。在這裡，節奏比突如其來的衝突慢得多，攻擊者的情緒基調相對冷靜，而不是喪心病狂的狀態。恐慌進攻具有戲劇化的特點，能夠建立起高度的緊張感，包括對峙的緊張與衝突的緊張，隨後又會突然崩潰，轉化為過度殺傷的衝動。恐怖主義性質的折磨則更像是懸疑恐怖片：它並非建立在突如其來的衝突事件之上，而是經過攻擊者精心謀畫，就算不是有意識的精心計算，至少也已成為一種日常習慣，攻擊者反覆斥責受害者，在雞毛蒜皮的小事和各種場合找碴，甚至毫無理由的挑起爭端。

與恐慌進攻相比，這裡缺少的是整個第一階段，也就是緊張感建立起來並釋放成為恐慌進攻衝動的階段。不過，伴侶之間的虐待有著恐慌進攻後半部分的特點，也就是攻擊者和受害者在暴力過程中的相互曳引回路，以及攻擊者的自我曳引回路。也許我們可以將這種虐待關係形容為一種截斷的恐慌進攻，也就是虐待者找到一種不同的路徑，這個路徑同樣能夠引向恐慌進攻的結果。驅動恐慌進攻的緊張與能量並不是來自於之前的衝突，例如軍事戰鬥、警察追捕行動或一場白熱化的家庭爭吵，而是來自於支配受害者的過程。這個拖長的心理階段，正是一方將自己的意願強加於另一方的戰鬥過程，體現為攻擊者誘使對方擺出低聲下氣的姿態，而後卻又拒絕這種態度，認為還不足以取悅自己。這成為一種無止境的逗弄，完全處於虐待者的控制之下。虐待者能夠從中獲得衝突性緊張，並用來驅動自己的暴力行為，這是一種刻意而為的方法（至少在未公開表明的層面上），讓自己進入一種愉悅的與受害者之間的相互曳引情境，以及隨之而來的自我曳引。虐待者學到一種複雜的互動技巧，能夠透過自己的行動和對方的反應，來創造一種情緒回饋的最終狀態，而不是進入嗑藥般的癲狂。無論多麼可怕，這都是一種知識，一種在經常虐待對方時還能讓自己感到舒暢的方式，就像癮君子吸毒時仍能感到暢快一樣。

我們對這種虐待性質的暴力進行了不厭其煩的微觀分析，目的在於尋找讓這一切發生的某個轉捩點，或是某些情境性的事件。我們想知道為什麼有些人會進入那條隧道，而其他有著同樣背景乃至前景特質的人卻不會。我的論點是，這種虐待性質的暴力包括幾種不同的曳引，雙方均會在學習和交涉中進一步發展這種曳引的回路。這是一種心照不宣的談判過程，也是雙方互相試探彼此的長處與短處的過程，**如果可以的話**，也包含將某一方資源（強制性的力量、物質資源、情緒儀式、互動市場機會等）**運用在眼前情境上**。這裡重要的不只是資源本身，而是這些資源會被帶入行動，用來控制對方。這其中還會涉及一些技巧，雙方也許能習得這些技巧，也許不能。

從攻擊者這一方來看，這些技巧包括了解如何從受害者的曳引中獲得力量。同樣的，也要了解如何從自我曳引中獲得動力，例如源源不斷產生的怒氣。一般而言，這些都要視具體關係而定，在特定的伴侶、家庭或群體中都會不同，因為如果一個人想要在自己的怒火中越陷越深，他身旁的人應該早已習慣和默許他這麼做。這其中包括一系列過程，需要一小步一小步的積累起來，就像一支軍隊在發起總攻擊前會先慢慢攻城掠地。

這些技巧既有短期的（例如在暴力行動中攻擊者自身與受害者的相互曳引），也有長期的（如何一步一步達到目的）。相對的，也必然會有一些技巧（儘管可能是暗含且不經意的）能夠讓某些人（顯然是大部分人）拒絕走得更遠。這包括所謂夫妻共同暴力案例中發展出的技巧。在這些情況中，雙方的資源達致平衡，衝突停止，無法進一步發展下去。

從受害者這一方來看，也同時存在一種類似的學習過程，只是這些過程最終會產生可怕的結果。一個人需要學習如何成為受害者。這發生在暴力進行的短期過程中，也發生在暴力發生之前的長期醞釀。一個人會學習如何陷入衝突並讓自己扮演防禦一方的角色，並會越來越被動，眼睜睜看著衝突性緊張／恐懼將能量從自己身上轉移給攻擊者。人類在情感上傾向於儀式性團結，樂於對彼此保持關注和情緒曳引，如果有其他人在設定這種關注的模式、語調和韻律，人們就會傾向於接受這種設定，從而避免爭吵所帶來的緊張。這種情況通常僅僅是為了避免片刻的不快而已。但這是一樁賠本買賣，因為當下的團結儀式雖然符合高夫曼式*的表面互動，最終卻可能導致付出更大的代價。無論如何，我們都有理由認為，這是在學習一種讓目前的情境盡量少受干涉

* 譯注：根據美國社會學理論家高夫曼（Erving Goffman）的看法，道歉是一種補救性的交換形式，當一個人將要或已經侵害他人利益或領域，或者是發現給人留下壞印象時，或是出現以上兩者皆有的狀況，他會採行補救行為，以獲得讓自己滿意的自我定義。而為了創造更多的肯定感，就必須用特定的方式將自己展示在他人面前。

的技巧。受害者會在特定的情境中學習扮演成為攻擊者的附庸，有些人是在偶然爆發的恐慌進攻中習得受害者的角色，有些人則是在長期反覆的折磨中學會取悅他人。攻擊者將這種取悅視為一種遊戲，用來製造焦慮感和背叛感。

從這個角度來看，用背景因素來預測家庭暴力是具有不確定性的，採用哪種特定路徑來走向暴力也是具有不確定性的，這並不是一個方法論或哲學問題，而是一個現實問題。這是存在於人世間的不確定性，因為這關乎人們究竟如何做出一系列的互動儀式。究竟會發生什麼，取決於在某一特定關係中的雙方習得了哪些技巧。想讓虐待與暴力得以發生，所習得的這兩系列（或更多）的技巧必須同時存在：攻擊者必須習得如何對待特定受害者的技巧，這其中可能包括高度的自我曳引，以推動攻擊者陷入衝突與暴力；此外，他們還必須習得如何將自己的能量曳引在他人對暴力的反應中。

另一方面，受害者必須習得如何與攻擊者相處，讓關係得以存續，並不自覺的鼓勵攻擊者發展他的技巧。在暴力發生時，可能存在兩條路徑，其一是受害者可能也學到了一些反抗的方法，卻不足以將衝突限制在共同的、雙方力量均衡的範圍，這條路徑會導致緊張感進一步加強，最終導致恐慌進攻。另一條路徑則是採取慢性而隱匿的姑息態度，從而導致恐怖主義式的折磨。在這種情況下，受害者可能會獲得一些微不足道的儀式性補償，但最終會被動陷入被折磨的角色。

也許還存在其他一些路徑。但是，所有路徑都必須依賴兩種習得過程共同發生：攻擊者習得虐待的技巧，受害者習得扮演自己的角色，或者至少未能習得如何阻止暴力。這兩種角色在霸凌中體現得尤其明顯，因為霸凌案例存在富有技巧的攻擊者和受害者，儘管後者的技巧可能表現為社交上的毫無技巧。

這令人沮喪，卻也予人希望。背景資源並不是唯一重要的事情，情境性的管理技巧能夠彌補資源的不足。情境技巧也許能夠阻止打鬥，或者平衡雙方的能量，從而迅速解決鬥爭。此外，即使缺乏資源，人們也有可能習得支配技巧。從這個角度來看，也許動用暴力的並不一定是那些失去經濟地位或其他資源的男性。暴力並不僅僅是一種粗暴的武力，它也有可能成為一種技巧，讓攻擊者學會挑選和操控受害者，並使其扮演好受害者的角色。

第五章
攻擊弱者（二）：霸凌、攔路搶劫、持械搶劫

最常見的襲擊弱者的案例大概是霸凌。這在兒童中很常見，並隨年齡增長而減少，除非是在將成員視為嬰兒的全控機構（total institution）中。我也會討論搶劫案件，因為這是一種生活中常見的犯罪，具有典型的發展次序。這些案例構成了從簡單到困難的暴力形式，在每個案例中，攻擊者都必須習得如何容易的實施暴力。

心理學家蒙塔涅等人（Hubert Montagner et al. 1988）對霸凌事件的社會脈絡進行了少見的全面而微觀的描述。那是一項關於法國托兒所（裡面孩子的年齡從三個月到三歲不等）和幼稚園（從兩歲到六歲）的研究，研究者對兒童的行為進行了錄影。這些孩子可以分為五個類型（參見【表5.1】）：

一、人緣好的支配者：這些孩子社交能力很強，但也讓人有威脅感和壓迫感。他們總是在跟其他孩子互動，看上去興高采烈，不過總是跟其他孩子競爭。他們會把其他孩子的玩具拿走，但隨後又會還回來，就好像只是想顯示他們有能力這麼做，好像只是為了好玩而

故意挑起小的鬥爭。一旦讓他們獲勝，他們就會表現得很友好。

二、人緣好且脾氣好的孩子：這些孩子很友好，但沒有競爭性；如果其他孩子試圖搶走他們的玩具，他們會拱手相讓。這些孩子會與那些受歡迎的支配者㈠建立關係。

三、好鬥者：這些孩子總是在與其他孩子競爭，試圖支配他人。他們會搶走別人的玩具把人弄哭，然後留著玩具不還，僅僅是為了炫耀自己有能力占有它們，如果其他孩子不再試圖拿回這些玩具，他們就會把玩具丟掉。這些年輕的霸凌者彼此之間有簡單的聯繫，形成小型的霸凌團體。他們並不會攻擊那些受歡迎的支配者㈠，或是他們那些順從的夥伴㈡；如果支配者與霸凌者之間發生爭執，通常都是支配者獲勝。

四、膽怯的受害者：這些孩子十分膽小，很容易哭。他們是霸凌者㈢最喜歡的靶子。當他們與其他孩子玩耍或待在一起，同時也會扮演霸凌者的隨從。

五、好鬥的受支配者：這些孩子通常是被支配的，但他們偶爾也會富於攻擊性。他們通常是網絡中的孤島。

除了這五個穩定的類型之外，還有兩種例外：㈠浮動變化者，他們會在以上提及的類型中變化，通常與霸凌者㈢建立聯繫；㈡孤立者：這些孩子不愛社交，不具攻擊性，人緣也不好，跟其他人毫無關係。一般而言，這是年紀最小的那些孩子，但他們也可能一直如此，直到三、四歲才會形成某種穩定的性格類型。

霸凌者與支配者很相像，因為他們都具有競爭性和支配力，也都試圖與其他人建立聯繫，他

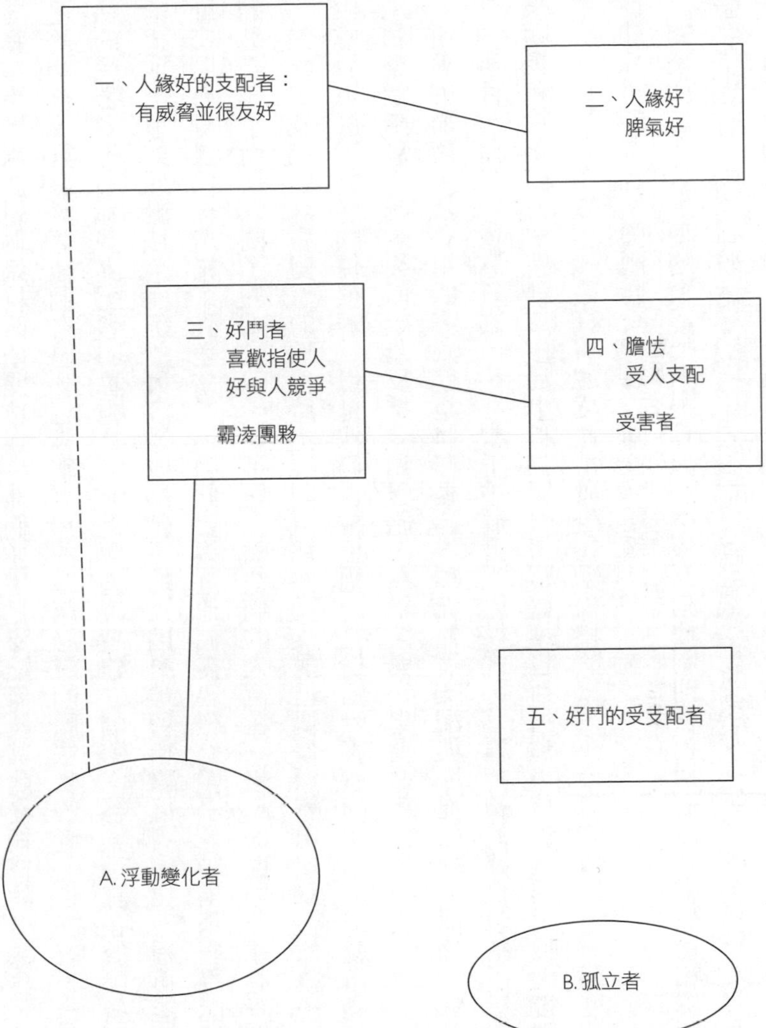

【表 5.1】學齡前兒童的霸凌網絡

們的不同之處在於支配者更加友好，他們的攻擊僅是作為一種儀式，與自己的玩伴建立主從關係。霸凌者則處於這個系統的中間位置。他們並不是支配者及其隨從網絡的一部分，他們創造了自己的網絡，既聯繫著他們自己，也聯繫著那些系統底層的膽怯受害者。也許有人會問，為什麼膽怯的受害者不與那些支配者明星來往，而是與霸凌者建立聯繫。答案也許在於那些與支配者來往的人並不會如此膽怯，而那些最容易成為靶子的人則會被留給霸凌者。另一種可能是支配者作為社交明星身邊已經聚集了許多孩子，因此要接近他們需要經過競爭，結果那些沒能通過這個隱藏的社交競爭而擠入圈子的人也就不得不與折磨他們的人留在一起，這也是一種退而求其次的選擇。最後，我們也許會對(五)的地位產生疑問：那些受支配但偶爾顯露出攻擊性的孩子，在社會階層中處於下層，社交關係很弱，但是他們也會拒絕一直扮演受害者的角色。這就像高中裡那些拒絕承認整個階層系統，從而成為反抗者和怪胎、在學術與文化上標新立異的人。

要理解霸凌，最有用的方式就是將其視為一種充斥著支配與服從的社會關係。它並不是一個孤立的事件，而是一種意料之中、在當下被制度化的模式。這種持續的關係包括：以開玩笑的習慣來嘲諷和挑剔對方、在社交生活中孤立對方、竊盜（包括搶奪小孩的玩具，長大後則搶奪他們的衣服、食物和金錢）、毆打。霸凌通常發生在學校和監獄，在後者的情況下，制度化的支配與服從關係可能還包括強制肛交等單方同性戀關係。

霸凌與長久折磨型的家庭暴力很相似，微觀互動機制同樣包括霸凌者在恐嚇和羞辱受害者令其忐忑不安時，感受到的愉悅，這種心態甚至勝過真正的暴力。霸凌與家庭暴力的不同之處在於，它處於一個更加複雜的社會階層。霸凌者在這個社群的階層中占據受人承認的位置：他們並不屬於菁英的一部分，但卻處於中間或某個模糊不清的位置。

在休斯（Thomas Hughes）關於英國寄宿制學校的經典小說《湯姆求學記》（*Tom Brown's School Days*, 1857/1994）中，霸凌者弗拉斯曼（Flashman）不是學校菁英的一部分，他不是校隊一員，那些人如蒙塔涅所描述的，勇敢且屬於支配者，同時又對學校理想和群體福祉滿懷關切。弗拉斯曼人高馬大，強壯粗野，總是大搖大擺的闖入各種尋歡作樂的場合，他和其他霸凌者總是一起喝酒賭博，但他們最喜歡的樂子還是去找年輕男孩的麻煩。他們在宵禁的宿舍裡恐嚇小男生，開玩笑般將他們裹在毯子裡拋向空中，並在他們撞上天花板或是跌落到地板上時哈哈大笑。霸凌者也會搶奪小男生的食物、零花錢和他們家裡寄來的禮物，並對他們拳打腳踢、辱罵不止。

這是對一八三〇年代的描述，但在一九六〇年代晚期到一九九〇年代早期的英國寄宿制學校，也能觀察到相似的情形。男孩的儀式包括將受害者頭朝下掛在窗外，女孩的霸凌更多體現在心理方面。

> 最常見的霸凌形式是「言語攻擊」，也有一定程度的身體攻擊，不過像「洗澡」（將男生的腦袋按在洗手池裡）或「磨砂」（用鞋油將男生的臉塗黑）等入會儀式已經成為過去的傳說。大部分家長對學校都十分滿意，不少人相信「霸凌和挑釁有助於為將來的人生做好準備」。一名昔日的學生說，他的宿舍是「『打新人』（毆打新生或低年級學生）情況最嚴重的宿舍，幾乎每晚都會發生，以至於我（在離開宿舍之後）每晚九點還會恐慌發作……」。

似乎一旦社會等級建立起來便再難改變。也許你很熟悉這些事情：自己的東西被「借走」、

說什麼都被嘲笑、幾乎被孤立在所有活動之外。（Duffell 2000: 186, 188）

竊盜和身體暴力這種更極端的霸凌形式，在男生當中比在女生中更常見。女生相應的霸凌形式是言語攻擊，冷嘲熱諷，而不是公開挑釁和羞辱，後者是男生的專利。儘管男女生會使用某些類似的語言（例如羞辱性的綽號和流言等），但女生很少當面羞辱受害者，而是更喜歡背地裡傳播流言蜚語。男女生都會用人際關係作為攻擊武器，告訴對方他們不是朋友，將他們孤立在團體之外，無視他們的存在（Prinstein and Cillessen 2003）。女生主要欺負女生（用口頭上的、背地裡的方式），男生則欺負男生（通常會用更加公開的方式，但低年級男生也會欺負女生；Pellegrini and Long 2002; Olweus 1993: 15）。隨著他們長大，霸凌也就自然的轉變為一種帶有性別區隔的階層系統。女生會在口頭上欺負其他女生，大部分時候是諷刺對方性吸引力不足、在約會市場上不受歡迎；男生則會在肉體上霸凌其他男生，受害者大多被認為身體攻擊性不強，這實際上意味著霸凌者對自己充滿信心。

許多證據都表明，無論是在學前班、小學、中學、監獄還是軍隊，霸凌的受害者都是那些不善交際、不受歡迎、害羞和缺乏自信的人（Olweus 1993; Farrington 1993; Ostrvik and Rudmin 2001; Nansel et al. 2001）。遭受霸凌的兒童也更可能在精神和身體上遭到父母虐待（Duncan 1999b），這並不是受虐者變成虐待者、從底層爬到上層的故事，而是受害者從一個場合到另一個場合都身處底層。在家裡沒有地位的兒童，在學校裡也會成為受害者。霸凌者在某些方面與其受害者類似。霸凌者與受害者都身處最受歡迎的群體之外，往往會被其他孩子排擠，他們都高度焦慮和憂鬱，不過受害者的程度比霸凌者還要高（Connolly and O'Moore 2003; Boulton and Smith 1994; Rican 1995; Kaltiala-Heino et al. 2000）。透過觀察學齡前兒童在家裡和幼稚園的行為，我們發現，有弟妹妹的兒童在學校和家裡都比其他人有更強的支配力（Berndt and Bulleit 1985）。我們也再次發現，在一個場合中具有較高的攻擊性，往往會延伸到另一個場合。相反的，如果在家裡缺乏成為支配者的鍛鍊機會，那麼當兒童（特別是獨生子女）進入學校這個更加廣闊的場合，往往也會處於不利地位，更有可能被當成靶子。

有些研究展現從受害者到霸凌者的轉變過程，海尼等人（Haynie et al. 2001）發現，中學裡的霸凌者有一半都曾是受害者[1]；這些同時作為霸凌者和受害者的學生，在社會心理和行為測試中得分最低。適應不良者也分若干階層：底層是同時作為霸凌者和受害者的學生；其上是純粹的受害者；再上則是純粹的霸凌者；在各個方面都適應得最好的，是那些完全沒有捲入霸凌事件的孩子。這個結果可能證明了「霸凌者」這個分類同時包括蒙塔涅的網絡中那些支配他人者和不時反抗但並不成功的人（【表5.1】中的第五類：好鬥的受支配者，以及A：浮動變化者）。因此，有些研究（Espelage and Holt 2001）發現，霸凌者與非霸凌者的朋友人數相當，這些可能是真正的霸凌者，也就是在系統中處於中間位置的人。霸凌者比受害者有更廣的人際網絡（在青春期早期的青少年中有證據表明這一點），但更深入的分析表明，他們的人際網絡中大部分是霸凌的輔助者，以及霸凌行為的「強化者」，也就是那些譏諷和悲憫的圍觀者（Salmivalli et al. 1997）。另一項研究顯示，百分之七十五的霸凌者會將其他霸凌者視為朋友（Espelage and Holt 2001）。這些與蒙塔涅的網絡模式是一致的。受害者獨處的時間更多（Salmivalli et al. 1997）。霸凌者有較高的社會和心理自我認知，儘管在其他方面（例如智力）的自我認知比較低，在社會和心理方面（或者在所有方面）的自我認知得分較低的青少年最容易成為受害者（Salmivalli 1998）。霸凌者是比較善於社交的孩子，越善於交朋友，成為霸凌受害者的可能性就越低，而成為霸凌者的可能性就會越高（Nansel et al. 2001）。霸凌者具有一定的社交技巧，並會用這些技巧來支配他人（Smith and Brain 2000）。

霸凌者幾乎總是出現在中層。作為個體，霸凌者處於社會階層的中間位置，支配身處底層者，但卻不被高層接受。從整個系統來看，霸凌最常發生在國中。一項長期研究追蹤兒童從五年級到七年級，發現霸凌在升上中學後增多，因為兒童嘗試在一個新的社會環境確立自己的位置（Pellegrini and Long 2002），實際上，這些孩子從小學一年級到六年級裡年齡最大的，變成國中七年級到九年級裡年齡最小、地位最低的。關於高中的研究（Milner 2004）顯示，霸凌在高一達到高峰。

好鬥的孩子往往被認為更受歡迎，卻不太受人喜愛，十年級學生知道他們社交能力強、人際關係廣，但不願意待在他們身邊（Prinstein and Cillessen 2003; Eder, Evans, and Parker 1995）。當孩子認為有人出於實用主義原因而公開表現出攻擊性（例如直接威脅、毆打、推擠、挑釁、辱罵），「為了得到他們想要的東西」，他們往往會覺得這些人很受歡迎。而當他們認為有些人表現出攻擊性僅僅是因為情緒不好，他們就會覺得這些人特別不受歡迎，並且不希望跟他們打交道。這兩者都與蒙塔涅的類型相符：頂層是那些掌握了攻擊性技巧並會用來控制他人的大師，他們抓住主動權，不會因為他人的行動而影響自己的心情。那些因為自己地位太低而進行反抗的人，只會進一步鞏固這種地位。好鬥者的風格有很多種類型，我們提到的這兩種分別處於頂層和底層，而霸凌者再次處於中層。

霸凌與當代美國高中裡建構地位的正常過程有諸多重疊之處。這些在米爾納（2004）和默滕（Don E. Merten 1997）的研究中有詳細的紀錄，也是以下描述的基礎。處於頂層階級的是那些「人緣好」的菁英，他們具有支配性的社交能力。想成為他們的一員，既要保證衣著跟得上潮流，又要外表出眾，從而在性吸引力市場上位於前列；家庭背景好的話自然有助於跟上潮流；此外，運動員也被視為菁英群體的一部分，因為他們能夠廣泛吸引注意力（菁英有時又被分為「風雲人物」和「運動員」兩部分）。最重要的是，這部分網絡集中了最多的情緒能量、行動、歡樂和集體亢奮。菁英群體中善於言辭的成員會否認成為群體一員主要取決於衣著、金錢或性感程度（下層群體在這方面也許更加大膽）。菁英能夠主導人們的注意力，因為他們身邊總有有趣的事情發生，他們在學校之外舉辦和參加最棒的派對，他們在學校裡控制了最常見的集會地點，特別是學生餐廳，在那裡，社會地位透過誰跟誰坐在一起、哪張桌子最熱鬧和笑得最多體現出來。被排擠也就意味著遠離所有社交活動的中心，這會使人們跌入最低階層。在一個封閉的系統裡，受到排擠不只是會被晾在一旁，而是同時會吸引負面的注意力。

另外還有若干處於中層的群體，在大型而多元的學校，這些群體可能差別很大。有些人處於頂層階級邊緣，他們社交能力中等，也可能與風雲人物有一些交集（朋友、兄弟姐妹或其他親戚關係），因此可能會出現在他們的聚會中。有些群體則有著與眾不同的文化，如樂隊或合唱團的音樂家；身著黑衣的前衛劇團；一系列反文化群體，主要體現為奇怪的穿著，其儀式性的共同點為某種特殊的流行音樂等。好學生和勤奮的孩子往往被貶稱為「書呆子」（更加老派的稱呼是「書蟲」等）。工人階級和農村學生通常是孤立的一群，他們被最受歡迎的學生和中上階級學生所輕視，其中有些人可能會組織起自己的團體（也許是暴力或類暴力的）。少數種族可能會形成獨立的團體，也許會與其中一些群體形成交集。此外還有一大群普通的孩子，在各個方面都沒有特別引人注意之處。

地位低體現在若干方面，例如衣著不入時（這既可能是有意為之的某種服裝風格，也可能只是缺乏時尚意識），這是最為明顯的特徵，也常會被人評頭論足。但是，最重要的特點是社交能力不強，也就是說他們不夠有趣，常常獨來獨往。社交能力（能夠愉快的與他人生活在一起）正是社會階層系統建立的標準。那些最缺乏此類技能的人也會成為邊緣人物，他們代表著兩類人的差別所在。用涂爾幹的話來說，他們是「負面神聖客體」（negative sacred object）；在宗教和政治系統中，他們會喚起代表正義的懲罰；在一個以社交和娛樂為主的階層系統中，他們則會喚起代表正義的（也就是完全缺乏同情心的）嘲笑，通常表現為一種歡樂的諷刺氛圍。

這個階層系統中的許多事情看起來都像是不同形式的霸凌，但若套用霸凌的嚴格定義（專業的霸凌者與受害者之間，具有持續性和剝削性的支配與服從關係），那麼這些都不符合。更加極端的霸凌形式，如威脅、身體暴力、竊盜等，並不屬於這個系統的一部分。另一方面，在從頂層到中層再到底層的階層分布中，始終存在著霸凌常見的行為：排擠；惡毒的流言和背地裡的嘲諷；當面的拒絕、嘲笑與羞辱。如果將整個高中階層系統視為不同等級的霸凌系統，那就未免太過含糊，但是這些較為溫和的霸凌也是階層主體的組成部分：

一、個人的等級取決於他們與誰來往，因此也取決於他們不與誰來往。學生會被分為許多類別，擁有各自的標籤和名聲，特別是新生剛剛入學的時候（高中的九年級和十年級、國中的七年級）。因此，如果小學時或鄰居朋友被歸進不受歡迎的類別，那麼某些孩子就有充分的動機與他們切斷關係。想要向上爬的孩子通常會有動機來透過指責和拒絕這些過去的朋友，展示自己與他們之間的距離和自己比他們優越，這導致他們可能會將負面的刻板印象套在對方身上。因此，友誼可能會摻雜兩面三刀、虛榮和機會主義。

二、有一種主要的娛樂形式是用令人不悅的方式來議論他人。既然階層地位是建立在娛樂、幽默和活躍的基礎上，那麼最方便的娛樂性談話資料就是取笑其他學生：講述關於他們的尷尬故事，對他們的衣著品味、性吸引力和社交失態評頭論足。在這個自我意識強烈的社群，集體亢奮主要建立在追隨者中那些下層者的行為之上。不過，這並不是單純的自上而下的行為，因為學生也可以製造關於自己群體成員和上層菁英的流言蜚語。這樣一來也就進一步引發了關於背後中傷朋友的埋怨。

三、當下層成員闖入上層成員聚集的領地，上層成員往往會集體公開嘲弄他們，那些闖入他們在學生餐廳中的特定角落，或是他們在放學後的聚集場所的人，很可能會引起注意並受到不友好的對待。

不過這些並不算是霸凌，因為這是在中上層的受歡迎者中不斷進行的互相嘲諷，許多人都可能既是嘲諷者又是被嘲諷者。但這個系統中依然可能發生全面的霸凌事件，事實上霸凌正是由這種氣氛所引發的。霸凌有兩種形式：對代罪羔羊的長期集體霸凌，以及專業霸凌者對格外軟弱的受害者進行的霸凌。集體霸凌由對代罪羔羊的群體嘲諷組成，不僅僅是在背後嘲笑他們，還會在大庭廣眾之下羞辱他們。這種群體行為有可能升級為惡作劇和身體暴力，例如將一名不受歡迎的男孩鎖在櫃子裡，或是拿走他的褲子，或是偷走他的衣服或午餐。一般來說，這些行為都是在沸騰的幽默感中做出的，被視為惡作劇和找樂子；受害者當然不會這麼看，但是階層系統的邊界，讓那些處於上層的人無法感受到他的視角。最過分的霸凌通常是針對男生。

這種情境中也可能產生專業的霸凌者。他們一開始也許是暴力惡作劇或群體嘲諷中的領頭者（我們也許可以稱之為「嘲諷者領袖」）。從這個角度來看，他們類似群體中做出大部分暴力行為的少數暴力菁英（第十章將描述這一點）。但在這些霸凌行為中，有百分之五至百分之十並不屬於階層系統中的菁英，而是只發生在中下階層，這些人是上層階級的「捕頭」或「衛兵」，用來跟最底層的人打交道。這些專業霸凌者逐漸認可了這個角色，他們培養出特定的技巧，並與受害者之間建立特定的共生關係，結果特別擅長折磨對方。從這個角度來看，他們與那些同時對受害者施行心理和身體折磨，並將其困在長期關係中的家庭暴力施虐者十分相似。霸凌關係一旦建立起來，可能會延續數年（Olweus 1993: 28）。

【圖 5.1】霸凌和玩弄受害者時的表情。我們可以用該圖替代學校或監獄中霸凌行為的微觀情境來做說明：菲律賓游擊隊領袖與兩名美國傳教士合影，後者被其手下綁架來索取贖金。請注意圖中有兩種假笑：霸凌者盛氣凌人的笑容和受害者被迫露出的笑容，用艾克曼（Paul Ekman 1978）的話來說就是「悲慘的微笑」（miserable smiles）。另外還有一名美國俘虜被砍了頭。被綁架一年後，在游擊隊與軍隊的一場槍戰中，男傳教士被殺，女傳教士受傷。（2002/Reuters）

全控機構的光譜

在一個特殊的環境中，霸凌會出現得格外頻繁，那就是全控機構。它們都是封閉的社群，與周圍的世界隔離，其中大部分或全部生活都要集體進行（Goffman 1961）。因此，這是一種封閉的聲譽系統，所有人的社會身分和聲譽等級都為其他人所知曉，並滲透在日常生活中，無可逃避。從這個角度來看，機構根據其全控程度存在於一個光譜之上，最嚴重的霸凌往往發生在全控程度最高的機構中，較輕的霸凌則發生在部分控制的機構中，這就像寄宿學校與走讀高中的區別。在有些學校，社交程度最高的行動都發生在校園裡（例如運動賽事和舞蹈表演）；有些學校則存在更加特殊化的休閒活動網絡。相較之下，前者的全控程度高於後者。更有甚者，學生可能會將學校打造為勝於全控機構的場所，因為他們能將父母和家庭排除在這個網絡之外：他們拒絕告訴父母身邊發生的事情，也羞於被同學看到自己與父母在一起；此外，他們還會切斷與鄰居朋友的聯繫（至少在學校時如此；Milner 2004）。這些行為都讓高中成為一個金魚缸，亦即一個人造的全控機構[2]。

全控機構可以透過一些方式導致霸凌。這裡沒有逃脫之路，弱者無法從折磨他們的人手中逃離，施虐者很容易接觸到受害者。這是一種資訊豐富的環境，因此弱者一旦被發現，就會人盡皆知。此外，這裡既存在豐富的儀式，可以加強團體成員的歸屬感，也存在精神上的儀式性懲罰，用來懲罰違反群體規則的人。最後這裡還存在有限的注意力，這會導致強烈的對「行為發生場所」的關注，並隱含著對注意力的激烈競爭，結果那些沒能進入注意力中心的人就會體會到更加強烈的排擠，情緒能量也會逐漸乾涸。

全控機構的另一個關鍵特徵是職員與居民的分野：教師與學生、軍官與受訓士兵、警衛與囚犯、夏令營的管理者與學員。儘管居民內部也存在不同等級和支配關係，但他們的身分依然有一個共同點：他們都是學生或囚犯。這個群體身分會透過若干行為得到鞏固，例如呼叫職員請求幫助，或是對其他居民的行為打小報告等。監獄中最殘忍的懲罰就是留給告密者的。在全控機構建立地位的一種方法是表忠心，也就是不去告發其他人的越軌行為。這使得其居民傾向於自我管理和自我分層，且標準往往與職員不同。

居民的階層通常是強者與弱者的區分，也就是社會中心與邊緣的區分。通常都是機構中年紀較長和更有經驗的成員來支配新人。這裡我們需要區分霸凌（作為一種長期過程）和欺侮（僅僅作為一種入會儀式，一旦通過就可以成為群體一員）。欺侮通常是機構中傳統的一部分，是群體吸納新成員的慣常方式，尤其是在資格最老的群體畢業或離開時，因此欺侮也是為了保證一定的向上流動性。欺侮的另外一個結構特點是群體中有強烈的儀式強度，因此存在明確的界線，內部人士與外部人士之間也存在一種象徵性的道德區別。因而，在兄弟會等半全控機構，成員幾乎生活在封閉環境裡，日常生活、社交和娛樂都是集體進行（通常只有上課時才會離開群體環境），他們也會發展出包括羞辱和體罰的欺侮儀式。這種群體中進行的欺侮通常會在娛樂和狂歡的氣氛中進行，至少在暴力實施者一方看來是如此，這也可以讓整個行為合理化。導致欺侮的結構環境，恰恰也會刺激儀式性的狂歡與破壞。二十世紀早期，美國大學與日常生活之間的隔離更加明顯，學生通常全部是男性，從週一到週六都要上課，還要接受宿舍規章、學生餐廳時間表等限制。他們也有涉及儀式性暴力的傳統，例如大一與大二學生要在一年中的某一天（通常是學期開始或結束時）進行打鬥（Horowitz 1987）。這再次表現了欺侮的一種典型模式：曾經受到欺侮的群體會帶頭對下一個新生群體進行欺侮。從這個角度來看，欺侮與霸凌很相似，霸凌者通常是中層群體，而不是菁英。至少在學校中（而非在監獄），新生的入會儀式可以替代霸凌。由於這是一種群體實施的行為，受害者也是作為群體而非個體而存在，因此受害者群體存在一定的團結，不會讓個體對霸凌者產生長久的服從。群體霸凌可以替代個體霸凌，也可以成為一種結構上的障礙。然而，如果學校中還存在其他群體，那麼在這個框架內，擁有不同特權的群體依然有可能實施針對個體的霸凌。

全控機構的職員有時也會鼓勵居民形成階層，官方甚至會認可並支持這個階層（Lloyd-Smith and Davies 1995）。英國貴族寄宿學校傳統上會將宿舍紀律管理和儀式性的領導權交給年紀較大的男生，新生會被指定為某個上層學生（美國人稱為高年級）的僕人，為他拿書、跑腿、打掃書房等，這些行為被稱為「fagging」（辛勤工作；後來也被用來形容同性戀行為）。這個官方認可的階層制度提供了一種霸凌的脈絡，使尋常的行為發展為極端（Hughes 1857/1994）。儘管只有高年級男生和學校指定的學生領袖有權指定新生為自己的「跑腿者」，但位於中層的大男生通常也會濫用這個階層制度，非正式的要求新生為自己跑腿。教師和位於上層的男生都了解這一點，但他們認為這些男生應該管理好自己的事務，而不應透過官方管道去解決問題。學校官方將權威委託給上層男生，這個模式又進一步傳遞下去，其中也存在濫用的情況。

官方實行的儀式性體罰也鼓勵了霸凌暴力，學生可能會因在背誦和翻譯拉丁文（當時教育的主要形式）時表現不佳而被校長擰耳朵，也可能會因嚴重破壞校規而在全校或全宿舍面前被公開杖打，這些懲罰都可能會下放給學生領袖來執行。

學校同時也創造了一種氣氛，讓殘忍的遊戲被當成正常的娛樂。休斯所描述的拉格比公學（Rugby School）正是橄欖球的發源之地，學校非常鼓勵將運動作為學校傳統的一部分。各個階層都存在玩笑式的打鬥，年輕的男孩不僅是受害者，也會參與一些群體遊戲，例如在睡前或剛起床時互相扔拖鞋等。霸凌者則更可能會以能傷害到對方的方式去投擲鞋子，而保護受害者的人也會採用同樣的武器。這不僅意味著霸凌可以轉向新的受害者，也表明有些暴力可以被當成一種慶賀方式，因為雙方是對等的，並且其中存在樂趣。

在學校中，最上層的男生之下，還存在其他階層分野。休斯（1857/1994）指出三種庇護關係。有些男孩會諂媚霸凌者，主動為他們提供服務、曲意逢迎，透過充當中間人而躋身階層之中，尋找能夠為之跑腿的目標，並傳播關於受害者與反抗者的故事。從這種拍馬屁的路線開始，往往是最後成為霸凌者的一種路徑。其他男孩則被形容為「寵物」，他們往往相貌清秀（也許是同性戀情的開始），得到高層男生的保護，這些保護者並非霸凌者，而是社交菁英群體的成員，他們可能會選中這些男生為自己跑腿，但只交給他們一些輕鬆的雜活，以確保他們不被其他人呼來喚去。學校裡道德感最強的那些男孩則會保護最弱小、害羞或具有藝術氣質的年輕男孩，有時也會在權威機構的鼓勵下或是出於家庭關係而這麼做。在現實生活中，這三種情況可能會混雜在一起；休斯在他的著作中描述了一名英雄，他是一個好心腸的庇護者，與朋友一起暴打了一名拍馬屁者，因為後者擅自闖入他的保護圈，在這場毆打中，他使用的方法與霸凌者對受害者所做的並無太大區別。建立在暴力和保護之上的社會階層，在圈內人看來可能一清二楚，但圈外人也許很難分辨。

監獄的情況更加複雜。儘管囚犯中存在相當程度的暴力和其他形式的剝削，但大多不是霸凌，或者是情況太過模糊而難以被定義為霸凌（O'Donnell and Edgar 1998b）。監獄中通常會有一種地下經濟：購買或交易非法偷運進來的商品，包括毒品，也包括合法商品的交易（例如電話卡、個人用品和香菸等），可能是借來的，也可能是偷來的；此外，游離於邊緣的行為還有強迫借款等。作為一種無規管的經濟，囚犯會用暴力來解決爭端和收回欠款，同時也會彼此竊盜。囚犯捲入暴力的比例（無論是作為受害者還是虐待者）比捲入長期一對一剝削和霸凌關係的比例更高。更有甚者，也許正是因為監獄生活中的匱乏經濟，那些嚴格意義上的霸凌者才會受到物質和功利主義的驅動。相較之下，學校的霸凌大多是在封閉的情緒氣氛中，出於爭奪特權和支配權而進行的。監獄霸凌確實也會涉及類似的手法，像是排擠、嘲諷、竊盜、毆打。嘲諷也會用在其他地方，作為囚犯的一種娛樂形式，這種互相羞辱往往會導致鬥毆，卻並不總是會產生霸凌的等級，因為鬥毆會阻止進一步的羞辱。在所有其他類型的暴力和鬥爭中，同樣存在霸凌，它也有著欺負弱者的典型形式。

無論是在監獄還是其他地方，受害者的性格和行為與其成為受害者有關；但導致他們受人霸凌的弱點，應與監獄生活的其他面向區別開來（Edgar and O'Donnell 1998）。參與實用主義的活動，例如在黑市交易商品，或者僅僅是借與還，都可能導致鬥毆。日常時間與空間中的活動生態都可能導致危險（Cohen and Felsen 1979），例如在浴室或廁所，或是在訪客區域等，攻擊者很容易接觸到受害者，受害者也不在權威的保護範圍之內。有些鬥毆是受害者挑起的，輸的一方恰恰是挑起鬥毆的人；而預測是否會遭到襲擊的關鍵因素，就在於他們是否曾經襲擊過他人。不過，最準確預測霸凌的方法，不是看是否發生過襲擊、威脅或羞辱（這些通常是雙向的），而是看受害者是否在公共區域遇過搶劫，或是手機被偷、被迫借錢等情況，抑或是遭受過排擠，例如不被允許使用公用電話、電視或遊戲裝置。支配者從來不會經歷這些情境，雖然他們有可能遭受羞辱和襲擊（O'Donnell and Edgar 1999）[3]。

在某個方面軟弱，就可能導致在另一個方面同樣軟弱（O'Donnell and Edgar 1999）。容易遭受霸凌，不僅僅是外表或體能不濟的問題。除了個子小、體力弱，弱者還可能意味著智慧不足或教育水準低下，或是財產較少，或是此前並無入獄經驗。其他弱點可能包括性格和行為，例如表現得沉默、膽怯或是焦慮，試圖逃避與其他囚犯的接觸，與獄卒太過接近等。簡言之，那些使人在監獄中（或是在任何階層系統）淪入底層的行為，都會讓人顯得軟弱。

底層的地位並不足以引發霸凌關係，霸凌是在互動過程中發展起來的。羞辱往往只是第一個階段。某種意義上來說，這是一種測試，用來看對方會如何反應。羞辱也能傷害一個人的聲譽，像流言蜚語一樣傳播開來，導致排擠和隔離，進而導致社交上的軟弱，結果便是缺乏可能的後援和第三人干涉，又缺乏情緒能量，致使打鬥的能力和精神都不足。另一方面，在監獄中，羞辱是一種日常活動[4]。如果羞辱沒有得到回應，無論是儀式性的反擊還是其他升級行動，就會傳出軟弱的名聲。如果表現出恐懼或是缺乏自衛意識，那麼依照監獄的標準，將引來更多攻擊。

最無藥可救的是哭泣：

我們的囚室裡有四個人。其中一個見了訪客後，帶回來一些印度大麻。他分給我們。我們開始打枕頭戰。他顯示出他是最弱的一個。我們三個開始集體攻擊他。我們把書塞在枕頭裡。最後情況變得很不好看，我們開始揍他。一開始還像是開玩笑，後來就認真起來。我的朋友把他按在床上，我把枕頭壓在他臉上。他開始哭起來，我們則開始打他。我說：「你要再哭，我們可就當真了。」我又把枕頭按在他臉上更長時間。我的朋友把掃帚捅進他的短褲裡。如果他反抗了，一切就會在這裡結束。如果他站出來維護自己，一切都會不同。但他卻只是一動不動的躺著，結果另一個男孩將掃帚捅進了他的肛門。我不知道我們為什麼會這麼做。在囚室裡，我們常會覺得無聊，然後就會想辦法找樂子。不幸的是，我們往往是在弱者身上找樂子。（O'Donnell and Edgar, 1998a: 271）

這個事件具有群體狂歡的特點，潛在的受害者一開始只是想與同屋人分享自己的毒品；等他逐漸表現出弱點，針對他的攻擊就開始升級；其他人開始覺得有趣，就像恐慌進攻的最後階段，但更多是出於一種對不符合群體成員標準者的反感，因為他未能表現出男性氣質應有的姿態。對羞辱和挑戰做出反應，往往能轉變事情的方向。軟弱的個體可以透過一種儀式來提升自己的地位：

我正在會見室等待訪客。我們都在讀報。一個街頭的朋友在報紙上看到一個女孩，他說她看起來像是我的老婆。另一個傢伙搶過報紙說：「我認識你老婆。所有人都上過她。」我讓他閉嘴滾開。結果他衝我一頓猛踢。我坐在那裡，他撲過來拳打腳踢。我被打得全身是傷。後來過了幾週，我正在等著上庭，這個傢伙又找上了我。他衝我要菸。我說：「滾開，我才不會給你。要是你想跟我單挑，那就試試吧！」那傢伙說：「要是單挑，你知道你肯定會輸的。」我說：「我知道，但我什麼都不會給你。」他說：「你還不錯。」後來他跟他的手下一起出現，問我開庭情況怎麼樣。他又說了一遍：「你還不錯。」然後他就走開了。（Edgar and O'Donnell 1998: 644）

在英國的監獄文化中，對付告密者和性侵者，哪怕使用激烈的攻擊或嘲諷，也往往會被認為是合理的。囚犯常被錯誤的標示為性侵者，這種謠言往往是霸凌的開始，因為它相當於將目標流放，從而將他與可能進行反抗的同盟切斷聯繫。在監獄裡針對性侵者的霸凌，顯示了更普遍的其他機構的霸凌形式。為了讓霸凌弱者顯得更合理，人們會創造出一種文化自卑的意識形態。在英國的監獄，那就是指責對方為性侵者；在美國的公立學校，則往往是指責對方為同性戀（大部分情況下都是不準確的）[5]。在寄宿學校（包括那些同性戀較為普遍的英國學校），這種意識形態會體現為不同的形式。所有案例中都存在一種文化階層，它又反過來製造了藉口去攻擊弱小者，如果不是這樣，這種攻擊就會顯得不那麼光明正人。

群體中是否存在暴力文化，並不是霸凌行為發生與否的決定因素（儘管它可能影響霸凌的形式）。因此，霸凌不是社會階級的產物。寄宿學校存在最多的霸凌現象，是因為它們的全控程度更高。日本的公立學校被認為很容易發生霸凌現象，其管理結構高度官僚化、階層化、標準化，與此同時，其活動也是以集體為中心（Yoneyama and Naito 2003）。它們有豐富的儀式，高度關注內部團結和外部界線，加上內部階層化制度，進一步強化了服從的必要性。針對新來的轉學生的霸凌攻擊格外嚴重，我們並不清楚這是否是一種入會儀式、受霸凌者最後是否會獲得接納。日本整體而言暴力犯罪率很低，集體控制和群體歸屬感非常強。因此，暴力的發生是結構性的，人們能夠預料到其發生的時間地點，也就是新成員進入高度儀式化群體的時刻。

美國兒童從小學進入中學時，霸凌變得更加集體化，也更加集中於一小部分底層受害者，並會從身體上的霸凌更多的轉移到心理和語言上。十一、二歲的兒童進入更大的學校和階層結構，性吸引力市場會帶來一個名譽系統，其中每個人都會被公開評分，進而在意識形態上將霸凌合理化。這是群體霸凌的顛峰。年紀稍長的少年，尤其是高三學生，一般都在考慮將來的教育或職業，所以會有更多學校之外的社交網絡，這可以讓他們擺脫學校的階層系統，而那種階層系統正是孕育霸凌的脈絡。大學中的活動和網絡則更加開放和多元，減少霸凌現象的發生，一方面是用制度化的同學關係和欺侮新生儀式取代霸凌，另一方面分散群體注意力。霸凌的程度與學校的全控程度相關。

在美國的公立學校，霸凌（至少是群體排擠和嘲諷形式的霸凌）在小城鎮或郊區社群比在大城市更普遍。這些學校之所以有更多的霸凌現象，是因為它們在光譜上比都市機構的全控程度更強。都市學校的學生往往上學要走很遠的路，也會參加更多校外文化活動。這一點與我們的直覺相違背，因為我們往往認為學校暴力更常發生在城市中的少數族裔學校。然而，霸凌和黑幫（貧民窟和少數族裔聚集區最典型的暴力組織形式）在結構上是反族裔的。黑幫將暴力分流成為橫向的衝突，通常發生於兩個黑幫之間，它們內部缺乏分層，外部則只透過成員和非成員來區分。非成員也許會成為攻擊和剝削的目標（例如搶走他們的午餐、衣服和金錢），但這並不是行動的主要形式。霸凌多發的場所，如英國的寄宿制學校，通常結構是垂直的，內部和外部都有明確的階級意識，然而學生並不會形成幫派，在霸凌關係之外也不會形成暴力文化。幫派會在其內部產生暴力回路，但幫派所在的學校和社區卻不是霸凌常發生的場所，也不會發生大規模的針對霸凌的報復。就算發生幫派成員對非成員的霸凌，受害者也能清楚的將幫派成員認定為罪犯，不會在學校針對他人展開報復[6]。

暴力幫派團夥那些凶神惡煞的大塊頭，在外人眼中也許像是霸凌者，但在幫派內部，霸凌者與受害者之間並不存在規範化的關係（Jankowski 1991; Anderson 1999）。幫派中的暴力菁英特質將霸凌受害者事先排除在群體之外。幫派經常進行欺侮新人的儀式；與大塊頭進行一場打鬥，或是被眾人圍毆，往往是加入群體的條件。但欺侮儀式常是進入菁英群體的過程，一旦獲得承認，就不會再遭到霸凌。同樣的，我們也應該分清幫派對弱者的攻擊和長期的霸凌關係。因此，在美國少數族裔街區，從另一個街區過來的年輕人（也許是因為他們在這裡有親戚）可能會遭到一個大幫派的暴力襲擊，但這種事情既不會反覆發生，也不會成為剝削性的支配與服從關係，或是產生眾人皆知的霸凌者和受害者。

我們應該懷疑下面這種常見的說法：霸凌的受害者往往會變成霸凌者。霸凌的受害者有時也會進行報復，但我們所知的報復形式（例如大規模校園槍擊事件），與最初的霸凌從形式到程度上都大不相同。霸凌是一種持續的關係，正因其長期持續和難以改變而變成一種折磨；校園槍擊是短暫的事件，並不存在支配性的個人關係。據估算，學校中有百分之五至百分之十五的孩子會成為霸凌的受害者，百分之七至百分之十七會成為霸凌者（Olweus 1993; Duffell 2000; Nansel et al. 2001）；對霸凌的報復則比例很低；絕大部分學校（超過百分之九十九）不會發生槍擊和屠殺，也不會發生嚴重的暴力（Kimmel and Mahler 2003），這意味著絕大部分霸凌受害者對報復最多只是想一想罷了。霸凌受害者的確可能翻身成為霸凌者，對特定的他人進行嘲諷、排擠、竊盜和攻擊，但這意味著對學校的階層系統進行大規模的反轉。關於國中與高中的階層的研究表明，這些系統中從下往上和從上往下的流動性都非常低，只有中層可能發生一些變動（Milner 2004; Franzoi et al. 1994）[7]。調查表明，霸凌者只有百分之二至百分之三同時也是霸凌的受害者（Haynie et al. 2001）。這些調查可能對「霸凌」一詞的使用不夠準確，也許包括了所有形式的言語攻擊、排擠和暴力，而沒有考慮到持續性的、反覆性的關係才是霸凌的社會與心理核心。

霸凌的受害者通常不會成為霸凌者，這部分是因為他們選擇了其他路徑，這也可能成為自由意志的來源。最厭惡全控機構的人，往往在釋放前（或畢業前）會成為經驗豐富的反權威主義者。至少在美國的學校，這些學生大多是專注學術或藝術的人，與那些熱愛派對的社交狂人和運動員並無來往（Milner 2004），這兩個群體又會分別傾向於接受反權威和權威主義的成人觀念。在個人層面，霸凌並不會透過報復持續下去，其決定因素在機構脈絡。

攔路搶劫和持械搶劫

搶劫是攻擊弱者最常見也最直接的情境形式，因為攻擊者與受害者之間往往過去並沒有互動，也沒有時間來形成互相接受的角色關係。這種攻擊與之前討論的那些不同，因為它並非發生在家庭或全控機構的機構脈絡中，而是發生在由陌生人組成的公共空間。它所在的領域正是高夫曼所謂的「公共場所的行為」（behavior in public places）。這些特點使得這種情境能夠充分表現出暴力衝突中的群體情緒能量控制過程。

這包括一系列動作，較溫和的包括涕泗橫流的乞求和用接近暴力邊緣的非暴力動作搶奪錢包等，最激烈的則包括攔路搶劫和使用武器等可能升級為嚴重暴力事件的行為。這些攻擊可以大致分為幾類，有些僅包括最低限度的當面衝突，有些以正面衝突為主要形式。

衝突程度最低的搶劫行為是搶奪皮包，尤其是在飛馳而過的交通工具（例如摩托車）上實行的搶奪皮包。如果是洗劫醉漢或吸毒後的人，基本上不會發生什麼衝突，這些「翻外套的人」（jack-roller，二十世紀初流行的詞語，Shaw 1930/1966）會挑選那些徹底不省人事的傢伙作為目標，而不是仍有精神蹣跚行路的醉漢。因此，攻擊者所逃避的不僅僅是身體上的反抗，而是與另一個神志清醒的人發生任何溝通和互動。搶劫中一個稍高等級的類型是「背後襲擊」，即從受害者的視覺盲區出其不意的出現，從背後抓住受害者的手臂，使得他們無從反抗，並避免與他們面對面。也許有人會認為這是為了避免被人認出，但同時，這也是為了避免衝突性緊張／恐懼，就像我們在近身軍事戰鬥和處決中看到的那樣，直視受害者的眼睛會阻礙攻擊的發生[8]。

搶劫者一般都很年輕，大部分在二十一歲以下，而那些最逃避衝突的搶劫行為往往是最年輕的搶劫者（通常只有十幾歲）做出的（Pratt 1980; Shaw 1930/1966）。年輕的搶劫者可以一路向上爬，轉而採取包含更多正面衝突的搶劫形式；這裡存在一個搶劫界的階層。一般而言，搶劫都是兩人一組，但在約百分之二十的案例中（英國和美國），搶劫者是四人或四人以上一同行動。當受害者多於一人時（例如一小群人），搶劫者往往人數更多。其中一個案例發生在一個週日夜晚十點半，在一所城市大學的宿舍附近，六名十幾歲的男孩襲擊了兩名大學男生，但當一名便衣警衛出現並開始追趕他們，他們便四散而逃（*Daily Pennsylvanian*, Feb. 2, 2004）。那些大學生受害者的被動和恐懼姿態讓他們顯得格外軟弱，但警衛的攻擊性姿態很快就將恐懼的情緒轉移到了搶劫者身上。

對搶劫者的訪談顯示，他們主要關注的是如何選擇軟弱的受害者，以及如何控制自己的恐懼（Lejeune 1977; Lejeune and Alex 1973）。在衝突發生之前，搶劫者會反覆回想過去成功的搶劫經驗來安撫自己，同時透過在同夥面前自我吹噓來虛張聲勢，進而在同夥的支援下建立一種興奮情緒，在開始行動之前驅散恐懼。在實際衝突階段，搶劫者會透過挑選軟弱的受害者來驅散恐懼，尤其會挑選那些看起來受人尊重、行為端莊的上層階級，在搶劫者看來，他們基本上不會反抗[9]。當一切都進展順利，搶劫者會感受到力量，同時順利搶到財物，通常他們會將自己的行為形容為關乎種族或階級正義，從而將其進一步合理化（Lejeune 1977; Jankowski 1991）。

持械搶劫涉及更高程度的衝突（Katz 1988: 169-94; Luckenbill 1981）。一方面，受害者必須看到武器，明確知道武器的存在，並且明白如果自己不服從，對方就會使用武器。因此，這在本質上是一個更加具有互動性的溝通場景。此外，持械搶劫者會試圖放大自己的優勢，而不僅僅是依賴手中強大的武器。他們喜歡挑選老人、體能不濟者或是比自己個頭小的傢伙。持械搶劫者（及攻擊性特別強的非持械搶劫者）會擺出特別具有威脅性的姿態，例如展示肌肉等，也可能透過衣著風格來進一步強調自己的身分。搶劫者的目標其實在於震懾受害者，從而獲得情境中的支配權。

搶劫者會進一步尋找能讓受害者變得更加弱小的情境。街頭搶劫主要發生在晚上十點到凌晨五點之間（Katz 1988: 170; Pratt 1980），部分因為這正是醉漢出現在街頭的時間，但同時也是因為這段時間街頭大多空無一人，孤身一人的受害者或一小群人很容易被發現。在這裡，實用主義的考慮（目擊者較少）可能不是那麼重要，相較之下，更重要的是搶劫者有一種在自己地盤上行動的感覺，在這種情況下，是在屬於自己的「時間」裡行動。搶劫者擁有整個深夜，而受害者往往不太習慣在這個時段外出活動。反之，大白天在熱鬧街頭出現的搶劫很少見，部分是因為氣氛完全不同，路人的心態更加輕鬆，看起來不太像軟弱的受害者，而搶劫者的衝突性緊張／恐懼程度則更高，因為他們失去了自己的能量。另一方面，如果想要搶劫銀行或商業目標（如珠寶店等），搶劫者通常會挑選只有較少顧客在場的時間（因此他們會避免在中午行動；Morrison and O'Donnell 1994）。

街頭搶劫者會利用更多的技巧來支配受害者。他們可能會玩「墨菲遊戲」（Murphy game，一種廣為流傳的犯罪技巧，以至於已經在美國犯罪史上占有一席之地），在這種情況下，受害者往往正在進行某種非法活動，例如尋找妓女或購買毒品（Katz 1988: 170）。因此，受害者不太可能報警尋求幫助，更有甚者，他們陷入一種不利的境地。受害者從一開始就鬼鬼祟祟，不得不相信自身處於下層社會的角色，並在某種程度上依賴他們，他們則會威脅要去告發受害者，同時讓受害者相信他們必須合作來避免被發現[10]。

另一種情況是受害者看起來有較高的社會地位，這時搶劫者就會利用他們樂善好施的性格（Katz 1988: 174）。一個看起來窮得要命的人和（或）受到歧視的少數族裔主動接觸一名陌生人並索取錢財，或僅僅是為了問路或搭話，在這個情境中，主動進攻者與被動的進入這個場景的對方共同陷入孤立的情境。一旦進入這個情境，就可能隨之發生持械搶劫，有時如果受害者曳引得足夠深入，不做反抗的接受了對方索取越來越多金錢的要求，那麼搶劫者甚至不需要擁有或聲稱擁有武器。中產階級白人可能會察覺到被人強迫的危險，但情境不利於他們，因為他們心裡很清楚，如果自己行為不當，很可能被認為是勢利眼或種族主義，於是被迫維持一種舞臺表演性的禮貌，但同時很容易被認為是偽善[11]。

能否支配受害者，往往要看能否抓住好的互動時機。當商店老闆打烊關店，搶劫者會出其不意的拔槍指著他，這並不是出於一種實用主義的考慮（這時商店老闆手中有更多錢），而是因為時機非常合適：商店老闆轉身去鎖門，或在未能觀察附近情況時踏出店外[12]，或是從一個場景轉移到另一個場景，而搶劫者恰恰瞄準了這一時刻。支配受害者的關鍵是占據微觀情境中的優勢，建立一種有利於搶劫者的節奏，並從受害者手中奪過控制權，這比展示武器更重要，有時甚至能夠取代武器的地位（只要暗示存在武器就好了）。支配受害者意味著控制情緒衝動，掌握主動權，讓整個情境倒向攻擊者，並讓受害者陷入一種無力控制局面的感覺。

【圖 5.2】街頭衝突中的情境支配。（New York, 1997/Credit: Ovie Carter）

搶劫者會時刻觀察受害者是否流露出恐懼，並試圖利用這一點。他會從恐懼和其他類似的情緒中汲取能量。有時這甚至會不利於警方：

朋友和我正在砸保險櫃，這時一個貨真價實的年輕警察出現了，他拔出槍來說：「你們被捕了，手舉起來！」我想到的第一件事就是十年徒刑，我可不想再進監獄了。我決定絕不束手就擒。警察走近我們，我想把他的槍打飛，但我不知道他的搭檔在哪裡。他看起來很緊張和恐慌。我暗想他可能不會開槍，但我也不在乎這一點。然後我發現他沒有搭檔在場，於是打算對他動手，因為我必須逃走。當他走向我們，我一錘擊中他的腦袋〔事實上殺了他〕。（Athens 1980: 24）

在這裡，經驗豐富的前囚犯與緊張的新手警察之間經歷了情境支配權的交換：搶劫者認為警察之所以恐懼是因為他獨自一人，發現這一點之後，搶劫者便毫不猶豫的發動攻擊；現場有兩名搶劫者，在這個社會情境中，兩人之間產生了更深的團結感。

下一個案例是短暫的偽裝成搶劫的強姦案，以便讓受害女性放鬆警戒。一名年輕黑人男子進入一個白人中產階級都市社區尋找目標：

我看中了一個中年白人女的，她正走過幾棟公寓，我對自己說：「我要弄到這個妞兒好好樂一樂。」

我跟著她走向公寓大樓入口。她掏出一把鑰匙打開大門，我不得不趁門沒關上快步走了過去。我又等了幾秒才走進去，因為不想讓她看到我。一進門，我就聽到她已經走上了樓梯，於是我便跟在她後面。上樓之後，我聽到她走向走廊，於是我偷偷跟過去。當她打開自己房門時，我用手捂住她的嘴巴，將她推進門裡說：「別出聲。」然後我關上門說：「要是妳敢出聲，我就殺了妳。」

我並不想讓她這麼快就慌起來，於是為了讓她放鬆警戒，我對她說：「妳有錢嗎？」她說：「我只有教堂捐款信封裡的十塊錢。」我說：「好吧，拿過來。」她從錢包裡拿出信封遞給我。然後我說：「脫掉外套。」我好好打量了她一番，心想：「這貨色我能玩一整晚。」我抓住她肩膀，把她推倒在地。她開始尖叫：「你在做什麼，你在做什麼？」我想我最好讓她明白我是來真的，於是我跳到她身上開始摑她耳光說：「閉嘴！閉嘴！」她一閉嘴，我就不再打她了。然後我把她的裙子掀到腰間，開始摸她的身體，她開始尖叫：「住手，住手，住手！」然後開始蹬地板。我心想：「我得在別人聽見之前讓她閉嘴。」於是我左右開弓邊打她邊說：「閉嘴，閉嘴，要不然我揍死妳！」她終於閉上了嘴，然後我再次把她的裙子掀起來，把她的內褲脫掉，開始……」（Athens 1980: 23-24）

強姦犯的目的是保持隱祕和出其不意。他一開始其實並不需要向受害者索取錢財，因為他之後遲早會把她打到乖乖閉嘴。但他將這作為一種能讓對方「放鬆警戒」的辦法，從而在對方意識到即將發生強姦之前，先占據有利局面。

暴力犯罪者使用的手法，其實是軍隊戰術的微縮情境版。一支部隊能夠贏得一場戰役，並不只是透過粉碎敵人的強力進攻，而是透過發現薄弱環節，亦即對方力量不夠集中的位置；或是出其不意的攻擊敵人陣形中容易陷入混亂的部位；抑或在敵人正在進行其他活動、未及準備好開始戰鬥之時發起攻擊。搶劫的策略也是一樣的，只是目的不在於打亂對方陣形，而是讓對方喪失對自己身體的控制，從而無法做出反應。

持械搶劫者的目標是透過威脅來獲取支配權，但一旦受害者進行反抗，這種威脅就可能升級為暴力和謀殺。這讓爭奪支配權的競賽成為關鍵，正如卡茨所認為的，搶劫者相信自己的身分是「強者」或「壞傢伙」，此刻他正在為自己的人生做一場豪賭。殺死反抗的受害者後，他甚至可能不會拿走對方身上所有的錢財（Katz 1988: 186-87）。同樣的情況也適用於比受害者強壯，而且用肌肉作為主要工具來爭取支配權的非持械搶劫者，如果發生反抗，他不能退縮，因為那會讓他的基本能力受到懷疑。這種搶劫者有時會故意激怒受害者，好讓自己能夠合理的傷害對方，因為他可以指責是對方先挑起暴力（Lejeune 1977）。這種案例意味著，搶劫者對自己的能力和支配技巧都很自信，並能從實施這些能力中得到樂趣。

比較一下那些反抗成功、並未升級為嚴重傷害事件的案例，也可以增進我們的理解。在下面的案例中，一名男子需要錢來買毒品，他考慮了幾個可能實施搶劫的地點：

> 最後，一道靈光閃過腦海。我想到一個理想的地方，那裡有足夠的錢，而且只有一些老太太在那裡工作。我戴上太陽眼鏡，抓起我的點四五口徑手槍，關上保險栓，走向洗衣店。我走

進那裡，掏出手槍，指著櫃檯後的老女人。我說：「搶劫！我不想開槍打妳，趕快把收銀機裡所有的錢都拿出來給我。」她走向收銀機，但又停下腳步說：「我不想給你錢。」然後她踩了地板上的一個按鈕。

我告訴自己，我得拿到錢。我探過櫃檯，拿槍口指著她的臉說：「女士，現在我要殺了妳。」但就在我準備扣扳機時，她打開收銀機抽屜說：「你自己拿錢吧！」我讓她走開，她照做了。然後我抓起所有紙幣，她笑了說：「我想我對現在的黑幫年輕人真是不了解啊！」我看了她一會兒，心想，她只是一個好脾氣的老奶奶罷了。然後我就迅速跑掉了。（Athens 1980: 33）

事實上，老婦人透過勇敢的拒絕搶劫犯的要求來測試對方，當他提高威脅等級的時候，她做出了妥協，但口頭上並未讓步，她沒有直接給他錢，而是讓他自己去拿。她的下一句評論「我想我對現在的黑幫年輕人真是不了解啊」，表明她很清楚他們在彼此測試對方。他們甚至表現出惺惺相惜：她對他露出了微笑，他則認為她像一個好脾氣的老奶奶。

最後一個案例又是一起強姦案，發生在購物中心的停車場，當時人們正在進行聖誕採購：

我想找一個屁股好看的小妞，最好是一個人。我計畫跟她一起鑽進車裡，然後強迫她把車開到附近我知道的一片沒人的荒地。我盯著人們走向自己的車子，然後發現一個臉蛋不錯的大屁股小妞一個人走過來。她看起來很容易對付，所以我就跟在她後面。她把鑰匙插進車門之後，我抓住她的手臂，把刀子抵在她臉上說：「鑽進車裡，別出聲。」可她只是站在那裡，彷彿徹底驚呆了。於是我鬆開她的手臂，抓過她的車鑰匙，自己打開了車門。我讓她進去，因為我們要一起去兜兜風，但她卻開始拚命尖叫。一開始我還想強迫她進到車裡去，於是我再次抓住她，但她只是拚命叫個不停，還開始掙脫我。我想其他人可能已經看到這邊發生的事了，於是心想我最好還是趁沒人過來趕緊跑掉。於是我鬆開了手，她一邊尖叫一邊跑向商場。（Athens 1980: 35-36）

最關鍵的時刻是那名女子一開始的反應，也就是「徹底驚呆」。她既沒有反抗也沒有服從，由於強姦犯必須讓她進到車裡，所以她暫時性在心理上的徹底抽離，反而讓強姦犯喪失了主導權。然後，她的震驚變成不受控制的尖叫，她透過這個反應控制了局勢，雖然無疑並不是精心設計的。與之前案例中涉及的女性受害者不同，她並沒有做出任何清晰的宣言，只是一刻不停的尖叫，看上去彷彿曳引在自己的尖叫中，因此無法感受到任何威脅。強姦犯無法控制這個情境中的主體，只好在心理上被迫撤退。

許多搶劫都因受害者的反抗而沒有成功。有些跡象表明，當搶劫者遭到身體上的反抗或是對方拒絕服從，大約半數搶劫者會放棄行動（Luckenbill 1981）。但是被搶者受傷的可能性也會提高，在一項關於芝加哥發生的持槍搶劫的研究中，百分之七十八做出反抗的受害者受傷，而未反抗者只有百分之七受傷（Block 1977）。搶劫者放棄行動也可能有其他原因，尤其是那些發生在辦公場所的搶劫，這些地方可能有安全玻璃或較高的櫃檯，收銀員可以後退或蹲下來躲開搶劫者的視野（Morrison and O'Donnell 1994）。然而，這些「難纏的標的」在搶劫案中並非一定不會遭到傷害，一切都取決於搶劫者試圖控制局面那一瞬間，發生了什麼事。

也許有人會認為，用槍指著手無寸鐵的受害者，本身就是一種壓倒性的威脅。不過，搶劫者即使有槍，也不一定總是會使用，而且不一定能有效的射擊，槍可能只是用於威脅或是虛張聲勢。一項研究分析了倫敦發生的一萬一千多起持械搶劫案，並訪談兩百多名入獄的搶劫犯（Morrison & O'Donnell 1994），其發現很適切的證明了這一點。只有百分之四十五的搶劫案會發生開槍的情況。更有甚者，在這些發生開火的案件中，約三分之一的情況是子彈射向空中或地面，通常發生在搶劫剛開始、受害者不夠服從的時候。這些案件中有十三起（少於百分之三十）發生對著受害者、警衛或路人開槍的情況，但只有五人被射中，命中率為百分之三十八。這些與軍隊的表現很類似，就像我們在第二章討論過的（事實上，與警察的表現也很類似，搶劫犯與警察在這方面很平等）。

當然，這並不是說搶劫案的受害者受到傷害的可能性很低。在英國，持械搶劫約有百分之七的受害者會受傷，但在這些案例中，絕大部分（百分之九十四）都不是槍傷。最常見的還是用槍來嚇唬受害者，用手槍或是切短的獵槍槍柄打人（百分之二十八）。差不多同樣多的受害者（百分之二十四）是被拳頭打傷或被踢傷的。另一種常見的傷害來源是其他武器，例如棍棒、錘子或刀子，許多搶劫者在帶槍的同時也會攜帶其他武器。考慮到在這個樣本中，所有搶劫者都帶了槍（或是假裝自己帶了槍，我們很快就會看到這一點），我們更要注意槍在大多數情況下不會用到，更少會嚴重到威脅要開槍的地步，它們只是被用來定義一個場景：這是一次搶劫，而我手裡有一把槍。透過衝對方揮舞槍，或是用槍來敲打對方（但並不真正開槍），搶劫者使用了一種符號化的暴力，讓對方服從槍的權威。同樣的，在盧肯比爾（David F. Luckenbill 1981）的數據中，百分之二十二的持械搶劫以毆打受害者開始，用傷害對方來製造威脅，這再次說明，暴力是控制情境定義權的一種方式。

此外，在倫敦的搶劫案中，受傷的機率與搶劫者的人數成正比。單槍匹馬的搶劫者很少會導致傷害，但三人以上結夥搶劫運鈔車，傷害機率就上升到百分之二十五，而在四人以上的結夥搶劫珠寶店案例中，傷害率更是上升到百分之五十。澳洲的資料也存在類似模式（Kapardis 1988），搶劫團夥人數越多，越可能導致傷害（正如我們在第三章看到的，對警察一方來說也是如此）。這與我們即將在第六章中討論的觀眾效應很相似，結夥人數較多時，會創造自己的情緒空間，彼此鼓勁，從而製造出比一對一打鬥更加嚴重的暴力。

在關於倫敦搶劫案的那項研究中，有一個值得注意的特點是，搶劫者可以分成三類：攜帶真槍的人；攜帶複製品（無法開火的假槍，外表十分類似真槍）的人；用皮包裡或口袋裡的某個東西來虛張聲勢，聲稱（或寫在紙條上）自己帶了槍的人。我們已經看到，帶真槍的搶劫者大多不會開槍，也很少會射中什麼人。但訪談顯示，他們都很重視自己的槍，認為槍能顯示他們是認真的。在持械搶劫者中，帶槍的搶劫者是最職業化和最認真的，他們認為自己是職業的犯罪者，並希望出獄之後繼續走這條路。他們的確悉心計畫了搶劫，仔細挑選並觀察目標，衣著注意偽裝，並設計了詳盡的逃跑計畫。這些搶劫者幾乎總是結夥行動（百分之八十二），相較之下，攜帶假槍的搶劫者只有百分之四十六有同夥，而虛張聲勢者只有百分之十六有同夥。這意味著在某種程度上，帶真槍的搶劫者有更好的犯罪網絡，同時意味著他們在搶劫者這個身分上有著更好的社會支持。這種社會支持與群體情緒氛圍會一直蔓延到搶劫中，因此這些搶劫者會很容易被情境激發，時刻準備好建立支配權。正因如此，這類人也更可能實施暴力，硬漢會在另一群硬漢面前做出表演。他們帶的槍主要被視為群體身分認同的標誌，當然這並不是說其他人就不能用槍，而是槍的主要作用是為其攜帶者確立信心和攻擊性。

使用假槍的搶劫者在犯罪者的身分認同上不那麼認真，有些人明確表示，假槍使得整個行動就像是一場戲：「我只是一個小毛賊，我可不是黑幫成員……對我來說，因為槍不是真的，所以整件事一點也不嚴肅。」另一個人說：「我只是在演二十分鐘戲……假裝一個不屬於自己的身分。」還有一個人說：「一旦你走進去，你就變成一個機器人。你知道自己該做什麼，於是就這麼做了。」（Morrison and O'Donnell 1994: 72-73）這些帶假槍的搶劫者對每次搶劫時能夠獲得的錢財期待也較少，對成功的自信心也更低，許多人都覺得自己很快就會被抓，這一點與帶真槍的職業罪犯不同。就像帶真槍的搶劫者能從槍中獲得信心或情緒能量一樣，這些仿冒者並不能從明知是假貨的武器中獲得什麼能量。他們一定希望自己這場高夫曼式的戲會被身為受害者的觀眾深信不疑（大部分時候也的確如此），但對表演者來說卻非如此。因此，與職業罪犯不同，他們很少會形容自己從搶劫中獲得了情緒上的愉悅，其中一半人表示，他們會感到身體不舒服、暈眩。其中一人表示，「我想我比櫃檯後的女孩還害怕。」另一個人說：「我避免視線接觸，因為我對自己正在做的事感到尷尬。」（Morrison and O'Donnell 1994: 73）[13]

位於這道光譜上更遠處的是虛張聲勢者。這些人也將犯罪視為事業，之前大多有一長串被捕紀錄（儘管通常並不是因為搶劫），但他們是在犯罪世界中較為鬆散的一角，大多是互無關係、缺乏技巧的個體。他們實施的搶劫通常是一時興起，例如迫切需要錢財用於賭博或毒品，一般不會事先計畫，也不會仔細偽裝或做好逃跑方案。虛張聲勢者絕大部分（百分之九十五）認為自己的犯罪生涯是失敗的。「我做賊不是很成功，也沒什麼好炫耀的。我幹得一塌糊塗。」（Morrison and O'Donnell 1994: 77）他們通常會挑選最容易的目標下手，尤其是在室內環境（例如處理儲蓄與貸款的營業場所），那裡的職員多是女性，很容易威懾。

虛張聲勢者會降低搶劫行為中的衝突性，通常將要求寫在紙條上（三分之二會用紙條，其他搶劫者只有百分之十會這麼做）。搶劫者對這一點沒有十足自信：「我覺得事情不會那麼順利。我以為收銀員會笑起來，那我就得兩手空空離開了。」（Morrison and O'Donnell 1994: 78）事實上，他們之所以用紙條，就是因為情緒能量太低，他們不相信自己的聲音能夠發出令人信服的宣言，就連他們的口頭威懾也是虛假的。相反的，帶有真槍的搶劫者通常會把槍擺出來。如果槍的存在還不足以表明威脅的嚴重程度（無論對受害者還是搶劫者來說），那麼把槍展示出來就會成為一個至關重要的儀式，這個動作賦予搶劫者情緒能量。一旦缺乏情緒能量，搶劫者就會缺乏真實感：「我覺得這事沒什麼大不了的，跟偷錢包沒什麼不同。」（Morrison and O'Donnell 1994: 78）

身為持械搶劫者，關鍵在於要有能夠建立情境支配權的互動技巧。想要繼續犯罪生涯的人，會從相對衝突性較低的搶劫形式向衝突性較高的搶劫形式過渡，這不僅是一種職業上的進展（例如能夠搶到更多錢財），因為這一點並不一定正確（尤其是考慮到年輕人和成年人所需要的錢財金額不同）。這種進展更多是關於如何控制對弱者的攻擊，尤其是如何透過利用正常的社會互動來讓對方變得軟弱，讓其他人的衝突性緊張／恐懼為己所用[14]。發展出這些技巧的人通常很為自己自豪，也覺得這些技能對自己非常重要，這一點應該並不令人驚訝。

卡茨（1988: 195-236）指出，如果只是考慮物質回報，那麼長期攔路搶劫並不是一個理性的選擇。這不僅是因為職業化的持械搶劫者最後大多會被捕或被殺，更是因為即使他們偶爾能搶到大額錢財，通常也會在鋪張浪費的生活中很快揮霍掉。卡茨將這視為一種對「行動」場景的歸屬感，他們沉浸於賭博、毒品、嫖娼的世界，不斷炫耀自己的犯罪所得，繼續從事搶劫很大程度上也是為了繼續揮霍犯罪所得。他們在與受害者發生衝突時，也像是一種遊戲：壓倒受害者，在搶劫開始之前控制對方，從控制情境現實中獲得一種樂趣，讓受害者相信某件事情正在發生，而後讓他們震驚的發現自己受到誤導，並且需要在情境中遭受羞辱，付出另外一種代價。

這種遊戲有可能非常危險，部分是因為可能有人發起反擊，這樣一來搶劫者就需要升級行動。也有可能是因為搶劫者無法控制局面，或者是因為他的技巧有可能失敗，這種情況對心理上的挑戰甚至更為嚴重。毫無疑問，這裡也存在著與所有暴力威脅情境一樣的衝突性緊張／恐懼，儘管成熟的持械搶劫者與無經驗的搶劫者，在控制恐懼的技巧上有差別，但在銀行和自動提款機等處的監視攝影機拍到的搶劫者臉上，卻是存在同樣的恐懼。

經驗豐富的搶劫者會將這一切都考慮在內，他已經學會如何將情境中的恐懼（包括自己的恐懼）為己所用，轉化成額外的興奮。這既類似某些人喜歡在可能被人發現的地方進行色情活動，從而增強性興奮[15]，也類似卡茨（1988）描述的女孩和少女在商店的順手牽羊行為。這是在搞亂高夫曼所形容的日常生活中的呈現，一旦失敗就可能被抓住，這種危險正是情緒上的代價。相較之下，物質回報並不算什麼。

塑造日常互動的儀式性機制是一種情緒上的轉換，它會強化最初的情緒，以及讓雙方彼此注意和相互曳引的情境條件，並將它們轉換為情緒能量。搶劫者的技術在於，他已經學會如何製造一面倒的支配性儀式，在這個儀式中，他能讓其他人感到恐懼、虛弱和被動，而他自己則能從中獲得情緒能量。故意招致危險並處理自己的恐懼，也是提高興奮度的一種方式，它在現場原本混雜的情緒中再次增加了一筆，隨後又將其轉變為更加強烈的情緒能量。如果一切都像我所指出的那樣，人類會在互動時機中尋找最豐富的情緒能量來源，那麼持械搶劫者正是在這裡找到了十分豐富的情緒能量儲藏。他學會在一種極端的支配情境中如何讓自己的情緒高漲起來。一名英國持械搶劫者這樣總結自己的行動：「我很享受搶劫，那種感覺比吸食毒品還棒，爽極了。」（Morrison and O'Donnell 1994: 55）這種技巧與美國著名社會學家貝克爾（Howard Becker 1953）所形容的成為大麻使用者的關鍵步驟一樣。持械搶劫者位於衝突性犯罪者的職業階層頂端，他們對支配性情境上了癮，成了自己的互動技巧的傀儡。

榨取互動中產生的軟弱

家庭暴力、霸凌與搶劫並不會自然發生。它們不只是面對壓力、被剝奪感或是過去曾遭受暴力的沮喪反應。它們是個體學到的技術，更準確的說，它們是透過一系列衝突和溝通所形成的互動風格。如果互動總是面對同樣的人，那麼這會很容易做到，因為雙方都會學習自己的角色，這就是為什麼虐待很常見於家庭之中，因為雙方之間的親密與熟悉讓他們能夠互相磨合調整（也包括正面的調整）。這也是為什麼霸凌作為一種特殊的攻擊弱者的形式，常常發生於無法逃離、具有嚴格階層系統的全控機構。搶劫是最困難的，因為受害者不斷改變，要想成功，就要學會強迫他人輕易接受受害者的角色而無須彩排。即使是用這樣的說法仍簡化了這個過程，因為攻擊者可能需要先花上幾秒鐘來推動受害者進入陷阱，徹底接受受害者的角色（就像在之前提到的案例中，強姦犯會先假裝自己只是為了錢）。這既是搶劫犯比家暴者和霸凌者要罕見的原因之一，也是持械搶劫者最為少見的一項原因。

不同類型的犯罪受害者的頻率排名如下（以下數字來自一九七二年至二〇〇〇年間美國司法統計局的資料：www.ojp.usdoj.gov/bjs，更新於二〇〇三年八月）：

竊盜：十二歲以上人口中，每一千人中最高約一百一十人，最低三十五人。

輕度攻擊（沒有使用武器，沒有造成傷害或傷害較小）：每一千人中最高三十人，最低十五人。

重度攻擊（使用武器，無論是否造成傷害；或未使用武器但造成嚴重傷害）：每一千人中最高十二人，最低六人。

搶劫：每一千人中最高八人，最低兩人。〔這裡所說的「搶劫」包括非持械和持械搶劫，並未區分是否使用武器和是否存在正面衝突。〕

謀殺：每十萬人中最高十人，最低五人。〔也就是每一千人中最高零點零零一人，最低零點零零零五人。〕

我們可以從中看到，最常見的是不涉及任何社會互動的犯罪：竊盜（包括非劫車類的偷車），越是需要使用強制性暴力，衝突性犯罪就越少見，謀殺則最為罕見。

家庭暴力和霸凌的受害者比例比幾乎所有形式的犯罪都要高，除了那些匿名程度最高的財產犯罪：

重度虐待的發生率在兒童中為百分之二至百分之四（也就是每一千人中二十至四十起；Straus and Gelles 1986）。

嚴重霸凌在英國寄宿學校學生中的發生率為百分之五至百分之六（Duffell 2000: 186），在公立中學為百分之五至百分之九（Olweus 1993），即每一千人中五十至九十人；在美國則可能高達百分之十五（Nansel et al. 2001），即每一千人中一百五十人，有些特例可能高達百分之二十五至百分之五十，儘管這些研究對霸凌的定義可能太過寬鬆。

重度伴侶暴力在夫妻之間的發生率為每年約百分之六，即每一千對中六十對。

一般配偶暴力的發生率為百分之十六（Straus and Gelles 1986; Kimmel 2002），即每一千對中一百六十對。這個數字比最常見的非暴力犯罪還要高。

虐待老人的發生率，在與家人同住的老人中為百分之十（Lau and Kosberg 1979）。

發生率最高的是**父母對青少年使用暴力**，發生率高達百分之五十；

百分之八十的兒童曾**攻擊他們的兄弟姐妹**；

父母對年幼兒童的**體罰**發生率為百分之八十五至百分之九十五（Dietz 2000; Gelles 1977; Straus and Donnelly 1994）。

這些數字相當於每一千人中五百人、八百人和八百五十至九百五十人，比持械搶劫的受害者發生率（每一千人中二至八人）要高得多。

隨之而來的問題是，無論有哪些基因或心理因素可以決定某個特定的個體能否實施暴力犯罪，他們都必須透過學習互動技巧才能成為一個成功的搶劫者，甚至霸凌者和家暴者也是如此。雖然尚未深入研究這些課題，但是如果能夠知道一個火爆脾氣的人（基因決定了他很容易發怒和打人）在第一次實施暴力時究竟經歷了什麼，將會很有助於我們去理解這一切。他（暫時假定為男性）是否會成為一個成功的霸凌者？他必須學會去尋找霸凌受害者，畢竟他不可能在蒙塔涅的遊戲室裡那些人緣很好的領袖類型孩子中，找到霸凌的目標。如果自己缺乏社交技巧，他也不可能進入娛樂室的階層系統，而大部分霸凌者都來自那裡，他會變成孤身一人，無法參與集體攻擊他人的行動。如此一來，他有可能成為一個孤單的連環殺手，卻不會成為其他暴力的實施者。事實上，他將無法學會大部分連環殺手具有的隱祕特質，以及將自己假扮成正常人的技巧（Hickey 2002）。如果他的火爆脾氣沒有其他社交技巧來配合，他將很難找到性伴侶，也很難進入家庭暴力的情境，如果沒有更加精密和狡猾的技巧來透過虐待互動同時培養出時刻扮演受害者角色的人，他能找到的女性也許很快就會厭惡他的暴力。由於搶劫的技巧大多是在小團體中學到的，而且衝突程度較高的搶劫往往要先以最容易的搶劫形式練習，因此這個天生火爆脾氣的傢伙，很可能無法成為這種犯罪的實施者。

也許（一些研究者則認為毫無疑問）確實存在這種個體，如果事情確實如此，那麼他們已經帶著火爆脾氣生活了許多年，可能已經實施過一些暴力行為並被記錄在案。但是對於這些暴力行動，我們知道它們是在社會情境中而不是由火爆脾氣的孤立個體所實施的，我們應該去仔細觀察和分析情境過程，而不是單純看資料報告。無論他們的脾氣多麼糟糕，都會在我們形容過的社會情境和關係中表現出來。此外，他們也必定符合普遍存在的衝突性緊張／恐懼、怯懦和對暴力的失能，因此哪怕他們能夠成功的攻擊什麼人，也必定需要選擇軟弱的受害者。基因決定的火爆脾氣（無論有多少這種人）並不是會行走的定時炸彈，他們與其他人一樣需要學習互動技巧。弔詭的是，如果他們脾氣太暴躁，可能永遠都無法學到足夠的技術來成功實施暴力。這可能意味著那些脾氣更加正常的人反而更善於學習實施暴力的技術。

那些成功做到攻擊弱者的人，如家暴者、霸凌者和暴力搶劫者都明白：軟弱並不僅僅取決於身體條件。這不只是一個某些人個頭小、缺乏肌肉的問題。受害者的軟弱表現在社會情境中：他們可能一直地位較低，在社會中處於孤立地位，忍耐和適應了他人的折磨和羞辱；也許他們曾用無效的方式進行過反抗，結果非但未能阻止霸凌，反而可能刺激對方升級行動。有時他們的軟弱僅僅表現在特定情境，其他人可能獲得對他們的控制權，進而操縱他們對現實的感知，剝奪他們的主動性，使他們曳引在外部的情緒中。

所有受害者的一個共同特點就是失去了他們的情緒能量。眼前的情境將他們放在缺乏情緒能量的位置上，也讓他們成為顯而易見的目標，被那些擁有強大暴力情緒能量並在尋找受害者的人所捕獲。在即時情境中，受害者同樣是突然失去情緒能量的一方，這可能並不存在一個長期模式，他們只是在錯誤的時間出現在錯誤的地點，面對著已經學會暴力技術、能夠在情境中掌握主動權的對手。無論如何，暴力實施者都在榨取恐懼，榨取那些缺乏情緒能量的受害者。這也有點像傳說中的吸血鬼，要靠受害者的血液來維持自己的能量，但這不是因為他們是健康的生物，可以為吸血鬼提供維持生命所需的血液，而是因為他們在社會上處於弱者地位，讓吸血鬼能夠切開他們的血管。這個隱喻既陰森又不夠準確。事實上，暴力是一種互動共生關係，暴力的專業實施者發現了一個有利可圖的缺口，讓他們能夠榨取互動中產生的軟弱。

第二部

淨化後的舞臺暴力

第六章 公平搏鬥表演

週五下午，某所高中裡有傳言說即將有人打架。時間是三點，地點在附近某個公園，兩位聲名遠揚的高三學生道森和拉沙德想要證明誰比較強。兩點四十五分，這裡就聚集了一百多名興致勃勃的旁觀者。兩點五十分，道森率先出現。他四處踱步，旁觀者也興奮的竊竊私語。一名旁觀者回憶說，自己的手一直在抖，因為他意識到自己馬上就要看到一場真正的打鬥。隨後，拉沙德出現在公園另一端，與兩名手下一起快步走來。拉沙德看上去比道森要冷靜得多，他並不憤怒，但目標明確，姿態堅定。道森則興奮的跳來跳去。拉沙德走進旁觀者圍成的半圓形空間，步伐節奏始終不變，也不曾移開目光。當兩人視線相交，旁觀者發現道森的眼中閃過一絲恐懼，他似乎怔住了。拉沙德直直的走向道森，毫不猶豫的衝著他的下巴就是一拳。

原本安靜的人群突然爆發。大部分觀眾比兩名打架者年輕，個頭也比較小，他們推擠著試圖靠得更近一些。有些人一言不發，有些人在尖叫，所有人都雙眼圓睜。拉沙德一拳接一拳打下去，道森跌跌撞撞的向後退。道森跌倒在地，拉沙德騎在他身上，有條不紊的打他的臉。

> 人群緊密圍繞在他們四周，隨著他們的動作點頭，旁觀者形容說，他們進入一種恍惚狀態。最後，圈子外面的人闖了進來，將拉沙德從道森身上拖下來。人群從恍惚狀態中清醒過來，有些人捂住了臉，有些人開始嘔吐，有些人則痛哭失聲。道森躺在血泊中，早已被打得鼻青臉腫。最後，他站了起來，兩人握了握手，道森在拉沙德背上拍了拍，表示認輸。（改編自Phillips 2002）

拉沙德全方位的控制了情緒能量。他的出場方式更精采：比對手後到現場，讓對手等待；對手孤身前來，他則帶了幫手，儘管幫手沒有參與打鬥。他從遠處走來時建立了一種韻律，並將其強加到興奮不已、難以自抑的對手身上。從他們視線相交的那一刻開始，他就掌握了支配權。他的對手一拳也沒出，也沒能躲開他的拳頭。道森的光榮就在於參與了這場打鬥，最後他也很樂意宣告自己敗在拉沙德手下，畢竟他是與之過招的人。旁觀者被曳引其中，首先是被道森，而後是被拉沙德。一開始，道森的出現激發了眾人的期待，而隨後，拉沙德入場時的步伐和緊接著的出拳更是令人興奮不已。

這場打鬥儘管有些殘忍，卻自有其規則和限制。除了拳頭，什麼也不能用，不能用武器、不能動腳、不能戳眼，也不能扯頭髮。拳頭都落在上半身和臉上，受害者與攻擊者正面相對。圍觀者也表現「良好」，沉浸在情境情緒中，沒有人試圖干涉打鬥（旁觀者後來對此表示有罪惡感）。只有在打鬥的最後階段才出現例外，但干涉者不在打鬥者周圍形成的小圈子裡。此外，干涉之所以能夠被所有人接受，是因為這種富有節奏的打鬥總要有個結束。這個結束有賴於傳統的團結儀式：仇恨消失了，打鬥者彼此握手以示尊重，並確立雙方的勝負地位。

這兩個人都是英雄，也就是他們都有著令人尊敬的地位。他們透過這場打鬥重新確立了彼此地位的排序，也確立了他們兩人都屬於眾人矚目的菁英小圈子。

理論上，最值得關注的是其中一方如何用自己的韻律曳引對方，這種微觀細節又如何決定了勝負。但在這裡我想集中精力討論一個更加基本的論點：這種公平搏鬥表演如何克服普遍的衝突性緊張／恐懼，並允許暴力持續下去。

英雄對英雄

「英雄」（hero）最初指的是參加暴力對抗並遵守社會規則的個體。這些規則事先得到廣泛承認，有時呈現為一種英雄必須通過的測試，例如神話故事中的英雄必須經歷某些歷練才能獲得財寶、娶到公主或是找到某個王國。這種歷練也可能是被幻想化和浪漫化的真實生活。在這裡，更有趣的是兩名英雄之間的單挑。無論經過怎樣的文學化描寫，這種打鬥無疑都曾發生過，而且曾是某些歷史階段中較為受歡迎的暴力形式。

歐洲最古老的史詩《伊利亞特》（*Iliad*）描述了發生在約西元前七五〇年的一個例子。在這部史詩所描述的戰爭中，第一天發生的第一件事就是決鬥。特洛伊王子帕里斯（Paris）站在己方軍隊前，要求希臘軍隊派人來跟他單挑。站出來應聲的是墨涅拉俄斯（Menelaos）。這很合適，因為戰爭正是由於帕里斯誘拐墨涅拉俄斯的妻子海倫而引發的。帕里斯和墨涅拉俄斯同意，贏得決鬥的人就能贏得海倫，從而平息鬥爭；戰爭會就此結束，兩邊也發誓今後友好相處。不只決鬥雙方，兩邊的軍隊也發下了誓言。在祭祀中，特洛伊的老國王普里阿摩斯（Priam）出面認可了決鬥，並祈求神來保證誓言實現。儀式沒有就此結束：墨涅拉俄斯和帕里斯還抽籤決定了誰先出手向對方投擲長矛。

決鬥開始了，帕里斯處於下風。當他險些被殺時，一位站在特洛伊這邊的女神將他推開。史詩中的每一個關鍵時刻，都會有一位元神靈來干涉和幫助一名英雄，或是保護他不受傷害。我們可以將此類事例闡釋為逃離決鬥，不管怎樣，這都意味著在決鬥中的失敗。雙方軍隊都卸下了裝備，以旁觀者的模式坐在地上。此時，一名特洛伊人受到邪惡女神的慫恿，向墨涅拉俄斯投出長矛傷了他。敘事者稱他為傻瓜，因為他違背了儀式性的休戰協定，神靈經常會慫恿人類做出不理性的行為，這也可以理解為失敗一方的情緒爆發。希臘人將他的行為視為違背誓言，結果爆發了全面戰爭。

《伊利亞特》的整個敘事圍繞著一場戰爭展開，其間有若干小高潮，最後積蓄到整場戲劇的最高點。這些高潮穿插在關於戰鬥的情節之中，但這些情節講述的既不是戰略操控，也不是軍隊之間的交鋒，而是某一個英雄發起衝鋒並殺死大量敵人的故事。英雄殺死的敵人也是受人尊重的英雄，荷馬給出了每個人的姓名和身世，對特別重要的人還描述了他曾取得的成就。正因被殺死的英雄很重要，獲勝的英雄才能因此大大加分[1]。

所以戰鬥的第一天，希臘英雄狄俄墨德斯（Diomedes）首先對特洛伊人發動了攻擊。最後，特洛伊一方的主要英雄埃涅阿斯（Aineias）站出來挑戰他。他們的單挑戰鬥沒有經過正式立誓，雙方互相怒吼挑釁了一陣子，互相發起幾次攻擊，直到埃涅阿斯被一名保護他的女神所救。勝利者歡欣鼓舞，至少他們俘獲了埃涅阿斯的名駒，足以當作光榮的戰利品。後來在同一場戰鬥中，狄俄墨德斯在兩軍之間與一名英俊的特洛伊英雄格勞科斯（Glaukos）狹路相逢；他們互相詢問了姓名與家世，發現雙方在血統上屬於「賓客朋友」，因為他們的父親曾經有過賓客關係並交換過儀式性的禮物。因此，他們沒有打起來，而是結交為朋友，兩人擊掌並交換了盔甲上價值不菲的物件作為信物。

最後，由於戰鬥持續到傍晚，神靈決定為雙方製造休息的機會，也就是讓兩軍坐下來觀看另外一場單挑。特洛伊最強壯的英雄赫克特（Hector）要求希臘人派最強大的英雄來與他單挑，雙方同意，勝者可以得到敗者的盔甲，但屍體要還給對方的軍隊，好舉行一場體面的葬禮。希臘一方有九位著名英雄願意接受挑戰[2]，經過抽籤，埃阿斯（Aias）被選中[3]。這場戰鬥不是一試決勝負，與其他戰鬥不同，他們互相攻擊了幾次，都沒有造成嚴重傷害。夜幕降臨時，他們停止了打鬥，兩方的傳令官作為裁判讓兩人分開。赫克特和埃阿斯隨後交換了衣物和武器，用這種「著名的禮物」來表示他們曾經戰鬥過，並以恰當的方式和解。希臘人則認為這次平手是一場勝利，因為赫克特被認為是更加出色的鬥士。

戰鬥第二天，局勢發生了變化，赫克特率領軍隊對希臘軍隊發起衝鋒。阿基里斯怒髮衝冠，讓他的朋友帕特羅克洛斯（Patroklos）借用他的盔甲加入戰鬥，直到這一刻，赫克特的衝鋒才受到了一定程度的阻擋。阿基里斯的盛名使得戰鬥形勢再次逆轉，帕特羅克洛斯長驅直入特洛伊軍中。最後，赫克特找到了帕特羅克洛斯。赫克特無視正在進行的戰鬥，在神靈的幫助下殺死了對方。但這不是一場儀式化的單打獨鬥，兩人沒有事先做出約定，而如今，戰鬥破壞了帕特羅克洛斯的屍體。赫克特帶走了阿基里斯的盔甲，後來自己穿上它，希臘人最後找到了帕特羅克洛斯的屍體。

戰鬥第三天也是最後一天（至少《伊利亞特》中描述的戰鬥持續了三天），阿基里斯從神手中得到一副新盔甲，他回到戰場，衝入特洛伊軍中大肆殺戮。赫克特知道自己力不能敵，就從阿基里斯身邊逃開，其他戰士後退到一旁，圍觀他們繞著城牆追逐。這不是一場正式的單打獨鬥，但阿基里斯禁止其同盟向赫克特放箭，奪走他殺死對手的榮耀。赫克特（在神靈的幫助下）轉身面對阿基里斯，並提出了慣常的約定：勝者得到盔甲，但要將敗者的屍體歸還下葬。然而阿基里斯因失去摯友而狂怒不已，因此拒絕達成協定。阿基里斯殺死了赫克特，將他的屍體拖在戰車後面帶回營地。故事中的戰鬥在這裡結束了，但後面還有一個章節：老國王普里阿摩斯憂傷的來到希臘軍營，乞求贖回他兒子的屍體。阿基里斯感到羞愧，同意歸還屍體。於是故事結束：偉大的英雄、最強壯的鬥士最終學會了遵守儀式性的協定。

此類戰役會分解成一系列戰鬥，這在特定的社會結構中很常見。古羅馬征服歐洲時，凱爾特戰士會在敵人當中尋找某個個別敵人，把敵人血跡斑斑的頭顱掛在腰帶上以紀念勝利。這些都是戰利品和榮耀的標誌。北美印第安部落的戰士也有類似傳統，例如剝下敵人的頭皮或斬下其身體的一部分，他們相信，如果能吃下敵方著名英雄的心臟或其他內臟，就能獲得他的力量。一個普遍存在的模式是拿走敵人的紋章並公開展示，用來傳播自己的名聲，建立戰鬥中的信心和支配地位。在荷馬時代的古希臘，英雄總是會炫耀他們在單挑中獲得的戰利品，作為禮物互相交還，如果這些戰利品格外有名，他們還會將其視為超自然的產物，當成聖物來對待。中世紀早期的歐洲有一個類似的名譽系統，例如魔法劍的傳說，只有最強壯、最勇敢的英雄才能獲得這些兵器；還有龍和怪獸看守的財寶，只有英雄才能殺死它們。中國歷史上，在君權軟弱、時局動亂之時，英雄人物總是會被描寫為擅長單槍匹馬與敵人作戰。他們能夠輕而易舉的解決小人物，並透過與其他著名英雄對戰來獲取聲名，有時他們也會彼此和解，並結拜為兄弟（Ross 1970; Finley 1973; Brondsted 196.5; Shi and Luo 1988）。

眾人景仰的英雄之間如果發生單挑，背後的社會結構就是當時的軍隊缺乏紀律嚴明的等級制度。凱爾特戰士顯然不在乎紀律，一個廣為流傳的習俗是在戰鬥中脫掉衣服，以顯示自己毫不在乎面前的危險。一個類似的例子是「狂戰士」（berserker，得名於挪威傳說），常見於銅器時代和鐵器時代從美索不達米亞到斯堪的那維亞所發生的戰鬥（Speidel 2002）。「狂戰士」指的是那些在戰鬥中情緒高漲、陷入狂熱的個體，常存在於鬆散的軍隊聯盟中，這些社會形態已不僅僅是部落聯盟，卻仍未形成基於親屬關係、貴族統治或市民軍隊的穩固結構（Searle 1988）。這種情緒的醞釀是為了加強戰鬥表現，在格外關注個人名譽的社會尤為常見，就像我們在荷馬史詩中看到的，透過小規模戰爭和衝突雙方的名譽傳播系統，這種結構才得以實現。

另一個條件是戰場上缺乏能夠占據絕對支配性的社會暴力組織。一對一的戰鬥形式，無論是極端的「狂戰士」變種，還是更加文明的方式，面對一支有組織的隊伍都是無效的。羅馬軍團能夠輕而易舉的打敗凱爾特之類的戰士，只要保持隊伍陣形，他們就能抵禦任何個人攻擊，無論對方多麼狂暴，他們能夠聚集起更多人，並擊敗一個個孤立的個體。羅馬人在戰鬥中嚴禁破壞陣形，他們關注的不是炫耀個人的勇猛，而是保持團體紀律[4]。

個體「英雄」在現實中有助於恐嚇敵人，因此在打勝仗上也有不可小覷的作用。我們可以在荷馬史詩中看到這一點：赫克特是最勇猛最出色的特洛伊戰士，但名聲卻遜於阿基里斯[5]。在前面當代的高中鬥毆事件中，兩人視線相交的一瞬間，拉沙德就在情緒上壓過了道森。但是，一旦敵人有組織的保存己方的情緒能量，並在策略上不那麼重視個體的聲名，而是用足夠的人數來戰勝敵方的弱點，依靠英雄作戰的一方也就失去最重要的武器，即情緒上的支配力。進入英雄或「狂戰士」狀態的人，面對紀律嚴明的部隊或現代警察力量，只不過是一個病態的個體，一個等待被解決的輸家，而同樣一種行為，如果它是出現在缺少階層系統的無序組織裡，就會變成英雄行為。

觀眾聲援與暴力邊界

一場打鬥如果被搬上舞臺且受到限制，雙方的衝突性緊張／恐懼就會得到控制，但這不僅僅是因為雙方不再那麼擔心受到傷害。事實上，這種打鬥的規則可能允許造成嚴重的傷害，只有某些特定類型的傷害會被排除在外。正如我一直以來所論證的，最重要的緊張和恐懼感並非來自對身體疼痛的恐懼。對於身體疼痛，人們其實有著驚人的忍受力（也許是因為很多時候我們都別無選擇，例如生病和事故），大部分人都能想出辦法勇敢面對。

在一場搏鬥賽事中，雙方同意的邊界被視為共同的方向，也是一種雙方之間或明或暗的溝通方式。就算雙方的目的是將對方揍得人事不省乃至殺死對方，他們也會在某種程度上對彼此的約定保持清醒。他們都清楚對方不會做出某些行為，例如只能打臉而不能挖眼。每一回合，他們都會在某個信號之後開始行動，並在某個應該結束的節點停止行動，他們確信，在所有彼此敵對的行動之下，雙方始終保持著溝通。當然，打鬥破壞了日常的互動曳引，但與此同時，一場透過儀式和規則來加以限制的公平打鬥，能夠在另一個層面上讓雙方陷入強烈的主體間相互曳引。這是一場明顯的雙層互動：公平打鬥的儀式建立了一種強烈的團結感，讓雙方的對立情緒得到控制，不再作為注意力的焦點。正是這種結構克服了緊張／恐懼，允許打鬥進行下去，並讓打鬥雙方都滿懷熱情。

在表演型的打鬥中，觀眾是至關重要的，他們會提供聲援，協助控制衝突性緊張／恐懼；他們也有助於維持邊界，踐行規則，保證公平。打鬥雙方的注意力集中在以下幾處：首先當然是關注對手，從技術層面來判斷如何攻擊和防守；與此同時，他們也會注意觀眾，因為他們必須為觀眾上演一齣好戲。因此，他們也會注意自己與對手如何呈現在觀眾眼中，這讓雙方在另一個層面上建立一種共同意識，決定了他們如何作為一個整體來行動。某種程度上，可以說他們是在合作演出這場戲。打鬥雙方的注意力從衝突性緊張／恐懼轉移開來，集中在那些鼓勵他們打鬥的社會聲援和壓力之上。

觀眾不僅很配合打鬥的邊界，甚至會帶頭踐行，例如發出開始與結束的信號，監督雙方是否遵守共同預設的公平規則。他們也可能在某種程度上決定了誰來參加打鬥，他們會挑選勢均力敵的對手，讓強者相遇，避免出現以強凌弱的局面。大家都把注意力集中在這些限制上，這也是另一種克服緊張／恐懼的方法。禮俗本身也可能成為強制雙方進行打鬥的理由。面對羞辱，人們被迫以決鬥回應。一旦這個機制開始運轉，就會產生強大的社會壓力，使雙方都無法退縮，因為稍有猶疑，就可能被視為恥辱，或是被貶低為微不足道的螻蟻，甚至可能更糟。人們經常批評這種社會壓力，彷彿它們應該為打鬥負責，但我們在分析中更應該注意的一點是，觀眾提供了足以克服緊張／恐懼的社會能量和團結感，使得打鬥能夠發生。那些心甘情願參與打鬥的人，正是透過社會聲援和禮俗強制來抑制自己的不情願，這兩者實際上是一回事。打鬥當然可能始於個人不滿，但這種不滿往往很容易就會被呈現於觀眾面前的互動過程給吸收了（有時被強化，有時被弱化）。個人不滿也可能僅僅是一種藉口，用來在觀眾面前占據有利位置，那些找麻煩的傢伙往往會如此。有時很難判斷究竟是哪種情況，但從多個方面來看，如果觀眾是關鍵決定因素，那麼具體情況往往不重要。

這裡我想提出一個能夠驗證的假設：如果觀眾注意力集中，就能降低打鬥參與者的緊張／恐懼，並影響他們參與打鬥的意願、時間和強度。如果周圍只有少數漫不經心的觀眾，雙方打鬥的意願就會較低。這可能是所謂榮譽衝突的關鍵因素，但這往往很難判斷，因為新聞報導和官方報告很少會告訴我們旁觀群眾的規模和注意力[6]。榮譽衝突升級為暴力的情況幾乎總是發生在娛樂場所和狂歡情境（例如週末夜晚），這意味著周圍有大群圍觀者，而他們十分熱衷於圍觀打鬥。可以推測，如果是非週末夜晚空蕩蕩的酒吧，或是周圍人都漠不關心的情況，打鬥發生的可能性會低得多[7]。

從我的親身觀察和學生報告中，我們能看到一些清楚的證據。在其中一個例子裡，打鬥並未發生：一個女孩放學後等人載她回家，她注意到兩名少年正衝對方大叫大嚷，但周圍沒有人群聚集。其他學生三三兩兩的分散在四周，他們只是各自在等父母接自己回家，沒有主動進入圍觀模式。幾分鐘後，兩名男孩各自走開，彷彿他們厭倦了這個局面。第二個例子是我自己在麻薩諸塞州薩默維爾市觀察到的一起輕微街頭衝突（第二章有描述）：寥寥幾個旁觀者都距離很遠，幾乎看不到身影又興趣缺缺，打鬥很快就偃旗息鼓。

第三起事件是我親眼所見，發生在二〇〇三年一月的費城。最開始，一名二十歲出頭的白人男子在夜晚尖峰的車流中騎車穿行，結果被一輛計程車撞倒。人沒事，車也沒有損壞（因為事件最後，他騎上車離開了），但是他很生氣，顯然因為自己在車流中摔下車子而感到尷尬，或許同時也嚇了一跳。他嚴厲斥責了計程車司機，那是一名跟他差不多年紀和體型的黑人男子（顯然是位非洲移民），而司機則拒絕從車裡出來。由於司機逃避衝突，反而使得騎士更加憤怒（可能也讓他更加大膽）。他一邊大吼大叫，一邊將自行車橫在前面擋住計程車的去路，自己則站在另一條車道上，阻擋了所有迎面而來的車輛。這樣一來，他便聚集起不少觀眾，大多是其他司機。那些司機憤怒的按著喇叭，但大部分人離得太遠，不知道究竟發生了什麼事。六、七名路人（包括我自己）站在人行道上，在安全距離之外圍觀，不過沒有聚集到一起談論什麼。只有一個送貨的卡車司機出面干涉，他的車停在計程車後面，要求騎士將自行車挪到人行道上，但對方卻充耳不聞。卡車司機（一個相當壯實的工人）悻悻的走開了，沒有再多說什麼。最後，騎士告訴計程車司機，他記下了對方的車牌號碼，並會向警方告發，事情似乎就這麼告一段落。

騎士將自行車搬到人行道上，車流開始移動。然而，幾輛車通過最近的路口之後，就遇到紅燈。剛好停在白線前的司機是一個肌肉結實的美國黑人，剛才離事故現場只有幾輛車的距離，他搖下車窗，憤怒的責罵騎士阻礙了交通。騎士回罵了幾句，然後掄起沉重的鋼製車鎖，不懷好意的走向對方的車。司機打開車門鑽了出來。這時，綠燈亮了。就在此刻，似乎有什麼東西迅速消失。也許只是雙方都微微猶豫了片刻，黑人男子回到車裡，開車離去。騎士也重新跨上車子，挑釁般的穿過緩慢移動的車輛。整個事件大約持續了四分鐘。衝突從頭到尾都只是虛張聲勢。這與一直以來的模式一致：如果缺乏觀眾來提供注意力和聲援，衝突很難升級。

一八六四年，日本發生了一起類似的打鬥未遂事件。不過，由於當時的社會缺乏法律管制，衝突雙方也更可能給對方造成致命威脅。一名武士（Fukuzawa 1981: 236-37）回憶，有天晚上，他穿過江戶城（後來的東京）荒涼的街道回家，街道兩旁低矮的木造房屋全都房門緊閉：

> 那是一個清冷的冬夜，夜半子時，皓月當空。靜謐而慘白的月光令我毫無緣由的渾身發抖。我沿著寬闊而空曠的街道前行，四下無人，鴉雀無聲。然而我知道，四處流竄的匪徒每晚都會在此出現，在黑暗的角落裡斬殺倒楣的受害者。我撩起長袍一角，準備一有異動就落荒而逃……
>
> 我看到一個男人向我走來。他在月光下顯得身形高大，儘管此刻我已經無法確認他的體型。這個巨漢衝我走來。如今，我們可以去找警察，或是衝進別人的房子尋求保護，但在當時卻沒人能幫得上忙。人們只會大門緊閉，絕不會想到出來回應一個陌生人的求助。
>
> 「這下可糟了，」我心想，「我可不能掉頭逃跑，否則這個流氓只會恃強凌弱，肯定會追上

我不放。也許我最好往前走。而且，如果這麼做的話，我還得假裝自己不害怕，甚至得反過來威脅他。」

我從馬路左側斜著走到了路中間，沒想到對方也隨之往外挪動。這讓我大吃一驚，但事到如今，後退已經來不及了。如果他要拔劍，我也必須拔劍，我曾練過劍術，對此還算是在行。「我該怎樣才能殺了他？嗯，我應該從下方猛刺一劍。」

我已經下定決心，只要他露出一點點威脅，我就立刻拔劍戰鬥。他走得更近了……現在似乎別無選擇。如果對方對我有任何冒犯，我就必須殺了他。當時還沒有警察和刑事法庭。如果我殺了一個無名氏，只要跑回家就行了。我們即將狹路相逢。

每一步都讓我們彼此更接近一分，最後，我們已經近在咫尺。他沒有拔劍。當然，我也沒有。我們就這麼擦肩而過。而後，我拔腿狂奔。我不記得自己跑得有多快了。跑了一段距離後，我才開始回頭看，結果發現對方也在往相反方向狂奔。我鬆了一口氣，開始發現整件事有多可笑……我們兩人都沒有想過要殺死對方，卻因恐懼對方而不得不硬做出勇猛的姿態。然後，我們同時落荒而逃……他一定嚇壞了，我當然也是。[8]

反過來看，觀眾也可能是打鬥的中心元素。人類學家福克斯（Robin Fox 1977）描述了西愛爾蘭小型社區發生的打鬥中，反覆出現的模式：在社區舞會上，醉酒的男人之間爆發爭吵。衝突雙方的親朋好友聚集起來為其聲援，同時也阻止他們做出太過分的傷害對方之舉，大部分時間，衝突者都是與其支持者扭做一團，不停的嚷嚷著「讓我收拾他，我要殺了他！」。親友則竭力阻

【表 6.1】觀眾行為如何影響打鬥嚴重程度

	暴力程度				
	嚴重打鬥	持續較久／溫和	溫和／中斷	未能發生	總計
觀眾行為					
歡呼	15（88%）	2（12%）			17
混合	1（8%）	8（67%）	3（25%）		12
中立	9（32%）	3（11%）	10（36%）	6（21%）	28
焦慮／恐懼	1（5%）	4（19%）	4（19%）	12（57%）	21
干涉		1（9%）	5（45%）	5（46%）	11
總計	26	18	22	23	89

止他們這麼做。雖然衝突雙方此刻都威脅著要殺了對方，但在接下來的日子裡，當無人在場，他們就會無視對方的存在。這個極端的例子表明，如果沒有圍觀者的支持和控制，衝突雙方根本無法進行任何打鬥。

我蒐集了八十九個暴力威脅衝突的一手觀察案例，這些案例均包含充分的資訊（七十四個是學生報告，十五個是我自己的觀察），結果充分證實了這個模式。在圍觀者歡呼鼓勵打鬥者的十七個案例中，有十五個最終升級為嚴重打鬥（百分之八十八），在八起案例中有部分旁觀者也加入了打鬥。在十二個案例中，旁觀者反應不一（興奮程度一般，一部分人很開心的笑著），其中一起升級為嚴重的打鬥（百分之八），八起變成時間持續較久卻較為溫和的扭打、恫嚇和其他形式的有限暴力（百分之六十七），三起以短暫的打鬥終結（百分之二十五）。在二十一起案例中，圍觀者顯得安靜、尷尬、緊張、恐慌和不知所措，其中只有一起升級為嚴重的打鬥（百分之五），四起成為持續很久但程度輕微的扭打（百分之十九），四起為短暫而輕微的暴力形式（例如只打了一拳或摑了一記耳光）且很快就結束了（百分之十九），十二起案例中打鬥並未

【表 6.2】受到雙方人數影響的打鬥激烈程度（觀眾中立）

	暴力程度				
	嚴重打鬥	持續較久／溫和	溫和／中斷	未能發生	總計
雙方人數					
1-3	1（6%）	1（6%）	10（59%）	5（29%）	17
5-100s	8（73%）	2（18%）		1（9%）	11
總計	9	3	10	6	28

發生（百分之五十七）。在十一起案例中，圍觀者干涉、調解或終止了打鬥，**其中一起案例發展為較長時間的扭打**（百分之九），五起涉及短暫而輕微的暴力（百分之四十五），四起打鬥並未發生（百分之四十六）。總體來看，圍觀者的態度與最終發生的暴力程度之間有著強烈的關聯。

最後一種圍觀者類型也是後果最多元的。在二十八起案例中，圍觀者的態度是中性的，也就是漠不關心、事不關己，或者是與衝突雙方相比，圍觀者人數較少。其中九起（百分之三十二）發展為嚴重打鬥，三起成為長時間的扭打或互相恐嚇的爭吵（百分之十一），十起發展為輕微而短暫、很快就停止的打鬥（百分之三十六），六起沒有引發任何暴力（百分之二十一）。究竟是什麼導致這些區別？毫無疑問，衝突雙方的人數是重要因素：在九起嚴重打鬥中，**除了一起之外**，衝突雙方人數都較多（通常是一方十至十五人，最少也是五對五），其中兩起案例的參與者有數百人。幾乎在所有的案例中，如果圍觀者漠不關心，而最後發生的暴力也很輕微或根本沒有發生暴力，那麼參與者通常很少（大部分是一對一，有時防衛一方會有兩至三人，唯一人數較多的案例是六對六）。

如果衝突雙方的人數已經很多，這個效應就會蓋過圍觀者效應，事實上，這些衝突者帶來自己的支持者（因為只有一小部分人會真正積極的參與打鬥）。這也解釋了之前幾段中出現的偏誤，我用粗體標示。在其中一個案例中，圍觀者很恐懼，但仍然發生了嚴重打鬥。那是一場流行音樂會，兩個青少年結夥侵入對方跳舞的地盤，引發常見的衝突。兩邊各有二、三十人，他們對周圍數百名嚇壞了的觀眾視而不見。當衝突雙方人數眾多，觀眾的人數就不重要了。

因此，在八十九起案例中，只有兩起顯得較為異常。在一個案例中（前面已用粗體標示），觀眾的干涉失敗了，那就是第一章所描述的事件：一家人準備出門時，兩名男孩在汽車旁邊扭打起來。另外一起則是在觀眾漠不關心的情況下發生嚴重暴力，而且衝突雙方的人數不多：三名白人青年晚上在一個西部小鎮的荒涼街頭遊蕩，他們截停了一輛車，其中兩人把司機揍了一頓，並指責對方向警方告密毒品交易資訊。此外，家庭暴力也不取決於觀眾效應，持續多年的私仇也是如此[9]。

觀眾不僅會影響到一場打鬥能否發生，以及打鬥的激烈程度，同時也會影響打鬥能否公平進行。為了證明這一點，我之前已經提出一個問題：為什麼觀眾會採取不同的態度？目前我們還無法提供答案，但之後會回到這個問題上。

打鬥有一系列社會限制，不僅包括衝突雙方能對對方做什麼，也包括觀眾能對打鬥者做什麼，以及打鬥者能對觀眾做什麼。在一場表演型的公平打鬥中，觀眾實際上已經同意了不去干預打鬥，至少不會干預到某種程度，打鬥者也不會攻擊觀眾。有時觀眾會有一定的干預，但這通常是一種傳統，儘管邊界不明晰，但群體內部會自動分辨。觀眾對公平打鬥的干預形式通常是為一方拚命向另一方喝倒彩。隨著打鬥升級，圍觀者也許會被曳引其中，代入其中一方的立場而敵視另一方，這可能會導致觀眾的行為越過邊界。單是這種破壞如何發生又如何處理，本身也能給予我們一些啟迪。一般而言，最糟糕的破壞發生在打鬥的關鍵時刻，但即使在那時，圍觀者也是分化的，一小部分圍觀者可能會向他們所支持隊伍的對手投擲雜物，通常不足以影響局勢，但絕大部分圍觀者總是希望打鬥能夠以自己的步調進行[10]。

當然，禮節不是一定會被遵守，公認的限制有時也會被破壞。對社會學家來說，研究這類案例是一個不錯的方法，因為破壞規矩的情形總是能夠揭示那些維持日常運轉的機制。首先要考慮觀眾與打鬥者之間的界線被嚴重破壞的過程。輕微的破壞會被容忍，或是透過細微的調整來解決，只要能夠傳達出邊界仍在的含義即可；也就是說，打鬥者雖已讓邊界發生了變動，但卻傳達出邊界仍然存在的信號，或是明確表示這種變動只是暫時的。然而，嚴重破壞則會導致打鬥的整個框架都不復存在，這就會引發強烈反應。

我的學生報告中有這樣一個案例，描述了一九九七年發生的一起事件：

> 這場打鬥發生在兩名高中女生之間，分別是亞裔和拉丁裔，事發地點在學校前的草坪上。一百五十至兩百名圍觀者聚集四周，兩個女孩的男性朋友聚集在圈子中心為她們加油打氣。而後，附近街區一名體型魁梧的黑人男子闖進了圍觀者的圈子，打了亞裔女孩的朋友，那是一名身高僅約一百六十公分、體重五十幾公斤的瘦小男孩。他的體重大概只有襲擊者的一半。兩名女孩之間的打鬥立刻停止了，眾人湧向黑人男子，開始推擠和毆打他。他奮力擠出人

群，跑到街上，眾人在他身後緊追不捨。五分鐘後，幾輛警車停在路旁，抓住了那名黑人男子。亞洲男孩被叫過來指認攻擊他的人，學生則圍在旁邊試圖一窺究竟。眾人發出歡呼、叫嚷和慶祝聲：「沒錯，就是他！」「抓到他了！」他們對被逮捕的男子指指點點，幾名學生還試圖衝破警察的封鎖去揍他幾拳（毫無疑問，在這種情況下他們覺得自己相當安全，因為警察已經控制住了局勢。隨後，警察帶著嫌疑人開車走了）。

在最初的打鬥中，觀眾默認了不會干涉，同時幫忙加油鼓譟，當打鬥被外來者打斷後，便開啟了一種不同的模式：現在不再是表演型公平打鬥，而是一群富有道德感的人，圍攻一名行事不端的外來者[11]。

一個更加複雜的例子是一九九七年泰森（Mike Tyson）和何利菲德（Evander Holyfield）之間進行的一場重量級拳擊比賽。當時，幾項限制同時被違反：首先是打鬥雙方之間的正常程序，其次是打鬥者與觀眾之間的界線。泰森早就惡名在外，他肌肉發達，但頭腦不太靈光，一度被認為是無敵的，但近年來事業開始走下坡。他已經輸給面前的對手一次，此刻即將輸掉第二次。在第三回合，兩人抱在一起時，泰森咬掉了何利菲德的一塊耳朵。何利菲德狂怒不已。當一名獲獎無數的拳擊手怒髮衝冠時，他做了什麼？他在拳擊臺上狂亂的跑來跑去，胡亂揮動雙臂，憤怒的咆哮。他沒有靠近泰森，讓暴力透過拳頭發洩出來，他根本沒有嘗試在肉體上懲罰泰森。他對泰森的懲罰在另一個更加強烈的層面：他拒絕與泰森繼續比賽。他使用了公平打鬥中的終極懲罰，即剝奪破壞規矩者的參與資格。何利菲德原本在比賽中已經占了上風，此刻他沒有表現出逃避對手的姿態，而是反覆向對方揮舞雙臂，同時憤怒的咆哮，但又與對方保持距離，彷彿拒絕接觸某種遭到汙染的東西。觀眾和工作人員也全都憤憤不平（*Los Angeles Times*, June 29-30, 1997; *San Diego Union Tribune*, June 29-30, 1997）。這一事件立刻被解讀為一樁陰謀，也被認為是泰森惡名累累的事業中最臭名昭著的一樁（甚至比他的強姦罪名還要嚴重）。

破壞公平打鬥的規矩，並不僅僅是造成破壞或引發傷害的問題。一場完全公平的打鬥也有可能擊中面部或眼睛，導致失明、腦損傷、骨折甚至死亡。打鬥雙方都將這種後果視為一種正常的風險。相比這些，耳朵被咬掉一塊可能是一種微不足道的傷痛，但它是意料之外的，既不合比賽規矩，也違反了基本道德，相較之下，其他傷害倒沒有破壞規矩。正是這一點導致憤怒。隱藏在憤怒之下的情感互動也許正是衝突性緊張／恐懼，這些情緒之前由於雙方預設的儀式和規則而受到壓制，如今得到了釋放。因此，一九九七年的泰森對何利菲德之戰所導致的後果也就不同尋常：觀眾從位於拉斯維加斯賭場的舞臺湧出，變得歇斯底里，他們互相扭打，還有謠言說有人開了槍（後來發現並無證據），結果在大廳和賭場裡引發了恐慌，桌子被推翻，四十人因傷入院。警察一度拔槍命令人們臥倒，而後又封閉了賭場和四周的街道，直到數小時後才重新開放。正常秩序一旦崩潰，就可能具有傳染性。

觀眾也會懲罰中途放棄的打鬥者。例如，當一方表現出明顯的懦弱或者最後未能接受適當的懲罰時，觀眾干預打鬥會被視為是合理的。在這裡，他們不是在打鬥的框架內進行干涉，而是干涉破壞框架的行為。值得注意的是，相對於觀眾而言，退出打鬥的一方仍然可能更加強壯和危險，但在這種情況下，我們從未聽說過打鬥者會反擊那些攻擊他的觀眾。他通常太過垂頭喪氣而無力反擊，此時情緒能量會從他身上溜走，讓他成為被動的受害者。

打鬥學校及打鬥方式

英雄無論作為偶像還是真實的行動者，都是社會結構的產物。相關的微觀情境條件包括觀眾、名氣排名，以及一系列用於安排打鬥的儀式。正如我們在本章一開始的案例中看到的，此類打鬥會事先宣布，時間和地點都會提前確定，通常也會設定結束的時間。風險會事先聲明，榮譽法則也會得到公認，武器和戰略都需要明確提出並做限制。當國家組織變得更加嚴密並滲入和控制日常生活，表演型打鬥作為一種衝突形式就變得不再那麼重要。但它依然以兩種形式延續下來：在社會生活未被滲透的領域，非官方的社群會透過表演型打鬥建立自己的階層；同時也存在官方認可的、高度結構化的打鬥，作為一種展示、訓練或特殊的排名系統而存在。

當社會中明確存在韋伯所說的階層，例如貴族或仕紳與平民的分野，那麼通常也會存在一種僅限於上層階級的打鬥形式。打鬥儀式本身塑造了地位，儀式參與者會從對手和觀眾那裡得到地位的認可，下層階級則沒有資格參與其中，由此被劃清界線。當上層與下層階級之間發生衝突，下層不會得到儀式性的打鬥機會，而是被上層階級殘酷懲罰，或是被交給其下屬處置。在《伊利亞特》第二卷中，一名無禮的平民打斷了希臘議事會的爭吵，結果他被其中一名英雄的下屬揍了一頓，其他人哈哈大笑。日本德川幕府時期，武士有權直接斬殺任何膽敢冒犯他的平民，然而當兩名武士發生衝突，他們需要進行一場儀式性的決鬥（Ikegami 1995）。在十九世紀的法國，經過適當的挑戰儀式，紳士可以用劍或手槍決鬥，但是如果一個人被認為不配參與決鬥，就會被人用棍棒或拳頭毆打一頓，然後被紳士的手下丟出去（Nye 1993: 179, 209）。

決鬥和其他形式的單挑都可能用到各種不同的武器和技能，例如矛、劍、刀、槍、拳頭等。這些武器技能和技巧通常需要經過訓練，歷史上最早的學校教育就是打鬥訓練[12]。在傳統的教育形式之外，培訓各種打鬥與武術技能的學校一直延續至今。傳授打鬥技能的學校並非僅僅是作為決鬥文化的附庸而存在，而經常是其主要組成部分。

武術與武器學校是傳授決鬥禮儀的主要場所。在如今的現代武術學校（主要遵從日本、韓國和其最初的發源地中國的傳統）也能看到這一點。學生穿著特殊的服裝，用不同顏色的腰帶或徽章來標記他們的等級；他們會尊重比自己等級高的人；在進入和離開打鬥場地之前（例如進入練習大廳的前門時，以及踏上與離開練習毯時）會擺出姿勢，然後儀式性的鞠躬；與其他學生開始和結束對練時，他們也會互相鞠躬[13]。這些儀式在每一個環節及其中的無數時機都要重複，最重要的效果是將打鬥舞臺作為一種特殊而神聖的場所，與世俗世界隔絕，從而將打鬥限制在特定的程序內，設立明確的開始和結束時間。同時，這些儀式也被用來表現雙方默認的榮耀感與參與感。打鬥技巧可能被標榜為足以致命：一拳或一腳就能劈裂木板、殺死敵人。在對練中，拳頭總是會從近在咫尺的距離命中目標，有經驗的武者則能成功躲避和阻擋這些致命的攻擊。雖然招數致命，但經過精心計算，有著精確的邊界[14]。

其他武術學校也有類似的禮儀和技巧模式（Nye 1993; McAleer 1994: 119-58; Twain 1880/1977: 26-50）。不同類型的劍術（如單刃軍刀、雙刃劍、重劍等）不僅包括如何防禦和進攻，也包括如何在比賽前後向對方致禮，以及如何記錄進攻和得分（例如被擊中的一方出於體育精神應該主動說出「得分」），如何休息和重新開始打鬥，如何衡量受傷，並決定流多少血才算是一個值得尊敬的結局。十九世紀德國大學盛行的決鬥俱樂部裡，學生會在胸口做好防禦，戴好護目鏡，目標是給對方臉上或頭上造成一道光榮的傷疤（自己也一樣）。獲得參與感的不是勝利者，而是在儀式性的打鬥中受傷的一方。同樣的，拳擊等訓練學校也會同時傳授打鬥技術和比賽開始及結束的規則。歷史上，究竟多大程度的身體傷害才足以結束一場打鬥的標準也不斷變化，但是無論何處的打鬥學校，傳授的都是有明確的時間表和規則的打鬥，因此它們在社會上推廣的打鬥形式也是如此[15]。

當表演型打鬥嚴肅的進行時，相關規則會被反覆而明確的宣布出來。這類打鬥幾乎毫無例外是在觀眾面前進行的。即使在過去，決鬥處於半非法狀態而必須隱祕進行時，雙方也都需要帶上助手，這些助手起初稱為「見證人」（McAleer 1993: 223），有時還會擴展為人數不少的隨從團。決鬥開始時，或是一方發出挑戰而另一方接受時，參與者通常會先聲明雙方將要遵守的規則。這不意味著他們就一定會遵守這些規則，但無論衝突因何而起，破壞規則都會被認為是一種更加令人鄙夷的行為（Nye 1993）。武術學校最重要的作用是反覆強調打鬥中恰當的禮儀，學校的模擬對戰無論在技巧上到達哪一級別，幾乎總是著重強調開始、結束和向對方表示敬意的程序[16]。

決鬥最流行的時期是十九世紀晚期的歐洲。當時，法國一年發生兩百至三百起決鬥，義大利也是如此，德國則是這個數量的三分之一。但比起決鬥學校、社團和會所的流行，這些數字幾乎不算什麼。在德國，每所學校都有會員多達數百人的決鬥俱樂部，其中有人一週數天都在參與表演型的較量。法國則有數十個劍術會所，成員多達數千人，此外還有射擊俱樂部（Nye 1993: 157-66）。巴黎的報社和百貨公司為雇員設立內部的劍術會所。會員有規律的參與健身，部分是為了在時尚的社交場合維持不凡的外表。被稱為「assault」（劍術比賽）的公開劍術表演每週都會舉行，風度翩翩的紳士在家裡舉辦這些項目，作為晚間娛樂節目。在這些賽事中，不會宣布贏家和輸家，它們的目標僅在於展示正確的劍術和華麗的風格。整體而言，這種表演的數量一定遠遠超過決鬥的數量。

有些時候，除了打鬥學校和表演，就不會再發生其他打鬥。德川幕府時期的日本，武士道（武士的行事準則）正是在武士學校發展起來的。在這段和平時期之前的戰國時代，武士道強調的是對家主的忠誠，而此時，武士已經成為一個優裕的階級，武士道也轉而強調個人榮譽（Ikegami 1995）。當中央政府禁止在軍隊中使用劍，劍術開始變得儀式化。劍術老師開始因關於武士道哲學的著作而聞名，有些人將劍術與禪相結合，有些人則成為著名的哲學家，並以儒家《論語》為基礎，將武士道發展成一種宗教（Collins 1998: 350-58; Kammer 1969）。不是所有武士都放棄了軍人的身分，但是他們此刻實行的武術已經不再適用於現實，而是一種學術上的應用。武士花在劍術研究上的時間，比真正參與決鬥的時間要多得多。

歐洲的騎士競技也是如此，全身盔甲的騎士進行一對一的打鬥表演，手執長矛，沿著相鄰的跑道衝向對方。騎士競技在十四至十六世紀頗為流行，當時軍隊已經固定為大型的步兵軍團，騎士也開始以群體而非個人為單位作戰（McAleer 1994: 16-18; Bloch 1961）。事實上，從希臘城邦時代開始，單打獨鬥在軍事戰爭中就不再有什麼作用，連中世紀的野蠻聯盟也是群體而非個人作戰。正如我們在第三章看到的，勝利大多發生在敵方陣形潰散時。所謂騎士精神，一直都是人為建構出來的，雖然從思想上來說頗為懷舊，但其社會功能卻是新的：用來合法化社會關係中新近強化的貴族階級邊界，而不是用在戰場上。就連爭奪地位的私人恩怨也不是透過單挑來解決，而是透過著名領主的私人軍隊或其追隨者來進行（Stone 1967）。

這不是說所有一對一的決鬥形式都只存在於古代，它們也許是近代才發明的，也許並不存在階級上的先例。拳擊在十九世紀晚期和二十世紀早期的英國和美國（而非其他國家，因為在那些地方傳統的決鬥和打鬥訓練學校依然存在）成為中上層階級最喜愛的健身形式。那些仕紳階級不是職業的、富有競爭力的拳擊手，拳擊手總被認為是下層職業[17]。就像德川幕府時期的武士一樣，仕紳階級的拳擊手會在練習而非公開互毆上花更多時間。二十世紀以來，學習跆拳道、中國功夫及其他武術的學生也都是如此[18]。事實上，這些學校的歷史不長。合氣道是在二十世紀早期的日本發明的，劍道也是如此。正是在日本軍隊用現代槍械取代劍的時候，人們才開始練習使用木劍的武術（Draeger 1974）。隨著打鬥的實際意義越來越少，其儀式卻變得越來越繁複。

由分析可知，打鬥訓練學校的一個主要成果是克服衝突性緊張／恐懼。它們提供一種繞過暴力障礙的辦法，讓雙方的注意力集中在衝突之外，包括禮儀、時間與地點的限制、開始與結束的時刻等。總而言之，注意力集中在雙方透過儀式而共用的歸屬感上，以及制定儀式的菁英所處的社會地位上。在微觀互動方面，雙方會格外關注如何在觀眾面前表現得體，同時不受觀眾影響。

衝突性緊張／恐懼經由兩種途徑得以抑制：首先，觀眾的共鳴和鼓勵使得參與者（包括雙方）成為注意力的焦點；其次，打鬥雙方建立起一種團結感，因為他們共同參與了同樣的儀式。毫無疑問，緊張／恐懼某種程度上仍然存在；在拉沙德與道森的打鬥中，以及文學作品裡阿基里斯與赫克特的戰鬥中，其中一方都獲得壓倒性的情緒能量，另一方則陷入了恐懼或癱瘓。但就連這種不對等的情緒分配，也是從情緒能量的儲備之中而來，正是這些能量使得雙方跨過衝突性緊張的最初障礙，從而成功實施暴力。哪怕在打鬥過程中，其中一方因對手獨占了情境能量而輸給緊張／恐懼，打鬥結束時的儀式也會讓輸家重新建立起一種與贏家的團結感，並且幫助他獲得觀眾的尊敬。

在打鬥訓練學校，就連僅存的衝突性緊張／恐懼也被最小化了。這裡強調的是成員的儀式感，以及衝突本身的人為感（一種虛構的特質）。衝突變成一種身為鬥士的團結感和成員感的體驗，一種英雄菁英的身分，透過置身於打鬥訓練學校，人們與整個世界隔絕開來。

在劍與槍的決鬥中展示風險和控制危機

決鬥在其黃金時代到來之初，就與劍術學校關係緊密。個人決鬥與打群架或世仇不同，它起源於十六世紀的義大利和法國。到了一五九〇年代，決鬥在英國已蔚然成風（Kiernan 1988; Peltonen 2003; Nye 1993; McAleer 1994）。決鬥是由士兵傳播開來的，特別是雇傭兵，後來卻成為一種侍臣流行的行為，進而獲得更高貴的禮儀。這與當時文化程度較高的王室集中權力，並取代鄉下封建領主及其私有軍隊有關。

因此，莎士比亞戲劇中的決鬥對當時的觀眾來說相當新鮮，觀眾中也包括不少剛開始採用決鬥這種行為的皇室臣子。決鬥不僅僅是一種表演型打鬥。首先，它是一種具有很高文化水準的表演。在《羅密歐與茱麗葉》中，有這樣一個關鍵情節：提伯爾特（Tybalt）殺死了羅密歐的好友莫枯修（Mercutio），於是羅密歐在擊劍決鬥中殺死了提伯爾特；提伯爾特是茱麗葉的表哥，因此這件事讓羅密歐的愛人茱麗葉十分憂傷。事實上，此時是一個過渡階段，人們仍然將個人決鬥與家族私仇混為一談。一旦決鬥的規則正式確立，決鬥中出現的死亡就不應由任何人來復仇。事實上，無論是何種侮辱引發決鬥，決鬥本身就已終結了這個衝突。《羅密歐與茱麗葉》最初上演於一五九三年，等到一六〇一年《哈姆雷特》上演時，結尾的那場決鬥已經與決鬥的標準形式很接近了[19]。

決鬥用的是輕劍，而非重型武器，當時流行的是細細的無刃劍，在軍事戰鬥中毫無作用，但很輕便，適合作為上層階級日常著裝的一部分。無刃劍對盔甲毫無效果，但在平民生活中，它卻有可能對人的內臟造成致命傷害。它釋放出的信號說明，攜帶者一旦被人激怒就能隨時進入戰鬥。這種隨時準備好的姿態是一種禮貌的社交方式，其規則就是違反它的人會被認為是在邀人決鬥。但是，當時的法律為了維持社會秩序而禁止決鬥，因此佩戴輕劍主要是一種自我呈現。人們很少會當場打起來，但往往會安排一個決鬥的地點，避開當局耳目[20]。於是，決鬥就變成擊劍比賽，隨之而來的是上流社會中，劍術學校和私人劍術教師的流行，它們成為決鬥文化最典型的特點。英國第一家劍術學校設立於一五七六年，而在一五九〇年代，隨著決鬥的流行，出現一些更時髦的學校（Peltonen 2003: 62）。

一七四〇年代至一七五〇年代，手槍開始取代劍，並於一七九〇年代在英格蘭、愛爾蘭和美國完全取而代之。在法國和義大利，輕劍和重劍（主要在十九世紀使用）決鬥一直到第一次世界大戰仍盛行，手槍決鬥也存在。在德國，有一種與眾不同的決鬥形式很流行，就是使用軍刀（有刃軍刀而非無刃尖劍），不過在情節比較嚴重的情形下，人們往往還是會選擇手槍。

決鬥的正式性及禮儀建立於輕劍時期，之後延續至手槍時期，並發揚光大。恰當的禮儀包括挑戰、口頭羞辱和反駁，含括一句程式化的「你說謊！」（這項指控不一定意味著對方說了假話），有時也包括將手套丟到對方臉上，手套在當時是紳士得體著裝的一部分。決鬥雙方會指定助手，由他們負責安排時間、地點、武器和程序，助手也會作為結局的見證人。在手槍決鬥中，如果雙方都錯失了目標，一般會宣稱自己已經滿意了；如果其中一方受傷，會有醫生（通常是助手帶來的）照料他。有時其中一方死亡，但這不是決鬥唯一的結局。這場儀式只是一種終結爭吵的方法，相對流血較少，更多是展現憤怒，並為自己遭受的羞辱討一個令人滿意的說法。從這方面來看，手槍決鬥比劍術決鬥要寬容，因為用劍決鬥至少要造成一定的傷害，而且究竟何時停止也不像手槍決鬥那麼明確和戲劇化。不過到了一八三〇年代，劍術決鬥已經開始以流出第一滴血為結束。

參加決鬥儀式是菁英身分的標誌。你必須懂得正確的禮儀，並且（從十八世紀末開始）有辦法弄到一套決鬥用的槍械。決鬥的規矩符合社交中的各種禮貌行為：交換名片，好讓助手能夠聯絡到對方；戴手套；一絲不苟的演講詞（有時也可能語帶嘲諷）。決鬥場地本身被稱為「榮耀之地」（field of honor）。助手必須同樣是紳士，因此雙方召喚助手正是展示其菁英網絡成員身分的過程。助手的作用是擔保決鬥者的菁英地位，控制決鬥中的暴力，並與下層階級不合規矩的爭吵劃清界線。有時決鬥挑戰可能會失敗，因為一方無法找到令人滿意的助手。地位格外高的人在任何情況下都不能被挑戰，偉大的領主不可能與普通的貴族決鬥，將軍不可能與下層軍官決鬥（但他也可以這麼做，例如德國軍隊規定副官需要代替將軍決鬥）。事實上，大部分決鬥發生在下層軍官之間（Peltonen 2003: 83, 205; Kiernan 1988: 103; McAleer 1994: 114-17）。美國早年，傑克森將軍（Andrew Jackson）拒絕了一名年輕平民的決鬥挑戰，卻未因而丟失臉面（Wyatt-Brown 1982: 335-36）。

決鬥從理論上來說總是帶有死亡風險，但資料呈現的模式卻帶有相反的特點，總體來看，決鬥越頻繁，致死甚至致傷的機會越小。十九世紀末，決鬥最危險的地方是德國，但就算在那裡，致死率也不過百分之二十。德國決鬥有三分之二最後會流血。其中大多是軍官之間的手槍決鬥，頻率約為最低每年十至十五起，最多每年七十五起。同一時間法國決鬥的致死率從未超過百分之三，有些年分甚至低於百分之零點五，在決鬥最頻繁的一八九〇年代，平均每年發生兩百至三百起（大多是用劍）。在義大利，一八八〇年代至一九〇〇年代有四千起決鬥被記錄下來（幾乎都是用劍），其中二十起有人死亡，也就是平均每年兩百起決鬥，其中不到一起是致命的（百分之零點五）[21]。

在愛爾蘭，決鬥從十八世紀早期開始流行，當時每十年有十至十五起決鬥，但到了一七七〇年代已經上升到這個數字的十倍，之後一八一〇年又開始回落。早期決鬥還很罕見且大多用劍時，百分之六十三至百分之百會以一方死亡告終，其餘案例也幾乎總是有人受傷。十八世紀下半葉，當手槍取代了劍，致死率下降到百分之三十六，到世紀末更是下降至百分之二十二，受傷率也下降。當時的手槍瞄準能力很低，這是死亡率下降的原因之一。但同時我們也注意到，理論上來說，不斷開槍直到打中對方也是可行的，但決鬥以一輪開槍就結束的比例卻從百分之四十上升到百分之七十（Kelly 1995: 80-83, 118-20, 213-14）。

我們在其他地方也能看到類似的歷史模式。在英國，決鬥在十七世紀早期才開始制度化，當時每年平均發生二十起公開決鬥，致死率顯然很高（Peltonen 2003: 82, 181-86; 202）。到了一六六〇年代，決鬥已經形成一套複雜的禮儀規則，決鬥挑戰也發生得更頻繁，但與此同時，逃避決鬥的方法也發展起來了。一六七〇年代，決鬥者常被譏諷為華而不實的偽君子，許多人認為他們在決鬥中不過是裝裝樣子。也就是說，當決鬥（至少是發出決鬥挑戰）變得更加流行時，用來限制傷害的方法也隨之發展。十八世紀中期手槍取代佩劍後，這個模式再次重複出現：一七六二年至一八二一年間，死亡率為百分之四十，隨後一直到一八四〇年決鬥被廢止，致死率下降到百分之七，受傷率則下降到百分之十七（Nye 1993: 268，引自 Simpson 1988; Kiernan 1988: 143）。

隨著時間推移，決鬥的禮儀和公平變得越來越重要。十八世紀早期，在愛爾蘭等半開化地區，助手也可以加入決鬥。十六世紀的義大利和十七世紀早期的英國與法國也有這種情況，當時私人決鬥與群體世仇之間的界線才剛剛建立（Peltonen 2003: 179, 191, 203-4）。到了十八世紀晚期，助手已經變成嚴格的仲裁者。在當時的軍隊戰鬥中，滑膛炮管步槍被膛線炮管取代，大大提升了射擊準確度，但在決鬥中使用這種步槍會被視為不公平，尤其在英國更是如此。同樣的，新式手槍的微力扳機也被認為是一種不公平的優勢（Kiernan 1988: 143）。決鬥者不得不使用過時的武器，擁有兩把決鬥用的手槍變成一種復古主義的時尚，就像在機械化的戰爭時代，軍官仍會用佩劍來作為榮耀勳章一樣。由於武器總是古老的，也就傳達了一種訊息：決鬥很大程度上不過是一種表演罷了。

同樣的模式也出現在法國。一七八九年革命期間，決鬥數量飆升，因為中產階級獲得原本屬於貴族特權的決鬥榮耀。到了一八三〇年代，隨著手槍機械的進步（撞擊式火帽取代燧發槍），在每年約八十起決鬥中，致死率約為三分之一。與其相應的是，一八三七年出版了一本決鬥手冊廣為流行，其中明確記錄用劍與手槍決鬥的禮儀，並提供多種降低死亡率的方法。接下來幾年，死亡率降低到平均每年六起，即決鬥的百分之八至百分之十（Nye 1993: 135; McAleer 1994: 64, 248）。在第三共和國時期（一八七五年起），決鬥變得格外流行，成為民主參與的一種標誌。政客在議會中辯論，記者傳播各種指控，他們都可能最終用決鬥來解決爭端。但這些人就算殺死對方也無助於自己的事業發展，事實上，他們的決鬥是很溫馴的。在一八八〇年代的一百零八起政治決鬥中，沒有發生死亡，只有十一起（百分之十）造成了嚴重傷害。在兩百起有記者參與的決鬥中，僅有兩起死亡（百分之一）和十二起嚴重傷害（百分之六）。所謂的私人決鬥（大多與性有關）更加危險，但即便如此，致死率也很低。在總共八十五起事件中，百分之六有人死亡，百分之三十四有人重傷（Nye 1993: 187-215）。

這一切究竟是如何發生的？死亡的危險又是如何隨著情境而調整？需要注意的是，助手可以挑選合適的條件。首先，他們可能會安排雙方和解，或是承認彼此之間有誤會，或是道歉，或是指出其他情有可原之處。在這種情況下，最好是選擇年紀大、有經驗的助手，避開魯莽的年輕人。一名德國專家曾在五十起決鬥中做過助手，其中只有五起最後發展成真正的打鬥，僅兩起產生了嚴重傷害[22]。決鬥也有可能因為程序原因而終止。人們應該在受到侮辱後二十四小時內發出決鬥挑戰，如果遲了，對方可以不予接受，而且名譽不受影響。決鬥本身應在四十八小時內進行（通常是第二天清晨），如果遲了，就可以取消。如果在約定好的時間內，其中一方遲到十五分鐘以上，另一方無須等待。此外，考慮到時間緊迫，有時決鬥會在大雨中進行，致使雙方都很難瞄準。在決鬥違法的地方，也可以透過賄賂警察來逃過決鬥。此外，即使子彈錯失了目標，也會被認為是一個回合，並可終止決鬥，除非雙方助手同意繼續進行更多回合（McAleer 1994: 49-56, 66, 84）。

除了這些臨時變動，助手還可以設定決鬥的程序，從而提高或降低危險。在手槍決鬥中，可以設定開槍的次數與距離。當然，回合越多，危險就越高；標準程序是只進行一個回合。如果進行到四個回合，就會被認為太過殘忍；不過，一八八六年發生在德國軍官間的一起決鬥中，雙方發射了二十七發子彈，表明他們準頭不好，也說明兩人都很固執（McAleer 1994: 68; Nye 1993: 195, 207）。在距離方面，法國通常是二十五步，德國則是十五步，十步就已經很可怕了，五步簡直無需瞄準，哪怕用滑膛槍也一樣。事實上，距離常被設定為三十五步以上，尤其是在法國，而這也是法國決鬥致死率如此低的原因之一[23]。

距離也取決於決鬥的程序（McAleer 1994: 70-75; Nye 1993: 195, 207, 269）。最流行的是所謂「障礙決鬥」（barrier duel），即雙方面對面拉開一段距離（例如十步或二十步），站在一塊長方形的障礙區域後（用木樁來標示，通常五步、十步或十五步寬）。決鬥開始時，雙方之間的距離約為十至十六公尺，這個距離不算十分危險，但決鬥雙方可以提升危險程度。一旦發出開始的訊號，雙方就會向障礙區域走去，並且隨時可以開槍。首先開槍的人如果擊中對方，並讓其失去反擊能力，那麼他就贏了；但如果未能解除對方的武裝，他需要站在原地，而對方則有一分鐘時間走到障礙區域前，仔細瞄準之後再開槍。

另外一個變形是「信號決鬥」（signal duel），通常會從比較近的距離開始，但沒有瞄準的時間。決鬥開始時，雙方槍口下垂，直到信號發出，數到三之後，雙方必須舉槍、瞄準、開槍。如果在此之後開槍，會被認為不夠光彩。更有甚者，德國（決鬥不合法，但受到容忍）和法國（只要遵守規則，決鬥就是合法的）的法庭格外注重殺死對方的決鬥者是否遵從規則。「信號決鬥」讓雙方更有可能生存下來，因為決鬥者一開始都是側身站立，因此目標較小；此外，他們還有較為先進的盔甲，也能為他們提供一些保護。相反的，「障礙決鬥」儘管在某些方面不那麼危險，卻要求雙方面對面站著。另一種降低瞄準率的方法是雙方背對背站著，聽到信號之後轉身開槍。更危險的形式則是「瞄準決鬥」（aimed duel），即給雙方一定的時間（通常是六十秒）來瞄準再開槍。這可能會變成雙方彼此凝視很長一段時間，簡直是對神經的考驗。一八九三年發生在匈牙利議員之間的一場決鬥，雙方瞄準對方三十秒仍未射擊，最後他們垂下槍口，互相擁抱和解（McAleer 1994: 70）。

如果助手想要確保危險降到最低，可能會對武器做手腳，因為是他們負責給槍上膛，他們可能會使用水銀做的、在空中就解體的子彈，或是用非常小的子彈，抑或是降低火藥的威力（McAleer 1994: 66-67，189）。雙方都必須使用滑膛槍，這不僅僅是一種傳統，也是因為滑膛槍

【圖 6.1】法國人在圍觀者面前用劍決鬥。高帽是當時上流社會的標誌（1901）。決鬥雙方互相保持一段距離，都沒有穿上衣，以保證第一滴血能被清楚看到。助手站在一旁，近距離監督雙方的一舉一動。

比現代武器更容易做手腳。當然風險依然存在，相較於膛線槍使用的圓柱形子彈，滑膛槍用的圓球子彈軌跡更加不規則，但由於初始速度較慢，即使擊中也可能只是嵌入人體，不過換作現代武器可能直接打穿。風險總是會存在的，但也可能僅存在於決鬥者的腦海裡。助手作為舞臺助理，有著高夫曼式對自我的集體呈現。決鬥中存在勞動分工，決鬥者應展示自己的榮耀和無所畏懼，助手（很可能不被決鬥者覺察）則應盡可能使風險沒有表面上看起來那麼高。

若是用劍決鬥，也可以設置障礙和限制（McAleer 1994: 59-62, 185; Nye 1993: 197, 201-2, 291）。在德國，重劍有比較鈍的一側，無論如何，弧形的劍刃都不可能造成長劍那樣的穿透傷。雙方只能揮砍，也許會造成傷口和流血，但通常不會很嚴重。決鬥中不能談話和嘲諷對方，如果有人武器脫手，除非他能回到作戰狀態，否則對方不得繼續攻擊。與好萊塢式的劍鬥不同，雙方不能用腳去踢，也不能用另一隻手揮拳。比較理想的方式是決鬥雙方近距離站在一起，讓劍的動能受到限制（就像拳擊比賽中，雙方抱在一起一樣，這是現代拳擊運動的一種常見策略）。一定程度的保護也是有可能的，例如在脖子或腹部圍上圍巾。此外，決鬥者可以盡可能暴露皮膚，好讓血跡特別顯眼，因為根據規則，只要流出第一滴血，決鬥就結束了。這在法國格外盛行，決鬥者有時會在助手的安排下，赤裸上身決鬥，或是穿上能讓血跡格外顯眼的白色衣服。法國決鬥者通常不會戴皮革手套，因為傷口最可能出現在手和手腕上，那裡是通常瞄準的位置，如果瞄準下腹部，甚至瞄準腿部動脈，會被認為是非常嚴重（甚至可能受到懲罰）的越軌行為。不過，在德國，雙方通常都會佩戴臂鎧，因為他們往往不願以如此輕微的傷口來終止決鬥，傷口越是嚴重，越可能被視為榮耀的徽章。臂鎧越厚重，決鬥就越認真。決鬥的程序可以根據希望造成的傷害來進行精密的調整。

決鬥的目的更多在於展示雙方對所在社會群體的歸屬，而不是建立對於對手的支配權。因此，贏得決鬥不那麼重要，展示勇氣才是目標所在。一場值得敬重的失敗，比一場不擇手段的勝利要好得多，在聲譽方面，值得敬重的失敗可能比正大光明的勝利效果還要好。最能體現勇氣的方式（至少在英國和法國）就是讓對方先開槍，然後自己朝空中開槍。在這種情況下，決鬥變成某種賭博（賭博也是菁英群體一種消磨時間的方式，尤其在花花公子間格外流行）。手槍決鬥的某種形式特別像撲克牌遊戲。決鬥雙方可能會抽籤決定誰先開槍，讓決鬥成為對心理承受能力的測試。還有一種比較複雜的決鬥形式，即「障礙決鬥」的變形，雙方之間的無人區域從十至十五步縮短到一條線，如果先開槍的人錯失了目標，他的對手就能走到這條線前，如果先開槍的人膽敢走上前來，就可能讓對方有機會近距離開槍，如果對方想的話。不過似乎很少人會利用這項優勢，以放空槍來展示勇氣，已經能夠結束一場決鬥。還有一種更像賭博的決鬥形式：助手額外準備一對手槍，放在決鬥者看不到的地方，其中只有一把手槍上了膛，決鬥者需要透過抽籤從中選擇一把，如此一來雙方都不知道自己拿到的那把槍是否有子彈（McAleer 1994: 229-30）。然而，願意承擔如此高風險的賭徒，往往會令人不齒。在決鬥最為風靡的時期，人們還是更喜歡低風險的形式。

決鬥成為傳統後，也變得保守起來。武器技術進步了，但菁英決鬥者未採用新武器。一八三五年，柯爾特（Samuel Colt）發明了左輪手槍。在一八四六年至一八四八年間的墨西哥戰爭中，美軍採用了這項裝備，讓它很快聲名遠揚（Chambers 1984）。舊式手槍需要在每發子彈射出後重新上膛，操作起來很繁瑣。因此，如果決鬥需要進行兩輪以上，就需要經過同樣的間隔，讓整個程序顯得格外正式和令人緊張。左輪手槍讓人們可以連續發射六發子彈，因此能夠造成更嚴重的傷害。然而，這種連續射擊在紳士之間的決鬥中，從來不曾得到允許，如果在沒有傳統決鬥手槍的情況下，不得不使用左輪手槍，那麼每一輪只能裝填一發子彈。當然，牛仔之間的槍戰是另一回事，他們是左輪手槍時代著名的使用者，但卻被歐洲決鬥文化視為庶民（McAleer 1994: 68, 79-80）。

當手槍決鬥漸漸退出歷史舞臺，產生一些混雜的傳說。「俄羅斯輪盤」（Russian roulette）遊戲就是決鬥和賭博的混合體，透過以身涉險來展示勇氣與榮耀。「俄羅斯輪盤」是一種沒有對手的決鬥方式。兩者是類似的，因為決鬥通常只會發射一到兩發子彈，大部分時候錯失目標，也不會致命，這與將一把裝有一發子彈的左輪手槍頂在腦袋上開一槍的風險類似。冒著死亡的危險是一種提高地位的方式，也能在貴族群體中成為注意力的中心[24]。但事實上，在二十世紀早期之前，沒有可靠的資料表明有人真正實行過「俄羅斯輪盤」（www.fact-index.com/r/ru/russian_roulette）。類似情境中總是涉及俄羅斯軍官，但過程卻不盡相同，而且細節似乎經過扭曲，成為一種用庶民的左輪手槍進行的遊戲。「俄羅斯輪盤」的遊戲與決鬥背後是同樣的結構：要克服的對手是自己的恐懼，誰能冒著生命危險做出這種行動，誰就能讓自己躋身菁英之列。

菁英決鬥的式微與槍戰的取而代之

決鬥一直遭到反對，這些反對不僅來自教會，也來自試圖獨霸暴力的國家。十七至十八世紀，對決鬥的反對幾乎毫無效果，尤其是在貴族階層控制政府高層的國家。因此，同一批人可能會公開反對決鬥，但私下卻又默許甚至親自參與決鬥。十九世紀中期，隨著決鬥逐漸轉變為槍戰，也變得不再那麼菁英化，最終甚至變成一種庶民化的行為，也就可以被法律明文禁止。最終使決鬥消亡的是民主化的過程，儘管在不同國家進展速度不同。直到十九世紀，決鬥還是貴族紳士的領域，軍官也依照軍銜被視為貴族紳士的一員，儘管他們可能出生時不屬於這個階層。然而隨著十九世紀軍隊規模的擴張，菁英階層受到蠶食，決鬥文化傳播到所有等級的軍官，從而模糊了階級分野。軍隊之外的決鬥同樣如此，到十九世紀晚期已經大為擴展，尤其是在法國第三共和國時期，以及統一後採用議會制的義大利。政治家如今認為自己獲得了成為貴族紳士的權利，其中包括透過決鬥來捍衛自己名譽的權利，這種現象特別容易出現在政治活躍的平民身上。在德國，學生群體的擴張讓決鬥俱樂部蔓延到中產階級。乍看起來，這似乎是將貴族和軍隊的價值觀強加給整個社會，但長遠來看，卻是決鬥變得不那麼菁英化。

這個過程在美國內戰期間的南方表現得特別明顯。相比起歐洲菁英階層決鬥的傲慢，美國南方的白人男性強調民主與平等，包括為了維護自己名譽而向別人下達決鬥挑戰的權利。相對的，最富有和最文明的南方地主則開始拒絕決鬥，將其視為未開化的庶民行為（Wyatt-Brown 1982: 351）[25]。最後，決鬥俱樂部的成員太多了，也就失去吸引力。此時，上流社會禮儀的定義已從暴力轉變為平和的行為[26]。

在美國，一八六五年至一八九〇年間所謂的野蠻西部時代（Kooistra 1989; Hollon 1974），是手槍決鬥最後的輝煌時期。西部槍手組成某種位於前線的菁英階層，在媒體中被浪漫化，也被描繪為惡徒。但他們既非上層社會的一員，也沒有實行上流社會的生活方式。舊有的決鬥文化存在於富有的菁英階層之間，但槍手不是富有的農場主，儘管他們經常作為雇傭兵生活[27]。槍戰中偶爾也會存在禮儀，也可能會在約定時間進行表演性質的槍戰，但是正式的挑戰、助手、對空開槍和禮貌的結束方式都已不復存在。槍手更關心的是自己和對方的性命，而非確認自己的菁英身分。最成功的槍手顯然不是參與表演型槍戰的人，而是在受到冒犯時立刻拔槍報復的人，許多記錄在案的死亡都是由埋伏造成的。這些槍手是從菁英決鬥者到現代酒吧鬥毆者之間的過渡型態。

西部槍戰發生在國家權力滲透的過渡時期。由於缺乏國家控制和保護，私人力量發展起來。事實上，農場主、地主和鐵路資本家的私人武裝隊伍都開始參與暴力事務，並保護他們免遭暴力傷害，他們比個人槍手製造的暴力要多得多（Hollon 1974）。我們看到的圖像是被扭曲的，因為個人槍手獲得更多的曝光度和浪漫名聲，這是因為他們更符合單槍匹馬的個人英雄形象。事實上，即使在名人中，最成功的也是那些曾經（在個人事業的某一時刻）為政府工作的人，例如警長或法警等。西部槍戰事件中，最著名的是一八八一年發生在亞利桑那州境內的O. K.牧場槍戰。那不是兩名英雄之間的單打獨鬥，而是兩個有組織的勢力之間的衝突，一方是美國法警局的三名警官，每個人配有兩把手槍和一把獵槍，另一方則是擴張中的私人農場的五名成員，配有手槍和步槍。

槍從二十世紀的決鬥或單挑中消失，雖然表演性質的打鬥仍然存在，但通常會使用其他武器，主要是拳頭和刀子。使用槍的時候，往往不是公平打鬥。表演型打鬥的精神依然存在於人工製造的封閉社群中，那裡通常有著較為穩定的地位階層，例如美國高中和其他全控機構。同樣的結構在底層製造了霸凌，在菁英階層則製造了表演型打鬥。

這裡，我們可以總結在怎樣的條件下，菁英間才會發生公平打鬥。其中一個類型是國家軍隊間鬆散的聯盟，從歷史上來看，這發生在基於血緣的部落武裝被更大規模的志願軍或跨部落聯盟所取代、但軍隊中還未形成清晰穩定的階層時[28]。此類同盟會產生特定類型的英雄，尤其是「狂戰士」這種殘暴的個體鬥士，靠不受控制的攻擊性來震懾對方，並自吹自擂自己對危險毫不在乎。他們更喜歡單打獨鬥，因為這樣可以最大限度的提升個人名譽。此外，這時的暴力組織形式是某位英雄的隨從團，或是某些英雄及其隨從臨時組成同盟（就像特洛伊戰爭中的希臘軍隊一樣），而不是氏族或幫派的復仇團體。因此，英雄之間會發生單打獨鬥，卻不會發生埋伏和報復性襲擊。

此類結構的另一個特點是菁英與平民的分野。英雄會將他們之間的表演型打鬥限制在兩人之間，並從中獲得至高的榮譽[29]。理想情況下，菁英地位建立在打鬥能力之上，但事實上也與財產有關。在現實中，擁有財產的上層社會不完全是由此類鬥士組成的，透過世襲的財產和爵位，以及更加穩定的條件，仕紳階層可以經由禮儀（包括打鬥中的禮儀），而不是打鬥中的殘忍和效率，來加以區分。

狂戰士英雄變成禮貌的決鬥紳士。由此，出現了第二種表演型公平打鬥的背景條件：鬆散的聯盟關係由強大的國家權力取代，但只要仍然存在位於普通民眾之上的菁英階層，決鬥就可以存在。在這些條件下，決鬥的精神維繫下來，尤其是透過訓練決鬥者的學校，這些學校類似上層階級的俱樂部，在那裡，決鬥禮儀被反覆練習。事實上，絕大部分表演型打鬥都發生在此類學校，就像在外部世界一樣，這些打鬥很少會造成致命或特別嚴重的傷害。表演型公平打鬥隨著菁英／平民分野的消失而式微，儘管它在過渡時期可能曾經風靡一時。

菁英武術學校或俱樂部對於維繫表演型公平打鬥的精神可謂至關重要，比較一下就會發現，二十世紀的此類學校中，事關榮譽的決鬥逐漸消失。武術學校一直維繫到二十世紀之後，但卻已變成體育館或健身房這種新形式。武器被拋棄了，訓練重點轉移到身體上，現代健身房會幫助人們塑造肌肉和持久力，有些也會教授打鬥技巧，例如拳擊和亞洲武術。當代美國人將這些武術視為和平和無害的。在一九七〇年代以來的健身風潮中，健身房變成非暴力的中產階級的愛好，出現大量女性參與者，這些健身房既與政治無關，也沒有黑幫背景。健身房不再是炫耀自我或是展現社會歸屬感的地方，而變成提升自我的所在，人們將這裡作為塑造體型的後臺，而不是表現自我的前臺。但在歐洲，健身房（通常是性別隔離的）往往是招募準軍事部隊和黑幫成員的地方。一九二〇年代，德國準軍事集團正是基於運動和健身風潮組建而成。一九九〇年代，健身中心被作為南斯拉夫種族清洗者的基地，同時也成為常發生強姦案的地方。一九九〇年代，俄國健身房是犯罪團夥聚集的地方。在印度，健身房成為當地犯罪團夥的基地，他們有時也會在種族爭端中提供協助（Fritzsche 1998; Kaldor 1999; Tilly 2003: 36-38; Katz 1988: 272; Mann 2005）。這些平民的健身房不存在榮譽法則，也不會發生個人之間的打鬥，而是恰恰與之相反。

無關公平的榮譽：世仇，不公平的系列打鬥

在現代條件下，槍枝的使用逐漸變得不再公平。這可以分為兩種類型，它們共同組成了現代槍枝暴力（除了搶劫和其他犯罪組成的掠奪型暴力之外）。一方面是團體實行的復仇，另一方面則是升級為槍戰的私人恩怨。後者往往被形容為榮譽衝突，但它們存在獨特的互動規律，我們可以稱之為「跳位升級」（leap-frog escalation）。

說起幫派槍戰，我們應該很熟悉，例如敵對的幫派在飛馳而過的車裡互相射擊，以及更加廣泛意義上的互相報復的幫派暴力（Sanders 1994; Jankowski 1991; Wilkinson 2003）。幫派會透過攻擊闖入自己地盤的年輕男性來保護地盤（也許只不過是幾個街區），而為了對之前遭受的攻擊進行復仇，或是展現自己的力量，他們偶爾也會闖入對方的地盤。幫派鬥爭不是公平打鬥，其形式

不是有觀眾在場維持程序規則的一對一較量。相反的，幫派鬥爭的目的在於當輪到自己進攻或反攻時，向對方施加壓倒性的力量。這個不公平的優勢是很重要的，因為它能幫助人們克服衝突性緊張／恐懼，使得暴力得以發生。使用槍的時候，通常會有幾個黑幫成員參與突襲或埋伏，但其中只有一個人會開槍。其他人提供支援，同時代表著這場打鬥的性質是群體暴力而非單打獨鬥，並不是某個人向另一個人尋求復仇或是維護自己的名譽，而是一個群體向另一個群體發出訊息。具體受害者是誰不重要，殺死另一個幫派中成員的女朋友或孩子，與殺死其中一個主要打鬥成員具有同樣的含義。

幫派鬥爭通常也不是表演型的，亦即不會提前宣布，也不會約定好時間、地點和規則。幫派鬥爭的本質是趁對手不備時占據優勢。因此，導致殺戮成功發生並使得群體復仇鏈維繫下去的，恰恰是雙方輪流占據優勢。如果不能趁人不備，或不能占據壓倒性優勢，幫派之間就會陷入對峙，如同旗鼓相當的兩支軍隊一樣，他們會虛張聲勢，發出各種雜訊，卻不會給對方造成實質性傷害。

接下來的例子表明，槍有時只是用來營造氣氛，偶爾也會造成傷害。一群年輕黑人男性陪一位朋友前往敵對幫派地盤去見一名女孩：

我們當時在抽大麻，想著自己那些亂七八糟的事。然後那邊的黑鬼走了過來，問我們一些讓人惱怒的問題：「這誰？」你知道的，就像問「你他媽誰啊」一樣。我就說「你才他媽誰啊」之類的。你他媽有什麼問題啊，我們只是在這兒吹吹風而已。然後我們就開始對罵。一

> 件事推著一件事發生，我們不知怎的打了起來，所有人都開始推擠著，然後開始互相揮拳，我覺得沒人被打到。不過還是有布朗斯維爾這邊的一個人被打了，因為我們這邊有人打到他的胸口。我自己沒被打到。然後就開始開槍。我們不是真的想要打中什麼人……我覺得沒人真的在瞄準別人，只不過擺個樣子罷了。子彈亂飛。我很高興我們最終平安脫身。（Wilkinson 2003: 153）

槍的使用也會限制打鬥的規模，幫派鬥爭如果用了槍，持續時間往往很短，兩邊不會不停的開槍。這部分是因為正常的緊張／恐懼，部分則是因為缺乏用槍的訓練，槍的品質也比較差。在當代黑幫中，買槍的人通常對槍不怎麼了解，因此常會買到品質不高或裝配有問題的武器，他們通常是出於戀物的情緒才會帶槍，而不是將其作為一種有效的武器（Venkatesh 2006）。通常最多只會有一槍打中。這些特點使得幫派鬥爭對槍的使用，被限制在很小的範圍。

與表演型打鬥相比，幫派鬥爭在時間上會拖長，雙方不會在同一時間和地點聚集起對等的力量，但卻有另外一個選擇：理想狀態下，其中一方會首先獲得不公平的優勢，然後輪到對方。整個流程必須保持平衡，在任何一個時刻，其中一方通常會感到自己受到不公平對待。這種感覺沒有錯，於是他們就會嘗試改變平衡，讓自己獲得支配權。儘管從抽象理論學家的角度來看，整個流程是平衡的，但從參與者觀察到的現實來看，不公平也是實實在在可以感受到的。因此，幫派鬥爭有著臭名昭著的惡性循環特性，而表演型打鬥則通常能為爭端帶來一個雙方都能接受的結果。決鬥會讓雙方都滿意，幫派鬥爭不會。

我前面曾列出表演型公平打鬥的一般條件，對幫派鬥爭來說，同樣存在一定的條件。與個人英雄的打鬥相似，幫派鬥爭也有兩種可能，一種較為古老，另一種則是其在現代的重現。首先，幫派鬥爭的暴力發生在部落團體存在穩定邊界和相對較少的內部層級之時，布萊克（1998）稱之為「穩定的集聚」（stable agglomeration）。這意味著個人身分穩定的鑲嵌在群體身分中，與個人英雄打鬥中不穩定的聯盟相比，此處的每個個體都穩定的歸屬於其群體（儘管女性也許會透過婚姻而改變所屬群體），因此缺乏機會來獲得個人名聲（或者是透過與潛在盟友做交易而獲得這種名聲）。缺乏內部層級也有助於幫派世仇模式的建立，因為缺乏下達命令的結構來強迫個體去認真參與打鬥。群體壓力會讓人們出現在打鬥現場，但大部分人都缺乏打鬥的勇氣和熱情，每當有一名受害者被俘或投降，人們就會非常樂意儘快結束打鬥。這種一槍制勝的幫派鬥爭，會讓人們的懦弱最大化、勇氣最小化。

仇殺的結構起源於部落群體，在前國家社會（pre-state society）較為常見，尤其是在那些具有穩定邊界的農業國家。在第二種類型中，幫派鬥爭也會發生在相對現代的情況下，此時官僚制國家系統的滲透尚未完成，或是處於過渡階段。仇殺最典型的地帶是十七至十九世紀或二十世紀初的義大利西西里、卡拉布里亞（Calabria）、科西嘉島和西班牙。這些地方的關鍵特點在於，當時存在相對自治的農業村莊，或是主要靠親緣關係組織起來的農民團體。這些團體倒不一定是土生土長的，也可能是從國家滲透程度較高的地區遷徙過來。這方面著名的例子是哈特菲爾德—麥考伊夙怨（Hatfield-McCoy Feud），他們生活在一八六三年至一八九一年間西維吉尼亞與肯塔基之間一個極度與世隔絕的地區（www.matewan.com/history/timeline.htm）。現代黑幫鬥爭也存在類似結構，幫派地盤就是城市中的街區，幫派本身不像部落一樣是世襲團體（儘管幫派成員也可以有家庭世代傳遞的傳統〔Horowitz 1983; Jankowski 1991〕），但它們卻被人為塑造成以世仇鬥爭為目的的組織[30]。

轉瞬即逝的情境榮譽和跳位升級的單槍戰

另一種非專業槍枝暴力的類型，我稱之為私人鬥爭的跳位升級。這些事件常被當作維護名譽的爭吵或當面對質，但這樣說無法充分表現其互動過程。典型事例包括酒吧或其他公共場所爆發的鬥爭，它們會經歷一系列越來越過分的挑戰和羞辱而不斷升級（Luckenbill 1977）。高潮往往是其中一個人用槍（在許多酒吧鬥毆中，這個人通常會先離開酒吧，之後又帶著槍回來）射中另一個人。表面上，這些事件與傳統的榮譽鬥爭非常相似，同樣會採用一對一打鬥的形式。盧肯比爾稱之為高夫曼式的「爭角色」（character contest）或「爭面子」（face contest）。但它們與決鬥有重要區別：這些不是公平打鬥，因為其中一個人會採用跳位升級來搶先一步，並用槍來獲得優勢，因此雙方並非勢均力敵。與槍戰相比，我們倒不如稱之為「單槍戰」（one-gun fight）。這種鬥爭不存在決鬥式的規則，例如允許雙方選擇武器、輪流開槍，而且在自己的回合結束後就不能再動手。在「單槍戰」中，持槍者開許多槍的情況並不罕見。對於打鬥的時間和地點，也沒有正式的決定[31]。沒有助手來安排這些事務，因此無法提供社會壓力來幫助維持打鬥的時間，沒有延期舉行的可能，也無法提供讓雙方自願且滿意的結束鬥爭的冷靜期。在這些事件中，只有單槍匹馬的魯莽和現場事態的不斷升級，最後導致其中一方離開並帶來更可怕的武器。

跳位升級含有一種名譽的元素，也就是雙方都認為自己受到侮辱，但這種名譽純粹是以個人為中心。這種名譽不是透過參與公平打鬥來表現自己身為上流菁英階層的一員，它不會讓雙方產生一種聯繫，並將他們擺到高於常人的位置。跳位升級是發生在民主平等設定之下的打鬥，其中不存在階層高低和邊界，與此同時，它也發生在匿名的公共情境，參與者未必有既定社區網絡中的名聲。

我也將跳位升級稱為「情境分層」（situational stratification; Collins 2004, chap. 7），在現代社會中，人們通常不會承認其他人屬於一個更高的階層。人們往往只能獲得個人名聲（例如作為明星，或是在某一個領域或網絡中格外知名），但這個網絡之外，唯一得到尊重或注意的方式就是獲得情境支配權，做出格外吵鬧、浮誇、莽撞和驚人的舉動。我曾提出以下原則（Collins 2004: 272-74）：正式確定時間、公開宣布且成文的儀式，能夠用來產生和強化不同類別的身分；不正式的、未確認時間和未成文的互動儀式，則會導致雙方注重暫時性的個人名聲，並限制在當下的情境中。這能妥善描述決鬥與跳位升級的區別。決鬥之所以菁英化並能得到很好的控制，是因為它能事先確定時間、遵守規則，並且擴展到包括助手組成的網絡在內的公共領域。能夠實行這些規則，證明了參與者的貴族身分。跳位升級則是一時魯莽的現場即興行為；儘管事件可能相似，但不是因為存在制式的劇本，其結果不能讓參與者強化自己的菁英身分，只能讓他們作為魯莽的兇手來維護某種個人名譽。人們也許會爭論說酒吧的鬥毆者至少是該情境中的菁英，因為他（通常是男性）控制了當下的注意力。但即使如此，這種身分也不值得自豪，酒吧中的其他人仍然可以鄙視這些鬥毆者，認為他們是低等生物[32]。這些情境的參與者會格外關注自己的主體身分，過度誇大自己的重要性，卻缺乏相應的社會支持，他們可能製造出一種自己受人景仰的假象，其他人卻未必會認同。

匿名性更高的鬥爭是因交通產生的紛爭。最惡名昭彰的是司機的「路怒症」（road rage），不過步行者也可能發生類似鬥爭，例如行人（及其隨身攜帶的行李和裝備）擋了別人的路[33]。某種程度上，這些馬路紛爭就是匿名跳位升級的終極形式。他們不局限於下層或勞工階級的大男人主義文化，也不一定屬於某個特定族裔，甚至不一定是男性，女性和中產階級也是常見的參與者。「路怒症」是名譽之爭的終極民主化，每個司機（和行人）都是平等的，面對侮辱，他們會認為是自己的權利受到了侵害。

正如卡茨（1999）和其他人（Tilly 2003: 151-56）指出的，鬥爭升級後會超出最初的冒犯級別，因為司機通常無視對方發出的要求和解的信號。由於無法進行象徵性的和解，鬥爭也就升級到一個更高的等級。這些鬥爭也可能以「單槍戰」終結（有時交通工具本身被當作武器，用來輾壓對方的交通工具或將其推離馬路）。這些鬥爭也與名譽有關，但僅僅是車中司機和乘客的名譽，有時甚至只是司機的名譽，而乘客對究竟發生了什麼事一頭霧水。這與決鬥相差甚遠，它無計畫、無組織、突如其來、缺乏作為觀眾和控制者的社會網絡，而且不會產生任何個人身分歸屬感，除非其中有人被警方逮捕。卡茨注意到，從「路怒症」中清醒過來的司機往往就像是作了一場夢，不承認自己之前竟會做出那樣的事情。並不是所有「路怒症」都會出現跳位升級，大部分人會以比較平和的方式結束鬥爭，就像多數打鬥一樣（如同本章注釋33的例子）。

我一直強調的是：打鬥很難發生。表演型公平打鬥是用來克服衝突性緊張／恐懼的主要方法。決鬥能做到這一點，是因為它能透過菁英群體的支持來動員暴力，與此同時，決鬥也將暴力正式化，讓參與者能夠展示自己以身涉險的意願，同時控制風險。仇殺則透過襲擊弱者來克服這種障礙，至少是透過以多欺少、趁人不備或在對手的地盤外發動突襲來獲得情境支配權。仇殺通常每次只有一個受害者，而後參與者會迅速逃離，人們在其中面對暴力時的恐懼與失能是顯而易見的。

我稱為跳位升級的個人鬥爭則選擇了另一條道路來克服這種障礙。由於缺乏社會支持，他們不再採用公平打鬥，而是使用致命程度遠超過對手的武器。這也有象徵性的一面，當某人在酒吧鬥爭中處於下風落荒而逃，他很可能認為自己如果不進一步升級鬥爭就會顯得懦弱。如果他能弄到一把槍，毫無疑問會將其視為某種聖物。我將這種症狀稱為「槍枝崇拜」（gun cult, Collins 2004: 99-101），其儀式性特點來自周邊社群網絡對武器的崇拜，這賦予了槍枝一種情感上的共鳴，從而使持槍者獲得情緒能量的替代來源，受到侮辱和輕視的人如今感到自己占了上風。這種優勢建立在眾人皆知他有槍而對手沒有的基礎之上。正是由於雙方在象徵性武器上的不對等，才讓其中一方有勇氣回來克服自己的緊張／恐懼，使打鬥得以發生。這裡我要再次強調的是，槍不僅僅是一種實用意義上的武器，當戰鬥雙方的士兵都有槍的時候，他們往往會變得更加恐懼和失能。他們之所以能夠克服障礙去實施暴力，是因為他們獲得了象徵性的優勢。

在尊嚴和不敬的背後

男性之間的小型暴力事件很容易被認為事關尊嚴，或者說是與不敬相關，只是後者包含的範圍更為廣泛，不僅包括個人鬥爭，也包括群體攻擊者及群體受害者，並且未必是公平鬥爭。我的資料中有這樣一個例子：一個黑人幫派攻擊了兩名黑人少年，他們穿著去教會的正式服裝來探望祖父母，並不住在這個街區。攻擊者後來這樣為自己的行為進行辯解：「他們覺得自己是什麼東西，就這樣大搖大擺走進來，把我們放到哪裡去了？」

這兩種解釋都是站在攻擊者的角度去理解。儘管兩者可能有重疊之處，但它們也有一些不同。榮譽法則被視為根深蒂固的傳統，是一種秉持保守態度對過去的浪漫懷念。關於不敬的解釋則帶有一種利他主義的同理心，認為攻擊者背負著社會偏見和不公，因此是在「尋求尊嚴拚搏」（in search of respect，出自人類學家布儒瓦〔Philippe Bourgois〕一九九五年的同名著作）。

這種同情心儘管很符合道德倫理，卻扭曲了暴力的結構條件和情境現象。榮譽法則並非只是一個傳統問題，它是一種文化意識形態，只有在特定社會條件下才會表現出來。

對於榮譽法則下的鬥爭，另一種解釋強調的是其理性主義元素。這個論點由美國社會學家古爾德（Roger V. Gould 2003）和提利（2003）提出，認為在缺乏國家法律系統和警察力量的情況下，唯一可以控制暴力的方法就是展示兩件事：要麼是別人不可能對自己占上風，要麼是自己獲得某一群體的忠誠和支持，因而有能力復仇。因此，遵循榮譽法則對個人來說是有利的，這表現在他們願意用暴力來解決問題，同時也會嚴格遵守對某一組織的義務，說明和支持其他成員進行報復。前者可以讓人們知道不能輕易得罪此人，後者則可以讓整個組織獲得一種高度團結的名聲，讓人們知道其成員都有整個組織在背後支援，因而令人畏懼。

這種解釋帶有一種功能主義意味。它認為，缺乏其他社會機制來保證安全時，榮譽法則就會出現，用來保證個人安全。這個論點有些奇怪，因為這個機制帶來的結果恰恰與機制的目標矛盾。個人榮譽和基於榮譽的幫派復仇原本應該帶來安全，但實際上，帶有這種榮譽文化的社會往往因其暴力程度而惡名昭彰，威脅和不安的氛圍也無處不在。它的另一方面也很難量化，我們必須相信，若沒有榮譽法則，就會出現更多的暴力和犯罪。然而在現實中，那些世仇風靡的社會恰恰是暴力死亡率最高的（Keeley 1996）。如果這就是功能主義的選擇，那麼它也不是很成功。它所提供的安全感只是一種假象。我們可以進一步分析，具有榮譽法則的社會有著不正常的暴力程度，是因為它們傾向於將雞毛蒜皮的小事升級為暴力鬥爭，並在不存在麻煩的時候製造麻煩。

認為榮譽法則在提供非正式的法律和秩序，這種理性主義解釋還存在另外一個現實問題。二十世紀末，發生在美國等國家的許多打鬥都被認為是與榮譽相關的衝突，包括酒吧鬥毆和路怒導致的槍戰等。這些事件不是發生在國家權力未能滲透的地方，那些場所不缺乏維護安全的正式機制，也不是無法無天的。更有甚者，這些通常是匿名的公共場合，參與者不需要維護個人名譽，也沒有特定機制來將這些名譽傳播出去。在聖地牙哥的州際公路上曾有人因為爭搶快車道發生追撞，衝一輛卡車的駕駛座開槍，致使司機受傷，坐在他身旁的十七歲女孩死亡（*San Diego Union*, March 8 and March 13, 2004），這種事件也可以被解釋為榮譽衝突。但它不會為攻擊者製造出「惹不得」的名聲，也不會引發幫派復仇，因為這裡不存在任何群體身分。榮譽法則暴力的結構條件並不存在，但卻產生了這種行為。

我的論點是，所謂的榮譽法則暴力不是一種因為恐懼和缺乏安全感而產生的逃避過程，而是一種主動進攻的過程，其動力在於尋求建立菁英地位。這不是一種理性和平等的自衛策略，而是一種試圖讓自己凌駕於對方之上的不平等行動。下面我將提供兩個來源的證據。

首先，即使存在榮譽法則，許多打鬥也不會發生，許多挑釁都被無視了，許多冒犯行為也未被當真。古爾德（2003）描述了十九世紀的科西嘉島等社會，當地的榮譽文化要求家庭成員互相支援，參與血腥的復仇行動，但事實上，他的證據（121-33）顯示，大部分世仇都不會超出最直接的報復行動，多數人不會承擔所有義務，捲入到不停發生的謀殺之中。這與我一直以來強調的主題相同：大部分人都不擅長暴力衝突，只有在很特殊的情況下才會實施暴力[34]。這也符合只有極少數人負責實施全部暴力的模式。這就是現實，那些身處暴力情境中的人都很清楚這一點。同時，它也讓人們產生了階層分野，出現暴力菁英群體（至少是一群自吹自擂、貌似暴力的菁英群體），而其他大部分人只是在幕後支持。我認為，這才是榮譽法則主導下的暴力情境中發生的事，並不是所有人都在遵守法則，而是整個社群分成了兩部分：強硬的菁英群體（可以稱為幫派、家庭、家族、貴族等），以及服從於它們的群體（可以稱為平民、隨從、受庇護者等）。威爾金森（2003）在對紐約暴力菁英的描述中稱他們為「龐克」（punk）或「薄荷」（herb）。這種階層分野結構與榮譽法則的存在有著很強的聯繫[35]。

其次，在榮譽法則情境中，個人往往會去主動找麻煩。他們不是只在維護自己的名譽時才這麼做，其他時候就會謹言慎行，恰恰相反，他們會變得過度敏感，不停的挑釁和激怒他人。當代民族誌揭示了榮譽衝突的典型微觀情境：其中一方採用羞辱性的詞句或冒犯性的手勢來激怒對方，從而引發鬥爭。這個過程用到的詞句都與榮譽有關，但在這裡，榮譽法則被用來挑釁對方，而非自我防衛，它提供了挑起打鬥的藉口，並且歸罪於對方的行為不當，從而將暴力的發生正當化[36]。

威爾金森（2003: 140）提供了一個例子：

我們去了這場派對，有時我覺得這事因我而起，當時我抽了大麻，所以我覺得都是我的問題。我像個傻瓜一樣，走進派對，搖搖晃晃，撞到別人身上。派對結束後，我被人捅了兩刀……不過我不是一個人，跟我一起來的那些傢伙都跑了。

這場打鬥不是一次面對面的衝突。這名十五歲的少年得罪了別人，派對結束後被人追上從背後捅了兩刀，他的同伴可恥的落荒而逃。

在另外一個例子中，受訪者回憶起他的父親曾在家裡放了三把手槍，而他曾在少年時拿出來借給朋友（Wilkinson 2003: 54）：

訪問者：他們為什麼要借這些槍？他們要殺人嗎？

傑瑞米：不是，他們只是想握一下看看罷了。

訪問者：然後發生了什麼？他們出門做了蠢事，然後脫不了身嗎？

傑瑞米：沒錯。那些是我們一起長大的傢伙，也是我們僅有的朋友。

訪問者：然後他們都死了。你是什麼感覺？

傑瑞米：糟透了。我們借給他們槍之前，情況還不錯。然後，就在我們把槍借給他們之後，就像……他們的世界改變了。我們當時七年級，有時候會去找八年級和九年級的麻煩。好像所有人都怕我們，因為他們知道我們身上有槍。

幾位受訪者明確表示，某一社區之所以危險，是因為有人找麻煩：

訪問者：你覺得你所在的街區安全性如何？

奧瑪：還可以、還可以，你可以走過去，沒人會找你〔他指的是訪問者，一名看上去很強健的拉美裔男性〕麻煩。只要別有什麼動作或者試圖控制這條街就行了。

訪問者：所以這裡也有不少暴力？

奧瑪：你要是自己去找麻煩，麻煩就會找上你。（Wilkinson 2003: 50-51）

這種挑釁行為沒有威嚇力，也不會考慮到未來的安全問題。它能夠實現的是兩件事。首先，它能夠（或試圖）讓攻擊者顯得凶惡，從而躋身菁英群體；在這裡，我們再次發現「榮譽」法則只不過是用來占據道德高地的工具罷了。其次，它提供了興奮、集體亢奮、情境曳引的行動情境，黑道文化將其稱為「表演時間」（Anderson 1999）。街頭菁英（street elite）既製造了情境，又控制情境。

榮譽法則是一種關於階級分層的意識形態，產生於特定的社會結構，它在正當性與道德上賦予階層合法的外衣，就像其他階層系統一樣。在這個事例中，暴力與非暴力之間毫不掩飾的出現了分層，有強硬的組織教條與沒有那麼強硬的組織教條的團體間也出現了分野。用功能主義社會學的模式來解釋這一點，並不比過去那些用來解釋社會分層的功能主義理論更好，過去那些理論全盤接收了支配者的意識形態，並認為他們真的對社會公義有所貢獻。

另一種分析可以用來解釋何為「不敬」和「尋求尊重」。在當代社會，在公共情境中襲擊弱者時，「不敬」是人們最喜歡的藉口。在社會學分析中將這種藉口全盤接收實在太天真。它們是高夫曼（1967）和其他學者（Scott and Lyman 1968）稱之為「理由」（account）的微觀互動過程，是因破壞正常互動流程而進行的一種儀式性的修補，其中不僅包括藉口，也包括解釋、道歉、悔意和歸咎於他人。有些理由顯得不那麼真誠，也更以自我為中心，但我們只需要注意到，為暴力行為尋找藉口意味著這些行為確實需要藉口。為自己找藉口的人，等於同時承認了罪行。為「榮譽」而打鬥可被視為「責備受害者」的一種情況，只是做出這項分析的是攻擊者本人，而不是外在的研究者。利他主義的中產階級旁觀者身處爭奪控制權的鬥爭之外，那些鬥爭發生在年輕人主導和幫派暴力氾濫的區域，但旁觀者卻是這些解釋的主要受眾。社會學家揚科夫斯基（Martin Jankowski 1991: 255, 264-70）觀察到，黑幫成員能夠十分清楚的意識到大眾媒體富有同情心的反應，以及法院工作人員和其他社會服務專業人員的主流話語。因此，他們能夠建構出一種解釋，為自己爭取最好的印象。下層階級常說的「侮辱」（「他侮辱了我」），也許是社會科學所謂的「涓滴效應」（trickle-down effect）應用在語言學上，相較之下，其他俗語常會從下層階級擴散到上層階級。

在一對一公平打鬥的例子中，那些以「不敬」為由進行辯解的打鬥，目的都在於建立社會階層。關於「尊重」的論述存在於所有幫派之中，包括入侵一個幫派的地盤（不管是出於什麼理由進入錯誤的街區），也包括傳統的衝突，例如偶遇敵對幫派成員或疑似敵對幫派成員，又或者僅僅是某個路人。我們也許可以將黑幫文化形容為一種關於尊重的文化，更準確的說法則是一種尋求「不敬」並挑起鬥爭的文化。

這些幫派想要表現出菁英的模樣，至少在他們控制的地盤上如此。卡茨（1988）將他們形容為「街頭菁英」，在他們的地盤上控制著那些不屬於幫派成員的普通居民，或者他們只是宣稱自己控制著「所有路過這裡的人」。事實上，大部分情況下這都是一種虛張聲勢，而相應的街區居民也很少受他們控制。揚科夫斯基（1991）形容幫派成員為「離經叛道的個人主義者」（defiant individualist），也就是那些太任性而不願接受正常社會控制的人，他們公然拒絕接受工人階級的工作前景，希望獲得更多財物和權力，享受揮金如土的奢華生活，並將其作為成功的標誌。他們的目標是躋身上層階級，但卻在貧民窟中以當地的標準實施出來。因此，他們的「奢華」生活大多表現為毒品和性愛，透過控制當地更加貧窮和軟弱的人們來獲得尊敬，並儀式性的挑釁其他幫派，從而強化彼此的位置。卡茨（1988: 120-21）敏銳的觀察到，下層階級的少數族裔幫派會選擇格外自吹自擂的綽號，像是國王、法老、總督、首領等[37]。他們也是「離經叛道的個人主義者」，因為他們特別自我中心，試圖在不受懲罰的範圍內盡可能將自己的想法強加到他人身上。

個人與幫派之間存在著以對方「不敬」為藉口發起衝突的策略。卡茨稱這些個人主義者為「壞蛋」（一系列類似的詞彙都會凸顯出「壞」的一面，亦即有意呈現出的邪惡，白人黑手黨則稱這些人為「自以為是的傢伙」）。我們可以對這些自我呈現做出理性主義的解釋：凶神惡煞的目光、挑釁的身體姿態、突出威脅性的墨鏡和衣著、惹不起的惡名，這一切都可以被視為避免麻煩的策略，只為顯示自己不好惹。然而無論如何，正如卡茨所指出的，除了這些考慮之外，「壞骨頭」的首要目標是顯示，自己無論面對什麼人都能占上風。暴力菁英希望成為非法行動、賭博、嫖娼和派對的中心，也恰恰是因為這些是非主流社會的注意力中心。正如高夫曼（1967）所言，這些「行動所在之處」正是人們透過邊緣行為來顯示自己優於他人，並藉此超越平庸的生活，泰然自若的冒著他人不願意冒的風險，從而證明自己是世界的一員，而不僅僅是一個過客。「當人們日夜狂歡，他們沒有像在兒童派對上一樣享受時光，而是在表演。」（Katz 1988: 200）高夫曼對於「表演世界」所舉出的主要例子是賭徒，街頭流氓那些高夫曼式的爭面子，不僅僅是功利主義的尋求自我保護，而是為了建立自己的名聲，就像賭船上的賭徒一樣。

「不敬」引發的鬥爭與決鬥等表演型公平打鬥不同，因為它縮短了其中的禮儀部分：雙方就時間和地點達成共識，確定打鬥如何結束，並使用符合規則的禮貌詞句；這一切讓參與打鬥變成貴族階級的遊戲。簡言之，區別在於某些打鬥會著重強調公平，對公平和規則的尊重恰恰宣告了參與者的菁英身分。幫派鬥毆和硬漢策略也能宣告某種菁英身分，但途徑不同，並非透過尊重自我設限的規則，而是透過違背規則上演一場好戲，從而炫耀自己能夠衝破界線。硬漢可能是社群中的菁英，但在制度化的系統中卻沒有權力，他所缺乏的正是那些事先約定、白紙黑字寫下並公

【表 6.3】事先約定與否和打鬥的嚴重程度

	打鬥			
	嚴重	溫和	未能發生	總計
事先約定	21（42%）	22（44%）	7（14%）	50
未事先約定	5（13%）	18（46%）	16（41%）	39
總計	26	40	23	89

開宣告的儀式，以及從中獲得的支配權。他一直在即興演出，這讓他成為轉瞬即逝的菁英。

榮譽衝突發生的場所也透露出它所吸引的觀眾群體。就像字面所示，街頭暴力幾乎總是發生在街頭。在威爾金森的紀錄中（2003: 180），百分之七十二的暴力事件發生在街頭或街角、毒品交易場所或是派對和俱樂部（頻率依序排列）。對於涉及槍枝的事件，百分之八十七發生在這些場所。槍幾乎從不會出現在學校（百分之四點三），出現在商場、家庭、運動場和公園裡的情況也不太常見。同樣的，桑德斯（1994: 54）發現，美國西岸黑幫暴力最常發生在街頭，很少發生在學校（百分之一點一）和娛樂場所（百分之一點六）。這一切都說明暴力衝突發生在容易進行表現的地點，像是幫派自己的地盤，或是人流密集的地段。在性質不同的場所（學校、運動場、家庭），暴力很少發生。更有甚者，西岸幫派還將暴力與自己的族裔聯繫起來。墨西哥裔美國人在不同的貧民區挑起爭端，當他們進行搶劫時，目標通常是同一社群的非幫派成員（Sanders 1994: 123, 134）。在這種暴力的自我隔離中，存在一種族群菁英意識，芝加哥幫派會表現得彷彿黑人、白人和亞裔都在他們的榮譽與報復範圍之外，因而不屑對他們發動攻擊[38]。從這個角度來看，這些暴力與決鬥文化相似，只是它們是由不同族裔而非社會階層發起。

我們終於能夠回答之前提出的問題了：假如觀眾對打鬥的嚴重程度或者是否發生都有巨大影響，當觀眾的立場不同時，我們對此又該如何解釋？？如果觀眾為打鬥歡呼喝采並鼓勵雙方，打鬥可能會變得嚴重[39]；如果觀眾態度溫和，打鬥可能會持續很久；如果觀眾表現得恐懼不安，打鬥可能半途而廢，或者進行得很溫和；如果觀眾試圖干涉，打鬥也會中止或進行得很溫和。同樣的，漠不關心的觀眾也更可能看到溫和或半途而廢的打鬥，除非雙方都有較多後援，從而自己提供了內部觀眾，在這種情況下，外部觀眾就無關緊要了。

究竟是什麼因素讓觀眾集中精力在打鬥上，並支援其進行下去，又是什麼因素讓他們採取相反的態度？事先宣布的打鬥會吸引支持的觀眾，毫無疑問也會排斥那些不支持的觀眾，而其他類型的打鬥既可能是即興發生，也可能會因狂歡或其他事先約定好的事件而聚集起來，我們在接下來的章節中將這種情形視為「道德假期」。日常生活中無計畫、無劇本的衝突不太可能召集到支持的觀眾，因此也不太可能發展為嚴重打鬥[40]。馬路上發生的衝突所涉及的觀眾通常更關心自己的道路是否順暢，並將打鬥視為交通堵塞的原因，故會盡可能避免（在那個騎士與計程車司機的衝突中，他們由於身後的汽車不斷按喇叭而中斷了衝突）。臨時聚集起來的觀眾各有各的計畫，因此不太可能一直留在原地觀看，也不太可能互相認識。反過來，當觀眾內部已經建立起社會網絡，他們就更可能會希望打鬥發生。同樣的，當觀眾具有相同的群體身分，無論這種身分是長期（例如高中生）或是短期（例如狂歡者），或是具有更加穩固的群體網絡，或是打鬥參與者的身分為人所知且觀眾可以為他們加油喝采時，觀眾也會更希望打鬥發生。事先約定和公開宣告參與者的身分，都可能會提高發生嚴重暴力的可能，而在臨時聚集起來的觀眾中，較高的匿名程度則降低了暴力持續發生的可能。儘管人們總是覺得烏合之眾比較危險，但事實卻證明並非如此。由於打鬥參與者需要社會支援來克服衝突性緊張，因此更強的社會網絡反而可能更加危險。

但這還不夠。觀眾中也許存在有組織的網絡，但它究竟會支持多大程度的暴力，則取決於更多因素。在我的資料中，有些觀眾群體試圖干涉或阻止打鬥，這通常在小型衝突中都能取得部分成功，其他觀眾（例如十九世紀法國決鬥中的那些）則會控制表演型打鬥，以盡可能降低傷害。有些觀眾只支持表演型公平打鬥，有些觀眾卻為所有類型的打鬥喝采，甚至可能支持不公平的打鬥[41]。在這裡，我們之前討論過的因素就顯得更重要了：菁英群體會支持決鬥，封閉和具有階層分野的群體（例如高中）則會藉此推廣已建立起來的階層系統。當然，在打鬥學校中，與打鬥相關的個體部分都被納入了一個關於群體身分和個人名譽的網絡，因此他們能夠在很大程度上控制暴力的程度。

公平與不公平打鬥的文化特權

我們自始至終都能看到，暴力中存在的根本事實是衝突性緊張／恐懼。絕大部分打鬥絲毫稱不上勇敢、強大和勢均力敵。那麼，我們究竟為何會對打鬥產生「這就是打鬥」的印象呢？表演型打鬥的確存在，但它們需要具備一定的條件。即使在那些情況下，大部分暴力也並不是公平的。先不考慮我在這幾章討論的克服緊張／恐懼的路徑，讓我們想想究竟還有哪些其他類型的暴力。具有組織結構的權力所尋求的不是公平，而是勝利，因此這種地方會發生不公平的打鬥。警察所追求的不是公平，而是壓倒性的制伏所有反抗力量。軍隊也是一樣，儘管他們不一定總能打贏敵軍。父母不會與孩子進行公平打鬥，而只是想強迫他們服從。黑手黨之類的組織犯罪也是一樣，他們需要行使權力，因此追求的是最大限度的威嚇。黑手黨有自己的榮譽觀，但那種榮譽與公平無關。

公平打鬥篡奪了打鬥的定義權，主要因為它們是最戲劇化的類型。大部分文學、戲劇、流行娛樂文化和真實打鬥的傳言中所體現的，都是公平打鬥。決鬥之類的表演型公平打鬥，充斥著戲劇化元素，它會建立起戲劇化的緊張感，透過延遲打鬥來建立一系列疑慮。它會讓觀眾的注意力集中在即將發生的事情上，包括最戲劇化和最具疑慮的情節即將揭幕的時刻，並透過對這種不確定性施加限制來製造緊張。它會製造英雄，包括悲劇性英雄在內，劇情既可以簡簡單單，例如英雄擊敗壞人，也可以具有很高的文學性，例如英雄表面上被擊敗，但其實獲得了內心的勝利。因此，公平打鬥的故事承擔了道德說教的功能，甚至帶有宗教的弦外之音。它能表現勇氣、能力和紳士風度，故能描繪出令人印象深刻的主角，他們從任何一個方面來看都堪稱英雄[42]。

然而，曾經有助於產生公平打鬥的背景條件具有歷史的局限性，因此目前幾乎全部過時了。我已經指出，即使在當時，決鬥也更多是用來表演，而大部分實踐都發生在培訓學校裡。古代的「狂戰士」和荷馬風格的英雄毫無疑問都曾存在，但即使在那時，那些至關重要的戰鬥也不是靠他們贏得的，而是依靠相對來說組織更加嚴密的軍隊來打贏戰爭並建立國家。

在當代社會，關於公平打鬥的修辭有個面向流傳下來，那就是為榮譽而戰，以及因敵人的不敬而戰。我也提到過，這在很大程度上是自我吹噓和找藉口。實行跳位升級的個體在社會層級中沒有受人認可的地位，他們也沒有參與表演型公平打鬥。黑幫和有組織的犯罪是獨特的暴力形式，但這兩者都不是表演型公平打鬥。對黑幫來說，典型的暴力形式是幫派世仇。在現實中，這種以多欺少的行為看起來很懦弱，通常也沒什麼效果，因為幫派成員常常打不中目標，無辜的路人卻可能受到波及。不過，站在黑幫的立場來看，這種無效倒也不一定是壞事，由於幫派成員參與到集體復仇和集體名譽的構建中，所以究竟能否傷害到敵對幫派成員或其親友也就不重要了。甚至傷害到路人也沒關係，因為這意味著他們對敵對幫派的社區造成了傷害，而對方無力保護領土。就算並非如此，這也能顯示自己的幫派格外強硬和惡劣，從而令人恐懼[43]。

這不是說幫派就不會參與表演型公平打鬥，只是那種打鬥主要發生在他們自己的成員之間，作為一種入會儀式，或是作為解決紛爭的手段，包括內部階層地位的鬥爭等（Jankowski 1991: 141-48）[44]。在這些事例中，幫派會承擔觀眾的角色，並控制暴力程度。因此，表演型公平打鬥得到充分利用，至少符合幫派的需求，能夠保證其內部團結，並將對己方力量的傷害最小化。

另一方面，有組織的敵對者則不會參與表演型公平打鬥。黑手黨排除了與暴力相關的大部分儀式。黑手黨家族成員會試圖獨占某一地盤，但他們之所以參與打鬥，不是為了像其他黑幫成員一樣，僅僅在儀式上或心理上控制自己的社群，他們不會參與「你這傢伙是哪來的」這種挑釁，或是羞辱彼此的名譽。這部分是因為黑手黨家族試圖保持一種聯盟結構來管理生意，他們不在乎自己的名譽是否受到挑戰（Gambetta 1993; Katz 1988: 256-62; Bourgois 1995: 70-76；也見第十一章注釋16）。另外，他們採用的是一種不同的打鬥策略，所需的前提條件也不同。黑手黨最喜歡的策略就是欺騙：笑裡藏刀，與潛在的敵人保持友好的社交關係[45]。

黑手黨的殺戮行為有著精心的計畫，他們知道敵方成員的路線，也知道在某一時刻某一成員的確切位置。正因如此，他們才能趁人不備。黑手黨實施的暴力以欺騙為前提，表面上有著友好（至少是正常）的關係，藉機接近敵人並趁其不備發動突襲。這是另一種克服緊張／恐懼的方法：直到最後一刻還在避免發生衝突。對攻擊者來說，衝突在社交關係中並不存在，因此他們能夠懷著正常的信心發起行動。黑手黨成員及其傭兵因此表現出對暴力很擅長，比起其他黑幫甚至警察，他們實施暴力的水準也更高。

在克服緊張／恐懼和對既定目標實施暴力行為方面，普通幫派通常比不上黑手黨。兩者的社交風格和暴力風格都截然不同，幫派主要關心的是在社區中建立起自己菁英和保護者的形象，因此會公然自吹自擂，黑手黨則希望在公開場合欺騙他人，並在私底下建立起普通幫派無法仿效的忠誠。幫派在攻擊其他幫派時幾乎是無差別的，他們只是在藉此進行集體復仇或恐嚇，黑手黨則會瞄準對方陣營特定的個體，有時是己方陣營中的個體（例如當其內部出現紀律問題或權力鬥爭時）。黑手黨的控制手段在使用暴力時會更精確。展示暴力儀式時，黑手黨會表現得殘酷無情，精準有效，而普通幫派則顯得魯莽，不夠成熟。

這可能也解釋了，為何在最近幾十年，我們對黑手黨有一種浪漫化傾向。流行娛樂文化對牛仔槍手乃至私人偵探的關注開始下降，他們都是較晚期的個人英雄版本。這些主題的經典電影，如《日正當中》（*High Noon*）、《馬爾他之鷹》（*The Maltese Falcon*）和克林・伊斯威特（Clint Eastwood）的西部片系列等，都是關於英雄主義的個人鬥士如何不計代價的維護個人名譽。這些都是歷史上的過渡角色，由日常生活中浪漫化而來。假如當代社會結構都不支持製造出英雄的表演型公平打鬥的話，那麼這一點並不令人驚訝。當然，現代社會的運動賽事也是某一個版本的表演型公平打鬥，但其娛樂特點格外明顯，因此顯而易見是在人為設定之下進行的。

關於浪漫化的暴力行為，我們主要討論的當代形式是黑手黨家族。當決鬥式微之後，黑手黨填補了這個空缺，因為它有著同樣強烈的戲劇化形式。雖然結構不同，它卻提供了一場成功的戲劇所必需的元素：情節中的張力與疑慮。黑手黨會格外關注內部成員的忠誠度，並考慮欺騙敵人和發動突襲，在這個世界裡，所有成員都一直處於監控之下。義大利社會學家甘貝塔（Diego Gambetta 1993）在對西西里的觀察中指出了這一點，在黑手黨勢力強大的社群，所有人都以某種方式聯繫在一起，彼此觀察對方的動作，並時刻準備好彙報其他人的位置。這讓西西里的村莊有一種無處不在的警醒與沉默。除此之外，無傷大雅的活動也可能獲得格外的關注，因為他們無法分辨朋友或普通的路人是否會突然變身為殺手。某人自己也可能會扮演一個正常角色，卻只是為了接近他人和殺害對方。這是實施和防禦暴力的一種方法，即在日常生活中做出高夫曼式的表演，並賦予其生死攸關的重要性。

黑手黨另一方面的特點也有助於其被浪漫化。在組織化犯罪網絡的欺騙表層之下，他們有著核心團隊，由真正的家人或是類似家人的團體建立起虛擬的親屬關係[46]。這些也很容易轉化為娛樂，既可以是對當代美國社會十分罕見的由親屬關係組成的團體的描繪，也可以對其真實家庭關係進行諷刺性或嚴肅性的處理。黑手黨家族的故事能打造成肥皂劇，也能拍成懸疑恐怖片。無論如何，它們都能將日常生活中的普通細節轉化為某種重要事件，而在其背景中時刻都有可能爆發暴力[47]。

公平打鬥、欺騙策略乃至長期的世仇關係，都提供了將暴力用作戲劇化娛樂的方法，並會賦予成功實施暴力的人與眾不同的地位。也許正因如此，在娛樂文化和真實生活中，暴力都有其吸引力。在這個文化自覺的背景下，我們之前討論過的醜陋暴力，包括恐慌進攻和攻擊弱者，都為之黯然失色。

第七章 作爲娛樂的暴力

衝突性緊張和恐懼讓大部分的人一般都會避免真正的暴力，即便陷入暴力情境也很難真正實施暴力。我們已經發現一系列克服衝突性緊張／恐懼的方法，其中主要有兩種途徑。第一種是襲擊弱者，這可以透過一系列方法完成，其中最驚人的就是恐慌進攻。第二種則是將暴力限制在受保護的領地裡，轉變為有組織的表演型暴力，從而使暴力得到控制，至少能讓人心中有數，衝突性緊張在此被整個群體的其他關注焦點所取代。第二種路徑又有若干條岔路。前一章討論了表演型公平打鬥，在這裡，參與者被自己和觀眾視為菁英，菁英群體的成員身分成為整個情境中最受人關注的焦點，它讓參與者彼此產生聯繫，並減輕了緊張與恐懼。不管怎樣，就像我們在決鬥中看到的，緊張和恐懼會持續下去，並導致暴力無法順利實施。由於衝突對互動曳引產生根本性的破壞，這種緊張不會就此消失；儘管受到壓抑，它依然能影響暴力的模式，即使在受到保護的領域也不例外。另外一條岔路則是幫派世仇，在這裡，暴力衝突被限制為一系列曠日持久的報復行動。如果表演型公平打鬥缺乏社會組織和支援，就可能會瓦解為一系列憑藉暫時的武器優勢而攻擊弱者的行動。

本章和下一章將會分析另外一條岔路。它將暴力建構為一種慶祝行為，使其得到廣泛認可。這種暴力中有一部分也可被視為表演，但那些不一定是公平打鬥。此處最重要的互動，並不是暴力參與者在崇拜他們的觀眾面前炫耀自己的菁英身分（這是雙方之所以會關注公平的關鍵因素），而是群眾的集體參與。集體搶劫和傳統的破壞行為（例如萬聖節惡作劇）等「道德假期」，都帶有一種平等主義狂歡的意味，狂歡區內醞釀了一種群體共用的興高采烈的氣氛，而暴力使得一切達到高潮。同樣的，與運動和娛樂事件相關的暴力會隨著人群曳引在表演氛圍中而發展起來，在人為製造的衝突裡，參與者會在某個適當時刻捲入受到限制的（也許是不合法的）暴力行為中。

這些集體建構的情境被當作與日常生活區隔開來的人造空間，帶有某種虛假的意味；暴力就來自於這個情緒氛圍中所有人的共同參與。用涂爾幹的話來說，這是一種「集體亢奮」和「大眾團結」所導致的暴力。那麼，在這些人造空間中，暴力究竟會在什麼時候發生，又會如何發生呢？哪怕是在一場狂野的派對或是狂歡區，也並不是時時刻刻都會爆發暴力衝突。就算狂歡者都爛醉如泥，暴力的頻率依然有一個明顯的限度。想知道暴力事件何時會發生，需要從微觀社會學視角來重點分析特定的情境。

「道德假期」

「道德假期」是研究集體行為時的一個經典概念。這是日常社會控制的暫時崩潰，警察等權威機構在此缺席，或是被群眾主動無視。大部分時間裡，大多數人都會遵從公共行為的常規，高夫曼將其形容為對社會傳統保持風度和尊重。這使得警察的工作局限為解決破壞秩序的偶發事件。但在「道德假期」中，群眾作為一個整體陷入了無視規則的意識中，權威機構即使在場也會被眾人的力量壓倒。「道德假期」在時間與空間中建造了一個自由地帶，讓眾人感覺到限制已經不復存在，個人認為自己在群體中會受到保護，從而得到鼓勵去做出平日的禁忌行為。通常現場會出現一種慶祝（至少是歡愉）的氣氛，這是進入特殊現實之時的興奮，這種現實不同於日常生活並與之脫離，其中既不存在對未來的思考，也無須擔心要為自己的行為負責[1]。

「道德假期」能夠暫時讓一系列日常生活中的限制失效，例如對暴力的限制和對財產的尊重，竊盜和破壞財物等行為得到允許。與此同時，日常生活的行為模式也被打破，出現大聲叫嚷、製造噪音等行為，甚至會在大庭廣眾之下出現與性有關的行為。有時人們只是在公共空間打破日常習俗，例如站在馬路中央阻擋交通。並非所有習俗都會同時被打破，「道德假期」往往更傾向於鼓勵特定類型的暴力。這些異常行為通常會經過一系列階段。

接下來這個例子展現了這些階段。二〇〇二年二月，已成為傳統的「懺悔星期二」*狂歡節在費城南街舉行，那裡聚集著許多非主流的店鋪和酒吧。街頭水泄不通；儘管警察設置了關卡來避免人群阻塞交通，行人還是湧出人行道並在車輛中穿行。最後，警察放棄了，乾脆禁止車輛進

*譯注：原本是基督教思罪懺悔的節日，在大齋首日（即聖灰星期三）前的星期二舉行，每年的日期不同，大多是二月初到三月初這段時間。如今，許多地方的人們都會透過狂歡節、化裝舞會和遊行等方式來慶祝。

入這個區域。有些人帶了狂歡節的彩珠鏈，要求女性露出胸部來交換，不過顯然沒有幾個女孩願意這麼做（可以參考紐奧良的類似傳統〔Shrum and Kilburn 1996〕）。傍晚時分，街頭剩下的幾乎全都是未達飲酒年齡的少年，因為成年人早就跑到酒吧狂歡暢飲去了。等到人群占領街頭，酒吧裡出來的人又加入隊伍。觀察者目睹了兩起赤手空拳的打鬥，一起發生在兩名女孩之間，另一起發生在兩個男人之間（這項描述來自一位大學生年紀的觀察者，我採用了他使用的詞彙）。兩起騷動都吸引了一批圍觀者，其中表現最活躍的人為之歡呼喝采並叫嚷髒話，直到警察出面阻止了打鬥。

很快的，有人向警車丟了一個瓶子，結果立刻發展成丟瓶子大戰。玻璃飛濺，許多圍觀者四處飛奔尋找掩護。有人爬到停在附近的車頂上，有人打翻了垃圾桶，有人爬上紅綠燈和路燈。仍在街頭的年輕男性開始肆無忌憚的猥褻女性，要求她們拿肉體來交換珠串，被拒絕後大聲咒罵並做出威脅的動作。瓶子仍在飛來飛去，砸碎了許多車窗和後視鏡，或是刮花了車身。午夜時分，一隊騎警出現在街東頭，將眾人往西邊趕去（大部分人是從西邊來的，因為這條街東邊與高速公路和一條河相交）。多數人慌慌張張的奔向西邊；一小部分人轉身向警察投擲武器。十五分鐘內，眾人已被驅散，街上只剩下滿地的碎玻璃、垃圾和被砸壞的車（改寫自學生報告）。

整個過程持續了約六小時。高度集中的人群（約四萬人）漸漸取代正常的交通秩序，並展現出警察的無能為力。人群變成觀眾，圍觀著數起相互獨立的公平打鬥事件，並在這種娛樂活動被制止時發出抗議。第一個丟瓶子的人充當了催化劑，這時警察開始撤退，人群則開始攻擊停在路邊的車輛和商舖的窗戶，但他們並未攻擊酒吧，因為酒吧是舞臺的一部分。此外，還有人魯莽的做出瘋狂的舉動，例如爬上紅綠燈和路燈。當人群建立起自由區域，「懺悔星期二」的「色情表演換彩珠」傳統就蔓延開來，身處這個暴力情境中的女性卻不配合。這導致更多人爆發了日常生活中不會做出的舉動，但也只是有所節制的性騷擾而已。最後，警察帶著後援重新出現，也激發了最後一次集中抵抗，然而人群在數分鐘內便崩潰瓦解。

在「道德假期」中，權威機構失去了控制，但這並非單純的暴動局面。在自由區域內，不是霍布斯式的一切全部免費的社會，相反的，人們的行動會被限定在特定幾個方面。在費城的「懺悔星期二」，人們只是在扔瓶子和砸車，並沒有縱火或是洗劫店鋪。有些人做出了紐奧良「懺悔星期二」的性騷擾傳統，但也有所節制，例如只是要求女性露出胸部而不是下體，性暴力更是不在考慮之列。與其相對，二〇〇〇年我在拉斯維加斯觀察到的新年慶祝儀式是這樣的：人們快活的向陌生人搭訕，彼此擁抱、親吻和歡呼，花了幾小時來塑造興奮的氣氛。在這裡，「道德假期」受到很大限制。群眾的行為一部分是廣為人知的傳統，一部分則發生在狂歡區。在拉斯維加斯，賭博為許多人提供了日常生活中所沒有的體驗。正如在費城的例子中看到的，一小部分年輕男性會做出莽撞的行為進行慶祝，例如爬上燈柱；在人群最密集的地方晃來晃去也令人無比興奮。他們的行為可能會被視為莫名其妙乃至可憐，但從社會學角度來看，這揭示了「道德假期」的另一個特點：一小群人負責帶領製造興奮點，而冒一點小小的風險正是其中一種方式。

作為一種參與支援方式的洗劫和破壞

洗劫和破壞公物都是發生在權威瓦解的「道德假期」中，較為溫和的暴力形式。更極端的暴力也時有發生，那時就會被視為暴動狀態。但我們將會看到，絕大部分平日裡並不暴力的人，此時做出的都是針對財產的暴力，例如洗劫和破壞公物等，這一部分人決定了「道德假期」會持續多久，並維繫著「道德假期」的框架，而其中就有可能發生更加嚴重的暴力。

在這裡，我會集中討論一群人在自家社區或地盤反抗警察的情況；我會先將暴動排除在外，即某一族裔或其他群體入侵敵對群體領地的情況。前者常被稱為「貧民窟起義」或「貧民窟暴動」，我們也可稱其為「自家地盤抗議」，那是一九六〇年代以來美國的洗劫暴動中最常見的形式。後者是領地入侵暴動，在世界各地的致命性種族衝突中更為常見（Horowitz 2001）。暴動可能發生在更大的脈絡中，例如一九六〇年代的民權運動衝突，或是一九九二年的羅德尼・金審判；此類脈絡為暴力提供了正當性，並促進暴力最初的爆發。這些脈絡已經過仔細研究（Kerner Commission 1968; Baldassare 1994; Halle and Rafter 2003）。我在這裡想著重分析的是，當「道德假期」情境建立起來之後，洗劫行為如何一步步發生。

首先，人們必須反抗乃至攻擊警察，暫時聚集起半軍事化的群體，並成功建立區域之內的準則。在具有種族意味的情境中，人們在攻擊警察的同時，也會同時攻擊恰好處於這個區域的敵對族裔群體（例如一九九二年洛杉磯暴動剛開始時，一名身處黑人區的白人司機從車裡被拖出來痛毆一頓）。無論如何，「貧民窟暴動」的參與者絕大部分不會將攻擊其他族裔或警察作為主要行動。這就是我們為什麼要將此類暴動與領地入侵暴動區別開來，因為後者的目標更加明確，會直接尋找和攻擊敵方人員（敵方的財物也可能遭受攻擊，但那是次要的），而前者則是以洗劫為主要特點。

攻擊警察的形式包括向警車投擲物體（瓶子、水泥塊、石頭等），既能動員一批人，又能拉開破壞財物的序幕。比起開槍或使用爆裂物，這種攻擊敵人的方式是很容易參與的，它有著戲劇性的特質，充斥著爆裂的聲響，並會留下可見的標誌物，例如玻璃碎片、打破的鋸齒形窗戶、砸扁的汽車之類，既能顯示出對日常生活的背離，又不至於像血淋淋的人類軀體一樣極端[2]。這些行動先是驅走了在場的權威機構，而後經由嚴重的破壞行為（對財物的破壞，而不是對人類的攻擊）來建立起「道德假期」。它們共同塑造了一種行為模式，使得破壞延伸到所有可見的公共設施和財物。

洗劫行為可能一開始針對的是某一個特定的族裔，但一旦自由區建立起來，並延續數小時甚至數天，人們就會傾向於將區域內所有的商店和市場都當成目標。所有遭受破壞的地方，其社會限制都已被打破；如果店門被砸壞，這家店就等於是在邀請人們進來，無論之前它的主人是誰。縱火會進一步推進這個過程，因為它會從特定目標（例如受憎恨的族裔）蔓延到相鄰的建築，使得周圍的一切都成為自由區的一部分（Tilly 2003: 143-48）。

洗劫行動會自行發展出組織，就像其他形式的群體暴力一樣：一小群菁英衝在前面，身後是一大群支持者和心不在焉的圍觀者。瑞典人類學家漢內斯（Ulf Hannerz 1969: 173）觀察到，有些人擔負起洗劫領導者的角色，他們會發起襲擊商店的行動，在街頭群眾組成的臨時社群裡，他們甚至是無私的，因為他們不親自參與洗劫，只是為眾人開路，好讓其他人能夠跟上來。他們似乎很清楚，大部分人不會參與到前線暴力中，甚至不會破壞物品，只是會在其他人建立起自由區和洗劫情境之後，才參與其中。洗劫領頭人是推動者，就像臨時集結、不分階層的志願軍隊士官一樣。

縱火可被視為對敵人表達憤怒的方式，但也不止於此。當暴動發生在自己的社區，縱火是不合情理的，因為不能將火勢控制在被視為敵人財產的建築上[3]。不過，在特定類型的群體事件中，破壞自己的財物也不罕見，特別是在狂歡中（之後我會討論這些「狂野派對」的情況）。在這兩個例子中，破壞行為都是吸引注意力和激發集體亢奮的方法，沒有什麼比火更能吸引人們的注意力了，尤其是當火焰近在身邊的時候。一九六〇年代黑人貧民窟暴動常常出現和引用的一句話就是：「燒吧，寶貝，燒吧！」（還有向軍警發出「下一次就是大火」的威脅。）這在政治上具有煽動性，是將縱火作為一種隱喻。「火」本身也是一種修辭，用來形容最嚴重的情況。它的主要效果除了對敵人造成有限的破壞之外，仍是吸引注意力，吸引外部世界的注意，其中最重要的是吸引周邊居民的注意。此時此刻，在已經建立起來的「道德假期」中，人們必須選邊站[4]。

如果說縱火是為了集結人群見證「道德假期」，那麼洗劫就是為了吸引群眾參與。洗劫讓大部分人都有事可做，這是一種反抗權威的行動，因此是「道德假期」的一部分。洗劫相對來說沒有風險，甚至不存在衝突性緊張／恐懼，因為洗劫者（至少是那些跟在後面的人，而不是帶頭者）通常不會與任何人發生衝突，只是攻擊已經遭受破壞的財物。暴動者必須有事可做，否則暴動就會平息，這一點看似平淡無奇，卻未得到足夠重視。如果群眾不再集結，那麼維持「道德假期」的情緒氛圍就會蒸發，警察會殺回來，秩序會重新建立，那麼暴動的能量就消失了。一旦停止，暴動就無法再次開始。

能夠持續很長時間的暴動，一定伴隨著大量的洗劫和財物破壞，並會蔓延到相當廣的區域。超過兩天以上這種時間特別久的暴動，會發生在洗劫和破壞能夠不斷升級的區域，好讓新的參與者不斷被招募進來，這樣新的洗劫與縱火行為（在某些例子中可能發生屠殺）才能不斷發生。

例如一八三〇年，英國農工因不滿削減人員和工資而燒毀了穀倉和農舍，暴動從八月下旬一直延續到十二月中旬，其中大部分行動發生在十月和十一月間（Tilly 2003: 178-87）。這被稱為「斯溫起義」（Swing rebellion），以傳說中的復仇者斯溫船長命名。這個名字隱含了將敵人絞死的威脅，但實際上，除了高潮時期與權威機構之間的衝突之外，大部分暴力行動都局限在縱火。受到有組織的壓制時，暴動會轉移到下一個地區，招募新的參與者，尋找新的破壞目標。這裡的暴力不存在集中化的組織形式，而是每天都局限在相鄰的幾個區域。運動以祕密的縱火開始，到十一月下旬達到高潮之後，抗議者已經被政府威懾住，運動漸漸平息並再次轉移到縱火。這個過程顯示，縱火比直接衝突更容易實施，更容易廣泛蔓延[5]。

在美國延續四至五天的大型暴動中，洗劫是十分重要的一環，例如一九六七年六月的紐華克暴動和一九六七年七月的底特律暴動等（Kerner Commission 1968; Halle and Rafter 2003; Tilly 2003: 145-49）。這些暴動都發生了不同尋常的大量暴力事件（分別有二十六人和四十三人死亡，一千五百人和兩千人受傷），並且有人使用狙擊槍來對付警察和軍事力量。在這裡，洗劫對讓暴動蔓延和維持下去發揮作用。底特律暴動的最初兩天，幾乎充斥著洗劫和焚燒，因為警察在軍隊抵達之前一直避免干涉，當軍隊開始行動之後，接下來的兩天裡開始發生槍戰。隨後，暴動平息，軍隊在這個區域又巡邏了六天。七千兩百名被捕者中，三分之二被控告趁亂洗劫。紐華克暴動的開端更為政治化：一名黑人計程車司機因交通違規被逮捕，隨後，關於警察暴力的傳言在計程車司機間傳播開來。紐華克暴動傳播到附近的紐澤西州城市，包括普蘭菲爾德（Planfield）、澤西市（Jersey City）、恩格爾伍德（Englewood）等（也就是在暴動爆發地點方圓三十公里的地方）。這些城市並未發生單獨的暴動，而是成為暴動的一部分，儘管比紐華克暴動開始的時間晚了一到三天，最後卻是同一天結束。在這些周邊區域，暴動活動主要是洗劫，中心區域則同時存在大規模的洗劫和與警察及軍隊交火的暴力。

一九六〇年代的美國種族暴動與一八三〇年代的英國農場縱火事件具有同樣的地理傳播模式。一座城市的暴動會在一週之內觸發附近小城市的暴動，不過暴動的程度可能隨著距離的增加而降低（Myers 1997, 2000）。對未能吸引全國性新聞報導的暴動來說，這一點格外重要。暴動會在最初的發生地點向周圍擴散，尤其是如果最初的事發地在有電視臺的城市更可能如此。在大眾傳播尚未發展起來的時期，這些都是透過人際網絡完成的。暴動之間相互交疊的關聯，讓暴動能夠傳播到附近的區域，卻不能傳到更遠的地方，這就是一八三〇年代「斯溫起義」的傳播過程。行商將消息沿著運河和市場馬路傳播開來，農工則與附近區域的人們共同工作之後返回家裡（Tilly 2003）。在這兩個時期，暴動之所以能夠持續下去，是因為它們不斷轉移到新的區域，而不是反覆在同一區域發生縱火和洗劫。

這說明一個被焚燒殆盡的區域在一段時間內無法再次發生暴動，至少無法發生嚴重暴動，直到它恢復過來。至少要等到有新的東西可以焚燒和洗劫的時候，才可能再次發生暴動。暴動就像山火一樣，需要數年時間來恢復，好為下一次爆發重新準備燃料（既是字面意思上的燃料，也是指情感上的燃料）。短期來看，一場大暴動會讓同一區域無法再次發生大型暴動，就算有足夠的外部條件，也只可能發生小型暴動[6]。

人群參與洗劫，是讓暴動得以持續的關鍵，也是讓事件升級到引發敵對陣營和公眾注意的關鍵。洗劫者自己通常缺乏政治意識形態，一九六〇年代的黑人民權運動者大多十分厭惡洗劫行為和洗劫者的態度。提利（2003）因此將這類暴動歸類為「邊緣性的種族抗議」（marginally racial protest），在此類事件中，參與者會逐漸開始謀求私利[7]。不過，這種分類方法忽視洗劫與縱火在暴動中扮演的角色：招募更多參與者，並維持暴動進行。若沒有洗劫，暴動就只剩下與警察之間的暴力衝突，很容易平息，只要等人群厭倦散去，之後警察撤離，或是投入壓倒性的警力，因為主動與警察發生衝突的始終只是一小群人。洗劫者是暴動中的步兵，換句話說，就是那些不夠投入的、百分之八十五從不開槍的士兵。洗劫是一種極其聰明的戰略發明（雖然這麼說，但不是什麼人發明出來的），它將支持者和圍觀者中相對無用的那些人轉變成了某種類型的參與者，進而保持活躍的情緒氣氛，好讓「道德假期」繼續維持下去。

洗劫者會故意無視日常生活中的財產權，不過一個值得注意的模式是，洗劫者通常不會互相搶劫。每個人都在洗劫自己力所能及的東西，卻不會彼此爭搶，也不會搶別人手裡的東西。例如，在一九九二年因羅德尼・金事件的無罪宣判而引發的洛杉磯暴動的照片中，我們就能清楚的看到這一點。在此類洗劫事件中，洗劫者會表現出高夫曼所謂的「禮貌性忽視」，互相不會阻擋，自動維持交通順暢，就連在相對擁擠和狂熱的情境中也能做到。洗劫者中之所以鮮有衝突，部分是因為他們洗劫的東西其實不那麼重要。在洛杉磯暴動的照片中（*Los Angeles Times*, May 12, 1992）我們看到：一名男人走出超市，懷裡抱著一大堆餐巾紙和衛生紙；一個年輕的拉丁裔男孩與他的父親一同走出一間體育用品店，抱著幾盒女性鍛鍊大腿肌肉的裝備；一名黑人青年從一間玻璃被打破的美容用品店走出來，抱著一堆吹風機。對一九六〇年代貧民窟暴動參與者的訪談通常發現，他們參與洗劫並不是功利主義的，有些洗劫者後來說，他們其實買得起自己搶到的物品，也並非真的需要它們，有些人則用過去與商店的過節將自己的行為合理化，說那是商店欠他們的（Dynes and Quarantelli 1968; Quarantelli and Dynes 1968, 1970; Tilly 2003: 148）。洗劫者參與到一場集體團結的行動中。占有某種特定商品不是他們的目的，因此洗劫者存在一種「利他主義」，讓他們不會表現得太自私。洗劫在很大程度上是一種涂爾幹式的儀式，目的在於行動本身及其體現出的團體歸屬感。被搶劫的物品從各個角度來看幾乎都是毫無價值，但它們象徵著洗劫者參與了破壞法律的行為。洗劫之後進行的訪問顯示，相當多洗劫者在日常生活中都是受人尊重的（已婚、有正當工作、定期去教堂，是安德森〔1999〕所謂的「正經人」，而不是貧民窟的街頭混混）。他們之所以參與這場集體亢奮，是因為廣泛傳播的情感與社會吸引力。在理性主義和功利主義理論中，「誰來監管監管者」這個問題在這裡令人驚訝的不復存在。如果我們追問：當法律與秩序不復存在，「誰會洗劫洗劫者？」，答案是幾乎沒人會這麼做，「道德假期」自有其社會秩序。在「道德假期」中，外部權威的崩塌不會導致一場毫無限制的暴力[8]。

想研究洗劫事件的發生過程，最仔細的紀錄並非來自抗議引發的暴動，而是來自一九七七年七月某夜發生在紐約的停電事件（Curvin and Porter 1979）。這時發生的洗劫比其他情況下更具有功利主義色彩，因為它既不是起源於緊張的種族仇恨氣氛，也不是在與警方逐漸升級的衝突中發生的[9]。透過每小時的逮捕資料和訪問資料，我們發現三波洗劫者。第一波是職業罪犯，通常是二十多歲的男性，在停電（發生在晚上九點半）後的一小時內，他們就闖進了珠寶店和電器店，尋找最值錢的貨物。第二波出現在十一點左右，主要是年輕的幫派成員在尋找樂子和刺激，順便獲取戰利品（不過，他們沒有彼此衝突，而是加入自由區域的道德共同體）。第三波則包括各個社會階層的一般居民，大約從午夜時分開始，一直延續到第二天白天，直到下午才漸漸平息[10]。在這裡，好奇心轉化成了吸引力，讓人們參與到洗劫中。第三波洗劫者與其他暴動的洗劫者非常相似，他們因魯莽而參與，搶走的都是對自己來說一文不值的東西。例如，其中一名洗劫者從某家食品店搶走了大量牛肉，而後又將它丟在路旁。

受訪者中有一位已婚男性，他是一名售貨員，女兒在教會學校讀書。據他回憶，自己身處混亂之中時，也曾感受到參與洗劫的衝動：

> 「我不知道，當我在那裡的時候，我覺得自己想要搶點什麼東西……他們剛開始闖進一家商店時，我剛好在場。貨物飛了出來，我不知怎的手裡就拿滿了東西。我正站在街角說話，突然有輛警車停下，他們就抓到了我。」他當時拿著十條女裝長褲和七件女裝襯衫。後來他告訴訪問者，他沒有打算把這些東西送給他的妻子，也不確定自己到底要拿它們來做什麼。
>
> （Curvin and Porter 1979: 15）

這場洗劫暴動是由功利主義者挑起的。然而，有計畫的搶劫引發了一場「道德假期」，其中帶有暫時性的團結共同體的許多特質。人們形成烏合之眾，其中至少有一部分人互相不認識，但他們卻共同襲擊了商店門口的鐵柵欄。這種行動需要十至二十人一起推翻柵欄，有時需要經過十多分鐘的努力，還需要協調休息來計畫下一波襲擊。

隨後幾波洗劫者向前面這些人借了東風，但他們卻表現出非功利主義的情緒化參與者慣常模式。除了破壞財物，沒有發生多少暴力。洗劫者不會與在場的店主發生衝突，只要店內人員表現出一點點反抗的意思，大部分洗劫者就會知難而退。這可能是因為洗劫者覺得不需要找反抗者麻煩，因為還有許多別的地方可以洗劫（部分洗劫者表達了這種想法），但這也同時顯示，此處存在高度的衝突性緊張／恐懼。對某一「敵人」的對抗不是主要動力（再次強調，這與侵入其他群體領地的暴動不同），儘管大部分店主都是白人並居住在這個社區之外。暴動者的人數遠遠超過警察，但他們卻很少去騷擾警察，被警察逮捕時也幾乎不會反抗。

這裡的情緒氛圍混合著興奮與恐懼。此時天色幾乎全黑，警車在街頭響著警笛呼嘯而過，人群四處亂跑，有時大喊大叫，警察則向空中開槍，試圖阻嚇洗劫者。然而這不能發揮阻嚇作用，因為洗劫者很快就會發現警察不會向他們開槍。人群有時會在一個小區域內狂熱起來，而在其他地方則有節日般的友善氣氛。一名二十一歲的黑人男子當時正在外面打籃球，據他回憶：

> 燈光熄滅的時候，所有人都開始叫嚷，你知道的……一開始我也在叫嚷，嘿，嘿，嘿，嘿

〔這時有人建議去搶劫一條商業街〕。所有人都從四面八方湧了過來，所有人都在邊走邊聊。我們闖進了那家禮品店，他們開始搶東西，然後就把店門砸破了……人們都很興奮，你知道的，我也很興奮，就像充了電一樣，被那時的興奮感充滿了電。那兒沒開燈。我們只是想看看自己到底能做些什麼。我渾身是勁，熱血沸騰，就像他們說的那樣，入境隨俗嘛。我們都瘋了。（Curvin and Porter 1979: 188）

在特定類型的洗劫情境中，與性有關的意味也受到限制。也許有人會以為，如果所有的規矩都被破壞了，人們會自私的追求所有可能的娛樂，在混亂的人群中，互相不認識的人們之間也許會發生性騷擾事件而不會遭到懲罰。提利（2003）認為，許多暴動一開始之所以爆發，都是為了反抗權威或種族歧視，但是到了最後，它們卻在權威崩塌後，轉變為機會主義的謀求私利。但在性方面卻非如此，至少在貧民窟抗議暴動導致的「道德假期」中並非如此。洗劫者不會捲入強姦事件，或是試圖對人群中的女性進行性騷擾。在一九六〇年代的美國種族暴動和一九九二年的洛杉磯暴動中，強姦案例都非常罕見。

然而，有些類型的暴動具有完全相反的情境。在入侵其他族群地盤的暴動中，可能會發生對敵方女性的系統性強暴，人們闖入敵方族群的住處時，可能同時發生洗劫和強姦事件（Horowitz 2001; Kaldor 1999）。為何有些暴動存在與日常生活中一樣的性禁忌，有些卻伴隨著性暴力？發生在自己地盤上的暴動，如果沒有敵方族裔成員在場，就會將所有能量都用於攻擊無生命的目標，但在入侵敵方領土和攻擊敵方成員時，卻製造了強姦的機會。另一個條件是，強姦往往發生在攻擊者和洗劫者全都是男性的情況下。如果女性也參與了洗劫，她們往往可以藉此擺脫性暴力[11]。「道德假期」將族群的邊界限制在社區共同體內，或者說，正是「道德假期」為原本分崩離析的社區賦予了共同體的意涵。涂爾幹式的「集體亢奮」為參與者提供安全感，就算他們身處平日常發生犯罪的地帶也無需害怕。只要他們參與到群體的儀式性活動中，就可以獲得安全保障。在「道德假期」中，一部分道德標準消失了，但其他道德標準卻被加強。

菁英式炫富的狂野派對

究竟怎樣才能稱為「狂野派對」？當然，這是同一類隱喻的用詞之一，其他形容還包括「爆炸聚會」、「豪華盛宴」、「暴動派對」等。帶頭的人會獲得如下名聲：「狂野和瘋狂的傢伙」、「吵吵鬧鬧的傢伙」、「傲慢的傢伙」、「惹麻煩的傢伙」、「派對動物」。這些名詞背後所隱含的是一種高度的集體亢奮感，以及強烈的打破規矩的異常感。

想將一場派對或節日升級為令人難忘的狂歡，最簡單的方法就是破壞財物。這與在「道德假期」中進行洗劫十分相似。不同之處在於，洗劫（至少是發生在自己地盤的暴動中的洗劫）是一種自下而上反抗地方權力的方式。反之，狂野派對上破壞的常是自己的財物。因此，這種類型的狂野派對是一種菁英式的炫富。

這種類型的派對起源於太平洋西北岸印第安部落的冬季贈禮節，那裡的海岸與森林物產豐饒（Kan 1986; Ringel 1979），十九世紀的毛皮交易讓那些部落依當地標準來看變得十分富有。他們的節日是透過一個部落首領向另一個首領發送邀請而組織起來。主人大方贈送禮物給客人來炫耀自己的財富，在這樣的壓力下，客人不得不舉辦同樣豪華的盛宴作為回饋。戰爭中的部落可能會將盛宴作為一種和平儀式，因此象徵性的表現出好客往往非常重要。為了相互競爭，炫富行為會不斷升級，不僅肆意贈送毛毯、金屬、西方商品（例如縫紉機）和其他財寶，甚至當著客人的面把這些東西砸壞或是乾脆丟進海裡，藉以表示自己視金錢如糞土。部落中的菁英與平民之間有著明顯的界線，只有菁英才能擁有奴隸和銅製品。盛宴的高潮是儀式性的處決奴隸。奴隸與銅製品都不具有功利主義用途，許多奴隸是在盛宴之前才弄來的，只是為了在客人面前獻祭而已。在一場互動式的盛宴中，最關鍵的測試是下一個主人是否能夠獻出同等或更高價值的財物。

除了對財物的暴力破壞（尤其是那些象徵主人地位的財物），盛宴中還有舞蹈表演和暴食比賽。主人會竭力營造出一種食物無窮無盡的印象，並強加到客人身上，期望客人暴飲暴食到嘔吐為止。如果無人嘔吐，就意味著主人不夠好客。

我們應該將這種盛宴視為一種大型的、喧鬧的派對，充斥著自吹自擂的浮誇和自滿。盛宴是菁英式的，因為它只會由社群裡最富有的成員發起，如果有人參與了盛宴卻無力舉辦一場同等規模的派對，就會失去地位。因此，參與盛宴的客人也必定是菁英，或者至少是渴望成為菁英（這一點在社會學家牟斯〔Marcel Mauss 1925/1967〕的經典分析中有強調）。盛宴是競爭性的，因此有著暴力威脅的弦外之音。但是，客人與主人之間很少發生打鬥，對自己財物的競爭性破壞，占據了注意力的中心。

我們可以將此與一九〇〇年至一九三〇年間富裕的牛津學生的行為進行對比[12]。這些學生的大學宿舍都是私人套房，有傭人服侍，最受學生歡迎的最高等社交活動，就是在自己的房間裡舉辦午餐會和晚宴，有時還可能租借一個宴會廳。在這種全男性的學校，學生與年輕女性打交道的機會非常少，因此在異性環境中常見的「評價約會」模式，也就出現在年輕男生中。這與上層階級中年人之間輪流舉辦宴會的風俗很相近。學生會為獲得邀請而爭破頭，同時他們也希望那些有貴族氣質的、時尚的、淵博的、在運動方面出色的，或者只是活潑有趣的客人，能出現在自己的宴會上。宴會的氣氛帶有對權威的些許挑戰，有時參加者會曠課、打破宵禁乃至飲酒。這種社會對抗感讓那些獲准進入最受歡迎的聚會的學生興奮不已，他們的儀式性晚宴（其中有一些飲酒遊戲，目的在於把某些特定的人灌醉）有時會升級成為暴動性的大破壞。酩酊大醉的學生可能在學校中央燃起篝火，不僅會燒掉偷來的木材，甚至把學校的傢俱也一起燒掉，學校權威會試圖壓制破壞規矩者，卻遭到嘲笑和攻擊。學校的干涉往往只是事後罰款，這些錢會被放進學校金庫，隨後用來為學校教職人員（例如住在校園裡的單身教職人員）的宴會買酒。這些宴會同樣屬於菁英，卻更加私人化。因此，本科生那些浮誇的狂歡活動就被回收重塑成老師的歡宴，只是形式上更有教養一些。

早期的大學生更加狂野（Midgley 1996）。學生跑到鎮上酒吧喝酒，有時與當地居民發生大規模衝突。學生有時會躲開學監（學校雇來維持紀律的人員），有時與其大打出手。十八世紀的牛津學生可能會喝醉之後在街頭嘔吐、破壞公物、鬥毆和性騷擾當地女性。不正經的學生也可能在鄉村引發暴動，例如喝醉之後衣衫不整的追趕附近的女孩。為暴動補充血液的人通常來自貴族階層，他們享有特殊的待遇和豁免權。與擠在書房裡的窮學生不同，他們主要的職業前景是成為牧師。富裕與貧窮之間、菁英與平民之間的差距，在情境化的分層中被再次強化，不同階層的人分別成為興高采烈的狂歡者和背景中無聊的圍觀者。牛津的搗亂學生就像二十世紀早期那些在校園裡點火的學生一樣，透過這些行為表現他們的財富和地位，公然炫耀自己對開銷、傳統和嚴肅目標的漠不關心。年輕的「血液」常會花光自己的零用錢，由於奢華的生活方式和房間裝飾而欠下外債，有時也會參與賭博，因此，他們可能會被學校開除。這些都是下層階級的學生無法承擔的後果。然而，下層階級卻是菁英狂歡時不可或缺的背景，菁英需要去震撼他們、嘲笑他們、捉弄他們。反之，當貴族菁英聚集在自己的私人領地，觀眾只有傭人、家僕和生意夥伴時，就不會發生這種暴動性質的狂歡。必須有在地位上足夠接近的觀眾，以及競爭的氛圍，才足以讓狂歡成為一種有效的展示，來表現對凡夫俗子的不屑。高度制度化的社會階層讓派對變得安靜而無趣，正是在情境化的社會分層中，打破規矩的大聲叫嚷才能獲得短暫的注意，進而發展成為具有破壞性的狂歡。

一名學生的報告中，提及一群美國大學男學生合租一棟房子的事情。一名大塊頭運動員喝醉了，開始亂砸樓梯欄杆。他的一名室友被一塊飛出來的木頭砸中，於是憤怒的威脅要跟他打一架。眾人聚集起來，讓整個情境變成一場笑話，所有人都加入開始破壞欄杆。他們都得給房東賠償，但這個事件卻就此變成一個重要回憶[13]。這就是炫富宴的模式，即破壞自己的生活環境[14]。

菁英的炫富狂歡通常局限在破壞財物。雖然目的在於展示自己無視社會道德的菁英地位，並且身處暫時的「道德假期」的保護，但是他們的行為卻依然是相對保守的。衝突性緊張／恐懼在這裡同樣存在。一般來說，用破壞財物的行為來保持打破邊界的興奮情緒就已經足夠了。既然如此，狂歡情境中的暴力又是如何發生的呢？

狂歡區與邊界排擠型暴力

雖然大部分狂野派對都不是暴力的，但是研究這些非暴力派對，可以讓我們更理解暴力派對發生的事情。最成功的派對會製造出它自己的階層：菁英處於注意力的中心，另外一部分人極力嘗試參與其中，剩下的人則被邊緣化。正是狂歡場合中的階層界線製造了大部分暴力。

有三種方式可以讓狂歡發展成為暴力：權威機構干涉導致的行動升級、闖入型暴力、終結反抗的暴力。

在派對上或是假日期間的街道，相當多暴力是發生在警察到場試圖降低噪音、驅走人群或是逮捕非法飲酒者的時候[15]。在這種暴力中，警方人數遠遠少於現場人群，情緒興奮度也不及後者。狂歡者有資源來升級行動對抗警方，因此最初提到的一小群警察可能會遭遇無法控制的暴力，或者至少是遭遇威脅。此時此刻，人群可能會做出投擲瓶子、推翻車輛和其他破壞公物的行為，這些反應很大程度上是一種虛張聲勢，半真半假的用可能發生的暴力作為威脅，而沒有多少直接衝突。就像在其他類型的暴動和戰場上一樣，一小部分活躍者就足以開啟行動升級的過程，隨後在混亂中四處奔走的人群（可能是在尋找掩護或是其他原因）將這一切擴散開來。這反過來會讓警察一視同仁的對付狂歡區內所有正在移動的人。這個過程燃起了雙方的怒火，並使暴力越演越烈。不過，就像我們在所有形式的打鬥中看到的，其中大部分都是缺乏效果和準頭的暴力。

多數人所經歷的情境雖然充滿興奮，但不會造成太多個體傷害，因此他們才會在事情結束後繼續渴望參與同樣的狂歡。大部分人會從狂歡中全身而退，並在接下來的派對中將其當作茶餘飯後談論的話題，用來營造自己的文化資本。

狂歡區中占據主導地位的是一種不同於日常生活的興奮氣氛，這種氣氛甚至可能被制度化。這個區域既可能只包括派對所在的場所，也可能涵蓋狂歡者所至的整個區域，包括酒吧、俱樂部、色情娛樂和賭博場所等（尤其是在賭博仍非法的年代）。狂歡區也有時間限制，例如只在週末或特殊假日的夜晚開放。當狂歡區變得活躍起來，就會充斥著群體情緒能量的高壓，如果有人想干預狂歡儀式，或者如果有在狂歡者看來不合適的人想要闖入這個區域，就會對其邊界產生壓力。因此，狂歡區在情緒能量達到最高點時，會為自己的存續而奮鬥。然而狂歡區是集體創造的，就像其他儀式一樣，熱情總是會被時間耗盡（在我的觀察中通常是四至六小時）。因此，如果在情緒頂點時進行干涉，狂歡可能發展為暴力鬥爭，但若是在情緒已經開始下跌時再進行干涉，人們就可能四散離去。

一個假設是派對情緒越高，警察的干涉越可能會引發暴力。相對來說，比較沉悶的派對則不太可能發展為暴力情境。

在一個極端的例子裡，警方的干涉引發了人命。一間路邊酒館被投訴噪音太大，兩名紐澤西警官前來調查。誰知警官闖入的恰恰是兩名持槍搶劫者的慶祝派對，他們剛剛從布魯克林的一個賽馬下注點搶到一大筆錢，當時正喝得酩酊大醉，開始惡作劇般的開槍作樂。毫無疑問，對搶劫犯來說逃跑才是上策，但他們的第一反應卻是羞辱闖入者，兩名警官被他們拿槍指著，強迫脫下內褲跪在地上，最後被射殺（*Philadelphia Inquirer*, Feb. 11, 2002）。狂歡的情緒在最高點被打斷，其回應方式也是狂歡的延續：之前拿槍作樂的行為變成興奮的用槍來虐待闖入者。當狂歡情緒消失，搶劫犯的表現就不同了。兩天之後，其中一人在與警方的槍戰中被殺，另一人則舉手投降。

第二種引發暴力的方式，是有一個人或者一小群人試圖強行闖入狂歡場所，卻被排除在外。與權威機構試圖打斷派對不同，在這種情形下是一群潛在的狂歡者試圖加入派對。

一群中產階級年輕男性在一間公寓裡開派對，他們彼此認識，正坐著聊天。三個人突然到訪，要找派對主辦者的室友，雖然他們要找的人不在，但仍決定等他回來。派對無疑很沉悶，闖入者也不想加入聊天。其中一個人是一名海軍士兵，他向派對主辦者要一根針，想給自己紋身。主辦者拒絕了，說他不允許在自己的公寓做這種事情（這顯示了社會階層中的文化差異，闖入者可能也知道他的要求惹人反感，主人則直接拒絕了）。海軍士兵堅持要一根針，主人堅決不允許，隨著爭吵升級，闖入者站起身來高喊自己是海軍，要求對方尊重他（這起事件發生在二〇〇二年一月，正是美國對阿富汗作戰的時候）。主人起身回應道：「聽著，我才不管你是誰，這是我的公寓，你馬上給我出去。我不想跟你打架，你趕快出去！」他的聲音很大，但語調平穩，給人的感覺是立場堅定，但又不希望事件再升級。兩人面對面站著，拱起背來，胸口起伏。接下來幾分鐘，他們各自重複自己的話，形成典型的對峙局面。當主人轉身坐到沙發上，局面改變了，他打破了眼神的接觸。海軍士兵由於之前的沮喪和此刻暫時的優勢而在主人肩上揍了一拳。壓力的突然釋放催化了暴力。主人的兩

> 位好友迅速加入戰鬥，海軍士兵的兩個同伴也一樣，主人被推到沙發上，其他人則開始陷入拳打腳踢的一片混戰。他們沒有造成太大傷害，而且雙方也都誤傷過自己的同伴。其他人開始將陷入打鬥的朋友拉開。雙方各有三個人，他們開始隔著沙發反覆叫嚷，海軍士兵那邊拒絕離開，主人那邊則堅稱這是自己的公寓。最後，一名年輕女性介入衝突，她告訴闖入者自己已經累了，想睡覺了。重複許多遍之後，闖入者終於離開了。打鬥剛開始就有人報警，但警察沒有來（改編自學生報告）。

派對是團結的區域，而且是真情流露的高度團結，此類打鬥帶來一個分析上的問題。團結本身是一種友好的氛圍，為何又會導致暴力呢？為什麼要去一個自己不受歡迎的地方，卻期望別人能歡迎自己呢？使用暴力當然不可能讓自己變得更受歡迎。關鍵在於狂歡中的團結是分階層的，邊界的存在意味著有人會遭受拒絕並被人蔑視。就算參與者來自上層階級，平日更禮貌更自制，相比下層階級的闖入者更不太可能使用暴力，結果也是一樣。從後者的角度來看，派對也許不有趣，但他們作為外來者不很清楚自己想要闖入的究竟是怎樣的情境。邊界排擠型暴力幾乎總是由闖入者引發的，因自己遭到羞辱而進行反擊。

當然，被派對或狂歡排除在外是很常見的。那麼，發生暴力的情境究竟有哪些不同？正如我們看到的，高中社交菁英通常有其地盤，例如午餐桌位或是放學後的遊玩圈子，他們可以很容易的維護邊界，只要集體嘲諷那些不夠受歡迎的孩子就行了。在這裡，地位階層眾人皆知，情緒能量集中在菁英這一邊，闖入者很輕易就會被他們羞辱，地位更低的孩子不會嘗試闖入，哪怕他們身體更健壯也不例外。當闖入者出現，菁英高中生的派對可能發展為暴力衝突（Milner 2004: 72-73）。闖入者暴力大多發生在匿名情境，要麼是大型派對，要麼是闖入者來自社會網絡中的一個偏遠角落（在前一個事例中，闖入者是一名不在場的室友的朋友）。

在MTV電視臺一場真人秀的職員派對上，我們也能看到類似的模式。兩名警察為節目提供安全維護時聽說了這場派對，於是他們下班後帶著一名朋友於晚上九點半出現在門口，開始猛敲門要求放他們進去。一名正在值班的警官要求他們離開，他們開始互相辱罵，警官臉上被人揍了一拳（*Philadelphia Inquirer*, May 10, 2004）。

發生闖入暴力的條件之一是階層並未明確制度化，或是並未廣為人知，現場有一種表面上的平等氣氛，彷彿不存在階層分野或不同群體的名聲差異。這就是為什麼那些闖入者（例如週末夜晚的年輕人）會想要闖入他們聽說的每一場派對，並在被拒絕後採用暴力。當然，僅僅欠缺制度化的階層還不夠。情境中雖不存在重複性、制度化和正常化的階層分野，卻存在派對上臨時形成的情境化階層分野，使得身處這個亢奮的場景成為一種特權。

行為與外表上的平等（例如服裝的樣式）自從二十世紀末以來就是青少年文化的一部分，在這裡卻成為狂歡暴力的起因之一。雖然我們沒有對比性的資料，但有一個假設是早年闖入者暴力應該很少，因為闖入未受邀請的派對在當時更像是一種偷偷摸摸的嘗試，一旦被發現就可能招致羞辱，也很容易被扔出門外，不至於引發暴力衝突。正是後來發展出的平等氛圍激發了「人人平等」的想法，從而使人們在遭到排擠後，正當的產生憤怒[16]。

拒絕結束的暴力

有些暴力的發生並不是為了闖入一場狂歡，而是為了阻止狂歡結束。

> 當時我在朋友家，正跟他和另一個傢伙一起喝威士忌。後來又來了一個人，我們就開始玩骰子，每次賭五十分錢。過了一小時，我覺得威士忌的酒意上來了，便決定回家。我告訴他們我得走了，然後拿起我的骰子放進口袋。這時X跳起來說：「你拿骰子做什麼？」我說：「因為我玩夠了，要走了。」他說：「你現在不能走，你得給我個機會贏回來。」我不了解他為什麼要這樣難為我，因為我根本就沒贏多少。我說：「嘿，哥們，我玩累了，現在得去別的地方。」
>
> 他站起來指著我的鼻子說：「你現在不能走，狗娘養的！」我說：「去你的，我告訴你了，我已經玩夠了。」他惡狠狠的瞪著我，好像整個人已經瘋了，他說：「你他媽是個沒用的噁心龐克！」我知道這個傻瓜喝多了，腦子不清醒，而且我知道他身上有一把槍，現在又不考慮後果，所以我害怕了。我曾聽說他以前殺過一個人。
>
> 我說：「哥們，你能後退兩步嗎？」但這更加激怒了他。他開始揮舞手臂，不停的罵我狗娘養的龐克，還往我臉上吐痰。我罵他髒東西，狗娘養的，他使勁推了我。當時我覺得他可能不會在我身上浪費更多時間了。當他把手伸進口袋時，我以為他一定是在掏槍。於是我就先掏出槍，在他動手之前先下手為強。（Athens 1980: 30-31）

在另一個例子裡，兩個男人在酒吧與另一個人熟絡起來，酒吧打烊後，他們受邀前往對方公寓繼續喝酒。他們買了幾十瓶啤酒，叫車去了他的公寓。喝完啤酒，公寓主人想要送客，沒想到客人卻被激怒了，部分原因是他們沒有交通工具，但也是因為狂歡情緒突然被打斷。他們爭吵起來，後來升級到互相推擠，其中一名客人揍了主人一拳，然後用檯燈砸了他的腦袋，把他打倒在地後，又猛砸他的臉。後來，這名客人因重傷害罪被捕（Athens 1980: 37-38）。

拒絕結束型暴力不一定只發生在存心找麻煩的人當中，也不一定只發生在匿名場合，它可能發生在朋友之間。在這種情況下，暴力常會有所收斂。

在一起案例中（出自學生報告），一群高中生在畢業舞會後的週末來到山裡的度假村，並在那裡租了六間相鄰的房子。他們在那裡演奏音樂、跳舞、泡澡、看電影、玩鬧，氛圍友好愉快。最後一個晚上，其中一群男孩搞了一個派對，大家都喝了不少酒，吵鬧個不停。跟他們相隔四棟房子的一群女孩聽到這群男孩走近，鎖上門窗想把他們關在外面。這激怒了那些男孩，他們隔著玻璃門大喊大叫，說她們是「壞朋友」、「沒道義」。有名女孩此時正在外面自己的車裡，男孩們包圍了她，開始砸車窗並前後搖晃車子。一個男孩闖進房子，開始儀式性的砸傢俱；其中最顯眼的是兩個陶瓷大象，他直接把它們從壁爐臺上摔到地上。

隨著吵鬧升級，另外兩名男孩出現了，他們開始反抗那群開派對的男生，並試圖保護女生。這讓事態進一步升級，五個派對男孩在兩名身高一百九十幾公分的運動員的帶領下，襲擊了對方兩人（他們瘦小得多），另外八、九個人則在一旁加油助威。後來這群人闖入屋內，毆打也就告一段落，他們開始砸東西，把女孩都嚇哭了。最後，派對男孩們吵吵鬧鬧的離開了，想要到其他地方繼續找樂子。幾小時後，大約凌晨四點，他們又回到這裡砸了半小時窗戶。派對在歡樂和憤怒交織的氣氛中結束。

受阻的狂歡和激發的亢奮

一部分狂歡場景中發生的打鬥，不是因為人們玩得太開心，而是場景本身未能符合期待。節日的外部元素都已齊備：一大群人帶著興奮的情緒擠在一處，背景音樂發出吵鬧的噪音，眾人吵吵鬧鬧個不停。但整個氣氛還不夠高漲，擁擠的人群既興奮不已，又略感厭煩。這種興奮與厭煩夾雜的情緒很可能轉變為一場打鬥，從而釋放緊張情緒，又能提高行動等級。

以下是出自學生報告中的一個實例：一個看起來普普通通的大學兄弟會正在舉行一場派對。一大群大一新生站在那兒，也不太講話，只是不停的喝酒。結果，一大幫人圍在啤酒桶旁邊等著往杯子裡灌酒。其中一個男生被人群擠了一下，撞到一個大塊頭美式足球選手身上，後者正在接啤酒，結果灑了一地。他使勁把兄弟會男生推回到人群中，而兄弟會男生衝了回來，兩個人倒在啤酒桶上大打出手。其他幾個體格魁梧的兄弟會成員也都趕過來幫忙，把那個美式足球選手拖了出去。

幾分鐘後，那個球員又帶著自己的隊友殺了回來。雙方在門前發生對峙，互相羞辱威脅達數分鐘之久，最後直到裡面的人喊了一聲他們已經報警、警察很快就會到，事情才算結束（其實沒有真的報警）。威脅結束後，所有捲入其中的兄弟會成員開始鉅細靡遺的描述整個過程，中間夾雜著自我吹噓。所有人都在談論這件事。這起意外為大家提供了酒後談話的素材，創造眾人共同的關注點，並將派對一開始的冷淡氣氛炒熱了。

這不是說挑起鬥爭的人一開始就有明確目標，試圖炒熱派對氣氛。事情的開端是隨機的和不可預料的。很可能他們只是感覺到派對中混合著期待的緊張氣氛（無論這種模糊的期待究竟是什麼），以及厭倦和人群的互相推擠而產生的沮喪感。這種混合氣氛能夠產生打鬥中的愉悅，儘管慣常的緊張／恐懼依然存在，但打鬥本身短平快，後果也不嚴重，即使發生對峙也很容易解除，因此更像是虛張聲勢而非真正的暴力。打鬥之後人群中興高采烈的議論，才是最重要的部分，因為正是它將打鬥定義為一種愉悅的事件，雖然不是直截了當的貼上標籤，而是在回溯中賦予它一種情緒上的光環。

打鬥常會發生在這種情形下，但結果卻不一定令人愉悅。幾名學生的報告都詳細描述了公共節日大批人群在街頭擁擠推擠的場面。例如，在倫敦的一場街頭嘉年華中，人群實在太過擁擠，幾乎寸步難移。儘管人們都期待著度過快樂的時光，但眼前的現實卻是所有人只能被人群推擠前行，毫無辦法。這時一名黑人和一名白人爆發了一場打鬥，但他們距離對方實在太近，無法給對方造成什麼傷害，警察沒法擠進來把他們分開，旁觀者也因太擁擠而無法干預。看起來兩人都是單槍匹馬，沒有人幫忙，也沒有朋友阻攔，而人群中大部分人是跟朋友一起來的。因此，這兩人可能原本有著高度期待，希望嘉年華能帶來一種興高采烈的社交氣氛，結果卻遭到無情的打擊。我所蒐集的報告中有若干此類事例，在這種情況下，沒有人因為打鬥的發生而變得開心起來。

此類打鬥有時也會得到旁觀者的喝采，他們將其視為一種娛樂。在這種情形下，打鬥者可能心懷沮喪，圍觀者卻將其視為一場好戲，於是打鬥成為一種眾多觀眾共同享受的集體行為。打鬥將各懷心事的人們所造成的交通堵塞，轉變為一種大規模的情緒曳引，從而打造出集體情緒。

在另一個例子中（出自學生報告），街頭節口遊行的一大群參與者滿心煩躁的等待樂隊開始演奏，他們爆發出有節奏的擊掌和喝倒彩，來表示自己的不耐煩。當一個喝醉的流浪漢開始在人群中間小便時，他們的注意力被分散了，一部分人向後推擠，想要離他遠一點，而他則一屁股坐在自己的小便中。當人群的注意力集中到他身上，空氣中瀰漫著可以察覺出的緊張，就在這時，有人丟出一個瓶子，緊接著一大堆東西飛了過來。醉鬼開始把東西扔回去，人群則對著他大喊大叫，三個大塊頭男人衝向他，開始對他拳打腳踢，最後把他拖到一旁。音樂終於開始了，人群又將注意力轉回舞臺上，突然間變得興高采烈起來。

期待狂歡卻未能如願的人群想要透過一場打鬥來製造亢奮的氣氛，但其實不存在這樣一種自動的回饋機制。有時人群可能會陷入情緒曳引，有時他們只會感到更加煩躁和恐懼。關於這一點，我們沒有足夠的細節來判斷是什麼導致前後兩者的差別。這有可能成為情境暴力理論的一個重要延伸，正如我們在第六章看到的，觀眾的態度對暴力的升級至關重要。

悖論：為什麼大部分醉酒者「不會」實施暴力？

狂歡與暴力之間看上去有一個分外簡單而明確的關聯：醉酒[17]。眾多證據表明，醉酒會引發暴力（例如 Parker and Auerhahn 1998）。美國受害人調查顯示，超過四分之一的暴力襲擊受害者指認他們的襲擊者受到了酒精的影響，而對暴力犯罪嫌疑人的尿檢也證明了這一點。在謀殺案和謀殺受害者的驗屍報告中，也發現了類似的酒精使用模式，這說明打鬥雙方都可能在酒精的作用下爆發衝突。但是這個模式仍然存在難以解釋的問題，正如我們將要看到的，大部分醉酒經歷中並不包含暴力。我們需要用情境機制來解釋究竟何時會發生暴力。

醉酒者究竟是如何陷入暴力的？社會學家派克（Robert Nash Parker 1993; Parker and Rebhun 1995）指出，適當的脈絡條件加上酒精的作用，能夠選擇性的誘發暴力[18]。這其中包括爭吵的發生和旁觀者的鼓勵。一般來說，個體都能清醒的決定不用暴力去解決爭端，但酒精卻會削弱個體的此類自我限制。

關於醉酒派對的民族誌研究為我們提供了足夠多的例子。一名學生（女性）的報告描述：在南部一所大學的一場兄弟會派對上，參與者喝個不停，隨著夜色漸深，他們的行為終於失去控制。女生剛到場時，派對主人禮貌的為她們開門，殷勤的詢問她們是否需要飲料和零食。然而隨著兄弟會成員越喝越多，他們也變得越放肆起來。以下是一句典型的搭訕：「嘿，小姐，妳叫什麼？琳達？琳達，琳達，奶子好大呀！我是**戴夫**。妳開心嗎？想喝點兄弟會啤酒嗎？還不錯吧？再多喝點？想多喝點就告訴我！」一名原本羞澀的男生喝了六杯啤酒後，把一名女生逼到牆角，脫掉她的毛衣並亂摸她的胸部。女生也逐漸放開了矜持，報告撰寫者的一名朋友起先擔任保護者的角色（「嘿，琳達，如果哪個蠢貨騷擾妳，就告訴我！」儘管這可能只是自我吹噓，好顯示自己對這裡很熟），最後卻爬上桌子跳舞，把毛衣從頭上脫下，大喊「哇喔！快看我！」。結果桌子塌了，幾盞立燈也倒在地上，讓整個派對有了炫富宴的氣氛。

那天晚上，派對上發生了一場打鬥。兩名男生一開始並未互相在意，後來發生齟齬，顯然事情發生得很隨機，只不過是互相罵了幾句髒話。「你叫誰膽小鬼？你叫我膽小鬼？說什麼鬼呢，你才是膽小鬼！」回覆也是一樣：「你才是膽小鬼，你**是**！要不然你出來走兩步**給我瞧瞧**，狗娘養的?!」一群觀眾聚集了起來，興奮的等待著雙方接下來的行動。兩個人扭打成一團，無論誰占了優勢，圍觀者都會歡呼喝采。打鬥持續了幾分鐘，沒人獲勝，雙方陷入對峙，躺在地上累得動彈不得。圍觀者失去了興趣，逐漸散開了。「膽小鬼！」兩個人低聲咒罵著對方。最後，兩個人都由朋友扶起來送回家，各自清理血跡斑斑的鼻子和身上的擦傷。

派對上的事件有一種有規律的微觀韻律。鬥毆者互相模仿，重複自己和對方的咒罵。背景音樂很吵，夾雜著說唱歌曲的節奏和歌詞，內容未顯得比加重的感嘆語氣重要（「今晚誰會玩得嗨？」）。對話的實質內容也不重要，更像是一種咒語（「琳達，琳達，奶子好大」）。這一切都是醉酒行為的特點，將人們之間的互動儀式簡化為最單純的形式。

儘管醉酒與暴力之間的關係看似明確，但這只是冰山一角。暴力中的一大部分不是酒精所引起的，酒精有時也不利於暴力的實施。我們很快就會看到，在醉酒引發暴力的特定情境下，選擇因變數的問題帶來許多誤解。

想想本書中提及的多種暴力形式吧！軍事暴力與醉酒不一定相關，士兵有時會在戰前喝酒，但這無助於他們提高準頭。整體來看，冷靜和清醒的軍隊命中率更高。警察暴力與情緒中的陶醉有關，但與醉酒無關。在大部分政治抗議、族群示威、暴動與屠殺中，參與者包括領頭人在內都是清醒的。唯一的例外是節日遊行人群中發生的暴動，但他們的破壞力通常很低[19]。恐慌進攻這種最糟糕的群體暴力形式，也與酒精無關。

醉酒出現在許多家庭暴力的報告中，英國的資料表明約百分之四十四的家庭暴力涉及醉酒（Richardson et al. 2003）。這些報告主要是關於醉酒者虐待配偶，而對兒童、老人和殘疾人的虐待似乎與酒精關係不大。這種選擇性模式表明，狂歡情境與性有某種相似之處，在某些事例中（如第四章描述的）表現得格外明顯，例如丈夫將虐待妻子作為私人飲酒場合的一種娛樂活動。因此，有些配偶暴力也會採取受阻狂歡的形式。其他形式的攻擊弱者大多與醉酒無關，霸凌幾乎從來都與醉酒無關（考慮到其制度設定），搶劫顯然也很少與此有關，在搶劫的情境下，重要之處在於實施有效的暴力和情緒控制，而醉酒不利於這一點。有些表演型公平打鬥發生在醉酒者之間，人們可能會在酒精的影響下發出決鬥挑戰，儘管決鬥本身通常是在清醒的條件下進行。家族世仇有著精密和謹慎的計畫，因此也大多發生在清醒的場景。成功的槍手大多是最清醒的，不過我稱之為「跳位升級」的涉槍打鬥，倒是經常由狂歡場景下的醉酒者發起。

這與資料一致，百分之七十五的普通暴力犯罪與酒精無關（與之前引用的百分之二十五互補）。只有在特定的場景，酒精與暴力之間才會有關聯。

現在讓我們思考一下選擇因變數的問題。很容易就可以看出，醉酒比暴力場景要多得多。一九九〇年代末期，在十二歲以上的人群中，每個月有一億零五百萬人喝酒（約占美國人口的百分之四十七），四千五百萬人捲入酗酒行為（每次喝五杯以上，占總人口的百分之二十），一千兩百萬人是重度酗酒者（一個月內有五天以上喝了五杯，占總人口的百分之五點五；資料來自《一九九九年全國毒品使用家庭調查》，美國衛生與公共服務部、全國酒精使用與酗酒研究機構，www.niaa.gov/databases）。一九九九年發生了一萬五千五百起謀殺，其中四千起與酒精有關（聯邦調查局《一九九九年統一犯罪調查報告》，www.fbi.gov/ucr）。同年有一百四十七萬四千名嚴重襲擊事件的受害者，以及四百六十二萬名輕微襲擊事件的受害者（美國司法統計局《一九九九年犯罪受害者報告》，www.ojp.usdog.gov/bjs）。

如果只考慮酗酒者，假設他們對所有與酒精相關的暴力事件負責，那麼他們在**一年中殺死某人的機率約為百分之零點零零零九。百分之三點三的酗酒者會捲入嚴重襲擊事件，百分之十點三會捲入輕微襲擊事件**（例如一起未造成傷害的打鬥）。

考慮到這些酗酒者一年不只酗酒一次，**任何一次酗酒行為導致嚴重暴力襲擊的可能性就會下降到百分之零點三，輕微暴力襲擊的可能性則會下降到百分之零點九**。就算我們假設所有暴力都由重度酗酒者（一個月內多次酗酒的人）造成，他們在大部分酗酒情形下也都不會造成傷害，**任何人在酗酒後捲入嚴重打鬥的可能性是百分之零點二，捲入輕微打鬥的可能性是百分之零點六**[20]。事實上，就連如此低的比例也已經是不切實際的高預測了，因此我的計算忽略了那些由非醉酒者引發的暴力。

英格蘭和威爾斯也有類似模式。英國犯罪調查詢問暴力犯罪受害者襲擊他們的人是否醉酒，結果發現，一九九九年有二十八萬六千名受害者遭到醉酒者襲擊並導致傷害（等效於嚴重襲擊），八十五萬五千名受害者遭到醉酒者的普通襲擊（等效於輕微襲擊）。只有十八歲至二十四歲區間的人提供了酗酒行為的資料，這也是酗酒最嚴重的群體，其中百分之四十八的男性每個月至少大醉一次。這個年齡層的總人口中，共有兩百一十六萬九千名男性，每年發生一千兩百四十九萬三千起酗酒事件。如果推到極致，假設所有嚴重和輕微襲擊事件都是這個年齡層的酗酒者實施的，我們就會發現只有極少數暴力事件涉及醉酒者，**百分之二點三的醉酒情境會引發傷害**，**百分之六點八的醉酒會引發普通襲擊**。這些比例比美國的資料高，但分母是用極其保守的方法估算的。很可能醉酒人次比估算的要高得多，因為年輕男性中許多人每個月不只酗酒一次，而且十八歲以下和二十四歲以上的男性同樣會酗酒。因此，酗酒總數可能數倍於我們估算的數字，酗酒者引發暴力的比例也就相應降低（計算自二〇〇〇年英國犯罪調查表格A；Richardson et al. 2003; Budd 2003; www.homeoffice.gov.uk/rds/bcsl/html, www.statistics.gov.uk）。

如果我們去尋找醉酒暴力（也就是選擇因變數），當然能夠找到。在這些英國的研究中，百分之二十二的年輕酗酒男性聲稱在過去一年裡，他們曾參與公眾鬥毆，而在普通飲酒者中，這個數字只有百分之六（請注意，這項資料不是說他們在百分之二十二的醉酒情形下會捲入鬥毆，而是一年中至少有一次在醉酒時捲入鬥毆的人數比例）。在酗酒者中，百分之五十六說他們在飲酒時或飲酒後捲入激烈的爭吵，百分之三十五則在這種情形下捲入打鬥（對普通飲酒者來說則是百分之三十因此捲入爭吵，百分之十二捲入打鬥；Richardson et al. 2003，表格1和表格3）。但在這裡我們也要注意，只有一小部分人會捲入打鬥，正如我在其他地方指出的，捲入爭執比實際上捲入打鬥要容易得多。同時我們也要注意，對女性來說，儘管她們醉酒的可能性比男性低（百分之三十一的年輕英國女性每個月會醉酒至少一次），醉酒時捲入打鬥的可能性也低（只有百分之二曾捲入群體打鬥事件，百分之十一曾捲入某種打鬥），但這些女性陷入爭執的可能性卻與男性幾乎一樣高（百分之四十一）。從爭吵到打鬥不是自然而然的。

為什麼只有在一小部分場合，醉酒才會引發暴力呢？至少有三個原因。

首先，鬥爭情形有時會半途而廢。學生報告中描述了幾個版本。某個週六的午夜，大約二十名年輕男性正在一個大學兄弟會門前喝啤酒。兩個體格魁梧似運動員的男性從兄弟會中出來，走向相反的方向，直到兩人大約相距三公尺。他們背對背脫下了襯衫。眾人興奮的議論紛紛。據說，其中一個人指責對方對他吐痰。兩個人身旁各自聚集了一、兩名朋友，低聲交談著。圍觀者看到其中一人的面孔，他咬著下唇，什麼也沒說。另一個人的面孔一開始看不到，當圍觀者漸漸靠攏，他們發現他正抱著雙臂，眉頭緊鎖。圍觀者迫不及待的想要看到一場打鬥，其中有些人興奮的議論著他們之前看過的打鬥，並討論這場打鬥會不會像之前的一樣激烈。但三、四分鐘之後，其中一人卻穿上衣服回到兄弟會，另一個人很快跟了上去。眾人不爽的議論了片刻，然後許多人也都回到屋子裡。

另一種形式的半途而廢打鬥案例發生在費城的某個夜店，一些韓裔美國學生經常到訪那家俱樂部。其中兩人陷入推擠爭執，他們的朋友試圖阻攔兩人，他們卻仍在不停的咒罵和威脅對方。其中一人推開了朋友，揮出一拳，並未造成什麼傷害，隨後他又被朋友抱住。沒過多久，有個與兩群人都不相關的人打聽了一句什麼，結果惹惱了圍在出拳者身旁的一夥人，跟著又是一輪咒罵和威脅，而兩邊的朋友都在竭力阻止。這與愛爾蘭小鎮上發生的威脅鬥毆非常相似（Fox 1977，我們在第六章描述過），整個過程幾乎全是虛張聲勢，打鬥者試圖掙脫朋友的束縛，但在朋友的阻攔下什麼也沒做成。

雖然我們很難知道，究竟有多高比例的醉酒爭執會半途而廢，但我們可以肯定，這比實際發生的打鬥要多得多。這裡的邊界很模糊，也許有人會揮出一拳，但通常打不中對方，或者無法造成傷害，因此算不上真正的打鬥。酒吧鬥毆的常態是只揮一拳（這是一九七〇年代我聽到的版本）。我們可以推測，在這種勉強可稱為打鬥的事件中，許多都沒有進行受害者調查。更重要但目前我們所知甚少的是，導致打鬥半途而廢的條件與過程是什麼[21]。

醉酒未能導致暴力的第二個原因是，醉酒會讓人變得行動遲緩和笨拙[22]。酩酊大醉的人通常會失去平衡癱倒在地。這也是為什麼在眾人都爛醉如泥的派對上，打鬥會變成胡亂揮舞拳頭，然後雙方抱成一團倒在地上，就像摔角比賽（但參與者對摔角技巧卻是一無所知），這限制了可能的傷害，因為雙方都無法自由揮拳。這種混戰也掩蓋了可能的事實：鬥毆者在醉酒的情況下無法保持平衡、抓準時機、協調身體。他們通常會在幾分鐘內就失去觀眾的鼓勵，因為這種打鬥一般都不會太精采，很快就會陷入無趣的膠著。因此，這是一種理想的「一對一公平打鬥」，一般不會造成什麼傷害。如果打鬥變成一群人有組織的毆打一個落單的個體，他們通常就會站得很穩，能夠施展開拳腳，因此也就能夠造成更多傷害。但我們並不清楚，這是由於他們人多勢眾所致，還是由於在這種情況下他們一般比較清醒，所以不會互相絆倒。

相反的，最認真和富有技巧的暴力實施者，通常會避免在工作時使用酒精和毒品，包括軍事狙擊手（Pegler 2004: 216）、專業殺手（Fisher 2002）、持槍搶劫者（Wilkinson 2003: 202），以及盜賊等[23]。一個黑人少年暴徒這樣描述他如何對付一名長期以來的對手：

過了幾週我又遇上他，沒錯……我帶了好幾個人一起，大概有三個人跟著我。接下來我們去了一個派對，他媽的……我那天什麼也沒喝。其他人都喝了不少。他喝得爛醉。我那天穿了一件帽T，他看不見我，接下來……我戴上帽子、手套什麼的。我跟其他三個人一起衝過去，其中兩個人抓住他的手臂。我跑上去朝他的喉嚨劃了一刀。我不知道他現在是活著還是死了。他喝醉了。他以為我都忘了。他根本不知道自己會在睡夢裡被死神親吻。（Wilkinson 2003: 213）[24]

在較輕微的暴力層面上，狂歡區中能夠成功參與打鬥的人往往也是那些相對清醒者，如果雙方受到酒精影響的程度不同，較為清醒者會占據相當大的優勢[25]。這是一種較為複雜的計策，也許並非廣為人知。龐克文化中有一種次文化：一部分年輕男性強烈反對酒精和毒品。除了龐克音樂和舞蹈，他們主要靠跟喝多了或者嗑了藥的年輕人打架來獲得刺激。反對酒精和毒品的理由在於保持身體的純潔性，同時也是因為他們知道，清醒可以幫助自己成為更好的鬥士[26]。

但是醉鬼通常會跟醉鬼打架，雙方的醉酒程度往往不相上下。醉酒暴力的受害者也更可能是加害者，在英國的資料中，這些人就是經常造訪酒吧和俱樂部的年輕單身男性（Budd 2003）。整體來看，醉酒導致的笨拙可能阻止了許多打鬥的發生，甚至進行溫和的打鬥也不太可能。

醉酒不能讓人輕易克服平日的衝突性緊張／恐懼。醉鬼在狂歡氣氛和酒精的作用下也許很容易挑起衝突，但其中很大一部分半途而廢，之前提到的微觀證據顯示，醉鬼仍然會表現出很焦慮，並且不願意再繼續下去。在這裡，即使在醉酒狀態，衝突性緊張／恐懼依然存在。在觀眾的情緒支持下，也許緊張／恐懼能夠得到克服，打鬥也許真的會爆發，但想達到這個效果，參與者要消耗更多酒精，而這同時又會讓他們的能力降低，從而反過來又抑制了暴力。在這種情況下，緊張／恐懼的效應減弱了，但卻達到同樣的效果，就是緊張／恐懼與醉酒同樣能讓打鬥參與者無力造成傷害。這與受到緊張／恐懼影響的軍隊暴力、警察暴力和群體暴力相似，醉酒者的打鬥（如果不是虛張聲勢的話），通常會表現為狂野的揮舞手臂胡亂出擊（類似四面開花、準頭很低的射擊），並對己方支持者造成相當程度的傷害（類似誤傷友軍），或是誤傷旁觀者。

「每次只打一場」的限制

醉酒暴力之所以不常見，第三個原因也許是最重要的。這是一種情境模式，它透過激發注意力與情緒的群體機制而非個體動機來運行。這種模式就是每個聚會只能發生一次打鬥。在我蒐集的關於打鬥的民族誌中，通常每次派對上只會發生一次打鬥[27]。這種打鬥吸引了一段時間內的全部注意力，可以在群體內激發興奮、緊張及熱情。一旦群體失去興趣，轉移了注意力，魔咒就被打破了。在群體集會的情緒互動中，一場打鬥（包括未能順利進行的打鬥）就足以讓這個夜晚獲得一種戲劇性，在這場好戲之後，大家的情緒也就不再高漲了。對半途而廢的打鬥來說，這也同樣適用。此外，這包括那些高喊「讓我收拾他！」卻被朋友拉住的事例。若是為了看場好戲，一點點暴力就已足夠，人們的情緒很容易被簡單的情節所俘虜。

但是，在場的所有人同樣因醉酒而放縱和找碴的時候，為什麼一場打鬥就能阻止他們再次陷入打鬥呢？我的觀點是，一旦一場戲劇化的衝突發生，在場的其他人就會相對喪失能量，從而不會再次挑起打鬥。他們也許會忙於議論那場打鬥（或是未能爆發的打鬥），但此時注意力已經轉移，使參與者調整為觀眾模式，心滿意足的吹噓自己與那場打鬥或多或少有所關聯。一場打鬥會圍繞其本身建構起與眾不同的地位，如同部落英雄或巫師的神力，只要離一場打鬥足夠近，人們就可能會興奮的談論起自己與打鬥的關係，並炫耀自己的內部消息。魔力從打鬥者那裡傳播到第一目擊者，並層層傳播到八卦者和聽到八卦的人那裡，他們共用著身處注意力中心而產生的能量。這種能夠產生共鳴的中心只要有一個，就足以將一場派對變為戲劇舞臺，而這種事情只要發生一次，就能重組情緒氛圍，使得同樣的事情難以再次發生，直到第一起事件的影響徹底消散。

這是一種理想型概念。現在讓我們來思考一下其變體和例外。我所蒐集的事例中，有些打鬥引發了另一場打鬥，在兄弟會啤酒桶附近發生一場虛張聲勢的衝突之後，其中一方離開了，隨後又帶著幫手重新出現。這種二次打鬥也許會發生，也許不會，我所蒐集的案例中，幾個此類打鬥都是半途而廢。無論如何，觀眾都會將其視為同一起事件，因為它們有著相同的背景故事。我們不會在同一個派對上發現兩個故事同時占據注意力的中心。在其他情況下，一次扭打也許會引發一些餘波，或是周邊的騷動。在韓裔美國人那個俱樂部案例裡，當一次潛在的打鬥被制止後，其中一名次要的參與者很快開始威脅闖入的第三人，試圖挑起另一場打鬥，這是因為第三人距離第一波潛在打鬥者所形成的熾熱核心太近了。但是，這也是同一個連續的注意力中心，兩起事件在事件上距離很近，在人員構成上也相互重疊。更有甚者，兩起事件中的兩個場景非常相似，也同樣半途而廢而未能全面展開。我們也許可以假設，半途而廢的打鬥可能特別容易產生這種外溢效果，因為在第一起事件之後會有緊張感縈繞不散。然而，第二起事件也無新意，於是讓能量進一步下降。

一個學生在提交的民族誌報告中寫道：一家酒吧裡爆發了一起打鬥，一名試圖阻止打鬥的旁觀者被保鏢當成搗亂者，跟他的朋友一起被趕出酒吧。很快，他們又回到酒吧，跟保鏢和廚房工作人員打了起來。在這裡，一場打鬥與另一場打鬥直接相關，這是同一個注意力中心，而打鬥的原因帶有報復不公的意味。

這一切都與參與聚會的人數相關。在較多人參與的情境中（例如我蒐集的民族誌案例：費城的「懺悔星期二」狂歡、運動賽事後的勝利遊行、街頭的節日慶典等），有時會發生兩起以上的打鬥，涉及完全不同的人員。我所蒐集的事例中有五起屬於這一類，它們都發生在較多人參與的情境[28]。大致估算下來，可能每一千人中存在一個情緒與注意力的空間來容納一起打鬥。一名龐克搖滾音樂人在三年間，曾在數百個音樂會和俱樂部進行表演，據她回憶，每個晚上在每個場地最多會發生一次打鬥，除非觀眾人數特別多（數千人），不是每個人都能看到在發生什麼，從而讓每一場打鬥都創造了屬於自己的舞臺。因此，「場所」其實是注意力空間的簡稱，在這裡，場所是分隔開的，由於人群中的結構和視線有限制，從而導致物理空間也發生了變化。

另一方面，發生打鬥的派對場所涉及的人數卻不太多，大多是五十至兩百人擠在一個空間裡（三十六至九十平方公尺）。在這些情況下，每晚一次打鬥足以發洩全部人共用的能量。但在這些派對參與者中，通常有許多人彼此並不認識（熟人圈子多半只會局限在十至三十人，甚至可能更少）。整體而言，觀眾不能構成一個社群來傳播八卦和對他人的名聲評頭論足，發生打鬥時，旁觀者因興奮而產生的團結感也是轉瞬即逝。在他們之中，目睹一場打鬥也許能夠提高在場者的聯結感，因為他們共用同樣的話題。有些機制決定了每一場派對中，每晚只會發生一次打鬥，儘管人群可能會不斷流動。這需要更好的觀察資料來證明，也許當人群的流動性足夠高的時候，就能在同一個晚上發生兩次打鬥，但我沒有觀察到這樣的例子（即同一場派對上發生兩起單獨打鬥，且它們之間不像之前討論過的那樣緊密相關）。夜店和及其他娛樂場所發生的打鬥，似乎也有類似的分布規律[29]。

每個場所只能發生一起打鬥的原則，也適用於狂歡之外其他類型的打鬥。黑人高中裡的女生打鬥似乎也符合這個規律（二〇〇三年十一月與瓊斯的私人通信；亦見於 Jones〔2004〕）。每個學校每天最多發生一次打鬥（無論是發生在兩個女生之間還是兩群人之間）。那裡是相對封閉的名譽社群，有關打鬥的消息傳播得特別廣泛，這種新聞傳播網絡，加上圍觀者在打鬥發生時和結束後的活動，與打鬥本身共同填補了注意力空間，讓其成為同一個戲劇場景。值得研究的是，此類設定中的打鬥是否能占據更久的注意力，延續數日乃至一週之久，尤其是在存在指控、威脅和報復時，一系列打鬥（或者僅僅是打鬥所處的戲劇環境）就能排除其他打鬥發生的可能。

具體來看，我們能夠發現一場打鬥如何阻止另一場打鬥的發生。例如，一所洛杉磯高中的非裔與拉丁裔學生之間發生了一場打鬥，全校兩千四百名學生中有一百人捲入其中。起初是兩名黑人女生爭搶午餐桌位，隨後一群拉丁裔學生攻擊和辱罵她們（*Los Angeles Times*, April 15, 2005）。同一族群中的打鬥隨即停下並被不同族裔之間的矛盾所取代。我們同時也能看到，此處的打鬥一開始是表演型的，在觀眾面前進行，因而受到限制，兩名黑人女生是在她們自己的名譽社群表演著自己的戲劇，卻被外來者打斷了。黑人高中社群（至少是其中比較暴力的一部分）作為一個整體受到了冒犯，因為其本身的象徵性邊界被人踐踏。有可能一開始捲入的拉丁裔學生（占學生總數的百分之八十）之所以會嘲笑打鬥的黑人學生，是因為她們占據了原本屬於拉丁裔學生的注意力空間[30]。結果，這場打鬥變成對午餐餐廳注意力空間的爭奪。

學生報告中的民族誌細節展現了一個相反的例子，即一場大型衝突中的一方若內部分裂並發生衝突，就能阻止不同族群之間的鬥爭。在這起事例中，一場十幾歲少年的派對持續到深夜。一群年紀較長的學生試圖破壞派對，五名年輕學生在草坪前擋住了他們，女生們擔心的站在後面。防守一方圍在一起，決定使用其中一人隨身攜帶的小刀，但那人不想把刀交出來。這群人裡最魁梧的男生憤怒的與他爭吵，隨後勒住了他的脖子，直到他短暫失去意識。兩群人隨之四散，年紀較大的男生離開了，年紀較小的男生則轉移到後院，沒有帶上那把刀子。防守一方的內部鬥爭占據了整個注意力空間，從而防止更大規模的衝突。

整體而言，我認為狂歡場景中的打鬥符合「小數法則」，也許這個規律也適用於更廣泛的暴力場景。這與學術界注意力空間中的「小數法則」相似，也就是說，處於注意力中心的位置不會超過三至六個（換句話說，學術爭論會將其核心網絡分割為三至六個派別，Collins 1998）。關於注意力空間，我們並未發展出較為統一的理論。對比學術注意力空間與狂歡型打鬥的注意力空間，我們會發現它們在「小數法則」的準確形式上有一定差異，某一學術領域可以分隔為三至六個派別，但一個打鬥區域內（通常是兩個派別）只會發生一場打鬥。我會在第十一章更詳細的分析這個類比。此處我想強調，場域的結構限制了其中的個體能夠感受到的情緒能量。打鬥能從觀眾雖然不多卻較為集中的注意力獲得能量，但這同時也意味著降低了其他潛在打鬥的能量。

無論在場者喝了多少酒，這一切都不會改變。也許有人認為，如果醉酒能夠提高暴力的機率，那麼在同一個地方聚集一大幫醉酒者，就有可能同時或連續引發許多打鬥。然而，這種人人參與的打鬥場景雖然存在於傳統想像中，卻不容易在真實生活中發生（我們在第一章已經看到了這一點）。我將會在之後的第二冊中指出，在大多數暴力中（包括戰爭），「一次只打一場」都是典型狀態，從而限制了暴力發生的形式。醉酒不能改變「小數法則」。事實上，如果醉酒者容易受到簡單的情緒影響，那麼他們應該更加符合「小數法則」模式[31]。

這就是醉酒很少會導致暴力的關鍵所在。甚至在靠暴力獲得非正常的興奮情緒的群體中，這一點同樣適用。就連眾人齊心協力想要將狂歡場所變為潛在的打鬥場景，藉由言行舉止中傳遞的訊息、由於雞毛蒜皮的態度差異而引發的暴躁情緒、酗酒的文化習慣、談論打鬥的敘事文化等舉措，都不能讓打鬥變得更加頻繁。狂歡文化，包括其醉酒版本在內，主要是塑造了一種讓暴力發生的興奮氣氛，而不是誘發暴力本身。當暴力真正發生時，每次一場打鬥就足以滿足現場觀眾對戲劇性的渴望。

作為一種行動和娛樂的打鬥

到目前為止，我們已經發現，觀眾有時會將打鬥作為娛樂觀看，那麼，打鬥者本人在什麼時候會從中獲得樂趣呢？事實上，在狂歡場景的所有事例中，並不存在這樣的情況，許多人參與打鬥的動機是因為缺乏樂趣，有時則是因為遭人排擠或滿心沮喪。

傑克森－雅各布斯的研究提供了一個不同尋常的民族誌樣本，讓我們得以一窺那些挑起打鬥的群體內部的觀點（Jackson-Jacobs 2003; Jackson-Jacobs and Garot 2003）。他研究的主體是一個鬆散的群體，包括八十五名二十歲上下的年輕男性（以及一小部分女性），他們在亞利桑那州一個大城市參加週末派對或是去酒吧打發時間。其中許多人來自市郊中上層階級家庭，有些正在上大學或職業學校，也有許多人輟學在家，或是求學之路多有波折。這群人作為一個整體並不願意享受中產階級所享有的尊重，並以自己富有的白人家庭出身為恥，他們認為這樣的家庭背景「不夠嬉皮不夠酷」。相反的，進入不受尊敬的世界（如監獄、勒戒所和就業服務處），卻令他們倍感自豪，彷彿逆轉了社會奮鬥的方向。他們選擇居住在貧民區，避免傳統的大學生活。這些房子大多是平房，鐵絲網做成的籬笆後面是亂七八糟的院子，那裡就是週末派對和打鬥發生的場所。

這些派對相對匿名，大部分人是透過不同的熟人網絡聽說的，派對高峰時期的人數從三十至一百人以上不等。試圖挑起打鬥的群體會利用這些場景來尋釁滋事。

> 你知道的，有時會在酒吧裡狠狠撞到別人身上，但卻做出一副搞不清你是故意的還是不小心的樣子來，對吧？我就這麼幹過。我撞了一個人，走開幾步後回頭看他，發現他正瞪著我。於是我衝他笑笑，示意他「出去聊」。但他根本沒出來。（Jackson-Jacobs and Garot 2003）

眼神挑釁、敵意的笑話、挑起爭吵等，都是引發衝突的方法。打鬥也可能是一對一的，但更常見的卻是一群人一起上。在這種尋釁滋事的群體中，偶爾會有人去尋找更強壯的對手，或是去挑撥更人多勢眾的群體。在一個例子中，一名男子及兩名同伴跟一個十二人的幫派發生了打鬥，對方把他和隨後加入的朋友打得落花流水。人們尋找打鬥的機會，卻不一定是為了贏得打鬥，一場令人尊重的打鬥足以讓他們自吹自擂。為此他們會主動去尋找那些看上去更恐怖和更引人注目的對手：「大塊頭」、「黑人」、「黑幫」、「飆車族」、「光頭黨」、「運動員」（Jackson-Jacobs 2003）。

在這裡，我們看到與黑幫衝突或下層社會街頭衝突非常不同的模式，這些人挑起打鬥是為了贏得尊重和嚇阻他人。我們將會在第九章看到，街頭的打鬥表演大多是虛張聲勢，目的在於阻止挑釁，打鬥真正發生時，他們一般會挑選較弱的對手，至少也是勢均力敵，主要目的在於勝利。亞利桑那州的尋釁滋事群體有種屈尊的姿態，保持著中上層階級的自省與本質，因此更喜歡營造肉體上失敗，但精神上勝利的戲劇化場景。在所有的活動中，他們都會強調一種底層姿態，相對而言，幫派成員喜歡將自己展現為無人能敵的菁英（當然需要經過一定程度的偽裝）。中上層階級的尋釁滋事者會吹噓自己的失敗與身體上的傷痕，就像德國決鬥俱樂部的成員一樣，對後者來說，決鬥的目的不在於勝利，而是透過對手的劍來獲得令人肅然起敬的傷疤。

這種群體中的尋釁滋事文化之所以能夠得到維持，很大程度上是透過傑克森－雅各布斯所謂的「敘事滿足感」（narrative gratification）。他們多數時間都在談論打鬥和討論在即將到來的派對上是否會發生打鬥，打鬥確實發生後，他們會花很長時間去回憶。在一起事件中，一幫人在打鬥後的第二天聚集起來（在那場打鬥中，主要的挑事者被對手打得落花流水、渾身是血），並在接下來的三十六小時內不停的談論它。談論打鬥是派對本身的核心特點。在一場喧鬧的派對中，當說唱或龐克音樂嗡嗡作響，人們會吹噓著自己曾參與過的打鬥並浮誇的哈哈大笑，有時還會表演出來，像默劇一樣揮舞拳頭並露出一副苦相。我們可以說，他們之所以會去進行打鬥，是為了之後可以表演這個故事。事實上，關於打鬥的敘事比打鬥本身要常見得多。

敘事也是引發打鬥的一系列微觀機制的一環。充斥著關於打鬥故事的地方，往往也是容易發生打鬥的地方。製造出打鬥的，是半匿名的派對參加者，是醉酒，是關於打鬥的故事，也是因提防陌生人而產生的緊張與興奮，有時這種興奮也會透過挑釁陌生人並與之打鬥而累積迸發。喧鬧的說唱和龐克音樂也是營造這種舞臺背景的一個環節，歌詞、節奏、身體姿態，以及打鬥所導致的重音，都是這個舞臺事件的一部分。

然而，這是一種高夫曼式的舞臺設定，目的在於表演和偽裝。打鬥不容易引發，即使在這些設定中也不例外。事實上，很可能正是因為舞臺化的敘事和無處不在且非個人化的自吹自擂占據了注意力中心，從而建立起一種內在平衡。挑起打鬥的方法很清楚，也很容易實施：撞到別人身上、挑釁式的目光接觸或是口頭挑戰，擁擠的現場條件使潛在的衝突難以避免。然而，打鬥仍然不會發生在每一個有人挑釁的夜晚，有一段時間裡，這會讓人們沮喪不已，但也會令他們在成功挑起打鬥後更加歡欣鼓舞。既然所有派對看上去都很利於打鬥，為什麼打鬥仍然如此罕見？一個原因是，打鬥只會發生在雙方都同意的情況下，另一方必須看到對方的挑釁，並以合適的方式做出回應。這些挑釁有時很隱祕，實施者會努力不要顯得太過招搖，大部分時候，對方沒有意識到挑釁的存在，有時也會故意視而不見。僅僅擺出挑釁姿態不夠，還必須存在一種情緒上的互動，讓有些人願意繼續下去。儘管派對上看似有許多機會，但大部分情況是結果什麼都沒發生。

在所有的暴力團體中都存在一種模式，就是尋釁滋事的群體是分層的。有些人特別具有攻擊性，有些人跟隨他們起鬨，其他人只存在於背景中。最後這一部分人在可能發生暴力的派對中，跟著朋友走來走去，本人卻很少會參與打鬥，也許一輩子只打過一、兩次。通常情況下，他們只是在打鬥爆發時留在現場而已，因為在這些場景中，沒能逃走的人通常會被當作目標。這些團體整體來說（包括其中最能打的人）不會帶這類人去完成任務，也不會給他們施加任何義務去參加打鬥（這就是傑克森－雅各布斯所承擔的角色：觀察者）。他們是如何繼續被接受為團體一員的呢？看上去，這是因為他們是敘事的一部分，他們是打鬥故事中興致盎然的觀眾，也正是他們將團體的文化資本流傳出去，傳誦著領袖人物的赫赫聲名，為團體塑造出離經叛道的精神氣質。打鬥敘事是團體中的重要儀式，偶爾發生的打鬥有助於為敘事儀式提供素材，但持續打鬥卻無必要。太多打鬥也許反而會模糊團體的敘事，在這個注意力空間中，可能也存在一種「小數法則」[32]。

十九世紀的愛爾蘭也存在為了娛樂而進行的打鬥（Conley 1999）。在集市等節日場合，常會爆發大規模的衝突，通常是在兩個家族之間。當時有一種公認的儀式來挑起一場打鬥，一名男子首先在人群中轉來轉去，有時會高喊名字：「我們是康納斯和德拉漢提，有沒有麥登家的人願意跟我們來？」脫下外套則是進一步暗示自己願意參與打鬥。只要遵守合適的儀式，整個社群都會容許乃至支援打鬥的發生。武器僅限於拳頭、棍棒和石頭，刀子被認為是不公平的，一旦使用就會受到家族權威的嚴懲。但若受害者曾透過手勢或言語來挑釁對方，那麼殺人通常不會受罰，就連旁觀者（包括孩童）的死傷都只會得到輕微懲罰或是被容忍，因為大家公認，只要出現在打鬥現場就不可避免要承擔風險。孩童自己也常會捲入打鬥，這裡沒有明確的年齡界線。愛爾蘭的娛樂打鬥是一種原始的運動模式，在那些地方，正式的團體體育運動還沒有發展起來。這是一種表現興奮的方式，在其他地方，這種情緒資源已經發展成為有組織的運動形式，以及不同類型的表演型打鬥。

模擬打鬥與觀眾狂舞

為娛樂而打鬥最明顯的例子是模擬打鬥，也就是純粹玩樂性質的打鬥，就像孩童之間的嬉戲，或是興高采烈的捶打手臂，或是年輕男人熱情洋溢時模擬拳擊。這些類比打鬥通常伴隨著笑聲、玩笑、愉悅的尖叫，儘管可能只有一方感到愉悅，但也可能一方比另一方更愉悅。一般而言，玩樂性質的打鬥與嚴肅的打鬥之間有著清晰的界線。這說明「真正的」打鬥有著與眾不同的特質，可以一眼辨明。毫無疑問，區別就在於衝突性緊張／恐懼的產生，這種情緒塑造了一種難以逾越的挑戰，進而喚起不同的情緒。

有時玩樂性質的打鬥也會偽裝成嚴肅的打鬥。這主要發生在無視道德的行為受人尊重而打鬥則成為一種娛樂的場景之中，與此同時，這些場景不支持徹底的暴力。這方面一個較好的例子是觀眾狂舞[33]。

這個區域範圍大小不定，由觀眾在樂隊前面開闢出來，讓一小群舞者使用；一般來說，如果有三百名觀眾，那麼這群舞者大約會有二十人，具體數字可能增減。狂舞者（幾乎都是男性）可能會撞上其他舞者，彼此推擠，像碰碰車一樣相互碰撞或是撞到觀眾身上。當兩、三個人開始隨著音樂節奏彼此碰撞，就形成了一個狂舞區，其他人會為他們讓出空間，並圍在他們身邊。這是一種偽裝的打鬥，參與者都做出一副強硬姿態和憤怒表情，不苟言笑。然而，在這背後也有不成文的規矩，不能撞得太厲害、不能揮拳頭、不能動腳，如果有人跌倒，其他人就得趕快把他扶起來。周邊的旁觀者也以同樣的方式參與其中，一片好心的緩衝身體上的碰撞，並把失去控制的舞者重新推回狂舞區。狂舞區周邊的一圈觀眾是其組成部分，他們負責聚集注意力，鼓勵舞者，並隨著音樂節奏擺動身體。一名觀察者注意到，狂舞區的維持有賴於周邊人群，如果其中一側打開了，狂舞區也就解體。在一個例子中，當一群觀眾走開去拿啤酒，狂舞也就自然的停止了[34]。

狂舞的主要特點是將偽暴力與音樂節奏相結合。因此，在樂曲之間，狂舞也會停止。舞蹈通常發生在一首歌曲中最「狂亂」的部分，也就是音樂格外喧鬧、嘹亮和帶有暴力氣質的時候。當狂舞者無法跟上節奏，就容易轉變為真正的打鬥。狂舞區會集體防止發生這種轉變。一名旁觀者回憶，當一名「富家子弟」外來者（例如穿著高中菁英制服的人）進入音樂會的狂舞區，立刻就會被人發現，因為他通常跟不上節奏，看上去像是要傷害他人。其他狂舞者則會維持節奏，領頭者過來將闖入者趕出去。在小型狂舞區，領頭人或是規則執行人會自發出現，他既不是狂舞區的發起者，也不是最來勁的舞者，但通常是塊頭最大的男性，比其他人跳得慢（不過仍然跟得上節奏），自發的保護小個子狂舞者不會被撞倒，並會幫助倒下的人重新站起來，或是把他們趕出狂舞區[35]。

狂舞區解體時，維持它所必需的條件也就顯而易見。當狂舞區相對較小（直徑兩公尺）時比較容易維持，在較多的人群中直徑可能達到四公尺以上，但在這種情況下很容易發生真正的暴力。這可能是超大型音樂會的大型狂舞區所導致的結果，但維持狂舞區的重要因素是與周邊群眾的緊密互動，當其範圍較小時，成員能夠彼此看到，可以跟隨同樣的節奏擺動身體，因此會形成更加牢固的團結感，對自己在狂舞區的角色也格外清楚。狂舞區的解體還可能是因為外來者的闖入，包括警察或其他具有某種社會身分（因此被視為敵人）的外部團體，例如光頭黨等。這也符合我們之前形容的模式：狂歡情境中發生的邊界排擠型暴力。然而整體來說，警衛通常對狂舞區的存在聽之任之（儘管偶爾可能會抓走人群中的搗亂者）。最好的狂舞區是能夠自我管控的，事實上，狂舞區必須如此才能存在。

狂舞是一種罕見的開放型活動，所有參與者都在向四周自由擺動，這本身也說明它只是一種娛樂性的打鬥，就像潑水競賽或打雪仗一樣。當它升級為真正的打鬥時，就會變成典型的雙方對抗模式。參與者很清楚這個界線。狂舞區周邊常發生真正的打鬥，學生報告也提到幾起此類事件。在一個事例中，兩個大型青年幫派參與了一個龐克音樂會，他們聚集在狂舞區的兩端。狂舞者感受到威脅的氣氛，紛紛逃離這個區域。在另一個事例中，一小群尋釁滋事者參與一場龐克音樂會，他們參與了狂舞，但姿態更加強硬，還動了拳頭。但是狂舞者拒絕與他們打鬥，他們因此非常不高興，其中兩人自己打了起來。此類打鬥與狂舞區明顯是無關的。在有些例子中，當打鬥發生時，樂隊會停止演奏。

事實上，狂舞是一種團結的儀式，具有所有互動儀式的特點：人們的身體聚集一處，注意力也聚焦在一起並互相曳引，從而建立高度的集體亢奮感。在同樣的節奏控制下，人們的身體互相碰撞，這種模式的暴力產生一種高度的曳引，不僅僅是陷入同樣的微觀節奏，就像大部分互動儀式一樣，還存在身體碰觸。一名女性音樂人評論說，這是「一種讓男人互相碰觸的藉口」。一般而言，較長時間的身體碰觸都具有性意味，在狂舞中，任何性意味都會被有意識的透過暴力意味消弭，就像運動員透過拍打手臂、擊拳、拍屁股等方法來展示團結。

狂舞者也會受傷，許多人離開狂舞區時身上帶有瘀青、擦傷和刮傷。他們會自豪的展示這些傷口，其中一人曾問他的女友，這是否讓他看起來更像個硬漢。有些網站會讓狂舞者貼出自己的傷口，並與其他人比較。對這些傷口更準確的形容也許是「成員徽章」。狂舞者將自己視為一個菁英群體，有人曾將其他狂舞者形容為「家人」，儘管同一時刻存在於狂舞區的大部分人彼此不認識[36]。狂舞者與其他年輕人明顯不同，他們不是運動員，身材不是很健壯，儘管其中有些人可能塊頭很大；他們通常也不是幫派成員，不會在所有情境中都習慣炫耀暴力。他們的身分是圍繞音樂而建立起來的，主要是龐克音樂，也包括一種衣著風格，這個群體開啟了身體穿環的風潮（在一九七〇年代末期），開始把頭髮染成五顏六色，剪成奇形怪狀的極端髮型，並穿著帶鉚釘的皮衣和類似的衣物。這是一種屬於叛逆的中產階級年輕人的文化運動，形成於二十世紀末期，部分是作為一種反文化，對抗高中社交文化中占主導地位的運動員、啦啦隊員、富家子弟群體（Milner 2004）。這種反抗是成功的，因為它創造了一個獨立的空間，塑造另一種特權文化標準，並令聚集此處的成員建立起屬於自己的集體亢奮。這種青年文化漸漸拒絕了中產階級「值得尊敬」的標準，但沒有陷入下層階級的幫派街頭文化。因此，關鍵在於謹慎的控制這種「偽暴力」，與受人尊敬的群體和暴力群體都保持距離。

最後，讓我們從歷史脈絡來看待這項發展。周邊觀眾的注意力集中在狂舞者身上，狂舞者則成為涂爾幹所謂的「神聖客體」，亦即群體注意力空間的中心。這是公共娛樂中，注意力中心的若干轉變之一。一九五〇年代至一九六〇年代前，樂隊存在的意義是讓男女可以隨之起舞。舞者的注意力集中在彼此身上，其次會注意到其他舞者，最後才是樂隊。直到一九五〇年代的搖滾革命開啟之前，舞蹈禮儀中最重要的是地位上的差異，亦即誰能跳舞、誰不能跳舞（較低階層的人被視為「壁花」），以及誰能搶走誰的舞伴（這表明最受歡迎的舞伴是誰）。就連搖擺樂時期的著名樂隊也被視為雇來的幫手，他們只是為舞蹈提供伴奏，只會在每一曲結束時獲得大家禮貌性的掌聲[37]。

隨著一九六〇年代樂隊的地位不斷提高，雙人舞漸漸消失了。觀眾開始聚集在舞臺周圍，盡可能的接近著名的樂隊，或是參與大型室外音樂會，大部分人是坐在地上或是距離舞臺較遠的座位上。大部分時候，一小群人會站起來在屬於自己的空間裡起舞，主要動作是搖擺身體和揮舞手臂，但他們不會在場地中移動（因為這將要求舞者必須注意到彼此，避免碰撞）。這些獨自起舞的人並不是觀眾注意力的中心，而且他們跳舞時面朝樂隊。（相較之下，一九四〇年代的吉魯巴社交舞時期，特別優秀的舞伴會獲得整個舞池，觀眾聚集在周邊為他們鼓掌。）儘管從一九二〇年代起流行的樂隊就開始賣唱片，但直到一九六〇年代之後，樂隊及其明星樂手才成為讓人矚目的媒體形象，開始獲得觀眾的金錢、尊重和情境中的注意力空間。

狂舞者和狂舞區出現於一九八〇年左右，使音樂會中的舞蹈重新成為注意力的中心。他們利用表面上的暴力來吸引注意力，奪走了樂隊作為注意力中心的地位。正如我們在本書中看到的，暴力是聚集人類注意力最有效的方式，無論人們是喜歡還是反對暴力，都無法對近在眼前的暴力視而不見。儘管狂舞只是一種「偽暴力」，但並未改變這項事實。更何況暴力一般來說是一種戲劇性的表演，虛張聲勢是大部分暴力衝突的主要部分。狂舞區是一種格外聰明的策略性干預，它精心計算了暴力的等級，以便盡可能創造群體團結，並將其延伸至周邊觀眾，利用暴力將注意力從樂隊身上重新吸引過來。

在高中的地位階層系統中，狂舞也是另一種對地位的反叛（米爾納〔2004〕對此做了描述；第五章關於霸凌的討論也曾提及）。當流行樂手成為媒體明星，觀眾的注意力從舞者轉移到樂手身上，音樂會成為一個遠離學校運動員、舞會和派對的聚會場所。後者往往被傳統的學校菁英所把持，例如運動員、受歡迎的派對明星和約會市場的搶手人士。當流行音樂消費成為青年文化中最關鍵的身分認同因素，同時也幫助建立更加多元的學生階層系統，龐克和其他非主流文化群體獲得了自己的空間，能夠得到屬於自己的集體亢奮，控制屬於自己的情緒注意力空間。狂舞者成為龐克文化的帶領者，在屬於自己的文化儀式和聚會場地中獲得注意。並不令人驚訝的是，狂舞者與運動員群體之間有著強烈的敵意，後者在傳統的年輕人文化中，也會有節制的使用暴力[38]。

這是一個複雜的發展過程。我們也許可以將其視為明星時代來自觀眾的反擊。在年輕人文化和更廣泛的娛樂文化中，群體內部獲得菁英身分的過程，發生了複雜的分化。在下一章，我們將會在運動領域看到類似的發展。

第八章 運動暴力

在一九九七年的一場NBA比賽中，羅德曼（Dennis Rodman）在籃下爭搶籃板球時，故意踢了一名攝影師的肚子一腳。事情發生在比賽最緊張的時刻，芝加哥公牛隊作為衛冕冠軍對決明尼蘇達灰狼隊，比分為七十一平手，後者剛剛重整旗鼓，在主場奪回了落後的十一分。攝影師受傷後被擔架抬下場，比賽中斷了七分鐘。這次中斷讓灰狼隊失去氣勢，公牛隊再次取得優勢，最終以一百一十二比一百零二贏得比賽，獲得了八連勝。羅德曼是公認的防守專家，暴力爆發時，他正在極力阻止對手得分。賽後，羅德曼的教練和隊友都發表了支持他的言論。儘管襲擊一名毫無還手之力的旁觀者明顯違反體育精神，但隊友們卻指責攝影師是假裝受傷。「當你離賽場太近的時候，就得注意別擋路，」公牛隊的明星球員皮朋（Scottie Pippen）說：「這是我們的球場。」（*San Diego Union*, Jan. 16, 1997）某種意義上來說，打鬥是發生在比賽之外的，因為比賽雙方之間沒有發生衝突。但就像球員之間的暴力一樣，這次事件發生在比賽最緊張的時刻，並成為比賽的轉捩點。

至少存在三種不同的運動暴力。第一，是什麼導致運動員在比賽中打起來？想回答這個問題，首先要知道在一場比賽的什麼時候會發生打鬥。我們會發現，在比賽中產生最多戲劇性的環節，也正是導致運動員暴力的環節。第二，是什麼導致觀眾暴力？觀眾身處同一事件的時間流中，因此發生在觀眾與運動員之間的暴力與單純的運動員暴力密切相關。第三種則是觀眾或球迷在場外發生的暴力：他們**何時**會互相衝突，或是破壞公物，或是與警察發生衝突？場外衝突的一個極端是足球流氓暴力，它已完全脫離了比賽的節奏。然而就算如此，運動場上的戲劇性結構，依然有助於解釋場外的暴力。

本章我將盡可能對事件細節進行直接觀察。重點不是運動員或球迷的背景特點，而是即時的沉浸在現場情緒中的事件流。我對比賽的觀察大多來自電視，以及對特定運動資深球迷的訪談。我的總結同時也基於對一九九七年至二〇〇四年間發生的運動暴力的新聞視訊短片，以及這些事件的照片。近年來的運動賽事在各個方面都有較好的紀錄，因此與其他形式的暴力相比，我們能夠更清楚看到衝突發生的時間順序。

運動是一種人為製造的戲劇衝突

運動是人為製造的競爭，用於生產興奮和娛樂。比賽中自發產生的細節是無法預測的。但是，能夠發生的事情是被預先規定的程序設計好的。比賽是所有衝突中最具有舞臺性的，之所以選擇這種形式，是因為它能夠產生戲劇性。人們制定並修改規則，用來將行動控制在特定的形式中，這些決定通常是為了讓比賽產生更多戲劇性。在棒球比賽中，投手丘高度降低，好球帶縮小，都是為了讓打者更容易打中；足球比賽引入了越位規則；籃球則加入三分球，並縮小了防守方能夠阻擋籃板的區域[1]。運動是真實的生活，這讓其越發引人入勝，但人們對這種真實的生活盡最大可能進行了人工組織與控制。它超越真實的生活，其衝突形式更加純粹，更加集中，因而比普通事件戲劇性更強，從而令人更加滿足。

運動的核心是喚起情緒。觀眾的一切行為都是為了體驗戲劇性的時刻，在比分上領先、擊敗對手的進攻、反敗為勝、最後一刻的勝利等。當然，人們最喜歡的隊伍不一定總是會取得勝利，平均來說，一半比賽都會輸掉。但就算是輸掉比賽，只要其中產生足夠的戲劇性時刻，運動員在其中付出的努力也已足夠戲劇化，足以讓觀眾心滿意足。戲劇的核心要素是簡單的和重複的，但它們卻可以千變萬化。不同運動的戲劇化時間點是不一樣的，棒球要經歷漫長的過程，運動員要先上壘，製造出緊張情緒，最後也許能夠得分，也許不能。美式足球的中期目標則是在四次進攻機會中，推進十碼，並抓住下一次機會得分。在一場比分接近的籃球比賽中，臨近終場哨響時雙方拚命試圖得分、阻擋或是超截，那一系列暫停都令人神經緊繃。

文學中的故事核心在於情節緊張，最典型的故事是主角遇到困難，然後尋找解決辦法，途中會遇到各種障礙，尋求幫助，經歷挫敗與欺騙，最後正面遭遇最大的困難（Propp 1928/1968; cf. Elias and Dunning 1986）。在冒險、浪漫、喜劇故事中，英雄最後會獲得勝利。在更複雜的故事中，也許會發生悲劇性的失敗，英雄未能實現外在的目標，卻因為精采的打鬥、英雄式的犧牲或是內心的啟迪，而獲得道德上的勝利。運動一般不會有最複雜的戲劇情節，卻具有一種基本的戲劇敘事模式。

若想充分享受比賽，就需要即時經歷那些扣人心弦的瞬間，僅僅是觀看錄影或是從新聞中得知賽果，意味著錯失了絕大部分情緒體驗。離開了緊張感的累積，也就不會有勝利時的狂喜，失敗時的失望也是人們為了體驗這些時刻而願意付出的代價。更有甚者，這是一種集體情緒體驗，正是周邊的回響與觀眾們互相曳引的姿態，讓支持其中一方的體驗變得更加有趣，哪怕最後並未取勝，而最終勝利的時刻更是會成為銘記一生的記憶。這就是為何在一場眾人引頸期盼的比賽中，觀眾會擠滿整個運動場。哪怕座位很糟糕，哪怕在電視上明明能看到更好的視野，他們依然會選擇去現場觀戰。所謂球迷體驗，不是僅僅看到比賽而已，而是那種戲劇性的情緒被現場有著同樣愛好的眾人所放大的感受。

在比賽短暫的緊張感之外，還有其他製造興奮的來源。期待與緊張可能來自一系列比賽，也可能來自隊伍在聯賽賽季或其他賽事中的排名。在有些運動中（主要是美國的運動），比賽的第二目標是保持紀錄，因為每個運動員都可能獲得「打擊王」或「得分王」的稱號，並以不同的方式被記錄在冊，無論他們的隊伍是贏是輸[2]。一場比賽也可能會出現一些激動人心的展示技巧的時刻，像游擊手精采絕倫的接球和籃球員的灌籃，但這些都是不可預測的，不會預先塑造起緊張感。對觀眾來說，這些場面是賞心悅目的，卻不屬於戲劇性衝突的一部分。對運動員個人的事業來說，也存在一些戲劇性的時刻：新人成為日漸成熟的老手；受傷與復出；運動員變換隊伍，原來的老對手變成隊友；與隊友、教練和裁判之間發生爭吵……消息靈通的球迷會參與這一系列不斷演進的情節，就像是真實生活中的肥皂劇。這些材料形成了源源不斷的新聞流，並為球迷之間創造談話素材。這就是為什麼如果你對一名運動員的歷史如數家珍，觀看運動賽事的感受和意義就會豐富得多，而在局外人眼裡同樣一場賽事則可能乏善可陳。出於這個原因，球迷通常認為其他國家的運動賽事很是無聊。

觀眾參與賽事是為了獲取集體亢奮感，這種戲劇性的情感流能將興奮注入群體能量與團結之中。運動員則會用更複雜的方法來激發這種情緒上的衝動。在群體運動中，他們會與隊友共用情感，而比賽成功與否取決於整支隊伍能否獲得情感共鳴並積極配合，這兩者被共同稱為「勢頭」或「化學反應」（Adler 1984）。運動員同時也與他們的對手共同陷入情感互動，無論是個體競技還是群體競技。這種情形包含了技巧與努力的競賽，但更重要的是看誰能獲得情緒支配力。從互動儀式論的角度來看，這是一種對情緒能量的爭奪，獲得情緒能量的運動員或隊伍，在對手喪失情緒能量的那一刻就已經贏了。這就是一場比賽的情感轉捩點。

觀眾中由戲劇性緊張建構起來的集體亢奮、隊伍中的情緒共鳴、對手之間的情緒能量對抗，這三種情緒互動共同構成了運動暴力爆發的背景[3]。

比賽中的互動與運動員暴力

暴力何時會發生？下文中，我將嘗試找出比賽中最可能發生暴力的時刻。首先讓我們思考一個更寬泛的問題：運動中的哪些特點會讓暴力更加頻繁的發生，並會（雖然不一定總是有關）使暴力變得更加嚴重？

有些暴力是比賽本身的一部分。拳擊手會互相毆打，美式足球員會盡可能用暴力阻撓對手，曲棍球員會發生身體衝撞。在比賽規則允許的範圍內，也常發生受傷事件。我們將規則範圍內的暴力稱為「運動暴力」，通常它會使比賽中止。這其中也有重合的部分，有些場上暴力似乎在規則承認的範圍之內，對犯規、不必要的衝撞和規則之外的打鬥，也都會有相應的懲罰。這一切構成了一個連續的光譜，從合法的運動員暴力，到犯規，到阻撓比賽繼續進行的鬥毆，沿著這道光譜上行，情緒也會逐漸升級。

運動可以分為三個主要類型，㈠表演型競技：既有進攻也有防守的情境；㈡平行對抗：競爭對手努力在實現某一目標的過程中超越對方；㈢技巧展示：運動員透過給評審留下深刻印象而取勝。運動暴力在表演型競技或其某些子類型中最為常見。如果深入思考原因，我們會發現，用雙方互動的結構來理解運動暴力，比用個人脾氣或背景等常見的解釋更合理。

人們經常用「男子氣概」來解釋運動暴力，它在社會文化中被理解為攻擊性或支配性，在生理特徵上則被理解為分泌過量的睾酮或是結實的肌肉。然而，肌肉最發達、看上去最具有男子氣概的運動員往往是鉛球、鐵餅和鏈球等田徑項目的選手，在這種比賽中卻幾乎從未發生過打鬥。同理，舉重是最關注肌肉的運動，但舉重運動員也很少發生鬥毆事件。這些都是平行競爭項目，運動員之間沒有直接進攻和防守的衝突，雙方的互動形式無論多麼緊張和具有競爭性，都不會挑起戲劇性的暴力衝突[4]。技巧展示類運動項目也與衝突無涉，例如體操等，男子體操也十分關注肌肉，但其互動形式也不是衝突性的。這就是為什麼參與類似展示類運動的男性（無論是競爭性比賽如花式溜冰，還是音樂表演如芭蕾）往往會被認為不夠男子氣，哪怕他們展示出相當高水準的力量與身體協調能力。

包含進攻與防守情境的運動格外具有戲劇性，因為它們會透過一系列情境建立起緊張感，並允許發生突如其來的逆轉。運動員既要實施進攻，又要阻擋對手。在應對威脅和破壞的過程中，充斥著緊張與戲劇性，最終在防守住對方進攻的同時，也能獲得精神上的勝利，如果個人技能或是團隊節奏被打亂，就會讓人產生難以接受的情緒。透過一系列此類情境，在進攻與防守的衝突過程中，產生情緒的轉捩點。

採用表演型競技形式的運動最常發生暴力，但這還不夠。與真實的暴力最相近的運動是拳擊和摔角，但這些很少會導致額外的暴力打鬥。我們在第六章曾看到，在何利菲德與泰森的「咬耳朵事件」中，暴力升級到違反規則的程度，最終徹底中斷了比賽。不過，在這些運動中，打鬥已經成為運動本身的一部分，以至於沒有辦法透過升級暴力來發出戲劇性的聲明。在其他運動中，運動員之間的打鬥，表明原本比賽中的競爭已經升級為一場真正的打鬥，然而拳擊的表現形式已經十分類似真實的打鬥，因而沒有留下什麼空間來表現參與者超出常規的憤怒[5]。

摔角這項運動更加有利於避免額外的暴力[6]。技藝高超的摔角選手在比賽時彼此距離極近，因而拳腳很難用上更多力量，標準的摔角動作包括將對手摔倒在地，使其陷入無法還手的境地等。即使相對技術不高的摔角選手，通常也都知道該如何限制對手的動作並陷入僵持。這種比賽通常最後會變成比試雙方肌肉的耐久力。此處的表現形式非常簡單，比起將緊張感積累到高峰，這些運動更傾向於逐漸建立支配力或是製造僵局。技藝高超的摔角選手既能發動突襲，也能迅速躲開對手的攻擊，但這些動作的結果往往是讓對手的威脅性減弱。因此，摔角作為一種最直接和持久的肌肉對抗項目，反而為其本身形式所限制，進而使打鬥局限在規則之內。

儘管打鬥多發生在個人之間，但運動員暴力在以團隊為單位的進攻／防守型運動中更為常見。這也符合一般的模式：暴力取決於團隊支援。有兩個特點可用來預測暴力的發生與程度：(一)與暴力相關的行為、努力及威脅在多大程度上成為比賽的一部分；(二)運動員在多大程度上受到保護以免受傷。

關於運動員暴力的系統性資料相對較少[7]。由於缺少對比賽過程中發生的打鬥的直接觀察，根據我對新聞報導和電視轉播的分析，以及對資深球迷的訪談，我發現平均每場曲棍球比賽會發生一起打鬥（職業曲棍球比賽）；在美式足球職業聯賽賽季中，平均每個週末會發生一至兩起球員之間的打鬥（總共十五場比賽），但通常集中發生在賽季尾聲較為緊張的比賽中[8]。棒球聯賽平均在每週九十場職業比賽中會發生一起打鬥。籃球比賽中的打鬥較為少見，低於百分之一[9]。足球員之間的打鬥則非常罕見。

這個順序該如何解釋呢？

在有些比賽中，主要內容就是直接與對手進行身體對抗。在美式足球比賽中，暴力是比賽的一部分，球員之間原本就會互相扭打、阻擋和衝撞。曲棍球也包括身體碰撞，以及球員高速撞上場邊圍板的情況。籃球則涉及一定程度的為爭奪位置而進行的推擠，要麼是衝向籃框或球，要麼就是阻撓對方進攻。棒球比賽中有些衝撞或阻撓行為是合理的，尤其是捕手在本壘試圖對衝進來的跑者進行觸殺時。顯而易見的，正常的運動暴力也許會變成憤怒的打鬥，進而導致比賽中止，也有可能在正常的比賽暴力中，累積的緊張與挫敗感在非正常的暴力中爆發出來。無論如何，儘管此類涉及身體接觸的比賽是運動員暴力的主要發生場所，但這不足以解釋不同運動中，爆發暴力的頻率為何不同，或是為何暴力會在特定時刻爆發。

在比賽中如需阻撓對方得分，更可能會發生暴力。在不需要這種努力的比賽中，幾乎從不會發生暴力。但阻撓行為也可能發生在通常不會發生的場合。高爾夫是一種平行競賽，少數幾名選手同時在同一個洞附近進行比賽，雖然身處同一場合，但他們彼此之間是友好的。不過，高爾夫球場上偶爾也會發生打鬥，我曾目睹、聽說或讀到過的此類事件，通常不是發生於正在互相競爭的選手之間，而是發生在非競爭的情境中，主要是一些選手因為排在前面的人動作太慢而發怒，他們有時會試圖用球擊打動作太慢的人，有時則會直接發生身體衝撞。這是一種阻撓行為，雖然發生在比賽中，卻與實際競爭無關。這表明高爾夫選手之所以態度友好，並不是因為他們更加禮貌或更可能來自中上層階級，而是因為高爾夫比賽產生緊張感的戲劇結構，不會在競爭對手之間引發衝突。

同樣的，網球員之間也不容易爆發打鬥（女選手與男選手同樣如此）。這項運動通常與禮節周全的上層階級聯繫在一起，但這不是原因所在。網球是一種進攻及防守型運動，運動員會直接阻撓對方的得分企圖。但運動員之間有一道球網阻隔，而且比賽方式是讓對手碰不到球，而不是用暴力打擊對方。運動中逆轉造成的緊張感和丟分造成的挫敗感可能導致情緒爆發，但這些情緒通常發洩到裁判而不是對手身上（Baltzell 1995）。憤怒本身不足以造成打鬥。

人們還修改了規則以防發生失控的暴力。美式足球中對不必要的暴力會進行懲罰，例如：從身後攻擊對手，或是攻擊對方膝蓋等脆弱的身體部位；攻擊四分衛等特別脆弱或非暴力的選手；阻撓一名尚未接到球的外接員或傳球防守隊員等。懲罰措施程度不一，但都會降低犯規方獲勝的機會，然而由於雙方都可能發生犯規（對暴力行為的犯規懲罰與越位等普通的犯規處罰並無不同），這些處罰有可能彼此平衡，所以球員沒有動力去避免暴力犯規。同樣的，曲棍球中也有一系列對規則之外暴力行為的處罰，包括舉杆過肩、用球杆去鉤對手，以及特別暴力的身體衝撞等。嚴重的打鬥行為與正常的預料範圍之內的犯規行為，處罰方式是一樣的。這些處罰（例如在禁閉區待上幾分鐘）會影響球隊獲勝的機會，故被納入進攻和防守策略中（在對方接受處罰而缺少人手時，可以採用「高壓攻勢」，但也有策略能夠應對「高壓攻勢」）[10]。在籃球比賽中，暴力犯規會導致罰球，雖然罰球得分率很高，在關鍵時刻也很重要，但通常不足以形成足夠的優勢來奠定勝局。雙方被罰球的頻率都很高，導致罰球成為常規比賽和策略的一部分，比賽中的一系列行為雖然違反規則，但都在意料之中。在這個充滿危機與競爭的舞臺上，優秀的運動員與隊伍都對犯規十分嫻熟。在比賽的主要內容之外，時刻伴隨著受控的暴力。犯規處罰等於容許了一種受到保護的暴力形式，所有參與者都心照不宣。正是處罰讓暴力成為可能：透過將暴力限制在一定範圍之內，它克服了衝突性緊張／恐懼。

想了解犯規處罰的影響，我們可以比較那些有著嚴厲處罰措施的比賽。足球通常得分較少，因為存在守門員（相較之下，其他比賽大多有公開的得分區域並禁止干擾入球）和越位等有利於防守的規則。有關身體衝撞的規則也十分嚴苛，如有犯規可能處罰點球，而這往往能決定一場比賽的勝負，更有甚者，由於被罰下場的隊員不能由人替補，犯規一方就會陷入缺乏人手的不利境地。此類重度懲罰阻止了比賽進行中的邊緣犯規行為，也製造一種氣氛，使得規則之外的打鬥十分罕見。

不管怎樣，即使頻繁的溫和犯規行為已經被制度化，本身也無法預測運動員暴力的嚴重程度。曲棍球、美式足球和籃球都有將超出規則的暴力正當化的規則，但曲棍球經常發生打鬥，美式足球次之，籃球則不常發生運動員之間的打鬥。除此之外，棒球沒有太多將暴力犯規正當化的規則（相較之下對打鬥有著相對嚴重的處罰〔被罰下場，有時還附帶罰款和禁賽〕，在這一點上與足球相似），卻也經常發生某種特定的打鬥。這說明打鬥還有一個條件。

那就是當打鬥爆發的時候，運動員在多大程度上受到保護。

曲棍球員身穿層層護具，包括頭盔和手套等，儘管他們攜帶了可以當作武器的球杆，但幾乎從來不會在打鬥中使用，雖然鉤人或舉杆過肩都可能引發打鬥。通常情況下，在曲棍球比賽中爆發的打鬥，球員會丟掉球杆，戴著手套互相毆打。這些裝備既能保護他們，也能限制他們對另一方造成傷害[11]。此外，打鬥者往往很快就會被其他球員包圍起來，這些人彼此推擠，但通常會限制打鬥者的活動範圍，令他們難以施展拳腳。穿著冰鞋的打鬥者很難踢到對方，也沒法像拳擊比賽一樣大打出手。

美式足球員也有嚴密的防具，還戴有頭盔和面罩。他們經常動用拳頭，卻很少造成傷害，因為拳頭落到保護裝備上沒有什麼威脅力。因此，比起正常比賽中造成的受傷，打鬥反而不會造成太大傷害[12]。美式足球員最危險的武器就是頭盔，可以在身體衝撞中用來襲擊對手。但這只能在比賽進行中才做得到。在裁判和觀眾看不到的推擠中，也會有人打、咬和抓對手[13]。儘管有些運動員有著背後搞小動作的惡名，但是這些小動作往往會被限制在一定範圍，不會發展到在眾目睽睽之下進行，自然也就難以升級為真正的暴力。比起比賽中的常規暴力，這些都不算什麼。

籃球員沒有防具。當球員之間爆發打鬥，他們通常會虛張聲勢，很少真正打到對方。因此，兩種防護最嚴密的比賽之一（曲棍球）最容易發生打鬥，防護最少的比賽項目（籃球）則最少發生打鬥。在其他無防護的比賽中（例如足球），暴力也很少見，不過我們已經看到多種可能導致暴力少見的原因[14]。

根據我的計算，美式足球比賽中的暴力要比曲棍球比賽少見一些，不過頻率仍屬中等。這兩種運動在防具的保護程度上相似，也都用犯規處罰將暴力行為常規化（儘管我們可以認為曲棍球的常規化更徹底）。但是，美式足球員在比賽過程中，有更多正當發生打鬥的機會。在曲棍球比賽中，身體衝撞只是其中一小部分；但在美式足球比賽中，阻撓、擒抱和掙脫擒抱卻幾乎發生在每場比賽的每一名運動員身上。在美式足球比賽中，受傷大多發生在比賽過程中，而不是打鬥中，如果一名球員憤怒到了想要讓對手受傷的程度，那麼最有效的方法就是讓比賽繼續進行。美式足球為比賽進行中的合法暴力留出足夠的空間，儘管在很多比賽情境中暴力都可能發生外溢，但最引人注目的方式，還是在規則允許的範圍內展開暴力。

總結模式如下：參與者越是受到保護，就越容易發生暴力。曲棍球員與陷入扭打的美式足球員一樣，都像是在大人身旁打鬧的孩子，隨時可能被大人分開，他們身強體壯，但因為身上佩戴的護具和周圍的環境，能造成的傷害很低。這個模式與德國的學生決鬥者一樣，他們會測試彼此參與決鬥的勇氣，同時從手腕到脖子都佩戴著嚴密的護具，再加上護目鏡和鈍劍；另一方面，法國的決鬥者雖然護具不多，但會在劍術和手槍決鬥中都保持較遠的距離。德國的學生會精力充沛的長時間參與決鬥，在身體上製造榮耀的傷疤；法國人則多是虛張聲勢，大多數情況下都會避免造成傷害。曲棍球和美式足球與德國的學生很像，都是在長時間的比賽中，製造一些溫和的犯規，而大部分其他衝突性比賽項目與法國的決鬥者類似。

與棒球相比，我們會看到，保護也可能是在社會層面而非身體層面[15]。棒球不是一種身體衝撞的運動（僅有少數例外），因此我們可能會認為在棒球場上很少發生暴力。棒球運動員通常沒有護具，他們會在防守時佩戴手套，但打鬥時往往會摘掉。打者會佩戴頭盔，但通常不會保護面部，有時也會佩戴肘部和小腿護具，但這些與打鬥並無關係。只有捕手會佩戴胸部、腿部和面部護具，受到嚴密保護（主要是防止受到己方投手的傷害）[16]。

幾乎所有棒球比賽中的打鬥都是由於投手投出觸身球，通常在下一局，對方投手也會報復性的投出觸身球，而對方打者則會憤怒的辱罵或是攻擊投手。雙方其他隊員包括替補球員都會衝上來。通常這不會造成太多暴力，雙方隊員彼此抓住對方，並將情緒最激動的隊員按到地上。在這裡，揮舞拳頭不會造成多大影響。

與其他運動中的打鬥相比，棒球發生的打鬥更像是大混戰；籃球比賽的打鬥不太像是混戰，而更像是個人衝突[17]；美式足球和曲棍球的打鬥通常局限在那些已經在場上，並且接近打鬥中心的隊員之間。之所以會存在這個差異，是因為棒球的報復性投球所帶來的打鬥是一種不成文的規則（儘管正式比賽規則禁止，就像法律與決鬥之間的關係一樣），球隊所有成員都需要參與來顯示團結[18]。替補球員會衝上場去展現這一點，因為所有其他人都在場上，他們感到自己也必須這麼做，而一旦衝上場之後，他們的大部分動作只是抓住對方球員（既是一種敵對動作，也是為了防止對方攻擊己方），以及抓住己方球員，防止打鬥進一步升級，避免因為打鬥而帶來處罰。

先不談表面上的動機和正當性，棒球比賽打鬥的微觀社會學過程，是一小群憤怒的挑事者實施了儀式性的報復和自衛，與他們密切相關的隊友帶著一定程度的憤怒參與進來，但也是為了控制前者，其他球員集體衝上前來，就像是一場身體碰撞的巨型儀式，混合了團結與敵意。在這些混戰中，球員很少會受傷，最危險的武器（球棒）在打鬥中幾乎從來不會用到，而是在打鬥開始前就被丟下了[19]。一般而言，棒球在危險性上處於一種比較奇怪的位置：被投球擊中可能致死或致殘，跑壘也存在一些較為暴力的情況（特別是捕手在本壘阻擋跑者時，也包括跑者在二壘撞倒外野手來打破雙殺時），但身體衝撞的程度與美式足球和曲棍球相比更為少見。比起觸身球，跑壘衝撞很少會引發打鬥，也不會引發報復性投球。這部分是因為跑壘衝撞很少發生也很難預測，而投手在任何時候都能故意朝打者投出觸身球，就像決鬥可以根據雙方意願來安排時間一樣。具有十足動機的暴力也必須是引人注目的暴力，引人注目的舞臺能夠讓緊張感上升到滿足眾人期待的程度。

在這裡，例外情況與歷史上的變化能夠幫助我們來確認這個規律。一九二〇年之前，跑壘更加暴力，當時人們的注意力都集中在全壘打上，因此打者與投手之間的衝突也就格外引人注目。一八九七年一條規則改變之前，盜壘可以包括隊友的安打帶來的額外壘數。在接下來兩年裡，出現了一個賽季七十七次的新盜壘紀錄。一九〇九年至一九一五年的七年間，六名球員為打破紀錄而展開激烈競爭，其中幾人相繼將紀錄提高到八十一次（科林斯〔Eddie Collins〕）、八十三次（柯布）、八十八次（米蘭〔Clyde Milan〕），最終提高到九十六次（柯布；Thorn et al. 2001: 543, 547）。正是在這段時間，柯布獲得以暴力滑壘衝撞防守隊員的名聲。這部分是虛張聲勢，作為嚇阻對方球員的策略，部分則是柯布也在精進自己的技巧，例如透過仔細觀察對方投手的動作來獲得更好的擊球時機。與此同時，盜壘者也發展出類似的策略和技巧。在這段時間的競爭過後，紀錄一直穩定保持到一九六二年，盜壘不再是引人注目的舉動，柯布和其他競爭者的盜壘紀錄也急劇下滑，跑壘引發的打鬥幾乎絕跡[20]。

我們可以用一個思想實驗來闡釋這個理論。作為一種以進攻與防守為主的直接衝突型運動，足球場上很少發生規則之外的打鬥。但是我們只需做出兩個改動，就可以將足球改造成像曲棍球和美式足球一樣經常發生打鬥的運動：㈠球員穿戴更多護具（例如輕便的綜合型身體護具），使得他們更不容易受傷；㈡更改犯規懲罰規則，讓暴力行為導致的懲罰不至於左右比賽輸贏。後者可以透過採用美式足球或曲棍球的懲罰規則，讓暴力球員只會被短暫的罰下場（從而縮短球隊人手不足的時間），或是在球員被罰下場時，允許替補上場。這個思想實驗顯示，球員暴力是由比賽結構而不是比賽的內在本質所決定。

透過支配情緒能量的實際技巧來贏得比賽

比起通常十分短暫的真實打鬥，作為表演型競技的運動是一種很罕見的長時間面對面衝突。贏得比賽的技巧應用在每一場比賽中。關鍵在於對你面前的對手建立起支配權，不僅是短暫的身體上的支配，還有長時間的精神支配。在美式足球比賽中，鋒線隊員向前衝，防守隊員則向後縮，要想贏得比賽，就要將自己的意志施加到對手身上。此處爭奪的是對情緒能量的支配權，就像軍事戰鬥的高潮一樣，勝利一方會獲得能量，發起狂熱的進攻，對方則會陷入困惑與癱瘓。這也像持械搶劫一樣，劫匪會試圖對受害者進行突襲。不同之處除了運動比賽會限制暴力之外，還在於運動對支配權的爭奪充分展現在觀眾面前。劫匪能夠突然掌握支配權，士兵在一段時間的緊張之後會爆發恐慌進攻，而運動員在長時間的努力之後，只能暫時獲得一部分的支配權，偶爾獲得精采和決定性的轉折。

情緒能量從多個層面而言都是集體性的。它充斥在整個隊伍中，隊員作為一個整體會獲得或高或低的情緒能量。更準確的說，隊伍中的一部分成員可能體會到更多的集體情緒，無論情緒能量是高還是低，隊伍中都可能會有不同的體驗，也可能會隨時間而改變。每一場比賽都會有情緒互動及程度的變化。集體情緒是一把雙刃劍，集體既可以獲得信心與動力，也可以共用沮喪與鬱悶，最壞的情況下，則可能導致隊友之間發生爭吵[21]。

雙方之間的互動是同時存在的，因此一方獲得情緒能量的同時，另一方也就失去了它。在這些關鍵時刻，我們常常會注意到防守一方陷入疲勞，人們往往認為這是因為他們在場上太久了。但這不可能僅僅是身體上的疲倦所致，因為對手也在場上待了同樣長的時間。身體的疲倦反映情緒能量的流失，防守一方喪失了情緒的積累。換句話說，他們在精神上被擊敗了。體育比賽不是無所顧忌的暴力鬥毆，而是有所限制，正因如此，精神上的失敗更為可怕。比賽策略的目的在於在精神上摧毀對方，而非肉體上。

運動員的技巧，包括阻撓和突破對手、撞倒對手、讓對手錯失接球、或是使其無法阻攔己方隊員等，既是為了贏得整場比賽，也是為了贏得比賽中的每一個小環節。從兩個方面來看，這些技巧正是暴力對抗中所用到的技巧：首先，它們能用來控制對方的行動，讓比賽順利進行或受到阻礙；其次，它們也能用來建立情緒支配，使己方情緒更加高漲，同時讓敵方喪失情緒能量[22]。

這些衝突能夠自然而然的從規則之內的暴力發展為規則之外的暴力，或是運動員之間的打鬥。在美式足球中，最有效的暴力發生在正常比賽中，因此打鬥很大程度上是為了宣告已經建立起來的情緒支配。在其他運動中，特別是棒球運動，打鬥本身就可以成為情緒的制高點和比賽的轉捩點。

在棒球比賽中，最主要的戰鬥發生在投手與打者之間。這個戰鬥的一部分在於猜測，打者試圖猜測投手的球種、速度和位置，投手則透過變化球來讓打者猜錯[23]。同時，打者在身體上受到嚴格控制，投手能夠用驚人的快速球讓打者來不及揮棒，或是讓他做出滑稽的擊球動作。球速的重要之處不完全在於它能達到時速超過一百四十五公里多少，而常常在於一系列投球所形成的節奏。尤其是在三振出局的情況下，投手會讓打者陷入自己的控制節奏中。

如果投手有效利用一系列投球達到三振出局的目的，或是連續使多人出局，運動評論員常會這樣形容：「投手有自己的節奏。」這就帶來一個問題：如果投手建立起一種節奏，為什麼打者不知道接下來會是什麼球，並進而做出調整呢？無論如何，打者都處於被動的地位。其他領域也有類似情形（參見 Collins 2004: 122–24）。在游泳和其他比賽中，領先的一方會建立起一種節奏，其他人必須隨之做出調整。如果我們用互動儀式論的技術細節來了解這些比賽，那麼支配者正是那些處於注意力焦點的人，勝者關注目標，敗者則關注勝者。社會學家錢布利斯（Daniel Chambliss 1989）格外重視勝者與敗者的認知詮釋。他也指出了情緒這一方面，並稱為「卓越見於平凡」（mundanity of excellence）：勝者更加冷靜、寵辱不驚，努力實踐那些自己認為會帶來勝利的微觀技巧；敗者則更加焦躁，認為優秀的運動員擁有自己所沒有的神祕力量。勝者的技巧中，最重要的也許是建立自己的節奏並迫使其他人適應的能力。

微觀社會學的另一個領域提供更多的證據，就是對話中的節奏細節。在一場高度團結的互動中，對話者會享有同樣的節奏。某些對話則會存在對節奏設定權的爭奪，錄音資料顯示這種爭奪的存在，以及其中一名對話者如何獲得支配權，使對手放棄爭奪並適應自己的節奏（Collins 2004）。這很類似投手如何支配打者的節奏。

此外還有一些更加複雜的投球方式，例如用速度慢於目測的變化球和下落時更改方向的曲球來擾亂打者揮棒等。投球一部分是欺騙，一部分是純粹透過速度獲得身體上的支配，一部分則是公然的阻嚇。投手會向靠近打者一側投球，一方面是為了能夠投到內角（特別是當打者不擅長內角球的時候），另一方面也是為了迫使打者後退，讓他更難打到下一個外角球。直接投向打者的近身球會迫使其跳起或俯身躲避，這也是為了達到同一目的而使用的標準技巧。除此之外，這些技巧也具有阻嚇的作用，能夠改變打者與投手之間的情緒能量支配地位[24]。

打者與投手之間是一場高夫曼式的直接衝突，如果流露出恐懼之意，就等於將優勢轉交給投手，而控制自己的情緒流露也意味著同時控制自己的內心情感。因近身球而躲避、跌倒或被擊中的打者可能會生氣，正是因為他感受到自己無法控制的恐懼，對他來說，更好的方式是用憤怒來掩蓋恐懼，反過來阻嚇投手，從而在表面上維持自己的情緒能量[25]。

富有攻擊性的投球方式，很大程度上是虛張聲勢而不是真正的暴力，雖然打者偶爾也會真正受傷，它是一種暴力威脅而非實踐，如果能夠帶來情緒能量的支配權和隨之而來的身體支配，例如讓打者接下來發揮失常，就意味著它獲得了成功。棒球打鬥幾乎都是因為投手的虛張聲勢惹怒了打者而引發的。但在現實中，投手幾乎與打者一樣憤怒，有時甚至更加憤怒，這說明憤怒的關鍵不在於對受傷的恐懼。

暴力升級不常發生。一如既往，我們對因變數進行了選擇。大部分棒球打鬥的確起源於投手與打者之間的衝突，但若我們數一數惡意投球的數量，就會發現它比打鬥要常見得多。例如，根據《聖地牙哥聯合論壇報》（*San Diego Union-Tribune*）和《洛杉磯時報》（*Los Angels Times*）的計算，在二〇〇四年八月二十五日至九月三日的一百零五場比賽裡，出現六十四次觸身球，但只有兩次打鬥（四十二場比賽中出現至少一次觸身球，二十二場比賽中出現不只一次）。也就是說，百分之四十的比賽出現了觸身球，但其中只有百分之三引發打鬥。想讓觸身球發展為打鬥，還需要額外的戲劇因素。

在曲棍球比賽中，大部分動作是傳球和反傳球，以及搶奪待爭奪球。此類爭奪往往在球門之後的角落裡最為激烈，由於防守方認為那是自己的領地，所以進攻方需要格外有攻擊性，這既是為了搶到球，也是為了贏得情緒衝突的勝利。一名曲棍球員解釋道：

我知道很多時候對方球員會衝到角落來，這時你就得弄清楚他是不是還會回來挑釁。你能弄清楚他的忍耐程度。〔採訪者：也就是說角落很重要？〕當然了，你得用手肘使勁捅他一下，也許還得敲他的腦袋，這樣下次他可能就不會惹麻煩了。也可能他還會到角落來，但下

> 次就不會像第一次一樣氣勢洶洶了。他知道自己可能會被手肘拐到臉上。也許你會因此被判犯規，但你也能讓他下場，這犯規吃得值得……我會用手肘捅他們的，你懂的，就是不光彩的打人。現在，我不會用球杆打對方的頭，但我可以使勁撞過去。這就是你的工作，你看著吧，下回他就不會這麼快出現在角落裡了。
>
> 你需要擔心的是那些敢於回過頭來反擊的人，他們可能會打到你的鼻子，這種人會不停的回到角落裡惹事。下一次遇上他就得三思而行，這樣他也就得逞了。你得尊重這種人，因為你知道的，他能受得了並會進行反擊。他不會後退。（Faulkner 1976: 98-99）

正常比賽與犯規之間的界線，部分在於運動員對比賽的意識。運動員會分辨合理的犯規和愚蠢的犯規，合理犯規不僅服務於比賽本身，而且足夠富有攻擊性，能夠恰當的傳達出爭奪支配權的訊息。「小動作」則讓人瞧不起，因為它們不夠暴力。曲棍球員這樣描述道：

> 想嚇唬一個人，你就得讓他吃點苦頭，小動作是不行的，鉤人犯規、絆人、抱人這種事太沒品了。好的犯規是衝撞過去，前提是你能撞到對方，而他也**知道**你會撞到他。如果你絆倒他，他既不會受傷，甚至也不會煩心，那他根本就不會在意。絆人很愚蠢，唯一需要絆人的時候就是他在你身後或是你錯失了球而擊中他的腳。這也很愚蠢，因為在那些情況下你都沒好好打球。這意味著對方已經擊敗你，你得讓他慢下來，才能鉤到或抱住他。如果你一開始就能嚇到他，他根本不會出現在這個位置上。（Faulkner 1976: 99）

比賽結果和運動員長遠的職業發展都取決於這些情緒支配爭奪戰的累積效應。「人人皆知，如果你能放倒某些隊伍的某些球員一、兩次，那麼一旦你表現出想要衝撞的意思，他們就會學會尊重你。一旦他們會觀察形勢，你就能一舉獲勝。」（Faulkner 1976: 99）

這不僅僅是男子氣概的問題，在曲棍球比賽中，測試對方的攻擊性是比賽的關鍵部分。缺乏攻擊性的一方會表現不佳，也會被對手在正常比賽中占便宜。這名曲棍球員繼續說道：

> 我知道我們自己隊裡就有幾個這種人，一看就知道他們會害怕。就是會害怕。你可以告訴他們別擔心，就算發生什麼也別擔心，其他人會支援他們的。但他們就是會害怕。如果你傳球給他，他可能會丟了球，可能會做出愚蠢的動作，只是想離麻煩遠一點。上週我們把球越過藍線傳給他，對方防守隊員過來搶球，他居然直接把球放走了。結果對方球員拿到了球，直接去射門。他媽的，這可不大好啊。我的防守搭檔和我當時都坐在板凳上，他說：「瞧瞧那個該死的懦夫！」只要看著這種情形，你就能氣瘋。這傢伙最好改一改，要不然所有人都會這麼告訴他的。（Faulkner 1976: 101）

福克納（Robert Faulkner）注意到，如果隊友呼喚一名隊員的名字，讓他去保護他們，那麼這名隊員對自己技巧的自信就會上升。儀式性的打鬥賦予了整場比賽情緒能量。打鬥不僅僅被當作一個額外的事件，或是贏得比賽的過程之外額外展示男子氣概：

如果對手知道，你的隊伍只要有一個人陷入麻煩，其他人都會鼎力相助，你們就信心滿滿。這也就是為什麼有些隊伍大家都會害怕，就像S隊一樣，所有人都在那兒。如果有人想要從後面襲擊一名球員，就會有人用球杆來阻止他。作為一支隊伍，他們更強，因為他們相互支持。你永遠不會讓自己的隊友挨打，因為這可能會讓整支隊伍喪失優勢。如果有人傷害了你的隊友，會讓對方整支隊伍士氣大振，如果我們不出面報復他，我們就死定了。（Faulkner 1976: 105）

曲棍球比賽中的暴力是一種高強度的互動儀式，集中了眾人的注意力，並產生情緒曳引。抱怨曲棍球中的打鬥蓋過了比賽本身，早已是老生常談，也不準確（得分與救球仍是比賽的高潮所在），不過打鬥往往是最成功的激起集體能量的時刻。這可能是因為隊友之間的相互情緒曳引，也可能是因為隊員與球迷之間的情緒曳引。

另外一名球員的記述說：

我想到的第一件事是，每次有人撞上圍板或是打起來，觀眾席上都會爆發出歡呼聲，如果見到血，所有人都會站起來為這種事情喝采。很多球迷之所以來看比賽，就是為了看到這種場景，如果沒有這種程度的暴力發生，他們就會感到厭倦。我與他們私下聊過，加上觀察他們的反應，足以讓我明白他們想要看到的正是暴力，而這一點也促成了暴力的發生。我是說，

> 當你把對手撞到圍板上，而眾人都在你身後歡呼喝采，說實話，這確實讓人熱血沸騰，而且讓你想繼續把更多人撞過去。很多時候，如果這麼做能讓整支隊伍士氣大振，你也必須這麼做。得到觀眾支持是很重要的，他們的確促進了暴力的發生。（Pappas, McHenry, and Catlett 2004: 302）

暴力技巧只是曲棍球技巧的一部分。有些球員擅長得分，他們（和守門員）似乎很少會捲入打鬥，甚至較為強硬的動作都很少見[26]。其他運動員則被認為是「重型選手」，其下又有更多分類。有些被稱為「警察」，他們會在對方表現出攻擊性時阻嚇對手，並在隊友陷入打鬥時施以援手。有些則承擔了保護者的角色，保護那些快速消行和善於控球的得分手。一名好的「警察」會注重比賽，避免在關鍵情形下造成犯規。其他人則可能會因太過莽撞而獲得「壞小子」的名聲。對手不喜歡他們，因為他們的動作超過普通犯規的範疇，隊友也不喜歡他們，因為他們會引發更多不必要的群體打鬥。這種分工表明，曲棍球暴力不只是一種對男子氣概的彰顯，甚至也不是為了實現觀眾對暴力的渴望，而是某種集中在特定時刻和場所的特殊比賽技巧（Pappas et al. 2004; Weinstein, Smith, and Wiesenthal 1995; Smith 1979）。每支隊伍都需要一、兩名「警察」，但不需要所有人都去擔任這個角色[27]。守門員比得分手更具有專業性，也更被認為不需要參與打鬥。如果他們在球門前被進攻的對手打到，防守隊員會保護性的聚集起來，試圖代表他們去攻擊對方。只有在極少數情況下，當兩支隊伍之間爆發大混戰，雙方守門員才會在冰場中央互相揮拳。因此，就算是「全面開戰」，隊伍中的暴力分工依然會得到維繫。

運動員暴力的時機：敗者的沮喪打鬥與轉捩點打鬥

現在我們不僅關注普通暴力或是用來威嚇對方的比賽策略，同時也關注究竟在何時暴力會發展為真正的打鬥。那麼打鬥到底會在一場比賽中的什麼時刻發生呢？

一種運動員打鬥是出於沮喪。沮喪型打鬥發生在一場比賽臨近結束的時刻。在美式足球比賽中，這一點很明顯，當其中一方認為自己已經無望贏得比賽，就容易發生打鬥。打鬥的目的在於拒絕承認自己被對方支配，這是最後一次抵抗，在這最後的時刻，球員依然拚命反抗。這種沮喪型打鬥作為暴力通常並不有效（美式足球打鬥大多如此），也無法將形勢逆轉過來[28]。

第二種運動員暴力的類型能夠劇烈的改變形勢，甚至能決定比賽結果。轉捩點型打鬥發生在雙方的緊張關係已經持續一段時間之後，因此往往發生在比賽的最後三分之一或四分之一時間。

二〇〇一年八月十日，在棒球比賽中發生了一次連替補球員都全部捲入的大亂鬥。這次打鬥之所以不同尋常，是因為挑起打鬥的打者格外生氣，乃至把自己的頭盔扔向投手，並將投手推倒在地大打出手。雙方替補球員全部衝上場去，其他隊員也打成一團，而最初發起攻擊的打者依然緊追投手不放，投手想要逃開，但打者在本壘附近追上他，再次對他大打出手。投手這邊的領隊稱其為「我所見過最惡毒的事」。大亂鬥持續了十二分鐘後才停止，挑起打鬥的打者和雙方的各一名教練被罰下場。這場打鬥的不同尋常之處在於雙方都真正出了不少拳，不過其中也有常見的互相周旋、推擠和憤怒的叫嚷（*Los Angeles Times*, Aug. 11, 2001）。

直接挑起打鬥的人是堪薩斯皇家隊的一壘手和中心打者史威尼（Mike Sweeney），他抗議稱底特律老虎隊的投手威佛（Jeff Weaver）將白色的松香袋放在投手丘上，干擾了打者的視線。當他向裁判第二次抗議的時候，投手說了幾句話，史威尼後來在採訪中稱：「他說：『你（髒話髒話），（髒話）你。』〔例如：『你這個狗娘養的，操你媽。』〕對我來說，我希望這一切都沒有發生。但在那一刻，他罵了我。」威佛身高一百九十五公分，是個大塊頭。史威尼作為中心打者也是身強體壯（身高一百八十五公分，超過九十公斤）。據媒體報導，史威尼有著脾氣還不錯的名聲，因此這不是性格問題。在這裡，雙方的矛盾透過幾種互動儀式鏈累積了起來。

首先是長期的沮喪與期望。兩支隊伍之前都曾背負較高的期許，但在這個賽季卻都表現不佳，到八月中旬，雙方都很清楚自己只不過是在爭取不要墊底罷了。堪薩斯當時處於美國聯盟中區最後一名，勝率落後第一名十九點五場；底特律則是倒數第二，勝率落後第一名十五點五場。但是底特律一直在下滑，堪薩斯則在這次對抗中看到了迎頭趕上的機會（這是雙方的第一場比賽）。此外，堪薩斯是主場，身後有兩萬兩千名觀眾支持。

其次是比賽中建立起來的緊張對抗。堪薩斯開局不利，底特律在第一局就領先了，前四名打者都打出了一壘安打並得了兩分。堪薩斯在第一局下半靠史威尼的犧牲打得了一分，但隨後底特律的投手就調整好狀態，堪薩斯在接下來四又三分之二局裡再也沒能打出安打，也沒能獲得保送。堪薩斯的投手也表現不錯，沒讓對手再次得分。因此，當史威尼在第六局下半出場時，比賽處於十分緊張的情形，他們已經連續五局落後一分（超過一小時）。最後，在兩人出局之後，堪薩斯終於靠二壘安打將一名跑者送上壘。史威尼感受到一種追平的壓力，同時也期待自己能做到，因此具有情緒能量。這種情緒能量是長期的，他在隊伍中的打點（八十二）與打擊率（零點三一一）都處於前列；同時他也建立起短期互動儀式鏈，第一次出場時用犧牲打為隊伍贏得了一分。然而，他仍然未能在比賽中擊出安打。另一方面，威佛則是底特律最好的投手（此時勝十場負十場），他在第一局之後就一直沒讓對方擊出安打，直到這次的二壘安打。對他來說這也是一個關鍵時刻，他顯然是想要利用松香袋惹惱對方打者，並在史威尼抱怨時故意激怒他。

接著發生了打鬥。打者的憤怒持續很長時間，他也花了不少時間去追趕和毆打投手（儘管當兩人同時摔倒在地，這種毆打不是十分危險）。請注意，雖然是投手先惹怒了對方，而且投手的身材更加高大，據說脾氣也更暴躁，但此時他卻處於被動地位，試圖逃跑，數次被按到地上毆打，而且未還手。

再次是情緒能量支配權發生的轉移。打鬥結束後，史威尼被罰下場，投手繼續留在場上。不過卻是史威尼贏得了打鬥，他使投手落荒而逃，並在打鬥中控制了對方的精神。更憤怒的一方具有更強的情緒能量，並贏得了打鬥。隨後，投手的表現一落千丈，威佛以四壞保送了下一名打者（此前在這場比賽中，他還沒有保送過對手）；接著被打出一壘安打，讓對方獲得扳平的一分（失去了潛在的勝利）；隨後，他又對下一名打者投出暴投，讓對方上到二壘和三壘；之後，他投出了觸身球，導致滿壘。

隨後，整支隊伍的情緒能量一瀉千里。威佛被一名中繼投手換下場，儘管這名投手讓下一名打者打出高飛球，底特律的中外野手卻因失誤未能接到，導致對方連得三分。中繼投手四壞保送了下一名打者，接下來的打者打出二壘安打，又獲得兩分。打鬥之後，局勢的改變為堪薩斯帶來了六分（在此之前，他們只希望得到一分好扳平比分，但連續六名打者都未能做到，其中只有兩名打出安打）。打鬥發生後，主場觀眾發出怒吼（在史威尼上場前的二壘安打之後，他們就已經在累積情緒了）。等到觀眾冷靜下來，底特律在第七局上半又獲得一分，但在接下來的比賽中，沒有出現太多驚喜，最終堪薩斯以七比三獲得了勝利。接下來兩天，堪薩斯乘勝追擊，連續擊敗底特律兩次，獲得這一系列比賽的勝利。

贏得轉捩點型打鬥對於比賽取勝至關重要，兩者的重點都是建立情緒支配。反之，比賽正常進行時也可能爆發打鬥，但如果打鬥不分勝負，那麼局勢也就可能不會發生改變。

美式足球有這樣一個例子：二〇〇三年一月五日電視轉播的國家美式足球聯盟（ＮＦＬ）第一輪季後賽的四場比賽中，只有一場發生打鬥。這一場是最激烈的比賽（另外兩場都是大勝，第三場則出現逆轉）。

這場比賽是舊金山49人隊與紐約巨人隊對戰。第一節比賽雙方緊咬，分別獲得兩次觸地得分，以十四比十四結束。第二節和第三節的大部分時間，巨人隊都占據上風，以三十八比十四領先，連續四次進攻得分。相反的，49人隊既無法阻止對方，也無法組織起有效的進攻。巨人隊控制了十四分鐘的比賽時間，但在現實中感覺更久，因為中間包括半場休息。接下來局勢再度轉變，49人隊發起兩次進攻，獲得觸地得分和兩分的附加分，巨人隊則無法推進；比分追到了三十八比三十。接下來49人隊繼續進攻，但由於對方防守加固，只能獲得三分，現在距離比賽結束還有八分鐘，比分為三十八比三十三。49人隊連續十一分鐘占據上風，在這三次進攻中，巨人隊的防守隊員看起來非常疲倦、氣喘吁吁，49人隊則氣勢洶洶。當然，進攻方與防守方在場上的時間和付出的體力都相同，表面上的疲倦只是情緒能量流失的體現。

之後，巨人隊終於阻止了49人隊的攻勢，發動連續五分鐘的推進，但卻無法得分。49人隊在距離比賽結束還有三分鐘時，重新拿到了球，發起進攻。在這最後一次進攻裡，只有巨人隊的安全衛威廉斯（Shaun Williams）忙著防守，並暫時阻攔一次觸地得分。接著，49人隊傳球得分，以三十九比三十八領先，人高馬大的明星外接員歐文斯（Terrell Owens）以觸地得分之後的炫耀式慶祝著稱，他嘲笑了巨人隊的安全衛，後者則憤怒的攻擊他。兩名球員都被判犯規，這對巨人隊來說格外不合理，因為他們會在開球後拿到球，如果對手受到退後十五碼的處罰，這樣他們就更加接近得分範圍。然而雙方的處罰互相抵消，因此他們沒有獲得好處。

49人隊嘗試了一次兩分球，如果成功，他們會以三分領先，這樣一來，巨人隊的落地球最多只能追平。但巨人隊攔截了傳球，並試圖將球回傳（這是違反規則的，因為防守一方不能在對方嘗試追加得分時進攻）。歐文斯上前在界外打了巨人隊持球球員（一名後衛），這也是他第二次令人不齒的犯規。巨人隊發起報復，並且報復了兩次，另一名巨人隊後衛打了歐文斯，先前的那名巨人隊安全衛（威廉斯）則打了一名在第一次打鬥中曾插手的人高馬大的舊金山隊前鋒（比他自己重五十公斤）。這些球員無法控制的打成一團，再次獲得互相抵消的犯規處罰，49人隊給了對方又一次犯規暫停，對方因報復行為而無法從中獲利。巨人隊隨後迅速推進，接著又爆發了一次打鬥，而後巨人隊嘗試得分，但是時間已經不夠了。最終49人隊獲得勝利。

我們看到的是一場格外激烈的比賽，先是巨人隊占據場上優勢，而後是49人隊；當49人隊球員終於得分獲得領先，面對他們的炫耀，巨人隊在破壞對方攻勢上最有效的防守隊員挑起打鬥。隨後，當49人隊為了確保領先而發起的進攻未能得分，他們的明星球員憤怒的攻擊了對方，巨人隊的後衛則發起反擊。具有最高情緒能量和支配能力的球員挑起打鬥，並以報復行為使打鬥持續下去。鬥毆者恰恰是那些最想扭轉局勢的人[29]。但在這些打鬥中卻無人獲勝。打鬥沒有扭轉局勢，反而強化了局勢。情緒能量處於下風的隊伍在最後一次得分嘗試中，也未能成功。

雙方隊伍之間的緊張對抗，可以透過一系列比賽建立起來，其中可能涉及宿敵關係、淘汰賽的壓力，以及比賽中積累的衝突[30]。最終引發的打鬥可能成為整場比賽的中心。這在棒球和籃球聯賽的季後賽中表現得最為明顯，球隊及其球迷都在之前的比賽中累積了情緒記憶，而且此時一場打鬥的輸贏，就可能直接決定接下來一系列比賽的場上表現[31]。

轉捩點也可能發生在無直接接觸的運動中，其中可能不會發生打鬥，卻會涉及對支配權的情緒測試。在二〇〇四年的溫布頓網球錦標賽中，莎拉波娃（Maria Sharapova）與前冠軍小威廉絲（Serena Williams）交手，在第二盤中（莎拉波娃已經贏了第一盤），莎拉波娃在她第一個發球局的破發點上，與小威廉絲連續擊球二十一次。最後，莎拉波娃正手將球擊入角落，小威廉絲不慎跌倒。莎拉波娃狠狠的瞪了小威廉絲一眼，並握緊拳頭。小威廉絲躺在地上，臉上露出痛苦的表情。莎拉波娃贏得下一個發球，並輕而易舉的贏得了整場比賽（*San Diego Union-Tribune*, July 4, 2004）。在轉捩點上，敗者在身體與精神上同時被打敗，勝者從此滿懷信心。對支配權的爭奪與性別無關，而是由比賽的戲劇結構所決定。從壘球比賽中女投手的照片能夠看到，她們在一次關鍵的好球之後會做出與男投手一樣的姿態：下巴前突，拳頭揮向空中。

籃球打鬥通常發生在沮喪感的高峰，即一支隊伍被對方逆轉並喪失領先局勢之後。籃球暴力的形式也許只是特別粗暴的動作，而不是打破規則的暴力。在二〇〇四年NBA東部冠軍賽的最

【圖 8.1】男運動員與女運動員表現出同樣的支配姿態（2004）。左：AP/World Wide Photos 右：© McClatchy-Tribune Information Services. All Rights Reserved. Reprinted with permission.

後一場比賽，印第安納溜馬隊在上半場領先十四分，但是底特律活塞隊慢慢追上，並在距離比賽結束還有四分鐘的時候追平了比分。接著，溜馬隊的最佳後衛阿泰斯特（Ron Artest）用前臂撞到活塞隊的最佳得分手理查．漢米爾頓（Richard Hamilton）的下巴，後者因此倒地（他的個頭比前者小得多）。漢米爾頓爬起來罰了兩球，此後他的隊伍再也沒有落後，贏得了整個系列賽（最終獲得NBA總冠軍）。雖然溜馬隊在打鬥中獲勝，但這項勝利不具有戲劇性，整支隊伍早已在精神上被擊敗了（*Los Angeles Times*, June 2, 2004）。

想一下什麼時候不會發生運動員之間的打鬥，也有助於我們進一步理解這個現象。畢竟，只有一小部分比賽會因為即將輸掉比賽的沮喪而爆發暴力，或是發生轉捩點型暴力，儘管在大部分比賽的某個時刻，其中一支隊伍總是會意識到自己即將輸球。我曾指出，某一個戲劇事件或場地中，只會發生一次打鬥，因為情緒注意力空間是有限的。同樣的模式也可以用來預測打鬥何時不會發生。在戲劇高潮已經達成之後，接下來的打鬥也就變得不必要了。根據這項原則，在二〇〇四年洋基隊與紅襪隊戲劇性的美國聯盟冠軍賽中，洋基隊明星球員羅德里格茲（Alex Rodriquez, A-Rod）與紅襪隊投手阿洛尤（Bronson Arroyo）在第六場比賽發生衝突之後[32]，我成功預測到了：剩下的七場比賽都不會再發生打鬥。

取決於比賽的觀眾暴力

觀眾暴力有幾種形式：㈠觀眾衝到場內，或是從遠處向運動員投擲物品；㈡運動員跟觀眾打起來，儘管這很罕見；㈢觀眾在比賽中互相打起來。

對於最後一種觀眾與觀眾之間的暴力，目前研究還不多[33]。有些運動場中的某些區域特別容易發生打鬥，例如費城退伍軍人運動場（Veterans Stadium，二〇〇四年拆除）的便宜高層看臺區，常有粗魯的年輕人投擲物品或是陷入衝突，特別是常會與闖入這個區域的敵對球迷發生打鬥。此類打鬥與比賽節奏之間有何關聯，目前還不清楚。常常出現此類球迷暴力事件的運動場主要分布在美國東北部城市（波士頓、紐約和費城，特別是職業美式足球和棒球比賽）。在同樣的比賽項目中，西岸的球迷就不那麼暴力，也不常出現粗魯的喝采與嘲諷。我的觀察是，在以粗魯著稱的運動場，球迷更多是年輕的男性觀眾，而在西岸與中西部的觀眾中，有更高比例的女性與家庭觀眾。這個模式曾被用來解釋北美曲棍球及美式足球觀眾（主要是中產階級、大學以上學歷，差不多一半為女性）與歐洲足球觀眾（主要是十七歲至二十歲的藍領階級男性），發生暴力頻率的差異（Roberts and Benjamin 2000）。我們不清楚究竟何時以及為何觀眾會捲入與隊伍立場無關的小規模衝突，如果隊伍立場占據了暴力注意力空間的話，這種暴力就可能非常少見。

關於觀眾暴力，我們了解最多的是大規模的觀眾暴動。其中一項研究列出多倫多報紙在一年裡報導過的所有觀眾暴力事件，發現在二十七起事件中，百分之七十四是由運動員暴力引起的（Smith 1978）。例如，在少年曲棍球聯盟的一場比賽中，雙方的衝撞引發一場打鬥，最終雙方大部分隊員都捲入其中，並波及數百名觀眾和二十名警察。在水牛城與克里夫蘭的一場職業曲棍球比賽中，運動員陷入打鬥，結果引發觀眾之間互相投擲椅子的暴動，運動員則揮舞著球杆與觀眾打成一團。南斯拉夫札格瑞布隊（Zagreb）與希臘全明星隊在多倫多進行的一場足球比賽，下半場十八分鐘之後，一萬三千名觀眾中許多人衝進了球場。當時比分是一比一。南斯拉夫的守門員在救球時絆倒了一名希臘球員。裁判判罰點球，守門員提出抗議。雙方開始互相推擠，結果球迷衝向賽場，開始踢那些反抗的球員（請注意球迷模仿了運動員的動作）。此次打鬥涉及球員與球迷之間的種族差異。但與此同時，它也發生在比賽的轉捩點，因為在雙方勢均力敵、平手且比賽已進行超過一半的時候，點球很可能會決定比賽勝負。運動員與裁判的衝突打破了比賽的規則，恰在此時，觀眾加入其中。這場暴動最終在警察的大規模干預下，才得以平息。

球迷與運動員面對著同樣的戲劇節奏。事實上，正是因為能夠體會到集體緊張感，能夠充分表達自己的情緒，並將其轉化為集體亢奮和團結感，人們才會願意去現場觀看比賽。因此，觀眾與運動員在同一時刻陷入打鬥不足為奇[34]。這一點在不同的體育項目都成立，心理學測試表明，球迷觀看美式足球和曲棍球比賽後（主要是比賽中），好戰性會增強，但在觀看健身或游泳比賽後卻不會如此（Goldstein and Arms, 1971; Arms, Russell, and Sandilands 1979）。球迷會跟隨特定比賽產生的情感波動。恰到好處的暴力是對比賽的延伸，只有當暴力被認為是故意時，球迷才會變得富有攻擊性（Zillman, Bryant, and Sapolsky 1979）。如果受傷被認為是一個意外，球迷就不會表現出攻擊性，也許還會反過來為受傷的對方球員鼓掌。

運動員與球迷互相直接打鬥時，其中一定有一方侵入對方的空間。有時一群球迷會衝上運動場，儘管大多數時候他們只是想阻撓或中斷比賽（無論是在勝利中還是憤怒中），或是攻擊裁判。若是只有一、兩名孤立的觀眾衝上球場，運動員可能會對他們施加暴力（並且獲得大部分球迷的支持，參見第六章注釋11）。

相較於觀眾，運動員更擅長使用暴力，大部分運動員與觀眾之間的嚴重暴力事件，是由運動員發起攻擊，最常見的是運動員因為觀眾的嘲笑而衝上觀眾席。但是嘲笑是很常見的，也是比賽吸引觀眾的原因之一，他們能不受懲罰的嘲笑對方，並且獲得己方支持。因此，運動員進行暴力還擊時，一定是因為他們還體會到其他張力。在第三章，我們看到柯布在試圖打破安打率和盜壘率紀錄的壓力下，衝進了觀眾席。在其他事例中，緊張感還來自於隊伍間的特殊衝突[35]。

有些隊伍因彼此間發生過的衝突事件而「結怨」，這些孽緣也廣為球迷所知，甚至因此使接下來的比賽變得更加受人期待。球迷渴望看到戲劇性事件，這種戲劇是否暴力則取決於具體賽事。之前我們討論了印第安納溜馬隊與底特律活塞隊在東部冠軍賽的暴力事件，這正是他們之間孽緣的一部分。在下一個賽季，當兩支隊伍再次碰到，溜馬隊一路領先，彌補了上次失敗的遺憾。阿泰斯特，即上次冠軍賽中引發事件（且導致輸掉比賽）的球員，在比賽臨近結束時，再次對活塞隊最強壯的球員暴力犯規，從而再次引發衝突，這時距離比賽結束只有四十五秒，己方領先十五分，所以他的犯規毫無意義，純屬報復。活塞隊球員顯然將此視為侮辱，撞了阿泰斯特的頭，結果雙方球員再次打成一團。阿泰斯特似乎是為了嘲笑對手而躺在記分員的桌子上，這等於闖入裁判的領地，在被他激怒的對手遭阻攔時，他以此來炫耀自己身處安全地帶。接下來，由於這場比賽是底特律主場，結果底特律的球迷也加入戰局，這與運動員打鬥引發觀眾打鬥的模式一致。在喧囂的嘲笑聲中，一名球迷顯然是被阿泰斯特躺在桌上看似被動的姿態挑釁，結果朝他身上潑了一杯冰水。阿泰斯特隨後跳進觀眾席，在一名隊友的幫忙下，與兩名球迷大打出手。他攻擊了一名穿著活塞隊運動衫（從而表明自己的身分認同）並向他喊話的觀眾，另一名觀眾回擊，結果又被另一名運動員予以回擊。混戰的最後，運動員從觀眾席回到場內，觀眾則留在安全區對他們投擲物品。剩下的比賽被取消了（*Philadelphia Inquirer*, Nov. 21, 2004）。

這場打鬥在媒體上獲得廣泛關注，並遭到一致譴責，幾名溜馬隊的球員受到禁賽處罰。但實際上，這場衝突的每一個元素都符合運動暴力的一般模式。最囂張的觀眾試圖參與到戲劇衝突中，正是這一點引發了運動員的報復性暴力，在我所知的所有運動員對球迷的暴力事件中，都是如此。無論如何，裁判與球評的一致反應都指出這是運動戲劇的一種基本結構：運動是一種表演，是為了讓觀眾能夠體驗幻想中那種受到保護的衝突。觀眾與運動員之間的邊界是整個表演的框架，運動員暴力無論是否在比賽規則允許的範圍內，都局限在運動員之間。觀眾幻想中的暴力在一定程度上能夠獲得滿足，但真正的暴力必須限制在賽場上，而不能指向觀眾，因為運動員在這方面明顯比觀眾更加擅長。

運動員與觀眾的參與結構是不同的，因此他們的打鬥方式也相當不同。運動員的打鬥通常有著勢均力敵的公平打鬥形式，兩名隊員互相扭打，或是兩支隊伍在場上陷入混戰。但在觀眾暴力中，通常有一方會占據絕對優勢來碾壓弱者，例如本地球迷毆打一小群外地球迷，或是攻擊客隊，再不就是攻擊保全人員（如果後者人數較少的話）。

運動員之間的打鬥非常類似表演型公平打鬥，例如決鬥。保證雙方勢均力敵正是菁英文化的一部分。相反的，觀眾不是菁英，他們就像暴動中攻擊弱者的烏合之眾，只有在人數占優勢時，才會嘲笑或攻擊對方。觀眾與球員在精神層面與象徵層面上，都捲入同一場衝突，然而他們卻有著完全不同的地位。觀眾是無所顧忌、野蠻無恥的原始部落[36]，而運動員則是在榮耀傳統之下，勢均力敵的英雄。滿懷熱情的觀眾在運動員面前，就像是原始宗教的狂熱信徒看到自己的崇拜物。觀眾也會表現得像是闖入一場廣為人知的派對的狂歡者。當觀眾侵入運動員的領地，後者會發起反擊，就像菁英會攻擊闖入他們領地的平民一樣。正如貴族會透過榮譽法則來解決自己的爭端，卻用手杖攻擊一名膽敢以下犯上的平民百姓，運動員也會對入侵自己領地的外來者施加羞辱和懲罰。我們將會看到，運動員與觀眾在地位上的不平等，產生了更加複雜的觀眾暴力。

場外觀眾暴力：慶祝與失敗暴動

發生在運動場上的暴力多半與場上的衝突節奏相關。三種觀眾暴力會獨立於比賽發生。最極端的形式是足球流氓暴力，我們最後會討論這種類型。此外還有幾種觀眾暴力可能始於運動場或與比賽相關，最後外溢為場外暴力，並發展出獨立的路線，包括政治暴力和慶祝與失敗暴動等。

與體育比賽有關的政治暴力，部分是由外在的衝突所引起，因為比賽提供近在咫尺的對抗敵對民族或種族的機會。此外，圍繞比賽而產生的衝突，也能讓在政治上敵對的雙方變得更加團結和強大。

例如，二〇〇二年在塞拉耶佛舉行了一場波士尼亞與南斯拉夫的足球賽。這是雙方在一九九〇年的戰爭後，首次在賽場上遇到，那場戰爭因種族清洗暴行而惡名昭彰。比賽在波士尼亞首都舉行，主場觀眾包括大約一萬名波士尼亞人，加上大約三百名南斯拉夫的支持者，其中絕大多數是波士尼亞本地的塞爾維亞人。波士尼亞觀眾在演奏南斯拉夫國歌時，有節奏的跺腳；南斯拉夫支持者則在演奏波士尼亞國歌時，露出屁股。幾百名警察將兩群人隔離開。接著是一場口號對抗，南斯拉夫支持者呼喊「這裡是塞爾維亞」和「卡拉季奇（Karadžić），卡拉季奇」，這是他們最希望得到懲罰的戰爭罪犯之名。波士尼亞觀眾則高喊傳統的伊斯蘭戰爭口號「真主至上」。南斯拉夫隊以二比零贏得了比賽。警察在南斯拉夫隊的支持者離場時，對他們進行保護，大約兩百名波士尼亞球迷在場外攻擊警察，有六名球迷和十九名警察受傷，八名球迷被捕（*San Diego Union-Tribune*, Aug. 23, 2002）。

在這裡，虛構的比賽衝突喚醒了早先的政治衝突。帶有政治和民族主題的運動暴動可能取決於比賽本身。在二〇〇二年世界杯上，俄國球迷在莫斯科市中心廣場的大螢幕上觀看俄國隊與日本隊的比賽，日本隊進球後，他們爆發暴動。俄國隊贏得之前的比賽，也一直被認為實力高於日本隊，因此球迷的預期沒能得到滿足。大約八百名少年和年輕球迷在大街上狂奔，高呼：「前進吧，俄羅斯！」有些人還身披三色俄國國旗。他們在方圓兩公里內打破商店櫥窗，在汽車上跳上跳下，砸壞車窗，推翻了十幾輛車，還燒毀七輛車。五名學習日本傳統音樂的學生正在附近參加一場音樂比賽，結果也遭到球迷的攻擊。暴動者還投擲酒瓶，並互相毆打，同時攻擊警察，最終有一人被殺害，五十人受傷住院，其中包括二十名警察（*San Diego Union-Tribune*, June 10, 2002）。在這起事例中，對方球隊的進球引發了暴力，於是暴動隨後蔓延開來，波及日本人和其他目標。

二〇〇二年的莫斯科暴動既是一場政治暴動，也是一場失敗暴動（勝利暴動的反面）。我們將會看到，勝利暴動可能與失敗暴動具有同樣的破壞力，而且勝利暴動常見得多。輸掉比賽在情緒上來說令人洩氣，觀眾也缺乏勇氣和傳統（例如撕下得分公告），而勝利慶祝則具有引發破壞性暴動的條件。失敗暴動需要額外的機制。其中一個線索是，失敗暴動在國際比賽中更加常見，特別是當比賽被高度政治化的時候。失敗暴動取決於外在條件，因為比賽中的情緒湧動更容易讓失敗者喪失能量，而將能量賦予勝利者。

慶祝暴力是狂歡暴力的形式之一[37]。精神上獲得勝利之後，球迷的慶祝是運動員慶祝的延伸。運動員與球迷都會捲入團結的行動，一起高喊、互相擁抱、跳來跳去釋放腎上腺素，這些反常規的儀式標誌著當下的特殊性。在美式足球比賽中，勝利一方會向教練潑水，這是一種娛樂性暴力，同時也反轉了權威關係，教練對此都會一笑置之。美國職業聯賽的冠軍隊通常會在更衣室裡開香檳，不是為了喝，而是為了澆到彼此身上。這與狂野派對類似，但破壞力相對有限。

球迷則有不同的選擇，他們很少能夠接近運動員，用擁抱等形式來表現團結，因而他們會衝上球場。傳統的美式足球勝利慶祝儀式是在比賽結束後拆下得分板（始於二十世紀初的大學比賽，當時得分板是木頭做的，後來幾十年裡的金屬板讓這項行為變得更加困難，但有時也會有人嘗試）。球迷被互動儀式的中心吸引，渴望與比賽相關的物品接觸，就像它們具有魔力一樣，透過拆下圍欄、籃球場地板甚至椅子並帶回家作為紀念品，獲得一種聖物，並因此沾染了魔力。勝利慶祝暴力與炫富宴式的狂野派對相結合，其中包含球迷試圖占據比賽中心的渴望。

但球迷不是比賽中心菁英群體的一部分，他們通常會被阻止，甚至無法碰觸到那些符號性的物品。近年來，官方雇用大量保全人員和警察來阻止球迷進入球場。勝利慶祝之所以從傳統發生在運動場上且破壞力有限的狂歡形式，發展為更大規模的場外暴動，這也是原因之一。這也意味著場外暴動會隨著場內保全的升級而升級，這個假設可以用歷史紀錄，以及具有不同保全級別的不同比賽來驗證是否屬實。

在接下來的事例中，勝利一方是客隊，慶祝暴動發生在他們自己的學校。這個事例體現的暴力和社會控制的具體過程，對我們的分析特別有用。

二〇〇三年四月，明尼蘇達大學美式足球隊在水牛城作為衛冕冠軍出賽。在明尼亞波利斯（Minneapolis），兄弟會門前的草坪上擺滿了啤酒桶，好在比賽勝利後能在公共空間發起慶祝。

晚上八點半，勝利的消息傳來，人們開始從兄弟會、姐妹會和公寓湧出，聚起了一千人。不到二十分鐘，他們就在一個路口（遠離建築的安全地點）用床墊、公園長椅和垃圾燃起了篝火。消防員迅速撲滅火勢，也就是說，他們壓制了慶祝。隨後，球迷又在其他四個地方的垃圾桶和垃圾堆上點火，仍然只是在燒垃圾而已。在最初燃起篝火的路口，一個交通標誌被折斷，因為有人爬上路口的橫梁，試圖把它拆下來。一名警官說，眾人「為他們喝采鼓勁，彷彿這是什麼體育比賽」。也就是說，這是一種比賽體驗的延續。

當時警察只有兩人，人手遠遠比不上對方的一千人。眾人向他們投擲啤酒瓶，他們則退回到警車裡。最後，兩百名警察趕來支援，雙方的行動都升級。堵在人群中的摩托車騎士被人砸車，消防車也無法接近火災發生處。

十五名警官站成兩排，肩並肩沿街走著好對抗群眾。一名警官用擴音器要眾人散開，但學生們沒有回應。「我們不常有機會大搖大擺的走在馬路中間，」一名大二女生告訴記者：「可那又有什麼錯呢？」

眾人依然毫無秩序，有人向警察投擲酒瓶，有人投擲點燃的物品。警察開始用警棍攻擊人群，人們向三個方向散開。警察花了十五分鐘清理路口，隨後消防員才趕來滅火，警察則留在路口維持秩序。

與此同時，分散的人群開始在其他路口縱火。更多警察趕來支援，依次清散路口。到了晚上十點半，警察開始驅散大約三、四百人組成的人群。人群縮小了，但仍充滿熱情。「人們在高喊『U－S－A！U－S－A！』。」一名目擊者稱，有人喊道：「這就像巴格達一樣！」他們盜用了國際運動賽事中的口號，特別是一九八〇年奧運曲棍球比賽中美國隊戰勝蘇聯隊的記憶，以及二〇〇三年三月美軍在伊拉克取得的勝利。就像隨後我將會解釋的，所有在情緒上具有記憶價值的象徵事件，都會在此類情形下派上用場。

一小群年輕人在停車場歡呼著掀翻一輛車。有人燒了一些報紙架，接著是垃圾桶，而後是被掀翻的汽車。許多人在打電話，描述自己目睹的事情。一名目擊者聽到有人說：「兄弟，你得來瞧瞧，真是太讓人難以置信了！」誇張的敘述與行動本身開始混為一談。

另一處停車場也有人在縱火，還有人打開消防栓，水淹沒了街道。警察用發射器向人群噴射化學噴霧，許多人從這個區域躲開。

晚上十一點，有些人開始嘗試闖入大學體育館。垃圾桶燃起了火苗。有些球迷甚至想要點燃樹叢。警察再次動用了警棍，人群被驅散。

臨近午夜，有人用瓶子砸碎一輛消防車的擋風玻璃。最後一場火在凌晨一點被撲滅，此時暴動已經持續了五小時。大學周邊總共被縱火六十五次，許多汽車被掀翻燒毀，一家商店被洗劫，若干交通標誌被拆毀。為了保持慶祝的情緒，人們洗劫一家酒鋪。等到警察趕來，酒鋪的櫥窗已被砸爛，洗劫者也已四散而去，有人拿起一副自行車架砸了窗戶。旁觀者稱，洗劫者手裡都提著成箱的啤酒。「他們搬空了伏特加，」店主說：「不管是廉價還是高級酒，他們根本不挑。」

（*Minneapolis Star-Tribune*, April 20, 2003）

火被撲滅的時候，暴動也就結束了。從一開始的少數縱火，到後來更廣泛區域的一系列縱火行為，都是隨著警察管制越來越強而發生的。暴動行為除了眾人興高采烈的叫嚷（在一開始的兩小時裡達到高潮），還包括尋找新的縱火地點。大部分縱火行為有著相同的模式，如燒毀垃圾和垃圾桶等。沒人嘗試燒毀建築（儘管後來當警察把人群從開闊的路口驅散之後，開始有人威脅放火）。縱火是讓「道德假期」得以持續的主要工具。在這裡我們也能看到常見的模式，就是最活躍的只有一小群人。人群最多時達到一千人，而大學總共有三萬九千名學生，在這一千人中，許多都是旁觀者而非參與者。

很大程度上，慶祝暴動之所以會發展到攻擊權威，是因為人們缺乏傳統受到限制的慶祝方式，例如拆毀得分板和縱火等。缺乏制度化的場所來讓人們溫和的享受破壞性的「道德假期」，正是導致暴力升級的原因之一。大眾媒體格外關注運動員自己的慶祝，這也是原因之一。此類暴動與派對上發生的邊界排擠型打鬥十分相似，如果興奮的人們無法進入菁英的狂歡區，他們就會燃起怒火。憤怒與興奮相結合，正是導致混戰的公式。

作為複雜戰術的場外暴力：足球流氓

英國與歐洲足球流氓的場外暴力是一種特殊類型，也是運動暴力中最複雜的[38]。之所以說它「複雜」，是因為它是故意為之，目的是享受令人興奮的混戰過程。足球流氓暴力通常都是圍繞一場足球賽展開，尤其是當球迷前往另一個城市（最好是另一個國家）客場觀戰的時候。但暴力並不取決於比賽本身，它可能發生在比賽前一天，也可能發生在球迷聚集之後的任何時刻。比賽只是讓他們動員和聚集起來。一場比賽能夠提供許多合理的暗示與象徵性的共鳴，足球流氓會從中有意識的尋找情緒的觸發點並挑起鬥爭，但與此同時，他們的行為卻與隊伍的表現並無關係。他們會避免輸掉一場大比賽的沮喪，或是慶祝一場大勝利的不確定性。反之，他們故意且有規律的組織自己能夠控制的暴力，並透過一系列組織技巧，來保證能夠挑起讓人滿意的打鬥。正如此前提到的，球迷與球員之間是不平等的。球員是菁英，球迷會在精神上跟隨他們，當運動員在比賽中表現出戲劇性衝突，球迷就能從中獲得集體亢奮。當運動員以讓人尊重的方式參與賽事，球迷會興奮的圍觀，或是嘗試用不那麼讓人尊重的方式（攻擊弱者）來參與暴力。體育比賽是為了在球迷中產生情緒曳引和集體團結，足球流氓暴力則是為了在不需要運動員的條件下，提供暴力所需的曳引與團結。這種暴力與比賽的對抗結構無關，足球流氓自己成為英雄，從而篡奪了運動員的地位。

在階級分明的英國社會，足球流氓常被認為是階級意識和衝突的體現。但足球流氓不是工人階級中最窮苦的那些人，反而通常是來自菁英階級[39]。有些人是被能量和興奮所吸引的白領或小生意人（Buford 1993: 31, 118, 216; Dunning et al. 1988），對他們來說，在球迷世界裡獲得暫時性的菁英地位，比無趣的中產階級日常生活更具吸引力。足球流氓暴力無法用剝奪感來解釋，卻可以用暴力的積極吸引力來說明，而這則進一步取決於人們是否掌握積累先決條件的技巧。

這些技巧包括哪些呢？首先，是在街頭和公共場所遊蕩的能力，要避開警察，同時在有利的時間和地點遇到敵人。這就像是一支軍隊以連（兩百人）甚至營（一千人）或團（超過四千人）為機動單位行動一樣。不過在這裡，暴力組織大多是臨時性的。既沒有正式的命令，也沒有集會、財務、選舉或書寫紀錄。有時會有非正式的基地，例如酒吧（酒吧店主可能是最活躍的足球流氓之一），某些半合法的機構和賣票黃牛可能會安排旅行和後勤所需，也會有一些領袖人物[40]。某支隊伍的球迷核心團體會有非正式的領袖，他們眾人皆識，常常西裝革履，在足球流氓暴力的醞釀過程裡坐鎮其中。布福德（1993: 29-30, 81-93, 119-20）曾在一九八〇年代參與觀察曼聯球迷和其他英國足球流氓的行動，發現每個領袖都有自己的跟隨者，形成三十至五十人的小團體，成員大多是十五、六歲以下的年輕人，他們都渴望證明自己。他們挑起了許多鬥爭，表現得像是領袖的副官一樣。這種領袖會在義大利城市遊蕩，為幾百名追隨者指明道路，躲避大批試圖控制英國入侵者的義大利警察。他們身旁聚集著十幾名年輕人，這些人會將命令傳達下去，讓眾人分散或是重新聚集，直到最終發現合適的受害者，例如巴士上受到驚嚇的義大利球迷（不是能打架的人，而是他們的家人），或是留在空蕩蕩街頭上的一小群義大利年輕人。有時領袖會告訴追隨者時機是否合適，甚至「幫助警察指揮交通、驅散堵塞街道的追隨者、譴責摔碎酒瓶或是不守秩序的傢伙」（Buford 1993: 68）。

除了這些領袖之外，經驗豐富的足球流氓也會掌握不少廣泛傳播的技巧，像是行動尚未開始但正在醞釀時，該如何快速的小跑；何時該聚集起來集體行動，何時又該四下分散。如果遇到荷槍實彈的警察，他們就會搖身一變做出平民的姿態，躲過警察的防線。「不要走得太快，所有人都要裝出一臉『不關我事』的模樣。」（Buford 1993: 198; also 92-93）由於這很可能是在暴動之後立刻發生，警察不一定會上當，但是由於警察也會傾向於避免激起更多衝突，所以他們接受這種高夫曼式的表演。對於面對警察時的衝突性緊張／恐懼，足球流氓有著深入的理解，並有意識的利用這一點。他們知道：只要不是在暴動中被發現，權威機構就不會對他們使用太多暴力，因此他們會謹慎的開啟和關閉暴力行動。

根據具體情況，也可能出現臨時的領袖，他們也許是那些積極傳播消息的人，說著「晚上六點會遊行，請告訴更多人」之類的話語；也許是那些面對警察防線最先走下人行道，並期待其他人跟隨的人（有時會有人跟上來，有時則不會，如果沒人跟上，這些潛在的領袖就會緊張的四處張望，然後退回人群中，努力讓自己顯得不那麼可疑；Buford 1993: 282-89）。領袖會幫助指揮人群，反過來人群的情緒也會賦予領袖力量，無論時間長短。

策略與技巧不僅用來對付警察，也用來對付敵人。人們得知曼聯的對手西漢姆聯隊會搭乘火車抵達，醞釀了一次行動，恰到好處的堵在火車站入口，在西漢姆聯隊下車之際襲擊他們。

> 當時有一千人左右「隨意的」聚集起來，雙手插口袋，眼看地面。他們是想讓自己看起來不像是一夥的，只是無意間路過罷了，與此同時，另外一千人也是這麼想的……又過了一分鐘，球迷開始走上大街。他們仍是一副隨意的姿態，但已很難偽裝下去了。隨著人們聚集在一起，人群已然成形，由於這是在主幹道上，一切都顯得格外可疑和具有侵入性。人群開始朝著火車站的方向移動。人們走得小心翼翼，看上去並不狂熱，而是穩步前進。但我看得出來，所有人都懷有某種信心，相信自己最終能做到些什麼。人們的步伐逐漸加快。有人開始喊：「殺，殺，殺。」一開始是耳語，彷彿是被迫發出的聲音。隨後，其他人也開始重複這個口號。人們的腳步再次加快，先是變成小跑，跟著又變成快跑。一名老婦人被撞倒，兩袋食物撒在地上。沒有警察出現。半路上，事情發展到了高潮，一千人大步奔跑著高喊：

「殺，殺，殺。」（Buford 1993: 121-23）

在這起事件中，曼聯球迷採取了曲線迂迴的方法。警察和警犬都在車站裡面，準備逮捕以結夥形式出現的足球流氓，西漢姆聯隊當時才下車，他們跟隨警察滿意的穿過氣勢洶洶的本地球迷。這被曼聯一方當成可恥的挫敗，認為警察允許敵人「占領城市」。

有時，其中一方會發動成功的迂迴作戰。一名領袖與其少數追隨者帶領著曼聯球迷在倫敦街道上遊蕩，切爾西隊球迷緊隨其後，但曼聯球迷繞到後方攻擊切爾西球迷（Buford 1993: 201-3）。有時，敵對雙方的領袖會透過手機來安排群架。雙方找到一個警察視線之外的地方（比利時足球流氓特別喜歡這麼做，Van Limbergen et al. 1989）。足球流氓暴力的主要特徵之一就是它是有預謀的，不僅在意料之中，而且事先經過計畫，儘管過程中可能有若干即興發揮之處。一名研究者稱之為「約定好的暴力」（violence by appointment, Johnstone 2000）。

這一系列複雜的戰術中，還包括了解什麼樣的行為能逃脫懲罰。坐火車或巴士前往客場觀戰的球迷會損毀車輛、從窗戶裡拋擲酒瓶、嘲笑和威脅困在他們中間受人尊重的中產階級（Buford 1993: 13-15, 62-66）。警察通常只想驅散他們，因此不太干涉這種損毀公物和粗魯的行為。球迷也知道成群結隊出現有好處，他們會藉此欺壓驗票員和食物攤的小商販。曼聯球迷用「吃霸王餐」來形容坐車和吃飯不給錢的行為，有些經驗豐富的球迷則自稱「跨城霸王餐專家」。數百名球迷可能會洗劫火車站的食物攤，往口袋裡裝滿食物和飲料，在工作人員看來，他們利用將食物丟向空中，高喊著「食物大戰，食物大戰！」的這種混亂場景，分頭四散，消失在人群中（Buford 1993: 64）。他們之所以不願付錢，不是因為付不起（根據布福德的紀錄，大部分球迷都有工作和相當充裕的存款），而是因為吃霸王餐本身就是一種樂趣[41]。這是群體暴力一種較為輕微的形式，也可以說是一種「道德假期」，但它被一個團體故意加以利用，將其發展為一種傳統和戰術。

兩位社會學家愛里亞斯和鄧寧（Elias and Eric Dunning 1986）認為，最近幾個世紀，經過開化的社會變得平靜而無趣，足球暴力是為了尋找刺激才會發生[42]。但這個解釋未免太過廣泛。幾乎所有現代運動的目標都是提供表演型刺激，刻意組織的場外暴力卻將這種設計與刺激都提升到一個新的高度。

群體領袖既謀畫策略，也領導興奮感：

> 薩米轉身向後跑去。他似乎在目測人群的數量。他說，能量仍然在後面湧動，但他不是對某個特定的人這麼說的。他警覺性很高，四處逡巡踱步。他伸出手，攤開手掌，說道：感受這能量吧……
>
> 所有人都湧上街頭，不用多說什麼，大家開始高呼：「團結，團結，團結！」薩米上下揮手，彷彿試圖撲滅火焰，讓人們安靜下來。片刻之後，又有人開始呼喊口號，這次是「英格蘭」。他們無法控制自己。他們渴望像正常的球迷一樣，他們想要唱歌，想要做出粗魯的舉動，就像這一整天以來他們一直在做的事情一樣，必須有人提醒他們不能這麼幹……
>
> 一群警察一度向我們走來，薩米發現了他們，低聲發出新的命令，悄悄讓我們解散，於是人

們四散開來，有人穿過街道，有人繼續沿街走下去，有人則落在後面，直到遠離警察，薩米才轉身再次跑到人群後面，命令大家重新集結。他手下的那些青年就像訓練有素的狗一樣，幫忙把其他人再次聚集起來……

薩米一定從體育館開始就在領導這一群人，他們試圖在路上發現義大利隊的支持者。當他轉身走到隊伍後面，他一定發現了自己帶領的兩百個「怪物」身後已經跟上一群義大利青年，後者好奇的跟在他們後面，也許是渴望爆發一場打鬥，也許只是受到這群人的感染，禁不住想跟上去看看會發生什麼事。而後，薩米判斷時機合適之後，突然停下腳步，拋卻了所有偽裝，大喊：「停下！」所有人都停了下來。「轉身！」所有人都轉過身來。（Buford 1993: 81-85）

隨之而來的是一場大混戰。正如群架中常見的，人們分散成一小群一小群，布福德觀察到一名年輕的義大利男孩落單，結果被一群英國足球流氓揍倒在地拳打腳踢。一旦發現有容易欺負的目標，攻擊者的人數就會快速從兩個增加到六個，又增加到八個。

薩米興奮不已，他彈著手指，跳上跳下，不停的說著：「開始了，開始了。」他身邊所有人都興奮得不得了……此處充斥著高強度的能量，人們很難忽視這種興奮。我身旁有人說自己很開心，他說想不起來自己以前曾經這麼開心過。（Buford 1993: 87-88）

片刻之後，這群人追上了一家義大利人，有個男人帶著妻子和兩個兒子正準備躲進車裡逃走。英國流氓用一根沉重的金屬棒打上義大利男人的臉，把他擊倒在地，其他人則踩到他身上，有時還會停下來踢他兩腳。

這種高漲的情緒來自烏合之眾的力量；眾人創造了一個「道德假期」，從而控制周圍的空間。當人們組成一個清醒的群體時，這種力量感不一定就是暴力的。

> 人群穿過一個主要路口，他們已經不再嘗試偽裝無辜。此刻，他們換上了傲慢和暴力的身分，大搖大擺的穿過堵在馬路中間的車流，心知肚明自己不會停下。（Buford 1993: 89）

在倫敦發生的另一起事件中，曼徹斯特球迷離開了他們的聚集地：

> 酒吧被清空了，啤酒瓶碎了一地，原本在酒吧裡的人都湧上狹窄的小路，人數不少，而且都慌慌張張的，不想被落在後面。人們衝上尤斯頓路，四散開來，堵塞住雙向的交通，所有人都感受到了高漲的能量，以及身處群眾之中所突然獲得的權威力量。他們躲開尤斯頓路的地鐵口（那裡警察太多），向下一個地鐵站尤斯頓廣場前進，而後一擁而入。他們一路上都在破壞公告、海報和標語牌，旋轉門和路障也沒能擋住他們。此時此刻，所有人都在呼喊口號，群體的能量水漲船高。沒人買地鐵票，也沒人攔下他們。（Buford 1993: 194）

他們成功的到達引爆點，感受到群體的能量與歡騰。值得注意的是，他們所製造的暴力只有在身處烏合之眾當中時，才能引發。在其他情形下，他們可能會捲入個人鬥爭，但卻不會有相同的派頭。

克服障礙進入「道德假期」，並由足球流氓自己透過複雜的戰術來進行操控，這種體驗讓人難忘。

烏合之眾一旦成形，就彷彿賦予了某種東西生命。我能看到更多人紛紛加入，他們被烏合之眾帶來的強大能量吸引，但卻不像是外來的新人，而更像是從烏合之眾中產生的。你能感受到人群的增長……我們是自由的，人們的臉上這麼寫著。我們需要穿過警察的防線，他們如此相信。沒人能阻止我們……腳步加快了。我能感受到那種必須走得更快的壓力，那是一種內在的動力，並非來自某一個人，而是來自所有人，滿懷著熾熱的力量，人們共同相信，隊伍走得越快，就會越團結、越強大，情感也會越熾烈。一開始的漫步變成快步走，又變成小跑步。所有人都在整齊而安靜的跑步前進。

我很享受這一切（令人尊重的中上層階級觀察者如此描述）。我為此而興奮。這裡發生了某種事情：人群會產生慾望，這種慾望必須得到滿足；他們渴望得到釋放。人群一旦形成就無法輕易散去。它具有自己的動能，難以停止。（Buford 1993: 199-200）

這就像是吸食毒品之後的體驗，尤其是當毒品進入血液循環系統，並影響大腦的時刻：

> 這正是癮君子所談論的東西。他們談論自己造成的破壞，談論為何不得不這麼做，談論為何無法忘記所做的事情，以及為何永遠不想忘記。他們談論自己被這種情緒所浸染，不停的一遍又一遍談論那種感受。他們滿懷驕傲的談論著，彷彿親身體驗過這種事情之後，他們就具有其他人所沒有的特權。他們談論這些事情的方式，就像之前一代人談論毒品和酒精一樣，只不過在這個過程中，他們也會吸毒和飲酒。其中一個小夥子是個稅務官，他談論自己的體驗時，彷彿其中有什麼化學反應，或是噴灑了荷爾蒙，或是某種讓人不清醒的氣體，一旦這種化學物質進入空氣，一旦暴力發生，其他行動就會不可避免。後來我意識到自己當時就像吸毒了一樣，陷入腎上腺素所導致的狂歡中。有生以來第一次，我理解了他們口中的形容。烏合之眾的暴力就是他們的「毒品」。（Buford 1993: 204-05）

癮君子經常描述注射海洛因、吸食古柯鹼或大麻後的極樂體驗（Becker 1953, 1967; Weinberg 1997）。在這裡，我想強調的是，足球流氓群體中最令人愉悅的時刻是當它跨過臨界點，並開啟「道德假期」之時。他們會有意識的做出暴力行為，但在此之前，需要首先建立起「道德假期」的領域。仔細研究之後就會發現，被賦予吸毒體驗的暴力行為鑲嵌在更廣泛的社會過程中。暴力是集體注意力集中的波峰，但它在很大程度上是一種象徵，代表一種不正常的集體亢奮，以及一種與眾不同的團結感。除此之外，這個團體還掌握了製造「道德假期」的技巧。

他們一旦控制公共空間，就會變得粗魯而令人厭惡。這是一種刻意為之對正常社會秩序的挑戰，目的在於震懾旁觀者，他們的行為包括酗酒、隨地小便、大吼大叫等（Buford 1993: 52）。比賽之前拎著酒瓶晃悠一整天也許不是為了喝醉，醉酒是為了在暴力爆發之前，維持一種粗魯的姿態。

足球流氓實際做出的暴力行為大部分是攻擊弱者[43]。布福德舉出的例子都具有這項特點：一大群足球流氓長時間狂揍一名落單的受害者，有時受害者是對方球迷中強壯的男子，有時則可能是其家人。足球流氓組成的群體之所以會在街頭迂迴逡巡，就是為了尋找這樣一個時機。當人數眾多的敵對群體迎面撞上（主要發生在比賽中英國球迷互相侵入對方領地的時候），他們通常只是會象徵性的嚇唬嚇唬對方，或是隔著一段距離扔幾個酒瓶，而不會陷入大規模的混戰。另一名參與觀察者注意到：

在足球流氓暴動中，人多的一方幾乎總是會獲勝，另外一方則會落荒而逃，更重要的是，他們也會被默許逃走（因此受到的傷害也被最小化）。然而，儘管這項事實得到廣泛認同，卻也被封存為祕密，好讓雙方都能從每次暴力事件中，獲得盡可能高的榮耀。人數較多的一方不會談及他們以多欺少，但人數較少的一方就會強調這種不平等，並將失敗當作一種榮耀。因此，這些理想中的情況在現實中很少發生，因為勢均力敵的雙方如果捲入嚴肅的鬥爭，幾乎必然會造成嚴重傷害。我不是說這種打鬥從未發生過，而是多數情況下，占據人數優勢的一方會把對方嚇跑，因而打鬥也就會不了了之。人們普遍承認人數的作用，但卻又抹去其存

在。當他們談論起這個衝突時，幾乎總是會將其形容為勢均力敵的理想情況。（安東尼．金，二○○○年十一月的私人通信）[44]

在現實中，打鬥只是足球流氓活動的一小部分，儘管當他們在街上迂迴逡巡等待時機或是事後討論時，打鬥都是注意力的中心。安東尼．金總結道：

儘管打鬥是足球流氓情緒的制高點，但打鬥本身持續的時間卻可以忽略不計。在所有的暴力事件中，類似自行車賽場上發生的那種衝突（馬賽體育館中的一場短暫鬥爭）幾乎總是結束得很快，而且並無絕對的勝者。相反的，對暴力的描述卻可以持續很長時間。這個時間分配上的不平衡說明，過去對足球流氓的分析也許應該反過來思考。（King 2001: 570）

足球流氓的主要儀式是聚集在酒吧裡，他們會在那裡建立起團結感，並在打鬥結束後完善故事。團隊的邊緣成員不一定會出現在打鬥現場，卻能承載整個團隊的集體記憶，對打鬥的講述也能強化他們自己的地位，好介於故事中的人物（通常與故事的講述者不作區分）與聽眾之間。發生在國外的打鬥更加有價值，但其中必須發生過引人注目的事件，只要到過那裡，就能成為明星（Buford 1993: 113-14）。暴力成為群體中價值不菲的商品，既是因為人們能夠在這個群體中講述它的故事，並且這個故事能夠成為這個群體的制高點，也是因為在反覆講述的過程中，支持者能夠聚集起來，形成比核心參與者更加龐大的群體。對暴力的講述，成為群體中流傳的關鍵性的文化資本。正如安東尼．金所指出的，群體存在於其成員的意識之中，作為不斷構建的集體記憶而存在著。故事的講述有一種神話的特質，只有那些制高點會流傳下來，經過扭曲之後讓自己這一方看起來更有英雄氣概，從而掩蓋了以多欺少、恃強凌弱的本質，也掩蓋了從強者手下溜走的真相。就像傑克森－雅各布斯（2003）所描述的派對打鬥者一樣，這種打鬥主要是為了之後能夠講述誇張的故事。

一點點暴力的影響就能持續很長時間。對英國球迷來說，發生在馬賽的那起小事件讓整個旅程都有了意義。作為戲劇的暴力是一種唾手可得的資源，由於它很容易生產，因此也就比勝利更加易得。

敵對身分的戲劇性本地建構

我一直主張，足球流氓團體控制情境的技巧是他們行為的核心，也是其吸引力的來源。不過，更加廣為流傳的解釋則是強調文化背景，是一種建立在父權社會之上的具有攻擊性男子氣概的文化，以及民族主義、地方主義等（如 Dunning et al. 2002）。我們可以找到足夠的證據來支持這些解釋。足球流氓本身是一個非常重視聲音的群體，他們會用成語來表達對對方的挑釁與羞辱。他們高唱愛國歌曲，侮辱外國人，如果針對的是個人，他們最喜歡的羞辱方式就是稱一個男人為「娘炮」（Buford 1993: 281）。

但無論如何，這些羞辱都是取決於情境的。

例如，在一輛為觀看比賽而開往義大利的客車上，英國球迷一遍又一遍的高呼「英格蘭」。

還有一首更加複雜的歌曲，曲調來自〈共和國戰歌〉，歌詞是：

光榮，光榮，團結一心
光榮，光榮，團結一心
光榮，光榮，團結一心
我們的軍隊前進！前進！進！

每一個「進」都更響亮一點，伴隨著熟悉的勝利手勢。還有一首更簡單的歌〈操翻教皇〉，說它簡單，是因為整首歌只有這一句歌詞……其中一個人坐在打開的窗戶旁邊，他突然對窗外露出屁股，雙手抓住臀瓣用力掰開，他的褲子此時掛在膝蓋上。他身後一個人正在對著窗外撒尿。人們站在椅子上揮舞拳頭，向義大利路人、警察和小孩罵著髒話。（Buford 1993: 43）

簡言之，由於當下的情境，愛國主義歌曲和口號升級成為一系列猥褻行為。英國球迷在國外旅行時，愛國主義歌曲和口號就會出現，當他們在國內挑戰對手則不會出現[45]。儘管一九八〇年代的足球流氓也會用性別歧視的綽號去羞辱他們不喜歡的男人，但他們卻是柴契爾夫人和女王的忠實崇拜者，這必是因為如此有助於強調英國人的團結與優越感，並可藉此攻擊受人尊敬的、教育水準較高的左翼和自由派人士。儘管在義大利他們會高歌〈操翻教皇〉，但在國內卻會出於對英國國教制度的敵意而維護天主教教廷的尊嚴（Buford 1993: 95）。這種模式很像卡茨（1999）對高速公路上路怒事件的研究，之所以會去咒罵對方，是因為這種反應符合他們當時正在對抗的目標，這些咒罵不需要基於深入的信仰，上演的劇碼也可以不停的改變，甚至前後矛盾。

咒罵與羞辱都有更深遠的文化根基，但賦予其生命的卻是當下的情境。民族主義和大男人主義等印象是一種表演效果，而不是產生一切的根源，它們都是建立「道德假期」的群體技巧，可以使這些羞辱成為一種有用的表演，並將它們擺上前臺。

我們可以說得更加具體一些。誇張敘事是一種關鍵體驗，打鬥固然必要，卻不重要。誇張敘事也可能與上文所述的口頭羞辱混為一談（高歌〈操翻教皇〉的人事後也許會誇其談自己如何「操翻義大利人」，這種敘事很大程度上只停留在口頭上）。我們很容易認為，他們在當時所喊的口號就是其行為的動機。這是混淆了口號與內容。想躲開這個陷阱（在日常談話和日常政治論述中都很常見），我們需要分析此類口頭表達的微觀互動情境。

人們只會在特定時間開始高歌，作為一種表現團結和攻擊對方的儀式。布福德的觀察細節揭示了人們究竟在什麼時候會開始唱歌和喊口號，什麼時候又不會這麼做。這一切發生在球迷卸下偽裝、露出烏合之眾的真面目之時，但又發生在暴力真正開啟之前。當足球流氓真正開始打鬥時（六到八個人對著一名倒在地上的義大利男孩拳打腳踢），沒人會再說話，現場只剩下拳腳的聲響，具體則取決於拳腳落到身體的哪個部位（Buford 1993: 84-86）。這種無言的情境意味著衝突性緊張的回歸，這說明群體中的歡騰氣氛並非來自打鬥本身，而是來自發生在它前後的口頭表達儀式。

安東尼・金（2003；特別是第十一章〈歐洲種族主義〉）曾將種族主義區分為「有機種族主義」（organic racism）和「工具種族主義」（instrumental racism），前者深植於社會之中，後者則常會從球迷的口號中流露出來。例如，義大利球迷會稱敵隊黑人球員為「非洲猴子」，並向他們扔香蕉來取笑。西班牙球迷也曾對來訪英國球隊中的黑人球員叫嚷種族主義綽號，根據安東尼・金的紀錄，他們認為自己只不過是在開玩笑，同時透過口頭語言技巧來挫敗對方的精神。種族主義侮辱言辭甚至可以用在同一種族身上，只要他們支持的是敵方隊伍。北部義大利球迷會羞辱南方的白人球迷，衝他們嚷嚷非洲起源於羅馬，利物浦球迷則會叫嚷「我寧願做巴基斯坦人，也不要做燉雜燴〔敵方球迷的代稱〕！」。這些口頭羞辱都具有種族主義背景，人們利用這些語言的同時，無意識的強化了種族階層。

我想提出一個更有力的解釋：足球球迷的體驗和行為，創造了（或至少是擴展）社會中對立的種族身分。富有種族主義意味的羞辱不僅僅是一種貶低對方球員的技巧，球迷文化的核心是參與到比賽中，並透過嘲諷對手來主動為之增添一層獨立的戲劇意味。所有體育賽事的主要吸引力，就在於能夠在衝突中參與到集體情緒體驗裡，而無須面對與真正的衝突相伴隨的危險與代價。種族主義嘲諷就是這種技巧之一。

這個論點可以透過一個思想實驗來證明：如果球隊不存在了，那麼種族主義表現可能會減弱[46]。社會中有著業已存在的種族／民族對抗主義思想，但這些也許不那麼重要（考慮到近年來右翼運動已式微）。足球在歐洲日益流行，基於比賽的球迷對立，強化了種族間的對立，並外溢到整個社會。足球流氓與其模仿者將這些口頭表達發展為場外的暴力事件，是想將比賽中體驗到的團結及戲劇感，與自己熟悉的日常生活其他方面聯繫起來。

關於運動的比較社會學未能解答這樣一個問題：為什麼英式足球的日益流行惡化了種族嘲諷，而在美國的大眾體育賽事中卻幾乎不存在種族嘲諷？在美國，比賽前後觀眾完全可以互相嘲諷，有些體育場還有球迷互毆的傳統，但種族嘲諷卻成為一大禁忌，對抗身分只能建立在球隊之上（我無法想像一名美國球迷，哪怕是格外暴力的球迷，會喊出「我寧願做黑鬼，也不要做洋基球迷」這種話來）。其中一個解釋是，從一九四〇年代第一名黑人棒球員出現在白人聯賽中開始，到一九六〇年代的民權運動，美國體育運動一直致力於促進種族融合，並且至今仍然肩負著這項使命。在美國的美式足球和籃球比賽中，從一九六〇年代這些比賽占據大眾媒體視線以來，黑人球員一直占多數。黑人進入棒球比賽後，只在最初幾年出現過種族主義的嘲諷，而那些聲音一直受到廣泛譴責。在美國，種族主義嘲諷不會被認為是在嘲諷對手，進而被視為一種玩笑性和工具性的種族主義。反之，這種言論會被直接視為與球迷忠誠無關的種族敵對主義。體育運動是否曾參與到更大層面的社會運動（例如民權運動）中，也許能夠用來解釋不同國家的差異，不過這些差異也可能與球迷的組織形式有關。美國球隊缺少足球流氓團體，這些團體是關鍵的一環，如果少了他們，球迷很難透過嘲笑對手來聯繫到社會層面的衝突，並在體育場外做出行動。

娛樂至上時代的觀眾背叛

足球流氓的歷史，就是塑造集體亢奮與歡騰的技術的發展史，而且這種興奮可以與比賽本身無關。

足球比賽中的暴力可以追溯到二十世紀早期甚至更早。世界各地都曾出現過這種暴力，其中一些最暴力的暴動發生在英國足球流氓不曾涉足的區域。例如，一九八二年在蘇聯，六十九人在一場暴動中死亡；一九六四年在祕魯利馬，在一場對阿根廷隊的比賽中，三百人死亡，五百人受傷（Dunning 1999: 132）。一九六九年爆發了一場戰爭，宏都拉斯驅逐了數十萬名過去幾十年裡移民而來的薩爾瓦多農民，導火線是兩國之間的一場足球賽，比賽引發了暴動，進而開啟一場長達五天的戰爭，兩千人喪生（Kapuscinski 1992）。不過，我們分析的重點不僅僅是傷亡人數，因為這不能告訴我們究竟產生什麼樣的社會模式。宏都拉斯與薩爾瓦多的比賽並不是足球流氓暴力，而是我們在前一節討論過的政治暴力，勝利與失敗引發的暴動是一種方便的動員機制，能夠動員到比賽之外的社會衝突。這種暴動（以及戰爭）也許在威權社會更容易發生，在那裡，體育運動可能是唯一能夠用來動員群眾的舞臺。反過來，我們在此處所討論的，則是民主社會中透過足球流氓團體等社會組織而動員的運動暴力，這些團體運用自己的技巧創造了「道德假期」，按照需求製造獨立於遊戲之外的暴動。大部分早期暴力是我們曾經研究過的自發性球迷行為，例如闖入球場，或是將比賽中的情緒延伸為場外的勝利或失敗暴動。

足球聯賽在一八六〇年代始於英格蘭，像其他運動一樣，足球是中上層階級的領地。到了一八八〇年代末期，足球已經職業化，並獲得一批工人階級球迷。球迷人數增長，球迷暴力也隨之增長。大部分此類事件都發生在場內（如體育場），由於觀眾區與球場之間沒有太多阻礙，所以也會發生許多闖入球場的行為[47]。

也許正是英國體育場一個偶然形成的特點，導致其對球迷暴力格外具有吸引力。在傳統足球暴力的時代，觀眾（特別是那些粗魯的球迷）會擠在體育場的上層看臺。早期看臺都是土坡，後來變成混凝土製的長椅。然而沒人會老老實實坐著，因為傳統觀看方式是站著，而且隨著足球流氓的發展，警察會盡可能將更多球迷塞進看臺，並用鐵鏈和其他障礙物將他們堵在裡面。這項策略是為了把足球流氓（特別是客隊球迷）與其他觀眾隔離開來，並在特定時刻允許他們出入場地，好讓他們無法與當地球迷發生衝突。這項策略導致一些意料之外的後果。由於限制了場內暴力，它反而促進場外暴力策略的發展，而那些暴力與比賽本身無關，這就是英國足球流氓按照自己的需求來製造「道德假期」的技術創新。

另一個後果則是增強看臺上球迷的團結感和情緒曳引那些隔離帶被稱為「豬圈」或「地牢」，裡面的人擠成一團，透過高度強化的互動儀式，按照同樣的節奏擺動身體：

> 在任何運動中，觀眾都可能做出在其他場合不可能做的表現：擁抱、呼喊、咒罵、親吻、狂舞。最關鍵的是運動帶來的興奮，對這種興奮的表達與目睹同樣重要。但是，沒有哪種運動能讓觀眾體會到像在英國足球看臺上一樣的身體感受。你可以透過人群感受到比賽中的每一個關鍵時刻，而且無法拒絕這種感受……你能夠體會到每一個進球。每一次進攻，觀眾都會

屏住呼吸；每一次救球，觀眾都會同樣誇張的鬆一口氣。每次我身旁的觀眾舒展身體，我都能看到他們的胸腔擴張，而我們則會被更緊密的推擠到一起。有時他們會緊張起來，手臂肌肉略略放鬆，身體變得僵直；有時他們會向前伸長脖子，試圖在夜晚古怪的無影燈光下看清楚球到底進了沒有。你能夠透過身體感受到雙方球迷的期待。（Buford 1993: 164-66）

並非所有高層看臺上的球迷都是足球流氓。足球流氓是少數特別活躍的球迷，他們很可能人數不多，特別是當他們前往客場（尤其是歐洲大陸客場）的時候。然而，正是高層看臺的體驗催生了群體團結感，與其他體育比賽的觀看體驗相比，這種體驗不同尋常，並在一九六〇年代發展成為場外一系列迂迴而複雜的足球流氓技術。

我們幾乎可以透過實驗來證明，這些獨特的結構能夠塑造觀眾的體驗，只要觀察這些結構發生改變時會出現什麼事就好了。一九九〇年代，英國的體育館改造成美式座椅設計，只要經濟條件允許，就會盡可能安裝獨立帶有扶手的座椅（扶手也能將球迷的身體分開）。之前警察可能會匆匆忙忙的將球迷趕入場內，球迷可以藉此逃過驗票，或是在門口付現金卻拿不到特定座位的票據，現在新的規定要求所有觀眾提前買票，並拿到帶有特定座位號碼的紙本門票。比賽也開始向地位較高的家庭觀眾展開宣傳（Buford 1993: 250-52；安東尼．金，二〇〇〇年十一月的私人通信）。不過，粗糙的長椅式體育館依然存在，安東尼．金（2001）曾描述過馬賽一處相當傳統的籠式看臺體育場，座椅雖有編號，球迷卻毫不在意，只是隨意站著罷了。

這也是謎的一部分。英國體育場早期的特點，創造了一種與眾不同的群體情緒，後來這種情緒脫離了球場與比賽。一九六〇年代發生過渡的一步。警察開始將敵對的球迷隔離在不同的高層看臺，希望減少他們在場內的暴力衝突。結果這些措施無意間以多種方式增加了暴力。第一，由於最瘋狂的球迷被鎖在同一個高層看臺，反而產生更強烈的團結感。第二，這種結構創造了一種目標，使得球迷能在比賽前或比賽中占領敵對球迷的地盤。如果說場上球員是「A隊」，球迷就成了輔助性的「B隊」，球迷也有自己攻擊的目標，不是進球，而是用眾人的身體來侵入對方的地盤，或是向其中投擲物品。第三，在更嚴格的規矩之下，太激動的球迷會被逐出場外。英國社會學家和其他研究者（Dunning et al. 1988; Van Limbergen et al. 1989）已經注意到，警察與球迷之間不斷升級的戰術，轉變成組織性更強的足球流氓暴力結夥。這與我之前提到的情況類似，美國的保全試圖阻止場內的勝利慶祝，最後卻導致更加暴力的場外慶祝。

在足球流氓的複雜技術中，有一種發展自交通方式。二十世紀初的早期足球暴力，大多涉及一起前去觀看比賽的球迷，他們會集體租車，自稱「煞車俱樂部」（brake club; Dunning et al. 1988: 115, 140, 167-79）。類似現代足球流氓暴力的第一起事件，是一九五〇年代球迷砸火車一事。球迷打架的主要地點一開始是火車站。從一九六〇年代晚期到一九七〇年代，球迷的技術發展很快，有滑板、旨在躲避警察的旅行安排、事先散布傳單宣布在特定比賽中會發生打鬥等。隨著警察注意到他們，並開始在相應的時間和地點派出人手，足球流氓也開始越來越傾向於深入敵方地盤製造麻煩。此時，「地盤」的概念已經有所擴展，不再僅僅是入侵球場的另一端，而是要占據敵人老巢，入侵整座城鎮，並四處追趕對手，將他們逼入不利境地。

英國足球流氓是一種社會技術，是為了將球場中產生的興奮與比賽本身脫離。這種技術傳播到了歐洲大陸（主要是荷蘭與德國）和其他地方。比利時的硬派足球流氓在一九八〇年代刻意引進英國足球流氓的技術，甚至專門前往英國去觀察和學習英國足球流氓最複雜的行為模式，並借用英國的歌曲和口號（Van Limbergen et al. 1989）。

這些技術有兩個目的：首先，現代運動製造了一種集體團結感和戲劇性的緊張與放鬆體驗，而透過這些技術，球迷能夠將這些體驗與比賽脫鉤，讓它們成為隨需生產的情緒。其次，它們將球迷的地位抬高到與球員相同，甚至高於球員，足球隊可能會輸掉比賽或者表現不佳，但足球流氓團體卻能「深入敵方老巢」攻擊對方，創造出比球賽更誇張的敘事，並取而代之成為注意力的中心。我們在前文已經看到，如果客觀來看，球迷的某些表現可謂猥瑣，然而在這些條件和體驗的共謀之下，他們無法從外人的角度來看待自己。他們面對運動員時卑躬屈膝，因為他們的情緒與注意力都取決於球員的表現。之前的照片顯示，在球迷最興奮的時刻，他們全神貫注，畢恭畢敬，一心一意的崇拜著自己心中的聖物。

足球流氓團體的社會技術解放了球迷。他們不僅重新獲得時間與空間的自主權，更以一種深刻的方式獲得衝突中的榮耀感。沉浸在比賽體驗中的球迷，其道德感已經退化到原始水準，他們毫無廉恥、以多欺少，在球場中以數萬人的規模提高嗓門、搖擺身體，在虛擬的戰爭中對抗幾十名客場球迷[48]。反之，球員則是英雄，因為他們參與的比賽是勢均力敵的。足球流氓從「球迷對球員」的階級關係中解放了自己，建立「英雄對幫派」之間的平等關係。當然，這其中也有許多偽裝與幻象。在現實中，他們只有在人數占據絕對優勢時才會挑起打鬥，如果取勝機會各半，他們會撤退或是拒絕對抗。然而，他們的敘事技巧隱藏了一切，在他們的主觀視角中，他們自己就是英雄[49]。B隊取代了A隊。

當然，這不一定在各個方面都正確。足球流氓將戲劇衝突從比賽本身的事件與人物中解放出來，至少解放他們自己的主體與情感參與。然而從時間和空間來看，他們沒有把自己從球隊中解放出來。他們仍然需要圍繞比賽時間表來組織活動，只有在與對手的比賽前後，他們才能入侵敵方領域或是守衛己方地盤。他們寄生在球隊身上。這是無法逃避的，因為足球流氓團體本身的組織十分鬆散，這種組織形式讓他們能夠實施自己的戰術，能夠在躲避警察時假扮成普通人群。他們既不需要正式架構，也不需要永久的總部、財務、管理人員等，雖然就連最鬆散的政治運動組織也會需要這些，但足球流氓卻能靠比賽時間表來提供最基本的合作可能。比賽時間表很方便的就將人群聚集起來，讓他們能夠實施自己的戰術。

製造暴力的社會技術深植於歷史情境中，因此有起有落。這些技術背後還有更加廣泛的一系列技術，都屬於現代流行文化的一部分。它們的終極目的不是尋求純粹的肉體暴力，而是尋求一種集體亢奮感。現代運動正是一種不斷發展的儀式技術，目的在於將涂爾幹式的團結與場上情境混為一談，只保留足夠的疑慮來保持高漲的興奮感。體育流氓進一步操控了社會注意力，讓自己成為故事中的英雄。

在這裡，我們也許會注意到本章與第七章的結論有相似之處。我在第七章指出：流行音樂會的狂舞區是從樂隊手中搶回注意力的一種方式，處於被動地位的觀眾，從身為明星的表演者手中，搶回了情感注意力空間的中心位置。這正是英國足球流氓用其社會技術所做到的，將比賽中的觀眾體驗擴展到看臺之外，進入自己能夠控制的空間，將比賽中的戲劇時刻轉變成隨需生產的暴動[50]。

長期來看，狂舞者與足球流氓展示了同樣的社會技術的發展。兩者都是觀眾在大眾商業娛樂時代的反抗。當然我不是說它們就會以目前形式一直持續下去。然而，它們與二十世紀中葉的作家和導演所描繪的未來「反烏托邦」（dystopia）類似，例如《銀翼殺手》（*Blade Runner*）、《發條橘子》（*A Clockwork Orange*）、《太空英雌芭芭麗娜》（*Barbarella*）中那些尋求刺激的暴力團夥，他們都與赫胥黎等人對未來世界的恐懼一脈相承。這些想像意味著物質條件的進步無法帶來社會和平，娛樂消遣的技術進步帶來了強大的娛樂經濟，也讓人們越發重視如何製造屬於自己的體驗。

我們已經變得更加複雜，思考得也更多，更能辨認出在人工製造的現實中，行為如何互相嵌套。注意力一直是一種社會分層的形式，在過去五十年裡，情境性的分層變得越來越重要，並脫離了其他形式的經濟、政治和長久以來的社會地位分層而存在。純粹的情境地位變得與階級和權力無關。但它們仍然未能脫離自己的社會基礎，就是微觀互動的組織條件，以及控制當下注意力空間的方法。音樂（特別是那些格外吵鬧和節奏感強烈的音樂）、戲劇與體育，已經成為吸引社會注意力的主要組織技術。站在聚光燈下，娛樂明星（也包括運動員）無論走到哪裡都能成為注意力的中心，從而控制整個情境。令人驚訝的是，在這種嶄新的地位分層出現之時，處於邊緣的人們也發展出新的社會技術，正是那些最狂熱的球迷發明了反擊的方法，用來奪回注意力中心。這些表現可能是暫時的，但卻指明了一個更加長遠的趨勢。

從在比賽中製造戲劇衝突，發展為在場外製造戲劇衝突，就像從吵鬧的節奏型音樂，發展為狂舞區偽暴力的行為，最後可能比音樂本身還要吵鬧。這意味著未來可能會產生更多製造興奮的技術，雖然不一定會混合暴力。

這既是好消息也是壞消息。好消息是人們所爭奪的不是什麼基本的東西，它們不是那些持久存在、深植於對抗性之中的社會身分，這些身分的力量來自在情境中創造它們的儀式技術。壞消息是我們能製造出新的暴力泉源，無論它們有多麼短暫。也許此處的一線希望正是我們在本書中一再看到的事實：大部分暴力都是虛張聲勢，不具備多少實在內涵。這些製造表演型暴力事件的社會技術看似可怕，卻也許能夠阻止我們做出更可怕的事情。

第三部

暴力情境的動力與結構

第九章 打鬥能否開始及如何開始

到目前為止，我已經討論過人們如何打鬥，卻尚未回答他們為何打鬥這個問題。我是有意避免強調這個問題，並避免先回答它。之前的研究者提供的答案通常關乎基本動機，假設存在一些基本利益或至關重要的焦點：爭奪名譽、物質利益、群體利益、權力、彰顯男性氣概與身分、散播基因、滿足文化責任等。作為一種分析策略，我認為用這種思路去解釋誰會陷入打鬥、何時會發生打鬥及打鬥會如何進行是錯誤的。

首先，無論個體或群體挑起打鬥的動機或利益是什麼，最重要的事實是，大部分時間裡他們不會打鬥。他們會假裝彼此能融洽相處；他們會妥協，會營造和平共處的假象，並在背後虛與委蛇；他們會虛張聲勢，彼此羞辱和傳播謠言，但大部分時候都是遠觀而非直接衝突。當他們真正陷入暴力，決定一切的幾乎總是短時間內的互動。動機理論解釋不了太多，因為從動機存在到採用暴力之間還有很長的路要走。

其次，推測動機往往是不可靠的。佛洛伊德學派和馬克思主義等流派，都因選用適合自己理論的動機來解釋現象，而飽受詬病。讓我們從情境過程開始，反過來看一下。動機通常會在衝突升級的過程中產生，隨著暴力情境升級，身處其中的人們可能會形成一種思路來解釋自己為何而鬥爭。在具有高度曳引性的暴力中，施暴者往往並不十分明確知道自己為何施暴。打鬥與動機作為暴力過程的一部分被同時建構和表述出來。如果我們追蹤打鬥參與者，就會發現他們的表述往往會隨時間而改變。參與者會用動機來向自己解釋發生的事情，旁觀者（如新聞記者、律師和官員）則會用動機來向公眾解釋暴力事件發生的原因，這是一個揭祕的過程，是對已發生現實的社會建構，目的是宣告它已經結束。關於衝突的原因，可能存在多種前後矛盾的解釋，它們是暴力本身的一部分，而不是暴力背後的操控力量（Fuchs 2001）。

在之前的章節中，我重點觀察的是衝突已經升級到瀕臨暴力的時刻，並研究暴力究竟會如何爆發出來。本章我將回溯衝突早期的情境，觀察究竟是什麼因素能讓衝突停留在這個階段，或是在極少數情況下走向暴力。

程度有限的惡言相向：牢騷、埋怨、辯論與爭吵

讓我們從受到規則化的惡言相向場景開始討論吧，那就是日常生活中常見的小規模抱怨與爭吵。民間有一種理論認為，小規模的爭吵會累積、惡化並最終爆發[1]。然而，這個理論並不能解釋實際發生的情況。暴力爆發之後，我們經常會將其歸咎於逐漸累積和惡化的緊張與壓力，但大多數時候爭吵都是普通的、有限的，而且是有規律的。一般情況下，爭吵會停留在一道看不見的牆邊緣，那就是緊張／恐懼所造成的障礙，它們使暴力難以發生。民間理論認為暴力很容易發

生，只需要累積足夠的能量將蓋子頂開就夠了。但事實恰恰相反，暴力在社交層面是很難發生的，更常見的是利用社交儀式來假扮衝突，但卻將其限制為一種姿態。

這種姿態有兩種形式：其一是惡言相向，其二是虛張聲勢與自吹自擂。惡言相向是一種禮貌的中產階級面對面衝突的形式，它可能只是冷靜的語帶譏諷（例如透過弦外之音來傳遞敵意），也可能帶有激動的情緒爆發。但哪怕是情緒爆發，像是互相吼叫、摔門離開、宣告絕交，本身也並不暴力。我們沒有調查過不同類型的爭吵，但以下估測大概相差不遠。首先，只有少數爭吵會引發高度憤怒；其次，只有少數憤怒的爭吵會引發暴力。我將會討論哪些互動機制能夠將大部分爭吵正常化，並將其限制在一定範圍內，又在哪些特定情況下，某些爭吵會克服最終的障礙走向暴力[2]。

第二種代替暴力而存在的姿態是虛張聲勢。這與中產階級彬彬有禮的爭吵恰恰相反，其特點是男性化乃至雄性化，帶有工人階級和下層階級青年的特質，從歷史上來看，這是戰士（亦即打鬥專家）常做的事。虛張聲勢會走向暴力，這似乎很明顯，因為虛張聲勢正是暴力文化的一部分。但如果這麼想，就掩蓋了暴力不為人知的小祕密：緊張與恐懼會降低人們使用暴力的效率，並製造出大量虛張聲勢的姿態，但卻不會導致真正的暴力。因此，比起將大男人主義文化定義為暴力文化，更準確和一針見血的理解是將其視為自吹自擂和自以為暴力的文化。大男人主義或曰動作片文化的關鍵是，製造暴力的印象而不是暴力本身。

這就是我們要解決的問題的背景。虛張聲勢的世界充斥著類似的場景，大部分時間裡，雙方都會保持平衡，待在自己的地盤，但有時也會踏過界線。一般情況下，硬漢會表演他們的儀式，而後自吹自擂的講述關於暴力的故事，彼此在口頭或身體上展現出攻擊性。有時這些假想的暴力也會升級並外溢成為真正的暴力。在什麼情況下這才會發生呢？中間一步是虛張聲勢，擺出威脅的姿態，尤其是表現咒罵和羞辱的詞彙與動作。這可能看起來已經離暴力近在咫尺，事實上也的確能作為暴力的附件。但虛張聲勢也往往能讓人們停留在暴力邊緣，甚至後退，許多人之所以在近在咫尺的暴力面前選擇退縮，正是因為雙方的虛張聲勢建立了平衡。

好戰的表現是高夫曼所謂的前臺，其後臺則是試圖用這種表演來代替暴力。這個舞臺將內部人士與外部人士區分開來，內部人士明白舞臺的作用，外部人士則被舞臺表演所欺騙，最簡單的版本就是虛張聲勢的硬漢和被他們恐嚇的人。這個舞臺就是安德森所謂的「街頭作風」。

高夫曼（1967）將日常互動中有限的惡言相向形容為「面子功夫」（face-work），在這個儀式過程中，人們會有秩序的適應對方。人們試圖保住自己的面子，為自己營造一種形象（至少在這個情境中），並幫助對方做同樣的事。對話互動及其他面對面互動是一種合作型遊戲，雙方都得允許對方維持自己為當下場合營造的理想假象。人們會營造出各種各樣的形象：社會地位相對較高、道德高尚、熟知內情；他們與對方稱兄道弟、故作幽默和輕鬆，或極力展現自己社交能力高超。無論是什麼樣的形象，他們都極力避免讓雙方或是單一方的形象破裂；他們允許對方語焉不詳、半遮半掩，對漏洞視而不見，並婉轉的做出回應，盡可能掩蓋太過明顯的自相矛盾之處。當有人偽裝失敗並廣為人知，會出現一個象徵性的彌補過程，好讓他們製造藉口，而其他人也就此接受。人們不會一再提及那些尷尬的時刻，而是會儘快忘記，以恢復往日平靜的表象。

高夫曼的分析基於二十世紀中葉英國與美國禮貌的中上層階級，我們並不清楚他的結論在多大程度上能夠應用到不同歷史時期、不同文化，以及不同年齡、階層和種族的人們身上。但無論如何，我們至少可以說，對西方社會（乃至其他地方）其他階級和背景的人來說，這種行為也屬於較好的表現[3]。我們也許可以將其作為基準來討論這個問題：既然對惡言相向行為存在象徵性的限制，那麼在這些壓力之下，衝突又是如何爆發的呢？高夫曼提出了兩種路徑。

首先，人們可以利用「禮尚往來」的規則，賦予「面子功夫」攻擊性。只要知道對方樂意接受道歉，我們就能明白哪些行為可以避免承擔後果；考慮到人們都不願意傷害別人的感情，我們可以有意識的假裝自己受到傷害，從而獲得補償（長期使用這一招可稱為「構陷罪惡感」〔Robert L. Weiss〕）。人們可以狡猾的用暗指的手法批評他人，特別是揭穿其自吹自擂，同時還能保持面子上的禮貌與友好。「貶低他人的社會地位，有時被稱為『勢利眼』；貶低名人的道德，則會被稱為『狗仔隊』；這兩種情況下都可能被稱為『賤人』。」[4]（Goffman 1967: 25）這個遊戲是把雙刃劍，被貶低的受害者可能會進行聰明的絕地反擊，他們能揭露攻擊者的外強中乾，從而戳破其樹立的自我形象。因此，受害者的反擊不僅能讓雙方回到平等的位置，甚至能有額外加分。正如高夫曼所指出的，這種遊戲在觀眾在場時效果最好，因為在禮尚往來的表面下，觀眾實際上扮演了裁判和記分員的角色。

通往衝突的第二條路徑，是在象徵性彌補未能如願實行或是未被接受時。這是一場合作型遊戲，需要參與各方都願為自己受到的冒犯接受補償。人們通常會在表面上接受不痛不癢的道歉和藉口，但如果受到冒犯的人不願意接受道歉，那麼剩下的唯一選擇就是「把事情鬧大」（make a scene）。這意味著堅稱自己受到冒犯，並要求更羞辱對方的補償方案。然而這麼做的話，就等於撕破臉，打破圓滑老練的表象，表明自己並不是在社交領域遊刃有餘的人，因此無論他們是否確實受到自己所聲稱的冒犯，他們都站在錯誤的情境立場上。此時天平會向冒犯者傾斜一點，冒犯者也許因此會認為自己有理由拒絕進一步做出丟臉的表態。受到冒犯者則喪失了選擇，只能陷入憤怒乃至暴力，或是怒氣沖沖的離開現場。在中產階級成年人的禮尚往來中，因丟面子而升級為暴力是很嚴重的一件事，因此大部分人能承受的報復行為只是憤怒的離開和絕交罷了。對面子遊戲遊刃有餘的人懂得利用對方的情緒爆發點，使對方的聲譽毀於一旦。

當高夫曼式的象徵性秩序受到衝擊，表達憤怒離真正的打鬥仍有一段距離，有時兩者甚至是對立的。在政治領域，任何情境下都要維持友好親切的外表，尤其是在有潛在衝突的時候。律師與對造常用的標準技巧就是激怒對手，借此來證明其論點是情緒化且非理性的，因此不值一聽。律師面對這個策略，人們可能會被進一步激怒，因為他們自己深信不疑的論點被他人扭曲作為武器來攻擊自己。律師的詭計就是使對方在情境中的自我形象崩潰，並藉此轉移聽眾的注意力，讓眾人忽視對方真正想表達的內容。當然，法庭或其他制度性的場合是格外禮貌的前臺情境，所有詞句都受到正式規則的嚴格控制。一旦爆發暴力，就會招致嚴酷的懲罰，大部分時候也會因此輸掉官司。注重禮貌和「恰當舉止」的社會，往往會嚴格限制對暴力的使用。

社交的基礎是互相適應。對話分析領域的研究者對自然情境中的對話錄音進行了詳細研究，發現對話往往傾向於達成一致（Heritage 1984; Boden 1990），對觀眾來說，喝采也比喝倒彩要容易（Clayman 1993）。既然如此，惡言相向的情況又是如何發生的？按照激烈程度排序，我們將會分析以下四種情況。

一、**牢騷**。這是一種關於不在場的第三人的負面對話。牢騷是抱怨的練習，主要內容是講述其他人做過的討厭的事情。在這種情況下，口頭的攻擊性並不一定會導致衝突，更不用說暴力了。

牢騷可以是一種娛樂形式，為我們提供具有戲劇性的談話素材。我們在中產階級的社交場合（例如晚宴）常會聽到此類話題。談話的開始通常是友好的對在場的其他人表示興趣，奠定愉快的互動基調，隨後會轉向圈內話題，但也有人指出這樣會將其他人排除在外，因此會穿插一些更加大眾的話題，如食物、餐廳、旅行和娛樂等。通常談話後期會轉向政治（如果在場者具有相似的政治立場），很可能是帶有偏見的抱怨持相反政治立場的政客那些愚不可及和令人火大的行為。政治話題通常會主導接下來的談話，因為它很容易參與，並且能夠喚起人們共有的情緒，同時不需要經過太多思考，因為人們滿足於重複老生常談，習慣套用現有的模式去批評對立政客，而不是去了解新聞細節。想讓象徵性的對話持續下去，政治抱怨是最容易的方式，尤其是當對話各方並不太喜歡彼此，或是沒有太多共同話題的時候。（一個可供測試的猜想是，一個派對越是開心，人們談論政治或花在其他抱怨上的時間就越少。）這種泛泛而談的牢騷並不能製造多少團結感，因為它停留在前臺，無法激起強烈的共鳴。相反的，流言卻具有高度曳引性，尤其是那些惡意的流言，因為它既能為傳播者塑造「內部人士」的光環，又能讓聽者感到彷彿獲得了特權。尤其是當流言發生在菁英群體之內（例如上層社會或文人圈子）並與其相關的時候，更是如此（Capote 1986; Arthur 2002: 1.59-85）。

如果牢騷是關於個人標的，例如自己的老闆、雇員、組織、熟人或朋友，它就會被默認為是一種後臺行為。抱怨是不應該被其目標聽到的，這意味著對話各方之間有一種親密關係。這是以下原則的變形：與外人的衝突能夠激發內部團結。因此，人們可能會利用乃至假造衝突，從而加強內部團結，而這也可能是製造惡意流言的情境動機之一。這裡我們再次看到，動機並不是預先存在的，而是一種社會建構。

二、**埋怨**。亦即直接抱怨互動關係中的對方。這是一種低調的抱怨，其限度在於不會威脅到互動。它很容易發展為長期的、溫和的衝突，而不是罕見的、劇烈的衝突。埋怨帶有一種溫和的、抽泣般的疼痛，它表現了（事實上是表演）軟弱。埋怨者不會帶來憤怒升級或是暴力攻擊的威脅，但卻將這種可能留給了其他對話者。事實上，埋怨很容易引發攻擊，因為我們已經看到，攻擊弱者是最常見的打鬥機制。埋怨者往往嘮嘮叨叨，因此被埋怨的人很容易心煩意亂，這也是他們最後發動反擊的原因之一。

這些反擊通常都是溫和的，結果也就形成一個回路，讓埋怨繼續進行下去。埋怨者也許早就知道自己會被攻擊，所以有意無意的，埋怨是為了打破現有情境，讓自己成為眾人注意力的中心。這是一種祕密的高夫曼式策略，目的在於迫使對方打破互動表演中的正常流程，透過重複微不足道、貌似無害的小動作，刺激對方發怒，令其背上「煞風景」的責任。小孩子經常會這麼對付他們的父母[5]。

三、**辯論**。這是惡言相向的更高等級，是公開的口頭衝突。它可能明確關乎某一話題，因此可能有著良好的本意，就是人們會「求同存異」。有些辯論是表演性質的，是一種標準的娛樂形式，在男性之間的非正式聚會或朋友聚會上，往往充斥著關於哪支球隊或哪個球員更強之類的辯論。

四、**爭吵**。辯論可能升級為嚴肅的爭吵，即關乎爭吵者關係的認真爭辯。有些經常出現的詞句，如「你總是……」或「為什麼你老是……」會將對方的行為常規化，從而明確剝奪對方拿當下情境做藉口的可能性。爭吵一般會反覆發生，它通常是一種受到保護的有限衝突，雙方對彼此能夠使用的策略心照不宣。通常那些策略是高夫曼式的攻擊性面子功夫，但有時怒氣也會累積到爆發出來的程度。只要這個回路不斷重複，那麼每次爆發都能得到高夫曼式的補償儀式（道歉、和解，或是雙方同意既往不咎，恢復正常的互動表演）[6]。反覆出現的爭吵就像是曲棍球比賽，犯規與懲罰已經成為比賽的一部分。一般來說，人們在對話中對陌生人總是比對家庭成員更友好。心理學家伯徹勒、韋斯和文森特（Gary R. Birchler, Robert L. Weiss and John P. Vincent 1975）透過比較診所候診室中的對話，揭示了這一點。如果有良好的社交關係，或關係有制度化保障，那麼即使反覆出現小衝突也沒關係（Coser 1956）。爭吵未必會建立仇恨，反覆爭吵也不一定會導致積怨，反而可能十分自然，因為爭吵本身並不一定會帶來嚴重後果。爭吵不一定是出於深刻的分歧或是嫉妒，有時是意料之內的常見情況，目的是為了增加話題，避免無聊[7]。如果兩人之間有著平衡的權力關係，那麼內部爭吵就像是關於體育運動的辯論，只不過情緒上更激烈，「賭注」也更高，故也更令人興奮。因此，爭吵成為「愛／恨」

關係裡的中心，通常人們也都清楚爭吵時自己會顯得格外暴躁和引人注意。透過分析婚姻諮詢及其他場合的夫妻對話，社會學家謝夫與雷辛格（Scheff and Suzanne Retzinger 1991; Retzinger 1991）詳細說明夫妻間反覆出現的爭吵中各個環節，發現了破壞正常交流互動的微觀過程。在謝夫（1990）的描述中，這種緊張關係來自一種羞恥感，它是由於自我在互動中未能得到認可，而產生的負面情緒。謝夫所謂的羞恥感在互動儀式論中可被視為和諧遭到破壞的情況，即一種失敗的互動儀式。未被公開且未得到補償的羞恥感被謝夫稱為「一閃而過的羞恥」（bypassed shame），人們也許不會明確意識到它的存在，但內心卻能一再體會到這種羞恥感。然而從姿態與言辭的緊張程度中，我們仍能看到這種羞恥感的外在表現。因羞恥而緊張，又因緊張而羞恥，如此循環往復，最終就會轉化為憤怒，並在口頭上爆發出來。羞恥的人會繼續用高夫曼式的面子功夫，以隱晦或公開的方式打破互動和諧。這會進一步激起對方的羞恥感。爭吵陷入了報復性的回路，人們互相羞辱，自己則壓抑著心中的羞恥感，直到它累積升級為憤怒。儘管夫妻爭吵和其他親密關係（好朋友、父母或孩子）中的長期爭執都會經過這種反覆爭吵的模式，時而爆發憤怒，但程度往往較為穩定。爆發時可能彼此橫眉冷對，但卻很少會升級為暴力，經過一次爆發，雙方情緒就會冷靜下來，重新回到和諧與偶爾打破和諧的正常狀態。我想強調的是，謝夫用來解釋為何會發生反覆爭吵的理論，並不能解釋暴力發生的原因，大部分時候暴力都不會發生，要想讓它發生，需要有更特殊的情境。這就是我們在本章要探索的答案。

爭吵升級是抵達暴力邊緣的一種方式。在這裡，我會將環節一一拆開。我們必須回溯每一步，考慮到另一條可能的路徑。

自吹自擂與虛張聲勢

自吹自擂通常不屬於禮貌的中產階級對話儀式。當然，並不是說這種事情就不會在私底下發生，而是說禮貌的方式是讓其他人來幫你吹噓，好讓你能優雅的展示自己的謙虛[8]。直截了當吹噓自己的成就，通常只會發生在私人的後臺場景中，略帶羞恥的自我中心主義只能展示在親人面前，父母會扮演孩子的聽眾，接受他們驕傲的表達。但即使在那些場景中，也只能對實際的成就表達驕傲與喜悅，而不是聲稱自己無所不能，或是將對手貶得一無是處。這裡我們再次看到，禮貌的高夫曼式表演提供了一條基準，使自吹自擂所需的社會環境難以存在。

自吹自擂是一種年輕男性的特質，在當代社會更常見於底層而非中上層，在歷史上則更常見於維京等崇武社會。在那裡，充斥著偏見的自吹自擂是一種節日娛樂，也是戰前動員的一部分（Bailey and Ivanova 1998; Einarsson 1934; Robinson 1912）。但即使在這些人群中，自吹自擂也要看情境，只有在恰當的場合才可以這麼做。雖然自吹自擂有時也會升級為暴力，但中產階級高夫曼式的禮貌使得人們有意識的避免任何可能導致打鬥的行為。事實上，自吹自擂之所以會在文明社會中成為禁忌，很可能正是因為如此。

自吹自擂有兩種形式，其一是抬高自己在世界上的位置，其二是在對手面前直接炫耀。後者顯然是一種挑釁，但在對互動造成的影響上，兩者可能並無區別。研究者需要解決的問題是：何者更易導致暴力。聲稱「老子天下第一」與聲稱「老子比你強」並無太大區別，因為前者暗示了後者，雖然前者不那麼直接，因而更容易被人忽略。更重要的是，兩種自吹自擂的方式很相似，都是強行讓自己成為注意力的中心，從而控制其他人的注意力。第一種自吹自擂可能會被在場的人或直接或暗諷的反詰，但這只是因為自吹自擂者占據了對話中太多的注意力，而不是因為聽者認為他說的是假話。

但是，大部分自吹自擂具有一種炫耀式的幽默感。它經常發生在狂歡場合，例如男性的節日聚會場合，尤其是當該場合與某種競賽（如運動賽事）相關時。自吹自擂是娛樂的一部分。當聽眾在場，誇張的描述與即興編造的數字也許會被當作有趣的談話素材。在這裡，自吹自擂與高夫曼式中產階級禮貌對話中的面子功夫具有相同的結構，略帶攻擊性的表現被視為一種談話技巧。但是，如果吹牛比賽的輸家沒能優雅的接受失敗，就會產生區別。禮貌的對話者需要接受對方勝過自己的事實，或是至少在口頭上不要有所抵觸，然而吹牛比賽的輸家卻會將其當作對自己尊嚴的嚴重挑釁，並以暴力還擊。

吹牛比賽可能隱含著侮辱，但若表達巧妙，也可能被視為一種娛樂和幽默[9]。一旦越過某一界線，侮辱與吹噓就會變成虛張聲勢的威脅，而不再是沒有特定目標的假設。於是，對注意力空間的口頭爭奪轉變成暴力鬥爭。率先進行暴力升級的人至少會取得階段性的勝利，他會成功的吸引注意力，並抹去對話中的其他話題。這項勝利可能轉瞬即逝，代價（無論在身體層面還是社交層面）也可能十分高昂，但眼看就要輸掉的時候，許多人都有動機邁出這一步。

虛張聲勢的恐嚇是暴力前的最後一步。它是一種特定的威脅，是將憤怒指向一個近在咫尺的對手。它可能是打鬥的第一步，用來嚇唬對手，迫使對手動搖，從而獲得優勢和攻擊的時機。但是，恐嚇也可能用來防止和取代暴力。它既可以威嚇敵人，令其退縮，也可以展現自己，讓自己顯得比實際中更加勇敢和強大。

這在軍事戰鬥中表現得最為明顯，因為戰鬥情境大部分時間都是在虛張聲勢（Grossman 1995），很多時候開火只是為了製造聲響，而不是認真的瞄準敵人。馬歇爾（1947）曾強調，士兵會透過對敵方吼叫來加強自己內部的團結與道德感，大聲嘶吼也能恐嚇敵人。傳統社會中有許多傳統的戰鬥口號，從部落戰爭模仿動物的叫聲，到阿拉伯婦女鼓勵戰士的呼喊，或是富有韻律的振動[10]。在二戰的叢林戰事中，日本軍隊曾有效的實行口頭恐嚇。在美國內戰中，由於雙方經常躲藏在樹林中，南方邦聯軍常用叫喊聲作為「反抗的號角」。格蘭特（1885/1990: 55-56）描述了墨西哥戰爭中發生在德州的一起事件，他與幾名騎兵一起穿過一片高高的草地，聽到一群狼準備發動攻擊的聲音，因此驚惶不安，但其實那只是兩頭狼而已，當他們接近時，狼就不再出聲，而是轉身離去。虛張聲勢的核心，是隔著一段安全距離將威脅最大化。

我們已經看到，玻璃破碎的聲響能給人留下深刻印象，但它主要是用來作為一種虛張聲勢的方式。英國的受害者調查顯示，儘管約百分之十的酗酒攻擊事件包括敲碎酒瓶或酒杯的情節，卻幾乎從未有人真正使用這些物品發動攻擊（Budd 2003: 17）。

在階級與種族衝突的相互恐嚇中，有時會發生攻擊性的虛張聲勢，我們能在費城等大城市的中產階級白人區邊緣的街道上觀察到這一點，安德森（1990）曾分析過類似的例子。接下來的案例來自我自己的觀察：

一家便利店門口的人行道上，一名衣衫不整的黑人男子不停的前後踱步，同時大聲的喊叫咒罵，嚇得大部分行人繞過他走，或是乾脆跑到馬路對面。但這個情境是穩定的，因為它持續了好幾分鐘卻未升級為暴力。警察報告中，當天下午該區域並未發生任何事件。

在另一次觀察中，衝突發生在階級而非種族之間：

一名白人流浪漢站在利頓豪斯廣場（Rittenhouse Square）對面的人行道上，揮動拳頭對著廣場咒罵，但他沒有走到馬路對面。這個廣場位於一片中上層階級住宅區中間，警察巡邏頻繁，嚴禁小販，因此小販都聚集在附近的商業街道上。當乞丐進入這個禁區，他們能感受到一種不安，這顯然不僅僅是因為害怕警察，而是類似部落戰爭中勇敢的戰士短暫跨過界線進入敵人領地，隨後立刻轉身逃走，彷彿身上拴著橡皮筋一般。作為一種自發實驗，我直接在最近的街角穿過馬路，而後慢慢的走向那個不停的咒罵和揮舞拳頭的流浪漢，面無表情，沒有流露出恐懼或威脅。（我們體格相仿，我身高一百八十二公分，體重九十公斤；他約四十歲，比當時的我年輕十歲至十五歲。）我靠近時（並未進行目光接觸），他停止了咒罵和動作，那只是虛張聲勢，而不是實際的戰鬥宣言。

那名男性很可能精神有問題，但這不影響我們的分析；就連精神疾病患者也會根據情境互動來調整自己的行為。

是什麼將虛張聲勢的恐嚇推向暴力，又是在什麼情況下，恐嚇會被認為足以展現一個人的情境地位，因而不再需要暴力？我們可以透過研究城市黑人貧民區的「街頭作風」來深入了解。

「街頭作風」：制度化的恐嚇與威脅

根據安德森（1999）的研究，「街頭作風」的出現是因為當地缺乏可靠的警察保護，以及人們認為警察歧視貧民窟的所有居民，因此很可能會將報警一方當成嫌疑人抓起來。因而，每個人都試圖透過聲明自己願意使用暴力，來展現自我保護的能力。這種傾向被長期的貧困與種族歧視所加強，成為一種面對主流白人社會時的不信任感和被異化感。

但就像安德森指出的那樣，在這些缺乏警察管理的區域，大部分人仍想過普通的生活，有份普通的工作、承擔家庭責任、獲得社區認可。當地人的說法是，大部分人都是「正經人」，只有一小部分是真正的「街頭混混」，他們被排除在主流價值之外，過著相反的人生。然而為了自我保護，最正經的人也會在一些情境下使用街頭手段，「狗急也會跳牆」。說得明白點，就是「懂得看時勢」是一種轉換身分的能力，即明白在何種情況下應該從「正經人」變為「街頭混混」。真正的「街頭混混」在適當的場合下也可能會變回「正經人」，例如當他獨自面對一群「正經人」時，而那些「正經人」之所以受人尊重，原因之一也是他們懂得何時該轉變身分（Anderson

1978）。

街頭身分是一種高夫曼式的自我呈現，儘管這種方式顛倒了高夫曼式面子功夫中的一個面向，就是表面上的文明與和諧。大部分時候，街頭身分都是前臺，正經人模式則是後臺。然而有些人卻會全心投入街頭身分，最終被困其中，以至於失去了其他自我。除了「街頭混混」，社會生活的其他領域也有迷失在前臺自我中的例子，例如中上層階級與上層階級的人們喜歡塑造自己的公共形象，因為他們能夠從中獲得權力與尊重；反之，工人階級更喜歡後臺自我，因為他們能夠擺脫自己作為下屬的正式場合，獲得更愉悅的情緒（Rubin 1976; Collins 2004: 112-15）。從分析角度來看，沉浸於街頭身分的人類似中上層階級的「工作狂」，或是沉迷於社交的「交際花」，而這些人都太喜歡自己的前臺形象，因為他們能夠從中獲得最多的尊重和情緒能量。

這並不是說那些強烈認同前臺自我，以及一刻不停的扮演街頭自我的人，就不需要在表演上花心思。對有些人來說，街頭身分是一種虛偽的自我，他們只會在某些時刻扮演，而且內心還會帶著厭惡和不情願。對其他人來說，街頭自我具有如此強烈的吸引力，以至於遮罩了其他身分，成為唯一的自我形象，需要精心投入的扮演（Anderson 1999: 105）。無論如何，對以不同程度投入前臺形象的個體來說，這依然是為觀眾而表演，因此必須解決常見的高夫曼式困境，並使用社會表演中的常用技巧。如果要表演出暴力的自我，那麼困難之一，就是如何克服暴力衝突中的緊張與恐懼。街頭身分之所以格外具有威脅性和表演性，正是因為他們必須克服這個強大的阻礙。

下面我們就來研究街頭身分的幾個主要組成部分。

首先，街頭身分意味著要透過衣著打扮和飾物來呈現與眾不同的外表。一九九〇年代的男性街頭打扮是低腰褲，或是把正常的褲子穿得特別低，鞋帶不打結，球帽反戴[11]。這些都是非主流的自我呈現，意義在於有意識的與傳統衣著對戰，透過藐視傳統衣著，他們表達出對其價值觀的反抗態度。這意味著他們成為一種反主流文化的成員，拒絕白人主流社會，同時也意味著拒絕了那些被稱為「漂白」的、附和白人文化的「正經」黑人社會。

不過，另一種衣著方式倒不反叛，而是一種對身分地位的展示，那就是身著昂貴的運動服、運動鞋和其他名牌飾物。此處也傳遞了一種隱含訊息：在普遍貧困的區域，身著昂貴的衣服乃至首飾，意味著你已經克服了街頭的貧困；招搖的財富大多是來自毒品交易，而單件名牌服飾則可能是偷來的；「正經人」如果穿著這些衣物，很可能會為此遭受攻擊。因此，身著此類衣物是一種視覺上的自吹自擂[12]。

街頭身分的第二個組成部分是說話的風格。這就像是一種特別的詞彙或俗語，用來顯示自己身處的團體與眾不同。語言風格同等重要，內容則無關緊要。街頭人講話往往嗓門很大，伴有誇張的肢體動作。關鍵在於從聲音上占據主動，從而控制整個情境。這可能會導致雙方對罵，關鍵是要迅速做出反應，不能被對方在口頭上蓋過氣焰。這其中可能包括口頭上的攻擊性，像是挑釁、嘲諷和自吹自擂等。從半開玩笑到直截了當且帶有敵意的侮辱，這一切都是不同程度的挑釁。在這道光譜的中間位置，就是黑人運動員所說的「垃圾話」。

這些形式的口頭衝突，不斷嘗試控制整個互動空間，或者至少是在不斷挑戰對方，避免自己被控制。用高夫曼的話來說，富於攻擊性的講話風格是一種前臺自我呈現。在安德森的分析中，這種風格是透過吹噓和恐嚇來避免暴力，進而投射出一種自己擅長打鬥的印象。

街頭風格的口頭表達還有一個額外效果。有些暴力並不是透過威嚇避免，而是透過「自己人」的歸屬感。講話的風格能顯示一個人屬於某個團體，在這個例子中，就是街頭幫派。這是團結的一種表現，有時也能阻止暴力。安德森提供一個例子（出自二〇〇二年十月的私人通信）：

在一個位於貧民區邊緣的混合種族中產階級社區，當地居民正在舉辦一場街頭派對，街道一端禁止汽車出入。有一輛車載著兩名毒販，看上去頗具街頭風格，他們衝過了路障，沿街緩慢前進，似乎在尋找某個地址，從他們的舉止來看，他們在對自己侵入的中產階級社區表達某種輕蔑與溫和的敵意。大部分當地居民都退縮了，以免發生衝突。然而一名居住在這個街區的黑人男子卻走向毒販，用街頭語言跟他們說起話來。他譴責他們不該開車闖入一個家庭為主的街道派對，毒販接受了批評，沒有升級為打鬥，反而道歉並離開了。

在安德森的分析中，這名當地居民透過街頭語言與毒販建立起「自己人」關係，但他調整了自己表達的內容，避免升級為無法控制的侮辱與打鬥，而是塑造出一個不適合攻擊性行為的情境。街頭語言既包括「自己人」的訊息，也包括關於支配與威脅的訊息，前者能夠降低暴力發生的機會，後者則會提高發生暴力的可能性。

此外，對話中還有一種更加隱晦而含蓄的關於自己人的測試，那就是看對方是否能辨認出當下雙方正在進行的遊戲。自己人能夠看出何時是嚴肅的威脅，何時則是虛張聲勢的恐嚇；何時雙方是拿羞辱的話語開玩笑，何時又是在嘗試控制對方。因此，如果在場雙方都玩得好，他們就能確認彼此是自己人，從而避免暴力。如果測試未能通過，就會產生危險，玩笑式的羞辱話語可能造成嚴重後果，要麼是其中一方未能對答如流，結果被當成好欺負的受害者和闖入者，從而成為暴力的目標，要麼是因為遊戲的輸家拒絕承認失敗，結果引發暴力[13]。口頭儀式能夠建立平衡進而避免暴力，但是這種遊戲是危險的，一旦失敗就可能會誘發暴力。

街頭身分的第三個面向是表現自己樂意使用暴力，如果這一點表現得很強烈，就會成為當下的威脅。這點也許十分直接，只要一遭到挑釁，立刻表現出攻擊性。安德森（1999: 80-84）以十五歲男孩泰利為例。泰利剛剛搬到一個新的社區，作為外來者，他被當地少年喊話並揍了一頓（對方有二十人，以多欺少）。為了贏回尊重，他下次看到對方其中一人落單時，立刻攻擊了對方。兩場打鬥都有所限制，很大程度上都是儀式性的，當地少年幫派第一次見到泰利時，他們將他視為自己社區的闖入者，給了他一個「下馬威」，整個幫派中所有人輪流上前，每人都可以揍他一拳。這與當真圍毆一個人是不同的，後者會造成嚴重傷害，受害者可能被送進醫院。同樣的，泰利的復仇也只是打了落單者幾拳，讓對方鼻子流了點血而已。打鬥的最後，落單的男孩做出口頭上的聲明和吹噓：「你這次堵到我，但是我會回來的！」泰利也吹噓著回應道：「來吧，帶著你媽媽一塊兒來吧！」（Anderson 1999: 84）

人們展示出的使用暴力的意願可以強烈也可以溫和。他們試圖造成的傷害可能更加嚴重，甚至可能使用武器，但也可能只是展示自己的強硬，例如透過鍛鍊肌肉來讓自己看上去更強壯，或是採用威脅性的舉止，或是展示武器，抑或是針對某人（或整個環境）做出恐嚇與咒罵。其中很大一部分是高夫曼式的舞臺表演，與其說是為了挑起鬥爭，不如說是為了爭奪對情境的支配權，以及期望在相應的情境下，無需打鬥便能獲得尊重。但若用來避免打鬥的策略使用不當，就可能引發暴力。

那麼，究竟什麼時候「街頭作風」能夠控制暴力，什麼時候又會導致暴力呢？我們也許會認為表演「街頭作風」能夠限制暴力，用安德森的論點來說，人們通常會假裝暴力，並展示自我保護的能力，以阻止暴力。展示「街頭作風」也意味著展示「自己人」的身分，好讓對方知道並不需要跟外來者發生衝突。此外，對暴力的一般研究提供了另一個思路：緊張與恐懼是人類在敵意衝突中常見的情緒，會讓暴力很難發生。因此，「街頭作風」作為一種制度化的展示攻擊性的方式，也許有望將人們的行為穩定在當下，以免發生真正的暴力。但這也意味著，作為一個展示威脅性與攻擊性的連續光譜，「街頭作風」會允許溫和暴力的發生。這符合一般的模式：受到限制和控制的暴力能夠持續更久，不受控制和保護的暴力反而一閃即逝。

接下來我們會研究城市貧民區中四種不同的打鬥模式，從相對受到限制和控制的打鬥，到嚴重的不受控制的打鬥。

幫派衝突。尤其是在青少年中，這些打鬥長期存在但也會在若干方面受到限制。幫派衝突會直接針對其他幫派成員，或是針對其中年齡相仿的年輕男性，將他們視為社區或地盤的侵入者。青少年幫派通常不會襲擊成人，安德森（1999: 83）指出，社區中的老婦人也許會認為社區是安全的，因為年輕人對她們沒有敵意，甚至會保護她們。出於同樣的原因，比幫派成員年輕的孩童也不會遭到襲擊，儘管他們有時會彼此衝突。因此，打鬥會根據年齡分隔開來，通常也會根據性別區隔出來。

這部分是因為打鬥具有一種儀式性的重要性，能測試幫派邊界及成員身分。進入幫派時，通常要進行一場打鬥來作為入門儀式。根據安德森的描述，泰利經歷了一系列此類打鬥：首先是被一整個幫派來了個「下馬威」，讓每個人都意識到彼此的存在；而後是泰利挑起的一系列小型打鬥，因為他試圖贏得尊重；最後，他得到一個作為正式入會儀式的機會，提出與其中一名幫派成員對打，其他人都在旁觀（Anderson 1999: 85-87）。他被要求與一名年紀更大、體格更強壯的青年對打二十分鐘，對方比他高一個頭、重了快二十公斤。正如所有人預料的，他輸掉打鬥，卻因其不屈不撓且傷到了對手而贏得尊重。打鬥的結果是他被吸納進了幫派。

這種打鬥在多個方面都受到限制。除了給外來者的「下馬威」，在其他場景下，打鬥都是一對一，其他人只能壁上觀。此外還有一些大略的規則，限制什麼樣的攻擊是允許的，什麼樣的攻擊則不被允許：打鬥只能使用拳頭，不能使用武器；也許可以抓和咬，但不能傷害眼睛和下體。一旦進入幫派，如果遭到冒犯或未被尊重，他仍然可以參加打鬥，包括與朋友或同盟打鬥都行。這些打鬥也應該是公平的，包括「不許打臉」、「只能動手」、「不能幫忙」等規則（Anderson 1999: 89-90）。安德森描述了一場持續二十分鐘的此類打鬥，比激烈的、不受限制的打鬥還要久。之所以能夠持續這麼久，是因為打鬥者受到諸多限制：「馬利克和泰利周旋躲避，張牙舞爪，惡言相向。在旁觀者看來，這就像是一場遊戲，因為兩人似乎不太可能真的打到對方。」如果有人不小心違反了事先同意的規則，例如不慎打到臉，那麼他會立刻道歉，以免引發嚴重暴力。安德森指出，如果能夠成功實現此類儀式，經歷這一切的人們就會建立起更強的私人關係，他們展示了自己能夠解決爭端，表現自己的強硬，同時也保證打鬥中儀式性的平衡。

此類限制傷害的儀式性打鬥，似乎最常見於制度化且長期存在的幫派。但在特定情境下，有些臨時盟友也會出面保護其中的成員。親人、鄰居和朋友可能聚集在門廊或房屋前，保護自己人不受威脅（Anderson 1999: 41-42）。這些臨時出現的盟友一旦使用暴力，可能會比將暴力手段和場合都制度化的幫派更加危險和不受控制。二〇〇二年夏天，芝加哥南部就發生了這樣一起事例：一名醉酒的司機駕駛汽車闖進一家人在自家門前舉行的派對（*Los Angeles Times*, Aug. 25, 2002）。一名二十六歲的女性被撞倒並困在輪下，傷勢嚴重，另有兩名女性受傷。受困女性的三名親戚（都是四十歲左右的男性）與其他四名青少年將車內的兩個人拖了出來，反覆拳打腳踢，並用水泥塊擊打他們。兩人都死了。這起案例吸引了相當高的媒體關注，部分是因為報導中提及約有一百名旁觀者目睹整個襲擊過程，卻無動於衷。旁觀者的視角未能把握情境中的動態：在「街頭作風」的脈絡中，一輛汽車闖進家庭聚會應被視為一種襲擊，因此才會發生群體性反擊，幾名女性被車子撞倒後，她們的親朋好友自會出頭為其復仇，在那一刻，他們無疑感覺到自己家庭的名聲和家人的生命安全受到威脅。這次反擊也具有恐慌進攻的特點，因為突如其來的事故，讓其中一方獲得決定性的優勢。顯而易見，反擊者曳引在自己不斷重複的行為中，實施不必要的殺戮。其中一人（受害者的一名四十四歲兄長）形容，他們拳打腳踢兩人，直到「他們沒有了呼吸」。如果從外來者的角度來看，恐慌進攻這種不受控制的暴力是十分驚人的。然而此處的分析重點是，不受控制的暴力對缺乏常規暴力規則的群體來說，更加常見。這項比較告訴我們，幫派中的長期暴力由於具有完善的儀式性規則，通常能夠得到更好的控制。相較之下，臨時動員起來的群體，其暴力難以控制，我們稱其為「暴徒」。

榮譽衝突。當街頭的攻擊性作風和對情境支配權的爭奪未能帶來平衡，而是引發暴力升級，就會發生這種打鬥。大部分時候，「街頭作風」只是虛張聲勢，但若這種姿態不被接受，就會帶來危險。這是一種高夫曼式表演中存在的問題：表演者可能無法從觀眾那裡得到自己的表演被接受的信號。因此，各種各樣被視為「不敬」的舉止都可能導致打鬥。在許多此類打鬥中，贏得打鬥並非必要，人們只需展示自己願意參與打鬥，如有必要甚至可以給對方造成傷害。這意味著他們是強大的一方。此類打鬥通常都會受到限制，就像幫派打鬥一樣，這些限制能夠幫助人們在屬於「街頭作風」的虛張聲勢自我呈現中，建立起儀式性的平衡。

街頭成員也可能會攻擊那些不屬於街頭文化的人，或說「正經人」。在這裡，直接動機仍然是「不敬」，如果有人在學校表現良好，且衣著傳統，不遵守街頭風格，這意味著他更認同中產階級，這種人很可能遭到襲擊，而襲擊者則可能認為自己的行為是正當的，因為「他以為他是誰」或「想漂白自己就得吃點苦頭」（Anderson 1999: 93-95, 100-103）。女孩也可能會因為類似原因而遭到其他女孩攻擊，例如在學校表現出色，或是因為長得漂亮（在這種情況下，暴力的形式可能包括抓臉、拔頭髮等破壞外表的行為）[14]。此類攻擊表面上看起來是因為對方不尊重自己，但其實還有不為人知的一面。正如我們所看到的，打鬥很難發生，而想建立打鬥的信心，方法之一就是選擇容易欺負的受害者，那些舉止傳統、未表現出「街頭作風」的人，往往會被當成軟柿子捏。

正如我所指出的，對於貧民區發生的打鬥，我們不能輕信所謂「不敬」的理由[15]。不敬只是用來將打鬥正當化的藉口，是一種情境化的意識形態。有些人會主動製造對方不敬的藉口，而同一個人在其他情境中可能表現得寬容大度，以高夫曼式的作風來維持交流。區別往往在於現場是否有適合攻擊的目標，亦即能夠安全攻擊的弱者，或是當自己需要贏得威望時，是否能遇到合適的目標。重要的不是作為社會抽象概念的「尊重」，而是來自某些特定人群的尊重。進入一個幫派的過程，會令人對來自某些人的尊重格外敏感，對其他不重要的人則不在意。因尊重而起的衝突實際上事關名譽，但前者聽起來比後者更正當。

擺出「街頭作風」的人，遇到更硬派的「街頭混混」時，可能遭遇危險。安德森有個他在一九七〇年代於芝加哥做田野調查時遇到的事例（出自二〇〇二年十一月的私人通信，文字部分見安德森〔1978〕）。

兩個男人在一家酒舖門口玩骰子遊戲，其中名叫TJ的是個「正常人」（在安德森一九九九年出版的書中被稱為「正經人」），另一個名叫斯蒂克的是個小流氓（安德森後來的術語稱其為「街頭硬派」）。兩人就誰輸誰贏展開爭吵。TJ雖然不是街頭成員，但他與「街頭混混」玩骰子的行為已經讓他帶有些許「街頭作風」，他摑了斯蒂克一巴掌。接著，意識到自己做了什麼之後，他轉身就跑。斯蒂克因被「正經人」摑了巴掌而惱羞成怒。他向眾人喊道：「他偷了我的東西！」隨後，斯蒂克追上TJ，用刀子劃傷了他的臉，即便這樣，斯蒂克依然怒不可遏，又搶了他的錢包，最後把它燒了，彷彿傷害和搶奪還不足以彌補自己受到的侮辱。斯蒂克的表現就像是自己作為「街頭混混」的地位受到了挑戰，因此必須透過誇張的破壞來搶回自己的地位。受害者恰好又是個「軟柿子」，遂令事態演變成為攻擊弱者的情境。

不過，另一種類型的攻擊，則是拐彎抹角的希望在當地的階層系統中贏得尊重。正如我們已經看到的，透過外表來表現身分，方法之一是身著昂貴和時尚的服飾。窮得買不起這些服飾的人，不僅會感到自己不受尊重，也會真正被幫派成員輕視，甚至可能因此遭到嘲諷。那些穿著名牌服飾和運動鞋的人，如果在情境中屬於弱者（因為他們並不是街頭文化和幫派的一部分），就會成為主要目標，可能遭到竊盜乃至搶劫（「借走」）。此處發生的是高夫曼式的後臺活動，是為了獲得前臺表演所需要的道具。這種情況也會引發有限的暴力。

到目前為止，我討論的都是為維持成員身分而進行的打鬥。有些人的目標更高，他們不僅想維持自己的地位，還想控制其他人，並希望被認可為強者。為什麼某些人會採取這種暴力？這也許取決於情境而非性格，需要一系列機會和條件。如果透過言行舉止成功的威嚇到對方，並在隨之而起的衝突中占到上風，人們可能試圖得寸進尺。用互動儀式論來說，他們發現在這種情境中，自己的情緒能量能夠獲得很好的回報，因此傾向於製造這些能讓情緒能量水漲船高的情境。這可能導致他們無法回到「正經人」的世界，他們一開始也許只是臨時採用「街頭作風」，後來卻投入更多個人精力。由於「街頭作風」在互動中更容易取得成功，他們不再只是「扮演街頭作風」，而是真正感到自己屬於街頭，希望所有情境都是街頭情境，因為只有在這些情境中他們才會閃閃發光。

想做到這一點，就需要建立威望，也就要在階層系統中往上爬，從普通或底層成員做起，一步一步建立更高的聲譽。野心勃勃的試圖建立盛名，必須打更多架。當然，這並不意味著要一直參與打鬥。底層成員會挑選軟弱的目標，像是街道幫派之外的人，或是剛剛來到當地被人給「下馬威」的新成員。不過，目標不能太軟弱。男性無法透過攻擊女性來獲得名聲，跨性別的打鬥優勢也會發生，但大多是在家裡的私人鬥爭，例如兩人有性關係或是共住一室的情況。但是這些在街頭階層中毫不重要。同樣的，儘管女性不能掌管街頭幫派，卻可以有一個平行的階層系統。女孩會跟其他女孩發生打鬥，成年女性則會與成年女性發生衝突。發生搶劫時，黑人社區的老婦人通常不會被男性攻擊，但可能被女孩組成的幫派攻擊。因此，街頭階層系統在另一個面向控制了暴力：只有某個特定階層的人，才會成為特定襲擊者的暴力目標。

想在街頭階層中爬得更高，就需要對付那些格外強大的人，這些人善於打鬥，能夠贏得打鬥，也不排斥使用武器來升級暴力。在地位上升的過程中，人們需要打造出一個危險且不惜一切的名聲，讓人相信自己只要受到一點挑釁就會引發暴力。因此，人們也可以透過表現出瘋狂的一面來建立這種名聲，無論是清醒的策略，還是無意間的結果[16]。這會使得人們對他表示順從，在日常街頭互動中，讓他贏得自吹自擂的競賽。被視為「瘋子」的人並不需要經常表現出瘋狂的一面，只要他建立起瘋狂的名聲，大部分人，特別是那些並非「街頭硬派幫派成員」的人，就會對他敬而遠之。

顯然，街頭世界的階層系統推崇暴力，比起幫派底層成員，上層成員需要參與更多的暴力事件，也需要具備更大的破壞性，因為只有足夠強大的人才會被接受。然而，即使在這個名譽系統內，「街頭作風」依然要根據情境來應用。如果表現巧妙，其實完全可以在避免暴力的同時贏得尊重，例如下面這個故事（安德森二〇〇一年的私人通信）：

一個被視為殺手的男人跟一個性感的女人一起坐在桌前，兩個人似乎有著很親密的關係。殺手起身去上洗手間，這時，另一個有著殺手名聲的男人走過來，坐在桌前跟那個女人聊起天來。第一個人回來後，威脅的詢問發生了什麼事。第二個人站起來說：「我不覺得她是適合你的女人。」第一個人掀開外套，好讓所有人都能看到他的槍托，他說：「我會讓你活著，暫時而已。」緊接著他抓起那個女人的手臂，說道：「婊子，咱們走吧。」然後便離開了。

這次相遇是一次有意的挑釁，兩人都一步步讓事態升級。他們都表現了自己有多麼強硬、勇敢和願意參與打鬥，同時展示自己擅長口頭攻擊。二號硬漢勇敢的上前挑釁一個有著危險名聲的人，因此獲得加分，一號硬漢的回擊則同時升級和平衡了態勢。進一步的證據表明，在隨後發生的事件中情形依然類似，幾個月後，兩個人仍然沒有發生打鬥。他們相遇的故事已經流傳開來，兩個人的表現都讓他們名聲大漲。他們沒有在偽裝，過去的名聲已經證明了他們能殺人。但他們也準確判斷形勢，懂得怎樣表現才能令觀眾心滿意足。在這種情況下，衝突本身的戲劇性已經足以讓其成為一場精采的大戲，以至於如果真的發生打鬥反而會煞風景。為了保持名聲，人們必須去挑釁其他高層人物，頂級硬漢需要互相挑釁來保持地位。在這種規則下，形成一些經典戲碼，羞辱與威脅甚至比真正的暴力還要有效。

毒品交易暴力與搶劫。與「街頭作風」相關的還有另外兩種暴力。它們往往十分嚴重甚至可以致命，不會被認為帶有娛樂色彩。它們不會吸引熱情的觀眾，通常盡可能私下進行。毒品交易暴力之所以會發生，是因為這種違法生意沒有法律規範，因此無法透過法庭等官方系統來解決爭端。暴力會透過集中的自我管理而發生：地盤戰爭，即爭奪某一特定區域的顧客；交易失敗，即交易一方對貨物或貨款不滿意；紀律整頓，例如團夥上層人員確認下層毒販是否上繳了毒資，以及他們是否偷了貨物等（Anderson 1999: 114-19）。

毒品交易暴力在某種程度上也符合「街頭作風」，即在缺乏國家權力規範的地區透過恐嚇來解決爭端。作為非法組織運作的一部分，毒品交易暴力的發生是意料之中的。反之，街頭搶劫的威脅卻是不可預測。帶有武器的劫匪往往會單獨行動，最多是兩、三人的小團體（其中一人也許是女性，主要負責把風或開車）；搶劫比其他形式的暴力更加隱蔽，通常需要一定的偽裝和計畫，參與者會分享戰利品，這些都是結夥人數較少的原因。這也意味著搶劫者的社會支持更少，與成功的毒梟相比，即使在街頭社區也沒有人仰慕搶劫者。

這兩種形式的非法活動可能會發生衝突。對搶劫者來說，貧困社區中最好的搶劫目標是毒販，因為他們最有錢。一旦搶劫了毒販，尤其是在他們賣掉毒品，但還沒有上繳貨款的時候，可能沿著供應鏈出現問題。因被搶劫而無法上繳貨款的毒販會面臨嚴厲懲罰，整個毒品供應環節中的每一環都是如此（不過，越是高層，效果越弱，因為相對來說，被搶的錢占其財產的比例更低）。持械搶劫者在某種程度上會被認為是最強硬的，他們會追捕街頭的其他菁英：毒販。但劫匪並不會因此建立名聲；他們通常被稱為「搶劫小子」（Anderson 1999: 130, 81），這裡面含有一種輕蔑的意味，因為「小子」一詞在黑人社區帶有種族主義的貶低意味。

某種程度上，在街頭社會中，毒品交易暴力與街頭搶劫都受到「街頭作風」的鼓勵，因為它將這些非正常的行為都合理化了，並提供在相應情境中恐嚇和控制對方的技術。毒品交易暴力與搶劫能夠利用「街頭作風」來獲得對方的服從，受害者只要了解「街頭作風」，就能辨認出值得警惕的信號，從而乖乖交出值錢的東西，避免遭受進一步的暴力（Anderson 1999: 126-28）。這些都是攻擊者在利用「街頭作風」，越過「正經人」所扮演的高夫曼式的前臺形象，也越過青年幫派儀式性的成員暴力[17]。毒品交易並不僅僅是幫派任務，還涉及另外一種階層系統，在所有的階層中都是越往上爬空間越少，因此人們也就需要更加頻繁的利用街頭暴力去開闢道路，或僅僅是擊退對手。然而，搶劫將「街頭作風」推到了邊緣，甚至超出街頭社區的邊界。即使在這樣一個與主流社會不相容的社會中，也有可能走得太遠，被人排擠和喪失地位。

因此，一般而言，「街頭作風」就是制度化的虛張聲勢，以及衝突程度較低的制度化自我吹噓。按照高夫曼式的中產階級標準，它將互動穩定在暴力邊緣。有時人們也會走得太遠，但通常程度很有限，因為他們的目標就是投射潛在的暴力而已。「街頭作風」絕佳闡釋虛張聲勢如何能夠取代暴力。與此同時，作為一種停留在暴力邊緣的高夫曼式表演，有些情況下也會失敗，或是表演得太逼真，以至於假戲真做。

通往「暴力隧道」之路

現在，讓我們從「街頭作風」的特殊情況，回到更常見的情境衝突與升級模式。在前幾章，我使用了「暴力隧道」這個隱喻，它通常出現在「恐慌進攻」的情境中：緊張與恐懼突然轉變為單方的軟弱，創造一種情緒真空，勝者一方頭也不回的衝了進去。他們狂熱的攻擊、殘殺，進行毫無意義的殺戮，就像是陷入一條隧道，曳引在自己與敗者的情緒與姿態之中，像是在弱者的慫恿下無法停止一般。最後，當攻擊者從隧道中出來的時候，他們有時會不肯承認自己在隧道中做過的事。

我們來總結一下這個隱喻的使用方式吧！所有充分展開的暴力情境都像是在隧道中一樣，此時，人們已經陷入衝突，只能等待打鬥自己平息下來。恐慌進攻是一種不平衡的情形，其中一方暫時占據上風，另一方被動挨打，在「暴力隧道」的深處，這是最具觀賞性的一種。但是，除了欺負弱者，隧道中還可能發生其他事情，暴力可能發生得十分短暫又有限。如果有足夠的社會支援，隧道中也可能發生公平打鬥，在這種情況下，觀眾實際上是隧道的建造者。隧道也可能在時間中延展，從一個情境到另一個情境，就像連續殺人事件一樣，其中發生的事情已經不再是情緒的爆發，而更像是一個較為稀薄的情緒空間，雖然冷靜，卻依然存在於日常體驗之外。

在這裡，我想關注的不是隧道中發生的事，而是進入與離開隧道的過程。我們在軍隊與警察暴力中看到的恐慌進攻，是進入狂熱暴力的一種方式。它的特點是透過對陷入弱勢的對方發動突襲，建立和釋放緊張。然而，還有其他方法也能抵達隧道入口，甚至越過它。人們也許不會在隧道中待很久，也許隧道中不是單方面的暴力，隧道本身也許太嚇人和令人厭惡，很快就會將裡面的人推出來。

進入隧道的道路可長可短。我一直強調，較短的道路是關鍵，就連較長的道路通常也需要穿過較短的道路才能抵達隧道。在這裡，我們重點關注情境過程中的細節，較長的道路留待稍後討論[18]。衝突即將發生的時候，究竟何時會爆發暴力，何時會穩定乃至消退呢？在日常生活的惡語相向情境中，一般會形成兩條道路：有些爭吵會發展為激烈的辯論；有些則會發展為自吹自擂，而後引發羞辱和恐嚇。下面我們將依次進行討論。

隨著爭吵變得越激烈，可能會破壞正常對話中輪流講話的規則。人們輪流講話時會產生一種團結感，談話者會觀察對方的講話節奏（以及身體動作），以便在對方講完時插話進來，雙方的交流就像二重唱一樣和諧（Sacks et al. 1974；更多證據與分析參見 Collins 2004）。高度團結的對話一般「無空檔，無搶話」，人們會避免出現尷尬的空白，同時避免與當下的講話者爭奪注意力。而在激烈的爭辯中，不僅內容相互衝突，微觀互動情境也不同，講話者會試圖蓋過對方的聲音，拒絕給對方講話的機會，或是試圖搶話（紀錄見 Schegloff〔1992〕，分析見 Grimshaw〔1990〕）。

在激烈的爭辯中，雙方會在身體上試圖控制情境，這種矛盾進一步加劇認知上的差異，甚至最終喧賓奪主。爭辯聲會越來越大，因為嗓門可以用來控制對話空間，雙方都會試圖蓋過對方，因此聲音不斷提高。講話的語氣變得刻薄、斷然、不再流暢，重點是在聽者身上能夠起什麼作用。因此，爭吵的實際內容慢慢變成口號、偏見和咒罵，這不是因為這些是講話者所真正相信或想要表達的東西，而是因為表達觀點在有效性上，已經退讓給用更戲劇的方式來爭奪注意力。互動過程中會產生憤怒的話語，這並不是人們的本意，在氣頭上，人們的嗓門會提高，講出的話也會難聽得多，甚至可能打破自己不想捲入爭吵的本意。

在這些情境中，對表演的限制增加，因此有時可能會反敗為勝。如果能用一種簡潔而富有感染力的方法，來巧妙表達出自己的觀點，就有可能大勝對手，特別是當現場有更多觀眾來支持的時候更是如此。因此，憤怒的爭吵可以透過這種方式獲得合適的結局，無須暴力就能達到高潮。

但更常見的情況是，爭吵之所以結束，是因為其中一方或雙方怒氣沖沖的離開了，這是為了表達憤怒及對整個爭吵不屑一顧。通常人們會心照不宣的接受這種結局，而不是死纏爛打的要求繼續爭辯下去。第三種可能是爭吵停留在雙方不斷重複的階段，最終變得無聊。之後我會深入討論這種情況，因為它是口頭衝突能否升級為暴力的關鍵時刻。第四種可能則是爭吵升級為暴力，通常是在搶話的鬥爭中觸發，因為雙方都想壓過對方。雙方的嗓門越來越大，情緒越來越緊張，肌肉越來越緊繃，試圖強迫對方乖乖的聽自己講話，這種緊張關係最終會爆發為暴力。

虛張聲勢可以透過這四種微觀路徑進入或遠離「暴力隧道」。面對巧妙表達的侮辱，有些人可能不會反擊，勝利會由有欣賞力的觀眾決定。有些人則可能中斷互動，轉身離開，就像怒氣沖沖的離開一場爭吵一樣，只不過在爭吵中，打破正常的文明交流和社會關係的一方，需要承擔道德責任，而在恐嚇的場景中，離開的一方正中恐嚇者的下懷，這意味著他們獲得情境中的支配權，因而取得勝利。第三種獲得穩定的方法是透過重複，稍後我們會解釋這一點。第四種則是進一步升級為暴力，其前提是前三種途徑都失敗了。

乍看之下，所有恐嚇都很類似：粗糙、醜陋、粗野、嚇人。如果想要了解恐嚇如何穩定下來，最終避免打鬥的發生，我們需要更加謹慎的研究其微觀分類。正如之前注意到的，恐嚇可能產生於娛樂或狂歡情境，最初可能只是半開玩笑的自我吹噓。然而在恐嚇階段，侮辱已經不再是一種玩笑。風趣不再重要，侮辱的話語變得充滿偏見，並被一再重複。這意味著如果恐嚇進行得夠久，就會非常無聊，人們會失去興趣，觀眾會離開（第二章描述的薩默維爾街頭鬥毆中，我和其他旁觀者的行為就是一例）。最後，打鬥者自己也不再能從衝突中獲得能量，於是情境降級至自言自語。

一名學生的報告有這樣一個例子：

> 在一所高中外面平日學生等車的地方，兩名少年互相向對方吼叫。他們走近對方，彼此約有一臂之隔，而後互相推擠，其他學生隔著安全的距離焦躁的圍觀。（也就是說，沒有一個高度團結的群體在催促他們開打，只有一群散亂的個體謹慎圍觀。）最後，兩個男孩各自後退，朝著相反的方向離去。

比起真正的打鬥，此類衝突可能要多很多。另一個事例來自南加州的警察報告：

> 在一個教學日，一群黑人少年闖進一所高中（並不是他們自己的學校），要一名女孩進去叫一個他們正在尋找的男孩出來。男孩出來了，身後跟著他的支持者。兩群人隔著一段距離，彼此打出幫派中常用的手勢。一個女孩站在闖入者的後面，手中提著一個書包，裡面放著槍，一些男孩時不時打開書包露出裡面的槍。另一方面，闖入者掀起上衣露出腰帶上的手槍。這些行為更多是在賣弄，在別人的地盤上炫耀自己的幫派成員身分，並做出威脅的姿

態。打鬥並沒有發生。最後，學校的一名清潔工出面介入，叫來了一名保全。儘管幫派成員佩戴武器，但他們沒有與保全或清潔工打起來，而是逃走了。這是因為保全和清潔工是外來者，並不是這場大戲的一部分，因此不是合適的攻擊目標。

可以想像，勢均力敵的衝突很容易穩定在虛張聲勢階段。在微觀層面，侮辱與推擠進行的時間越久，越難發展為打鬥（這一觀察來自安得森〔Luke Anderson〕）。相反的，當虛張聲勢快速升級，就易發展為打鬥。我們可以用情境中的情緒互動來描述這個場景，重要的並不是每個個體的情緒，而是他們情緒互動模式的曳引。爭吵或吹噓都是在當下情境中，爭奪注意力支配權的方式。這些口頭表達升級到無法被接受的程度，雙方都需要投入更多精力，爭奪話語掌控權，為自己的主張吸引更多注意力。在虛張聲勢階段，這一切都變成公開的威脅，雙方試圖喝退對方。一個小小的動作就可能達到「要麼反抗，要麼閉嘴」的局面，如果一方接受了挑釁，打鬥就會發生[19]。揮出第一拳只不過是在已有的能量之上，再度升級一小步而已，為了爭奪情境的支配權，人們已經注入太多的能量。然而邁出這一步後，如果人們仍在虛張聲勢，那就意味著他們並不想真正打鬥，會故意繼續虛張聲勢，直到事情變得無聊，衝突也就無疾而終。

與情境互動相比，侮辱的內容並不重要。天真的旁觀者如果看到有人侮辱對方的母親，可能會認為這意味著在下層階級黑人文化中，母親具有十分神聖的地位。但是在數不勝數的例子裡，提及母親的羞辱性詞句都沒有導致情形升級，因為情境不合適（Anderson 1999: 84）。根據不同的情境，任何辱罵內容都有可能被作為藉口升級為暴力，也都有可能被當作玩笑或是無聊的囈語一笑而過[20]。

在微觀層面，爭吵與恐嚇的升級方式有類似之處。激烈的爭吵打破輪流講話的節奏，對話者試圖蓋過對方，結果嗓門越來越大，但內容卻一再重複。一旦張力穩定下來，內容的無聊就會導致情緒下降，從而讓人們遠離暴力。侮辱也可以變得重複和無聊，讓人們降低興致，但這同樣取決於講話方式是否升級。因此，互相羞辱也能達成平衡，只要雙方輪流發言，允許對方說出侮辱的話，如果雙方都想在同一時間講話、蓋過對方的嗓門，就會導致爭執轉向暴力。

在文人的爭吵中可以看到許多此類例子（Arthur 2002）。大部分時候，他們會撰文詆毀對方的作品，有時批評對方的人品，這些文章有時會在作家及其追隨者的私人社交網絡流傳。大部分此類爭吵發生在同一文學領域，例如一九四五年柯波帝（Truman Capote）與維達爾（Gore Vidal）在紐約文學圈同時聲名鵲起時，柯波帝曾對維達爾說，同一時間內只可能容納一個**天才**（Arthur 2002: 160）。如果其中一名作家曾經是另一個人的門生，向他學習寫作，並由已功成名就的老師介紹進入文學圈核心，但隨後門生成長起來，贏得自己的名氣，甚至超越了老師，兩人之間的爭吵會格外激烈。在這些事例中，在老師看來，在同一風格領域競爭而產生的嫉妒中，混合了一種遭到背叛的感覺，而在門徒看來，則是迫切希望掙脫束縛、形成自己獨立的文學風格。在這種競爭性的領域，關係破裂是不可避免的，這在微觀層面會表現為爭吵，有時是當面衝突，有時則是筆戰，因為這關乎他們在文學界的聲譽。

大部分此類爭吵停留在口頭層面，偶爾才會升級為暴力。這個過程可以在以下事例中觀察到：德萊塞（Theodore Dreiser）與路易斯（Sinclair Lewis）曾發生爭吵，並在一九三一年達到高峰。一九一〇年代，路易斯曾是德萊塞的門徒。德萊塞寫出第一本偉大的美國自然主義小說《嘉莉妹妹》（*Sister Carrie*），卻因道德審查而無法出版，隨後靠編輯傳統女性雜誌為生，與此同時，路易斯也開始出版作品，兩人互相熟識起來。德萊塞在菁英文人圈逐漸建立名聲，由於他對普通美國生活的自然主義描寫，路易斯等年輕作家視他為榜樣。一九二〇年代，路易斯出版了一系列暢銷書：《大街》（*Main Street*, 1920）描寫小鎮生活，《巴比特》（*Babbit*, 1922）則成為家喻戶曉的詞語，用來形容鼠目寸光的庸俗百姓。最後，德萊塞終於出版傑作《美國悲劇》（*An American Tragedy*, 1925），然而這部作品雖然在文學圈評價甚高，卻不受大眾歡迎。而此時路易斯已經可以反過來贊助他之前的贊助人了，他幫忙推廣德萊塞的新書，並資助其前往歐洲旅行。德萊塞心安理得的接受了這些，還試圖引誘路易斯的妻子（一家報紙的駐外記者），並在自己關於蘇聯旅行的書裡，無恥的抄襲了她的作品。

一九三〇年，人們預測諾貝爾文學獎會頒給美國人，德萊塞當時呼聲甚高，但最後獲獎的卻是路易斯。表面上路易斯仍然尊重德萊塞，視他為偉大的先驅，但私下他們之間的關係已經破裂。一九三一年，在紐約文人的一場宴會上，他們的矛盾終於爆發。德萊塞作為主角姍姍來遲，等待他的眾人早已喝得爛醉。當演講開始時，路易斯簡短的聲明道，他不願意跟一個抄襲了他妻子作品的傢伙共處一室，還告訴其他人，德萊塞不配獲得諾貝爾獎。

晚餐過後，德萊塞將路易斯叫到一個包廂，譴責了他的發言，並要求他「要麼再說一遍，要麼收回」（Arthur 2002: 68-69）。路易斯又說了一遍，德萊塞摑了他一記耳光。「我又問他，是不是還想再說一遍；他又說了一遍。於是我又摑了他一記耳光。然後我說：『你還想再說一遍嗎？』這時，第三人走了進來，聽到路易斯說：『西奧多，你是個騙子、小偷。』第三人抓住路易斯，建議德萊塞離開。路易斯又說了一遍：『我還是要說，你是個騙子和小偷。』『你還想讓我打你嗎？』德萊塞說。『如果你想，我可以轉過臉來讓你打另一邊。』德萊塞說：『噢，路易斯，你這坨大便！』第三人推著德萊塞出了門，德萊塞轉身吼道：『我還會見到你的，咱們這事沒完！』路易斯跟了上去，口中喃喃自語。德萊塞說：『路易斯，你為什麼不到其他地方去兜售你的破文章？』」

這個場景是高夫曼式的。路易斯表面上一直很尊重他的導師，但在後臺一直抱怨德萊塞的所作所為。最終，他在一次公開聚會上釋放了自己的後臺觀點，這是一種令人震驚的、離經叛道的行為。然而這個行為的場合卻非常合適，參與聚會者都對兩人之間的衝突深感興趣，且都是文學圈同仁。同時，這是一個節日般的狂歡場合，禁酒令期間的酒會本身就有著打破禁令的意味，而且參與者對打破禁令都很在行，因為這一代美國作家正是靠著自然主義運動聲名鵲起，最擅長展現生活中骯髒的一面。路易斯自己就有打破舊習的名聲，他的行動沒有讓人失望。

德萊塞想要挽回顏面，因此首先試圖私下解決，但他公然要求道歉的行為本身也是一種升級，沒有給對方臺階下。此刻，路易斯想保住臉面，只能重複自己的指控，而德萊塞則以儀式性的耳光作為報復。如果這事發生在八十年前，可能會引發一場決鬥，但這兩人都是十分清醒的現代人。事實上，他們的衝突變成一場對峙，不斷重複同樣的話語和動作。最後，第三人前來干預，攔住了路易斯，顯然路易斯並不熱衷於挑起打鬥，而是「全身癱軟，毫不反抗」（Arthur 2002: 69）。德萊塞在出門時儀式化的宣告進一步的挑戰，但打鬥的情緒已經降低為普通的互相侮辱。在這起事件中，他們找到了避免進一步打鬥的方法。這場衝突引起的注意讓德萊塞心滿意足，路易斯早就因為他那些離經叛道的作品而引起公眾爭議，但在這起事件過後，他卻當作沒有發生一樣，重新聲明自己欣賞德萊塞的作品。

為什麼衝突沒有升級？當時德萊塞已經六十一歲，但一百八十五公分的身高和超過九十公斤的體重，比身材高瘦的路易斯（當時四十六歲）要高大強壯許多，這解釋了為什麼德萊塞願意讓事件升級到打耳光（儘管並不太嚴重）的地步，而路易斯的回應卻只是在口頭上。常見的回避升級的策略都出現了：重複同樣的話語和動作、讓第三人干預、模糊的宣告未來的衝突。兩個人都保全了臉面，沒有發生太多事情。儘管吸引了公眾關注，但兩人在高夫曼前臺和私下的關係都沒有太多改變。

我們已經看到一系列通往「暴力隧道」邊緣卻就此折回的道路。究竟什麼時候參與者才會走上第四條路，也就是通往暴力之路呢？本書提出的理論是，衝突會帶來緊張與恐懼，從而能夠阻止有效的暴力，只有當存在軟弱的受害者，或是衝突得到足夠的社會支援、能夠在社會規則限制之內作為一種表演的時候，情緒張力才會釋放出來，引發暴力攻擊。因此，虛張聲勢會在兩種情況下引起真正的打鬥。首先，**如果**一方自我感覺比對手強大許多（至少在當下如此），強者就會發動攻擊。恐嚇本身能夠測試誰是弱者，如果面對恐嚇有所動搖或退縮，就可能誘發攻擊[21]。其次，**如果**存在高度關注的觀眾，目睹整個自我吹噓和恐嚇的過程，那麼整個場景就很適合發生打鬥，參與者在眾人的期待下往往難以後退。當觀眾非常熟悉衝突雙方某一方時，他們的作用就會變得更強大，參與者必須維護自己的臉面，因此不能以任何形式退縮，除非能讓觀眾心滿意足。

因此，沒有觀眾或觀眾匿名時，恐嚇升級為暴力的可能性很低[22]。

大部分時候，這些條件都不存在。衝突雙方要麼勢均力敵，要麼實力相差不大，無法獲得足夠的信心來徹底撕破臉面。回想第二章的結論：在軍事戰鬥中，士兵之所以普遍不願參與戰鬥，不只是因為害怕受傷，更是因為在非社交的互動中產生了緊張關係。在情境對抗中，人們害怕成為輸家，那是比身體疼痛更可怕的事。這不是打或不打的問題，而是過程中表現如何的問題。

這種互動的敏感多半能讓我們遵從微觀互動中互相尊重的傳統交流模式，這也是為什麼我們會對他人吹毛求疵，由於一些小事就威脅使用暴力。人們之所以會來到暴力邊緣，是因為微觀互動中出現斷裂。這整體而言是高夫曼式的，儘管如今究竟哪些情況算是互動失敗，已經與高夫曼最早描述的二十世紀中葉中產階級傳統相差甚遠。帶領人們走到暴力邊緣的並不是爭吵的內容或侮辱言辭的本質，而是當人們意識到衝突存在之後的微觀互動過程。因此，有時（事實上是大部分時間）衝突雙方可能會改變和調整衝突的節奏和重點，他們採用的可能並不是高夫曼式儀式性的挽回策略，而是在語言層面上回到情境平衡。即使高夫曼式的挑戰、道歉或是一笑而過未能引起效用，仍然可以透過重複無意義的話語，來讓憤怒降級為無聊。

另外一個通往暴力的條件是觀眾鼓勵，甚至強迫衝突雙方進行打鬥。但這個條件通常不存在，面對或接近暴力威脅（激烈的爭吵和恐嚇）時，觀眾往往變得十分不安。他們通常不會有勇氣去干預，而是盡可能往後退縮，並不支持打鬥，而是會害怕打鬥發生。當然，虛張聲勢者有時正是為了嚇退觀眾而行動，但這是一種共謀，雙方都在使用有限的暴力而非全力投入。他們並未進入「暴力隧道」，只是在觀眾面前假造一種暴力的印象。

我們習慣了關於暴力的奇觀故事，在那些故事中，有許多提及是圍觀者慫恿衝突雙方開始打鬥。但是，那些圍觀者有著特殊的條件：他們常見於大型社群和緊密的社交網絡，因此知道衝突雙方的名字，衝突者因此更需要打造和維護自己的聲譽。而這也正是城市中街道幫派聚集區的結構特點之一。此外，在高中和監獄裡也有類似模式：個人名譽就像是在金魚缸裡，會在觀眾眼中變形放大。在這些全控機構中，人群分化為底層囚犯或學生，以及對他們具有官方控制權力的職員。在這裡，底層之間的鬥爭不僅僅是出於私人利益，更是一種反抗權威的叛逆表現。這不僅是一個「名譽金魚缸」，更是一種反抗主流的階層系統，哪怕是在打鬥中失敗，也能獲得更高的名聲。但這些都是複雜和特殊的環境，並非無所不在。整體而言，能將日常衝突催化為暴力的條件是非常罕見的。

大部分時候，人們都能控制暴力，從而遠離暴力邊緣。短期的微觀情境條件可能會觸發暴力，但通常並不存在箭在弦上的情況。更常見的情況是微觀情境觸發走火。

第十章 少數暴力人士

暴力發生時，幾乎總是只有極少數人會積極參與暴力，真正有能力實施暴力的人更少。他們身邊通常會有許多僅在情緒上參與暴力的人。有時這些人明顯屬於同一團體，像是同樣的暴動者、同一支軍隊或警察隊伍、同一個幫派，或同一群球迷或狂歡者，這些人我們可以稱之為「名義上的暴力者」（nominally violent）。有時，暴力場景中也會存在更多的旁觀者，他們有些會對暴力表示支持，有些只是好奇，有些則只是偶然路過而已。此外還有不同層次的對手和受害者，而他們也都可能有自己的支持者和後排觀眾等。這一切共同構成了一幅社會圖像，衝突性情緒曳引其中，而那些極少數的暴力人士，正是能夠利用這個情緒場域的人。

積極參與暴力和有能力實施暴力的少數人士

讓我們先簡短回顧一下之前幾章提到的資料吧！

第一個發現是在二戰期間，只有百分之十五至百分之二十五的前線士兵負責了戰鬥中全部或絕大部分開火，這與大部分發生在二十世紀的戰爭的照片證據吻合。在之前的某些歷史時期，由於密集步兵編隊有更好的組織管理，開火率曾經更高，然而命中率依然很低，在古代戰爭與部落戰爭中積極作戰的戰士也非常少。韓戰之後，西方軍隊改變訓練方式，以獲得更高的開火率，但從彈藥浪費的程度來看，命中率依然很低。越戰資料顯示，步兵可以分為三類：一小部分（百分之十）幾乎從不開火、百分之四十五偶爾開火、百分之四十五幾乎總是開火。志願兵中，高開火率的士兵比例較高；在徵召兵中，這個比率則較低。在士氣低落的部隊，只有百分之二十五經常開火，與馬歇爾的發現很類似。訓練方法改革之後，仍然只有一小部分人具有較高的攻擊性，大部分普通士兵只是濫竽充數。最積極的暴力者也不一定就命中率高，有能力實施暴力的人始終只是很小一部分。

在警察暴力中，我們能夠分辨出幾種不同的暴力：制伏嫌疑人的日常暴力、高強度（包括「過度」）的暴力、開槍。在美國全國範圍內，一年有百分之零點二至百分之零點三的警察會槍擊他人，其中約三分之一會導致死亡（Fyfe 1988; Geller 1986）[1]。開槍與其他警察暴力一樣，在犯罪充斥和幫派活躍的大城市更常見。在洛杉磯警局，百分之七點八的警官開過槍，百分之零點二開槍三次以上（Christopher 1991: 36-40）。日常暴力較為廣泛，報告顯示，百分之七十的洛杉磯警局警察至少使用過一次武力，通常是為了制伏嫌疑人。這都是「正常的」和「正當的」武力，但資料仍然相對集中：排在最前面的百分之五警察捲入百分之二十的暴力行動；前百分之十的警察捲入百分之三十三的暴力行動。同樣的，關於過度或不當使用暴力的報告，則涉及百分之二十一的警察[2]。這些暴力菁英又可進一步分為幾類：整個洛杉磯警局中，百分之二點二的警察有四次以上的此類暴力紀錄，百分之零點五的警察有六次以上。最後一組人可謂「牛仔警察」，他們在日常暴力中表現也更活躍，平均每人有十三份涉及暴力執法的報告，而所有曾經使用暴力的警察中，平均報告數是四點二份。在所有使用暴力的警察中，大約每年有一次暴力報告，比所有警察的平均水準要低，「牛仔警察」每年有三至四次此類報告。當暴力發生時，「牛仔們」也表現得更過火，在他們的報告中，百分之五十八涉及過度暴力，而在所有使用暴力的警察中，過度暴力的使用率為百分之十四。

其他研究者也發現同樣的模式。心理學家托赫（Hans Toch 1980）指出，奧克蘭警局的一小部分警員製造了大部分的警察暴力。社會學家斯托克姆（Bas van Stokkom）在阿姆斯特丹研究荷蘭警察後發現，一小部分警官的名字出現在大部分關於警察行為粗暴和過火的投訴中（二〇〇四年九月的私人通信；亦見於斯托克姆〔2004〕；Geller and Toch 1996, chap. 14）。

另一方面，暴力總是很集中。有學者透過世代研究，追蹤了一批年輕男性自出生以來的經歷，發現其中百分之十五的人製造了百分之八十四的暴力犯罪（Wolfgang et al. 1972; James J. Collins 1977）。當然，並不是所有犯罪都是暴力的，但同樣的，百分之六至百分之八的青少年男性製造了該年齡層百分之六十至百分之七十的犯罪[3]。

對囚犯的研究顯示同樣的模式，所有罪犯中都存在一小群罪犯菁英。科學家布魯姆斯坦等人（Alfred Blumstein et al. 1986）發現，在因持械搶劫和入室竊盜入獄的罪犯中，存在一個金字塔[4]：底層的百分之五十平均每年製造五起犯罪（每十週一次或更少）；頂層的百分之十平均每週就會進行一次搶劫或入室竊盜；頂層的百分之五每年會進行三百次以上犯罪活動，也就是幾乎每天都在犯罪。位於最頂層的是一小群「暴力捕食者」，他們平均每兩天就會進行三次犯罪（Chaiken and Chaiken 1982）。另外一項監獄研究發現，有百分之二十五的囚犯是終身罪犯，他們製造了百分之六十的搶劫、入室竊盜和汽車竊盜（Peterson et at. 1980）。還有一項研究追蹤青少年罪犯至三十歲，發現他們可以分為三類：㈠百分之三是職業型菁英罪犯，從頭到尾都保持著很高的犯罪率；㈡百分之二十六屬於罪犯中的「中產階級」，犯罪率屬於中等；㈢大部分人（百分之七十一）後來都停止犯罪（Laub et al. 1998）。在這些研究中，最投入和最活躍的罪犯恰恰也是最暴力的那些人。罪犯群體中的菁英會進行持續的暴力。

犯罪人口是總人口中的一小部分。將這兩類研究放在一起，我們可以看到，百分之二十五至百分之四十的罪犯製造（至少被控告）絕大部分的嚴重罪行；將這些數字乘以男性中被捕者的百分之二十至百分之四十（Farrington 2001; Blumstein et al. 1986; Wolfgang et al. 1972; Polk et al. 1981; Wikstrom 1985），我們可以推測所有男性中的百分之五至百分之十五製造了大部分嚴重犯罪[5]。罪犯群體的周邊（也就是絕大部分罪犯）是輕微違法者（我們仍然只考慮男性）。另一類研究基於自我報告而非警察紀錄，詢問受訪者的犯罪活動，無論是否被抓獲。結果發現，百分之三十六的黑人少年與百分之二十五的白人少年聲稱他們進行過一次或多次暴力犯罪（Elliott 1994）。

從另一個角度來看，這個年齡區間的黑幫成員比例，其實比大眾印象中要低。二〇〇三年，美國全國範圍內約有七十三萬名黑幫成員，大致占十五至二十四歲黑人和拉丁裔男性的百分之十一點五，這是估算的最高比例，因為有些黑幫是由其他種族構成的[6]。從歷史上來看，在一九二〇年代的芝加哥，十歲至二十四歲的男孩中，有百分之十是黑幫成員；在移民人口中，這個數字是百分之十三[7]。這些數字在某些種族社區特別高（二十一世紀初在南加州黑人和拉丁裔中為百分之三十，在一九二〇年代的芝加哥義大利裔中則為百分之四十），但即使在男性青年中也從未達到多數。早年有些黑幫其實處於灰色地帶，他們並不會全副武裝，也很少使用暴力。當代黑幫確實進行了更多殺戮，但身為黑幫成員在大部分時候並不意味著就一定會捲入暴力。二〇〇三年有一萬六千五百起謀殺，如果其中一半是黑幫幹的，那麼該年度每八十八名黑幫成員中只有一人曾參與謀殺（百分之一點一）。黑幫通常會將打鬥作為一種成長路徑，有時也會透過打鬥來改變地位高低（Anderson 1999; Jankowski 1991）。沒有足夠的資料顯示黑幫成員打鬥的頻率，但這些打鬥似乎只存在於黑幫內部的菁英之中[8]。因此，即使在格外暴力的群體中，也只有一小部分是具有謀殺能力的菁英。

即使在類暴力的組織中，暴力者也從未占多數，只是在工人階級社區或二十世紀以來的美國黑人中比例稍高而已。暴力者有著不同程度的積極性和能力，他們周圍則是百分之六十至百分之八十僅僅輕微違法的男性。

想查明暴力菁英在總人口中所占的比例，我們可以使用囚犯中在暴力犯罪格外活躍的百分之十，或是自青少年以來持續犯罪的百分之三這兩個資料，這樣一來，所有男性中最少有百分之零點六至百分之一點二、最多有百分之二至百分之四格外擅長並會持續製造暴力。較低的數字與官方部隊中能力高超的殺手（狙擊手或王牌飛行員等）比例相似。較高的數字則與警察暴力中的比例類似。

在本書提及的其他類型的暴力中，只有一部分能估測出嗜暴者的比例。在學校，男孩中的霸凌比例是百分之七至百分之十七，女孩中則是百分之二至百分之五（資料來自第五章）。英雄的表演型打鬥必然只發生在菁英之間。在貴族社會，軍隊中的貴族通常可以透過佩劍等標誌來加以識別，他們占總人數的百分之二至百分之五（Lenski 1966）。在十七世紀初到十九世紀的歐洲國家中，每年最多發生兩百至三百起決鬥，但通常只有不到二十起，也就是，成年男性每六萬人裡最多有一人會參與決鬥，即使在格外重視榮譽的群體（如德國軍官）裡，每年發生的十至七十五起決鬥中也最多涉及全部軍官的百分之零點八[9]。決鬥者中有一小群屬於菁英的長期決鬥者，其中有些人甚至決鬥了數十次。

關於狂歡者，我們在第七章看到，每年最多有百分之十點三的酗酒者捲入襲擊事件，百分之三點三會捲入嚴重襲擊事件。很可能派對中打架最厲害的是喝酒不多甚至滴酒不沾的人，但民族誌紀錄證明這些人更加罕見。在運動員中，打鬥參與率最高的是棒球運動員，因為一旦發生衝突，整支隊伍都感到有義務衝上去幫忙，但卻很少有人積極參與打鬥。從禁賽和罰款紀錄來看，在一支由二十五名球員和十名教練組成的隊伍中，認真參與打鬥的人最多兩、三人，也就是不超過百分之十。在一場美式足球比賽中，一支四十五人組成的隊伍中最多有百分之五至百分之十的人參與打鬥。籃球比賽的這個比例更低，曲棍球比賽稍高，不過曲棍球比賽中會有一至兩名「執行者」在場上負責打架，占全隊的百分之六至百分之十二。足球比賽的防守隊員有時也會有一名「執行者」（占場上人數的百分之九）。

「小數法則」有例外，其中之一是涉及兒童時。我們在第五章看到，百分之八十的兒童攻擊過他們的兄弟姐妹；百分之八十五至百分之九十五的父母體罰過兒童，百分之五十體罰過青少年

（這是從受害者比例來判斷）。另一方面，成人之間發生的家庭暴力則遵從這項規律：每年百分之十六的夫妻會發生普通暴力，百分之六發生更嚴重的暴力。前者大約男女各半，後者幾乎全是男性施暴。

我們也需要注意到，兒童雖然經常做出暴力行為，卻缺乏暴力能力，因此「小數法則」體現在後者上。另一個例外也是如此，我在第七章曾提到，成年人與年紀較長的青少年幾乎總會將暴力事件限制在每個場合下只發生一次，其他人則會扮演觀眾或是加入其中一方。但孩童之間可能會同時發生多起打鬥，或是在較短時間內連續發生多起打鬥，例如在一間缺少秩序的教室常會如此[10]。相較之下，成人之間的連續打鬥通常源自同一場爭吵，而且中間需要間隔。總體來看，孩童暴力所受到的限制比成人暴力少得多。有些研究者將其稱為「原生暴力」（primal violence），隨著孩子長大，它最終會消失，只剩下未被社會化的極少部分人，仍然保持這種暴力行為（Tremblay et al. 2004）。但是這種分析方法忽略了以下事實：實施暴力的能力是一種互動技巧，會隨著時間而發展。孩童不可能一開始就是殺人不眨眼的狙擊手、王牌飛行員、殺手或「牛仔警察」。我認為，隨著孩子長大，他們對身邊的人群也會變得越發敏感。對大多數人來說，這一點會阻止暴力發生，更準確的說，它會讓暴力失去能量。但對其他人來說，尤其是對那些格外積極和能力較強的暴力實施者而言，這一點卻提供了暴力滋生的空間。

衝突領導者與行動索求者：警察

想解釋為什麼只有少數人會積極參與暴力，以及具有較強暴力能力的人更少，我們首先需要理解暴力事件是很罕見的。這方面最好的資料來自警方。

跟隨出警的研究者提供的觀察報告，讓我們能夠了解警察暴力可能發生的情境。在高犯罪率的大城市街區，警察在追捕嫌犯的過程中百分之五至百分之八會使用暴力。大部分時候，這種暴力包括控制嫌犯的行動能力等，在不到百分之二的情況下，他們會使用過度暴力。逮捕嫌犯時，百分之二十二的情況下警察會使用暴力。在犯罪率較低的市郊、小城鎮和農村地區，這數字更低（Friedrich 1980; Sherman 1980; Black 1980; Reiss 1971; Bayley and Garofalo 1989; Worden 1996; Garner et al. 1996; Alpert and Dunham 2004）。

這些是較低的數字。我們對暴力的印象往往是基於最戲劇化的事件，本書已經說明，暴力並不會自然發生，而是需要很多催化條件。在這方面，警察暴力與其他暴力並無區別。如果我們觀察各種各樣的情境，並避免在因變數上做出選擇，就會發現大部分時候多數人都會避免暴力。

為什麼警察暴力很少見？因為大多數時候人們會敬畏和服從警察，包括被捕時。當嫌犯威脅、攻擊警官（或警官如此認為）或嘗試逃跑，暴力最可能發生，如果人們辱罵警察或拒絕服從指令，也可能誘發暴力（Friedrich 1980）。最可能引發警察暴力的是身體上的抵抗。如果控制住抵抗程度，那麼嫌犯的舉止態度（傲慢還是順從）就會進一步影響暴力程度[11]。

警察參與暴力的程度與其背景和性格並無關係，這也顯示了警察暴力的情境化本質。跟隨出警的研究者提供的資料及行政報告都顯示，警官的種族、教育程度、是否曾入伍及公務員考試成績都與暴力程度沒有關係，他們對警察這個職業的態度也與暴力程度無關（Friedrich 1980; Croft 1985; Worden 1996; Gellen and Toch 1996）。克里斯多夫委員會（Christopher Commission）發現，高度暴力的警官往往有著更好的評價。托赫（1980）發現，有暴力傾向的警察，其主要性格特點是外向，精力充沛，甚至「樂觀、聰明、富有魅力」。

這與軍隊的模式相似。在馬歇爾公布其研究發現後，一系列研究試圖辨認出最好的戰士（例如艾格伯特〔Robert Egbert〕在韓國的研究，參見葛蘭〔2000a: 139〕）。最活躍的戰士往往也最具有主導性，體格更強壯，性格更主動（「行動派」），其他士兵則更傾向於圍繞在他們身邊，不僅在社交層面如此，戰場上也是如此。這也與以下場景一致：菁英鬥士會獲得更多社會支持，成為群體注意力的中心，透過主導他人，他們也能獲得情緒能量（有時暴力，有時不然）。研究也發現，積極的開火者更加聰明，具有更多軍事知識；「行動派」警察也一樣，他們在工作學問上投入更多精力。表現最好的戰士並不是不畏懼受傷，而是自信不會受傷，就像王牌飛行員一樣，人們相信他們會在戰鬥中表現優異、壓倒敵人（Clum and Mahan 1971; Stouffer et al. vol. 2, 1949）。這種自信是一種只有在戰鬥互動中才會產生的情緒能量。

從另一個角度來看，這個模式依然存在。最暴力的警察往往會獲得最好的管理報告，在其他警察中也有較好的人緣。這不僅僅是因為他們通常精力充沛，性格外向（儘管確實如此），更是由於他們是警察中的非正式首領。這符合小組研究的一個基本原則：小組中最受歡迎的成員，往往是最符合小組價值，而且最擅長完成小組任務的人（Homans 1950）。關於警察日常行為的研究顯示，當一名警官遭遇嫌犯或平民百姓，他一定會嘗試「控制局面」（Rubinstein 1973）。阿爾珀特與鄧納姆（2004）稱其為「維護權威的儀式」（authority maintenance ritual）。

在他們對互動的理解中，好警察意味著能控制局面，必要時寧可表現出過度的攻擊性，也不能讓對方占據情境主動。當警察面對挑戰其權威的嫌犯，更是如此。這些情境往往處於暴力衝突的邊緣，因此與我們在本書中分析過的情況一致，警察也面臨著衝突性緊張／恐懼。只有一小部分警察是暴力的，這並不令人吃驚，因為只有一小部分人能夠克服衝突性緊張／恐懼。像優秀的士兵一樣，優秀的警察也面臨著類似戰鬥的衝突。不過，對警察來說，這些衝突比軍事衝突的距離要近得多，雙方人數也少得多。他們往往缺乏有組織的後援，也沒有太多義務來表現優異。善於實施暴力的警察往往會受其他警察敬畏，就像那些積極開火並帶頭衝鋒的士兵會受到其他士兵敬畏一樣。

部分證據顯示，年紀稍長（三、四十歲而不是二十歲）、等級較高且經驗更多的警察往往更暴力（Alpert and Dunham 2004: 70, 81, 84）。可見這不取決於年輕人的魯莽，而是取決於誰對這個職業更加投入。阿爾珀特與鄧納姆（2004）提供了暴力報告中的資料，其中描述警察與嫌犯之間的每一步互動。警察會認為只要自己在場和發出口頭命令，就應該得到敬畏和服從，如果嫌犯投以敵意的目光、表情或言語，或是試圖逃避搜身、手銬乃至試圖逃走，警察就會報以更加具有攻擊性的策略。他們會提高聲音，抓住並猛扭嫌犯的手臂，更暴力的策略則是鎖喉或是拳打腳踢。嫌犯也可以升級對策，變得更富有攻擊性，甚至可能揮舞槍枝等武器，或是試圖駕車撞向警方。警察行動也會進一步升級，可能使用警棍、電擊棍、電擊槍，乃至最終升級為致命暴力。阿爾珀特與鄧納姆的主要發現是，雙方的暴力升級（他們稱之為暴力元素）是禮尚往來且緊密聯繫的，警察與嫌犯的暴力程度相差不會超過一個等級。大部分暴力互動發生三至五次禮尚往來的升級（Alpert and Dunham 2004: 94）：哪怕嫌犯一開始很冷靜和合作，也不能排除之後升級的可能；如果嫌犯使用槍枝等武器，那很可能發生在第二輪或第三輪升級中。面對抵抗，年紀較長和經驗較豐富的警察傾向於使用最低或最高程度的暴力，年輕警官則更常使用中等程度的暴力。年長的警察不是在口頭警告和威脅上停留更久，就是直接升級到更高等級的暴力，例如使用致命武器（Alpert and Dunham 2004: 141, 165）。他們的策略是不與嫌犯發生直接衝突，要麼口頭勸服他們，要麼乾脆使用不容反抗的武力。

警察的內部文化來自工作中高強度的衝突。警察（至少是社會學家頻繁研究的大城市警察）不喜歡在休閒時間與他人接觸，並對同事及上級滿懷疑慮（Westley 1970; Skolnick 1966）。我們可以這麼理解，警察慣於主導他們遇到的每一個人，因此會避免下班後無法主導對方的情境。這種警察的自我隔離，導致某種程度上的文化隔離與極化。

警察會努力在任何時刻都保持主導，因為在大部分情境中，他們都是少數。他們就像一支小型巡邏軍，身處眾多潛在的敵人之中，必須時刻保持情境支配權，因為一旦暴露弱點就可能被徹底打倒。這就是警察工作獨有的緊張感。

對警察來說，最理想的情況是能夠在衝突的每一個階段都占據主動。但事實上，只有少數警察會使用較高程度的暴力。最基本的警察暴力是為了維持權威，但這不能解釋為什麼有些警察比其他人更加極端。警察中那些暴力的少數，也就是「牛仔警察」，不是當威脅出現時才會做出暴力反應的人。他們是積極的行動索求者，志願去做最危險和令人興奮的任務，例如緝毒和突襲逮捕嫌犯等[12]。有些警官不停遭遇衝突，嫌犯經常逃跑或是威脅他們，有時甚至可能被嫌犯擊中或開車撞倒。這些風險並不是完全隨機的，進入一棟房屋搜尋嫌疑人時，如果主動要求衝在前面，那麼危險不僅是意料之中，更可以說是找上門來的。

犯罪學家克林格（David Klinger 2004）訪問了警察的開槍經驗，結果說明為什麼開槍的情況很罕見，但也總有一小部分警官會捲入此類事件。這些警官主動要求執行危險的任務，或是盡可能靠近行動場所。一名有著二十年經驗的警官曾經遭遇二十四起危險的衝突，他曾在緝毒隊工作，參與數百次特警部隊任務[13]。他評論道：「我喜歡在對方逃跑的時候追上去。我總是有這種衝動，只是想看看自己能不能抓住他們。」（Klinger 2004: 184）[14]

另一名警官描述自己帶頭進入一間閣樓搜尋入室搶劫者的場景：

> 我知道（特警部隊指揮）把我和保羅派上閣樓來的時候有點緊張。但我並不擔心。當我一開始聽說這傢伙不打算投降，還打算拉上我們幾個墊背的時候，我就知道這跟其他的堡壘戰沒什麼不同。一模一樣，一模一樣。其實吧，我很期待衝進去把他揪出來。要麼當獵人，要麼當獵物。你得知道他在做什麼，用他的方式去思考。仔細聽，好好用你的鼻子。大部分時候，當我們進入嫌犯躲藏的屋子，我都能嗅到他們的味道。他們的腎上腺素飆升，汗流浹背，所以只要集中注意力，就能嗅到他們……你得考慮到所有能躲藏的地方……所以我的腦子裡根本沒有害怕。我的訓練和直覺都告訴我，我只需要做好自己的工作，仔細考慮：「那

個狗娘養的在哪兒？他在哪兒？」（Klinger 2004: 199 200）

這次搜查最後，這名警官和他的兩個搭檔往藏在一卷絕緣線裡的嫌犯射出了二十一發子彈。最積極的警察並不一定會去索求暴力，但卻會索求行動，他們對暴力的看法更加正面。他們很清楚自己是菁英，在工作上的表現比其他警察出色。另一名警官引用同事的話稱：「『我要告訴你的事可不能記下來，因為我不想讓你因為工作而沮喪，但是你對同事的期望可不能像對自己一樣高。』……然後，當我進入警校後，發現班裡的同學根本不了解現實，他們根本不知道自己將會面臨什麼。也有人當警察只是為了掙錢……有幾個人跟我想法類似，所以只有我們幾個格外認真和緊張。」（Klinger 2004: 50）菁英與非菁英警察互相都知道對方是什麼人。在克里斯多夫委員會調查時期，洛杉磯警局特警部隊裡那些行動力最強的警察在整個警局都聲名顯赫。警方的心理學家認為，警察可以分為兩類：「第一類被同事視為懶鬼，因為他們會有意避開危險的情形；第二類則被視為腎上腺素上癮者，因為他們會搶著去執行危險任務。」（Artwohl and Christensen 1997: 127）[15]

一名警察在下班時間接到特警部隊呼叫，因為一名婦女報警稱被男友毆打（Klinger 2004: 147 52）。他回憶道：

> 我已經聽說他向警察開了槍。我有點困惑，既然如此，為什麼他們還讓這傢伙拿著一把步槍到處亂跑？我在想：「他們為什麼不開槍？」……現場的氣氛很詭異。到處都是警車，警燈

亮著，我不得不在距離現場不到三百公尺的地方停車。到處都是警察，媒體已經到了，我停車的地方還有五十多名圍觀者……

這名警察碰到一名手握半自動步槍（M-16的民用版本）的巡警，後者告訴他不知道怎麼用這把槍。

他告訴我：「我搞不明白怎麼用這把槍的瞄準鏡。」我說：「上帝啊！」然後我告訴他和其他警察，他們離得太近了，我們得擴大半徑，讓狙擊手來控制局面。我抬頭望去，那傢伙就站在那兒，傑夫〔另一名特警部隊成員〕告訴我瞄準條件已經萬事俱備，我不明白為什麼他還沒開槍……

我還是沒聽到槍聲，於是我決定放倒這傢伙……在我扣動扳機之前，我開始再次對自己的決定有了動搖。我對自己說：「皮特，也許你搞錯了什麼，因為沒人開槍。你剛剛告訴傑夫放倒那傢伙，但他沒有。也許我搞錯了什麼。別這麼快開槍。」……我讓那傢伙投降，但他只是站在那兒，什麼也沒做。我瞄準他時心裡想了很多事情……我第一次阻止自己開槍時，我開始一項一項檢查腦子裡的清單……「當其他五十名警察都站在這兒卻沒有開槍的時候，我為什麼必須開槍呢？」

接著這名警察的思路轉向技術問題，他開始比較自己與嫌犯的武器，試圖決定應該保留全自動設定還是轉為半自動。他計算了手中武器的瞄準距離，然後決定瞄準嫌犯的肚臍，因為他的子彈會擊中瞄準點以上十至十五公分。

嫌犯開始咒罵警察，要求他們關掉聚光燈，否則他就要殺掉什麼人。警察關了燈。顯然，對這名特警部隊警官來說，這是一個關鍵局面：嫌犯已經顯示他掌控了局面，並冒犯了警察。接著，嫌犯開始把步槍吊繩繞在手上，彷彿馬上就要開槍：「當我看到他這麼做的時候，我對自己說：『夠了。』」

這名警察開槍了，他相信自己開了四到五槍，事實上，嫌犯身中九槍。隨後他走上前去，儘管本應更謹慎些：「他一倒下，我就開始向他走過去。也許我應該在警察的掩護下再等久一點，摸清形勢再起身，但我沒這麼做……那時我已知道自己殺了他。我對自己說：『皮特，你又開了一次槍。』」（Klinger 2004: 147-52）

這名警官為警察中的少數暴力者提供了一幅極好的圖像。他有意識的在具有潛在危險的情境中擔任指揮。他對自己的武器和技術格外關注，他屬於極少數會花很多時間去了解射程和武器，甚至練習武術的人。與此同時，他在精神上也很適應潛在的暴力，不停的回憶警察中彈的資料和故事，並相信這不會發生在自己身上，因為自己比對手更強[16]。他認為自己比其他人更了解面前的危險，而其他人都準備不足。但他不會透過逃避危險來解決它，而是主動去索求危險[17]。這種警察的形象也符合其他場合中的暴力菁英形象。

誰會贏？

現在，我們要開始討論菁英中的菁英，他們並不是最積極的暴力分子，而是最有能力實施暴力的人。我要論證的是，他們的能力不僅僅是視力好或反應快，而是一種掌控主導權的能力。這意味著，暴力菁英首先要具有在微觀情境中克服衝突性緊張和恐懼的技術。

軍隊中的狙擊手：隱藏自我並專注於技術

狙擊手主要是二十世紀戰爭中的角色。十九世紀中期之前，滑膛前裝式步槍準頭太差，裝填子彈太麻煩，除了在大型編隊中，幾乎沒有地方派得上用處。它們的準確射程為九十公尺，而戰鬥經常發生在不到二十七公尺之內（Pegler 2001: 5; Griffith 1989: 146-50）。到了一九〇〇年，工業進步為所有主要軍隊帶來了附有後裝式彈匣的螺旋槽步槍，能夠瞄準一百公尺甚至將近兩百公尺外的敵人，但超過兩百七十公尺就需要使用望遠鏡。這樣一來，軍隊也就分化成瞄準能力較差因而近距離作戰的大部隊和一小群狙擊手。

狙擊手的比例一直很低，在步兵隊伍中不超過百分之一，最高也只是百分之二（Pegler 2001）。之所以數字這麼低，可以從幾個方面來解釋。狙擊手需要特殊的裝備（瞄準鏡、特殊的步槍及彈藥），軍隊往往不會很熱衷於提供這些，部分是因為複雜的後勤問題，部分是花費太高。不過也許更重要的是，軍官（和普通部隊）對狙擊手有所懷疑，認為他們並不是真正的戰士，儘管他們優異的效率眾人皆知。無論在實際層面、組織層面和意識形態層面有什麼原因，不同軍隊中的狙擊手最終都會穩定在同樣的比例。

效率最高的狙擊手往往會被英雄化。最高的狙擊紀錄來自一九三九年至一九四〇年間蘇聯入侵芬蘭時的兩名芬蘭狙擊手，超過五百次和四百次狙擊成功。他們穿著白色的冬季迷彩裝，幾乎完全看不見，用滑雪板在蘇軍陣線內以東執行任務。一戰中的紀錄則來自一名加拿大狙擊手，他在西線前線完成了三百七十六次成功的狙擊。二戰中，德國狙擊手的前兩名各殺死超過三百人，都是在東部前線；成績最好的蘇聯狙擊手是女性，殺死了三百零九人。其他軍隊中的冠軍狙擊手紀錄低一些，美國狙擊手在越南的紀錄是一百一十三人。一般來說，超過四十人的狙擊紀錄就已經十分驚人了（Pegler 2001: 31, 57; 2004: 139-40, 167, 176-78; Grossman 1995: 109）。

普通狙擊手的命中率低得多。一戰中，由二十四人（從著名獵人招募而來）組成的南美狙擊手小分隊平均每人殺死一百二十五名德軍；這發生在兩年半裡，也就是平均每個月殺死四人。其他部隊的狙擊手小分隊平均每月殺死一人到每三個月殺死一人。蘇聯女性狙擊手小分隊在二戰中平均每人殺死八名敵人（Pegler 2001: 24, 29; 2004: 140-42, 178; Keegan 1997: 162-63）。最高紀錄保持者（殺死三百至五百人），在數百萬人的部隊裡不過一、兩人而已，就連殺死一百餘人的狙擊手也為數不多。他們的紀錄與王牌飛行員差不多。這些紀錄取決於許多條件，不僅僅是士兵本人的動機與能力，還需要一場較長時間的戰鬥，有較多能夠瞄準的目標。

想衡量這些菁英的能力，更好的辦法是看他們的命中率。據說一名狙擊手平均每一點三發子彈就能殺死一名敵人，相較之下，一戰的普通士兵需要七千發子彈，越戰中則需要兩萬五千發子彈（Hay 1974）。近年來的軍事狙擊學校強調百發百中。這種理想來自於歷史上裝備的演化，特別是高精準度的瞄準鏡出現。這種敘事仍然強調的是成功的一面：在越戰中，一名狙擊手用十四發子彈殺死了十四名敵人；在新幾內亞，一名澳洲士兵（曾是袋鼠獵人）在十五分鐘內用十二發子彈擊中了十二名前進中的日軍士兵，不過這裡的目標不尋常的暴露在狙擊手面前，而且距離相對較近。戰鬥敘事很少會講述未擊中的故事：一名美軍士兵在二戰太平洋戰場第一次執行狙擊任務時，用五槍擊中了兩名敵人。一名美軍狙擊手在越戰中報告稱，他嘗試擊中一千三百公尺外的目標，前五次都失敗，第六次才成功。在北愛爾蘭，兩名英國狙擊手向埋伏在一千一百公尺外的愛爾蘭共和軍開槍，開了八十三槍才擊中十個人（Pegler 2001: 48; 2004: 28, 211, 224, 286）。

百發百中的理想只有在最優條件下才能達成：三百六十公尺內擊中頭部，五百五十至七百三十公尺內擊中身體。這個理想也隨著裝備的演化而演化。一戰中，戰壕中的準確射程通常不會超過兩百七十至三百六十公尺，大部分命中都發生在一百八十公尺內。二戰中，經過改進的瞄準鏡在理論上能夠擊中七百三十公尺內的敵人，但大部分狙擊手是在三百六十公尺內行動，就連頂尖狙擊手也很少執行五百五十公尺外的任務，儘管偶爾可能需要在九百公尺外開槍（Pegler 2001: 22-31）。二十世紀末的高科技裝備將偶然發生的命中紀錄提升到一千五百公尺，在一九九一年的波斯灣戰爭和二〇〇二年的阿富汗戰爭中甚至提高到更遠。但百發百中的標準，仍然只有最菁英的狙擊手在合適的射程（六百公尺）內，使用高倍率瞄準鏡才能達成。

數不勝數的限制與障礙都會阻礙這個理想的實現。有時武器會出問題，或是因灰塵、潮濕、使用次數過多而準確度下降。瞄準鏡會起霧，風會使子彈偏離。海市蜃樓（特別是在沙漠中）會讓距離估測不準，極度嚴寒會改變彈道，叢林或密集樹叢區域會阻擋視線。因此，高準確度與總殲滅數都取決於是否有最優的條件，尤其是開闊的平原、莊稼地或能提供掩蔽的損毀的建築物，敵人的位置相對固定，同時狙擊手能進入中等射程。因此，狙擊手最大的機會就是壕溝戰和相對靜止的城市戰，例如在二戰中的東部前線。

身為狙擊手，成功不僅僅取決於準確率。狙擊手通常要在無人之地或是敵方陣線內活動，這意味著要尋找或創建合適的躲藏地點，並進行全身偽裝，以免行動、呼吸、吸菸時和槍枝裝備中發出的閃光為人所見。就像大部分成功的暴力一樣，狙擊手殺死的是暫時無力抵抗或極其明顯的目標，通常是軍官、炮兵或機關槍手。由於他們的攻擊出其不意，因此也最令人恐懼和憎恨。一旦被抓獲，他們幾乎一定會被當場處決，儘管這違反戰爭規則，但狙擊本身也被認為違反了戰爭精神（Pegler 2004: 17-20, 239）[18]。反之，炮兵部隊儘管製造最多的傷亡，卻不被認為有違反戰爭精神之處。

就連戰友往往也不喜歡狙擊手，或者至少是與他們相處時不太自在。一戰中，一名英軍狙擊手軍官注意到，炮兵部隊不願與狙擊手混在一起，「因為有些東西讓他們跟普通人不一樣，也讓士兵感到不舒服」（Pegler 2004: 20-21）。二戰的士兵有時候會嘲笑他們。越戰的美軍狙擊手曾面臨這樣的評論：「殺人公司來了。」二十世紀晚期的高科技狙擊手依然面臨這種態度，一九八〇年代末期的英軍狙擊手小分隊被稱為「痲瘋病人」（Pegler 2004: 21-23）。這種不合一部分來自於狙擊手的與眾不同和他們享受的特權。一般情況下他們都不需要完成日常任務，也不容易疲憊，擁有不同尋常的自由，能夠自己選擇時間和地點隨意行動。他們通常穿著特殊的制服，為了達到最佳偽裝效果而顯得更加古怪。但更重要的是，他們在情感上拒人於千里之外，通常不善社交，比其他士兵更內向。此外，他們能夠冷靜的執行自己的任務，這也讓他們獲得「冷血殺手」的名聲。

並非只有士兵才對狙擊手態度冷淡和抱有敵意。在世界大戰中，古板的軍官一開始並不認為有必要設置狙擊手，直到後來才不太情願的設立這個編制。軍官也認為狙擊手不屬於正常的策略，違背戰鬥精神：士兵在試圖奪取敵人生命的時候，自己至少也應該面臨一定程度的危險。事實上，狙擊手的傷亡率也很高，但這種在極度隱蔽的地方開槍，避免與同樣危險的敵人正面對抗的衝突模式，讓人感到有違軍人的榮耀。因此，狙擊手的訓練與武器供應在戰爭開始時會倉促建立，但戰爭結束時也會迅速停止，這並不令人驚訝。

狙擊的確是一種需要冷靜和計算的工作。成功的狙擊手需要極具耐心，反覆尋找合適的觀測與隱蔽地點，通常每天只會開幾槍而已。這部分是為了保證安全，避免洩漏隱藏地點；但這種隱藏其實也是一種攻擊，因為他們在等待合適的目標出現，以便盡可能準確的擊中對方。這也是為什麼狙擊手很少能在一天之內擊中大量敵人，大部分狙擊手都需要等待一個月甚至更久才能完成任務。但的確有些狙擊手比其他人戰績更好，哪怕在同一前線也是如此。這些菁英殺手不僅善於隱藏，還會主動出擊尋找目標。另一方面，普通的狙擊手很可能錯失目標，但表面看來卻可能只是技術原因所致。

狙擊手之所以會被選中，不是因為他們是好槍手，雖然這可能是他們一開始被選中接受狙擊訓練的原因。據估算，最初選中的人當中，有百分之二十五會被淘汰。此外，遠距離狙擊手在戰鬥情境中，不一定總能擊中活動目標，在那些情境中，他們需要自己尋找目標並進入射擊範圍。

從這個角度來看，他們就像王牌飛行員一樣能夠看到潛在目標，而其他人則未必具有這個能力。人們往往認為好槍手與好狙擊手之間的區別在於個性，冒失、莽撞、容易衝動的人做不了好狙擊手（Pegler 2004: 121, 121, 243, 303）。

那麼，狙擊手究竟是如何成為狙擊手的呢？儘管與其他士兵關係淡漠，但他們並非沒有社會支持。大部分人會以兩至三人小組為單位行動，不過也有人是「獨行俠」。一般情況下，其中一個人會為主狙擊手擔任望遠鏡觀察員，另一個人則可能攜帶普通的自動武器並擔任警衛。事實上，這讓狙擊成為一種靠小組運作的武器，就像馬歇爾（1947）在命中率最高的群體中發現的情形那樣。

就像所有暴力一樣，狙擊同樣必須克服衝突性緊張和恐懼。狙擊手有著獨特的優勢，在所有小型武器中，其射程是最遠的。一般情況下，目標在兩百七十至三百六十公尺外。在這個距離，狙擊手能夠擊中站立者的腿部，但頭部就較難分辨出來。在一百三十五公尺外（對狙擊手來說是非常近的距離），人的眼睛瞇成一條線能夠看得清；在七十公尺處，面部已經十分清晰，眼睛也成為清楚的兩個點。如果在更遠處，例如五百五十公尺，衣服的顏色（除了白色）很難辨認；七百二十至九百公尺外，一隊士兵看上去就像一條線[19]。這意味著對遠距離狙擊手來說，通常面對面衝突中常見的標誌，包括對手的面部表情等，都是不可見的。

狙擊手普遍會使用瞄準鏡，其放大倍數在三至十之間，這通常能讓他們分辨敵人的面部，但不一定能看清眼睛。不過，就算有瞄準鏡，互動心理仍與平時不同，雙方並沒有真正的交流，因為敵人無法看到狙擊手的面部或眼睛，甚至完全看不到狙擊手本人。雙方傾向於將注意力集中在同樣的焦點並共用情緒的這種社會互動基本特點是沒有的。就像控制實驗一樣，瞄準鏡讓我們了解究竟是什麼樣的互動細節讓衝突變得困難。並不只是看到對方的眼睛就可以達成互動曳引，必須要雙方都意識到對方能夠看到自己的眼睛才行。

比槍法更重要的狙擊技術核心是隱蔽能力。狙擊手之所以要隱藏自己，並不僅僅是為了避免對方反擊。實際上，這也是一種進攻策略，可以讓互動變得不對稱。因此，狙擊手社會身分的關鍵在於他能隱藏和偽裝自己。在這方面，他們與職業殺手和恐怖分子類似。正是由於強調隱藏自己，他們才會獲得「懦夫」的惡名，或者至少在其他士兵眼中顯得不那麼光彩。

此外，狙擊手的衝突方式與普通士兵是不同的。普通士兵之間的衝突是意志力、敵意、恐懼和進攻或逃跑等衝動之間的競爭，相較之下，狙擊手會設定自己的時間，緩慢而耐心的等待機會。他自己的緊張情緒被一系列技術細節所掩蓋，包括合適的距離、風速、高度和其他可能會影響命中機會的因素。他們不是將敵人視為人類或對手，而只是在專心調整自己的視野。狙擊手描述自己的經歷時，通常會回憶培訓中的技術細節，並盡可能將其應用到實戰中。這種對技術的沉迷抹去了殺戮的情緒，使他們進入一個安靜的領域，其中一切都被非個人化了。作家佩格勒（Martin Pegler 2004: 316）引用二〇〇三年伊拉克戰爭中一名英國狙擊手的話：「我知道我只能開一槍，這一槍的角度必須分毫不差。當時天氣很熱，強風從左邊吹向右邊。我們計算出一個偏離目標八百六十公尺的點。我能準確瞄準目標……他的腦袋和胸膛都暴露在視野中。我接受的訓練接管了一切，我進入完美的狙擊姿勢。我全神貫注，根本沒有機會將他當成一個人來看待，或者思考我即將殺死他這項事實。他只不過是一個遙遠的形狀，在望遠瞄準鏡中被放大了十倍而

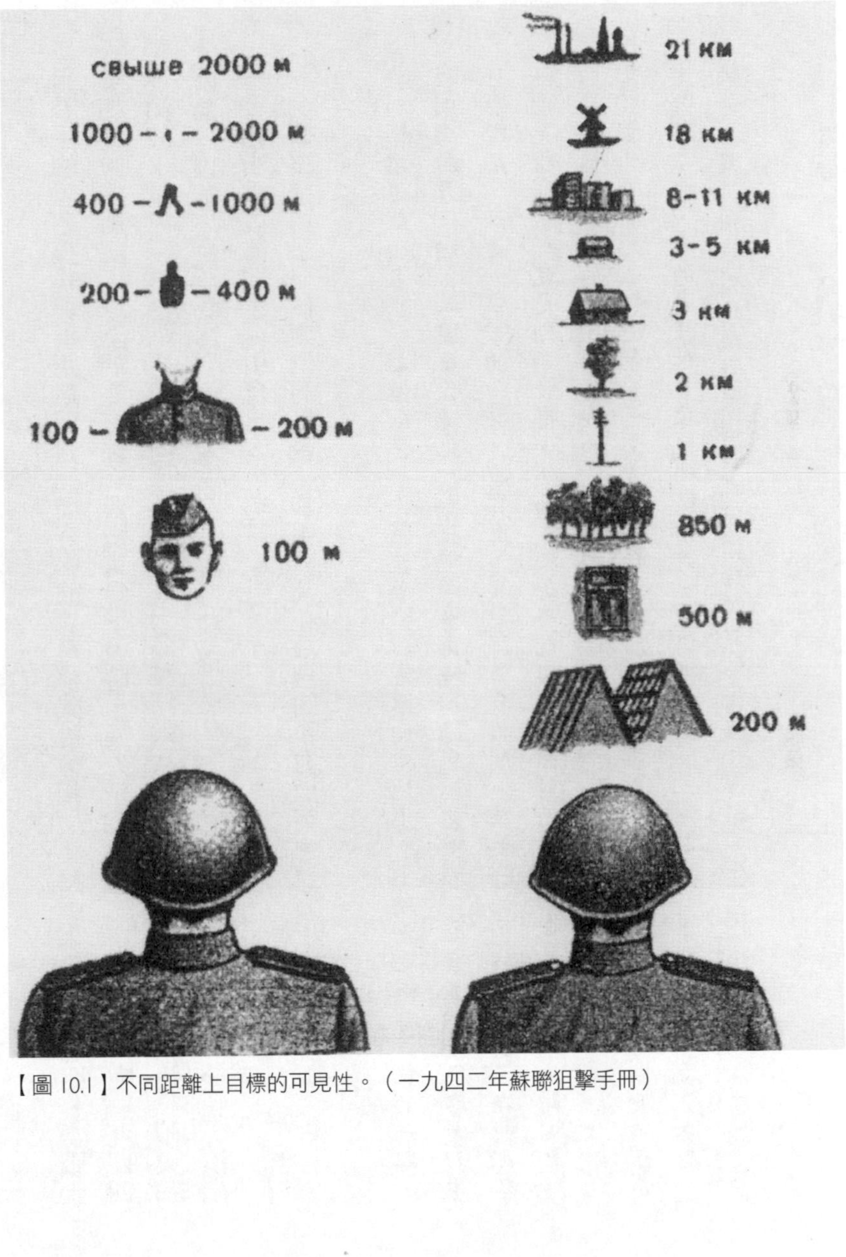

【圖 10.1】不同距離上目標的可見性。（一九四二年蘇聯狙擊手冊）

已。」

狙擊手的思考模式與近距離面對面衝突中的思考模式恰恰相反。接下來的例子表明，當戰士陷入突如其來的衝突，以至於雙方都對殺戮毫無準備時，暴力是能夠徹底中性化的。在一九四四年諾曼第波卡基村（Bocage）濃密的灌木叢中，一名美國大兵與一名德國士兵狹路相逢，兩人都十分震驚，以至於無法開槍，他們之間的距離近到可以互相碰觸。美國大兵喊道：「嘿！滾出去！」德國士兵就離開了（引自Pegler 2004: 253）。

一名警察描述了一個類似的場景，其中涉及在激烈的暴力衝突中聽力下降的情況：

> 我和搭檔追趕一名銀行劫匪到了一片覆蓋著樹和灌木的空地上。史坦衝向一片籬笆的一端，我則衝向另一端，試圖堵住嫌犯。當我跑過轉角時，聽到一記槍響。聲音並不是很響，好像有點距離。只是「啪」的一聲。事實上，我記得當我推開一棵大樹的樹枝時，我還在想那不可能是槍聲，一定是別的什麼。然而，接著我就與嫌犯面對面撞上。他也在拚命推開樹枝，向我跑過來，他的手槍指著我的臉。我們都僵住了。儘管我們在那裡最多對峙了一秒鐘，但是我對那一刻的記憶卻是格外清晰。我們相距一百五十公尺左右，我的表情估計像他一樣驚訝。我記得他穿著一件T恤，身材高大，頭髮凌亂。接著，我們同時後退幾步，樹枝再次擋住了我的視線。（Artwohl and Christensen 1997: 40-41）

事實上，這名警察的搭檔的確被槍擊中，但是劫匪太過震驚，以至於在突如其來的狹路相逢中，無法再次扣下扳機。幾分鐘後，兩人再次撞見，這次彼此相隔不到三十公尺，他們都掏出了槍，警察先擊中對方[20]。

狙擊手學習的互動技術正是為了避開這種情境。他們擅長避免碰面，同時積極尋找目標，這就是決定成敗的因素。

王牌飛行員：強硬主導

有效暴力集中在一小部分菁英身上，這一點在王牌飛行員身上表現得格外明顯。一戰創造了王牌飛行員這個類別，也就是擊落五架以上敵機的飛行員。戰鬥飛行員的表現和紀錄成為人們熱烈討論的話題。在美國戰鬥飛行員中，從一戰到韓戰，只有不到百分之一的飛行員成為王牌飛行員，但在空對空的戰鬥中，卻有百分之三十七至百分之六十八的敵機都是他們擊落的。大部分飛行員沒有殺死過任何人[21]。這是因為命中率太低（暴力能力不足的模式），或是根本沒有開過火（馬歇爾的低開火率模式）。在韓戰中，一半美國飛行員「從未開過火，開過火的人只有百分之十曾擊中過什麼東西」（Bourke 1999: 62）。頂尖的飛行員不僅是神槍手，還會最積極的尋找敵人的蹤跡[22]。

其他國家的空軍也是如此。二戰的英國皇家空軍裡，百分之六十的空戰勝利是由百分之五的飛行員取得，獲得十次以上勝利的飛行員占總數的百分之零點二。二戰中的日本飛行員裡，擊落二十架敵機以上者占總數不到百分之零點五。在蘇聯空軍中，百分之零點三的飛行員獲得二十次以上勝利。王牌飛行員的標準在不同軍隊各異，具體取決於最高紀錄達到什麼程度[23]。

二戰中，德軍飛行員的情況與此不同。保持最高紀錄的兩個人擊落了超過三百架敵機，另外十三名飛行員擊落超過兩百架（www.au.af.mil/au/awc/awcgate/aces/aces.htm）。這些奇高的數字是東部戰線的特殊情況所致。

雖然在飛行員的命中率上沒有像狙擊手那樣的資訊，但我們可以知道每次任務擊落的敵機或是每個月擊落的敵機總數。最高紀錄出自二戰中的德軍「王牌」之手。基特爾（Otto Kittel）執行了五百八十三次任務，擊落兩百六十七架敵機，占總任務的百分之三十六。其他擊落兩百架以上敵機的頂尖飛行員成功率為百分之二十二至百分之四十四。哈特曼（Erich Hatmann）是二戰飛行員中最頂尖的「王牌」，他曾擊落三百五十二架敵機，當然他執行的任務數量也是最高的，超過一千四百次，成功率為百分之二十五[24]。頂尖的日本飛行員坂井三郎在兩百次任務中擊落六十四架敵機，成功率為百分之三十二（Caidin et al. 2004）。即使在最有利的條件下，飛行員的擊中率也很類似棒球打者的安打率，能夠超過零點四就已經很令人稱奇了。

在其他戰線，最高成功率低一些。邦格（Richard Bong）曾在二戰的太平洋戰場服役，他打破了美軍紀錄，在一百四十二次任務中擊落二十八架敵機，平均每五次任務擊落一架，成功率百分之二十（Gurney 1958: 113）。二戰中，英國皇家空軍的最佳王牌飛行員詹森（J. E. Johnson），在五十四個月的戰鬥中，擊落了三十八架敵機，平均每個月大約擊落一架（*Daily Telegraph*, Feb. 1, 2001）。一戰的最佳王牌飛行員是德軍的馮・里希特霍芬（Manfred von Richthofen），他在二十個月裡擊落八十架敵機（平均每週一架）；美軍的最佳「王牌」是里肯巴克（Eddie Rickenbacker），在大約一年的時間裡擊落二十四架敵機，平均每個月兩架（Gilbert 1994: 290-91, 415; Gurney 1965）[25]。

作為普通飛行員的基準，二戰中的美國海軍飛行員執行了十四萬六千四百六十五次任務，每次任務有一架飛機墜毀的可能性是百分之六點三[26]。我們也可以反過來計算飛行員的準確率，因為一方的失敗就是另一方的成功。在二戰的歐洲戰場，英國皇家飛行員執行了一百六十九萬五千次飛行任務，每次任務中飛機墜毀的可能性是百分之零點六；美軍則是百分之零點八（Keegan 1997: 139）。考慮到有些損失是飛機在地面起火，我們可以估算德軍飛行員平均在每次空對空戰鬥任務中，擊落敵機的可能性在百分之一以下。這可以說是二戰中最強的空軍隊伍。德國空軍的勝利大多來自與較弱的蘇聯空軍戰鬥。這些共同證明了我的論點：優秀的飛行員互相作戰時，會導致雙方的命中率都很低。

與狙擊手不同，王牌飛行員在新聞中廣受矚目，在軍隊也受人尊重。一戰中互為敵人的飛行員能夠認出對方的「王牌」。德軍最佳「王牌」馮．里希特霍芬最終在一九一七年被擊落，人們在英軍陣地後方為他舉行了隆重的軍事葬禮；在德軍陣地，為另一名著名德軍「王牌」舉辦的葬禮上，英國飛行員也投下了花環（Gurney 1965: 65, 75）。二戰中，日軍與德軍都知道美軍「王牌」的名字，俘獲他們後也會滿懷尊敬的對待他們。相較之下，狙擊手為所有士兵所憎恨，一旦被俘通常立刻處決。

戰鬥機飛行員很快就被視為理想的英雄主義戰士。在兩次世界大戰中，民間飛行員十分積極的希望入伍，在美國正式宣戰之前，他們就開始志願加入法國和英國的空軍。在普通軍隊中，飛

【圖 10.2】一戰中，頭戴飛行大禮帽標記的美軍飛行員。

行員並不喜歡行政管理層，有時還會違反規定偷偷駕駛飛機出去。他們入伍的動機並不是政治性或愛國主義的，只是為了靠英雄主義行動成為焦點。一戰到一九三〇年代的飛行員通常是特技飛行員或賽車選手，平日就靠公開表演為生。一戰中的空軍常被稱為「空中馬戲團」，這不是沒有理由的。戰鬥通常在三百零五公尺以下的高空進行，有時還會事先約定時間並公開消息，地面上也會有觀眾聚集。有些飛行員並不喜歡偽裝，相反的，他們會將自己的飛機塗上鮮豔的顏色，馮．里希特霍芬的飛機是鮮紅色的（因此他的綽號是「紅男爵」）。到了二戰，美軍飛行員已經發展出一套回到基地的儀式：擊落幾架敵機，降落前就會做幾次桶滾動作。德軍飛行員則是擊落幾架敵機就搖擺幾次機翼（Gurney 1958; www.ace-pilots.com/index.html#top）。這是一種雜技式的炫耀，而這種雜技般的飛行技術被視為獲勝的關鍵。

為什麼王牌飛行員會因戰績而受人尊重、狙擊手卻因其戰績而遭人唾罵呢？兩者命中目標的距離相差不大，在二戰中通常在兩百七十公尺內；一戰的小型飛機速度較慢，距離更近一些。但是，當狙擊手透過瞄準鏡獲得良好視野，飛行員則主要是從後方或側面包抄敵人；儘管他們有時也能瞥到敵軍飛行員，卻幾乎從來不會面對面衝突（因為兩架飛機相向而行時，會以非常快的速度擦身而過）。他們認為執行殺戮行為的是飛機，而不是飛行員；敵軍飛行員可以彈射出機艙，在跳傘時是不能對他們射擊的[27]。技巧高超的飛行員也許會鏖戰數分鐘，可能互相繞圈子和俯衝，試圖擺脫對方，因此空戰又稱為「纏鬥」（dogfight，又名「空中格鬥」，直譯「狗鬥」）。因而敵我雙方之間也會產生強烈的、敵對的有時是愉悅的情緒曳引。

這些互動結構將空戰轉變成類似高層菁英成員之間的受限打鬥。「王牌」這個名號很難獲得，這是為了將不夠菁英的人排除在外。在二戰中，轟炸機組的機槍手有時也能殺死足夠多的敵人，足以達到「王牌」的標準，但他們卻很少獲得這個稱號。轟炸機組機槍手是普通士兵而不是軍官，而幾乎所有飛行員都有軍士的軍銜，言外之意就是「紳士」[28]。反面例子證明了普遍規律，日軍飛行員中，沒有「王牌」系統（Mersky 1993）。飛行員通常是低階士兵，他們不會有正式的戰績紀錄，也不會獲得表彰；表現最好的飛行員最多被稱為「擊墜王」（*Gekitsuio*），也許之後會升職為軍官。最棒的飛行員是海軍士官，他們能在空中發現敵軍並發出襲擊信號，讓更高等級的軍官發動攻擊。也許是軍官感到尷尬，從而在一九四三年下達了禁止保持個人紀錄的軍令，不過官方的理由是為了促進團隊合作。然而，日軍飛行員依然會記錄個人日誌，他們的機尾和機身上也會畫上「得分板」，用來在軍隊中吹噓。排名前三位的日軍飛行員分別擊落了八十、七十、六十架飛機。

社會對戰績紀錄的長期建構，顯示了戰場上令人尊重的、類似體育精神的戰鬥精神。空軍一開始是其他軍事活動的附庸，但很快就大放異彩。在一戰中，小型飛機主要用於戰場偵察（作為氣球的補充，自從十九世紀中期以來，氣球就被用於偵察）。飛行員最初的目標是敵人的氣球，但即使命中也不會被當作晉升「王牌」的紀錄。氣球受到地面防空炮火的保護，但它自己並沒有攻擊性，而且缺乏戰鬥能力。因此，敵軍之間的偵察機發展出所謂的「纏鬥」行為，很大程度上沒有什麼目標，卻比較容易吸引關注。有些飛行員太過關注自己的戰績能否得到準確記錄，他們會立刻降落在最近的氣球觀測站，遞上空白表格讓地面人員簽名證實（Gurney 1958: 34）。在二戰中，美軍飛機增設了槍炮照相機來記錄事件。

二戰的飛行員習慣執行更加具體的任務：在敵軍領地上空為轟炸機機槍手提供保護；攻擊敵方轟炸機；在海上戰鬥中攻擊敵艦，特別是航空母艦；襲擊港口；保衛空軍基地；偶爾會為地面戰鬥提供支援；阻撓敵軍的戰略部署和行動等。有些地點（例如在軍事後勤中格外重要的港口）成為飛行員經常進行「纏鬥」的老地方，因此拿到「王牌」稱號的人也會增加。但大部分此類目標都不會計入「王牌」總數或是其他紀錄，體面的方式應該是在勢均力敵的情況下，擊落對方的飛機。在空中被擊毀的敵軍轟炸機通常會被計入總數，但其他目標則不會。擊毀敵艦是不夠體面之舉，儘管在太平洋戰爭中，這是飛行員最大的貢獻。至於地面上的飛機（例如在基地）是否該計入戰績，人們仍有爭議，這部分資料被單獨記錄下來（也占了擊毀敵機總數中相當高的比例），但通常不會算作可累計為「王牌」的總數。關鍵不在於危險性，攻擊地面上的飛機往往要面對猛烈的防空炮火，而在被擊毀的飛機中，由防空炮火擊落的比例也是最高的[29]。但是，這種行動缺乏決鬥的戲劇結構，也不像是男人之間的戰鬥。

戰鬥機飛行員之所以受人尊重，官方給出的理由是他們拯救了其他士兵的生命，尤其是轟炸機組飛行員。但這種實用主義論調，並不能解釋賦予榮譽的過程和創造紀錄的方式。隨著二戰空軍規模的增長，「王牌」的數量隨之增多，各種各樣的紀錄如雨後春筍般冒了出來。在美軍和英軍中，擊落五架以上敵機的「王牌」稱號仍是最重要的榮耀。飛行員也會因為在一個戰區中擊落最多敵機而獲得表彰。中隊會為最高擊落數而競爭。在一個戰區中，最先殲滅敵人、擊落敵機和成為「王牌」的飛行員會受人矚目。在一次戰鬥中，飛行員會建立紀錄並不停的打破，直至提升到最高水準。不僅飛行員對待這些紀錄很認真，軍隊組織也是如此，他們會建立「勝利紀錄板」來確認和保留紀錄。飛行員一旦建立了受人關注的紀錄（例如打破戰區中擊毀敵機的紀錄），通常就會被撤出戰場，獲得培訓或是公關任務[30]。這是一種儀式，而不是實用主義的行動，因為這意味著將最好的飛行員撤出了戰鬥，而他們原本可以發揮更大作用。但最佳「王牌」已經成為人類瑰寶，太過重要，以至於不能拿普通的戰鬥去讓他們冒險。一戰的德軍飛行員有著遙遙領先的戰績，他們面臨一個不同的問題，就是紀錄的「通貨膨脹」。他們在蘇聯前線擊落了太多敵機，以至於標準大大提高。戰爭初期，二十五至五十場勝利就足以贏得鐵十字勳章。到一九四三年末，哈特曼靠一百四十八場勝利才獲得了勳章。最後，他的勝利總數升得太高（三百五十二次），以至於勳章疊著勳章，所以德軍又為他和他同樣表現出色的戰友設計新的獎章[31]。

【圖 10.3】「王牌」記分板：這名飛行員並不是納粹，他是美軍，「王牌」正在用被其擊落飛機數目的標誌來炫耀勝利（1945）。

「纏鬥」為我們提供豐富的資訊，能夠觀察空軍戰鬥中勝利的過程。不同的空軍中隊和整個空軍隊伍的表現都可能時好時壞，說明這不僅僅是個人飛行員的能力問題。在一戰中，所有軍隊都有表現優異的飛行小隊；在二戰中，德國、美國和英國的空軍表現格外出色。想獲得更多勝利，有五個主要因素：

一、有時某支軍隊會擁有比敵軍更好的飛機。德軍的飛機比蘇聯好得多，卻不能勝過美軍和英軍。有些飛機可能在速度、最高可達高度、距離基地的航程、俯衝能力和整體可操作性上更勝一籌；有些飛機製造工藝更好，能夠在敵軍的炮火下生存下來。但勝利並不直接取決於技術。飛機有時在某些特性上更好，但其他特性不然。例如，日軍飛機的操作性非常好，飛行員通常也更善於做出驚險的戰鬥動作，然而他們面對美軍飛行員卻負多勝少，因為日軍強調高度協調的群體作戰，而不鼓勵個體臨場發揮[32]。因而，飛行員及其指揮官要學會利用飛機的優勢，制定戰略來掩蓋自己的弱點。

二、目標是否充裕、時間是否夠久，這決定了不同空軍「王牌」紀錄的上限[33]。德軍至少有六百二十七名飛行員擊落了二十架以上敵機，蘇聯則有五十三名，美軍三十一名，英軍二十六名，日軍二十五名。這些數字反映了東部戰線有大量飛機投入戰場。德軍飛行員不僅有更好的飛機和訓練，基地也離前線更近，因此每天可以執行兩、三次任務（Overy 1995: 212-20）。蘇聯投入大量飛機（在一九四四年的夏季攻勢中投入一萬七千八百架），主要是在大規模坦克戰中空襲作戰。這讓他們在面對德軍先進的空對空能力時，束手無策。我們需要注意的是，有些空軍並沒有將飛行員輪流撤出戰鬥的政策，除非他們受傷。德國、蘇聯和日本都有「一直飛到死」的政策，要求飛行員連續不斷的服役。因此，日軍飛行員的最高紀錄保持者（擊落八十架敵機）岩本徹三，從一九三八年開始在中日戰爭中服役，一直持續到一九四五年。他的紀錄比美軍在太平洋戰場的紀錄（四十架敵機）高得多，因為美軍有更多飛機讓日軍攻擊，反之卻不然（Mersky 1993; Sakaida 1985; Okumiya et al. 1973）。

三、王牌飛行員可能是那些飛行技術格外高超的人。一戰已充分展示了這一點，飛行員在低空和近距離互相追逐，飛速轉彎、翻滾和俯衝。有時若想擊落敵機，飛行員可以引誘對方（特別是對方處於危險位置時）跟隨自己進行俯衝，然後在撞到地面前一刻拉升起來，讓技術不濟的對手墜毀，這就像是賽車手常玩的「懦夫」遊戲。但在許多技術高超的飛行員之間進行的「纏鬥」比賽，卻無傷亡。他們持續不斷的彼此周旋，直到一方耗盡彈藥（因為大部分攻擊未能命中）或油料而不得不返航。整體來說，王牌飛行員對抗水準較弱的對手時，往往能擊落更多敵機。因此，德軍才能大勝蘇軍，蘇軍飛行員常訓練不足就被迫上場作戰（Overy 1980）。

四、與英雄主義的個人戰鬥相反，空軍戰鬥的勝利通常是團隊協作的結果。一戰中發展出「盧氏圓陣」（Lufbery circle）等策略，即一組飛機組成圓圈，幫忙掩護前面一架飛機的弱點。二戰中，保護空軍基地或支持大規模空襲轟炸常用的一種自衛模式稱為「穿梭戰法」，即在空中組成縱橫交錯的隊形，使敵軍找不到空隙。小組隊形也十分強調集體

【圖 10.4】韓戰中的飛行員炫耀所屬中隊的集體記分板。

合作，飛行員總是兩人一組互為僚機，互相提供支援，另有一架或多架飛機負責在上方或後方觀察和掩護其他人，飛行中隊會指派領頭和後援角色。一戰中的德軍第一「王牌」馮·里希特霍芬並不是被西方軍隊的「王牌」所殺，而是被一名默默無聞的加拿大飛行員擊落，當時他正在上方負責掩護，馮·里希特霍芬則在追趕一架落單的英軍飛機，結果遠離了主戰鬥陣形，而且未注意到上方的危險（Gurney 1965: 75）。與狙擊手相對孤立的位置相反，飛行員在戰場上有著充分的社會支持，戰鬥開始前後，他們在基地也能獲得強烈的支持。這種精神支持讓擊落敵機變成一件令人愉悅的事，並讓王牌飛行員成為受人歡迎的殺人菁英，狙擊手則因缺乏精神支持而不受歡迎。

飛行中隊有著更複雜的策略，例如派出一架飛機去引誘或欺騙敵軍，主力則藏在雲層中或是陽光照射的光暈裡。這些策略讓雙方都陷入猜謎遊戲，這種虛張聲勢也許是為了掩蓋弱點。這些複雜狀況的總體效果，是減弱飛行員的攻擊力，信心或精力不足的飛行員可以透過這些策略來避免激烈的戰鬥。「王牌」和紀錄保持者有一個與眾不同的特點，就是他們願意放棄這些相對安全的策略，並利用對方對這些策略的心理依賴。

五、最重要的取勝因素是空軍衝突本身的結構特點：空中的氣勢情境。大部分「王牌」都會以迅雷不及掩耳之勢擊毀敵機，通常一次擊落多架。有些「王牌」一天之內就能完成自己的大部分戰績。更有甚者，同一中隊的幾名飛行員會在同一天大獲全勝，一支隊伍可能在戰鬥結束後毫髮未傷，而敵人卻幾乎全軍覆沒。這種一方占據壓倒性優勢的戰鬥類似決定性的地面戰鬥，其中一方潰不成軍、傷亡慘重，另一方則毫髮無損。空軍的大勝很類似恐慌進攻，至少在這個情境中，一方占據了所有氣勢，另一方只能被動挨打。寇尼（Gene Gurney 1958）曾深入研究飛行員紀錄，發現王牌飛行員是最具有攻擊性的，當敵人太過注重防守，就容易被他們占據主動權。主動與被動是勝利與否的關鍵所在，就算進攻一方以少敵多也不例外。這之所以成為可能，是因為戰鬥機飛行員和轟炸機機槍手與其他戰士一樣，命中率並不高。主動進攻的優勢（同時也能惡化對方的劣勢）在於從心理上擊潰對方，令其無力抵抗，甚至連逃跑也做不到。

頂尖王牌飛行員對他們的勝利有著同樣的解釋：

> 進攻！絕不陷入防守。在他們能擊落你之前就把他們擊落。你比他強，但絕不能給他機會。他也許會幸運的擊中一、兩次，但你是不可戰勝的。攻擊空中每一個看上去像是飛機的點，時刻保持進攻，準備好視野和按鈕。即使那不是飛機或友軍，你也要做好準備，這樣你那盛氣凌人的運氣才能持續更久。（Gurney 1958: 136）

另一名擊落二十七架飛機的「王牌」說：

> 如果讓我挑出戰鬥機飛行員最有價值的個性，攻擊性一定排在前頭。我曾多次見證富有攻擊性的行動，如何徹底打垮強大的日本編隊，哪怕處於劣勢也不例外。相反的，我也見過飛行

員因為猶豫而錯失良機。當然，攻擊性發展到一定程度就是蠻勇。然而與繞來繞去尋找理想條件，結果自己被擊落相比，進攻還是聰明得多。（Gurney 1958: 118）

另一名擊落二十二架敵機的「王牌」說：

> 年輕（日軍）飛行員的另一個特點是他們警覺性不夠高。在很多次戰鬥中，我們與敵方開始交火後，他們並沒有嘗試躲開我們的第一輪攻擊，明顯是因為他們沒有看到我們……想有效攻擊敵軍，**你就得先看到他們才行**……你可不能等在一旁猜測他要做什麼，你必須在開始行動前就計畫好進攻。如果你能發動突襲，敵人就會陷入劣勢，無論他們的人數和位置如何。不要等待，立刻發動攻擊，帶著摧毀對方的信念來挑選目標。（Gurney 1958: 119）

排名第二的美軍「王牌」擊落了三十八架敵機，他說：「攻擊性是成功的關鍵……敵人一旦疲於防守，就會將優勢讓給你，因為他必須嘗試躲避你而不是擊落你……靠近敵方，當你認為自己已經太近時，你還需要靠得更近。近距離作戰能提高你的命中率，讓你不容易錯失目標。」（Gurney 1958: 116）

靠近目標是為了克服衝突性緊張所導致的低命中率問題，最優秀的飛行員會靠近到不可能錯失目標的程度。後面我們將會看到，職業殺手也會用到這項技巧。

德軍「王牌」有著類似的策略。哈特曼在蘇聯反坦克轟炸機上發現了盲點，於是他先俯衝再拉升，依靠自己過人的速度抵達敵機下方，他喜歡靠得非常近（少於九十公尺），然後在擦身而過之際持續開火一點五秒。儘管蘇聯飛機有裝甲和後機槍手，但這個策略針對的是其下方脆弱的油箱散熱器。他的方法總是等到「敵機充滿螢幕」，而不是一開始就匆匆忙忙的開火（www.ace-pilots.com/index.html#top; Toliver and Constable 1971; Sims 1972）。

這些技巧都是隨著時間發展出來的，而不是單靠直覺或天賦。巴克霍恩（Gerhard Barkhorn）是排名第二的王牌飛行員，曾擊落三百零一架敵機，他在自己的前一百二十次任務中毫無斬獲，包括一九四〇年九月的不列顛戰役。紀錄保持者哈特曼在服役的前五個月只擊落了兩架敵機，最後卻達到每個月擊落二十六架敵機的高峰[34]。

取勝的策略包括進入快速變化的情境流中。大部分空戰為時都非常短暫，有些不到一分鐘，有些則可能有七至十五分鐘。特殊情況下戰鬥可以長達一小時，例如七名美軍飛行員曾追擊四十架日本轟炸機，後者採取被動防守陣形，美軍主動出擊圍殲，挑出那些掉隊的敵機發動攻擊。美軍指揮官一個人就擊落了九架敵機，創造單次任務中的新紀錄（Gurney 1958: 77-78）。王牌飛行員就是這樣透過一面倒的戰鬥來為自己建功立業。

無論如何，空戰很少會有一方全軍覆沒。即使大獲全勝時，敗者的損失也很有限。這是因為富有攻擊性的飛行員很少，一小部分人不停的打破「王牌」紀錄，追殲敵機，但勝方的大部分飛行員都沒有任何斬獲。敗方可能早已在心理上潰不成軍、無力自保、急於逃跑，但勝方的暴力菁英並不多，因而也就放跑了不少敵機。這是「有效暴力小數法則」的另一面。大部分暴力都是無效的，因此許多人（甚至大部分人）都能從戰鬥中倖存。正是這一點讓戰爭能夠持續下去，事實上，也正是這一點讓暴力行為能夠持續存在。

所有證據都表明，王牌飛行員擊落的敵機主要是對方較弱的飛行員，他們經驗不足，操作水準較低，最重要的是缺乏情緒能量。我們再次看到，具有高情緒能量的戰士會擊敗弱者。這也符合王牌飛行員在戰鬥前表現出的態度，他們並不會預想自己被殺的情況，不會給自己所愛的人留下最後一句話（自己戰死後送回家的遺言），儘管在地面軍隊發動大規模攻擊或是轟炸機組對嚴密防守的目標發動襲擊前，這些儀式都很常見（Gurney 1958: 135-36）。頂尖的戰鬥機飛行員認為他們一定會贏得戰鬥，只有在發生意外時才可能死去。正如我們看到的，在軍事飛行中事故相對頻繁（百分之九的王牌飛行員死於事故，有時是在戰爭結束後；Gurney 1958: 259-69）。但普通的危險與神聖的危險之間有一種儀式性的區別，王牌飛行員相信自己身旁有一圈魔法般的光暈，能夠保佑他們獲得勝利。頂尖的飛行員會構建一塊空間，讓自己在其中信心滿滿，但這片空間也有邊界，他們會謹慎的停留其中。

「巔峰狀態」與「戰鬥之翳」：主導互動的微觀情境技巧

身處暴力衝突中時，會出現度秒如年的現象，這是一種對正常意識的扭曲。對有些人來說，這種意識扭曲是有利的，能夠幫助他們主導局勢，但對其他人來說，這種扭曲會令其無力反抗。常見的扭曲包括視覺窄化和時間延緩。人們的注意力可能高度集中在危險上，此外的一切都變得無關緊要。

在一起劫持人質事件中，劫匪從藏身之處走出來時，兩名警察中的一名描述道：

> 當他向我們走來，就像慢動作一樣，一切都聚焦在他身上……他的每一個動作都讓我全身繃緊。我胸口以下毫無知覺。一切精力都集中在目標身上，時刻準備對他做出反應。這就是腎上腺素飆升的感覺！一切都繃緊了，所有感知都集中在這個持槍向我們跑來的男人身上。我的目光鎖定在他的身體和槍上。我沒法告訴你他的左手在做什麼。我不知道。我在盯著那把槍。那把槍從他胸口處往下挪了一點，我立刻向那裡開槍。
>
> 我什麼也沒聽見。亞倫〔他的搭檔〕開了一槍，我則開了兩槍，但我沒聽到他的槍聲。他又開了兩槍，我也第二次開槍，但我還是沒聽到任何聲音。他〔嫌犯〕摔倒在地，撞到了我，這時我們停止開槍。然後我就踩在了他身上。我不記得自己是怎麼爬起來的。我只知道我站起身來，俯視著他。我不知道我是怎麼站起來的，是用手把自己撐起來的，還是先用膝蓋撐起來的。我不知道，但我一站起來，就重新聽到了聲音，因為我能聽到黃銅〔彈殼〕落到磁磚地面的聲響。時間也恢復了正常，在之前的射擊過程中，時間好像放慢了。他一向我們衝過來，時間就變慢了。儘管我知道他正在跑過來，但看起來就像慢動作一樣。這真是我見過最糟糕的事。（Klinger 2004: 155）

儘管近距離聽到的槍聲可謂震耳欲聾，但警察卻經常認為自己的槍聲聽起來像是遙遠的悶響，通常他們根本不會聽到身邊其他人的槍聲。這是聽覺上的窄化效應。這種注意力高度集中的情況在戰鬥中究竟是否有利，還有待證明。它將人們的注意力集中在最關鍵的地方，在不太複雜且危險不會移動的情境下是有利的。但在某些情況下，這種高度窄化的注意力也意味著一名警察會不知道身邊其他人在做什麼。在接下來的事例中，他們無意識在彼此的炮火中互動，結果發生過度攻擊和擊中錯誤目標的情況。三名警察駕車追擊逃跑的銀行劫匪，最後他們接近了匪徒。

湯尼帶著獵槍從車裡爬出來。他花了一、兩秒抵達三公尺開外的嫌疑人的車門。嫌犯已經出來了，正慢慢走向後擋泥板。他手中拿著一把貝瑞塔手槍。「那傢伙正看著某個人，我看不見。」〔後來查實那是湯尼視野之外的另一名警官。〕嫌犯不停的用命令的語氣重複道：「快做，快做。」接著他看著我，開始向車門退去。他把槍舉到頭部的高度。他又說了一遍：「快做。」

湯尼站在離嫌犯兩、三公尺的地方。「我沒有考慮掩護的問題。我知道在有人開槍之前，我們什麼也做不了。我反覆告訴嫌犯一切都結束了。」由於湯尼的視野已經窄化，他並沒有意識到葛雷格警官就在他左邊，拿槍指著嫌犯，另一名警官在葛雷格左邊，也端著槍。就算嫌犯聽到了湯尼的命令，他也沒有表現出來。目擊者後來稱，嫌犯對著湯尼揮舞貝瑞塔手槍，但湯尼只記得對方垂下手肘彎曲手腕。湯尼開槍了。

「我看到子彈擊中了，但擊中的是他身體右側。」湯尼說：「由於我站在他正前方，我不明白為什麼我擊中了他的側面。我低頭看見彈殼沒有掉出來，於是我就把它取出來，又塞進一發子彈。」

湯尼沒有聽到葛雷格和另一名警官開槍的聲音。「我的視野中，一切都變小了。」湯尼說：「就算你站在我身邊，我也可能看不見你。」擊中嫌犯右側身體的是葛雷格的子彈。湯尼的子彈擊中嫌犯的腹部，但湯尼只看到了葛雷格擊中的位置。

開槍之後，湯尼的腎上腺素迅速飆升。「我走向車用電話，撥了家裡的電話號碼。我接通了電話答錄機，我知道我的兒子們在家，而且很可能還在睡覺。我大喊大叫希望有人能接電話，直到吵醒了他們。他們接了電話，我大聲告訴他們剛剛發生了什麼，還說我想見他們。」（Artwohl and Christensen 1997: 144-45）

在這個例子中，警官並不知道自己的搭檔在做什麼，甚至不知道他們在場，但他依然行使了自己的職責。幸運的是，當時的位置不會讓他們擊中彼此。這種窄化視野無疑會導致許多誤傷友軍事件。在另一起事例中，同樣的情況導致一名人質中槍：

我衝上樓去，克蘭西和湯普森在我右邊。藉著樓下走廊裡幽暗的燈光，我們在狹窄而陰暗的走廊移動，最後走進了傑瑞米〔十二歲的人質〕的房間。我們能看到諾斯〔劫匪〕坐在床邊，把傑瑞米夾在兩腿之間，一隻手臂鎖住他的喉嚨。男孩完全遮住了諾斯的身體，諾斯手中拿著刀子，看起來好像已經扎進了男孩的脖子。他的手臂環繞著男孩的脖子，像一隻雞翅，我發現我能夠擊中他。我決定這麼幹了。我的眼睛已經適應了幽暗的光線，我盯著他的法蘭絨襯衫，好像拿著雙筒望遠鏡一樣。我對著他的

> 胸口連續兩次兩杆連發〔開了兩槍、暫停，然後又開了兩槍〕。儘管聽起來很奇怪，但我確實能夠看到子彈擊中身體的過程。我看到他的襯衫爆開，我看到子彈鑽進他的胸口。然後當我後退時，我聽到其他人的槍聲。這讓我有些困惑，因為我以為自己是唯一開槍的人。但事實上，我的搭檔們也在一發接一發的開槍。
>
> 然後我看著床那邊，諾斯已經渾身彈孔。可是傑瑞米也中彈了。（Artwohl and Christensen 1997: 105 6）

劫匪當場死亡；數小時後，小男孩也在醫院過世。

在槍戰中，大部分警察都會發生聽力減弱（百分之八十八）和視覺窄化（百分之八十二）現象。稍低一些比例的人有視覺提升（百分之六十五）和時間放緩（百分之六十三）的感受（Artwohl and Christensen 1997: 49）。後者會導致更好的表現。事實上，槍戰轉瞬即逝，最多也就是幾秒鐘而已。當開槍者格外清晰的感受到諸多細節，時間看起來就像是放慢了一樣。在真實生活中，暴力行動是迅雷不及掩耳的，之所以看起來慢，是因為人們感受到的東西太多。人們的大腦不一定運作得更快，但他們卻清楚觀察到眼前的場景，一切都懂了，因為它們都是畫面的一部分。在主觀感受中，這個情境格外清晰。

在接下來的案例中，一名警察試圖逮捕一名嫌犯，後者此前一直在向一名便衣警官兜售截短的獵槍：

我走進臥室時，注意力集中在左手邊洗手間裡的聲響上，但我眼睛的餘光卻瞥到了右邊的某種動靜。當我將注意力轉到右邊時，我看到那傢伙將一把獵槍從牆上拿下來，轉到右邊，正對著我。臥室只有兩坪，非常小，所以他離我大概不到兩公尺。我第一次看到他的時候，槍管大約四十五度向上。當他轉過身來之後，他放低了槍管，將槍架在肩上，這樣槍口就直接對著我了。

我望著槍口轉向自己，腦子無比清晰，就像我第一次開槍時一樣。我知道我可能中彈。我知道這可能很疼，因為我離得非常近，而那把槍能發射十二發子彈。但我並不害怕。很奇怪，我只覺得腦子裡正在清楚、冷靜、飛速的計算著。我知道自己可能中彈死去，我知道我需要保護自己，但卻並不害怕。

我的注意力集中在槍上，我注意到的第一件事是槍管後端安裝了可調式收束器。我對自己說，**注意看槍機**。於是我沿著槍管看向槍機，這時，我發現那是一把雷明頓。事實上，我心想，**那是把雷明頓１１００**。然後我告訴自己，**看看他的手指是不是在扳機上**。我望向他的手指，發現它確實放在扳機上。於是我心想，這可真得疼死了，但你得繼續下去。我想我得開槍，但我同時也在想，**向旁邊躲一下，給自己爭取一點時間**。於是我開始向旁邊挪動，同時抬起槍口。然後我想，**來吧**，於是我透過ＭＰ-５的瞄準鏡開了槍。

我開始扣動扳機時心想：**我應該怎樣擊中這傢伙？**這很奇怪。我想要讓子彈集中在胸口。我受過的訓練是兩杆連發，但這傢伙的獵槍正近距離指著我的腦袋。我心想，**我是一直開槍直到他倒下，還是兩杆連發？**我知道我無法完全控制全自動模式的ＭＰ-５，尤其是在向一側

> 挪動的時候，我很擔心自己會錯失目標，因為還有其他警官在場。就這樣，在我扣動扳機的一刻，這麼多思緒都在腦海中湧動，我心想，**不要全自動。每次兩發**。最後我用了兩杆連發，對方倒在地板上的一堆衣服上。他沒有機會開槍……
>
> 隊長比爾在我身後走了進來。他看著嫌犯和我。我告訴他：「我後面還有人！」因為我正背對著洗手間的門，而我剛走進臥室時曾聽到那裡傳出聲音。我還能聽到他們在裡面移動，我心想：**天啊，他們也有槍嗎？**比爾站在那兒看著我，於是我向他大喊：「我身後，我身後！」然後他轉身走進洗手間，抓到了兩個躲在裡面的人。（Klinger 2004: 164-65）

與之前引用的其他例子不同，這名警官完全清楚有什麼人在場，包括他的同事（他希望保護他們不被不受控制的自動槍所傷），以及他背後洗手間裡的嫌犯。他清楚的從時間和空間上看到現場的一切，正如我們所見，他謹慎的檢視了嫌犯的槍枝和自己開槍前的步驟。

這種時間放緩的錯覺，加上對現場的全面掌控，似乎常見於暴力菁英中能力最強的人身上。職業殺手（Fisher 2002: 61）與持械劫匪也有這種現象。例如，曾有持械劫匪說：「我走進去時，感到十分冷靜，就像是關上了什麼開關。」另一個人則說：「在搶劫過程中，我很冷靜。我出現窄化視野。我清楚的意識到周圍的一切，注意力高度集中。」（Morrison and O'Donnell 1994: 68）顯然，王牌飛行員亦然，一小部分表現出色的戰士也具有這種特點。

許多運動員都講述說，在比賽的高潮階段體驗到時間放緩的現象。這也是一種高速變化的對抗舞臺。連續打出安打的棒球打者會說，他們在球投出的一剎那，看清了球的軌跡和旋轉，有的說球看起來像是變大了。他們並不是匆忙對投手的動作做出反應，而是觀察模式，耐心等待，並在合適的時刻揮棒。對一名優秀的四分衛來說，在他面前，對方的動作會放慢，他能看清外接員、防守後衛和傳球跑陣隊員的動作，並能辨認和擺布其模式[35]。

運動員將這種狀態稱為「顛峰狀態」（in the zone）。暴力菁英是那些在自己的行動中能夠進入顛峰的人。在不同的暴力中，進入顛峰的條件也會不同。王牌飛行員在多維空間飛速移動，其情境在某種程度上類似美式足球四分衛，但這些似乎不能互相轉化[36]。槍戰中的警察具有不同的「顛峰狀態」，狙擊手的「顛峰狀態」也有所不同。

在戰鬥中，「顛峰狀態」只是最優秀的軍事菁英的體驗，大部分士兵的情緒和感受與此恰恰相反。克勞塞維茨（Carl Von Clausewitz）提到「戰爭迷霧」（fog of war），其他人則寫到「戰鬥之翳」（glaze of combat; Glenn 2000a）。特別是在暴力顛峰之時，以及需要從固定位置移動的時候，一切都變得令人困惑，人們移動的身影一片模糊，並且不清楚敵人在哪裡，有多少人，他們向哪裡移動，哪個方向最危險。這是一片資訊的沼澤，缺少清晰的感觸，普通士兵無法將這一切還原為清晰的圖像。

「戰鬥之翳」是一種衝突性緊張的體驗，它會在暴力真正發生的時刻達到高峰。我們在本書中反覆看到，大部分人在衝突性緊張面前，都會在某一方面喪失能力，只有少數人在有利的社會情境下能夠克服這種緊張，從而實施暴力，能夠真正有效的實施暴力的人就更少了。有些人完全僵住，有些人只能被動的跟隨身邊積極行動的人，有些人進入狂熱的參與狀態，只有很少人能夠冷靜而高效的行動。在暴力衝突的同一方，人們扮演著不同的角色。

在暴力衝突中獲勝並不僅僅取決於能否進入「顛峰狀態」，關鍵在於一方進入顛峰之時，另一方卻沒有。換句話說，在其他人情緒混亂時保持冷靜。這些混亂的情緒包括憤怒，也包括恐懼、興奮及愉悅等。鬥爭的中心在於互動過程。暴力菁英已經發展出冷靜的技巧，能夠利用被捲入「戰鬥之翳」的目標。但他們不只是攻擊一直以來的弱者。暴力微觀互動中的鬥爭在於將對手推入「戰鬥之翳」，同時使自己進入「顛峰狀態」。

做到這一點的一個方法是控制受害者的情緒。暴力菁英掌握的技術能讓他們在對方毫無防範時發起攻擊。持械劫匪會在受害者無法預料的時刻突然跳出來，例如當他們剛剛鎖上門時，或是從亮處走向暗處時，或是相反（參見第五章）。暗殺者（政治殺手或職業殺手）通常會在受害者剛走進房間時發動襲擊[37]。這不僅能將衝突及隨之而來的緊張最小化，也能製造讓受害者無法看清全域的心理局面，受害者就此陷入攻擊者製造的局勢中。這就是技巧高超的棒球投手所做的事：他能用無法預料的好球，令打者僵在原地。

在更複雜的情境中，暴力菁英需要有能力辨別對手一方的弱者與強者，並利用這一點讓對方陷入困惑。最優秀的狙擊手會在自己偽裝失敗、大批敵軍迅速接近時利用這項技巧。一名蘇軍前線的德軍狙擊手會站起來瞄準後排而非前排士兵開槍。後排士兵最容易害怕，因此當他們中彈常會發出尖叫，甚至可能讓其他人放棄攻擊。在另一個例子中，「他等到三、四波敵軍開始前進，然後向著最後一波的中間位置傾瀉槍林彈雨。傷者震驚的尖叫影響了士氣，使前排士兵惶恐不安，攻擊的腳步慢了下來。這時他又開始瞄準前排。五十公尺的敵人被擊中頭部或心臟，後排敵人則被擊中身體，他在盡可能製造更多傷亡」[38]。德軍狙擊手的技巧與著名美軍戰鬥英雄在一九一八年的表現如出一轍：約克下士（Alvin York）在兩百七十公尺外，成功的消滅一群機關槍手。德軍發現了他，一個小隊的士兵向他撲來，約克冷靜擊中了全部十人。他先是擊中後排一人，然後重新裝填彈藥，在隊長距離他只有九公尺時殺了那名隊長（Pegler 2004: 145）。進攻的德軍奔跑時無法射擊，他們魯莽，也許滿心惶恐與憤怒，而對手則技術高超，有意識的催化了他們情緒上的弱點。

在激烈的衝突中，另一種技巧是激怒對方，然後利用其怒氣。這經常發生在蠻橫的年輕人之間，他們可能會互相羞辱，而弱者可能被激怒去挑戰更強壯和冷靜的對手。劍術決鬥者在閃躲與反攻時也會採用同樣的技巧。軍事上同樣會利用這種策略去引誘對方魯莽的發動進攻，然後用埋伏的力量攻擊其側翼。在這裡，暴力菁英既要操控對手的情緒，又要在熾熱的情緒中保持冷靜，這意味著他們還要有控制自我意識的能力。美式足球隊會故意設計一些動作，刺激對手的腎上腺素分泌，好讓其後衛因過度興奮而暴露弱點，從而讓己方隊員能夠從不同的方向突入其中。

想獲得衝突中的支配權，不是只要反覆練習這些技巧就夠了，這與騎自行車不同，並非一旦學會就不會忘記。每一次衝突都是在爭奪何者能夠進入「巔峰狀態」，何者會陷入「戰鬥之翳」。我們能夠看到這種波動，哪怕只有幾秒鐘。即使能力出色的士兵也可能在狂熱的情緒下亂開槍，而後又冷靜下來，或是在兩種情緒間搖擺不定。一九四二年在瓜達康納爾島（Guadalca-nal），一名日軍襲擊者準備逃跑，而「一名美國海軍中士陷入了慌亂。他開了好幾槍但都錯失目標。他更換彈匣，又開了一槍，但日本兵已經躲了起來。這令人失望，但只持續了一小會兒。日本兵又站起身來……這時，安格斯中士（Sgt Angus）已經冷靜下來，他小心翼翼的瞄準，然後開了一槍。日本兵倒下了，彷彿地面猛的吞噬了他。這一槍非常漂亮，大約在兩百公尺左右」（Pegler 2004: 217）。請注意，在這支小分隊中（可能有一個班的規模），只有一個人在開槍，其他人只是望著他們的隊長開槍。這是戰鬥中常見的情緒能量分層。這名隊長一開始魯莽，動作慌亂，隨後才冷靜下來，進行有效進攻。關鍵似乎在於動作之間的簡短間隔，也就是日本士兵隱藏起來的時候，這讓中士重新掌握了全域，也許敵人正在害怕，自己才是局勢的掌控者。

當對手被「戰鬥之翳」所束縛的時候，若想取勝就要保持冷靜；這往往取決於當下情境中正在發生什麼。這也解釋了為什麼進入決賽的隊伍也可能輸得很慘[39]。既然進入決賽，這支隊伍一定在整個賽季表現優異，也就是說，它已經多次展示出自己有能力進入「顛峰狀態」，同時讓對手被「戰鬥之翳」所束縛。但是，這種控制對手的能力並不持久，它是一種社會建構，可能轉瞬即逝[40]。如果一支隊伍總是靠讓對手陷入情緒上的弱勢取勝（相較於辛苦打拚獲得的險勝），就會變得格外脆弱，一旦喪失優勢，自己就陷入「戰鬥之翳」。

運動是一種社會建構，其思路在於讓最優秀的運動員最終決勝。在日常生活的暴力中，這種勢均力敵的情況通常是會被繞開的。即便如此，進入「顛峰狀態」和讓其他人進入「戰鬥之翳」的能力本質上是相對的。這也就是為什麼同一時間只有一小部分人能成為暴力菁英。

我們不該在「熱」與「冷」的暴力能力間做出絕對區分，只要它們同樣能夠在衝突中助人獲勝。沒錯，冷靜的技術與高度有效的暴力之間可能有一定的關係，那些最善於擊中目標的人能夠大獲全勝。捲入「熱暴力」的人更可能是活躍的暴力者，而不是能力高超的暴力者，他們往往排在中間而不是最前面，例如那些不斷開槍卻擊中不了敵人的士兵，或是暴動者中吵吵鬧鬧的人。

然而，我們不能聲稱「冷暴力」總是會勝過「熱暴力」。有兩點讓事情變得更加複雜。首先，有些打鬥的結果取決於意外情況，像是摔倒、人群或車輛造成的交通堵塞、幸運的擊中、誤傷友軍等，如果許多小事件都累積起來，那麼低能力的暴力也可能會變得不可預測。最驚人的情況就是恐慌進攻，敵人突然潰不成軍、無力防守，勝者則狂熱追擊。很可能大部分戰鬥和大規模打鬥都是在這種情況下獲勝的，而不是透過冷靜的作戰技術。在較小規模的打鬥中，個人或群體有時完全是靠身體能量上的優勢獲勝。在缺乏周旋空間的簡單情境中，更強壯且更有能量（憤怒、興奮或絕望）的一方，很可能會壓倒冷靜的對手。

我們並不知道這種打鬥有多頻繁。但我認為，「熱暴力」取勝的情況，最常出現在活躍暴力者攻擊普通暴力者的時候。「熱暴力」獲得優勢不是因為它攻擊了「冷暴力」，而是因為它攻擊陷入衝突性緊張和恐懼的人。因此，調動憤怒、熱情、興奮與狂熱的能力，能夠讓人在勢均力敵的情況下壓倒情緒上的弱者，後者因其熾熱的情緒（主要是恐懼）而陷入被動。

有些人主要是在情緒熾熱的場景中行動，例如酒吧鬥毆或是黑幫為爭奪地盤的街角鬥毆。這裡的打鬥發生在兩名情緒熾熱的鬥士之間，我猜測，勝利一方是相對冷靜的，因為他能夠讓主觀時間放緩，從而掌握全域。勝利的關鍵可能仍然是抓住揮拳或是撞倒對方的時機，而不是周旋良久、尋找機會來準確瞄準。無論帶有何種情緒，這種場合都是需要互動的。勝者會將敗者推入「戰鬥之翳」。有時，情緒上的支配者不一定需要將對手推得那麼遠，因為他們已經深陷衝突性緊張和恐懼之中。有時，雙方也許一開始都處於「顛峰狀態」，因此需要將對手推出去，如果無法做到，就會導致僵局，這是打鬥終結的一種方式。勝利意味著利用「戰鬥之翳」。勝者的「顛

【圖 10.5】靠情緒支配獲勝：籃板王的面部表情（2006）。© McClatchy-Tribune Information Services. All Rights Reserved. Reprinted with permission.

峰狀態」不一定需要達到更高，只要比敗者高一點就可以了。

「九一一」中的駕駛艙搏鬥

作為附錄，我們來分析一下二〇〇一年九月十一日在聯合航空93號班機駕駛艙裡發生的搏鬥。一段錄音顯示當時的微觀情境，其中包括四名基地組織劫機者的聲音，他們試圖讓飛機撞向五角大廈，與此同時，三十三名乘客中的一部分則想撞開駕駛艙艙門。標楷體字是劫機者用英文說的，粗體字翻譯自阿拉伯語。其他語句應該是乘客說的（*Philadelphia Inquirer*, April 13, 2006, p.A10）。

9: 58: 50　叫喊聲（第一次嘗試打開艙門）。

9: 58: 55　在駕駛艙裡。

9: 58: 57　在駕駛艙裡。

9: 58: 57　**他們想進來。頂住，從裡面頂住，頂住。**

9: 59: 04　把門頂住。

9: 59: 09　阻止他。

9: 59: 11　坐下。

9: 59: 13　坐下。

9: 59: 15 坐下。

9: 59: 17 **什麼？**

9: 59: 18 **有些人在。**

9: 59: 20 抓住他們。

9: 59: 25 坐下……

9: 59: 30 巨大的碰撞聲（金屬碰撞、玻璃破碎、塑膠崩裂。乘客顯然在用服務手推車來撞艙門。第二次嘗試）。無法分辨的叫嚷聲。

9: 59: 42 **相信真主，相信祂。**

9: 59: 45 坐下。

10: 00: 06 **什麼也沒有。**

10: 00: 07 **就這樣了嗎？我們是不是得了結它？**

10: 00: 08 **不，還沒到時候。**

10: 00: 09 **等他們都過來的時候，我們再結束。**

10: 00: 11 **什麼也沒有。**

10: 00: 13 （無法分辨的叫嚷聲）

10: 00: 14 啊。

10: 00: 15 我受傷了。

10: 00: 16 （無法分辨的叫嚷聲）

10: 00: 21 啊。

10: 00: 22 **噢真主，噢真主，噢保佑我們。**

10: 00: 25 得衝進駕駛艙去，要不然我們都會死。

10: 00: 26 金屬、玻璃、塑膠劇烈碰撞的聲音（又一次使用手推車撞門，第三次嘗試）。

10: 00: 29 **上、下、上、下。**（劫機者前後推動操縱桿，試圖讓乘客摔倒在地。飛機的失速警報短暫響起。）

10: 00: 29 進駕駛艙。

10: 00: 33 駕駛艙。

10: 00: 37 **上、下，薩伊德，上、下。**

10: 00: 42 晃一下。

10: 00: 59 **真主至上，真主至上。**

10: 01: 01 （無法分辨）

10: 01: 08 **就這樣了嗎？我是說，我們就這樣讓它摔下去嗎？**

10: 01: 09 對，放進去，拉下來。

10: 01: 10 雜音，新的聲音喊叫著（無法分辨）。

10: 01: 11 **薩伊德。**

10: 01: 12 ……引擎……

10: 01: 13 （無法分辨）

10: 01: 16 **切斷氧氣。**

10: 01: 18 **切斷氧氣。切斷氧氣。切斷氧氣。**

10: 01: 41 **上、下。上、下。**

10: 01: 41 **什麼？**

10: 01: 42 **上、下。**

10: 01: 59 關上。

10: 02: 03 關上。

10: 02: 14 上啊。

10: 02: 14 上啊。

10: 02: 15 動起來。

10: 02: 16 動起來。

10: 02: 17 打開它。

10: 02: 18 **下面，下面。**

10: 02: 23 **拉下來，拉下來。**

10: 02: 25 下面，推、推、推、推、推。

10: 02: 33 **嘿，嘿，給我，給我。**

10: 02: 35 **給我，給我，給我。**

10: 02: 37 **給我，給我，給我。**

10: 02: 40　（無法分辨）
10: 03: 02　**真主至上。**
10: 03: 03　**真主至上。**
10: 03: 04　**真主至上。**
10: 03: 06　**真主至上。**
10: 03: 06　**真主至上。**
10: 03: 07　不。
10: 03: 09　**真主至上。真主至上。**
10: 03: 09　**真主至上。真主至上。**（飛機翻滾，機腹向上，墜毀。）

從第一次撞門到飛機墜毀的四分二十秒裡，出現許多重複的語句。我們可以清楚的感受到當時的衝突性緊張和恐懼，特別是在劫機者這一方，因為他們的聲音錄得更清楚。這既是重複的來源之一，也是對付衝突性緊張和恐懼的方法之一。

從錄音中很難聽清楚撞艙門的乘客的聲音，但他們重複了五次「駕駛艙」，其中兩次發生在第一次撞門前的兩秒鐘裡，當時他們正在積攢力量。從 10:00:25 開始的八秒裡，他們重複了三次，當時他們在準備第三次也是最後一次撞門：「得衝進駕駛艙去，要不然我們都會死。」這些是節奏型重複，是為了集中群體力量。還有其他口號：「抓住他們」、「晃一下」。這些口號也會在接下來一秒裡重複出現：「上啊」、「上啊」、「動起來」、「動起來」。

劫機者在防守駕駛艙的過程中說了三句話，這三句話都具有高度的重複性。首先，他們透過播音系統用英語讓乘客「坐下」。他們三十分鐘前剛剛接管飛機時曾用過這項策略，試圖讓乘客冷靜下來，假稱將降落在某處，把乘客作為人質。但這項策略轉變成了一種咒語，從 9:59:11 開始每兩秒鐘重複一次，最後一次是在 9:59:45，那時已經發生了第二次撞門，乘客用金屬手推車撞出驚人的聲響，顯然他們的策略已經不奏效了。

其次，劫機者互相叫嚷著指令，大多是阿拉伯語：頂住門，是否「了結它」（據猜測是讓飛機墜毀的意思），讓機尾上上下下好將乘客甩到地板上，以及切斷氧氣。但是這些指令也是高度重複的：「上、下」重複了八次；「切斷氧氣」在兩秒內重複了四次；「給我」在四秒內重複了八次。實用的語句也成為一種精神上的咒語。

最終是儀式性的宗教詞句。這些語句發生在非常緊張的時刻，隨著危機加深而變得更加具有重複性。第二次撞門之後（手推車發出驚人的聲響），他們說了「相信真主，相信祂」。第三次撞門之後，我們聽到「噢真主，噢真主，噢保佑我們」。墜機前的七秒鐘裡，「真主至上」被不同的聲音重複了九遍。

衝突中的談話通常是高度重複的。我們在第九章已經看到，在激烈的爭論中，人們不是想要與對方溝通，而是試圖壓倒對方，因此才會無視次序、不給對方開口的機會。在這種時候，內容已不重要，沒有人會去聽對手在說什麼，大聲重複才是最好的霸占注意力的方式。在真正的暴力中，依然會出現重複的語句。它成為一種情緒技巧，目的並非針對對手，而是為了建立自己的能量與團結，它是一種自我曳引的咒語。

在「九一一」的駕駛艙搏鬥中，雙方都使用了這種粗糙的策略，這是一種相互對立的、自我曳引的搏鬥。

第十一章　情緒注意力空間中的暴力支配

行文至此，我們發現一個悖論。如果說，在被認為參與暴力的人當中，實際上只有一小部分實施了全部的暴力，那麼我們為什麼不能撇開其他人呢？為什麼我們不能削減軍隊、黑幫和其他暴力團體，只留下積極參與暴力的人呢？或者更進一步，只留下極少數能高效率實施暴力的人？為什麼不能組建一支只有王牌飛行員的空軍，或只有狙擊手和菁英部隊的陸軍呢？實際上，這種安排在結構上幾乎不可能。因為暴力並不是由孤立的個體所製造，而是在整個情緒注意力空間中產生的。

其他人在做什麼？

想解答這個問題，最佳辦法就是在暴動中觀察人群。透過視覺證據，我們既能夠證實暴力者是很少的，也能看到他們與人群的關係。

我的結論主要基於一九八九年至二〇〇五年間蒐集的新聞照片剪報和已出版的照片集（Crespo 2002; Allen 2000），外加少量電視新聞錄影。原則上，影片片段應該更好，但通常也只能記錄三至五秒的連續動作。因此，影片與靜止的照片區別不大。新聞監製會對原始毛片進行大量剪輯，用來表現故事中的高潮部分。在現實裡，一場示威遊行中的行動具有高度重複性。當真正的打鬥（如一場暴動）發生時，人們的行動會迅速擴散開來。如果有人進行連續觀察，那麼他看到的大部分是站在四周的人、跑來跑去的人，以及通常靜止不動或者緩慢移動的安全部隊。暴動的暴力時刻散落在時間與空間中，大部分場景在旁觀者眼裡十分無聊，但對參與者來說卻是令人激動、恐懼或沮喪。大部分在場的人只是普通暴力者。當我們觀看暴動的真實片段，並對著攝影師講述自己的經歷時，才會發現其中令人驚訝的平淡之處[1]。如果要為大規模暴力衝突製作一段始終充滿戲劇性衝突的影片，就需要在多個地點放置多臺攝影機，並在後期進行大量剪輯拼接。其結果就是扭曲現實：突出暴力時刻，忽略中間的空白。暴力在時間和空間上是分層的，在參與程度上也是分層的，這些特點是這個社會過程的組成部分。

這些視覺場景可以分為四類：**對峙**（即對立雙方尚未開始使用暴力）、**攻擊**、**撤退**、**勝利**（即一方至少在短時間內壓倒另一方）。這些類別在人群集結的密度上相差很大。在對峙階段，人群相對密集，他們只有在這個階段看上去才像一群暴徒，亦即情緒激動的人群採取一致行動的場景[2]。這是因為雙方尚未採取暴力，因而能夠保持較高的協調性。

當打鬥實際爆發，在攻擊與撤退階段，這個場景就被打破了。暴動很像馬歇爾描述中空蕩蕩的戰場，只是敵人近在眼前，而不是藏在視線之外。之所以距離不同，是因為在這裡他們使用的是石塊、彈弓、棍棒，或是直接肉搏，大部分時候都不會用槍。催淚彈與煙霧彈製造一種真實的戰爭迷霧。對立雙方的距離不會像在軍事戰鬥中一樣，超過數百公尺，前排活躍參與者間的距離可能只有幾公尺到幾十公尺。普通參與者和旁觀者隔著一段安全距離，他們之間可能相距約五十至一百五十公尺，此外還有一群位於中間的人。暴力菁英與普通人通常在空間上有著明確的區隔，隨著暴力等級上升，這個區隔也變得越發明顯。

有個典型的**攻擊**場景表現暴動中的多個層次，分別有前線、近處的支持者、中間以及後排，我們看到三名十幾歲的巴勒斯坦男孩在城市的街道上對以色列士兵投擲石塊，另外一人正在撿起石頭，還有兩名男孩從六公尺外的後方向他們跑來（Palestine, 2003, Musa Al-Shaer/Getry Images；本書未收錄）。後方不到五十公尺處，另外七個人正在謹慎的向前移動。再遠一些，大約一百五十公尺之外，另外三十人隔著一段安全距離在旁觀，其中兩個人明顯在跑向遠離衝突的方向。可見的暴力參與者在四十五人中只有四人，約占百分之十，人群中至少三分之二的人都盡可能保持最遠距離（June 5, 2003/Agence France-Presse photo；本書未收錄）。

另一張照片顯示莫斯科發生的一起足球暴動。此前，在一場電視轉播的足球賽上，俄國隊輸給日本隊。照片中有八名男性在踢一輛車子，另有一人在車頂上跳來跳去；廣場另一側是八十名旁觀者，大部分人站在七十多公尺外的人行道上，背對著一棟建築。我們再次看到，積極參與暴力的攻擊者只占人群的百分之十（June 10, 2002/AP；本書未收錄）。

還有一張照片顯示，有名巴勒斯坦年輕男性在一片空地上將冒煙的催淚彈扔回以色列士兵那裡，他身旁有三個人，另外十五名旁觀者在背景中站在一片樹叢前方，還有三個人正在從前景中撤離（Dec. 28, 2003/Reuters；本書未收錄）。這些人約有四分之一位於前線，卻只有一個人在積極參與暴力。

讓我們將視線轉到北愛爾蘭，七名抵抗軍少年正與一名英軍士兵作戰，前排少年正在投擲石頭，另外六人在他身後站成兩排，有幾個人手插口袋，或是望向其他方向。這是一種斷斷續續的暴力，他們的表情與其說是全神貫注，不如說是無聊。在許多此類場景中，我們都能看到類似的界線。例如，在另一張照片中，一個孤零零的帶頭人站在街上拋擲石頭，其他人只是安全的站在人行道上的非衝突區，只有一名年輕人站在邊緣，一腳踏在街上，一腳踏在人行道上（Sept. 10, 2001, Peter Morrison/AP；本書未收錄）。同樣的，在加薩地區的難民營，我們看到一名年輕人將一個燃燒的輪胎拖到馬路中間，約有二十人在約一百五十公尺的街道另一端圍觀，附近的人行道上站著四個支持者，其中一人正準備從人行道上走下來（Oct. 1, 2004, Adel Hana/AP；本書未收錄）。所有人當中約有百分之二十在積極參與暴力，其中包括為真正動手的人提供支援和陪伴的行為。

我們可能會懷疑，這些照片會不會有方法論偏誤。會不會人群中有些暴力參與者未被照片捕捉到？但毫無疑問，新聞編輯會挑選出最暴力的照片。真正的暴力與電影中表現的暴力不同，它平淡得令人失望，主要是因為暴力進行得斷斷續續，而且非常分散。也許靜止的照片只顯示在特定時刻表現得暴力的個體，也許其他人在其他時刻也會表現得暴力。這在某種程度上無疑是正確的，但不重要。為時更久的影片並未顯示人們會輪流擔任前排製造暴力的角色。在激烈的暴力中，個人的參與程度也有著一定的身分標誌。我已經在前文指出站在馬路上和待在人行道上之間的區別[3]。

另一個標誌是穿戴頭巾、頭罩、頭套、面罩等來蓋住頭部或面部，這在二〇〇〇年之後的歐洲和美國的示威中變得流行起來。一張美聯社拍攝的照片（July 21, 2001/AP；本書未收錄）顯示義大利熱那亞世界經濟論壇期間的一場示威，我們看到兩名年輕人站在馬路中間扔石頭，他們身後是一排燃燒的垃圾桶，附近蹲著三個人，也許正在休息。不到十公尺外的人行道和建築之間站著三十名圍觀者（照片外無疑還有更多人）。前景中的五個人都戴著面罩或頭套，但背景中卻沒有幾個人戴著這種東西。另一張美聯社的照片（Genoa, July 2001/AP；本書未收錄）顯示的是同一場示威尚處於對峙階段的場景，一名示威者與警方發生衝突，而眾人並不在意。一個方陣的警察戴著頭盔，手持塑膠盾牌，與一群示威者對峙，照片中約能看到一百五十人，他們排成十列，站在人行道上，背後是一面牆。大部分人都把臉轉向一側，只有前排的二個人直接盯著警察。其中一人站在前方三公尺左右的空地上，向警察豎起中指。這裡面有一個值得注意的細節是，儘管大部分人都戴著頭盔（機車安全帽或建築工人頭盔），卻只有前排那唯一的挑釁者戴著防毒面具（帶有透明塑膠護目鏡和毒氣過濾器）。他扠著腰的那隻手上什麼也沒戴，但正在做出挑釁手勢的另一隻手上戴著閃亮的金屬手套。即使在對峙中，少數暴力分子與大部分人之間，也始終存在一道界線，我們從空間位置、身體姿勢和象徵性裝備上都可以看出這一點[4]。

在柏林一場示威的照片中（May 1, 1992, Albrecht Herlach/AP；本書未收錄），一名年輕男性正在扔石頭，他全副武裝，戴著兜帽和面罩；幾公尺之外，一名戴著面罩的男人看上去正準備向他走來。更遠的地方，兩名男性戴著兜帽和面罩，但面罩從臉上拉了下來，彷彿此刻不在行動狀態。另外兩人只戴著兜帽，當時只是旁觀者，人群中還能看到其他六個戴兜帽的腦袋。照片中的十二個人在暴動參與度上分成兩個等級：一人正在積極進行暴力行動，其他人透過裝備表現出不同程度的攻擊性。前面展現典型攻擊場景的照片，透過空間位置，表現人群不同的參與程度，這張照片透過裝備表現同樣的區別[5]。

近距離照片只能顯示場景的一小部分。這些照片很可能經過攝影師和編輯的挑選，只為凸顯衝突的高潮。但是，即使在這個高潮時刻，也只有一個人表現得格外暴力，其他人則不然。在有些照片中，這個人正在掄起手臂準備投擲石頭；在有些照片中，他在打破店鋪窗戶；偶爾我們也能看到其他抗議者隔著一段距離站在他身旁，向警察舉起石頭，他身後散亂站著若干人（我們再次看到，扔石頭的人站在馬路中間，其他人站在人行道上〔*London Daily Mail*, May 2, 2001, p.7；本書未收錄〕）。在西班牙的一場勞工衝突中，我們看到一個戴著滑雪頭罩和面罩的人正在發射彈弓，背景中還有七個人，或是靠在牆上，或是站在約十至二十公尺外，姿態放鬆（Sept. 22, 2004, Ramon Espinosa/AP；本書未收錄）。

我們最多只能看到一小群活躍暴力分子：兩名巴勒斯坦青年正在爬上一面牆，抗議以色列在約旦河西岸設置隔離牆，方圓七百公尺的前景空空蕩蕩，只有一名青年正在揮舞旗幟（Dec. 28, 2003/Agence Presse-France photo；本書未收錄）。此外，還有一張特寫顯示四名巴勒斯坦青年一齊發射彈弓（*The [London] Times*, Oct. 14, 2000, p. 6；本書未收錄）。在照片中，我們很少能看到所有人同時進行暴力動作的場景，甚至連多數人都看不到。例如，在一張照片中，五個巴勒斯坦人蹲在牆頭，三人正活躍的投擲石頭或是握著石頭準備投擲，另外兩人在休息（Oct. 7, 2000/Reuters；本書未收錄）。在另一張路透社圖片中（Oct. 29, 2002/Reuters；本書未收錄），以色列定居者向巴勒斯坦人的房子投擲石頭，但事實上，在照片中顯示的十三人裡，只有一個人在扔石頭。其他人都在做什麼？我的分析是，他們製造一種氣氛並提供支持；對少數真正暴力的人來說，他們假扮的暴力在情緒上是必要的，而且其實只是身處衝突區域的前線而已。

在上海，三名中國青年正向日本領事館投擲石頭，另外十一人在背景中站成三排（April 17, 2005, China Photos/Getty Images；本書未收錄）。在這裡，我們能看到他們的面部表情：扔石頭的人顯得很緊張，肌肉緊繃，或是咬緊牙關，或是抿著嘴唇，後援隊伍中的兩個人張著嘴，正在吶喊鼓勵，但其他幾個人的目光卻落在地上或是其他方向[6]。這裡顯示的是活躍暴力分子在衝突中的緊張情緒，而其他人在附近支持他們，提供一種喧囂的氣氛與情緒上的關注。

接下來，我們會看到一群示威者歡呼喝采，並鼓勵其中一人向前挑釁，結果陷入極端危險之中。一系列圖片顯示，在瑞典哥特堡（Gothenburg）歐盟高峰會召開期間的一場抗議中，一名示威者被警察開槍擊中（*The Independent*, June 17, 2001, p.1/*Sunday Telegraph*, June 17, 2001, p. 3; ITN photos）。他穿著帶有兜帽的外套，揮舞木棒，衝到距離警察不到二十公尺的地方，六名戴著頭盔的警察與大部隊相隔一段距離。挑釁者看到一名警察正在舉槍瞄準，於是轉身逃跑。這一系列照片顯示，當挑釁者中彈倒地，路面上空空蕩蕩，只有幾名警察站在寬闊的大道中央，另有一個孤零零的支持者站在大約四十公尺外的地方。在這起事件之前，有數萬人進行一場大型和平遊行，氣氛像是節日慶祝一般。隨後，一輛車上播放的電子音樂將音量提高到震耳欲聾的程度。警察將數百名抗議者趕入公園，一小群戴著面罩的人出現在側街，將一群警察分割成兩半，向他們投擲石頭，一塊石頭砸在一名警察的腦袋上，他應聲倒地。根據攝影師的描述，戴著面罩的示威者一開始在歡呼，但當警察向那名靠近到不到二十公尺的挑釁者連開八槍，旁邊的示威者尖叫起來。這起事件類似第二章描述的部落戰爭影片，更多是挑釁與偶爾的攻擊，而不是持續不斷的衝突，最活躍的暴力分子會短暫的衝擊敵人的戰線，隨後就會轉身逃開。但在這裡我們看到一個額外的細節：前線附近有一個中等規模的群體，他們歡呼喝采，為少數近距離攻擊敵人的暴力分子提供情感支援。

在**撤退**階段，少數暴力分子與其他群眾之間也有著同樣的界線。當人群面對警察的催淚彈、手榴彈、槍和警棍而逃跑，或是單純撤退，照片經常顯示，其中有一部分人並不恐慌，這是因為他們本來就在約一百五十公尺外的安全距離，或是背靠建築物站在人行道上。位於中間的人們正轉過身來慌亂逃跑，通常其中會有幾個膽子大的，雖說在撤退，卻是面向追趕的警察。有時，一百人中可能有三、四人在五十公尺左右的地方停下來，用石頭還擊（正如我們在某張美聯社的照片中看到的，有示威者正在逃離警察，另有三人對警察投擲石塊〔Jerusalem, 2002/AP；本書未收錄〕）。當人們穿戴帶有衝突象徵的服飾時，我們會看到位於撤退者隊尾的，正是那些戴著頭罩和面具的人。他們是最勇敢和最蠻橫的。當然這不是說他們有綿綿不絕的勇氣，我們在那一系列照片中看到，當那名瑞典示威者發現有槍瞄準自己，他的表情便從挑釁轉變成驚恐。

接下來是**勝利**階段。打鬥通常會讓一群人散開，而勝利會讓他們重新集結起來。最後能集結多少人，通常與慶祝和打鬥之間相隔的時間成反比。如果勝利之後立刻慶祝，就很容易演變成為恐慌進攻。我們在第三章曾經提過此類照片：一群攻擊者占了上風，將一名落單的受害者打倒在地。在羅德尼·金被毆打的影片中，大部分毆打是由警察中的百分之二十實施，其他人只是為他們提供情感和口頭支持[7]。暴力參與者的情緒能量會流向位於前排的攻擊者；一名人類學家觀察到，一群非洲街頭暴徒攻擊一名市場小偷時，人們會輪番上前，不太積極的踢一腳已經倒下的小偷。不過，此時人群中的其他人至少都站在一起，藉以體現團結感，而在攻擊與撤退時刻，如果一切尚未塵埃落定，這種團結感是不存在的。

帶頭的暴力分子與普通人群之間互相支持的關係，表現在巴勒斯坦暴動的照片中，當時發生持續多輪的互相虐殺。四名以色列士兵與他們所在的小分隊在拉馬拉（Ramallah）被徵召，不知情的他們闖入一場剛剛結束的葬禮，而這場葬禮又恰恰是為一名被以色列士兵殺害的十七歲男孩舉辦的（*The [London] Times*, Oct. 13, 2000/photos AFP；本書未收錄）。在整個過程中，年輕男性不斷叫喊著「真主至上」，撕扯著衣服，咒罵以色列人是殺害兒童的凶手，年長男性詠唱著宗教聖歌。當他們發現以色列士兵的車輛，立刻用汽油彈將其點燃。巴勒斯坦警察把士兵救出來帶到警局。一群幾百人的暴徒突破重重障礙，打傷十幾名警察。幾分鐘後拍攝的一張照片（本書未收錄）顯示，一名青年靠在警局二樓的窗戶上，張著嘴高聲呼喊，並舉起帶血的手掌給眾人看。另外兩人也透過窗戶展示著帶血的手掌。下方人群中顯示出七名男性的剪影，顯然還有更多人在場，他們都望著窗戶的方向，或是在鼓掌，或是舉著緊握的拳頭。幾分鐘後，兩名以色列人的屍體從窗戶裡被丟了出來。第二張照片（本書未收錄）顯示，大約五十人擠在一起，最裡面的一圈人踢著屍體，兩排後的一個人對著屍體揮舞一把小刀。多數人拚命往前擠，試圖攻擊屍體，或是至少看一眼，然而有三個人已經轉過身去，離開人群中心，顯然他們已經踢夠了看夠了。他們繃緊下巴，與尚未抵達中心的那些人臉上渴望與憤怒的表情大不相同。圖片中有一名女性，她用披肩蓋住頭部，正轉身離開屍體，顯然她是專門來看屍體的，也許是之前某位受害者的親屬。這裡清楚顯示葬禮參加者、攻擊車子和警局的人，以及殺害以色列士兵的人，這整個群體與其中各個部分之間的情感聯繫。少數暴力分子炫耀他們的殺戮行為並獲得讚賞，他們進而把屍體拋出來，好與距離最近的一批參與者建立身體上的聯繫。血跡斑斑的雙手與受害者的屍體是一種符號，在不同等級的暴徒中建立關係。

有些勝利會產生暴力的慶祝儀式，包括攻擊死去敵人的屍體等。我們可以在索馬利亞摩加迪休（Mogadishu）的一場戰鬥影片中看到這一點。一九九二年，美軍正在執行聯合國救援任務，與當地軍閥的支持者發生衝突。一架美軍直升機被擊落，其中一名飛行員死亡，他的屍體被剝光衣服拖著穿過街道，一大群旁觀者中的幾個人（主要是年輕男性和男孩）踢著屍體（KR Video 1997）。在伊拉克費盧傑（Fallujah），四名受雇於私人保全公司的美國人遭遇伊拉克叛軍伏擊，車子遭點火後，他們被活活燒死（March 31, 2004/AP Abdel Kader Saadi；本書未收錄）。另一張照片（March 31, 2004, Khalid Mohammed/AP；本書未收錄）顯示，燒焦的屍體用繩子吊著，從幼發拉底河上的橋柱垂下來。照片前景中能看到十二個人，其中六人狂喜的在空中揮舞著手臂。另外一人爬上橋柱，手裡拎著鞋子，試圖砸向屍體，這在阿拉伯文化中是一種極度羞辱。早些時候，有人看到一名十歲男孩用鞋跟去碾屍體燒焦的腦袋。在這兩起事件中，參與者都比實際打鬥中多得多。還有一些人我們可以稱之為表現極端分子，他們在對已經倒下的敵人實施象徵暴力上，比其他人做的更多。

暴力衝突之後，更常見的勝利慶祝形式是攻擊非人類目標。隨著塞爾維亞民族主義領導人米洛塞維奇倒臺，闖入宮殿的示威者將電腦從窗戶往外扔到廣場上，外面有一群人歡呼喝采。有張照片顯示，國家電視臺（米洛塞維奇政權的主要標誌）被人縱火點燃。新聞稱群眾正在向這棟建築投擲石塊。我們實際看到的是三個人站在距離建築二、三十公尺處，其中兩人向破損的窗戶投擲石頭，而火苗正在吞噬整棟建築。照片全景約有九十公尺長，卻幾乎沒有人。再往外九十公尺處，我們看到兩名路人正望著其他方向，忙著自己的事（〔London〕*Daily Mail*, Oct. 6, 2000, p.3; *The Guardian*, Oct. 6, 2000, pp.1-5; *Daily Telegraph*, Oct. 6, 2000, pp.1-3；本書未收錄）。貝爾格勒市區當天有四十萬名示威者，但顯而易見，只有一小部分人參與象徵性的破壞行動。

表現極端分子是否就是活躍暴力分子，亦即那些最主動的戰士（在衝突高潮中實際動手打殺的人）？資訊並不夠，因為我們很難追蹤一個個體從打鬥環節到之後的表現。但也有一些線索表明他們並不是同一批人。表現極端分子（那些踢打死屍、向屍體投擲鞋子的人）通常比實際參與打鬥者年輕，最常做出這些行為的似乎是孩童。很可能表現極端分子不是能力較高的戰士，因此他們直到暴力安全結束後，才會出現在人群中。若說他們代表眾人的情緒，似乎並不準確，更不要說他們能代表暴力分子了。除了那些明確表達出自身情緒的人，若我們自以為了解眾人的「真實」感受，恐怕是很危險的。認為眾人在行動時帶有一種情緒（例如正義的憤怒與復仇的渴望），這本身就存在誤導性。但實際上，正如我自始至終試圖證明的，暴力衝突會產生自己的情境情緒，其中最重要的就是緊張與恐懼，在這些事件中，我們能從參與者的面部表情和身體語言看到這一點。我們無法將表現極端分子所表達的情感推斷為一般人所有；他們是另外一種專業化的少數群體（與少數活躍暴力分子不同），在眾人之中發現屬於自己的情感。實際上，眾人不一定會跟隨他們，就算現場沒有敵人只有死屍和建築也不例外，表現極端分子與其他人通常是分隔開的。

為了證明這一點，我們可以分析一八七〇年至一九三五年間記錄美國南部和西部私刑的照片（Allen 2000）。大部分照片（包括最能證明這一點的那些）是在暴力發生後幾小時或第二天拍攝的。侮辱死屍的人與實際的暴力之間是安全隔開的。在一張照片中（Allen 2000: plate 93；本書未收錄），我們看到兩名白人男性站在一名被吊在樹上的黑人男子身旁，其中一人用棍子戳著屍體，另一人在毆打它。背景中有四名白人男子在旁觀。在另一張照片中（Allen 2000: plate 25；本書未收錄），一名男性漠然的靠在一根柱子上，閉著眼睛，一具被燒死的黑人男子屍體就掛在這根柱子上。人群中能夠看到其他十九張陰鬱的面孔。這是所有照片中統一的模式，只有少數幾人是表現極端分子，大部分的人在死亡面前都表現得嚴肅、陰鬱、畏懼或是不安。

我們的第一反應，也許會將表現極端分子的行為舉止解釋為群眾（或整個社會）中存在的種族主義表現。但這意味著忽視我們真正目睹的場景：一小群個體（我從照片集中挑選最可怕的例子）在行為舉止上與眾人不同[8]。

但是，暴力結束後的表現極端分子所表達的情緒，與私刑中表達的情緒不同。在一系列罕見的照片中，我們看到私刑進行的過程：一名黑人男性站在囚車中，露出背上的鞭痕，執行私刑的人正滿懷敵意狠狠的盯著他的臉（Allen 2000; plates 42 and 43；本書未收錄）。他們沒有流露出愉悅的神情，這些人是少數活躍暴力分子，正盛氣凌人、飛揚跋扈的瞪視對方。暴力衝突本身是緊張的，即使一方占了上風（成功的暴力中通常存在的一種元素），人們依然會專注於當下，無暇旁顧。

因此，暴力結束後才安全活動的表現極端分子，表達出不同的情緒：他們試圖從人群中脫穎而出，不再是面目模糊的暴力支持者；他們試圖與吸引眾人注意的暴力現場發生更多聯繫，從而提高自己的地位。透過接近和羞辱屍體，他們也接近注意力空間的中心[9]。在這些關於私刑的照片中（Allen 2000），最大膽表現出愉悅的場景在第九十七張（本書未收錄）：兩名衣裝整齊的年輕男性衝著照相機陰森森的咧嘴笑著，面前是一具燃燒的黑人屍體。但這並未發生在事件高潮之時，而是在暴力發生之後，受害者被控猥褻一名白人女性，遭掛在燈柱上，被子彈打成蜂窩。這些表現極端分子也許很自豪自己能夠如此接近這具黑人的屍體，照片中其他人都站得遠遠的，在能辨別的二十九張面孔中，有些顯得陰沉，有些顯得畏懼。表現極端分子正在炫耀，這是暴力注意力空間的慣例，他們試圖獲得更高的等級，儘管他們不能加入那些活躍暴力分子之列。

最後，我們來分析一下對峙階段的照片。在這裡，人群十分密集，透過數量來展示力量與決心（就像提利〔2003〕所強調的），他們也在情緒上彼此支持。但即使在這些照片中，人們在表情與舉止上也不一樣。在開羅、印度阿約提亞（Ayodhya）、馬德里、基輔，前排示威者與警察直接發生衝突，他們擠在路障前伸手猛推，或是將手伸向空中，前排這些人最可能發出怒吼、挑釁，或是與敵人怒目而視（March 3, 2002/Agence-France Presse; Oct. 31, 1990/AP; March 10, 2001/European Pressphoto Agency；本書未收錄）。在路障旁接近建築物的地方，我們看到一群熟悉的旁觀者，他們背靠在牆上，閉著嘴巴，沒有動作，無聲的望著一切。在基輔拍攝的一張照片中（本書未收錄），暴動者試圖逼迫烏克蘭總統出來，在可見的三十張面孔中，只有一人有著明顯的表情。他牙關緊閉，在前排揮舞棍棒，試圖穿越警察隊伍，警察威脅性的在空中揮舞著警棍（*Daily Telegraph*, March 10, 2001, p.20；本書未收錄）。最後，眾人（總共五千人）與警察用棍棒打成了一團，然而在拍下照片的那一刻，我們看到只有一小部分人在推動那即將發生的衝突。

少數衝突在打鬥階段也能井井有條，它們主要發生在韓國。有張照片顯示一排韓國抗議者，他們戴著防毒面具，手持長棍，攻擊一排警察的盾牌。雙方都排成方陣（Nov. 14, 2004, Ahn Young-Joon/AP；本書未收錄）。我們能看到十根長棍，差不多是同一角度，尚不清楚有多少示威者擠到前排，因為他們看起來似乎只有一、兩排人，而之前的集會參與者多達兩萬人。這些衝突似乎是儀式性的，可能造成的損失也很有限[10]。

更常見的是，對峙局面下的群眾也有區別，少數幾個表現極端分子站在前排，其他人相對比較克制。少數幾個人前去挑釁敵人，他們在人群中獲得自信，進而獲得能量，但他們不是領袖，大部分時候遭其他人嘲笑、譴責或厭惡，被視為「瘋子」或「怪人」。做出與眾不同的舉止時，他們未能帶領他人仿效自己。他們缺乏一小群支持者來將其自身與群眾聯繫在一起，事實上，正是這一小群支持者才能激起進攻的漣漪。

一張偶然拍到的照片讓我們能夠分析人群是如何變得富有攻擊性。在土耳其安卡拉舉行的一場反政府遊行中，我們在照片中看到兩百三十個男人（之前的遊行有七萬人參與；Ankara, Turkey, April 12, 2001/EPA photo；本書未收錄）。前景中的八個人聚在一起，與其他人隔著一段距離。兩人在扔石塊，從下巴能看出肌肉緊繃。六個人站在後面表示支持，他們都緊張的盯著同一個方向，眉頭緊鎖，鼻子皺成一團，看起來十分憤怒（Ekman and Friesen 1975: 95-97；本書未收錄），其中幾個人緊咬牙關，其他人張著嘴，似乎在叫嚷什麼。這一部分暴力者與其他人形成鮮明對比，大部分人都望著其他方向，有些人完全背對前排，只有六個人在大聲叫喊[11]。

少數暴力者也可能正是在衝突中挑起暴力的人，至少當時他們就在附近。在我們能看到的人當中，只有百分之一在實踐暴力，即使加上支持者，也不過占可見群體的百分之五。在人群的注意力空間中，他們也恰恰能夠看到彼此。暴亂者通常可以分為三層，而不是只有暴力誘發者與群眾這兩層。人群的衝突情緒不僅僅取決於前排活躍暴力分子。關鍵的情緒爆發首先來自他們身邊的支持者，後者的作用就像是一種情感放大器，將憤怒與能量用聲音傳達給人群中心那些投擲武器的暴力分子[12]。

就像大部分個人衝突一樣，很可能大部分威脅要使用暴力的人都不會真的這麼做。我們的研究很大程度上是在選擇因變數。我們偶然得到一份民族誌觀察報告，描述未能成功開始的暴動。二〇〇五年，一名社會學家在祕魯高地做發展研究（Rae Lesser Blumberg，二〇〇五年七月的私人通信）。一群抗議者圍繞城鎮廣場進行遊行，呼喊著憤怒的口號，抗議一名在土地爭端中做出不利於他們判決的法官。兩名打頭陣的男子抬著一口棺材，上面畫著死人的腦袋並寫著法官的名字。他們身後是幾十名男男女女，有些人舉著口號標牌。抬著棺材的男人試圖帶領眾人走進政府辦公室。但是，一個女人想繼續繞著廣場行進。於是人群分裂了，抬著棺材的人失去情緒能量與動力。有一個小小的細節阻礙這些人成為暴力領袖：他們雙手抬著空棺材，除非把棺材放下，否則無法自己開始攻擊；這個象徵性的舉動讓他們失去暴力的空間。此外，人群的呼喊斷斷續續，缺乏統一節奏，因此無法產生儀式性的團結感。幾小時之後，示威人群就散去了。

這符合第六章【表6.1】中的發現：旁觀者對一場潛在打鬥的態度，決定打鬥的嚴重程度及它是否會發生。【表6.2】記錄一個例外：如果想要挑起打鬥的群體多於五人，他們就會無視旁觀者的矛盾態度。事實上，只要人數夠多，他們就能為自己提供旁觀者的支持。因此，激進者若能達到中等人數，形成一個團體，就能克服旁觀者對暴力的反感態度。人群會分化，以小團體為單位來行動。這就是我們在記錄攻擊行動的照片中，所看到的人群在空間上的分散，四、五人的小團體會去尋找人數更少的敵人，從而以多欺少（我們在第三章提到的照片中有出現這一點）。

整體而言，群眾能為暴力分子提供些什麼呢？人群中的每個暴力等級都能貢獻一些東西。**最活躍和能力最強的暴力分子**，會從距離他們最近的小團體中，獲得情緒支持。有些**支持者**也很暴力，但他們似乎把所有實踐都花在製造聲響和提供情緒支援。他們會為直接對抗敵人的暴力分子提供情緒支持，即使在行動尚處於對峙階段時也是如此。接下來是**中間人群**，他們有著同樣的目標，但情緒能量較低，較無自信，無法主動採取行動。這些只在名義上暴力的大多數人，為領頭者製造一種錯覺，讓他們認為自己能夠得到其他人的支持，以為一旦行動開始，就能以多勝少。最後，就連**後排**那些只在安全距離外的人行道上旁觀的人，也能提供一些東西[13]。他們或許是大城市街道上的行人，或許是去聽音樂會或觀看體育比賽的人群，也有可能他們提供的僅僅是背景聲音而已。就連人群中最膽小和搖擺不定的人，也能提供某種東西，那就是注意力空間。儘管他們只是在看著，但他們卻是望著同一個方向，他們的興趣也許會搖擺不定，但一旦發生激動人心的事，他們的目光就會追隨過去[14]。正是**表現極端分子**培育這些後排群眾，他們會在暴力結束後出現，但尚不確知在此之前他們從何而來。

有時，人們對激進者的支持十分明顯，而且是有意識的。在一次抗議死刑的遊行中，有些人計畫採取公民不服從行動進而被逮捕，其他人強化情緒支持，那些被逮捕的人的行動雖然是非暴力的，但他們相當於那些活躍暴力分子。「人群竊竊私語：『喊出聲來，這樣可以幫他們集中注意力。』於是〔在抗議者被逮捕時〕人群的叫嚷聲也就變得更加響亮。」（Summers-Effler 2004）

事件的高潮是少數暴力分子的行動。他們情緒能量的基礎：信心、熱情、動力、主動性，來自身邊的支持者、協助者和旁觀者。人群的層次就像一個巨大的圓錐，從他們的空間分布就能看出這一點，同時他們組成一個巨大的擴音器，將聲音放大後傳向中央。這些不同層次的注意力產生能量，使衝突成為注意焦點[15]。對峙階段的人群製造不斷攀升的緊張感。如果情境允許將緊張釋放為行動（通常出現在對方表現出弱勢時），那麼人群就會以小團體為單位獲得暴力能量。如果沒有人群的注意力，這些少數暴力分子是無法行動的。

缺乏觀眾的暴力：職業殺手和隱祕暴力

我已經論證過，暴力的能量來自於挪用情緒活躍人群的注意力。因而，我必須解決一個明顯的例外問題，那就是雖然缺乏觀眾，但是暴力程度卻很高的個體暴力。這方面最好的證據就是職業殺手[16]。

他們最典型的技術是隱祕且快速的出手。殺手會在某個熟悉的地點等在車裡，一般是罕有人至的黑暗街道。等受害者下車或是上車時，殺手就會迅速接近，然後盡可能一槍斃命；或者是將受害者引誘到一個見面地點，在他進門時立刻幹掉；又或者是在受害者開門時立刻開槍。職業殺手喜歡讓受害者孤立起來，自己也喜歡單獨行動。這是為了減少證人，降低訊息透過路人傳到警察耳中，或是自己被同夥出賣的機會。更重要的是，這能保證每一個環節都掌握在殺手本人手中。這讓他能夠專注於自己的技術和對情感的操控，避免橫生枝節進而影響到自己全神貫注的冷靜態度，因為這種冷靜是成功的關鍵。

此類殺人行動需要事先制定縝密的計畫。殺手必須提前摸清受害者的路線，或是直接獲得資訊，或是自己透過跟蹤得知這一點，通常他會花費許多精力從雇主那裡證實資訊。他也需要花幾天時間挑選合適的地點，籌畫細節，並測試設備。他還需要花很長時間來隱藏活動，法庭與媒體常常稱此為「冷血的謀畫」。正是技術細節讓殺手能夠抽離情感，他全神貫注於一系列小任務，其中充斥著諸多一絲不苟的細節。在他的頭腦中，既沒有將受害者視為一個人，也沒有注意即將到來的衝突可能會產生的那些情緒。有些殺手不希望得知受害者究竟犯了什麼過錯，以至於有人雇殺手來殺他。對他們來說，這項工作只是一個技術問題，不需要捲入自己的情感[17]。

有些殺手的工作沒有經過周全的準備，這主要是因為受害者行蹤不定或很難找到。有專業網絡的殺手如果知道某人頭上有懸賞，可能突然得到機會，例如得知受害者出現在某一個特定地點（如餐廳），或者有人在某個賭場附近看到他的車。但實際採取的技術通常是一樣的：等待受害者獨自一人出來，盡可能不被發現的靠近，然後在進入射程後立刻開槍。如果受害者始終不曾一個人，那麼殺手就可能使用另一種策略。殺手先得知受害者在餐廳中坐在什麼位置，然後突然接近並立刻開槍；或者殺手會先去洗手間（如果洗手間在受害者後方），然後在回來的路上對受害者後腦勺開槍。一名殺手曾評論稱，儘管他通常會用消音器，好讓槍聲變成低沉的「噗」聲，但在人滿為患的大餐廳，他通常會用較大的、聲音較響的手槍。槍聲會讓潛在的證人趴下尋找掩護，也會製造混亂，好讓他能輕易逃脫（Fisher 2002: 57）。他還利用一個心理學特點，當有多名證人在場時，通常會出現多種不同的描述，這讓警方很難指認他。

職業殺手似乎很清楚命中率不高的問題，因此喜歡在非常近的距離開槍，通常少於一公尺。這種距離會讓他們很難克服衝突性緊張，而這也是職業殺手傾向盡可能在受害者背後開槍的原因之一。更重要的是，突襲能夠降低任何互動曳引的可能。殺手突然攻擊受害者，兩人沒有機會對話或溝通。突襲不僅僅是為了讓受害者措手不及，一時無法反抗，同時也是為了避免殺手因自己的情緒而可能產生的微觀互動障礙[18]。總而言之，準備階段的隱祕和攻擊階段的突然，都是為了克服衝突性緊張和恐懼。

不過，有些職業殺手仍然會與受害者產生長期接觸。受害者可能被劫持到車裡，帶到偏僻的地方殺害；或是被引誘去某個見面地點，而車裡的人就是他的劊子手。為什麼殺手在這些情況下能克服衝突性緊張呢？他們的主要技術似乎是嘗試讓受害者保持冷靜，使他相信自己也許不會被殺害。這種詭計不只是為了控制受害者，也是為了讓殺手本人保持冷靜，做出自己並不打算殺害任何人的假象。這是一種高夫曼式的前臺，但目的既是為了欺騙受害者，也是為了欺騙表演者本人。當殺戮最終發生時，衝突依然是短促的，在一系列看似正常的偽裝之後，隨之而來的是一閃而逝的暴力，這個模式依然成立[19]。

這裡還有第二個問題。在大部分長期接觸的事例中，仔細觀察互動細節，我們就會看到一群誘拐者和一個受害者。殺手會獲得群體支持，因此這已經不再是此處討論的單人暴力問題。在殺手先折磨受害者再下毒手的例子裡，這一點往往表現得更明顯，這麼做通常是為了傳達某種訊息，例如復仇，或是為了恐嚇對手。折磨會讓衝突性緊張達到頂點，而殺手通常使用的技術則會將緊張盡可能縮短。此外，折磨幾乎總是群體進行，因此群體的情緒互動處於這個過程的核心[20]。

想成為成功的殺手，要有心理技術，也要有互動技術。因此，職業殺手通常是中等身材或更矮小，不需要很強壯[21]。這可不只是因為他們通常會用槍，他們一開始也都是搏鬥高手。此類搏鬥發生在年輕從業人士之間，主要是為了保護自己在犯罪業界或是監獄裡的地盤。在我的資料中，所有殺手都為自己從不怯於打鬥而自豪，並會不惜一切代價獲勝。有些人一開始會動用一些骯髒的小動作，或者使用心理上的小騙術，例如滿面笑容、假意逢迎，而後發動突襲（Mujstain and Capeci 1993）。「喬伊」（Joey）十五歲開始進入這個地下市場，成為紐約街角的跑腿小弟，他要向三名年紀稍長的青年彙報，後者會從他的收入中抽成。他的工作是拿著球棒走進附近一間商店，一言不發的突然打斷某人的骨頭（Fisher 2002: 11）。「瘋狗蘇利文」（Mad Dog Sullivan）更善於進行突襲，他曾用拇指挖出一名敵人的眼珠（Hoffman and Headley 1992: 276）。在一個由一群強壯的男性組成的社群中，人們在普通的打鬥中發展出心理與互動技巧，好讓其他人被動防守。他們十分善於主動採取暴力，並會透過堅決而冷酷的突襲來壓倒其他人。

殺手會讓自己成為情緒管理專家，既管理自己的情緒，也管理其他人的情緒。這裡有短期與中長期這兩個層面。在微觀情境互動中，殺手在行動中十分冷靜。他很清楚受害者的情緒變化，如果必須發生面對面接觸，他會注意到受害者的恐懼，像是目光、汗、顫抖的雙手等。全神貫注於這些技術細節，他就能避免讓自己發生情感互動。「希臘人托尼」（Tony the Greek）曾觀察過監獄裡發生的幫派打鬥，發現強壯的男性身上會散發出緊張與恐懼的獨特氣味（Hoffman and Headley 1992: 125, 133，非常類似第七章那名特警部隊警官的說法）[22]。

大部分時候，殺手會試圖發動突襲，完全避免正面接觸，但這不一定能成功，因為有時目標十分棘手，甚至可能會是另外一名經驗豐富的殺手。喬伊會仔細打量對手，觀察對方是否在虛張聲勢，或是習慣恃強凌弱。他不會將這種人視為對手，就算他們警覺性很高而且手中有槍也不例外。「我沒有很擔心。只要我動作快，他就不會有機會用槍。不常用槍的人一般根本就不會開槍。如果你從沒殺過人，那麼在扣動扳機前，就得認真思考一下才會動手。我知道，無論斯奇蘭特先生有多害怕，當他看到我接近車子，仍會猶豫片刻……就在他思考的時候，我就可以殺了他。」因而，儘管受害者已經掏槍對著他，但自身卻陷入恐慌。喬伊圓滑的讓他冷靜下來，說服他開車到另一個地方，等喬伊扣動扳機時，受害者已經完全僵住了（Fisher 2003: 169-70, 193, 199）。

殺手並非沒有情緒，只是他能夠自我控制。當喬伊埋伏起來等待執行任務時，他感到一種興奮和不斷膨脹的力量：「腎上腺素湧向全身，讓我進入一種十分敏感的狀態。我能注意到一切……我能聽到一般人聽不到的聲音，事實上換成在平時我也聽不到。在這一刻，我停止思考，只剩下行動。我一直在為這一刻做準備。」（Fisher 2003: 179）在一次行動因意外被推遲之後，他評論道：「我喪失了殺戮的情緒，整個人都放鬆下來。現在，隨著我們接近餐廳，我開始重新醞釀這種情緒。」他盯著受害人的頭部，那將是他的目標，他檢查一遍自己的消音器，然後尋找一個黑暗的地方來停車。就在他開槍之前，「我說：『再見了，喬。』我的聲音聽起來格外響亮」（Fisher 2003: 199）。他的聽覺系統被加強，這與我們在第十章記錄的現象很類似，就是警察在槍戰中也能極其清晰的注意到衝突現場的每一個細節。

有些殺手會感覺到恐懼，尤其是當他需要暗殺另一名職業殺手時。這主要是害怕失敗，以及害怕棘手的衝突。希臘人托尼解釋道：「作為職業殺手，我已經到達事業的顛峰，在犯罪者的社會中獲得尊重。在內心深處，我非常害怕失去這一切；只要我猶豫片刻，就可能一敗塗地。每次接到工作，我都需要給自己打氣，讓自己從內心發狂起來。」他很熟悉人的情緒變化，並利用這一點將自己對敵人的恐懼轉化為憤怒，從而獲得行動的動力。發動攻擊前，他會在內心告訴自己：「**你有優勢……你是進攻的一方。幹掉他。冷靜點，快動手。**」（Hoffman and Headley 1992: 9-10）

另外一個技巧是根據情況讓自己感受到一定的恐懼，而後利用恐懼來激發憤怒。喬伊回想起自己職業初期的一次任務：他告訴自己，如果交換位置，任務目標完全有能力殺死自己（Fisher 2002）。警察陷入槍戰時也常會這麼做，在大部分我們了解細節的事例中（Artwohl and Christensen 1997; Klinger 2004），警官都會告訴自己，目標曾威脅要殺死其他警察或平民。近年的警方槍戰幾乎都包含這個要素，開槍的警察深信（無論訊息來源是什麼）對手曾發誓要「拉幾個人墊背」。這可能是對自己情緒的管控，它不僅僅是為自己在道德上正名，更是要激起一種憤怒，好讓自己能毫不猶豫的動手。事實上，這是利用冷靜的技術手段，來讓自己陷入控制範圍內的熾熱情緒。

有些殺手會將憤怒作為工具。加洛（Joey Gallo）曾在黑手黨負責恐嚇與殺人，他曾對著鏡子練習露出猙獰的表情，每次打人時都會醞釀一種瘋狂的恨意，好讓毆打能持續下去，且足夠凶狠。相反的，喬伊則聲稱，身為殺手，他已經失去恨的能力（也許是因為他太擅長隱蔽、誘拐和突襲）。瘋狗蘇利文的綽號來自他在襲擊受害者時臉上會流露出極度的恨意，但一般情況下彬彬有禮，能夠冷靜的操控其他人。執行殺手任務時，他會有意回想起自己童年遭遇的羞辱。他技術精準，槍命中受害者後，還會割開其喉嚨來保證對方死亡，因為子彈有時不能一擊斃命。由於他強迫自己與受害者發生正面接觸（其他冷血殺手會盡量避免這麼做），所以也就需要更多的情緒能量來做到這一點（Fisher 2002: 198; Hoffman and Headley 1992: 97, 275）[23]。

殺戮之後的處理，也能體現殺手在情緒上的冷靜。由於將腎上腺素的分泌控制在一定範圍內，他不需要透過狂暴的行為去消耗它（與第三章卡普托中尉的情況不同）。他也不會捲入其他犯罪行為；他可以回家好好睡上一覺[24]，或是嫻熟的對妻子偽裝一切安好，或者可以盛裝出席婚禮。這部分是因為他採用心理學上的自我支援程序來處理殺人後的情緒問題。他完全沉浸於技術細節：拆卸槍枝和消音器，將零件丟棄在無法找到的地方（Fisher 2003: 206）；如果屬於計畫的一部分，他還可能負責丟棄屍體，這也會作為工作的一部分，占據其注意力，幫助他將情緒調整回日常狀態。

處理屍體的方式常會吸引公眾關注，被視為職業殺手道德敗壞和瘋狂的證據之一。然而，如果從社會學分析的角度來看，殺手的態度只是出於技術考慮。殺手可以讓屍體暴露在光天化日之下，特別是當他打算藉此傳遞某種訊息時，如威脅他人、懲罰某一組織，或是宣告某一幫派老大已經死亡。不過，為了降低被發現的可能，還是處理掉屍體比較理性。透過長久累積的經驗，殺手發現，如果把整具屍體埋在某個建築工地，通常很快就會被發現，因為屍體腐爛後會散發出氣味。如果將其丟進河裡，肺部未破裂的屍體會浮起來。他們處理屍體的手段之所以令人髮指，部分也是因為這些複雜情況。一九七〇年代至一九八〇年代，布魯克林的幫派迪米歐（DeMeo）殺了七十五至兩百人，他們發展出一套技術，例如將屍體切成碎塊分別丟棄（Mustain and Capeci 1993: 222-23）。殺手有時還會用毛巾包裹自己，以免濺上鮮血，他們反覆用刀捅心臟，讓它不再噴出血液，接著等一小時後血凝固才開始分屍，這樣做是為了便於打掃。在六個人組成的一個小團隊中，恰好有兩人曾是屠夫，這讓他們獲得入行的技術（另一個由屠夫轉為殺手的例子，參見 Hoffman and Headley 1992: 240）。這些技術使他們惡名昭彰，即使在他們鬆散依附著的黑手黨家族中，這些人也令人側目。但在這裡我想指出的是，他們殺人後的行為中並不存在嶄新或特別的情緒，這一切工作只是為了讓他們保持冷靜和周密，與其他功成名就的殺手一樣。迪米歐殺手團之所以與眾不同，是因為他們所有的工作都是以團體為單位進行，而不是像其他殺手那樣喜歡獨來獨往。很可能是組織內部提供的支援，讓他們能夠在分屍這種可怕的工作上，保持冷靜的職業態度。相較之下，獨來獨往的殺手喜歡將屍體留在原地，或者讓其他人去處理掉那些屍體。喬伊曾接了三十五項殺人工作，他說他不喜歡葬禮和屍體（Fisher 2003: 8）。

殺手最重要的長期情緒是自豪感。有時這也會包括一定程度的喜悅感，不過那不是許多類型的暴力中都存在的狂熱慶祝（如軍隊的狂熱進攻或運動暴力）。對有些殺手來說，那是種溫和可控的興奮，源自於殺戮的冒險感和控制感。這個例子也表明，透過控制喪失情緒能量的受害者，人們可以從中獲得情緒能量。喬伊強調：「一旦你體會過〔殺人〕有多簡單方便，你就會發現這沒什麼……你會開始從不同的角度看待自己。你會感到自己受到保護，不會出問題，你會覺得自己是一個很特別的人。如果你知道如何利用這一點，這種感覺還是很不錯的。」（Fisher 2003: 34）他繼續解釋道，在將這種自信應用到殺人上時，不應因此忽視周密的籌備階段。殺手之所以敬業，不僅僅是因為錢，也因為行動本身及其帶來的地位。喬伊在我的資料中是自我控制能力最強的殺手，他說合法生意對他來說太無聊，連日常犯罪活動（主要是賭博、高利貸和討債等）也太循規蹈矩，因此需要時不時殺個人（Fisher 2002: 43, 106; Hoffman and Headley 1992: 214）。

最重要的是，殺手對自己的技術滿懷自豪，尤其是隱祕行事的技術。像喬伊（Fisher 2002: 70）等殺手會滔滔不絕的談及自己如何過著雙重生活：表面上是個正常的百姓，有工作和家庭，暗地裡卻藏著大量非法所得的錢財。他會談論殺手中的英雄人物，那些人能靠偽裝突破任何保全措施，並在殺人之後沉著的瞞天過海，安全脫身。我們可以將這稱為偽裝帶來的興奮[25]。同樣的，有些業內知名的持械劫匪也像職業殺手一樣形容自己的日常生活：「表面上我是個安靜的人，是個好鄰居……但我工作時的規矩是不同的。我從來沒有在工作之外捲入過暴力，但工作時，我總是格外暴力。」另一個人說：「這〔持械搶劫〕沒什麼大不了。它就像白天出去工作，晚上回家陪老婆孩子一樣。」（Morrison and O'Donnell 1994: 68）

> 被問到如何在餐廳殺人時，我的線人告訴我，他會將帶消音器的槍用餐巾蓋住，起身去洗手間，繞過我的椅子，開槍擊中我的後腦，然後正常的走出門去，頭也不回。表面上要冷靜、沉

著、正常，這就是職業自豪感的主要來源。因此，殺手雖然性格各自不同，但也有某些共同之處。他們努力工作、兢兢業業、一絲不苟，至少在工作上如此。有些人安靜而自制，像清教徒一樣。其他人將閒置時間花在地下生活的享樂中，日日吃喝嫖賭。我聯繫到的殺手都很聰明，口齒清楚[26]，在這一點上，他們與此前描述的警察暴力分子非常類似。他們很擅長自己的工作，在一個競爭激烈的職業中爬到上層。

接下來讓我們將所有論點整合起來。我已論證過，暴力菁英會從周邊群體中獲得情感支持。但要是暴力菁英獨來獨往，這又是怎麼做到的呢？部分是因為這些殺手掌握以上技巧，能夠在準備和事後階段的工作中全神貫注，從而避免沉浸在衝突中。他們通常會突襲，以縮短衝突時間，這種微觀互動技巧讓他們獲得信心，即使與受害者長時間接觸，也能保持自信及冷靜。

在這個背景中還存在更多社會條件。職業殺手在犯罪社群中有一種特殊的名聲，包括高效、可靠，以及某種道德上的正面評價。從傳統道德標準來看，這似乎很奇怪。喬伊和希臘人托尼都曾強調自己履行合約時十分誠實。只要拿了錢，他們就一定會把人幹掉。他們的目標經常是罪犯的雇員或顧客，也許是因為他們偷了老闆的東西或是在躲避債務，因此殺手本人必須嚴格遵守犯罪生意的規矩。除此之外，他還會以從不向警方告密的聲譽而自豪。反過來，一旦被捕，他也期待得到合法或非法的幫助。殺手如果有好的職業名聲，不僅能獲得更多工作，還能獲得尊重。因此，他從多個方面來看都成了菁英。他是最強硬的人，能夠直接對抗警察和凶狠的對手。與此同時，他在暴力階層中也位於頂端，不僅經常或積極參與暴力，還有很高的實踐暴力的能力[27]。

儘管殺手通常隱祕行事，缺少直接的社會支持，但在罪犯的群體內，他們卻是大名鼎鼎，令人敬重。儘管不是人人皆知，但他們的名字對行家來說如雷貫耳。這產生一種特殊的、可能只在這個以隱祕和聲譽來區分階層的群體中才有意義的職業自豪感。當犯罪高度組織化，成為一個地下政府，殺手也能獲得最高的成就與技術[28]。儘管一名殺手在犯罪家族中沒有制度化的名聲（例如排行和職位），但也不需要承擔義務（例如隨叫隨到，以及上繳一部分收入）。他比被稱為「打手」的普通黑手黨成員地位更高，儘管後者偶爾也會殺人。第一次殺人能讓他獲得一定名聲，隨著他獲得更多更難的工作，他的表現會讓他一步步向上爬。也就是說，他的地位反映暴力能力及相應的職業技術，卻不需承擔其他罪犯角色需承擔的職責。

「我成了最令人妒忌的罪犯，一名冷血殺手；每天我都能從其他人敬畏的眼神中看到自己的地位。」希臘人托尼將自己與較輕微形式的暴力從事者相比：「我說的不是霸凌者，他們頭腦不聰明，動作也不快，只是身強體壯，就可以去嚇唬那些借了高利貸的受害者。我說的是那些在任何人面前都不會後退的人。恐慌會讓人逃走。我說的是那些殺人之後能夠順利逃脫的人。」（Hoffman and Headley 1992: 51, 91; 13, 103。喬伊也描述類似的經驗和態度，參見 Fisher 2002: 48-49。也可參見 Dietz 1983: 77。）

他們也會鄙視那些「陷入歇斯底里的憤怒向自己老婆開槍之類的」業餘殺手和普通流氓（Fisher 2003: 33）。職業殺手之間有更多階層分別。為犯罪組織工作的人通常不會從「正經人」（與犯罪組織無關的平民，可能想要殺死配偶或是獲得保險金）手裡接案子（Hoffman and Headley 1992: 194; Fisher 2002: 50-52）。喬伊和托尼解釋他們的理由：平民不可靠，很容易被警察嚇到，進而出賣他們。這種工作會由低階職業殺手去做，他們的酬金少得多，最少可能只有五千美元，最高有兩萬美元，具體多少取決於目標的重要程度。相較之下，普通黑幫成員可能只能拿到普通月薪，或是每次任務拿到兩百五十美元。在這裡，報酬反映了階層，代表一分錢一分貨。階層的差異與社會結構密度有關。低端殺手通常是沒有組織背景的罪犯，他們的社會關係是隨機形成的，所謂「打一槍換一個地方」；對於受害者的行動，他們能夠獲得的資訊更少，他們的主顧也可能成為警察的線人（Magida 2003）。犯罪組織的核心網絡對其成員有著更強的監控，這讓他們能在需要的時候找到優秀的殺手，也讓殺手更加容易展開工作（因為他通常知道目標的具體行程）。在人人互相監控的地方，殺手是名聲遠揚的菁英。儘管菁英殺手獨自工作，背後卻有整個群體的支持。在他工作時，他也能意識到自己的菁英身分[29]。

避免接觸的恐怖分子策略

如果我們根據方法而非動機或意識形態來為暴力者分類，會發現很多恐怖分子類似職業殺手。尤其是自殺攻擊者，他們直到發動攻擊的前一刻，都會裝作若無其事，像殺手一樣做出日常偽裝來突破防禦、接近受害者，以保證攻擊能可靠的進行，不會錯失目標。他們也會像殺手一樣進行突襲，盡可能減少與受害者正面接觸。這種策略不僅保證暴力的效果，也為殺手提供心理支援。在欺騙別人的過程中，他們也欺騙了自己。殺手做好偽裝後，看上去一點也不像要挑起鬥爭，他們的情緒不是憤怒與緊張，而是司空見慣的平淡無奇。職業殺手只是一個普通的路人，恐怖分子只是一個地鐵乘客或是帶著皮包的購物者，直到他們掏出槍、丟下炸彈或按下按鈕的那一刻。透過偽裝，透過將暴力盡可能縮短，都可以將衝突最小化。理想情況下，殺手從車裡出來後，應該立刻掏槍擊中受害者的後腦勺，如果一切順利，雙方甚至不會有目光接觸。自殺攻擊者將這項心理優勢發揮到極致，因為在整個過程中，他們完全不需要與其他人公開發生衝突。這是一種特殊的策略，用來克服所有暴力都必須克服的衝突性緊張和恐懼。對獨自行動的殺手來說這格外有用，因為他們缺少觀眾的支持與壓力，無法獲得相應的情緒能量。

當然，恐怖分子還包括很多其他類型；即使只局限在政治上的叛亂分子，而不考慮政府權威機構對平民做出的令人髮指的行為，這個名目下依然包括許多人[30]。儘管大部分人需要經過隱祕的準備階段以接近目標，但在攻擊發生時與受害者需要接觸多久方面，他們是不同的：這道光譜的一端是長時間接觸，如劫機、綁架、挾持人質等，尤其是其中還涉及恐嚇與折磨時。這些衝突策略通常需要由一小群人共同執行，這不僅是因為他們需要人力，也是因為他們需要從團體中獲得情緒團結，來克服衝突性緊張。他們無法欺騙別人和自我欺騙這裡不存在暴力。自殺攻擊者位於光譜的另一端，他們最容易克服衝突性緊張，因為他們不需要考慮事後逃跑時如何面對圍觀者。在光譜的這一端，還有遙控炸彈和誘殺裝置（例如二〇〇四年以來，在伊拉克造成大量傷亡的路邊裝置〔www:iCasualties.orgl〕），但是由於沒有人在場保證武器對準目標，效果也不是特別可靠[31]。

同樣致力於減少正面衝突的暴力類型還包括暗殺，即目標鎖定在某個人身上，而不是隨機襲擊目標群體中的平民，策畫者通常會採用隱祕準備和突襲的手段來降低正面衝突的風險。這與殺手的策略幾乎一樣[32]。

大部分關於恐怖分子的研究，關注的都是他們的意識形態和動機，最近有人開始關注他們的網絡和招募、訓練、支援等組織結構（Sageman 2004; Gambetta 2005; Pape 2005; Davis 2003; Stern 2003; Geifman 1993）。幾乎沒有人研究過恐怖分子與受害者之間的微觀互動。然而，無論恐怖分子具有多麼堅定的意識形態，也無論其支援網絡能提供多少資源，如果他們無法克服衝突性緊張和恐懼，也就無法獲得成功。

想一下這個問題：攻擊發生前，隱祕行事的恐怖分子腦海中，究竟在想什麼？我們也許以為他們會這麼想：「真主至上！異教徒去死！我要報復那些猶太人，他們摧毀我們的難民營，殺害了我們的兄弟！」但從微觀互動角度來看，我認為這種內心對話會讓人很難表現出正常的假象，進而很難成功的接近受害者。這種內心對話會讓人起伏不定，從而在面部表情、姿勢和動作中露出馬腳。這不僅會讓他們很難躲避偵察，也會讓他們無法為手頭任務做好準備。反之，基於我們從殺手的心理過程中獲得的線索，我認為恐怖分子會集中精力來讓自己像平日一樣冷靜。

一些自殺攻擊者的照片和證人證詞，為這個觀點提供一些微觀證據。首先是巴勒斯坦兩名反政府軍女性自殺攻擊者的照片。一張照片來自攻擊發生前的宣傳影像（April 22, 2002/Reuters；本書未收錄），她面無表情，眉毛紋絲不動，眼皮沒有顫動，目光也未流露出憤怒，前額沒有皺紋，眉毛沒有挑起，嘴巴也沒有張開，完全沒有恐懼的神色，也不像之前我們提到的暴動照片中那些暴力分子一樣嘴角緊繃（Ekman and Friesen 1975: 63, 95-96；例如之前說到在安卡拉的照片）。她對暴力的決心完全靠服裝來表現：頭巾、格紋披肩，以及她手中的《古蘭經》；但在發起攻擊時，她不是這副打扮。第二張照片是一名身著西式服裝的十八歲少女，那是她在死前為家人留下的肖像，同樣面無表情，沒有笑容，也沒有憤怒、恐懼或堅決的神情；與另一名女性一樣，兩個人都是冰山般的表情（March 30, 2002/AP；面無表情也是隱祕行事、避免衝突的策略之一；本書未收錄）。

在生命的最後時刻，她們需要做好雙重偽裝，不僅要向敵方的權威機構隱瞞自己的意圖，也要向親朋好友隱瞞實情。襲擊前一晚，那名十八歲的女孩還在與她的未婚夫談論高中畢業後和在夏天結婚的計畫。第二天早晨，當她與司機見面準備前往以色列一家超市引爆炸彈時，遇到一名女同學，簡單問好後，就繼續往前走了。司機說他與女孩在車裡聊了幾句，她腳邊放著裝有炸彈的袋子，看上去卻很平靜。在她下車前五分鐘，司機問她要不要退出，她拒絕了，說她並不害怕，她想殺人，也已準備好赴死。五分鐘後，炸彈奪走了她自己、一名年輕以色列女性和一名保全的生命（*Los Angeles Times*, June 12, 2002）。

第三名女性自殺攻擊者在襲擊前接受記者訪問，她說：「你不會想到身上的炸彈，也不會想到自己會被炸成碎片。」（*USA Today*, April 22, 2002, p. A1）記者說她在採訪中看起來很緊張，但走進房間時，卻與迎接她的兩名巴勒斯坦女性愉快的交談了幾句。送她過來的是一名面容冷峻的男性保鏢。比起那些不準備實行襲擊的極端分子，這名女性自殺攻擊者看上去顯得更冷靜也更正常。恐怖組織挑選行動者時，會考慮他們是否足夠冷靜和成熟，反政府軍和基地組織拒絕許多申請者（Sageman 2004）。

並非所有隱祕行事的恐怖分子都能成功，某些人會在最後關頭退縮。據之前提到的那名巴勒斯坦司機透露，他曾將一名二十歲的女性送到附近一個擁擠的巴勒斯坦商場，但十五分鐘後，她用掌上型無線電哀求司機來接她：「我想回家，來接我吧！」（*Los Angeles Times*, June 12, 2002）她的內心究竟想了些什麼導致最後做出退出的決定？是否是當時飄過腦海的思緒讓她想要回家，而不是繼續走下去，假裝自己是一名購物者[33]？

另外一系列恐怖分子的照片來自二〇〇五年七月倫敦地鐵爆炸襲擊前的監控影像。一張照片顯示，七月七日，四名襲擊者走進火車站準備前往倫敦，背包裡裝著炸彈（July 17, 2005, Scotland Yard/AP；照片拍攝於倫敦地鐵襲擊案發前九十分鐘；本書未收錄）。四人互相間隔沒幾步的距離，但他們沒有表現出互相認識的意思。他們彼此之間沒有目光交流，注意力也沒有集中在某一處，而是要麼望著地面，要麼挪開目光，好像只是在想自己的事。看到對方會讓他們想起自己的任務，從而在隱祕的行動上增添多餘的溝通。他們不是擔心這會讓旁人看出端倪（照片中沒有其他人，襲擊還要一小時才會開始），而是因為他們需要集中精力偽裝出正常的假象，用來自我欺騙和保持冷靜。讓一組人同時隱祕行事，比讓一個人這麼做更難，因為任何交流都可能會讓他們想起背後的任務[34]。

他們分頭行動後，其中三個人的特寫顯示他們毫無表情，沒有人表現出憤怒或堅定的神色。只有一個人抿著嘴笑了，但笑得不自然，因為他的眼尾沒有出現魚尾紋。另一個人微微揚起眉毛，眉頭稍稍皺起，表現出細微的恐懼，但臉的下半部卻毫無表情，目光也空洞無物。第三個人徹底面無表情（July 20, 2005, Scotland Yard；本書未收錄；轉引自 Ekman and Friesen 1975: 112, 63）。還有六張照片顯示另外四名襲擊者，他們在兩週後策畫一起類似的地鐵與巴士炸彈襲擊，但因炸彈沒有爆炸而失敗（July 23, 2005, Scotland Yard）。其中三人面無表情，眉頭平整，閉著嘴巴，看上去彷彿有點悲傷。他們不是望著火車或巴士裡的乘客，而是望著地板或是盯著牆壁上方（London, July 2005/AP；本書未收錄）。第四個人揹著背包，正回頭望去，似乎十分有警覺性（眉毛與前額藏在帽子下面）。任務失敗後，這個人被按倒，一名乘客跟他說了幾句話，後來這名乘客形容，他看起來顯得很困惑、迷茫、動搖，但隨後他就跳到軌道上逃跑了。之後一張照片顯示，他在成功脫逃後登上一輛空蕩蕩的巴士，依然面無表情，半閉著眼睛，前額微微皺起，似乎有些恐懼。另外三人中的一人被拍到在任務失敗後，沿著地鐵通道狂奔，閉著嘴巴，同樣面無表情。這些照片共同證實了他們的策略是沉浸於自己的世界，除了實際行動中所需要的反應什麼也不想。悲傷與微微的恐懼，在即將赴死卻又不願多想的人身上看到這些情感並不奇怪。就連攻擊失敗後他們也沒有流露出什麼情感，依然遵從著隱祕行動所需的面無表情原則，而不是借助強烈的情感來發動攻擊。

在一起事例中，一名自殺攻擊者表現出憤怒，但這只是個例外，並且證明常規的存在。一名青年在伊拉克軍隊招募站前大聲演講，憤怒的譴責失業和腐敗問題，聚集了一群人；隨後，他引爆了炸彈，殺了自己與二十二名聽眾，另有四十三人受傷（*Los Angeles Times*, July 11, 2005）。在這裡，這名襲擊者只是將憤怒當作工具來隱藏自己真正的目標，把受害者吸引過來好更方便殺害。他實際的動機也許同樣是憤怒，但這卻被另一層表演出來的憤怒所隱藏。後臺的憤怒被前臺的憤怒掩蓋了[35]。

相反的，大部分隱祕攻擊中的後臺憤怒，都在很久之前就封印了。隨著襲擊任務臨近，這些恐怖分子會封閉自己的情感，讓自己變得麻木，代之以一種恍惚的狀態，作為自己的心理防禦策略[36]。在襲擊發生前看到襲擊者的目擊者，常會形容他們有一種恍惚或暈眩的神情（Merari 1998; Gambetta 2005: 275）。自我控制情緒的技術，是在隱祕攻擊中獲得成功的關鍵[37]。

恐怖攻擊從一八八〇年代開始，就仰賴於縮短正面衝突的技術[38]。這其中不僅包括製造炸彈和引爆的技術，也包括微觀互動技術。正是這種社會技術讓受意識形態驅動的恐怖分子能夠假扮成毫無犯罪背景的中產階級男女。整體而言總的來看，暴力襲擊越是隱祕和試圖避免衝突，襲擊者看上去就越像是行為良好的正經中產階級[39]。因此，恐怖分子的爆炸攻擊是一種溫順的暴力。

衝突性注意力空間中的狹小暴力空間

無論研究哪種暴力，我們都會發現，一小部分人製造大部分暴力。我們可以將這理解為一系列的個人歷程。少數暴力分子正是那些獲得在某些情境下做出暴力行為的技術的人。我已經證實，成功的暴力更多取決於與他人在衝突中的互動，而不僅僅是武器本身。最重要的是處理自己的情緒，並利用他人（包括支持者與受害者）的情緒。為什麼不是所有人都能學會這些技術，進而成為暴力菁英？這正是戰鬥心理學家想弄清楚的（Grossman 2004），也是軍隊與警察等培訓機構的目標：將非戰士培養為戰士。同樣的策略也可以應用到其他所有暴力，如果人人熟知這些技術，那麼人人都能成為殺手和恐怖分子。

我認為這是不可能的。這些互動技術無疑是存在的，也能被了解、傳授和習得。它們並非天生的品性，哪怕帶有易怒或攻擊性基因，距離真正實施暴力也還有很遠的路要走，更何況暴力互動有多種多樣的形式。事實上在幾乎所有類型的暴力中，活躍和有能力實施暴力的人都是少數，這個現象十分廣泛，因此更可能是一種互動結構特性，而非個體特徵。作為社會學家，我們可以反過來看：之所以有些人獲得互動技巧而其他人沒有，正是社交技巧所決定的。多數人的暴力都受到限制，正是這個過程產生少數人的暴力。衝突情境中的群體情緒會從一部分人流向另一部分人。雙向曳引產生的集體亢奮會激發不同強度的情緒：有些人相對被動，感受到更多緊張與恐懼，因此更依賴群體中的其他人來採取行動；其他人則可能更加主動、自信和熱情。後者人數相對較少，因為整個群體中的情緒能量都表現在他們身上。

這不是一種隱喻。當我們仔細分析暴力互動的微觀互動特徵（包括附近的旁觀者在內），就能直接看到這一點。

暴力是情緒情境中的一種互動成就。在暴力威脅情境中始終存在的情緒是衝突性緊張和恐懼。我們在本書中多次看到，暴力是很難發生的，無論背景條件如何：動機、怨氣、衝動、物質刺激或是文化衝突，大部分暴力會半途而廢。這個過程中有威脅、恐嚇與衝突，但大部分時候，參與者會用象徵性的姿態來中止暴力，頂多是使用簡單且效果不高的暴力。想讓暴力發生，當時的情境必須讓某些參與者能夠克服衝突性緊張和恐懼。

主要有兩種方法可以克服衝突性緊張和恐懼：熾熱的情緒暴力和冷酷的技術暴力。一般情況下，「熱暴力」來自注意力高度集中的一群人的情緒湧動，他們也許是同伴，也許是觀眾，也許是對手。最典型的熾熱情緒是憤怒，但也存在其他情緒類型和混合情緒：也許是累積的緊張與恐懼突然轉變為恐慌進攻；也許是狂歡、娛樂或體育賽事中的某種熱情與愉悅。這些都是熾熱情緒，附帶著腎上腺素的分泌與湧動。值得強調的是，僅僅存在熾熱情緒並不足以讓暴力發生；熾熱情緒必須能夠幫助人們克服衝突性緊張和恐懼。

另外一類是各種冷靜技術暴力。在這裡，暴力分子會使用一系列技術來管理自己的情緒，並利用對手的情緒弱點。由於這兩類都是理想型，所以我們會在特定類型的暴力中發現「熱暴力」與「冷暴力」的結合。

我們的問題是解釋：為什麼暴力只會局限在一小部分活躍分子與能力較高的菁英中？我們先討論「熱暴力」，然後討論「冷暴力」。前者很直接，群體熾熱情緒暴力是一個巨大的互動儀式，人們將注意力集中在某一特定衝突上，從而統一了情緒，這帶來興奮與團結感，並為一小部分打鬥者提供能量。當整個群體沒有直接參與打鬥而只是作為觀眾支持打鬥時，或者當觀看體育賽事或參與慶祝活動的觀眾將打鬥視為娛樂時，暴力更容易發生。英雄菁英之間的表演型打鬥也很類似，打鬥者本人不一定有熾熱情緒，但為了順應觀眾的熾熱情緒和維持自己的地位，他們不得不參與打鬥。在這種情況下，觀眾通常會圍成一圈，幫助打鬥者克服衝突性緊張和恐懼，情緒支持會從觀眾身上流向位於中心的少數暴力分子。

當群體本身參與到暴力中，克服衝突性緊張和恐懼會變得更加困難，即使他們只是名義上參與暴力，實際上沒有做什麼，也需要與真正的對手發生直接衝突。有時，存在一個缺乏權威監管的區域，群體會比較容易參與到暴動中，用洗劫和縱火等方式，來對抗無所作為的敵方。在這裡，我們再次看到人群分化為三種：帶頭洗劫者；此前存在的幫派或團夥；以及隨著時間發展出來的業餘參與者，他們被這裡的情緒氣氛吸引而來。然而，即使是最後一種，也只能達到整個群體(有能力參與者)的百分之十至百分之十五。類似情境也發生在藉羞辱敵人屍體來慶祝勝利的儀式上，這種情境遠離真正的衝突，因而相對安全，但侮辱屍體的人仍然很少，而且即使在這種情境下，也只有很少人會成為表現極端分子，例如在費盧傑爬上橋柱用鞋子去砸掛在上面的屍體的人。即使在活躍分子中，能量也有差異，大部分人只是虛張聲勢。

參與度最高的情況，是當菁英群體陷入恐慌進攻的時候。此時的能量來自對峙或追逐階段累積起來的緊張與恐懼，並在敵人突然示弱時，找到發洩的出口。我們曾在軍事戰鬥、警察追逐及典型的族群／群體暴力中看到這一點。在這些例子中，相關群體獲得極高的能量，因為它們會利用衝突性緊張和恐懼來作為興奮的源頭，面對真正的對手，緊張與恐懼是比憤怒更容易喚起的情緒。因此，這條路線在應對暴力衝突上是最自然的。衝突中的緊張／恐懼階段會隨著對峙時間拉長而越演越烈，它可以幫助整個群體在情緒上團結起來，而不是分散到不同的方向。如果敵人突然放棄抵抗，富有情緒能量且團結一致的群體會陷入無法控制的攻擊，做出狂熱的過度殺戮。

考慮到活躍及有能力摧毀敵人的暴力分子通常只占少數，恐慌進攻看起來就像是一個例外。然而，我們沒有詳細的資料說明恐慌進攻中的參與度究竟有多少。不過我們有警察追捕的資料，其中只有一小部分在場警官(通常不會超過百分之二十，除非在場人數很少)會表現出恐慌進攻，彷彿他們代表更多人。在軍事恐慌進攻中，我們的資料更少，顯然所有人都會向前跑，其中許多人可能屠殺倒下和退縮的敵人(就像在阿金庫爾的戰場上)，或者在平民居住區縱火(如在越南)。但是我們不清楚其中有多少人進行有效的殺戮和縱火，有多少人只是沒頭沒腦的亂跑，偶爾叫嚷幾聲，提升自己的情緒支持。同樣的，在種族屠殺中，當暴動者屠殺士氣低落的受害者時也一樣。群體中活躍分子的熾熱情緒似乎得到廣泛傳播，但那些真正闖入別人家裡大肆殺戮的人，與只是參與儀式性破壞的人可能是不同的；更多人只是口頭上表示支持罷了[40]。

如果說「熱暴力」源於整個群體集中精神所做的互動儀式，那麼「冷暴力」中的一系列舉措就明顯是個人行為。這其中包括：(一)在其他人的熾熱情緒中保持冷靜，當敵人陷入戰鬥之翳時自己進入「顛峰狀態」；(二)注意力完全集中在武器與程序等技術細節（如狙擊手）；(三)自我控制情緒的技巧（如透過回憶過去遭受的羞辱來讓自己憤怒）；(四)控制受害者的情緒；(五)隱祕行事，盡可能避免正面衝突；(六)尋找受害者的技術，如搶劫者、連續殺人狂和連續強姦犯常採用的方法；(七)馴服受害者的技術，包括霸凌者與受害者之間的長期關係，以及我稱為「恐怖主義式的制度化虐待」的家暴案例。整體而言，這一系列技術都能讓「冷暴力」專家獲得實施暴力的能力。但它們也都面臨一個理論難題：為什麼在所有類型的暴力中，這些技術的實踐者總是暴力分子中的一小群？

在「熱暴力」中，我們已經回答這個問題：暴力菁英通常仰賴於群體提供的情緒支援；此外，群體會將暴力能量分配給一小部分人來集中情緒注意力。然而，在「冷暴力」中，我們可能要問：為什麼不能讓每個人都學會這些技術呢？經過訓練，人們能夠習得某種呼吸技巧，將腎上腺素保持在中等水準；他們也能反覆練習一定距離下的射擊技術，讓自己在陷入衝突時能依靠本能反應（Grossman 2004）。此外，他們還能學會透過全神貫注的調整準星、避免正面接觸目標等技術，來讓自己忘記目標也是人，並能練習控制自己和受害者的情緒。作為一個思想實驗，我們可以把這些想像成大學裡的心理學課程，或是長達數月的商業培訓研討會，只不過我們在這裡學到的不是憤怒管理或情緒表達，而是研究如何成為一名出色的槍手和持械劫匪，如何隱祕且盡可能避免正面接觸的殺人，以及如何找尋受害者。這個思想實驗迫使我們提出這樣一個問題：能夠成為暴力專家的人數究竟有沒有上限[41]？

我的答案是：有。即使有更多人有機會學習這些技術，最終學會的人數依然會在一個範圍內波動：在普通程度的暴力分子中，最多不會超過百分之十。我會先提出一個理論類比，然後提出具體機制。這個類比來自學者世界。縱觀世界歷史，在任何被認為有重要學術成就的歷史階段，同一世代的著名哲學家幾乎總是介於三至六人之間（Collins 1998）。這個「小數法則」瓜分學術界的注意力空間。如果有太多學者聲稱自己是重要的哲學家，其中有些人就會很難找到合適的方向，他們吸引不到追隨者，於是在歷史上銷聲匿跡。

學術界與暴力界的注意力空間都由衝突建構而成。學術界的創造力意味著言人之所未言，不僅要否定過去的成果，還要否定那些同樣試圖獲得認可的對手。創造力是由衝突驅動的，創造力會在該領域的不同部分同時發生。它從來不是孤立的巨變，而是對占據支配地位的知識概念的重新整合。最具創造力的學者是善於發現謎題的人，但他們不僅能解決謎題，還能提出論點並為之辯護。明星學者就像暴力菁英一樣會透過攪局來建立名聲。大部分人想盡可能逃避衝突，但是他們卻會主動尋找衝突，就像我們在職業罪犯、王牌飛行員和「牛仔警察」身上所看到的。

創造力能夠從注意力空間中獲得能量。這是對情緒能量的分層，而不僅僅是獲得更多文化資本的問題。在學術界網絡中，一個世代的著名學者通常會孕育出下一個世代的著名學者。但明星老師有很多學生，那些後來表現出最高創造力的人，最初從老師和導師那裡獲得的文化資本與其他學生並無不同。然而，其中有些人卻能更加積極主動的利用這些文化資本。他們成為我所謂的「能量明星」（energy star），一旦在領域中找到一個值得深究的範疇，就會全神貫注投入其中。他們會發表大量著作，除了讓自己建立名聲的作品之外，還能完成大量其他工作。這些學術界領軍人物通常更具有自制力，能夠長時間獨自工作並沉浸其中。但他們沒有與群體隔離。他們的事業始於一個競爭激烈的社會網絡核心，他們與同世代優秀的對手對抗，很清楚自己在讀者的注意力空間中所處的位置。

創造性學者從前輩處獲得的並不僅僅是文化資本，還包括思考的技術，以及如何有效反駁對手、如何覓得創造新理論與新風格的機會等。這些技術正是他們的導師能夠在爭奪注意力空間的戰鬥中獲勝的原因，他們能夠將這些技術應用於新的場景，或是發明新的技術。創造性學者能夠將周邊的學術界以及其中的忠誠與衝突都內在化，他們能夠比競爭者思考得更快，並能創造吸引讀者的思想。他們之所以對自己的領域有著近乎直覺的感悟，是因為他們早已將不同學術派別的思想技術深深內化。他們的思考並不費力，因為思考本身會帶來在學界的地位。他們不只是與其他人或抽象的理念辯論，而是同時與這兩者辯論，他們會在學界合縱連橫。這些合作與衝突都將他們推向學界中心。創造性菁英對學界中的位置有一種無師自通的直覺，他們很清楚自己的支持者與對手是誰。

暴力菁英與同等文化背景下的其他人有著同樣的起點。我們不應該將這種背景視為融入主流中產階級價值觀進而向上攀升的障礙，而應將其視為一種有助於建立暴力與犯罪事業的文化資本。但那些成為暴力菁英的人並不僅僅是出身底層、貧民窟和破碎的家庭就夠了。由於我們經常對因變數做出選擇，將樣本局限在暴力菁英身上，因此也就沒能看到：同樣家庭背景下的許多人都未成為暴力菁英。就像著名學者的事業始於能夠提供豐富文化資本的網絡中一樣，暴力菁英也繼承較高的文化資本。問題在於：為什麼出身於同一文化傳統的人，只有一部分人最終成為菁英？他們不僅僅是繼承暴力，一定還在某些其他方面強過相同出身的人[42]。

第二個相似之處在於暴力菁英也需要情緒能量來建立文化資本，而不是被動接受這種資本。在槍手的自述中，我們能夠看到他們少年時期步入犯罪世界時，這種情緒能量是如何逐漸建立起來的[43]。如果有人想從他們的非法所得中分一杯羹，可能被他們解決掉。我們曾看到，其中一人因為有人想要搶走他在賭場跑腿的生意而掄起球棒打人，另一個人透過送貨的工作來給自己加碼鍛鍊肌肉（Fisher 2002; Mustain and Capeci 1993: 30）。儘管暴力菁英在某種意義上來說相對懶惰（他們希望一步登天，因此不屑於平凡的工作），但他們仍然對自己的工作十分努力。管理非法生意意味著要每天結算，悉心研究誰可能在欺騙自己，大搖大擺的晃來晃去以保證所有人都知道自己在場，並在必要的時候使用威脅或暴力手段。就連下班後的聲色犬馬生活也是一種義務，他們需要流連在這些場所附近，保證自己能分一杯羹。保持名聲是一項全職工作[44]。因此，儘管這些非法生意裡的「聰明人」可能會認為「只有那些蠢貨才會去工作」，但真正懶惰的人仍會輸給能量充沛且願意投入的人。與其將此視為個人性格，應該從中看到情緒能量的社會分布模式。

其他領域的暴力也是一樣。犯罪世界也許是最殘酷的，但其中的暴力菁英有著與士兵、飛行員、警察等群體中的菁英一樣的特質。王牌飛行員痛恨辦公桌工作，他們的履歷充斥著違背命令擅自起飛的紀錄。無論在哪裡，最成功的暴力分子都是能量最充沛、最積極投入的人。

第三個相似之處是學術明星夠自制，並願意忍受長時間的獨處，暴力菁英同樣如此。這在殺手身上表現得很明顯，他們會長時間跟蹤受害者，觀察他們的行蹤，等待合適的時機。軍隊狙擊手在安靜和耐心方面堪稱典範。盜賊與持械劫匪經常獨自行動，其中經驗豐富者可能下手數百次，他們不擔心獨自行動，似乎對此感到很自在，甚至將此視為力量的來源。這不是說暴力菁英總是游離於群體之外；他們也會出現在群體之中，讓其他人知道自己的存在。這一點也與學者十分相似，他們會花漫長時間去寫作，但同時也會與學術網絡保持聯繫。善於利用「冷暴力」的菁英最喜歡主動選擇獨處，在活躍的暴力分子中，實施暴力的能力越弱，自制力就越弱。

第四個相似之處是其網絡模式。優秀的學者產生於既有的學術網絡，並會將其重新組合產生新的網絡。對學者來說，對網絡的依賴有縱向與橫向兩個方面：縱向來看，新世代的明星通常是上一世代明星學者的門徒；橫向來看，新明星通常會建立起自己的圈子，共同開拓新的方向[45]。舉個例子，年輕人組成小圈子共同建立事業的情況在黑幫尤為常見，當其他人加入黑幫只為受到保護或尋求刺激，菁英卻會建立更加認真的犯罪團體。他們經常入獄待上一陣子就會「畢業」，監獄能夠測試和篩選出真正擅長暴力並願意投入其中的人。這個篩選過程主要是透過打鬥來確立他們在監獄中的地位，其中一小群人成為最上層，等這一部分人出獄，可能繼續從事更加危險的罪行，能力也會變得更強。希臘人托尼描述監獄中的網絡如何分化成小團體，由於他認識紐約西區的愛爾蘭幫派，因此在他二十歲第一次入獄後，就擠進獄中的一個愛爾蘭黑幫。他將監獄描述為一個「階級系統」：「『好傢伙』不會告密，在打鬥中也能自保；『壞傢伙』不夠暴力，也不認識什麼人。『好傢伙』可以隨意對『壞傢伙』拳打腳踢。」（Hoffman and Headley

1992: 45）此時的托尼已經當過毒販和打手，出獄不久就從事第一次受雇殺人。他的第一個顧客是曾向他購買海洛因的妓女，他為她殺了一名皮條客。由於她受一個黑手黨家族的庇護，托尼也因此被吉諾維斯家族（Genovese）所知，並得到更多委託。他成功完成那些工作，就此奠定事業的基礎。同樣的，揚科夫斯基（1991）也描述監獄中的拉丁裔與黑人幫派如何幫助成員，並建立其幫派身分。我們需要注意的是，這裡有一個篩選過程，有些人會爬上網絡頂端，有些人會因能力不足或不願參與打鬥而被邊緣化。

新產生的網絡也是一樣。參與非法生意，能讓暴力更上一層樓。汽車竊盜是低級犯罪，通常也不暴力，但當它與地下拆車廠聯合起來出售零件，一名汽車竊盜犯就有可能認識持械的暴力罪犯，隨後便可能聯繫到黑手黨人物，最後可能成為一名職業殺手（Mustain and Capeci 1993）。這種分析有許多實踐與理論上的問題：並不僅僅是建立聯繫就夠了，還要通過篩選才行；畢竟在與地下拆車廠有關係的人裡，只有一小部分人才會成為殺手。對研究暴力網絡的社會學來說，將這個篩選過程理論化才是關鍵。

擅長某種暴力衝突的專家不一定擅長其他類型的暴力。這是因為暴力技巧是專業化的，並不是掌握技術就等於掌握了整個領域，因為這意味著要將該領域中所有的網絡關係一起打包帶走。某些殺手有過戰鬥經驗，但他們會很謹慎的利用這一點（Fisher 2002: 12）；黑手黨成員瞧不起退役老兵，因為他們認為戰場上的暴力是不同的（Mustain and Capeci 1993: 22）。希臘人托尼與喬伊都是惡名昭彰的打手和殺手，但當他們所在的監獄發生暴動時，他倆卻都不是帶頭人物。在暴動的熱潮中，他們都表現得非常冷靜，托尼成為囚犯與獄卒之間的協調者，喬伊救了一名被犯人抓住的獄卒並將他護送出去，希望換得自己被釋放（Hoffman and Headley 1992: 150-56）。想要批判他們在這些情境中表現得懦弱，就等於將旁觀者的價值觀強加給他們；他們兩人都在熾熱的情境中保持冷靜，並且從中獲得個人利益，這正是他們建立自己事業的關鍵。

學術圈的網絡結構總是只能產生一小部分明星，既是因為網絡中心只有很小的圈子與傳承，也是因為位於中心的人會汲取其他人的能量並將他們排除在外。同樣的，暴力菁英周圍的網絡結構也只能支援每種暴力中的一小部分人成為菁英。

一小群人成為菁英、其他人雖然有著相似的野心與機會卻半途而廢，現在我們就來研究一下其中的微觀機制。創造性菁英會在一個特定的學術領域建立起特殊的情緒能量，如哲學、數學、社會學、繪畫等，這些領域都是自我限定的注意力空間。在這個空間中存在著對一小部分專業領域的競爭，人們都希望從中獲得認可。情緒能量包括熱情、信心與動力；對抽象語言學者來說，他們透過創造出思想來感受成功。他們喜歡用自己的學術技術來獲得新的能量，因為這些技術正是他們所處位置的一部分，利用這些技術，他們能夠更好的與已被他們內化的讀者獲得互動。用我描述過的思維模式來說（Collins 2004），這些學者使用個人互動儀式，透過自我曳引來獲得信心，並在競爭者與支持者面前進一步肯定自己的身分。

正如錢布利斯（Chambliss 1989）在游泳比賽發現的，勝者獲得一些技巧，他們相信自己能夠透過這些技巧來領先他人，這讓他們進入一個良性回路，因為他們相信並不斷利用這些技巧。這不僅讓他們的技術日益精湛，還讓他們進入一個特殊的社會空間並成為菁英，雖然他們看上去似乎孤身一人。他們彷彿披上一層自信的繭，錢布利斯稱之為「卓越見於平凡」；這種冷靜的態度讓他們在對手眼中變得神祕化，對手因而可能表現欠佳。隨著勝者進一步獲得能量，敗者進一步失去能量，微小的差異也可能被放大。同樣的，有些警察會在射擊場上反覆練習，不停假想自己陷入生死關頭的情形（Klinger 2004: 37-38, 42, 85; Artwohl and Christensen 1997: 64, 150），其他人對準備與衝突都不太在意。雖然我們對其他類型暴力中的這個面向不太了解，但我們知道，有些士兵熱愛武器訓練，一有機會就會使用武器，其他人遲早都會對此懈怠，具體取決於他們與敵人相遇的機會和戰友的投入程度。同樣的，想成為一名合格的貧民窟街頭打鬥者或持械劫匪，僅僅身處暴力之中是不夠的。出身於這個背景的人，有些人會抓住一切機會練習暴力技巧，有些人滿足於借助偶爾的衝突來維持自己的名聲。搶劫與竊盜慣犯（例如一天多次犯罪的人）經常不斷練習技術，那些對搶劫和盜竊不太在行的人較少去冒險，要不就是很快便金盆洗手。安德森指出，「街頭作風」對有些人來說是一種技術的展示，對另一些人來說卻只是可有可無的點綴，只有前者才會「用街頭方式做事」，他們的身分與能量會被這種表演所吞噬，因為這是他們最擅長的東西。

學術菁英的情緒能量會隨著一個良性回路水漲船高。由於能量比其他人更充沛，他們會先人一步獲得更高的地位，由此獲得更多認可，進一步充實自我形象與信心，而這種能量的流動也能幫助他們完成更多工作。同樣的良性回路也表現在物質層面，他們更容易獲得發表機會，也會獲得更好的設備、資金與工作，從而有足夠的時間投身學術研究。

那些落後於學術菁英的人可能面臨惡性循環。他們無法獲得認可，發現自己起步太晚，並因無法實現期望而失望。物質支持也遠遠不夠，有些年輕學者發現他們很難靠自己的收入過活，就像一部分年輕罪犯發現非法活動只能給他們帶來很少的收入一樣。隨著他們與學術菁英在名聲上的差距越來越大，這些年輕學者也需要做出抉擇，看是要繼續掙扎努力，以期獲得認可成為一流學者，還是放棄成為一流，滿足於跟隨他人。還有一些人徹底失去熱情與身分，就此離開學術界。這個學術圈模型也解釋為什麼暴力菁英只能是一小部分人，這是因為年輕的菁英與非菁英之間存在著同樣的過程。

這個過程不僅是明星冉冉升起的過程，也是普通人被湮沒的過程，兩者互為因果，因為這兩種人共用同一個注意力空間。暴力菁英的出現與其他人的半途而廢也是同樣道理。關鍵不在於菁英學會某種特定技巧來獲得更好的表現。他們是在與其他人競爭的過程中獲得這些技巧，樂於使用這些技巧並不斷練習打磨，這些熱情來自他們從周邊群體獲得的認可。

群體的認可在學術界意味著對著名學者的讚美，在犯罪界也有類似的對應：一部分人獲得成為殺手的榮耀，另一部分人被視為蠢貨。在軍隊等合法的暴力空間，王牌飛行員等菁英能夠獲得數不勝數的制度性獎勵，運動員也會時刻被曝光排名。在這些暴力情境中，處於頂層的人會獲得能量（並透過專注於自己的技術，更加清晰的認知到自己的地位）；無法在注意力空間中獲得優勢的人則會被邊緣化，技術也會不斷退步[46]。

從最親近的支持者中獲得的認可，也有類似作用。特警部隊的菁英警察或是主動索求任務的警察，可能一開始全都是精力充沛、樂於參與衝突的人。無論如何，在任何特定的接觸中，都會有一小部分人負責進攻並承擔主攻。他們會從這些接觸中獲得更多經驗，其他人習慣於依賴他們。同樣的，在軍事戰鬥中，最開始落在後面的人也會越來越滿足於讓其他人衝在前面。對於犯罪團體，我們沒有足夠的證據，但似乎在幫派中，也是那些正在尋求加入幫派或試圖往上爬的人最容易參與打鬥（Jankowski 1991）。一旦他們證明了自己，許多人就會滿足於已經獲得的名聲。「小數法則」有上限，這意味著要淘汰一部分已經建立事業軌跡並以暴力菁英為榜樣的人。

暴力菁英的情緒能量與技術在不斷的試煉中有漲有落。在任何暴力衝突中都會存在贏家和輸家，否則就可能形成對峙。在這三種選擇中，唯一能讓人作為暴力菁英，維持情緒能量良性回路的，就是成為贏家。看起來似乎一旦學會「冷暴力」的技術，就能將其作為一種個人所得物，但也有證據表明事情並非如此。在一起事例中，有位聲名遠揚的殺手受雇殺死另一位同樣有名的殺手。希臘人托尼透過偽裝在對方毫無警覺之時悄然接近，他將自己假扮成一名街頭劫匪，用一把隱藏的武器把對方打得措手不及。然後他使用自己的慣用伎倆，開車將對方帶到某個地方，輕而易舉的解決掉，並處理了屍體（Hoffman and Headley 1992: 9-14）。對手原本有著同樣的技術，也能辨別托尼正在做什麼，卻對此無能為力。他在情緒上放棄抵抗，被對方製造的假象所欺騙而冷靜下來，儘管身為一名殺手絕不該犯這種錯。他表現出恐懼，並哀求對方放自己一條生路，甚至大小便失禁，就像炮火下許多警察與士兵的反應（Hoffman and Headley 1992: 9-14; Grossman 2004）。就連幫助一名暴力菁英成功的暴力技術，也有可能會失去能量並被遺忘。

菁英之間的對峙可能不會讓他們喪失能量與信心，但也不會給他們帶來什麼好處。一個可能的假設是：暴力菁英如果無法取勝，就會失去優勢。

在大部分暴力情境中，菁英都會透過攻擊弱者來建立自己的地位，他們善於發現和攻擊對手的弱點並避開其長處。因此，暴力菁英通常會避免彼此對抗。這與《伊利亞特》神話和長久以來的暴力文學傳統恰好相反。在真實世界的暴力中，如果擁有菁英暴力技術的人增多，那麼他們之間也會多少出現一些衝突。但我的觀點和此前引用的事例都證明，此類衝突會讓其中一部分菁英失去他們的能量和技術。

運動是一種人為製造的社會領域，它透過錦標賽來淘汰一部分人，讓技術最好的選手交手。運動也是一種受到限制的暴力，擁有足夠的群眾及隊友支持來克服衝突性緊張。在運動員激烈的競爭中，能夠在熱火朝天的衝突裡保持冷靜的人，也會經歷高峰與低谷。運動員和教練對技術精益求精，並會利用運動心理學，卻無法保證他們常勝連連。在進攻與防守型的運動中，我們能夠看到此前的思想實驗所描述的現象：每個人都學會最強大的暴力菁英的技術，但這不能提高「小數法則」的上限。

學術菁英用來主導對手的技術，正是將自己所在的領域內化的技術，它們與掌握「冷暴力」要領的暴力菁英所使用的技術十分類似。這些技術之所以能夠奏效，是因為它能讓人們了解自己在衝突中所處的位置：衡量對手，迅速判斷誰正熱血上湧、誰能保持冷靜、誰在虛張聲勢、誰在當真威脅、誰會衝上前線、誰在背後支援、誰在最後跟隨。同樣的，支配者的技術也能應用到己方身上，辨明支持者中誰強誰弱。王牌飛行員經常吹噓自己從未丟下僚機，儘管自己是明星，但他們也明白團隊合作的重要性。他們就像是明星四分衛，清楚知道場上雙方每名隊員的位置。

這種技術已經內化，意味著它應用起來很快，它們可以透過潛意識進行，因此暴力菁英不需要停下來思考（同樣的，學術菁英也不需要停下來思考，他們不斷向前，在其他人想到之前就已搶先一步）。由於缺乏微觀社會學的詞彙，我們傾向於將這種行為形容為「直覺」或是「自然而然」，但它其實是從社會中獲得的。我們已經看到，王牌飛行員在成為「王牌」之前，很長時間裡都可能表現平庸。槍戰中的勝方，無論是警察、決鬥者還是罪犯，都不僅僅是拔槍快（對武士來說則是拔劍快），他們還能在社交技術上令對方猝不及防，不經思考就做出決定，並能更快進入「顛峰狀態」。這種速度總是相對他人而言，在暴力情境中，關鍵是要讓自己的速度、直覺和反應始終能比對手快上一步。因此，這是一種永遠搖搖欲墜、時刻經受考驗的技術，它並不是屬於某個個體的特質，也不是一種不可剝奪的財產，而是一種互動關係。一系列暴力接觸能夠發揮過濾作用，將一部分人抬得更高，另一部分人被拋在後面；這是一種特殊的互動儀式鏈，其中一部分人的情緒能量建立在有信心和動力比其他人行動得更快之上。正如在互動儀式鏈中一樣，勢均力敵的雙方始終處於天平兩端，暴力菁英必須保持自己的支配權，否則就有可能被自己的技術反噬。

我一直試圖說明為什麼「小數法則」不僅適用於依賴觀眾反應的「熱暴力」技術，也適用於看起來更加個人化的「冷暴力」技術。在其中一種情境下，很容易解釋為什麼魯莽的永遠是少數暴力分子：他們可以透過其他人的支援來克服衝突性緊張，從而獲得情緒能量。我們也目睹衝突性注意力空間結構中的一種「小數法則」：當發生暴力時，每個場合通常只會發生一次打鬥。當狂歡者打起來，其中一方會主導注意力空間，從而讓其他衝突失去焦點和能量，觀眾的注意力被集中在同一場打鬥上，占據當下的所有情緒能量。這是「小數法則」的一個微觀版本，縱觀歷史，在更大的層面上也有類似的模式，透過研究一段時間內主導暴力事件的「牛仔警察」、王牌飛行員、殺手、超級活躍的持械搶劫者等其他暴力形式，我們就能看到這一點。

著名學者的分析告訴我們，「小數法則」能在長時間內限制菁英的人數，有時甚至可能長達一個世代。在每個暴力舞臺的每個世代中，都存在類似的事情[47]。暴力菁英透過一段時間的學習與磨練建立起冷靜技術，在這個過程中，他們會或明或暗地與現有階層中的暴力實施者進行競爭，直到他們能夠控制所有對手。為什麼在某段時間內始終只有一小部分人能做到這一點？實際上，他們的技術可以歸結為讓自己不受「戰鬥之翳」的影響，並利用對方的衝突性緊張。這些之所以是冷靜技術，正是因為它們是用來克服戰鬥中的熾熱情緒。暴力分子會利用對手的情緒狀態，並從中汲取能量；那些情緒不僅是讓大部分人無法行動的衝突性緊張和恐懼，還包括熾熱的憤怒與勇氣。

只有一小部分人能夠獲得這些冷靜技術。我是根據從古至今的暴力才總結出這個經驗模式。我們可以將其解釋為一種衝突性注意力空間結構中的情緒互動。這種暴力控制的冷靜技術在每一個層面上都是社會性的：在當下的衝突中，它們讓人能夠無意識的迅速感知在場每個人的情緒與行動方向，並為己所用。但是只有一小部分人能夠做到這一點，因為使用這些技術會抽取對手的能量。在每個暴力個體的生命中，都會存在一系列衝突，成功者會變得越來越認同自己的技術，但這也會讓他們對成功與失敗變得格外敏感，一旦失敗就可能被取代，這不僅是可能在打鬥中丟掉性命，而且是只要失去支配權或是在衝突面前稍有退縮，就可能喪失優勢地位。更有甚者，如果暴力菁英成為聲譽網絡的中心，那麼他們的互動儀式鏈加上事後的敘述，就會成為整個社群的談論素材。菁英對自己技術的自信，來源於成功為其帶來的聲名，然而一旦群體的注意力發生轉移（甚至不一定是失敗使然），他們就會因此喪失信心。幫派中出現新的猛士，飛行員中出現新的「王牌」，特警部隊中有其他警察被升職為指揮官，都可能搶走賦予菁英能量的情緒優勢。學術界的情形也是如此，這個群體高度仰賴討論學術發展和當今最流行的思想。如果這個類比成立，那麼在創造力領域控制著著名學者分布的長期「小數法則」，也能用來解釋為什麼掌握「冷暴力」技術的菁英始終只是少數。

第十二章

尾聲：實用的結論

本書主要致力於從社會學角度了解暴力，但是從中我們也能獲得一些實用的啟示。暴力的類型之多令人稱奇。本書從軍隊暴力與警察暴力開始，以職業殺手、王牌飛行員和隱祕的恐怖分子作結，中間分析了霸凌、幫派衝突、群眾狂舞等其他形式。我在書中至少提及三十種不同的暴力。在第二冊中還有許多暴力未深入談及，包括強姦（這又包括許多類型）、虐待、種族屠殺、連環殺手和校園槍擊案等。這意味著沒有萬靈丹可以用來解決所有問題。

實用的建議不應該只是向政府和立法機構提出。這種自上而下的方式在政策研究中很常見，但不能為社會創造最大的價值。本書重點關注的是微觀層面的互動，是我們每天都會經歷的日常生活。書中的洞見理應對人們在現實生活中遇到相應的事情時有所幫助，而不是像官方發言人在正式場合進行演講那樣，只是說說而已。

作為一名嚴肅的社會學家，我的主要任務在於思考不能太過簡單。這與選舉期間的政客和意識形態運動的發言人所採用的技巧剛好相反，他們通常會轉移公眾的注意力，將問題簡化為一種修辭上的口號。「絕不容忍」或「要擁抱，不要吸毒」這種口號是無法解決暴力問題的。對於善意的目標來說也是如此，例如消除貧困和種族歧視等。哪怕貧困不復存在（在目前的情況下似乎不太可能），許多類型的暴力依然會存在；貧困的背景條件不一定會導致狂歡暴力、恐慌進攻、運動暴力或雇傭殺人等。近年來，種族歧視的情況大有改善，但這也未能消除許多形式的暴力。我們的思考需要不落窠臼，這意味著我們要跳出政治光譜的限制。最難承認的就是我們自己所說的都是陳腔濫調。

我提出以下這些不循規蹈矩的建議，是因為大部分行動方案都會產生難以預料的後果。這些副作用經常非常嚴重，尤其是當這些行動方案是由官僚組織（包括公共與私人）來實施的時候，因為大型機構往往有它們自己的目的。雖然我希望微觀層面的建議比較不會誤導他人，但我們仍然需要對這種可能性保持警惕。

一、與警察打交道時，要意識到他們可能會陷入恐慌進攻。你的任務是降低他們的衝突性緊張。如果你覺得這有失尊嚴，請提醒自己，是你正在控制局面，並讓對方冷靜下來。當在場警察人數增加，請格外小心這個問題。

二、對警察的建議同理：注意到在緊張的情境下執行任務有可能產生恐慌進攻，將會有助於抑制這個趨勢。要注意，現場警察人數越多，恐慌進攻或其他警察暴力發生的可能性就越高，這與嫌疑人的行動無關。還要注意到，這種情境下的溝通可能產生謠言，從而進一步提高暴力發生的可能性。許多警官已知道如何降低暴力衝突發生的可能性，警察應在內部進一步傳播此類知識。

三、軍隊中的士兵和軍官也應明確認知恐慌進攻的存在。公眾和媒體也應試著理解戰鬥區域在衝突性緊張之下產生的情緒互動。面對恐慌進攻產生的暴行，我們不應只是懷恨在心或為其開脫，而更應認識其中的互動過程，並設計出解決這個問題的方法。

四、再一次向一般人提出的建議：學會如何處理虛張聲勢，包括自己的虛張聲勢。注意如何讓敵對雙方的虛張聲勢成為一種勢均力敵的儀式，而不是不斷升級、試圖壓倒對方。虛張聲勢反覆進行就會變得無聊，潛在的衝突也會隨之解決，這就是你應該努力的方向。

五、對貧民窟黑人區的「街頭作風」要敏銳一些。試著透過姿勢來區分對方是在自我防衛還是虛張聲勢，以及當對方真想挑起爭端時會發出什麼樣的挑戰。根據安德森的說法，大部分「街頭作風」的表演者想表達的都是前者。如果能夠獲得這種敏銳的觀察力，將有助於緩和種族緊張。

六、一個推測性的提議：如果維護群體榮譽（或尊嚴）的行動能被一對一的公平打鬥取代，貧民窟暴力的頻率就會大大降低。就連用手槍決鬥也比黑幫飛車槍戰和街頭鬥毆要好，因為後兩者都有可能誤傷旁觀者並可能引發報復。也許可以將決鬥轉變為拳擊比賽或類似的設計，表面上看起來十分暴力的一對一打鬥儀式，也比團體尋仇要好得多。請記住，決鬥的歷史就是尋求自我限制的歷史。

七、這不能解決毒品交易暴力，因為這種暴力是出於維護自己領地的需要，並建立在警方無力干涉毒品交易鏈的基礎上。解決這個問題的答案直截了當：讓毒品合法化。我不期待在我們的政治氛圍中能發生。但社會科學家很清楚，如果法律無法管制非法商品市場，那麼就會出現地下系統來管制它。事實上，我們當中支持禁毒的人都間接對毒品交易發生的謀殺負有責任。

八、學會如何拒絕作受害者，辨認出霸凌者、家暴者和搶劫犯試圖用在你身上的伎倆。這說起來比做起來容易，但這與你的體型無關，僅與你的情緒能量和互動方式有關。

舉一個來自安德森的例子。有天晚上，他正在一個犯罪率很高的貧民窟加油，一名年輕黑人男性突然走上前來，問他是否有時間。「我立刻直視他的眼睛說：『怎麼啦，兄弟？』就像我期待他會回答似的。他沒說話。然後我說：『我可不會傻看著你，哥們。』街頭經驗告訴我，街頭搶劫者會詢問他們看中的受害者一個問題，令其分散注意力並降低防備，然後實施搶劫。但我立馬對他說『怎麼啦，兄弟？』，這能讓他暫停下來反省自己的動機。發生僵持或搶劫時，時機是很重要的。我的身體語言、語調和措辭在那一刻共同壓制了他，也許還制止了一起搶劫……街頭規矩告訴我們，如果一個陌生黑人男子在週六半夜靠近另一名黑人男子，那絕對不可能是為了問他有沒有時間。」（*Streetwise*, 1990: 173）[1]

這是非常謹慎的微觀分析。一個天真的旁觀者可能會認為，只要搶劫者在力量上占優勢，那麼無論受害者做什麼，他都會實施搶劫。但事實並非如此，就連天生暴力的人也會挑選恰當的時間和情境，嘗試醞釀情緒能量，策畫接近受害者的時機，好壓倒對方的情緒，並在暴力發生時控制住互動節奏。學習「街頭智慧」，就是學習利用這種節奏來保護自己。

拒絕作受害者並不意味著就必須反擊，有更加微妙的方式可以讓整個局面維持穩定與平和。畢竟，大部分情境暴力都不會真正發生。我們的目標也正是如此。

九、來自軍事心理學家葛司曼（2004）的一個建議：如果你身處的情境中，緊張感正在提升，你會透過自己的呼吸和心跳感覺到。腎上腺素飆升，可能會導致恐懼、憤怒或自我矛盾的情感。這些情緒對你自己和他人都是危險的。如果你能讓自己的心跳平靜下來，就能更妥善應對現場發生的情況。其中一個辦法是吸氣後屏住呼吸四秒鐘，然後呼氣四秒鐘，然後再吸氣四秒鐘，循環往復。關鍵不是深呼吸，而是建立一個由四部分組成的節奏，來延緩呼吸中的所有環節。

十、要注意，觀眾可能影響到一場打鬥是溫和還是殘酷，抑或是否會半途而廢。作為觀眾，我們對自己目睹的打鬥具有重要影響，至少在打鬥一方少於五個人時如此。圍觀者能提供情緒支援來讓打鬥者克服衝突性緊張，如果我們不提供這個資源，打鬥往往就會中止。雖然這不代表所有人都會因而開心，卻意味著我們有能力將暴力維持在相對較低的程度。

在我的建議中，有一個主題貫穿始終，就是徹底根除暴力是不現實的。嘗試讓所有人遵守良好的行為準則是不可能的，這更可能讓人們分化成守規矩和不守規矩兩部分。考慮到年輕人流行文化中的叛逆傾向，可能許多人會選擇去破壞規矩。但我們還是有可能做到將某些類型的暴力強度降低，用相對溫和及儀式性的暴力形式來取代嚴重的暴力。

對於暴力這個痼疾，我們並沒有什麼萬靈丹。不同的暴力機制需要不同的應對方式。這聽起來似乎有些讓人沮喪，但在這個廣闊的領域，也曾存在許多成功的例子。印尼有一種能夠贏取社會尊重的自殺傳統，就是變身為殺人狂，一個人可能會突然發狂般的用砍刀攻擊身邊所有人，直到自己被殺死（Blacker and Tupin 1977; Westermeyer 1973）。後來，當局不再於他們的殺戮行為進行到高潮之時殺死他們，而是將他們判處無期徒刑，這樣一來，傳統印尼社會中的殺人狂行為也就逐漸絕滅。殺人狂行為原本是一種贏取尊敬的自殺方式，而這種處理使其失去本意，從而解決了這問題。如果其他暴力問題也能如此簡單解決就好了。

注釋

第一章　暴力衝突的微觀社會學

1 參見第四章和第十章的總結。

2 在這裡，我主要關注的是個體與小團體之間的暴力。另外一種不同形式的暴力是戰爭和屠殺，它們主要由大型團體實施，既能造成更高的傷亡數字，也能持續更長時間。但即使在戰爭和屠殺中，捲入其中的個體也不是在所有時間和所有脈絡下都是暴力的。在其他時候，他們的表現與暴力情境中的所作所為有著令人驚訝的區別。

3 二〇〇四年有五十三至五十六名記者和媒體工作者被殺害，是繼一九九四年的前南斯拉夫種族暴動以來最多的一年（*San Diego Union Tribune*, Jan. 8, 2005）。其中很多人是平面及影像攝影師。

4 我對暴力微觀社會學的第一印象，是我在一九六〇年代晚期詢問一名越戰老兵戰爭究竟是什麼樣子，而他很不情願回答。最後，當我一再堅持，他說戰爭跟你想像的完全不同。士兵會趴在地上，大小便失禁，像嬰兒一樣哭泣，一點也沒有英雄氣概。當然，他們不會有反戰運動（當時我正積極參與）中所展示的那種殘忍的破壞力。

5 即使在打鬥司空見慣的社區，大部分個體有著硬漢的形象，但其中兩人威脅要動手時，其他人不會立刻加入打鬥。參見第九章安德森所描述的持有武器黑人男性的衝突事件（Anderson 1999）。群眾十分關注，但只是安靜的旁觀。

6 一個例子見二〇〇五年二月二日的《費城詢問報》（*Philadelphia Inquirer*），標題是「費城人棒球隊的未來一片黯淡。漢梅爾斯（Cole Hamels）被認為是隊裡最優秀的年輕投手，卻在佛羅里達一家酒吧打架時扭傷了手」。我的人類學資料也包括無數這種例子。

7 兒童間的打鬥不僅僅是受大男人主義文化影響。在幼兒時期，當女孩與男孩強壯程度差不多時，小女孩之間互相踢打和咬人的比例與男孩不相上下，最多只有百分之五的差別，有時甚至稍微高於男孩（Trembley 2004）。透過有策略的挑選父母在場的情境，小女孩可以攻擊哥哥或弟弟卻不受報復，這是利用「男孩不能欺負女孩」的社會認知，通常受到懲罰的也是男孩。在家庭情境中，我曾多次觀察到兒童的這種行為。

8 我收藏二十二張銀行劫匪及其他搶劫犯在犯罪進行中的照片（大部分來自監控錄影機鏡頭），其中沒有人在笑，他們的表情包括專注、緊張與恐懼。學生報告與我自己的觀察中，共有八十九起事例，只有三起的打鬥者懷有一定的幽默感，其中一起是兩名男孩欺負一個更年幼的男孩，往他身上丟沙灘球；另外兩起是比賽之後，球迷（年輕黑人男性）在一輛擁擠的巴士上騷擾中產階級白人大學生。也就是說，衝突參與者如果懷著愉悅的心情，該衝突情境中的暴力程度必然很低，大多是虛張聲勢，而且進攻一方占據絕對優勢。

9 參見布儒瓦（Philippe Bourgois 1995）和社會學家威利斯（Paul Willis 1977）的研究，一部分學者也提出關於這些觀點的批判性爭論（Wacquant 2002; Anderson 2002; Duneier 2002; Newman 2002）。抵抗理論提供一些關於不同暴力形式的線索。抵抗型暴力只發生在階級和種族矛盾之中，而性別與性取向上的弱勢群體並未採取明顯的暴力行動（女性偶爾會反抗和殺死那些毆打她們的人，同性戀者反抗的情況更少）。女性與同性戀者主要是暴力的受害者，而階級與種族上的弱勢群體則會主動發起反抗暴力。顯然，我們需要一種理論來理解壓迫如何導致反抗，但是抵抗理論未能充分解釋這一點。

10 在一次會議上，我介紹了這個理論，一名觀眾站起來問我為何只研究身體暴力，卻不關注「象徵暴力」。他強調說自己是「象徵暴力」的受害者，因為他在之前的環節沒有被點到問問題。在群體會議中，誰有權發言、以什麼順序發言都是微觀社會學研究的問題（David Gibson 2001, 2005），然而在這個層面用「象徵暴力」來解釋，只是玩了一個文字遊戲，並未提供任何有解釋力的機制。事實上，許多優秀學者相信「象徵暴力」與身體暴力是相似的，這說明大部分學者不習慣用微觀社會學的思維去看待問題，也說明我們對真正的暴力並不熟悉。

11 有學者指出（Tremblay, Nagin et al. 2004），家庭暴力是人類天性與社會互動之間的互動結果。天性會在互動中被壓制，因為幼兒的攻擊性行為是最高的，此後就會逐漸降低，只有一小部分人會走上犯罪的道路。但是，我們從微觀情境細節中看到，幼兒之間的暴力會受到父母和其他兒童的限制，通常只是社會互動和獲得注意力的一種方式。這與心理學家特倫布萊（Richard Tremblay 2004）的發現是一致的：如果有兄弟姐妹在場，幼童之間更容易發生暴力。兒童暴力是一種受到保護的表演型暴力，需要觀眾在場，我在第六章詳細討論這種暴力。與成年人一樣，兒童互動的情境條件決定暴力的類型與程度。特倫布萊的資料（2004）證實，兒童暴力在大約三十個月時達到高峰，而不是更糟，它是在三歲之前的社會化發展中建構起來的。這個年齡層往往被稱為「恐怖的兩歲」（the terrible two）。兒童透過內化社會想像和觀眾觀點，建立獨立的自我認知，用符號互動論來說，這是對「我」與「他人」的認知，而不僅僅是「我」而已（Collins 2004, 79-81, 204-5）。

12 在之後的章節和下一冊裡，我會更詳細的討論戰爭中的動態，下一冊也會涉及暴力衝突的宏觀面向。現代軍隊在面對面衝突中同樣表現不佳，但它們在多個方面都提高殺戮能力：透過改進組織結構，它們能讓士兵停留在戰場上；透過提高遠距離殺傷技術，它們降低面對敵人的可能，從而降低衝突性緊張和恐懼；透過製造高殺傷力武器，它們讓低效的暴力也能製造傷亡。我們在戰爭中更容易製造傷亡，不是因為更多士兵變得殘忍，而是因為我們發明社會與技術方法來繞過衝突性緊張／恐懼。參見葛司曼（2004: 192-218）。

13 參見愛里亞斯（1939/1978）。事實上，愛里亞斯用歷史觀點分析佛洛伊德，指出所有粗魯行為（例如吐痰、擤鼻涕、用手拿食物等）都漸漸被馴化了。這始於十六世紀歐洲王室的興起，讓獨立的戰士開始歸屬於集權國家。愛里亞斯認為，粗魯曾被視為一種娛樂，在這一方面，戰爭與虐待和殺害無助的受害者並無不同。但這不意味四分五裂的中世紀社會微觀情境條件就會允許暴力輕易發生。我們無法假定人類有一種曾經不受控制的原始攻擊本能，只是後來被社會壓制，一旦控制稍有放鬆就可能捲土重來，佛洛伊德在死亡本能理論中曾有類似的觀點。相反的，我會嘗試證明，暴力總是社會建構的。暴力的歷史就是用社會技術建構特定類型暴力的歷史。相應的，近代歷史上的暴力之所以增多，並不是「去文明化」的結果，而恰恰是因為我們建構出新的社會暴力技巧。例如，我會在第八章論證，產生於一九五〇年代至一九七〇年代的足球流氓暴力，是一種十分複雜的技術。

14 例如，我在加州時曾在家裡樓上的書房工作，天氣好時就打開窗戶，每天下午，在六公尺外的籬笆後，鄰居家的小孩會與保母一起到後院來玩。他們總是會哭泣吵鬧，這曾讓我心煩意亂，直到我意識到其中存在一種獨特的規律，我可以用碼錶和筆記本記錄下來。這部分資料在第九章派上了用場。此外，採取研究者的模式也讓我變得更加平心靜氣。

第二章　衝突性緊張和失能的暴力

1 基利（1996）試圖反駁部落戰爭中死亡率很低的說法。然而，他的證據恰恰說明死亡率在大規模戰役中相對較低，只是由於這種戰役十分頻繁，在綿延數年的戰爭中，總體死亡數字才會顯得更高。相較之下，大規模現代戰爭之所以死亡率顯得低，是因為總體人口數較高，且戰爭相對少見。基利弄混微觀與宏觀社會學的界線，在微觀角度，他的資料與我們發現的規律是一致的。

2 馬歇爾的一手訪問資料沒有詢問每位士兵「你是否開了槍？」。馬歇爾估算出的百分之十五至百分之二十五的基數已經是戰鬥格外積極的士兵。他關注的是最頂端的分布情況，而不是低端。因此，他的報告沒有告訴我們剩下的百分之七十五至百分之八十五是不是全被嚇得呆若木雞。他也指出，這些人通常會去幫助積極主動開槍的士兵，根據馬歇爾的標準，其中有些人可能偶爾也開了槍。後面章節中，我會用越戰中的資料（Glenn 2000b）和我自己對戰爭照片的分析來重構一個更加細緻的圖像。

3 一九九四年十二月，在至關重要的「突出部之役」（Battle of the Bulge）中，馬歇爾描述發生在阿登高地（Ardennes）的一次戰鬥，指出某個營向敵人開火的士兵「介於百分之二十五至百分之三十之間。這在我所知的其他部隊的戰鬥效率裡已經是最高的了」。馬歇爾讚揚這個營，因為它百戰百勝：「我懷疑美國軍隊中是否有哪支隊伍能比他們更善於戰鬥。」（Marshall 1947: 73-74）

4 這些數字來自二戰中曠日持久的戰役，以及一戰的壕溝戰。在許多其他戰爭中，進行戰鬥的時間可能更加斷斷續續（Holmes 1985: 75-76）。

5 葛蘭的資料包括兩個樣本：普通步兵（大部分是徵募軍），以及營長和連長等軍官。訪問回應率在普通士兵中為百分之五十二，軍官為百分之七十。在士兵樣本中，約一半是軍官或士官，只有百分之三十是使用槍枝或其他武器的士兵，其中約有一半是志願入伍而非徵召入伍（不過，越戰中的美軍士兵更多是徵召入伍）。在越戰中服役超過一年輪替時間的人（約占回應者的百分之二十），幾乎都是志願入伍（Glenn 2000b: 7）。志願兵自我報告的開火率比徵召兵要高。在志願兵中，百分之五十七有較高的開火率；相較之下，徵召入伍者的開火率只有百分之四十一（計算自Glenn 2000b: 164）。

6 這不是毫無問題的。戰地照片所呈現的大部分不是士兵對抗敵人的暴力時刻。在十一組戰地照片或繪畫中，真正記錄戰鬥場景的照片從百分之五至百分之四十四不等，中位數為百分之二十二。我們將這些照片稱為A類。不過，更常見的戰地照片包括B，士兵正在等待作戰或進入戰鬥區域，或是戰鬥之後受傷或死亡的場景；C為戰場後方，包括路上行進的部隊與車輛，以及醫院和戰俘營中的士兵；D為軍隊指揮官和政客正在招募和培訓士兵的情景。A與B之間有著模糊的界線，例如巡邏中的士兵。有些戰鬥照片是從遠方拍攝的，例如飛機投擲炸彈，或是炮兵開火。我的分析局限於A類照片中，並進一步局限在使用小型武器（包括機關槍和單兵火箭，有時也包括匕首、刺刀和石頭）的士兵，炮兵和後勤部隊沒有計算在內。這些照片可以分為三大類：一百零四張越戰照片（所有戰爭中照片最多的；Daugherty and Mattson 2001）；七十張發生在二十世紀其他戰爭的照片（Arnold-Forster 2001; Beevor 1999; Bowden 2000; Gilbert 1994; Holmes 1985; Howe 2002; Keegan 1976, 1993; Marinovich and Silva 2000）；十七張二〇〇三年伊拉克戰爭進入城市游擊戰之前的照片（Murray and Scales 2003）。由於一名士兵究竟是否在開火有時不十分明確，我會假定他們在開火，據此提供最高估算值。所有百分比中，我會首先用**全部照片**作為分母，然後用**至少一名士兵正在開火**（或使用武器）的照片數量作為分子。後者保證當時的情境是能夠開火的，因此其他士兵也有最大的開火機會。

當然，照片拍攝時沒在開火的士兵，也有可能在其他時候開了火。我在第十一章曾討論到一個類似的問題，那就是暴動照片中的積極參與者僅占少數，這一點不隨時間而改變。二〇〇三年伊拉克戰爭中的隨軍記者和電視臺攝影師展示給我們的，大多是軍隊車輛穿過沙漠的場景，只是偶爾才會出現交火場景，這與馬歇爾的估算並不矛盾。最後，我們也許可以用無人機上的錄影設備來連續記錄戰鬥中的士兵行為，就像如今裝載在警車上的攝影裝備一樣。

7 參見：McNeill 1995; Speidel 2002。另一方面，當羅馬軍隊被日耳曼人擊敗時，通常因為他們正在密林中行軍，此時他們的陣形被破壞了，例如西元九年著名的「條頓堡森林戰役」（Battle of the Teutoburger Wald）。

8 「大部分主動的開火者都用多種武器；如果機關槍沒有彈藥了，他們就會拿起步槍；如果步槍子彈用完了，他們就會用手榴彈。」（Marshall 1947: 56）

9 參見：Preston 2000: 399; Chadwick 2006。祖魯人缺少槍械，他們的長矛只殺死十七名敵人。因此，儘管祖魯人在發起進攻時高度團結，但殺戮效率依然很低，平均每一百七十五名攻擊者才能殺死一個人。原因之一是對方採用了歐洲式的密集方陣，很適合用來對付毫無陣形的當地非洲戰士。掌上型武器的低效益在歷史上很常見，發生在西元前四十八年羅馬內戰的一場戰鬥中，雙方用了三萬支箭，卻只傷了一千五百人（平均每兩百支箭傷一個人），殺死了不到二十人（Caesar 1998: 105 [*Civil War*, Vol. 3: 52]）。

10 英國軍隊曾用雷射脈衝槍模擬十九世紀和二十世紀初的戰役，發現武器的實際致死率總是比可能的命中率低得多（Grossman 1995: 16）。

11 曾有人指出，由於使用精確瞄準的武器，二十一世紀以來的戰爭已經發生改變。遠距離武器被認為是不可能出錯的，衝突中的情緒對結果毫無影響。我會在下一節討論這些武器。值得注意的是，這些主張只適用於大型軍事衝突，而不適用於本書中討論的其他暴力形式。二〇〇三年伊拉克戰爭中的照片證據，也沒有顯示士兵的開火率提高。

12 另外一種情況是士兵對著已經落敗甚至死亡的敵人打光最後一顆子彈。沙利特（Ben Shalit 1988: 141-42）提供一個例子，顯示一九七三年以色列軍隊在對埃及軍隊的一次突襲中，如何大獲全勝。此次進攻完全出乎敵人意料，以色列軍隊徹底占據上風，他們不停的開火，直到對方士兵的屍體被打成蜂窩。他評論道：「開火是一種減輕緊張與恐懼很有效的方法，因此即使並無必要，人們也可能會這麼做……與其說開火是為了擊潰和戰勝敵人，倒不如說是為了克服和控制自己的恐懼。」沙利特根據自己的觀察總結道，百分之百的士兵都開了火，克服馬歇爾指出的低開火率問題。這裡的機制與第三章描述的「恐慌進攻」是類似的。

13 「開火命令下達之後，一開始也許會有兩、三人跟不上節奏，但隨後就會出現亂射一氣的情況，也就是所有人都在換好彈匣之後，一鼓作氣打光全部子彈。此時，隊形和軍銜已經毫無作用，前排士兵無法跪下，就算他們想要這麼做也辦不到了。」（Holmes 1985: 172-73）這是腓特烈大帝的軍隊，被認為是十八世紀紀律最嚴明的隊伍。

14 誤傷友軍的情況也會發生在大型示威抗議中。二〇〇〇年十月，在推翻南斯拉夫獨裁者米洛塞維奇的抗議中，轉捩點發生在工人用推土機打破警察封鎖線時。人群中的一名女孩被推土機意外輾斃（*The Guardian*, Oct. 6, 2000, p.1）。

15 參見：Murray and Scales 2003: 269-77。二〇〇一年至二〇〇二年間美國轟炸阿富汗時，曾不斷出現誤傷旁觀者的情況。五角大廈的報告稱，阿富汗空襲是有史以來最精確的，百分之七十五至百分之八十的炸彈擊中目標。然而，仍然有些炸彈擊中友軍，導致百分之三十五的友軍傷亡。數千名阿富汗平民也死於轟炸（Burgess 2002）。一九九九年北約對塞爾維亞的轟炸也是如此，其中影響最大的就是誤炸中國駐貝爾格勒大使館，原因是官僚系統使用過期的地圖。二〇〇六年，在以色列對黎巴嫩真主黨軍事目標的轟炸中，一個聯合國駐地遭到反覆轟炸，甚至在聯合國觀察員致電以色列官方表明身分之後仍未停止，多名觀察員死於轟炸。這是因為新的資訊沒來得及層層上傳到以色列軍隊上層，而轟炸目標都在那裡決定（*Los Angeles Times*, July 28, 2006, A11, A13）。

16 在二〇〇一年十月到二〇〇二年四月十八日的阿富汗戰爭中，美國、加拿大和歐洲軍隊的死亡數字如下：總共有四十一人死亡，其中十五人死於敵方炮火，七人死於友軍炮火，十九人死於交通工具事故（主要是飛機）和其他非戰鬥事故（*USA Today*, April 19, 2002）。其中，敵方造成的死亡占百分之三十七，非敵方造成的死亡占百分之六十三。這比基根估算的世界大戰中百分之十五至百分之二十五的數字要高得多。在二〇〇三年三月到二〇〇五年十一月中旬的伊拉克戰爭中，美軍死亡兩千零八十三人，其中兩百二十七人（百分之十一）是非戰鬥原因死亡（*USA Today*, Nov.21, 2005）。

17 關於政治醜聞反覆發生的特點，參見社會學家湯普森（John B. Thompson 2000）的研究。關於誤傷友軍事件的結構，參見哈佛商學院教授斯努克（Scoot Snook 2000）的研究。這背後的解釋是社會學家佩羅（Charles Perrow 1984）關於正常事故的理論：在一個系統中（無論是技術系統還是人類系統），諸多組成部分之間複雜的非線性關係，使得不可預見的小錯誤組合成為週期性發生的災難，這在統計學上是可能的。這些事故是由互動性系統的結構導致的，儘管我們的文化傳統總是會去尋找特定的個體來承擔責任。

18 這也包括犯罪現場或交通事故周圍用寫著「禁止進入」的黃色帶子圍起來的警戒帶。這說明那些捲入衝突情境的人會顯得更為重要，其他人較易被忽視。例如，在洛杉磯的一條高速公路上，一名男子被槍擊身亡，警察在調查時封鎖整條公路七小時，導致嚴重的交通大堵塞（*Los Angeles Times*, Dec. 23, 2002）。

19 在二戰中的歐洲戰場上，有超過百分之五十的美軍士兵未曾面對敵軍炮火，越戰的這個資料是百分之七十上下（Holmes 1985: 76）。

20 情緒的分類依據的是心理學家艾克曼和弗里森（Paul Ekman and Wallace V. Friesen 1975; Ekman 1985）的方法。我拓展所蒐集照片的範圍，包括對囚犯的審問和處刑場景，以及戰地中受傷的士兵和醫護人員等。由於每個人都可能會有多種複雜情緒混合，因此百分比加起來會超過百分之百。

21 在我蒐集的新聞照片中，有一名男子表現出與那名和平示威者（Daugherty and Mattson 2001）一模一樣的憤怒表情：下巴前突，嘴巴大張，脖子和面部肌肉繃緊。在這起事例中，這名男性的女兒被殺害了，而他正在法庭上與嫌犯正面對質。嫌犯面無表情的坐著，旁聽者看上去很不安（*San Diego Union Tribune*, March 7, 1992, A1）。整體而言，憤怒的表情在和平示威中比在暴力場景中更常見。

22 拿破崙曾明確描述他在一七九五年的法國革命中，如何驅散攻擊革命政府的巴黎士兵：「我讓士兵先發射火彈，因為對不了解武器的暴徒來說，一開始發射空彈是最糟糕的。他們聽到巨響後可能會畏懼，但當他們環顧四周發現無人死傷，就會重新鼓起雙倍的勇氣，無所畏懼的衝上前來。這時，比起一開始就用火彈，你得殺死十倍的人才能達到同樣的效果。」（Markham 1963: 29-30）印度一名前地區長官也描述他在種族暴動中的經歷，當時警察接到的命令是除非萬不得已不能向暴動者開槍，結果暴動者表現出極高的威脅性，警察因為驚慌而陷入不受控制的開火。相反的，當警察得到授權可以在必要的時候開槍，他們的表現就會嚇退暴動者，實際發生的開火率也會很低（S. K. Menon，二〇〇二年二月的私人通信）。一九八〇年代晚期，在比利時也發生類似情況，當時負責控制球迷秩序的警察可以選擇穿上更休閒的制服（短袖）來營造一種友善的氣氛，也可以選擇穿上包括頭盔和盾牌在內的全套制服。結果，穿著休閒服裝的警察報告稱，他們在足球流氓面前感到自己很脆弱，比起全副武裝的同事，他們製造更多暴力事件（Van Limbergen, Colaers, and Walgrave 1989）。這個事例的細節來自我與比利時天主教魯汶大學沃爾格雷夫教授（Lode Walgrave）的私人通信（二〇〇四年九月）。

23 開火率與命中率都比士兵或警察要高得多；不過，在一百五十一起事例中的一百零五起，都有超過一人有槍；在一百零七起開槍事件中，七十九起原本可能有更多人開槍。因此，開火率和命中率原本都可能更低。當回應者開槍時，百分之五十一的情況下，他們會聲稱自己打中了敵人；當敵人開槍時，回應者中有百分之十三被擊中（計算自 Wilkinson 2003: 129-30, 216）。根據受訪者的回應，他們擊中敵人與敵人擊中他們的比例是三點八比一。他們自己的回憶當然可能會有偏誤，但這也顯示，這些人是格外強硬的傢伙，他們會挑選讓自己占據優勢的對手。我們將會在第六章看到，黑幫團體與其成員都會避開那些無法從一開始就占上風的暴力情境。威爾金森（2003: 181）報告稱，先開槍的一方更可能傷到對方。

24 馬歇爾（1947: 44-48）強調這一點：「戰爭中最常見的情境就是空地，當你發現目力可及之處沒有移動的物體時，也就說明你已經踏入了危險區域……在戰場上，只有當僵局最終被打破時，我們才會看到電影中常見的整齊行軍隊伍。其他時候，這只是一個外行常犯的錯誤罷了。」

25 在一項關於潛在暴力的調查中，百分之八十接受調查的三歲至十八歲的美國兒童承認，他們在過去一年裡曾試圖傷害自己的兄弟姐妹；接近百分之五十曾踢、打或咬了他們；百分之四十曾用堅硬的物體打了他們；百分之十六曾痛打他們（Gelles 1977）。但是，根據急診室的報告，五歲至十四歲的兒童中卻僅有百分之三點一被打而受傷（零至四歲兒童是百分之二點七）；就算我們將所有受傷的情況都歸咎於兄弟姐妹，就算我們假定每名兒童每年只會發生一起暴力事件，兄弟姐妹之間的暴力行為能夠真正有效導致傷害的可能性依然很低。計算根據全國傷害預防與控制中心的報告《二〇〇一年非致命傷害人次與比例》（www.cdc.gov/ncipc/wisqars）。

26 舉一個典型的例子：一名醫護人員曾在密集的炮火中衝上前去治療一名受傷的士兵，而那名士兵顯然已經快要死去。這名醫護人員後來的解釋是：「當有人呼喚醫護人員時，如果你是醫護人員，你就得衝上前去。」（Miller 2000: 42）

27 例如，監控錄影機鏡頭記錄一起發生在自動提款機前的搶劫事件，劫匪用槍抵著受害者的後頸，受害者低著頭，劫匪神色緊張。兩人沒有進行目光接觸（Oct. 4, 1991, AP distribution of Maitland, Florida, police photo）。

28 來自對費城警察的採訪。在另一個例子裡，一九九五年七月，聯合國派駐南斯拉夫斯雷布雷尼察（Srebrenica）的維和部隊，在情緒上被塞爾維亞的半軍事力量壓制住，因此沒能阻止後者屠殺七千名波士尼亞囚犯。聯合國維和部隊的荷蘭指揮官在與塞爾維亞指揮官的面對面衝突中敗下陣來，隨後因嚴重腹瀉而連著數日失去行動能力（Klusemann 2006）。

29 同樣的，在政治演講中，觀眾的掌聲總是會比噓聲持續更久。噓聲很難產生，也很難持續，因為大部分人很快就會停下（Clayman 1993）。

第三章　恐慌進攻

1 另一個類似案例是，洛杉磯警察在步行追上一名偷車賊後，揍了他一頓，整個過程被一架媒體直升機拍攝下來，其中截取的照片刊登在二〇〇四年七月二十四日的《洛杉磯時報》。

2 但他顯然不是一個純粹無辜和被動的人：他在語言上表現出攻擊性，至少在打鬥開始前是這樣；他在危險的勞工領域工作；他也在當地政治圈有一定影響力，並獲得一名當地警長的保護（Stump 1994: 206）。此類個體在當時的棒球觀眾中似乎較為典型。

3 連續兩年獲得零點四以上的打擊率，只有霍斯比（Roger Hornsby）在一九二四年至一九二五年平了這項紀錄。在所有的棒球紀錄中，零點四的打擊率大概是給人壓力最大的，因為這意味著整個賽季的每一天都要獲得兩次以上安打（允許偶爾發生無安打的情況），這意味著每次打擊都十分關鍵，不容有失。

4 這項觀察來自於利恩（Robert Lien），這名社會學家研究的是具有高度挑戰性的運動中的情緒。

5 接下來的一個案例顯示腎上腺素未能在打鬥中釋放的後果。一九二三年在洋基體育館的一場比賽中，柯布率領底特律老虎隊對陣投手梅斯（Carl Mays），後者曾用快速球擊中球員查普曼（Ray Chapman）的頭部並致其死亡。柯布讓他的打者在對方投出第一次近身球後倒地並痛苦的滾動，隨後自己走向投手丘。打者回憶道：「我以為他想藉此恐嚇梅斯。但讓我驚訝的是，他只是說：『梅斯先生，你以後投球時得小心一點。還記得查普曼嗎？』柯布走回本壘，搖了搖頭。梅斯已經渾身顫抖……他緊張萬分，結果一個人也沒有弄下場。我們從他手裡拿到了五分，輕而易舉的打敗了紐約隊。」（Stump 1994: 351）柯布有著「棒球賽場上最暴力的人」的名聲，因此對方投手精神緊繃，準備好了要跟他大幹一架，然而打鬥並未發生，投手因腎上腺素無處發洩而顫抖不已。這個事件也表明，像柯布一樣極端富有攻擊性的人，並非只是靠衝動行事，就像其他透過攻擊性來建立事業的人一樣（例如黑手黨打手），他既能讓自己進入暴力情緒的隧道，也能辨認出其他人對自己行動的預期，從而利用這些心理。

6 在勝利慶祝中，我們也能在運動員身上看到類似現象，這種情緒結合興奮與某種不完整的憤怒。例如打者在擊出全壘打後，繞著壘包邊跑邊揮舞拳頭，或是投手在比賽關鍵時刻三振對方之後，用握拳的動作來慶祝。

7 參見社會學家柯林斯（Randall Collins 2004: 205-11）和卡茨（1999，特別是頁 18-83、229-73）對自我曳引韻律的分析；這裡包括私下進行的咒罵和哭泣等類似咒語的形式。

8 我們傾向於將恐慌進攻中的這種狂笑視為攻擊者道德敗壞的證據。但這只是一種民間心理學，它不能表現真正的因果關係，歐斯底里的狂笑事實上表現無法控制的自我曳引。

9 美國軍隊工作組在調查越戰中的戰爭罪行時，發現一個類似案例：一九六九年九月，美軍曾襲擊桂山谷底（Que Son Valley）的一些村莊，在搜索游擊隊的時候殺死平民和牲畜，並燒毀房屋。相關檔案參見《洛杉磯時報》（Aug. 6, 2006, p. A9）。

10 從現有證據很難確定多少比例的人懷有多高的熱情。正如馬歇爾對戰鬥開火率的估算（在第十章，我們將會詳細分析），在幾乎所有的群體行動中，都是一小部分人實施了大部分暴力，然而當受害者陷於無助之時，卻會有更多人跟隨暴力領袖。

11 這個名詞由詹姆斯（William James）所創造，而後被馬丁（Martin 1920）引入社會學。

12 下面這個例子顯示殘忍具有情境性特點：拉貝（John Rabe）是一名納粹黨員，他曾在南京試圖阻止屠殺，甚至寫信給德國的納粹上級提出抗議，要求他們對日本進行政治干預（Chang 1997: 109-21）。納粹是殘忍的，但他們不一定在所有場景中都表現得殘忍，當他們沒有陷入殺戮的動能，可能就會採取旁觀者立場，被這種暴力的殘酷所震驚。

13 在這一方面，這與狂歡時較為溫和的暴力場景有些類似，詳見第七章。

14 「上層責任」的一個版本是官方政策可能會無意間導致殘暴行為。吉普森（Bob Gibson 1983）簡要的描述在越戰中，由於美軍將領是透過統計敵軍屍體來計算消耗戰的進程，結果導致對敵軍士兵的定義鬆動，而這很可能會進一步導致對平民的殺戮。這個解釋也符合「有目的的行動可能導致無意識的後果」這個傳統的組織理論，並且很有可能是對的。無論如何，對平民的殺戮不會發生在每一次交鋒中，而是只發生在特定場景，許多此類場景都具有恐慌進攻的情感動能，儘管這些能量很難建立起來。

15 因此，大規模強姦通常發生在恐慌進攻開啟「道德假期」之後。反過來，「道德假期」也可能與恐慌進攻無關，我們在第七章將會看到這一點。

16 這種被動是情境性的，而不是恆定的。一九三八年，一名猶太武裝分子在巴黎刺殺一名德國外交官；一九四三年，華沙猶太人區發生兩次武裝起義。只有在遭到流放和被送進集中營時，他們才是被動的，此時整個互動氛圍十分冷酷，由納粹製造出身體與精神上的支配感。

17 當火炮、機關槍和其他遠距離致命武器發明出來（例如在拿破崙戰爭、美國內戰、世界大戰），戰鬥時間變得更長，雙方會襲擊戰壕等防守位置，這帶來更高的傷亡。在美國內戰中，主要戰役的死亡率最低為百分之六至百分之十二，最高為百分之二十五至百分之二十九。在這些情況下，高傷亡率通常發生在攻擊者一方，除非防守一方突然潰散，發生恐慌撤退。一九六三年，聯邦軍在奇卡莫加戰役（battle of Chickamauga）、邦聯軍在查塔努加戰役（Battle of Chattanooga）都曾經歷這種慘敗（Griffith 1985: 46; 1989）。

18 凱撒（*Civil War*, 197）征戰非洲時，在一場漫長的行軍戰鬥中曾故意選擇類似目標：「當敵人開始敷衍且漫不經心的投擲武器時，他突然發出信號，命令步兵和騎兵發動攻擊。片刻之後，他們毫不費力就將敵人趕跑了。」

19 即使在現代的機械戰爭中依然存在此類事件，某個位置的騷動可能引發連鎖反應，導致整支軍隊潰敗。例如，一九一七年義大利軍隊在卡波雷托（Caporetto）的慘敗，一九四〇年法軍面對德軍「閃電戰」的反應。當其中一方透過施加情緒能量讓對方陷入癱瘓，恐慌進攻的主要特徵就會在宏觀層面浮現出來。在一九九一年二月的波斯灣戰爭中，伊拉克軍隊陷入恐慌撤退，車輛沿著公路從科威特一路撤回伊拉克。美軍飛行員無情的轟炸了他們，在這次空軍版本的恐慌進攻中，伊軍死亡數千人，美軍飛行員在彙報時興高采烈，將其稱為「射火雞大賽」（turkey shoot）。在二〇〇三年三月到四月伊拉克戰爭的普通場面中，伊方潰不成軍，完全無法做出有效抵抗。就像小規模的恐慌進攻一樣。在這些情況下，勝方與敗方的損失有天壤之別。一九四〇年，德軍每一百五十名士兵會損失一人，而法軍幾乎整支隊伍都被俘虜；在波斯灣戰爭中，美軍每三千名士兵會損失一人，伊軍每一千四百人損失一人；在每場戰爭中，伊拉克的損失都令數十萬軍隊土崩瓦解（Biddle 2004; Lowry 2003; Murray and Scales 2003; www.icasualties.org/oif）。美軍在占領伊拉克之後的游擊戰中的損失就要高得多，因為此時雙方都不可能出現組織上的崩潰，這表現了傷亡比例的情境本質。

20 門廊寬約一點五公尺，高約二點一公尺。兩名警官率先開槍，每人射出十六發子彈；另外兩名警官隨即跟上，又射出九發子彈（*New York Post*, Feb. 9-13, 1999; *USA Today*, Feb.28, 2000; www.courttv.com/archive/national/diallo）。

21 接下來的分析在很大程度上受到霍洛維茨（2001）的啟發。他研究二戰以來發生在亞洲、非洲和蘇聯的一百五十起種族暴力事件，其中大部分發生在印度的印度教徒與穆斯林之間。

22 參見霍洛維茨（2001: 80）。這在南亞和非洲的種族暴動中表現得格外明顯，在美國種族暴動中則不然。但是種族暴動中的私刑通常伴隨著類似的謠言，誇大的描述儀式性的冒犯，並招致儀式性的虐殺作為報復（Senechal de la Roche 2001; Allen 2000）。由於最初的謠言通常是假造的，所以整個過程中流傳的虐殺傳說在很大程度上，只是為了製造一種畫面，用來預言接下來受害者將會面臨什麼樣的遭遇。

23 一個類似的例子發生在二〇〇二年二月二十七日到三月二日之間的古吉拉突邦（Gujarat，位於印度西部）：當載滿印度教抗議者的兩節火車車廂穿過穆斯林居住區域，前往印度中部穆斯林與印度教徒爭奪的聖地時，穆斯林向他們投擲燃燒彈，殺死五十八人。接下來，印度教徒向穆斯林村莊發起連續三天的進攻，數千名村民活活燒死，消防員被堵在整個區域之外（*Human Rights Watch* 14, no. 3 [April 2002]; available at http://hrw.org/reports/2002/india）。

24 霍洛維茨（2001: 74）寫道：「當暴動變得越激烈，遭到攻擊的目標就會喪失反抗的動力。在相對較少的例子中也發生過一定的反抗，但受害者很快就陷入病態的被動，讓自己像魚肉一樣任人宰割。」

25 目標也不是因為文化上的差別太大而成為目標的。攻擊者更常將附近而不是遠處的群體拿來比較，因此附近的攻擊目標通常在文化上與攻擊者更加相似（Horowitz 2001: 187-93）。

26 偶爾，一個較小的種族群體也可能去襲擊更大的群體。霍洛維茨（2001: 393）將此類事件稱為「絕望的人口學」（desperation demography）：其中一個群體因為敵對群體快速生育或移民，而在數量上處於下風。但在這些案例中，也總是存在當地區域內的以多欺少，攻擊者只會在力量占優勢的社區發動攻擊，目標是相對文明和厭惡暴力的中產階級群體。那些「先進的」、教育水準較高的、都市中產階級種族群體很少會對「不夠先進的」群體發動攻擊，儘管他們有時也會成為恐怖主義運動或游擊隊的招募對象（Horowitz 2001: 180）。

27 因此，霍洛維茨（2001）指出，發動暴動的群體會非常小心的挑選對象，避免錯誤攻擊合適的受害目標之外的個體。這可以被視為是一種精心計算的理性，他們只攻擊目標群體，是為了避免招來更多敵人，陷入以少敵多的戰鬥。

28 在聖彼得堡，第一次衝突過後，抗議者中的一小部分反抗者發動反擊，政府軍最終撤退，雙方的死傷人數相差不大（Trotsky 1930）。

29 布福德（1990: 303-8）描述在這些場景中成為警察攻擊的受害者是怎樣的感受。作為一名記者，他在義大利薩丁尼亞島（Sardinia）的世界杯比賽中跟隨一群英國足球流氓行動，當義大利警察阻止足球流氓占領城市時，他發現自己與警察正面相遇了。布福德決定將自己與人群撇清關係，他用雙手護住腦袋，希望警察能夠放過他，只去攻擊大部隊。他並不知道自己的姿勢是最脆弱的受害者姿態，結果三名警察對他進行長時間的毆打，他只能躺在地上護住身體的脆弱部位，這似乎在警察中激發一場競賽，三個人輪番試圖扯開他的手臂，好更方便毆打他。

30 本節與第十一章的總結是基於我收藏的四百張照片，其中涵蓋一九八九年至二〇〇五年發生在美國、歐洲、中東、非洲和亞洲的多起群體暴力事件。讀者能夠透過日期在以下網站找到本書中引用的許多照片：APImages.com、pictures.Reuters.com、procorbis.com、GettyImages.com。

31 在羅德尼・金遭到長時間毆打的這起事件中，我們還可以加入第四個因素：一開始加入汽車追逐並試圖逮捕金的警官是一名女性。金最後離開車子時，動作不是很具有威脅性，而是具有羞辱性。這名女性高速公路巡警作證稱，金抓住自己的屁股衝她搖晃。金沒有很嚴肅的對待這次逮捕，甚至對女性警官表現出性騷擾。至少在場的其他警官是這樣理解的。女警官無法制伏金，於是掏出了手槍，此時，在場的其他警察讓她回去，他們接管這場逮捕行動（參見一九九二年法庭錄影「羅德尼．金案件」中的證言）。金衝撞了試圖給他戴上手銬的警官，將其撞翻在地，另一名警官用警棍打了他的臉，毆打就此開始。這一切都符合打鬥中常見的模式，儘管這些模式在狂歡、酒吧和俱樂部中更為常見，因為當女人在場時，男人更容易打起來（Grazian 2003: 21；二〇〇四年的私人通信）。這不意味著他們在爭奪女人，我的學生所提供的民族誌報告顯示，沒有約會對象的男性會跟其他沒有約會對象的男性打架。這可被視為一種特殊的旁觀者效應，女性旁觀者如果在場，就算沒有什麼反應，也會讓男性更加具有攻擊性，並更可能讓衝突升級為暴力。從這一角度來看，金和接管逮捕行動的警察都是在向那名女警官炫耀。因此，在微觀層面，即使在追逐結束之後，緊張感依然在升級。

32 一九〇一年，發生在西維吉尼亞的一起類似事件最終導致私刑。一開始，某個小鎮警長在追趕一名黑人男性，試圖以妨害社會秩序的罪名逮捕他，在接下來的扭打中，黑人男子用自己的手槍擊中了警長，然後從一扇窗戶跳出去，他身後聚集約五百人圍觀這場打鬥，人群開始追趕他。經過三點二公里的追趕，這名男子被眾人毆打，並被吊死在樹上（Allen 2000: 193）。

第四章　攻擊弱者(一)：家庭暴力

1 參見：Maxfield and Widom 1996。這是一個關於受虐待者格外詳細的調查，一直追蹤到三十二歲，到那時大部分罪行都已犯下。同樣的，因為非暴力犯罪而被逮捕（除去交通違規）的比例也很接近：受到虐待和忽視的群體中，約有百分之四十九的逮捕率，控制組約有百分之三十八的逮捕率，比例約為一點三比一。未被發現的犯罪和暴力無疑會讓這些數字更高，但兩個群體之間的比例卻似乎不會改變。

2 考夫曼和齊格勒（J. Kaufman and E. Ziegler 1993）透過回溯研究指出，重度虐待的代際傳遞最高不超過百分之三十。也就是說，在選擇因變數之後，百分之七十的虐待者都不曾被虐待過。伊格蘭（B. Egeland 1993: 203）在一項長期研究中選擇了自變數，發現代際傳遞約為百分之四十。然而，這項研究關注的是受虐待的後果，因此沒有將所有虐待者都包含在內。此外，這些家庭面臨多種壓力，在更普遍的人群中，風險因素會更低，代際傳遞比例也可能更低。無論如何，這些數字比人群中發生的兒童虐待率要高很多，約為百分之二至百分之四（Straus and Gellcs 1986）。遭受虐待的經歷可能會導致虐待行為，但若我們將遭受虐待的定義擴展為所有形式的體罰，這就會成為一個非常弱的預測變數，因為絕大多數人都曾經歷過不太嚴重的體罰（約百分之九十），卻只有很少人會對下一代做出嚴重的虐待行為。強森和菲拉羅（Johnson and K. J. Ferraro 2000）總結一九九〇年代相關學術研究中的變化，指出一九八〇年代將「虐待回路」理論發揚光大的大部分研究來自診所資料，缺乏控制組，並且過度依賴回溯資料。

3 同樣的，配偶暴力的代際傳遞也是如此：強森和菲拉羅（2000: 958）指出，「即使在父母的配偶暴力程度高於平均值兩個標準差的人群中，也有百分之八十的成年男性在過去十二個月都不曾對配偶做出任何嚴重的暴力行為。」

4 種族衝突中的維和行動通常不太有效。當地的暴亂參與者很快就發現，聯合國軍隊和其他中立團體都是利他主義的，因此他們的暴力威脅不可能實現，所以暴亂者不僅會繼續襲擊敵人，還會竊取援助物資，勒索維和人員，用合作來換取好處（Oberschall and Seidman 2005; Kaldor 1999）。

5 心理學家達利和威爾遜（Martin Daly and Margo Wilson 1988）認為，繼父和其他非親屬更可能會傷害性伴侶的孩子，而生父傷害自己孩子的可能性較低，因為人們會傾向於最大限度的擴散自己的基因。然而，任何基因理論都必須提供一種機制，來解釋這種針對兒童的暴力差異是如何實現的。這種機制會導致人們對一個哭泣著想要吸引注意力的孩子產生不同的感受。一種純粹的社會學解釋是：對許多（也許是所有）生父來說，父母與孩子之間發生過多次成功的互動，孩子成為一種神聖的客體，象徵著他們之間的家人關係。正是由於缺少這種象徵性的聯繫（無論能否透過其他方式來彌補），非親生父母才會對性伴侶的孩子採取更多暴力行為。我們也能測試一下這種理論：在養育孩子的過程中，未能與母親和孩子產生儀式互動的生父，在虐待傾向上會與非生父類似。

6 出於同樣的原因，育兒理念的確會影響父母對青少年的體罰多寡；也許是因為對於青少年，父母的控制資源更豐富（Straus and Donnelly 2001: 208）。在一年裡，大約百分之五十的青少年會被父母體罰（Dietz 2000; Straus 1994）。

7 參見達利和威爾遜（1988: 37-94）。演化心理學認為，母親之所以會殺死孩子，是因為她們認為自己沒有足夠的機會將孩子養育成人。但我們不確定做出殺嬰行為的母親是否能做出這種理性的決定，一般情況下，她們只是對一個計畫之外或在社會看來不夠正當的孩子做出反應（Kertzer 1993）。

8 傳統天主教學校因體罰而惡名昭彰，修女通常會用類似虐待的方法來維持紀律，例如讓孩子坐在熾熱的暖氣上。有時，修女會對新生實施格外殘酷的懲罰。此類機構的權威有著格外高貴和傳統的來源，這也是修女比現代學校中的教師更可能使用暴力的原因之一。我的觀點是：這與性別關係不大；當女性能夠對他人實行絕對的控制權時，她們也會使用暴力。

9 有更多孩子的母親也更可能實行體罰和虐待（Eamon and Zuehl 2001）。這是可以理解的，因為這種情況下的母親更多是忙於養兒育女的活動，與社會相隔離，用於控制每個孩子的資源也更少，在當下情境中，暴力是最廉價也是最立竿見影的控制方式。但這也意味著表面上更「有母性」的母親正是更容易對孩子實施暴力的母親。從結構上來看，這類似納粹大屠殺中的一個模式：在運送受害者到集中營的過程中，警衛與囚犯的比例越低（Browning 1992: 95），或是與外界世界隔離程度越高（Haney, Banks, and Zimbardo 1983），他們的行為就越殘忍，而囚犯被殺害的可能性也越高（可能達到四倍）。

10 或者「她」就像在虐待兒童的案例中，那個將孩子的手放進熱水中的保母。

第五章　攻擊弱者(二)：霸凌、攔路搶劫、持械搶劫

1 然而，心理學家奧維斯（Dan Olweus 1993: 14）在斯堪的那維亞的資料中發現的重疊度要低得多：百分之十七的受害者也曾做出霸凌行為，這些具有雙重身分的霸凌者／受害者在全部兒童中僅占百分之一點六。

2 學生在小學裡遭霸凌的可能性，是在上學和放學路上的兩倍，在高中則是三倍（Olweus 1993: 21）。學校是霸凌發生的場合，高中的霸凌格外猖獗，不過這時霸凌也更多轉向口頭而非身體層面。奧維斯（1993: 15-16）發現，低年級的受害者比霸凌者多很多，隨著他們升入國中，霸凌者開始多於受害者。這意味著從個體霸凌轉變成群體霸凌。

3 監獄中發生的大部分攻擊行為（與其他地方一樣）都不是嚴格意義上的霸凌（一種長期持續的剝削性支配關係，而不僅僅是在打鬥中被暴揍一頓），因此我們面臨一個嚴肅的方法論問題：當我們需要衡量霸凌在監獄中的嚴重程度時，應該如何辨認霸凌行為，並判斷它是否穩定存在、不可轉移或是會惡性循環？

4 在一項研究中，百分之五十六的年輕罪犯與百分之二十六的成年囚犯在過去一個月，曾被人叫過羞辱性的外號，但在那個月發生的嚴重襲擊行為中，只有百分之二十與羞辱有關。此外，百分之七十的年輕囚犯與百分之八十的成年囚犯在這個月裡未曾遭到攻擊，這意味著大部分羞辱事件都未升級為暴力（Edgar and O'Donnell 1998: 640）。同樣的，心理學家愛爾蘭（Jane Ireland 2002）發現，羞辱比打鬥要頻繁得多。

5 受歡迎的學生群體常會用恐同言論來貶低樂隊或戲劇團體的成員，這些人位於中層，屬於美國高中裡的「另類」文化群體（Milner 2004: chap. 4 and n. 62）。米爾納認為，大部分學生都不會真的相信這些流言，只是在利用它們來貶低某些個體在學校階層系統中的地位。社會學家基梅爾和馬勒（Michael S.Kimmel and Mathew Mahler 2003）指出，在一九九〇年代發生的校園槍擊案中，大部分槍手都曾被人稱為同性戀者，但事實上他們並非真的是同性戀者。這些槍手都是群體霸凌中軟弱的受害者，身形瘦小或是過度肥胖有疾病，與學校中那種運動員和性吸引力市場上的明星的理想形象有著天壤之別。正是因為他們處於學校階層中的較低位置，才讓其他人認為可以宣傳他們是同性戀。

6 心理學家高根、西里歐和人類學家邁爾斯（Edward Gaughan, Jay D. Cerio and Robert A. Myers 2001）在一項全國調查中發現，與白人相比，黑人認為霸凌不是太嚴重的問題。

7 心理學家弗蘭佐等人（Stephen L. Franzoi et al. 1994）用了五個類別：受歡迎的、有爭議的、平庸的、被忽略的、被拒絕的。最後一類是最明顯遭受霸凌的學生，至少會遭受嘲笑和故意排擠。

8 影響殺戮發生的關鍵因素在於受害者是否戴了兜帽，而不是殺手（Grossman 1995: 128）。在不太致命的層次上，這與二〇〇四年阿布格萊布監獄（Abu Ghraib prison）發生的事類似，美軍獄卒會對戴兜帽的犯人進行羞辱（Mestrovic 2006）。

9 攔路搶劫者也許是幫派成員，但幫派只是一個保護傘，庇護著多種犯罪行為。攔路搶劫通常是由一個小團體實施，他們暫時與幫派無關（Jankowski 1991）。大部分攔路搶劫者（百分之九十八）都是男性，大約百分之二十的受害者是女性，而女性搶劫者的受害者幾乎全部是女性（Pratt 1980）。

10 高夫曼在《策略互動》（*Strategic Interaction*, 1969）一書中，正式將這個結構視為一種關於欺騙與揭發的祕密行動。德拉克洛（Choderlos de Laclos）的小說《危險關係》（*Liaisons Dangereuses*）就是一個例子：主角之一為了誘惑一位天真無邪的少女，第一步是提出幫她瞞著母親轉交情人的信件；她同意了，並給了他自己臥室的鑰匙；當他出現在她床前，他透過詢問她該如何向她母親解釋自己有她的鑰匙，從而阻止她呼救。

11 在二十世紀晚期和二十一世紀初期充滿同情的社會氛圍中，少數族裔有時會在街頭利用這一點，但不是為了索取金錢。杜尼爾（Mitchell Duneier 1999: 188-216）透過對話錄音和照片仔細描述這些場景：一名富有攻擊性的貧窮黑人男性能夠占據曼哈頓中上層階層的人行道，持續對年輕白人女性進行性騷擾，而受害者在躲避和防衛時顯得手足無措。

在這裡，少數族裔獲得的回報只是透過掌握面對面的衝突技巧來獲得情境支配權而已。這種禮貌的中產階級作風正是高夫曼所稱的「文明的無視」（civil disattention），黑人男性利用它作為軟弱的來源，將對方的行為賦予種族主義的意味。由此，他控制了情境，並藉此獲得情緒能量，與此同時，對方失去情緒能量。

12 參見卡茨（1988）。一名年輕的墨西哥裔男性在賣酒的商店工作時曾遭遇搶劫，他向我講述一個類似的事件。

13 這種搶劫者在搶劫之前格外緊張，他們會試圖鼓起勇氣：「我在想：我要做嗎？我能做嗎？」另一個人說：「最開始……是最難的。一旦克服了，一切就都變得簡單了。」（Morrison and O'Donnell 1994: 74）

14 黑人民族主義者克里佛（Eldridge Cleaver 1968: 33）在一段著名的描述中形容自己是如何成為強姦犯的：「為了鍛鍊自己的技術和犯罪手法，我先在貧民窟的黑人女孩身上做了練習……當我覺得自己已經足夠熟練之後，我就跨過鐵軌，開始尋找白人獵物。」雖然克里佛並沒有說自己練習的技術究竟是什麼，但他是一個大塊頭，所以他所練習的不僅僅是純粹的暴力。我的學生之一曾與克里佛有過接觸（在他寫下以上文字大約十年之後），他說克里佛講述如何觀察都市場景中的日常細節，就像獵手在搜尋獵物，以及如何觀察美女的日常習慣，並想辦法在她們放鬆警覺時抓住機會。

15 一個例子：一名同性戀中士經常為一名戰友口交（後者並不是同性戀者，也從來沒有為前者做過同樣的事情）。他們的關係變得令人上癮，後來他們會故意挑有可能被附近其他士兵發現時去做這件事；兩個人都明確表示，快感很大一部分來自於風險（Scott 2001）。

第六章　公平搏鬥表演

1 這些打鬥都是高度理想化的，在我的分析中至關重要：幾乎所有打鬥都被描述成英雄一出手就一擊斃命；當雙方都是著名英雄時，打鬥會略微延長，通常是對方成功躲避一開始的攻擊。除此之外，幾乎不會有人失手，每位英雄都能準確命中敵人。唯一的例外發生在單挑，對方英雄有時會錯失目標，或是一名英雄的盔甲（恰恰是儀式性注意力的中心，也是勝利者重要的戰利品）恰好擋住了致命一擊。荷馬栩栩如生的描述戰士的傷亡與痛苦，營造一種殘酷的真實感；但是戰爭傳說中卻是恰恰充斥著這種血肉橫飛的真實感，將英雄的勇氣與能力都理想化了。

2 他們站出來時有些戰戰兢兢，因為赫克特被認為比他們都強得多。只有希臘最強的英雄阿基里斯被認為比赫克特更強大，但他之前與希臘國王就處置女俘的問題發生爭吵，此刻正在營地裡生氣，因此拒絕參與打鬥。英雄中有著明確的地位排序。之前公開決鬥的墨涅拉俄斯與帕里斯在英雄之中排在末位，墨涅拉俄斯也因此未能獲得代表希臘挑戰赫克特的資格。在這個社交舞臺上，敵我雙方對英雄的名聲都暸若指掌，但這個排名是嚴格根據英勇程度。《伊利亞特》中描述的一系列單打獨鬥就像是一場重量級拳王爭霸賽，從低階英雄開始，到最頂尖的兩名英雄結束。

3 這被明確的描述為希臘人的好運氣，因為埃阿斯和狄俄墨得斯被視為當時最強的三名英雄之一，也就是說，在希臘最強的十名英雄裡，他們僅次於阿基里斯，排在第二和第三位。

4 從兩個方面來看，這種組織都比個人英雄更強大：首先，在贏得戰鬥、殺死敵人上，組織比個人更強；其次，在控制情境中的情緒焦點上，組織也更勝一籌。羅馬人沒有榮譽法則來推動決鬥或復仇，因為他們的軍隊組織形式有著明顯的不同；而在內部政治上，統治階級也透過運用政治聯盟和組織暴力聚集起巨大的財富和權力（MacMullen 1974）。沒有羅馬人會在決鬥中冒險，因為他可以用金錢和權力來買到選票，或是私下安排殺手去刺殺敵人，如果敵對雙方都很強大，他們就會召集起大軍（透過金錢、親屬關係和庇護關係，同時也透過宣傳勝利的可能）。羅馬人的榮耀主要集中在死亡方面，尤其是在戰鬥或政治上成為輸家時，應該體面的自殺。面對敵人的勝利，個人勇氣是最後的庇護所，用來避免受到羞辱。決鬥雖然存在，但只是劍鬥士的表演和訓練；劍鬥士不是羅馬市民，而是專門提供娛樂的低下階層。羅馬人不會決鬥，而是直接發起內戰。決鬥和血仇都不能簡單用「古地中海傳統」來解釋，因為它們並不存在於最著名的古地中海文明中。

5 在荷馬筆下，英雄對敵方軍隊造成的破壞，並不如他們之間的單挑重要。不過，這種破壞也可能被認為展現他們的「狂戰士」潛力，就是在狂怒中大肆破壞的能力，從而能夠在敘事中成為名聲塑造的一部分，進而為最後的大戰奠定足夠的分量。

6 以小組進行的實驗發現，觀眾的存在能夠促進罵戰升級；如果觀眾唯恐天下不亂，這種升級就會變得更嚴重；如果觀眾希望平息事端，升級就會較弱（Felson 1994: 33-34）。這些實驗都是一對一的爭吵，最多不過是虛張聲勢的恐嚇，在真實生活中的暴力面前，如果存在多名觀眾，這個效應會更為可觀。

7 攻擊行為會在週五與週六的夜晚和狂歡場合中達到高峰（Budd 2003: table 6）。不過，在這些場所，打鬥在人群中發生的比例是否更高，我們還沒有衡量過。

8 事實上，福澤諭吉平時是很有勇氣的。在日本開國過程中，作為一名西化派領袖，他曾多次冒著風險刺殺敵人。在這起事件發生前五、六年，那時他還在大阪上學，就常與同學在夏日夜晚的人群中假裝打鬥，只為嚇唬那些底層商人組成的旁觀者（Fukuzawa 1981: 66）。在這些事例中，是互動情境推動、控制或阻止了暴力。

9 我所蒐集的暴力衝突事例幾乎都沒有涉及槍枝，只有一個例子出現槍，但它沒有被拔出來，觀眾表現中立，打鬥也半途而廢。有可能當參與者屬於下層階級並持有更多武器時，觀眾效應就不那麼重要了。威爾金森（2003）對黑人和拉美裔青年男性暴力的研究沒有直接關注觀眾的不同效應。但她的資料顯示，在沒有武器的打鬥中，百分之二十六在升級前就已平息，只有百分之十四給人留下可能會捲土重來的印象。如果打鬥中用了槍，那麼只有百分之八點五會半途而廢，百分之四十會發展為持續打鬥；如果排除持槍搶劫，這些數字會上升到百分之十和百分之四十八（計算自 Wilkinson 2003: 205）。因此，涉及槍枝的打鬥（即使槍枝沒有被使用或者無人中彈）相對較難中止，也更可能推動打鬥持續下去。我們還不清楚這在多大程度上會被東岸城市的街頭打鬥模式影響。在西岸黑幫中，飛車槍戰是最常見的槍枝使用方法，這些情境通常轉瞬即逝，也很可能半途而廢（Sanders 1994）。在無數事例中，敵對幫派在學校前庭或操場上互相挑釁，他們會掀起衣服，露出插在腰帶上的槍，卻不會真正開槍（來自法庭文件）。在威爾金森的資料中，幫派鬥爭有百分之七十八出現槍枝（七十六起事件中有五十九起），其中百分之三十六使用槍枝（五十九起事件中有二十一起；計算自 Wilkinson 2003: 130, 188）。我們即將看到，在決鬥中槍的存在不能改變強大的觀眾效應。

10 旁觀者通常不會參與到表演型公平打鬥中，在大部分其他打鬥中也一樣，除非他們與其中一方有密切關聯，同時對敵手代表的組織懷有敵意（例如足球隊或某一族裔）。研究者（例如提利〔2003〕）十分強調幫派打鬥中的集體身分，以至於忽視了這個更加常見的模式。哪怕已經存在集體身分，但想讓觀眾克服衝突性緊張／恐懼並參與到打鬥中，我們還需要一些特殊條件。

11 我們可以比較一下二〇〇二年九月和二〇〇三年四月在芝加哥發生的兩起事件。在這兩起事件中，都有一、兩名莽撞的球迷闖進棒球場，並分別攻擊一名五十四歲的教練和一名裁判。這些球迷看來是喝醉了，他們希望自己能上電視獲得注意。我想指出的是社會反應：在這兩起事件中，兩支隊伍的成員都衝向入侵者，並在他們被警察帶走之前狂揍他們一頓。觀眾對入侵者發出噓聲，並在球員對他們拳打腳踢之時歡呼喝采。入侵者篡奪比賽中的注意力，正是這種破壞規矩的行為，激起人們的不滿和對道德懲罰的呼籲。

12 古希臘的早期學校會教授上層階級年輕人各種比賽與體操技巧，讓他們為不同類型的競賽準備。這種學校早於傳授文化和演講技巧的學校幾個世紀（Marrou 1964; Collins 2000）。

13 當然還有其他儀式，例如面對想像中的敵人做出一系列打鬥動作（「方」），這可以被解釋為重演大師過去的著名打鬥場景。這些段落中提及的事例來自日本武術專家德雷格（Dan F. Draeger 1974）的研究和我自己在三所不同武術學校長達五年的觀察，以及我對自己孩子所在的學校進行的觀察。

14 這些學校普遍存在的表演技巧，讓其教授的技術看上去比實際上更加致命和有效，在真實生活中，受過訓練的武術家幾乎不可能達到學校中教授的理想形象。我曾問過我的空手道老師，如果有人拿著槍出現該怎麼辦，他說：「夾著尾巴跑掉。」彷彿為了闡釋這一點，泰拳世界冠軍岡（Alex Gong）正是在舊金山街頭被人槍殺，當時他因一名司機撞了自己停好的車而前去追趕（*San Diego Union*, August 5, 2003）。

15 因此，市中心黑人貧民區的拳擊學校提供一個逃避「街頭作風」的場所，而不是提供一種街頭生存的武器（Wacquant 2004）。

16 我在空手道學校度過了數百小時，目睹數百起對戰，從未見過一起打鬥在該停止的時候沒能停止，也許參與者在對戰中會生氣，試圖打得更狠，但當教練宣布回合結束時，他們絕不會繼續攻擊，也不會忘記向對手鞠躬。空手道學校的學生也可能彼此憎恨，但他們會透過禮儀而非打鬥來表現這一點。當低級別學生打敗高級別學生（例如綠帶打敗了紅帶），這點可以看得更加明顯：高級別學生的報復方式是命令低級別學生去擦地板，或是幹其他雜活。

17 拳擊運動興起於十八世紀至十九世紀的英格蘭，當時上層階級會贊助並參與農村下層階級的比賽，作為一種賭博和娛樂。這些貴族制定規則，包括必須戴上手套等。到了一八八〇年代，赤手空拳打到其中一方倒地不起為止的比賽，已經大部分都被取代了。一九二〇年代的情況在海明威的作品中有描述，他本人曾長期參與拳擊運動，卻從未參加公開比賽（Dunning 1999: 55- 60; Callaghan 1963）。

18 一份學生報告描述二〇〇〇年代初期發生的一起事件：一群韓裔美國學生因無法決定誰有權利追求一名女生而捲入了一場打鬥。儘管其中一名學生曾在武術學校接受過訓練，但他沒有用上任何武術技巧。這項觀察符合空間的儀式區隔，學校中存在理想化的打鬥，學校外存在低級的野蠻打鬥。

19 哈姆雷特的決鬥事實上是一種學院式的擊劍比賽，包含若干回合，並出現許多儀式性的行為。一開始是一名侍臣作為中間人傳遞挑戰的訊息；在這個事例中，國王支持這次決鬥。雙方使用新式的法國決鬥用劍，而不是更傳統的戰爭用劍。莎士比亞並未描寫因私人恩怨而決鬥致死的情形。

20 在這一方面，決鬥與中世紀的決鬥審判大不相同。決鬥審判是一種官方行為，由國王許可，並有權威機構在場。決鬥審判大多與財產或世仇有關，而決鬥往往是純粹的私人恩怨，相較之下顯得是雞毛蒜皮的小事。決鬥通常會祕密進行，不會讓官方知道。任何自由人都可能得到許可參與決鬥審判，而決鬥被貴族壟斷，成為一種地位的象徵。

21 參見麥卡利爾（Kevin McAleer 1994: 75, 93-94, 114, 224）與奈（Robert A. Nye 1993: 185）的研究。在德國，只有當決鬥中出現死亡，才會遭到權威機構懲罰，其中包括特殊的軍事法庭。因此，這個估算中較高的數值僅包括未導致死亡的決鬥。

22 在一八八〇年代的法國，約有三分之一的決鬥在發生之前就已經和解了（Nye 1993: 186）。

23 即使現今，點四五口徑的軍事手槍有效射程也只有二十五公尺（U.S. Air Force 2006: 50），也就是二十七步。大部分警察射擊都發生在十步之內，我們已經看到，錯失目標是很常見的。

24 我們可以對比一下托爾斯泰《戰爭與和平》的前幾章：書中描述軍官狂歡、豪飲和賭博的場面，他們互相打賭能不能喝完一整瓶蘭姆酒，同時自殺式的坐在高樓窗臺上。這本小說出版於一八六七年，是根據托爾斯泰自己在一八四五年至一八五五年間克里米亞戰爭中的經歷寫就的。

25 事實上，在決鬥從上層階級蔓延到下層之前，南部貧窮的白人農民與勞工中存在一種明顯不同的「蠻荒風格」（Corn 1985）。這種下層階級的打鬥可謂沒有規矩，挖眼、抓頭髮、致殘等無所不用其極，這種狂歡風格與上流社會決鬥者自治和禮貌的風格截然不同。在十八世紀和十九世紀初期，上流社會認為下層白人沒有資格與他們決鬥。隨著民主化進程的發展，這兩種風格開始彼此接近。

26 並不是說十九世紀的菁英就沒有彼此羞辱的爭吵，但正是在禮儀發展的過程中出現了懲罰方式，例如破壞規矩的人在公開場合無法獲得禮貌的認可，而私人俱樂部等上流社會場合會拒絕這些人入內（Baltzell 1958; Cannadine 1990）。

27 一八七〇年代末期最著名的槍手「比利小子」（Billy the Kid）在新墨西哥境內所謂的「林肯郡戰爭」期間，曾為相互敵對的地主聯盟其中一方工作。由於媒體廣泛報導這次衝突，他變得廣為人知。敵對一方當時在這片土地上的偏遠地區組織警察力量，並與更高等級的政治派別有聯繫（Kooistra 1989）。槍手通常是雇傭兵，也包括劫匪和職業賭徒，因此成了類似都市犯罪團夥的「烏合之眾」。他們類似十八世紀英國攔路搶劫的強盜，專門攻擊當時新出現的馬車長途運輸服務。流行文化的興起將揮舞手槍的強盜形象理想化，這也發生在上流社會手槍決鬥開始向下層社會蔓延的過程中。到一九二〇年代，這些現象就在英國社會中消失了。

28 從部落到早期現代國家，我們已經習慣用演化的眼光來看待這項發展，但其中也存在一種不屬於兩者的組織形態（Weber 1922/1968: 365-66; Borkenau 1981; Collins 1986: 267-97; Grinin 2003）。當它出現時，不僅部落開始解體，戰士也放棄自己的部落身分，開始加入暴力組織。這其中包括維京海盜；在羅馬帝國之外形成的許多日耳曼聯盟；希臘的例子則出現在阿爾戈等神話故事中：一群英雄踏上征程尋找財寶；此外還包括特洛伊圍城戰中的軍隊。

29 我們應將此類英雄戰士與惡名昭彰的惡徒區分開來。後者可能同樣擁有勇敢和不可戰勝的理想化名聲。這些人物出現的結構條件是國家分崩離析（例如中國朝代式微之時），或是國家權力滲入部落和當地權威機構，並足以激起一群抵抗者（因此成為「暴徒」）。國家缺乏足夠的行政結構來統治，暴徒缺乏足夠的組織能力來取代國家（Eberhard 1977; Hobsbawm 2000）。關鍵在於，貴族英雄是在榮譽法則之下進行一對一打鬥，惡徒對抗的則是自上而下的權力。這賦予暴徒英雄浪漫主義的名聲，他們英勇無畏的對抗權威和侵入者。相較之下，貴族英雄沒有做到這些。

30 現代社會存在另外一種刻意建構的類似部落的結構，那就是體育隊伍。隊伍會參與復仇形式的暴力（例如棒球比賽中的近身球戰爭），球迷則會互相陷入群體報復。具體情況會在第八章詳細討論。

31 還有一種中間形式，就是挑釁者建議對方「出去聊聊」。這也是指定時間和地點的一種方式，只不過比起決鬥，中間沒有留出冷靜的時間。這種形式幾乎總是赤手空拳的打鬥，事實上，如果人們答應「出去聊聊」，也就相當於默認了打鬥不會涉及其他武器。因此，二十世紀以來（在英國和美國是十九世紀中期以來）的表演型公平打鬥，幾乎都是赤手空拳的打鬥。

32 此處有個明顯的例外：在福克斯（1977）之前描述的打鬥中，雙方都是社區中的談論話題，也都被當作名人看待。相較之下，在匿名性更強的都市情境中發生的打鬥，與此有著明顯不同。西岸的愛爾蘭社區有著龐大的網絡，幾乎覆蓋了所有成員，因此每個人的名聲都為人所知。這個網絡是工具性的，既能保證打鬥的公平性，又能防止升級。

33 我蒐集的學生報告中包括以下案例：二〇〇一年十一月下旬，紐約賓州車站人群擁擠。一名黑人女性戴著耳機步履匆匆，一名白人女性不小心將她的 CD 隨身聽撞掉了。黑人女性喊了出來：「噢他媽的！妳長眼睛了嗎！」白人女性嘆了口氣，停了幾秒後又繼續快步走去。黑人女性由於對方不理不睬而怒髮衝冠，她怒吼道：「嘿！給我撿起來！把我的ＣＤ撿起來，婊子！」白人女性回頭瞟了一眼，步履未停。黑人女性喊道：「妳這個白婊子！」然後衝上去踢了她的背。此時，其他行人紛紛躲避，兩人周圍出現一小片空地。一名白人男性旁觀者撿起她的ＣＤ隨身聽，交還給她。黑人女性抓過來怒氣沖沖的離開了。這起衝突沒有升級，因為其中一方（白人女性）拒絕參與衝突。這並非因為她自己不夠體面，而是她認為這個場景本身並不體面。

34 桑德斯（1994: 148）指出，在墨西哥裔美國黑幫裡，「當人們認為局勢不利於自己時，可以聲稱自己會在合適的時機進行報復，從而不失體面的抽身。」威爾金森（2003: 137, 141, 144, 151, 154-155, 169）提供無數這樣的例子：衝突以其中一方在槍口下逃走而結束。在其中一個案例中，一群幫派成員帶著武器入侵另一個幫派的地盤，因為自己兄弟之一的女朋友被對方搶劫了，但他們只是匆匆開了幾槍，沒有打中任何人就離開了，之後再也沒有回來（Wilkinson 2003: 156-57）。

35 第十章提出的證據顯示，在一個社區裡，年輕男性中的幫派成員比例最多不會超過百分之十。愛麗絲・高夫曼（Alice Goffmann，二〇〇五年十月的私人通信）證實，她研究的暴力毒販只占相應人口很少一部分。正是因為大部分人無法躋身犯罪菁英行列，他們才會承擔那些低收入的合法工作。

36 在本章注釋11描述的案例中，兩名入侵者之一攻擊一名教練，當被問及為何這麼做時，他回答道：「他衝我們比中指了。」如果這是真的，那麼這名教練可能也是在報復球迷的噓聲。此外，兩人中年紀較長的一位事前給朋友撥了電話，讓他們趕緊打開電視，因為自己馬上就會出現在裡面。桑德斯（1994: 147）指出，儘管幫派成員通常會用報復來解釋打鬥開始的原因，但「幫派暴力事件實在是太多了，這種解釋不可能總是真實的」。

37 這些與中產階級白人幫派成員挑選的稱呼形成鮮明對比：後者喜歡用諷刺性的非主流文化稱呼，將自己視為流放者（「輸家」）。在非主流的青少年團體裡也有類似的情況（Milner 2004）：他們尋求的不是尊重，而恰恰是不尊重；他們對「受尊重」和「受歡迎」的標準心懷嘲諷。

38 聖地牙哥警局反黑組的一名成員告訴我，二〇〇四年夏天，墨西哥裔黑手黨成員間達成一項協定：不同幫派都同意賦予曾經入獄的墨西哥裔幫派成員特殊的榮耀。在一起飛車射擊案中，一名兒童不幸遇害，而他是一名黑手黨成員的親戚。這名成員召集了幫派首腦，讓他們達成協議，此後當黑手黨成員開槍時，必須有一隻腳踏在地上（而不是兩隻腳都縮在車子裡）。這個規矩是為了讓開槍更謹慎。墨西哥幫派大多遵守了這個規則，但黑人幫派對此卻是視而不見。

白人與亞洲幫派根本不會進行飛車射擊。摩托車手組成的幫派大多是白人，他們的暴力幾乎總是局限於彼此之間的仇恨。每一個族裔都會被不同的暴力技術與目標區隔開來，擁有自己的觀眾和名譽領域。

39 這是根據我蒐集的案例做出的觀察。在決鬥中，觀眾不會喝采，但他們會格外積極的組織決鬥，並決定決鬥是否會真正舉行。

40 在我蒐集的案例中，二十六起嚴重打鬥裡，只有五起是在沒有計畫的情況下發生的，其他所有事例（百分之八十一）都安排或宣布打鬥、示威或衝突（八起）的時間，或是發生在安排好的狂歡情境中（例如街頭節日、派對或比賽，共十一起），或是發生在擁擠的學校集會中（二起）。相較之下，在四十起溫和簡短的打鬥中，二十二起（百分之五十五）是在計畫之下發生的；而在二十三起半途而廢的打鬥中，有七起（百分之三十）是在計畫好的情境下發生的。反過來看，在五十起計畫好的衝突中，有二十一起（百分之四十二）發展為嚴重衝突；在三十九個未經計畫的場景中，有五起發展為嚴重衝突（百分之十三）；在計畫好的情境中，只有百分之十四的打鬥未能真正發生（七起），而在未經計畫的情境中，百分之四十一的打鬥半途而廢（十六起），剩下的有百分之四十六（十八起）是溫和的打鬥。

41 在我的資料中，在十七起案例中觀眾為打鬥喝采，其中八起是一對一的打鬥，其他是攻擊弱者的形式。所有都是計畫好的情境。

42 例如，哈姆雷特無法決定該如何復仇，並拒絕在不公平的情境下殺死國王的機會，那時他發現國王孤身一人、毫無防備。最後，他參與一次儀式性的決鬥，因為對手作弊而遭到致命的傷害。最後，他殺死所有踐踏決鬥規則的人，以此作為自己的復仇。在幾乎每一個環節裡，哈姆雷特都透過遵守公平比賽的規則，顯示自己在道德上的優越。唯一的例外，是他在刺穿幕簾時誤殺了偷聽者，但這是一種對欺騙的懲罰，對方的地位也較低。

43 揚科夫斯基（1991）強調這個闡釋：我視為失能的暴力，他則視為一種故意營造出的暴力分子形象。如果有人試圖兜售保護，或是壟斷非法生意，那麼這麼做是有好處的。這兩種解釋並非互斥，我只想指出，這種失能廣泛存在於暴力的本質中，哪怕黑幫將這一點為己所用也無法改變。

44 威爾金森的資料（重新計算自 2003: 182, 188）顯示，一對一的打鬥最可能不使用武器（百分之五十一，一百一十八起案例中有六十起），其中只有百分之二十八會涉及槍枝（一百一十八起案例中有三十三起）；在所有其他類型的打鬥中（例如以多欺少或幫派衝突），只有百分之二十（一百六十二起案例中有三十三起）沒有使用武器，百分之六十八

（一百六十二起案例中有一百一十起）涉及槍枝。槍最不可能出現在朋友（百分之三十二，三十四起案例中有十一起）或熟人（百分之五十二，一百三十起案例中有六十七起）之間的衝突中，最可能出現在敵人（百分之六十六，六十三起案例中有三十五起）間的衝突中，在陌生人之間的衝突中（百分之五十二，一百三十起案例中有六十七起）則介於中間。威爾金森的採訪顯示，公平打鬥的概念存在於這些群體與事例之中，但沒有具體資料顯示其比例。

45 這個討論主要指的是黑手黨團體內部和彼此之間的暴力，這也是最常發生殺戮的情境。當幫派暴力用在外部受害者（例如拒絕繳納保護費的人）身上試圖恐嚇對方時，其發生往往會更公開。這在很大程度上是一種殺雞儆猴的表演。但其目的是有生意考量的，主要是為了保證可以得到穩定的收入。

46 黑手黨之所以有著相對強大和穩固的組織結構，原因之一是它是從真正的家族成員中進行招募。相較之下，下層階級的幫派成員常常是孤兒，因此無法用家庭關係來作為組織基礎。這一點在黑人幫派中比在拉美裔幫派更常見（Horowitz 1983）。

47 黑手黨形象被浪漫化的另一個原因來自其歷史時期：《教父》（*The Godfather*）等關於黑手黨家族的著名電影興起於一九七〇年代。這正是黑手黨開始被犯罪集團取代的時代。牙買加和拉美裔犯罪集團接管毒品批發生意；一九九〇年代，俄羅斯及其他前蘇聯犯罪集團控制了敲詐和賣淫集團。賭博被廣泛的合法化，也打破傳統的犯罪保護領域。二十世紀末和二十一世紀初被浪漫化的黑手黨，在現實生活中的原形已經變得更加在地化，威脅性也已大大降低。

第七章　作爲娛樂的暴力

1 最後一種感受並非完全準確。在持續較久的大型暴動中，大部分被逮捕的人是因為趁亂洗劫。在一九九二年的洛杉磯暴動（羅德尼·金事件）中，警察總共逮捕九千五百人；在一九七七年的紐約市大停電中，有三千多人被捕；在一九六五年的洛杉磯華茲（Watts）暴動中，有三千九百多人被捕（Halle and Rafter 2003: 341-42）。但在「道德假期」的情緒中，很少有人想到這一點，事實上，他們被抓到的機率是很低的。在這裡，壓倒一切的感受是對某個群體的歸屬感，而這個群體暫時擺脫外部權威的控制。

2 打碎玻璃這種行為有一種富有戲劇性和象徵性的特質，因此在多種情境中都會發生，它看起來最受那些「偽暴力人士」的歡迎，這些人會擺出暴力的樣子，卻不會捲入真正的打鬥。在第二章，我們看到一場衝突，其中有人從垃圾裡揀出酒瓶來丟到街上，但這場衝突很快就平息了。在第八章，我們會看到英國足球流氓的行為，他們在離開酒吧時直接將啤酒杯摔在地上。東歐的慶祝暴動（例如布拉格的新年夜派對）主要包括在公共廣場亂扔瓶子，留下一地玻璃碎片。二〇〇四年，英國開始實驗將酒吧裡的玻璃啤酒杯換成塑膠的，結果顯示，這在很大程度上降低暴力發生的可能（Meredith Rossner，二〇〇四年九月的私人通信）。

3 相較之下，燒掉敵人的財產是一種區別很大的策略。很早之前就有人用縱火作為武器，例如在反對地主的起義中縱火，或用縱火來懲罰逃稅者（通常發生在組織結構比較鬆散的州）；在對付游擊隊時也會用字面意義上的「焦土政策」；軍隊勝利攻克敵方城池時，也會用縱火來強迫居民服從（Goudsblom 1992: 118, 160, 184）。

4 漢內斯（1969: 173）指出，在一九五八年發生的華盛頓暴動中，暴動者曾侵入主要是白人的市中心購物區，洗劫了若干服裝店，卻沒有在那裡縱火，縱火幾乎全部發生在貧民區的購物街上，也就是暴動者自己的聚集地。

5 二〇〇五年十月二十七日到十一月中旬，在法國發生的北非移民暴動（持續約二十天）也有類似的情況，尤其是半夜焚燒車輛和建築，並朝路上的車輛和警察投擲石塊等。這些行為始於巴黎的一個郊區，隨後四至六天裡蔓延到其他工人階級移民居住的郊區，並在第七天和第八天蔓延到遠處的城市，而巴黎內部的暴力則漸漸平息。第十至十二天，暴動的破壞力達到頂峰，不再向更多地方蔓延，隨後開始衰落。在大部分城市，暴力最多持續五至七天。隨著暴力事件達到時間上的極限，法國境內的暴動也開始平息下來，不再出現新的暴動地點（時間表與資料根據 en.wikipedia.org/wiki/2005_Paris_suburb_riots）。

6 社會學家斯皮勒曼（Symour Spilerman 1976）研究一九六一年至一九六八年間在一百七十個美國城市發生的種族暴動，發現極少有城市發生多次暴動事件，大部分暴動的破壞力都很小，持續時間也很短。大部分暴動集中在一九六一年至一九六八年間的後半，尤其是在一九六八年四月金恩遇刺之後。這個事件得到廣泛的關注和報導，在隨後發生的暴動中，首次發生暴動事件的城市比曾發生此類事件的城市遭到更多暴力破壞（例如出現更多洗劫與縱火事件）。同年之後的幾個月裡，經歷過暴動的城市面臨的暴動程度也下降。社會學家麥爾斯（Daniel J. Myers 2000）發現，小地方的暴動（例如黑人人口較少和居住區域較小的城市）從各個方面來看時間都較短，程度也較輕微。

7 提利（2003）總結一系列證據，證明洗劫（他認為這是一種投機主義）發生在幾乎所有群體暴力行為的邊緣，也就是說，洗劫行為遠離注意力的中心和下達命令的組織結構。在我看來，這是因為暴力摧毀大部分權威形式，但不包括其自身，當反抗本身缺乏一種軍事命令結構，就會轉變為「道德假期」。

8 與自然災害（例如颶風和洪水）之後的洗劫行為相比，我們會看到，權威的缺席並不是一個充分條件。在權威崩潰之後，群眾還必須自認為具有反叛精神才行。在自然災害中，洗劫者只占很少一部分，相較之下，在暴動中，參與洗劫者可能高達總人口的百分之二十。自然災害後的洗劫者大多是單槍匹馬的個體，他們在陌生的地方獨自行動，並且無法得到別人的認可，相較之下，暴動中的洗劫者多是當地居民，成群結隊公開行動，並能獲得一種社會支持的氛圍（Quarantelli and Dynes 1970）。

9 然而，就在十三年前，同一個黑人與拉美裔貧民區也發生過種族抗議暴動。

10 在第一個小時裡被逮捕的人中，百分之八十二有前科；在第二波洗劫者中，這個數字降到百分之六十七；在第二天白天參與洗劫並被逮捕的人中，有前科者只有百分之五十五。

11 在一九九二年洛杉磯暴動的新聞照片中，百分之十六的洗劫者是女性（計算自 *Los Angeles Times*, May 1-2, May 12, 1992）。在紐約大停電中被捕的人裡，女性占百分之七（Curvin and Porter 1979: 86）。

12 對此最詳細的描述是麥肯齊（Compton Mackenzie）的自傳《罪街》（*Sinister Street*）第三部（1913）。這個場景在畢爾彭（Max Beerbohm）的《傾校傾城》（*Zuleika Dobson*, 1912）和沃（Evelyn Waugh）的《衰落與瓦解》（*Decline and Fall*, 1928）中有諷刺性的描寫，在沃的另一部作品《舊地重遊》（*Brideshead Revisited*, 1945）中有嚴肅的描寫。

13 眾人皆知的狂野派對會因其令人震驚的破壞程度而被記錄下來。在普林斯頓大學一場美式足球比賽的週末慶祝裡（一九六〇年代早期仍然流傳著這個傳說，事件可能發生在一九三〇年代），學生推翻附近鐵軌上的列車。喝多了的達特茅斯學生因坐在嬰兒推車裡進行跳臺滑雪而為人所知。

14 這通常發生在人們的居住環境具有暫時性的情況。因此，人們破壞的並不是核心的、與身分息息相關的財產，而是暫時寄居之地。這種破壞行為中最糟糕的可能會成為中產階級父母的噩夢：他們將房子留給一群年輕人，後者在裡面開了一場派對，將整棟房子搞得一片狼藉。派對的消息會迅速擴展到熟人的熟人網絡中，讓眾人知道這裡出現一個自由區域。最後，大部分派對參與者都與房屋主人沒有關係，也完全不想負責任。隨著一些無心的破壞行為的出現（例如潑灑飲料並留下汙跡），人們會認為就是有更多的破壞行為也能被接受，甚至可能受到期許。如果父母不在家的時間太久，屋子可能遭到嚴重破壞。從結構上來看，相似的機會也可能導致相似的結果：一九二〇年代，一群年輕黑幫成員受到娛樂室的吸引（以及工作人員的縱容）而進入社會服務所，他們破壞撞球桌和遊戲裝置，用撲克牌點起一堆火，把所有房間都搞得一塌糊塗（Thrasher 1927/1960: 78）。

15 一九六七年七月的底特律暴動導致嚴重傷亡。一開始，警察試圖臨檢黑人區中心的一家深夜酒吧和賭博俱樂部。這個時間點選得實在是不能再糟了：週六夜晚的高峰，狂歡週末的頂點。警察在晚上十點沒能進入俱樂部，反而讓裡面的人有了準備。凌晨四點他們帶著更多人前來，終於成功讓俱樂部關門，但當他們將逮捕的嫌犯推進警車時，眾人聚集在附近一起發出噓聲。面對這個反向升級，警察撤退了，結果製造「道德假期」所需的條件，眾人開始洗劫和縱火（Kerner Commission 1968: 84-87）。

16 古爾德（2003）認為，暴力不僅僅由不平等引發，也與地位階層系統中相鄰和同一層級的關係不夠穩固有關。

17 事實上，從字面意義來看，「狂歡」的意思就是「喧鬧的酒會」（《牛津簡明詞典》）。不過，我將「狂歡」一詞用在更廣泛的場合中，包含社會建構的「道德假期」中的情緒沸騰。狂野派對的原型就是北美印第安部落冬季贈禮節上的炫富宴。但炫富宴上通常沒有酒精（至少在印第安歷史中直到很晚才改變，參見之前討論引用的資料）。「醉酒」既可能是肉體上的，也可能是精神上的。我的論點是：群體情境中的情緒互動才是決定暴力發生與否的關鍵。

18 研究者已經指出，其他心理學和文化上的機制，能將酒精與暴力聯繫起來（MacAndrew and Edgerton 1969; Lithman 1979; Bogg and Ray 1990; Lang 1983; Gantner and Taylor 1992; Pihl, Peterson, and Lau 1993; Taylor 1983; Room 2001; Room and Makela 1996）。

19 我們不清楚暴動中有多少洗劫行為是酒精引起的。本章的描述顯示，「道德假期」本身是一種情緒上的醉酒狀態，其中沒有什麼令人印象深刻的醉酒故事。酒鋪會遭到洗劫，但洗劫最猖狂的人卻似乎不會喝多少酒，因為酒精會阻礙他們帶走更多戰利品的能力。根據警方報告，在二〇〇二年俄亥俄州立大學贏得美式足球比賽後的慶祝暴動中，被捕者（通常是在破壞行動中或在對抗警方時表現最積極的人）沒有一個人喝醉（Vider 2004: 146）。這也符合之前的論點：在暴力中最有戰鬥力和最積極的人，恰恰是最清醒的人，儘管在支持他們的群眾裡（只是其中很小一部分）可能很多人都喝醉了。

20 他們更容易喝醉，因此也更容易捲入打鬥。重度酗酒者的人數約是偶爾酗酒者的百分之二十五，但他們酗酒的頻率卻高達五倍。普通的美國酗酒者每年大約喝醉十二次，重度酗酒者每年大約喝醉六十次，總計就是七億兩千萬次醉酒事件。儘管這個數字看上去很驚人，但他們每次醉酒導致暴力的機率，卻比偶爾酗酒者低。

21 第六章提供一些證據，說明觀眾的態度有重要作用，在以上描述的兄弟會外發生的事件中，觀眾期待發生打鬥，但打鬥者真正的朋友卻似乎並不熱衷。

22 一名參加奧運跆拳道比賽的美國隊隊員在接受採訪時，被問到自己在街頭是否用過武術技巧，他說他用過一次。「你知道，有時會有人跟著你，他們可能喝醉了什麼的。這種事是會發生的。」但打鬥結束得很快。「我想那是最不應該嘗試挑起打鬥的時候，他們都喝得醉醺醺的，站都站不穩了。那根本算不上打架。」（*San Diego Union-Tribune*, Aug. 28, 2004）警察也認為，在破壞秩序者裡，醉漢是最容易制伏的，比起清醒的嫌犯，他們受到暴力對待的可能性更小，往往也不會暴力反抗警察，最多只是口頭罵個不停或是被動抵抗罷了（Alpert and Dunham 2004: 67, 81, 164）。

23 喝醉的嫌犯最不可能因財產犯罪被調查（百分之十二），最可能因家庭暴力被調查（百分之四十八；Alpert and Dunham 2004: 73）。這也符合之前指出的模式：家庭暴力很大程度上都是攻擊弱者，酒精常與容易實施的暴力有關。在英國的犯罪調查中，搶劫受害者有百分之十七認為搶劫者喝醉了（Budd 2003: Table 1.1）。

24 整個事件顯示，想成功實施暴力是很困難的。在之前的一次衝突中，這名攻擊者帶了一把槍，但他抽了大麻，沒法瞄準對手，接下來，他們用拳頭打了一場，隨後其中一方帶著刀子又打了一場（敘述者在所有衝突中都是攻擊者），最後兩人拿著槍又打了一場，但誰也沒能命中對方（Wilkinson 2003: 212-13）。直到他占據天時地利人和：以多欺少、偽裝自己、從敵人身後突然出聲、清醒而不是醉酒，才最終成功實施了暴力。

25 因此，人類學家（如馬歇爾〔1983〕）稱為「偽醉酒」的情況（假裝醉酒）可能是一種理想的策略，用來在打鬥中獲得優勢。但在這種情況下發生的不一定是暴力，也可能只是虛張聲勢的挑釁與恫嚇。這些研究中的「偽醉酒」者也只是在占清醒者而不是醉漢的便宜。

26 根據我的一些受訪者的說法，直刃族（straight-edge）*通常會將打鬥限制在龐克場合下。他們會在前臂紋上ＸＸＸ的符號，穿全黑的衣服，而不是用鐵鏈、龐克頭和五彩髮色來突出自己的身分（至少過去二十五年龐克文化流行時是這樣），後者被視為「主流龐克」風格。另外一些受訪者則稱，直刃族會跟運動員和光頭族打架；後者是他們特定的敵人，因為光頭族也會在龐克音樂會上晃悠，政治立場卻截然相反（右翼對左翼）。也有受訪者稱，直刃族不會打架，只是參與狂舞（我簡單討論了這個情況），他們認為這是對抗社會系統和抒發憤怒的合理方式。我的直刃族訪談對象包括一名女性龐克音樂人、一個一九八〇年代前期的前直刃族，以及幾位大學生年紀的成員。「地下」龐克雜誌也描述過直刃族。關於直刃族在高中階層系統中的地位，可參見米爾納的研究（2004: 42, 248）。

直刃族與其他次文化群體的關係，說明年輕人的次文化也在形成內部階層。這與我在下一章對英國足球流氓的分析有相似之處：足球流氓也是打鬥的一種複雜發展（發展成為一種群體參與的演習，而不是清醒的壓制對手）；相似之處在於，足球流氓中也會產生內部層級。在一九八〇年代晚期的比利時足球流氓中，最核心的打鬥者會避免使用酒精和毒品，以期在衝突中保持清醒、占據優勢；在其他方面，他們會有意識的模仿英國足球流氓（Van Limbergen et al. 1989）。此外，還有一種對醉漢進行搶劫或「渾水摸魚」的傳統（Shaw 1930/1966），但這不是狂歡場合中的人所為，也不會給人帶來更高的地位。在二十世紀，娛樂性打鬥發展出複雜的技術，隨著不同地域聲譽標準的發展而變化。

27 在八十九個事例中，有七十八個是單獨事件（包括發生和未發生的打鬥）；在六個事例中發生連續衝突，其中第二起衝突涉及第一起衝突中的全部或部分人物（第二起衝突中有四起未能發生暴力）；在五個事例中，同一次聚會上發生兩起以上毫不相關的衝突（總數的百分之六）。總共有三十八起事件發生在狂歡或娛樂場所，其中三十起是單獨事件，四起是連續事件，四起涉及不相關的打鬥（總數的百分之十一）。

28 這包括一名觀察者在「懺悔星期二」狂歡節後的暴動中觀察到的兩起獨立打鬥；另一名觀察者在另一年的「懺悔星期二」中觀察到的多起打鬥和暴動事件；在ＮＢＡ全明星賽後，發生在不同巴士上的兩起持續較久的騷擾事件；在狂舞區邊緣發生的一起單獨的打鬥事件，隨後兩群光頭族占據狂舞區發生另一起不相關的衝突（狂舞本身並不算打鬥）。一起事件發生在非娛樂情境中：那是一個大型的政治抗議遊行，其中涉及兩千三百名抗議者和七百名警察，暴力以典型的群體暴力形式進行，雙方都分散成人數不　的小團體，紛紛以多欺少的痛毆對方陣營中落單的參與者。

29 加州法庭案例中記錄一些此類事件，其中酒吧被告上法庭，要求對打鬥中產生的傷害負責；該酒吧中可能發生若干場打鬥。在其中一個案例中，酒吧關門時，人群在門外捲入數起打鬥（拒絕結束型暴力的一個版本）。

＊譯注：開始於一九八〇年代的一項運動，主旨為降低慾望，回歸簡單生活，不吸毒、不吸菸、不喝酒、不濫交、不吃肉製品、不穿戴毛皮製品，接受這項次文化的人會在手臂紋上「ＸＸＸ」，代表自己是自主、思想清晰的人。

30 在這個方面，他們類似高中（中產階級的白人學校）支配餐廳情境、嘲諷侵入者、捲入「食物大戰」等投擲行為，並以之為樂的那些菁英群體。參見米爾納（2004）的研究和我們在第五章的討論。只有升級的程度不同而已。

31 我們在第一章注意到，在群體打水仗、打雪仗或「食物大戰」等娛樂情境下，就可能在同一場合同時發生多起打鬥事件，但只有在這些行為被當作開玩笑時，多起打鬥才能同時存在。在接下來的一節中，我們分析了狂舞區。在這些明顯的例外中，規律依然不變：被視為真正暴力的打鬥會讓情境高度兩極化，製造出一個簡單的兩極分化結構，這對觀眾和參與者來說皆是如此。

32 傑克森-雅各布斯認為，贏得一場打鬥的參與者之所以歡欣鼓舞，是因為他們終於成功挑起打鬥。「就連我被暴打時，我也很開心能打起來。因為你過一陣子就得打一架，否則就會忘了打架是什麼滋味。」（Jackson-Jacobs 2003）我們可以將這與戰鬥後的士兵進行對比。士兵挨打後幾乎從來不會歡欣鼓舞。事實上，就算打了勝仗，士兵也很少歡欣鼓舞，尤其是當戰役曠日持久時更是如此。當然，軍事戰鬥中有足夠的儀式型敘事，但那些故事主要流傳於後方大本營，前線士兵對此滿心蔑視（我們在第二章曾看到這一點）。為什麼戰鬥敘事會與實際戰鬥體驗如此脫節？原因之一是戰鬥被大大的神話化了。儘管戰鬥中有著高度的恐懼與無能，但人們仍然拒絕明確承認這一點。此外，在前線士兵與後備力量的比例高的現代軍隊中，即使距離很遠，還是有許多前線士兵會獲得後方的支援。高夫曼式的虛張聲勢和誇大其詞，似乎是專門為最天真的觀眾所準備的，在更了解真實戰鬥情況的前線士兵中，這些故事不可能流行起來。前線士兵不會編造故事來自誇勇敢，如果有人誇誇其談，他們會認為此人沒有真正參與過戰鬥。派對中的打鬥者對故事的強調，說明這種舞臺化的體驗與真實戰鬥相差甚遠。

33 接下來的事例來自五份學生報告，以及對一名龐克樂隊成員的訪問。

34 顯然，每次音樂會上只能出現一個狂舞區。在大部分音樂會上，主舞區旁邊可能會出現小舞區，但很快就會消失。這可能是因為狂舞區需要得到群眾的積極支援，但人們每次只能維持一個暴力注意力中心。這個模式也符合之前提出的觀點：每個注意力空間每次只能發生一起打鬥事件。

35 各種小團體中都存在類似的「實際領袖」，他們與表面上的領袖不同（Bales 1950）。這裡值得注意的是，大塊頭男性並沒有利用自己的身材優勢來表現得更加暴力。過多的暴力會影響到這個群體的存續，因此領導這個群體的方法，就是利用自己的身材優勢來充當保護者和規則踐行者。

36 在這一方面，狂舞者與黑幫成員明顯不同。後者互相熟識，常常屬於同一族裔。在這裡，狂舞者背棄他們的中產階級出身，比下層階級的黑幫更加具有個人主義和世界主義。幾名參與式觀察者評論道：狂舞區是一個真正的大熔爐，用自己創造出的團結感將人們聚集在一起。

37 來自我的個人經驗：一九六〇年，我在普林斯頓參加一場舞會，當時正是哈佛與普林斯頓舉行美式足球比賽的週末。在校園裡，三個樂隊同時進行演奏：貝西伯爵樂隊（Count Basie）、傑瑞・李・劉易斯（Jerry Lee Lewis），以及旁邊房間裡的「貿易船組合」（The Coasters）。他們都是搖擺樂和搖滾樂時代的頂級樂隊。他們需要互相競爭來吸引注意力，而且觀眾大部分時間自己跳舞，而不是聚集在舞臺前。

38 之前我們曾提過直刃族，他們是狂舞的積極參與者。

第八章　運動暴力

1 體育運動在其早期歷史上經常發生規則改變，這些改變有時會徹底重塑該項運動（Thorn, Palmer, and Gershman 2002: 79-103）。近年來也發生許多改變，例如職業美式足球比賽更改犯規處罰規則，以保護四分衛和外接員，從而鼓勵更精采的傳球動作。

2 這些競賽讓人們能夠在輸贏之外對比賽保持更多興趣，但關於紀錄的競賽似乎不會導致運動暴力。美國的比賽有著格外複雜的模式。也許我們可以稱之為一種美國傳統：不斷發明新的社會技術用於體育娛樂。較古老的體育競賽（如田徑）也更強調紀錄的保持與打破，但這不會改變比賽本身的戲劇結構：在一百公尺短跑比賽中創下世界紀錄，意味著一定要贏得比賽，因此這並不是一項副產品。

3 社會科學家在研究運動暴力時，曾試圖解釋為何觀眾會喜歡觀看暴力。戈爾茨坦（Jeffrey Goldstein 1998）總結相關理論，指出並沒有一種具體化的理論來解釋暴力娛樂的吸引力。心理學家麥考利（Clark McCauley 1988）則指出，現有的心理學理論無法解釋為什麼觀看虛構或人為製造的暴力有時會令人愉悅，但觀看真正的暴力（如播放關於屠殺或暴力傷害的格外真實的影片）卻不然。當然，此處的區別就在於戲劇情節中的張力。

4 在現實生活中，有些平行競賽也會存在進攻與防守。例如在賽跑中，選手可能互相阻擋，偶爾還會互相絆倒，速度很快的跑者也可能被擋在後面無法突破，結果輸掉比賽。這些模式通常發生在中長跑，因為跑者的跑道不是分開的，也沒有足夠的時間拉開距離。這種情況可能會讓失敗變得格外苦澀，也許會導致長時間的痛苦。最著名的例子發生在一九八四年奧運的一千五百公尺女子長跑比賽，當時美國選手斯拉尼（Mary Slaney）被南非選手巴德（Zola Budd）絆倒，兩人都被迫退出比賽。斯拉尼此後多年都對巴德懷恨在心。但是，比賽中的互相阻擋似乎從來不會導致打鬥。這種比賽的競爭性是可以非常強的，非洲馬拉松選手通常很貧窮，因此比賽獎金對他們來說也就格外重要，他們有時會將自己的水瓶放在對手的補給桌上，試圖讓對手因此放慢速度。但是這種行為也不會導致打鬥。比賽結構本身決定這一點：花時間打架就等於輸掉比賽。

不過，賽車選手的後勤維護人員之間有時會發生打鬥。在芝加哥舉辦的全國運動汽車競賽中，卡恩（Kasey Kahne）原本領先，卻被史都華（Tony Stewart）撞了一下，結果衝到圍牆上（但卡納沒有受重傷），而史都華繼續比賽並最終獲勝（*Los Angeles Times*, July 14, 2004）。卡恩的後勤人員走到史都華的後勤區，兩群人大吵一架並開始互相推擠，最後被工作人員拉開。這起打鬥不是發生在車手之間，而是發生在他們的助手之間，這些助手不是真正參與比賽的人。挑起打鬥的人，恰恰是沒能完成比賽的一組。因此，對他們來說，打架並不會浪費比賽中的時間。

5 拳擊在所有體育運動中顯得格外特殊，包括最具衝突性的體育運動在內，因為賽前經常會發生打鬥。其他體育運動中的打鬥經常發生在比賽後期，當緊張感已經建立起來之後。然而在職業拳擊比賽中，雙方選手會在賽前舉辦新聞發布會，並面對面擺姿勢拍照。這種場合裡可能發生儀式性的目露凶光或惡言相向，有時升級為短促的打鬥；但這種打鬥幾乎總是局限在互相推擠，有時會有人踢一腳傢俱，有時雙方的隨行人員會扭打在一起。這種模式是儀式性的虛張聲勢，雙方很少真正動用拳頭。有些甚至可能是炒作，為了讓即將發生的商業比賽吸引更多人。這一切都符合規律：打鬥是一種為觀眾舉行的娛樂。就算打鬥雙方真的心懷敵意，打鬥前的暴力也是受到限制的，雙方都會將注意力留給正式的比賽。在其他類型的比賽中，儘管有時個人或隊伍會在賽前互相恫嚇，但教練和隊員本人都會及時制止，以免激怒對手。我們將會看到，美式足球比賽的賽前衝突是最嚴重的（除了拳擊之外）；教練不反對這種行為，因為這也是在當下情境中建立起攻擊性支配力的方法之一。如果在比賽前的日子只動口不動手，就會被認為是在幫對手做好情緒準備。

6 這裡指的是學校或業餘聯賽的摔角比賽。反之，職業摔角比賽與體育摔角比賽的規則和技巧很不同，它會營造出一種極端暴力的印象，有時選手會將對手摔出場外，甚至用違反規則的武器和技術來攻擊對方。這些都是經過彩排的表演；在我看來，業餘摔角手能輕而易舉的將職業摔角表演者壓制住，令其動彈不得。相撲選手似乎在比賽之外從未參與過打鬥。他們會在賽前花很多時間做樣子，試圖擾亂對手的注意力，尤其是站起身來走到場外幾秒鐘，做出輕蔑的姿態等。高級相撲選手會獲得更多時間來進行這些賽前儀式，這也表明這些動作具有象徵性的含義。觀眾會為這些動作喝采，因為它們看起來就像一場大戲（根據我自己的觀察和東京相撲場的小冊；二〇〇五年五月）。

7 一項研究訪問北卡羅萊納州的高中運動員指導員，讓他們估算三種體育運動中口頭及身體恐嚇發生的頻率，以及暴力真正爆發的頻率（Shields 1999）。他們認為，暴力在美式足球中是最高的（這些學校沒有曲棍球隊）；足球的口頭恐嚇比美式足球稍高一點（這看起來令人意外，但也許是因為對足球選手來說真正的暴力很難實施，因此虛張聲勢成為唯一的武器）。籃球在口頭及身體恐嚇上處於中等程度，在暴力上與足球差不多低。恐嚇會逐漸累進擴大：口頭恐嚇是百分之四十五的身體恐嚇（例如推擠和抓住）的原因，身體恐嚇是百分之四十二的身體暴力的原因。我們必須考慮到這些數字的來源，它們並非基於比賽中實際發生的衝突，而是根據指導員的報告，因此是根據他們對不同類型的恐嚇與暴力的印象計算得出的。

8 高中運動員的指導員也指出，恐嚇與暴力在季後賽比在常規賽更常見（Shields 1999）。

9 在一九八七年至一九九七年間的十一個NBA賽季裡，共有六次季後賽發生嚴重的打鬥事件，最後導致禁賽處罰。其中三場比賽中，有一名選手因主動揮拳（並非報復）而被禁賽；三場比賽中發生打鬥，但每場比賽中只有兩名選手真正參與打鬥，其他人因為在打鬥中衝上場而遭到處罰（*San Diego Union-Tribune*, May 16, 1997）。每個賽季約有八十場季後賽，其中百分之零點七發生了打鬥。我推測常規賽中的打鬥比例更低。研究業餘和學校籃球隊的社會學家證實，打鬥是很少見的（Reuben A. Buford，二〇〇五年八月的私人通信）。前職業球員布魯克斯（Scott Brooks，二〇〇三年的私人通信）講述，貧民窟的籃球球員不需要透過打鬥來獲得名聲，而其他年輕黑人男性需要這麼做。威爾金森（2003）蒐集黑人與拉丁裔幫派成員之間發生的打鬥，儘管他們會參與各種娛樂性運動，包括籃球，但他們提及的唯一引發暴力的運動卻是足球。

10 因此，曲棍球的處罰方式包括：普通犯規會被罰下場兩分鐘，格外粗魯的動作會被罰下場四分鐘。如果球員的打鬥持續十至二十秒以上，裁判就會上來拉開他們，他們也許會被趕出賽場。但因雙方通常都會被趕出去，而且替補也是允許的，所以這並不會為一支隊伍創造太大的優勢。

11 曲棍球暴力中最嚴重的傷害並非來自打鬥（比賽會暫停），而是來自比賽本身造成的碰撞，例如選手可能會狠狠的撞上對手，作為對之前衝突的報復。

12 在一九八〇年至一九八八年間的國家美式足球聯盟比賽中，平均每年每支隊伍會發生六十五次嚴重傷害，也就是平均每場比賽每支隊伍發生三次嚴重傷害（*Los Angeles Times*, Jan. 24, 1997）。平均每週每支隊伍的名單上約有百分之十的隊員受傷。在二十世紀初，美式足球是一項格外暴力的運動，一九〇五年，共有十八名選手死於大學美式足球比賽（當時還沒有美式足球職業聯賽；Rudolph 1962: 373-93）。歷史上美式足球員的受傷率很高，部分是因為當時的護具還不是很有效，只是相對較薄的皮製頭盔和墊子，直到一九五〇年之後，才發展出沉重的塑膠和泡沫填充式護具，二十世紀晚期才開始使用軍隊防彈衣和面部護具。一九四〇年代末期開始使用硬質頭盔前，阻斷和擒抱是用肩膀進行的，就像拳擊手用側閃而非直拳一樣（Underwood 1979: 93-109）。因此，儘管美式足球員比過去更強壯，現在的死亡案例卻變少了。透過改善訓練技術（如舉重、服用類固醇和其他塑造體型的方式），當代美式足球員無疑比早年碰撞得更加凶狠，這說明護具允許使用更高限度的受控暴力。現在，美式足球員的死亡幾乎全發生在嚴酷的訓練過程中。

13 球員會試圖從對手那裡搶到被壓在最下面的球，因此他們咬、抓、扣眼睛、攻擊身體脆弱的部位等（引述自對球員的採訪，見 *Sport Illustrated*, Jan. 31, 2005: 38-39）。一名球員稱：「球一般只會被搶走一次。在人堆中，你根本無法呼吸，更不用說留出空間來讓球移動了。只有一個人能將球從別人那裡偷走。然後一切就結束了。」這是規則之外的小動作，裁判看不見，也無法控制；只有當人群散開，裁判才能看到誰拿到了球。但是這些隱藏的打鬥是自我規範的，一旦球員站起身來，並不會引發進一步的打鬥。

14 足球比賽中的受傷機率一般如下：男足每場比賽中（二十二名球員）有兩至三人受傷，女足是這個數字的一半，無論職業聯賽還是青年聯賽都是如此。傷勢一般都是腿部的挫傷、拉傷和扭傷，骨折和骨裂很少見。在職業聯賽中，導致無法出席下一場比賽的傷勢，大約每場比賽中會發生一次（Junge et al. 2004）。這比美式足球中的受傷情況輕得多，在美式足球比賽中，只有當球員傷到無法參與下一週的比賽才會獲得報導。

15 第二章最後，在「恐懼『什麼』？」一節中，我指出士兵和其他嚴肅的打鬥者對自己身體受傷的可能性不那麼關心，他們更關注的是在面對面的衝突中威脅另一個人時產生的衝突性緊張。衝突性緊張／恐懼主要是因打破人類互動的基本曳引而產生的，它是一種象徵性的、情緒上的傷害。在運動員的案例中，最特殊的緊張感是在處於公眾注意力的中心時，無法保持沉著冷靜。

16 這些保護有時在棒球打鬥中也會起作用。在若干張照片中，我們能看到捕手與對方球員發生衝突（例如紅襪隊捕手瓦瑞泰克（Jason Varitek）試圖干涉紐約洋基隊強打者羅德里格茲與波士頓投手之間的衝突，後者剛剛用一個觸身球砸到羅德里格茲）。在這些情境中，打鬥都是常見的推擠，捕手仍然穿著胸甲與面部護具，他伸開手臂拉扯對手的下巴和面部。捕手的護具並不僅僅是保護他不受報復傷害，由於他仍然戴著手套，他也無法對敵人造成太大傷害（此外可見 *Los Angeles Times*, July 29, 2002）。

17 平日的練習比賽似乎也是如此。一名學生在民族誌紀錄中描述兩名球員經過數日時間建立起緊張關係，而後當打鬥終於爆發時，其他人只是站在旁邊圍觀。

18 一名球員回憶起自己進入大聯盟的第一天：「我們發生了兩次傾巢出動的衝突。我只是跟著所有人一起衝出去。我不知道該做什麼。那是我第一次上場。我已經夠緊張了。」（*San Diego Union-Tribune*, Aug. 13, 2001；亦見 Adler 1984）

19 不過，棒球打者有時候會在街頭打鬥或搶劫中用球棒作為武器（e.g., Felson 1994: 32; Morrison and O'Donnell 1994; Fisher 2002）。

20 儘管柯布後來被視為「瘋子」，但用比賽中的歷史情境來解釋他的行為，比簡單歸因於個人精神狀態更合理。棒球塑造了他的性格。

21 被毆打的隊伍不僅喪失情緒主導，而且喪失了凝聚力。一名訪問者曾詢問迪克森（Eric Dickson，賽季中的衝球碼數紀錄保持者）：「你怎麼知道對方的防守正在崩潰呢？」他回答道：「你會看到他們開始爭吵，這時你就知道你已經搞定他們了。『你們這些傢伙為什麼不在場上大吵一架呢！』然後，『你們這些傢伙為什麼不在場下大吵一架呢！』」

（*Los Angeles Times*, Dec. 27, 2003）

22 在這裡，很重要的一點是區分短期和長期的情緒能量流動。在我之前的互動儀式鏈理論中（Collins 2004），我注意到情緒能量是累積性的，既有積極的一面，也有消極的一面。隨著個體從一次接觸轉移到另一次接觸，那些具有高情緒能量的人會主導具有低情緒能量的人，這個模式會在儀式鏈中不斷重複。在運動比賽中，這種模式會導致比賽顯得沉悶無聊、可以預測，因此缺乏戲劇張力。就算隊伍之前的勝率不相上下，那些先發制人的隊伍也能主導整場比賽。比賽規則就是為了防止這一點。必須讓選手有找回自己丟失的情緒能量的機會（又稱「勢頭」）。因此，比賽為運氣留出了機會（例如幸運球），並允許表現中的小小差異導致結果的巨大差別：投球偏差幾公分，就可能造成好球、壞球或全壘打的區別。比賽是人為製造的，這也是表現之一。日常生活遠沒有體育比賽公平，霸凌者會不斷欺負受害者，受害者很難反敗為勝。在體育中則產生生產戲劇張力的機制，從而可以製造出更加令人滿意的場景。

23 值得注意的是，打者和投手很少直視對方的眼睛乃至臉部。他們似乎試圖透過面無表情來提高這種猜測的難度。這個情境的另一個面向是，球員會將「直視」視為敵意的表現，目光相交可能被視為口頭羞辱而引發一場打鬥。在一起事例中，一場美國棒球大聯盟比賽開始前的擊球練習裡，爆發了一場打鬥，因為一名球員走向對方的另一名球員，試圖為之前比賽中發生的事情道歉。但對方卻將目光交流視為挑釁，結果引發四分鐘的爭吵（*San Diego Union-Tribune*, July 28, 2004）。我曾在機場安檢前的隊伍中觀察到類似事例（August 2006），一名男子警告一個插隊的人：「你在看什麼?!」對方避開了目光接觸，打鬥未能發生。

24 有些投手，例如克萊門斯（Roger Clemens）或歷史上的吉布森（Bob Gibson），以恐嚇式的姿態著稱。這些投手能獲得好球率或防禦率紀錄，但其他同樣能打破紀錄的投手卻未必有這種衝突性的姿態。恐嚇是諸多技巧之一。

25 有些打者會選擇相反的策略，盡可能靠近壘包，甚至冒著觸身球的危險來爭取上壘的機會，並打亂投手的節奏。因此，這些球員常會被觸身球擊中。與我觀察相符的一個假設是，這種打者即使被打中也不會生氣，不會挑起打鬥。有些投手喜歡欺騙，有些喜歡爭奪公開的支配力，打者也一樣，有些打者依賴於冷靜的技術，有些則依賴於能量的湧動。（最近的球員中，前一類包括邦茲〔Barry Bonds〕、鈴木一郎和關溫〔Tony Gwynn〕，後一類包括拉米瑞茲〔Manny Ramirez〕）。我們的推測是後者會挑起更多鬥爭。同樣的，我們推測那些傾向獲得公開支配力的投手比依賴欺騙技巧與精準投球的投手更容易捲入打鬥。因此，打鬥更容易在強投面對依靠肌肉或精神支配力的強打者時發生。

26 格雷茨基（Wayne Gretsky）在曲棍球職業聯賽得分紀錄上名列前茅，他在對手中有著「狡猾」的名聲，因為他會敏捷而令人不易察覺的接近目標，而不是採用衝突性的方式。

27 一支隊伍需要多少球員是有上限的。在有關費城飛行者隊的一則新聞中，題目與導言是這麼寫的：「費多魯克（Todd Fedoruk）正在爭奪執行者的位置，但飛行者可能無法容納兩個硬漢。」（*Philadelphia Inquirer*, Sept. 28, 2001）

28 我曾訪問過一些知識淵博的球迷，他們表示，在曲棍球比賽中，當一支隊伍顯然即將輸掉比賽時，最容易爆發打鬥。即將輸掉比賽的隊員會挑起打鬥，彷彿是為了宣告自己就算輸掉比賽，也仍然在冰上有一席之地。

29 我曾在第七章指出，由於情緒注意力空間的限制，存在「每個場地最多會發生一次打鬥」的原則。在一場比賽中可能會發生多次打鬥，正如之前的例子所顯示的。但是，這些都是兩支敵對隊伍之間的相同戲碼，就像狂歡場地中發生的某些打鬥一樣，這些是一系列相關的打鬥，主角與配角都是同一批人。

30 我已經總結過，轉捩點暴力通常發生在一場比賽臨近尾聲時。但當宿敵之間舉行一系列比賽，賽前熱身中發生的衝突有時也能奠定比賽的基調。在二〇〇二年美式足球常規賽季的最後一場比賽裡，匹茲堡鋼人隊正在衝刺北部賽區冠軍，他們在客場對陣坦帕灣海盜隊，對手已經獲得自己賽區的冠軍。坦帕灣的防守明星薩普（Warren Sapp）一向以口出惡言著稱，他在賽前熱身中開始動員主場觀眾；匹茲堡隊強壯的跑衛貝蒂斯（Jerome Bettis）因其體型而被稱為「大巴士」，他被激怒而打了薩普。「去年他們在熱身時就踩在我們頭上，」貝蒂斯說：「我們想讓他們知道，我們會在他們的主場把他們打個落花流水。」雙方都各有數名球員開始彼此推擠。比賽開始後，鋼人隊在前四分鐘就以十四比零領先，最後以十七比七大獲全勝。匹茲堡隊主導整場比賽，薩普最後被匹茲堡的防線徹底阻攔，完全沒能做出攔截、擒抱和助攻動作（*San Diego Union-Tribune* and *Los Angeles Times*, Dec. 24, 2002）。

31 一個例子是二〇〇三年紐約洋基隊與波士頓紅襪隊之間的美國聯盟冠軍賽（*Los Angeles Times*, Oct. 10-13, 2003）。紅襪隊在八十五年裡，未曾贏得過世界大賽冠軍，當時被認為面臨多年來最大的機會。他們在洋基體育館的前兩場比賽一勝一負，雙方都投出多個觸身球。紅襪隊回到主場後，雙方都派出最好的投手：馬丁尼茲（Pedro Martinez）和克萊門斯。第四局上半，洋基隊逆轉了紅襪隊，以四比二領先，馬丁尼茲憤怒的威脅要打中洋基隊打者的腦袋，洋基隊對他大吼大叫。

這一局下半，克萊門斯代表洋基隊站上投手丘，裁判已經警告過他，一旦有任何報復行為，他就會被逐出賽場。隊友說，由於他試圖控制自己的情緒，結果脖子上青筋畢露。下一個打者是紅襪隊的明星強打者拉米瑞茲，他在第一局曾奪得一分。克萊門斯投出一個高角球，但不是內角球；儘管這個球沒有貼近拉米瑞茲的腦袋，但他還是做出了這樣的反應，走向投手丘，手中揮舞球棒，打者在打鬥中幾乎從來不會使用這個危險的武器。（揮舞球棒只是虛張聲勢，他沒有使用球棒。）兩支隊伍都衝上場去，陷入十五分鐘的大混戰。比賽重新開始後，拉米瑞茲試圖打擊克萊門斯投出的第一個球，儘管它顯然不在好球帶。拉米瑞茲整個過程中情緒都不受控制，之後整場比賽都沒能打出安打。紅襪隊在打鬥過後表現平庸，最後以三比四輸掉了比賽。洋基隊在比賽臨近尾聲時，挑起另外一場打鬥，對一名支持主隊的球場工作人員拳打腳踢。在這次情緒高潮之後，接下來的比賽再也沒有發生打鬥。雙方你追我趕，紅襪隊最後仍然沒能獲得世界大賽冠軍。

32 同樣的兩個人在前一年七月兩支隊伍比賽時，也曾爆發鬥爭（本章注釋16討論了這起事例）。七月的打鬥被認為代表兩支隊伍之間戲劇性的敵對關係：他們爭相在美國聯賽中創下新的紀錄，並重演過去賽季中的打鬥。在七月的打鬥之後，整支紅襪隊一路凱歌高奏，最終進入季後賽，並與自己痛恨的對手最後一決勝負。

33 關於球場暴動的警方報告，通常不會區分攻擊行為、公開場合酗酒和其他不當行為；而單靠逮捕和逐出球場的資料，我們也不知道當時究竟發生什麼事。新聞報紙有時會整理一些資料，卻未顯示出任何明確的模式或趨勢（*San Diego Union-Tribune*, Oct. 31, 2004）。

34 在史密斯（Michael D. Smith 1978）的資料中，六十八起嚴重運動暴力事件中，只有百分之十的觀眾暴力與場上的運動員打鬥（或接近打鬥的行為）無關。

35 二〇〇四年九月在奧克蘭，當兩支隊伍為爭奪季後賽席位而進行激烈的比賽時，客隊德州遊騎兵隊的一名球員向觀眾席上扔了一把椅子，因為一名搗亂的觀眾多次試圖坐在牛棚（準備區和替補區）附近。結果一名旁觀者被擊中，坐在這名觀眾旁邊的一名婦女被打斷了鼻子。整支遊騎兵隊都聚集在牛棚附近支持他們的隊友，展示隊伍在打鬥中常見的團結（*USA Today*, Sept. 15, 2004）。

36 讓我們分析一下觀眾爭搶界外球（或是全壘打）的儀式。球迷通常認為這很重要，接到球的人會在那一瞬間被視為英雄。棒球被視為一種聖物，是作為邊緣地帶的觀眾席與作為注意力中心的球員之間的一種聯繫。我們完全可以有其他方法來得到一顆棒球，比如撿起滾地球，或是從球場工作人員那裡接過來，但接住界外球彷彿是一種特權。在這個時刻，球迷透過模仿球員的動作短暫的爬到更高的地位。這總是能贏得其他球迷的掌聲。這個現象與蒐集簽名類似，後者也是努力與偶像建立聯繫的方式。功利主義者會說，比賽中用過的棒球有時在體育運動紀念品市場上，能賣到不菲的價格。但這不能解釋，為什麼除了打破紀錄的球（因此能賣上高價）之外，普通的球仍然會被球迷賦予儀式性的敬意。最著名的棒球是對普通棒球的儀式性價值進行強化。

37 關於慶祝暴動的細節分析，參見路易士（Jerry M. Lewis）即將出版的著作。

38 在這一節中我用「足球」來代表歐洲足球。暴力球迷（或「支持者」）組成的俱樂部也被英國人稱為「公司」。這個詞彙源自倫敦地下犯罪市場，「黑手黨幫派開始以公司的形式運營犯罪生意。到一九七〇年代，暴力球迷集團挪用了這項稱號」（Buford 1993: 316）。因此，一家「公司」也許指的是聚集在一起積極參與打鬥的球迷（美國人現在稱他們為「小集團」），也許只是泛指實施隱祕打鬥策略的球隊的所有支持者。「球迷」比「足球流氓」或「公司」的範圍都更廣。

39 這與勞工運動動員工人階級時的模式相同。動員程度不取決於經濟壓迫的嚴重程度，而是取決於動員本身的資源。一九八〇年代的足球流氓暴力時期，其實是經濟相對繁榮的時期。

40 布福德（1993: 29, 213）描述，大部分足球流氓領袖都有昂貴且閃閃發亮的衣服、汽車和珠寶。其中有些人是職業罪犯，例如竊賊或造偽幣者（安東尼．金亦證實這一點，二〇〇〇年十一月的私人通信）。然而，足球流氓暴力對他們來說不是普通的犯罪行為，因為它並不能盈利，反而會虧損。在布福德的描述下，這些領袖彷彿樂在其中。另有更多學者也提供這方面的分析（Dunning et al. 1988，2002; Dunning 1999; King 2001; Johnston 2000; Marsh, Rosser and Harre 1978; Van Limbergen et al.1989）。

41 上流社會也存在非常類似的行為，主要見於兒童，但規模通常較小。費茲傑羅在《人間天堂》（*This Side of Paradise*）一書中，描述一小群普林斯頓本科生在一戰前一年，身無分文的跑去大西洋城狂歡的情形。他們興高采烈的在餐廳裡點餐，而後利用高夫曼式的經驗，假扮出一副正常的模樣，不結帳就離開了。

42 愛里亞斯和鄧寧（1986）在他們一次開拓性研究中發現：從十八世紀開始，體育運動的組織方式開始允許人們享受現代生活中缺乏的愉悅的緊張感。社會的文明化進程導致對自然本性的壓制，事實上，佛洛伊德認為自制是文明的代價。體育運動創造出一個安全的平行宇宙，讓人們能夠進行幻想中的衝突；體育運動中，釋放了過去可能會導致真正暴力的緊張感。除了釋放緊張之外，體育運動還創造愉悅的張力與興奮，打破了觀眾平庸的日常生活。

這項論點有兩個弱點。其一是前近代社會並不會輕而易舉、無所限制的發生暴力；縱觀歷史，衝突性緊張／恐懼始終存在。我們在本書中不斷看到，暴力不是令人愉悅的自然衝動，而是可恥的攻擊弱者，或是光榮的表演型舞臺暴力。體育運動所表現出來的，並不是受到自我壓制的暴力，在任何其他地方也未曾見過。其次，前近代的體育運動也能創造出愉悅的緊張感：從部落中的競賽，到古代奧林匹克，到拜占庭時期的戰車賽，再到中世紀的比武和其他流行的比賽等。正如愛里亞斯和鄧寧（1986）記錄的中世紀英國民間足球比賽一樣，前近代與現代體育運動的主要區別，是下層階級的體育比賽缺少正式組織，沒有裁判或成文的規則，參與者來自整個社區，而不是那些技術最強的少數專業選手。因此，不管什麼年齡和體型的選手，不管騎馬還是徒步，不管是使用棍棒、赤手空拳還是用腳，都能參與。正因如此，嚴重的傷亡也很常見。發生改變的是正式和專業化的組織，它們開始控制某些方面的暴力，卻又鼓勵另一些暴力，目的在於創造最富有戲劇張力的曳引體驗，製造持久而複雜的情境疑慮。上流社會的體育運動從古代到中世紀，都具有更多此類組織結構，因為他們有足夠的資源來控制衝突性緊張／恐懼，同時透過勢均力敵且遵守規則的表演型打鬥，來突出上流社會的地位。歷史上發生的主要轉變，是所有社會階級的財富與休閒時間的增加，以及待在學校的時間不斷延長。這創造更多時間和機會，過去人們需要終日努力工作來填飽肚子，如今卻有時間參與和觀看體育運動。我們並不知道，歷史上日常生活的無聊程度是否發生過改變。體育運動透過現代性取代的東西，並不是所謂的不受控制的前近代暴力，而是時時刻刻都在進行的工作。運動暴力不是一種文明的代替品，而是文明的創造物。

43 路透社的照片也顯示了這一點，「都柏林球場外，英國球迷攻擊愛爾蘭球迷」。照片顯示了一場三對一的打鬥（Feb. 16, 1995/Reuters.com）。

44 二〇〇〇年至二〇〇一年間，英國田野研究者安東尼・金和鄧寧提供的一系列此類事例引起我的興趣。布福德（1993: 93-95）也提供一個例子：英國球迷在一場球賽之後占領一個義大利城市，夜晚時分，他們聚集在酒吧裡，談論的並不是比賽（曼聯輸掉了比賽），而是自己的勝利，是「義大利人嚇得尿了褲子」。那天晚上，他們享受著「一天的工作結束了」的氣氛。外面的廣場上聚集數千名義大利人，想要對酒吧裡的兩百名英國人復仇。英國人沒有出來，而是等警察來把敵人趕跑。值得注意的是，外面的義大利人雖然在數量上占據壓倒性優勢，卻未嘗試入侵酒吧。就像在其他地方一樣，足球流氓及其敵人之間存在著虛張聲勢和衝突性緊張／恐懼。關於足球流氓的早期文獻，強調他們如何發展出特定的技術和組織形式，來避免與警察正面衝突；我們還需要研究他們如何克服通向打鬥的障礙，亦即衝突性緊張／恐懼。可能的技術包括暫時按兵不動，等待對手露出弱點的一刻。

45 參見安東尼・金（2001）。在德國，一名英國隊球迷四處亂跑，高喊著「希特勒萬歲！」，因為這樣可以讓對方球迷感到不爽（Buford 1993: 228）。也有研究者（Van Limbergen et al. 1989: 11）總結比利時足球流氓對意識形態的自我呈現：「他們假裝自己是種族主義者、性別歧視者和地區歧視者。他們的想法簡單且反民主。這種意識形態發展得很快並且未經思考。他們只是在重複某些特定的口號來激怒對方而已。」

46 人們經常聲稱體育比賽取代國際爭端，有化敵為友之用。但實際上，體育比賽也能激化甚至製造民族衝突。賽普斯（Richard Sipes 1973）對比研究前近代社會，發現那些有著類似戰爭遊戲的部落，也經常會對其他部落發起攻擊。當然，這並不能直接用來解釋國際競爭（或者在這個例子中是跨部落競爭），還有許多其他可能，因為國際體育賽事勢必需要一定程度的和平與接觸才能舉行。考慮到這一點之後，體育賽事還有什麼其他作用？古希臘奧運是在有著地方性衝突的城市之間舉辦，在比賽中贏得榮耀被賦予一種沙文主義的意涵。

47 參見鄧寧等人（1988）。美國棒球比賽的歷史在某些方面也很相似；一九〇〇年代早期，外場觀眾與球場之間只有一道繩索隔開。一九〇八年，在紐約舉行的一場著名比賽中，當主隊在第九局得到精采而致勝的一分時，觀眾興奮的衝上了球場。然而，當時的跑者默克爾（Fred Merkle）尚未觸壘（從此之後這被稱為「默克爾錯誤」），客隊芝加哥小熊隊在人群中追上球並觸殺跑者，導致巨人隊三人出局、跑壘無效。賽季最後，這一幕再次上演，觀眾席上擠滿了球迷，比賽多次被球迷衝上球場而打斷。巨人隊最終輸掉比賽後，球場上發生了暴動。

48 在二〇〇四年十月舉行的美國聯盟冠軍賽中，波士頓與紐約隊狹路相逢。洋基隊球迷對紅襪隊投手馬丁尼茲發出孩子般的噓聲。他之前曾對媒體表示，在多次輸給洋基隊之後，他覺得洋基隊就像他爸爸一樣。於是，球迷就像唱在唱小調一樣重複這句話：「誰是你爸爸？誰是你爸爸？」就跟幼稚園的小孩嘲弄其他被排擠的孩子時唱的歌謠一樣。

49 「他們認為自己是俱樂部的核心，大部分球員都只是雇傭兵而已。」（安東尼．金，二〇〇四年十一月的私人通信）「真正的比賽並不是發生在球場上，而是發生在街頭。在這裡，你會找到人群、媒體、電視攝影機和觀眾。」（Buford 1993: 215）

50 當然也有顯著的不同；狂舞者採用的是「偽暴力」，與足球流氓對暴力的追逐截然相反（與「光頭幫」也相反，儘管那是與他們最接近的美國群體）。

第九章　打鬥能否開始及如何開始

1 語言學家萊考夫（George Lakoff 1987）分析關於暴力的諺語，聲稱這些民間理論正是對現實的準確描述，暴力正是如此產生的。但是除了這些諺語本身之外，他沒有提供任何證據。

2 正因如此，我們才需要區分真正的身體暴力與其他形式的攻擊行為。處理各種暴力及虐待行為的社會活動家和官方控制機構，試圖擴展暴力的定義與範圍，將口頭攻擊和情緒崩潰也形容為某種「虐待」、「騷擾」或「霸凌」，並將「憤怒管理」專案作為所有暴力和非暴力攻擊行為的治療方案。但這麼做會模糊真正的因果關係：用制度化的官方語言來解釋真正的暴力是行不通的。在許多關鍵點上，暴力的因果關係與之恰恰相反。據安德森（1999: 97）描述，一群黑人貧民窟年輕人觀看關於解決衝突的錄影教育片時，認為它是不切實際的，當他們感受到暴力威脅時，唯一的解決方法就是用「街頭作風」來裝出憤怒。

3 非西方社會通常注重自己與他人的面子問題。高夫曼（1967: 15-17）比較傳統的中國習俗，社會心理學家邦德（Micheal Harris Bond 1991）研究當代中國情境，社會學家池上英子（Eiko Ikegami 2005）研究了日本習俗。在這些文化習俗上，不同國家的情況似乎都十分符合高夫曼的理論。

4 例如，有一次在關於政治話題的爭論中，一名教授揮拳打了另一名教授，結果被告上法庭。儘管他在自己的學術領域成果豐碩，卻無法在美國大學中獲得職位。最後，大學乾脆把這個系給廢了。（這些事件發生在一九七〇年前後。）

5 兩個觀察事例可以支持這一點：㈠某天傍晚，我在家裡（當時我正在家裡寫作）與兩個孩子待在一起，男孩四歲，女孩八歲。我們都在等待他們的媽媽下班回家。我們正在愉快的聊天，媽媽進來了，孩子尖叫著撲進她懷裡。她也熱情的回應他們。過了幾分鐘，她坐下來告訴我這一天發生了什麼事。這時，孩子開始嘀嘀咕咕，時不時爭吵起來。最後，媽媽爆發了，開始抱怨自己辛苦一天回到家還要面對這樣的爛攤子，她躲到家裡另一個角落。我們可以從注意力的角度來解釋這個情境：孩子在之前半小時內，一直處於大人注意力的中心，同時他們很期待見到自己的母親。在興奮點的高潮過去之後，他們被趕進了背景，大人開始進行談話。孩子的抱怨最後短暫的搶回注意力，只是效果是負面的，但不管怎樣，大人之間的談話也同時停止了。這似乎為孩子爭回一種平衡感，因為在那之後他們就停止了抱怨，恢復平日的情緒。

㈡在幾個月時間裡，每天下午我都會聽到附近鄰居家的兩個小孩跑出來在後院玩耍。他們一個大約兩、三歲，另一個大約四、五歲，他們的後院距離我的書房大約六、七公尺遠，由一道籬笆相隔。我開著窗戶，享受溫暖的南加州空氣。孩子身旁有一名保母看管。較小的孩子進入後院幾分鐘後就會開始哭，她的聲音會逐漸加強，從令人煩躁的抽泣發展為大喊大叫。這通常是因為她跟較年長的孩子發生爭吵（也許是為了爭奪玩具），但也可能是因為幾分鐘內沒有聽到保母的聲音，如果是這樣，這就說明保母的注意力在其他地方。最後，保母的聲音總會出現，孩子的哭聲也會隨之減弱，有時立刻就停止了。而當保母的聲音消失，這個戲碼又會重新上演，直到最後保母不得不放棄，將孩子帶回房子裡。這個戲碼幾乎每天都會上。小孩之所以會哭，並不只是因為疼痛和壓力，而是有可能利用哭泣來作為對社會情境的回應。小孩的權力資源很少，但哭泣是他們掌握的一種資源，因此有時他們會像暴君一樣瘋狂的利用這項資源（cf. Katz 1999: 229-73）。

6 來自學生報告的一個例子：一家人在餐廳聚會，臨近尾聲時，他們對誰該付帳發生爭執。一名已婚的女兒試圖幫所有人付錢，而身為寡婦的母親認為這是對她的羞辱，好像她沒辦法替自己的孩子付錢。其他兄弟姐妹紛紛選邊站，他們的配偶尷尬的沉默著，彷彿是在利用自己不屬於這家人的身分來躲避爭吵。最後，這家人在停車場開始大喊大叫，兩組人分別使勁甩上車門，絕塵而去。這就是一場高夫曼式的面子爭吵，雙方都沒有後退。不過，儘管發生爭吵，這家人仍會定期相聚。他們之後再也沒有提及這次爭吵，彷彿一切未曾發生。布萊克（1998）根據人類學觀察證據總結道，有著親密和平等關係的群體，更容易選擇掩蓋而非解決衝突。

7 在男性熟人中，挑起爭吵往往是為了改善無聊的局面。這很類似第七章描述過的受阻狂歡轉化為暴力的情形，只不過較為溫和。透過觀察此類爭吵爆發的過程，我們可以驗證這項假設。這通常發生在社交情境中，尤其是狂歡情境，因為人們會有意識的期待更多不同於平日的興奮點。中產階級男性通常會將這種衝突限制在口頭上，工人階級男性（特別是年輕人）更可能威脅使用暴力，但不一定總是會實施暴力。夫妻也可能在這種情境中爆發爭吵，調查證據表明，夫妻爭吵的原因中，排在首位的是金錢，其次是為了找點樂子（Blood and Wolfe 1960: 241）。

8 一種制度化的形式就是慶功宴或頒獎典禮。一些人先後發表講話，獲得眾人的注意力，並告訴獲獎者他有多麼出色；獲獎者則會感謝所有人，稱他們才是最出色的。由此，上層階級避免自我吹噓。這就像是牟斯（1925）所描述的交換禮物的儀式。

9 參見語言學家拉波夫（William Labov 1972）的研究。某些中產階級職業領域，有著類似的稱為「烤肉」（roast）的習俗，即大家輪流取笑某位尊貴的客人。「烤肉」是一種嚴格限定在中產階級的男性衝突儀式。這項習俗產生於一九七〇年代，也許是仿效當時下層階級的習俗，它不是中上層階級的利益傳統，也不存在於學術圈或上流社會。女性也可能會參與這些情境，但主要實施者仍是男性。

10 在電影《索魂惡鳥》中（第二章），我們可以從新幾內亞的部落戰爭中聽到女性模仿鳥叫的錄音，後者見於一九五八年的城市暴動，參見紀錄片《阿爾及爾之戰》（*The Battle of Algiers*）。關於嚎叫的分析，參見傑克森－雅各布斯的研究（2004）。

11 參見安德森的研究（1999: 112）。「街頭作風」在男性的衣著打扮和身體姿態上比女性體現得更為明顯。「街頭作風」標誌著幫派中的男性核心成員，女性往往作為追隨者或附庸。格林（Lynn Green 2001）研究工人階級黑人少女的性生活，發現她們的生活總是圍繞男友的活動。如果她們想要專注於學業或追求自己的興趣，就必須跟男友分手。

12 這個衝突有助於解釋黑人男性為何喜歡穿穆斯林或非洲式樣的衣服，它們代表了對白人主流文化的排斥，與此同時卻又代表著一種受到規範的中產階級生活方式。這是黑人貧民區「正經人」文化的一個變形。白人常會誤解非洲與穆斯林服飾的含義，認為這是一種懷有敵意的逆向種族歧視。他們沒有注意到的是，同樣的衣著打扮，其實表現了對傳統中產階級文化的順從。這些服裝不是街頭文化的同盟，而是另外一種生活方式。關於這種風格的興起，參見作家林肯（C. Eric Lincoln 1994）的分析。

13 不過，在無價值的交談中被人壓倒，並不一定會導致暴力。通常都會有觀眾在場，雙方進行口頭互動儀式時也很清楚觀眾的存在。在這種情境中被人在口頭上壓倒的人，也許會做出觀眾的姿態，對此一笑置之。這是一種情境置換，讓自己扮演其他群體的角色。由於這些群體通常屬於街頭幫派的一部分，因此這種策略能夠暫時避免暴力。

14 參見瓊斯（2004）。一九九〇年代末期，穿戴穆斯林式樣罩袍和頭巾的黑人少女在費城高中常會被人攻擊，攻擊者聲稱穆斯林公開指責她們的性行為與吸毒行為，因此激怒了她們。穆斯林衣著是對街頭風格衣著的極端排斥，尤其是女性服裝：長及腳踝的罩袍、頭巾和面紗。這種服裝似乎是在公開指責街頭文化道德敗壞。這些打鬥類似「街頭作風」的男性攻擊那些明顯出身於「正經人」家庭的學生，因為他們「自認為比我們強」。

15 還有一種證據可以證明「不敬」並不是暴力的動機：街頭風格在白人青少年中其實十分流行，包括富有家庭的孩子也會採納這種風格（Anderson 1999: 124）。這不是對「不敬」的反應。這些白人青少年是在藉此表明自己在青少年文化中同樣有著較高的地位。這是一種情境選擇，在週末的狂歡派對上，他們會穿上黑幫式樣的衣服並表現出「街頭作風」，一旦回到正常的學校與工作中，他們就會將這種風格拋諸腦後。

16 參見安德森的研究（Anderson 1999: 73）。這個模式在黑手黨等犯罪組織很常見，尤其是在那些擔當打手的成員中。他們當中的許多人都會獲得「瘋子喬」之類的綽號。他們能夠透過狂熱嗜血的名聲爬到相當高的位置；為了塑造這種名聲，他們可能會做出極端殘忍的行為來恐嚇對方（例如追討高利貸、勒索或是與敵對幫派打鬥的時候）。有證據表明，這些都是刻意為之，因為這些格外暴力的行為通常只會發生在黑幫事業的早期。等這些人爬到較高的位置，他們可能就很少做出暴力行為，或是乾脆不再進行任何個人暴力，而是把髒活丟給手下去做。因此，山姆·「瘋子」·詹卡納（Sam "Mooney" Giancana，Mooney 在一九三〇年代的黑幫用語中指「瘋子」）和托尼·「球棒喬」·阿卡多（Tony "Joe Batters" Accardo，他經常拿著球棒猛敲受害者的腦袋）都成為芝加哥黑幫中的成功頭領，在一九五〇年至一九六六年間先後坐上老大的位置（*Chicago Sun Times*, August 18, 2002）。

17 另一方面，「正經人」之所以假扮出「街頭作風」，很大程度是為了避免被視為「軟柿子」，成為街頭搶劫的受害者（Anderson 1999: 131）。

18 我會在下一冊中分析暴力的時間動態，並詳細討論「暴力隧道」，包括其長期的宏觀面向。

19 決鬥提供另外一種解決方案。發出和接受決鬥挑戰，會終結當下的衝突，不過實際上暴力被推遲了。虛張聲勢與互相羞辱的舞臺在確定決鬥的那一刻就落幕了。發出決鬥挑戰解決「把事情鬧太大」的問題，因為這是一種禮貌的行為，保住了所有人的臉面，代價卻是之後需要冒著身體受傷或死亡的風險。

20 在一個不同的歷史情境中，培根（Bacon 1225/1963, *Essays*, Chap. 62）提出，在爭吵中可以使用普通的羞辱言辭，而無須結下深仇大恨，但這種羞辱不能戳中對方傷疤，否則不可原諒。我們也許可以研究一下，泛泛的羞辱（「混蛋」、「白痴」等）與針對性的羞辱相比，是否引發暴力的可能性較低。

21 安德森描述的「他偷了我東西」的事件（本章前一節有討論）就是一例。

22 德萊塞與路易斯的打鬥之所以能輕易結束，原因之一是它是私下進行的。此外，唯一的一名非匿名觀眾進行干預，試圖阻止而不是鼓勵打鬥發生。

第十章　少數暴力人士

1 關於警察中的暴力傾向如何分布，這方面的資訊很難取得。警察公會保證此類紀錄是保密的，警局也擔心會因此引發訴訟。最好的資料來自羅德尼·金事件之後成立的負責調查洛杉磯警局的克里斯多夫委員會，它提供一九八六年至一九九一年初的資料。

2 「不當的策略」(improper tactic)通常意味著在對待嫌犯時過於粗魯，攻擊性太強，使用過度的暴力，甚至可能達到觸犯法律的程度。不過在警局的內部紀錄中，「過度」和「不當」通常並不意味著該警員就會被控告，他們甚至可能不會獲得行政處分。

3 參見：Tracy, Wolfgang, and Figlio 1990; Shannon et al. 1988; Piquero, Farrington, and Blumstein 2003; Piquero 2000; Piquero and Buka 2002; Polk et al. 1981; Nevares，Wolfgang and Tracy 1990; Moffitt and Caspi 2001; Farrington 2001; Wikstrom 1985; Pulkinnen 1988; Guttridge et al. 1983；這些研究涵蓋大量美國城市及世界上的其他地方。

4 入室搶劫有時並不暴力，卻是最冒險和最令人緊張的犯罪行為，有時可能與受害者產生正面衝突，導致傷害和強姦。

5 這些計算證實了世代研究中的發現。女性囚犯的罪行分布與男性相似(English and Mande 1992)。不過，她們的罪行通常比男性的暴力程度低一些。

6 計算根據美國司法部的全國青少年黑幫中心、聯邦調查局統一犯罪調查報告、美國人口調查，以及聖地牙哥警局黑幫部門提供的資訊。

7 計算根據社會學家特拉什(Frederick M. Thrasher 1927/1963: 130-32, 282-83)。

8 我們知道，十八歲以下青少年實施的謀殺僅占全部謀殺案的百分之五點二；在黑人群體中，十三歲至十九歲的受害者僅占所有黑人謀殺案受害者中的百分之十二點九，且大部分在十七歲至十九歲之間。(能夠獲得的資訊表明，所有黑人謀殺受害者中，百分之九十二是被其他黑人殺死的。)相較之下，百分之五十三點二的黑人謀殺受害者處於二十歲至三十四歲之間。總體來看，這意味著黑幫成員中二十歲以下(特別是十八歲以下)的大量成員，哪怕是在黑幫社區中犯下謀殺罪行也是很少的(計算根據聯邦調查局《二〇〇三年統一犯罪調查報告》，暴力犯罪一章，表格2.4、2.6、2.7)。

9 計算根據 McEvedy and Jones 1978; Gilbert 1970: 11; *Cambridge Modern History* 11: 409，579; Klusemann 2002。普魯士軍隊(後來的德意志軍隊)從一八七〇年的五十萬人增長到一九一三年的七十九萬人，其中軍官只有百分之二。

10 多名教師都曾報告稱，同一節課上，有時會在不同兒童中發生多起打鬥，這發生在城市貧民區學校的六到八年級學生(Mollie Rubin，二〇〇四年十一月的私人通信；Patricia Maloney，二〇〇五年十月的私人通信)。米爾納的研究(2004: 105)描述一所混合種族(但主要是中產階級白人)的大型高中，在某日午餐時間的短短十分鐘裡，發生兩起打鬥的情形。第一起打鬥發生在白人學生之間，第二起打鬥發生在黑人學生之間。用餐區有數百名學生，大部分的人都無視打鬥，尤其是發生在其他族裔學生中的打鬥。這些都說明學校中存在隔離的注意力空間。成年人在同一個空間裡同時發生多起打鬥的情況，我只在紐約的瑞克島監獄（Riker's Island prison）看過。當時，一名囚犯向我描述，當他走過牢房時，有三起打鬥同時發生，周圍分別圍繞著一群旁觀者，「他們可以盡情挑選觀看自己喜歡的打鬥」（Hoffman and Headley 1992: 45）。然而，觀察者本人作為一名職業殺手都認為這一切很不常見，也證明監獄的囚犯都是極端強硬的傢伙。關鍵因素也許在於這些打鬥（事實上都是一對一的）其實是囚犯共同反抗看守的一種方式，就像教室裡發生的多起打鬥是反抗教師的一種方式。在這些注意力空間中，反抗權威才是關鍵所在。

11 參見沃登（Robert E. Worden 1996）。

12 莫斯科斯（Peter Moskos，二〇〇五年四月的私人通信）告訴我，他在大城市的警局進行參與式觀察時，那些捲入大量暴力事件的警官通常是在特殊分隊，例如緝毒或反黑小隊。同樣的，警官也會自我選擇進入經常介入暴力衝突的特警部隊（特殊武器與戰略部隊）。

13 他在三次接觸中都開了槍，說明即使在最危險的情境中，警察也只在一小部分時間會開槍。一項研究分析四個大城市的警局後發現，警察只會在法律和政策允許的情境下開槍（Scharf and Binder 1983）。克林格（2004: 58）認為這是合理的規限。然而，微觀情境細節證明，那些開槍的警察是在這些衝突中最富有能量的。未能開槍的原因可能是衝突性緊張／恐懼，這也符合暴力分子的「小數法則」。

14 二〇〇四年我隨車出警時，一名警官告訴我說他很享受這種「貓捉老鼠」的遊戲，當時他的小分隊正與緝毒小分隊配合，追趕一群毒販的車子。這名警官是一個菁英特種小分隊（反黑小分隊）的成員。不過，這次逮捕行動幾乎毫無暴力發生，嫌犯被攔下後就老老實實的投降了。

15 莫斯科斯在研究中關注的那些警察，通常喜歡執行輕鬆的、能獲得額外收入的任務；對他們來說，捲入需要開槍的事件往往意味著要跟行政部門扯上麻煩（二〇〇五年四月的私人通信）。因此，喜歡輕鬆任務的警察會爭取在午夜執勤，因為凌晨三點之後就不會發生太多事情了。

16 一名警官曾捲入三起導致死亡的開槍事件。據他描述，開槍後的感受是這樣的：「我感覺到極端的興奮。這是一種真正的熱血上湧，我從來沒有類似的感受。嘿，他想要殺了我，但我要先殺了他。操他媽的。然後當醫護人員開始救治他時，我記得自己當時心想，我才不想讓他們救活他。」（Artwohl and Christensen 1997: 164）這名警官自願在特警部隊的搜尋任務中衝在前頭，他的妻子曾經勸說他放棄帶頭的位置，但他很快就又衝到了前頭。

17 一九九〇年代，平均每年有六十五名警察死於執行任務的過程中，其中大多是槍傷致死。在這十年裡，數千人被槍擊後活了下來，另有數萬人遭受過攻擊（〈二〇〇〇年遭殺害和攻擊的執法人員〉，聯邦調查局《二〇〇〇年統一犯罪調查報告》；Geller and Scott 1992）。這些數字表明，事實上，警察在大部分衝突中都是獲勝一方，比起警察被殺的可能性，他們殺死嫌犯的可能性是十至十五倍，擊中嫌犯的可能是十倍。暴力程度較高的警察會認為自己面臨更多危險，但其實他們總是能夠獲得情境的支配權。

18 因此，狙擊手一旦位置暴露，就會吸引來炮兵部隊或轟炸機密集的炮火。更有效的方法是用狙擊手來對付狙擊手，他們能利用自我隱藏技術找到對手，並會用計畫周密的一槍來讓對方失去反抗能力。如果雙方前線都有經驗豐富、技術高超的狙擊手，就會形成狙擊手之間的競賽，對雙方來說都會損失慘重。狙擊手競賽是菁英之間的競賽。在犯罪世界，最強硬的傢伙通常不會與其他強硬的傢伙正面對抗。狙擊手競賽中的高死亡率（在世界大戰中達到百分之九十至百分之百）告訴我們，如果最強硬的人互相對抗會發生什麼。

19 一九四二年蘇聯狙擊手的表格（參見【圖10.1】）顯示在不同距離上，人體、建築與其他自然物體的可見度。在一八六五年的美軍手冊中也有類似說明（Kautz 1865/2001: 241-43）。士兵考茨（August V. Kautz）指出，在二十二至二十七公尺的距離，人們能夠看到對方的眼白。因此在十九世紀的戰爭中，槍的命中率還不太可靠時，一個著名的命令就是「等到你能看到他們的眼白為止」。

20 另一個例子來自克里米亞戰爭（Ardant du Picq 1903/1999: 8）。兩小隊士兵突然相遇，軍官不在場，他們之間相距大約十步。雙方都忘記自己手裡有槍，開始邊後退邊扔石頭。最後，當另外一支軍隊映入視野，其中一方落荒而逃，另一方恢復了冷靜，開始向著逃跑的敵人開槍。杜皮克用這個事例來解釋，在成功的暴力中出其不意有多麼重要。也就是說，關鍵在於對敵人發起突襲，並用自己的情緒動能來控制對方。遭受突襲的一方會無力自衛。當雙方都未曾預料到衝突的發生，也就都無法實施嚴重的暴力。

21 在第一次世界大戰中，約有一千零五十名美軍飛行員，他們擊落七百八十至八百五十架敵機，平均每人不到一架。王牌飛行員占所有飛行員的百分之八（這個比例已經高得不同尋常），他們擊落百分之六十八的敵機。二戰中美軍約有一千兩百名「王牌」，飛行員總數是十二萬五千至十三萬五千，「王牌」的比例不到百分之一。擊落十架以上飛機的超級「王牌」占百分之零點一（計算根據 Gurncy 1958: 83, 158-63, 187-207, 226-27,254, 256-65, 270-72; Keegan 1997: 139; Dyer 1985）。

22 在二戰中，據估算，最好的飛行員在三次任務中也只有一次開火（Toliver and Constable 1997: 348）。

23 計算根據 www.au.af.mil/au/awc/awcgate/aces/aces.html; Shore and Williams 1994: 10; Overy 1980: 143-44; Mersky 1993; Boyd 1977。

24 www.acepilots.com/german/ger_aces.html; Toliver and Constable 1997: 348-49。哈特曼進行超過八百次空戰，他的勝率是百分之四十四；不過，我們不太可能知道他究竟遭遇多少架敵機。任務數量總是比實際發生的戰鬥數量更高，但是後者的資訊很難獲得。因此，我們只能大致計算每次任務擊落的敵機。

25 這種紀錄有著高度的愛國主義意味，也很容易扭曲真實的圖像。最強的法國和英國王牌飛行員分別擊落七十五架和七十三架敵機。總的來說，八名法軍「王牌」、十五名英軍「王牌」和超過二十名德軍「王牌」的紀錄都打破里肯巴克的美軍紀錄（Gurney 1965: 173-75）。出現這種差異的部分原因是，這些國家參戰的時間是美軍飛行員的兩倍，空戰始於一九一五年七月，在一九一六年變得司空見慣。

26 計算根據 Gurney 1958: 270-71。百分之六點三這個平均值是最高的估算，皇家飛行員中被轟炸機擊落的比例是未知的。此外，海軍「王牌」在皇家飛行員中占了百分之四十，剩下的飛行員的勝率只有百分之四。

27 然而，為了表現勇氣，一戰的美軍飛行員一般不帶降落傘，相反的，非英雄主義的氣球操縱人員會帶上降落傘（Gurney 1958: 23）。

28 因此，單次戰鬥中的最高紀錄是利普斯科姆中尉（Paul Lipscomb）創下的，他在一九四五年一月十一日的戰鬥中擊落七架日機。本克中士（Arthur Benko）在一九四三年十月二日也擊落七架日機，但因他是轟炸機機槍手，所以紀錄未被承認（Gurney 1958: 121、140）。

29 在二戰中，百分之六十八的美國海軍飛機被防空炮火擊落。在韓戰中，盟軍飛機中有百分之八十六被防空炮火擊落（Gurney 1958: 273）。

30 例如，當邦格在一九四三年打破里肯巴克在一戰中擊落二十六架飛機的紀錄後，他被撤下戰場，調回美國。最後他爭取到在太平洋戰場擔任非戰鬥射擊教練的任務。透過利用規則漏洞，他與學生一同上了戰場，並將自己的紀錄提升到擊落四十架飛機，這在美軍飛行員中仍然是最高的。戰爭結束七個月後，最高指揮官再次將邦格撤下戰場，讓他回到美國（Gurney 1958: 113）。由於邦格擊落二十八架飛機的紀錄先後被幾位飛行員打破，並提高到三十八架，所以他迫切渴望返回戰場。

31 www.acepilots.com/index.html#top。狙擊手的紀錄能夠保持很久。二戰中，蘇聯最注重狙擊手的作用，他們最好的狙擊手也會從戰場上撤下，並衣錦還鄉。這在女性狙擊手中表現得格外明顯，她們會被視為偶像，用來激起人們的參戰熱情（Pegler 2004: 177）。

32 美國海軍飛行員在二戰中擊落日機和美軍飛機被擊落的比例是十點二比一。這個比例在戰爭中有提高：一九四一年至一九四二年間是三點一比一，到一九四五年已經成長到二十一點六比一，因為日軍飛機與飛行員的品質都下降（Gurney 1958: 82）。在太平洋戰場最後階段，美軍的擊落紀錄攀升，但沒有歐洲戰場那麼多。

33 正因如此，「王牌」總數在二戰後開始下降。美國在韓戰中擊落十架以上敵機的「雙重王牌」人數很少。中國在鴨綠江北部駐軍，越過「三十八度線」；美軍飛機從前線向北飛行數百公里，試圖挑釁中國的米格戰鬥機出來應戰。這些戰鬥在一條一千三百公尺高的空中走廊發生，那裡被稱為「米格走廊」（MIG alley，這是美軍飛行員的稱呼，我們並不清楚中國飛行員如何稱呼它）。美軍飛機有著壓倒性的勝率，大約是十四比一（Gurney 1958: 210）。無論如何，中國飛機還是會出來應戰，這對雙方來說應該都是一種榮耀。飛行員之間的「纏鬥」行為與戰爭中的其他部分都毫無關係，如同一戰中一樣成為一個隔離的空間。越戰中，美軍只出現兩名「王牌」，每人擊落五架飛機，剛好達到標準。北越空軍雖然規模較小，但也有至少兩名「王牌」，最高紀錄保持者擊落十三架美軍飛機，這是因為美國提供足夠的目標（Toliver and Constable 1997: 322-32）。

34 www.acepilots.com/german/get_aces.html。另外一個起步較慢的例子是基特爾，他最後擊落兩百六十七架敵機（排名十四位）。他在蘇軍前線服役的前六個月擊落十七架飛機，平均每個月三架；在接下來十四個月裡又擊落了二十二架（平均每個月不到兩架）。從那之後，他的成績一路攀升，在接下來兩年裡平均每個月擊落九至十架飛機。哈特曼在服役後第二個月才擊落第一架飛機（一九四二年十一月），擊落第二架則又花了三個月時間。在接下來的時間裡，他的戰術開始發揮作用。到第九個月，他已經擊落二十三架敵機（平均每個月五架）。隨後，他的紀錄開始一路攀升，並在服役一年後達到最高水準，平均每個月二十六架。

35 老虎伍茲（Tiger Woods）曾這樣解釋自己在關鍵時刻揮杆擊球的能力：「在那一瞬間，我的注意力高度集中……我能更清晰的看到一切，就像施了魔法一樣。」（*Philadelphia Inquirer*, March 1, 2006 E2）

36 參見第十一章注釋46。

37 例如，在一五八八年的宗教戰爭中，法國天主教領袖吉斯公爵（Duke de Guise）遭到刺殺。當時，刺殺者邀請他去見新教國王，在他踏入宮殿前廳的一刻，衛兵立刻出手攻擊。他和隨從根本沒有機會拔劍反抗（*Cambridge Modern History* 3: 45）。

38 參見佩格勒（2004: 195, 199）。在這種情境中，菁英狙擊手可能會在數分鐘內擊中二十人以上，但他不會將此計入自己的紀錄。他不會認為這是真正的狙擊行動，這說明他能夠清晰的區分自己的不同技術。

39 兩個著名的例子：奧克蘭突擊者隊在二〇〇三年的超級盃比賽中以二十一比四十八輸給坦帕灣海盜隊。從比賽一開始，奧克蘭隊在進攻與防守上都被對方全面壓制，一度以三比二十四落後。在一九四〇年職業美式足球冠軍聯賽中，華盛頓紅皮隊雖有著名四分衛鮑格（Sammy Baugh）帶領，仍被芝加哥熊隊打了個七十三比零。

40 眾人皆知的是，大學球隊的明星四分衛通常無法成為優秀的職業球員，那些一開始表現平平的人卻可能在聯賽中透過訓練成長為優秀球員。聯賽中的速度、複雜性和欺騙策略都與大學比賽水準不同，因此需要不同的心理準備。

第十一章　情緒注意力空間中的暴力支配

1 在二〇〇〇年洛杉磯民主黨全國代表大會期間的示威中，我曾這麼做過。參與者的描述與我在一九六四年至一九六八年參與校園示威和暴動時的回憶一致。我也研究二〇〇二年「懺悔星期二」時，費城南街四個街區的狂歡區裡的原始影片。在十起事件中，我們都能看到警察與群眾之間的暴力衝突或是群眾內部的打鬥，每次事件持續五至八秒。在長達四小時的影片裡，所有暴力行為總計四分二十秒。

2 示威遊行，例如那些不發生直接對抗的遊行，也有著相對團結和緊密的團體（McPhail 1991）。我在分析中暫時忽略示威，除非有照片顯示其中爆發了暴力。

3 一張關於布宜諾斯艾利斯抗議示威的照片（本書未收錄）顯示，一群失業的工人在七名警察面前步步後退；人行道上的十七名抗議者背靠牆蜷成一團，面露恐懼（只有兩名攝影師試圖保持冷靜）；警察的攻擊集中在站在馬路中央的九名抗議者身上。距離警察最近的五個人有的正在虛張聲勢，有的不小心把當作武器的棍棒掉到地上；兩人跌倒在地，一人仍在與站在最前排的警察搏鬥。從字面意義來看，與權威機構的衝突總是發生在「街頭」（June 28, 2002/AP）。布福德（1993: 283-85）描述稱，足球流氓暴動的開端，取決於第一個走下人行道的人會不會有人跟隨；一旦跨過這道分水嶺，人群就會因某種成就感而信心十足且興高采烈；他們在權威面前「占領了街頭」，權威機構也會將此視為分水嶺。

4 有張美聯社的照片（本書未收錄）顯示同一次大規模遊行中的另一個位置，這裡我們再次看到，只有一小部分人站在群眾前排投擲石頭（在這個例子裡只有兩人）。

5 也許有人會爭論說，佩戴面具有著純粹理性的考量，主要是做出暴力行為後避免被警察認出。然而這並不成立：同一群人經常會把面具拉上拉下，具體取決於他們是否正在行動中，如果持續觀察，很容易辨認出他們。也有一些裝備不能遮住臉部，例如兜帽；在某些打鬥場景中，標誌性的裝備是把上衣脫下。一張類似的照片（Crespo 2002: 8）顯示在二〇〇〇年費城召開的共和黨大會上，一個孤零零的抗議者正在扔炸彈。與照片中可見的其他群眾不同，他包著大頭巾，遮住了臉部，並且沒有穿上衣，結合上述所有暴力行為的象徵。我們也許可以說，面具是對抗催淚彈的實用主義策略，然而在每次事件中，似乎只有少數參與者才會有此考慮。

6 在第二章，我們看到巴勒斯坦男孩向以色列坦克投擲石頭。可見的十二人中，八人背對行動現場，什麼也沒做；另一名男孩的臉上流露出恐懼。其中一人正掄起手臂準備投擲石頭，他身旁的兩個人蹲著，手中握著石頭；另外五人蹲在他們身後（其中一人蜷在牆角），四人背靠著前面的牆壁，背對敵人。

7 在一張美聯社的照片中，十二人中有兩人正在痛毆市場裡的竊賊（Nairobi, 1996/AP；本書未收錄）；在一張EPA照片中（Oct. 1, 2000, *Daily Telegraph*, p. 2；本書未收錄），四人正在毆打一名塞爾維亞暴動中的警察，六人站在背景中，目光投向不同的方向。在一張路透社的照片中（May 1, 1992/Reuters；本書未收錄），三名黑人在亞特蘭大的羅德尼·金暴動中猛踢一名白人男子，背景中有另外七名黑人相隔不同的距離。路透社的一張照片是唯一與眾不同的照片，它顯示勝利一方的所有人（總共十三人）都在毆打倒在地上的摩托車騎士，或是正在奔跑前來準備加入毆打，或者至少是試圖靠近毆打現場。在最後一個案例中，受害者最後被毆打致死。

8 在五十張能夠看到群眾的照片中，有五張顯示其中某些人流露出愉悅感；如果考慮到照片中拍到的所有人的面部表情，這個比例遠低於百分之十。

9 當然，所有旁觀者也是這麼想的，只是所站的距離更遠。在有些事例中，旁觀者會扯下受害者所穿的衣物，撕成碎片在人群中分發（Allen 2000: plate 32 and pp. 176, 194）。我們為許多照片中表現出的種族主義而震驚（儘管在艾倫〔James Allen〕收藏的照片中，八十七名私刑受害者中，有二十三名是白人；通常這些私刑發生在西部的謀殺之後或牛仔戰爭中），結果忽視參與私刑的群眾中表現出的社會學特點：他們像其他暴力事件中的群眾一樣，認為自己在道德上是正確的，或是正在糾正某種社會不公，例如私刑之前發生的謀殺和強姦。因此，儀式性的靠近受害者的屍體，是為了表現一種群體團結。我們之前討論過的巴勒斯坦暴動及摩加迪休和伊拉克的照片也顯示同樣的情況（此外還見於 Senechal de la Roche 2001）。

10 曼恩（1993: 635, 674）注意到，在一戰前德國的勞工與警察的儀式性衝突中（很少造成受傷），有著類似的模式；但是我們不清楚不同階層的示威者在微觀層面如何表現。

11 有些人會帶著標語或旗幟，但他們大多是站在人群中十排之後。這是一種不同的抗議形式，與暴力相距甚遠。請注意，有時揮舞旗幟的人面對的是示威者而不是敵人。一個假設是：在運動賽事的觀眾中揮舞旗幟和標語的人，並不是帶領眾人衝進賽場或是進行其他觀眾暴力的人。

12 暴力核心分子身邊的人不一定個個都支持他們；就在投擲石塊的人們背後，有一人正蹲在地上，雙手護住腦袋。我在人群中看到的唯一流露出恐懼的人，是一名正在高聲呼喊的帶頭人身後兩排處的一名男子。就在此刻人群達到某個分水嶺：大部分人一頭邁向通往暴力之路，或是以行動表達，或是以情緒支持；小部分人卻流露出恐懼和退縮之意。他們顯然恐懼的是身邊的人，而不是敵人，這不是對身體危險的恐懼，而是對攀向高峰的暴力衝突的恐懼。我們可以預測，當暴力最終爆發時，這些人會撤退，將這片空間留給那一小群暴力分子。

13 在印度的公共暴力中，一般是男性執行殺戮和焚燒，但一些位於後排的女性可能採取非暴力抵抗，例如躺在路中央阻止消防車進來，從而造成更多傷亡和破壞（Horowitz 2001; *Human Rights Watch* 2002）。這是一種曖昧的積極暴力，在主動性上僅次於主要的暴力行為，但在空間上離得足夠遠，因此這些「非暴力」的女性不會看到她們的敵對族裔被活活燒死。這種參與行為同樣可能會分層，我們不知道多高比例的女性和其他旁觀者參與阻擋消防車的行為。

14 讓我們回憶一下第三章提供的證據：人群越是龐大，就越容易製造私刑和其他暴力；在逮捕現場，警察和旁觀者人數越多，發生警察暴力的可能性也越高，儘管這些群體中只有一小部分人會真正實施暴力。

15 多起暴動資料讓我們了解這個圓錐的不同層次。一九六五年在洛杉磯發生的華茲暴動中，貧民區中百分之五至百分之十的成年黑人男性稱自己參與暴動，另外百分之三十三至百分之四十表示支援暴動（Ransford 1968）。另外一項居民調查顯示：百分之十五的受訪者積極參與暴動，另外百分之三十一是「近距離的旁觀者」（Inbert and Sprague 1980: 2-3）。在一九六七年的底特律暴動中，百分之十一的受訪者稱自己是參與者，百分之二十至百分之二十五是旁觀者（Kerner Commission 1968: 73）。這些都是一九六〇年代發生的最嚴重、最暴力的種族暴動。在狂歡和慶祝暴動中，校園比賽的慶祝暴動只會涉及三萬名學生中的百分之三，其中許多都是旁觀者，真正參與破壞行為的只有三百人，即百分之一（參見第八章的描述）。在二〇〇二年發生在俄亥俄州立大學的另外一起校園美式足球勝利暴動中，有四千至六千名學生參與（學生總數的百分之八至百分之十二）；其中大部分人只是站在一旁觀看，只有一小群人推翻汽車、在垃圾桶和沙發上縱火，最後有七十人被捕（人群總數的百分之一點二至百分之一點八；Vider 2004）。在一九九九年胡士托音樂節臨近尾聲時的暴動中，十五萬五千人裡有兩百至五百人（百分之零點一至百分之零點三）積極參與洗劫與破壞行為；數千人（人群總數的百分之一至百分之三）在一旁歡呼喝采。最後有四十人被捕，占核心暴動者的百分之十至百分之二十（Vider 2004）。旁觀者中有百分之九十七的人都只是在觀看而已，他們顯得困惑、恐慌和畏縮。

16 接下來的分析根據一些學者提供的微觀情境細節（Fisher 2002, 2003; Hoffman and Headley 1992; Mustain and Capeci 1993; Dietz 1983; Anastasia 2004）。它們主要來自職業殺手或相關人員的自傳性描述。我還與一名業內知名的殺手進行四小時訪談，他主要為犯罪集團工作，不會從「正經人」那裡接低收入的低階工作。我們討論的不是特定的殺戮事件，而是暴力程序與互動中的技術。在這裡，大部分資訊都是關於一九五〇年至一九九〇年間的美國高階殺手的工作。女性殺手也是存在的，但我聽說過的都是低階殺手。在接下來的例子中，我會將殺手和受害者都指稱為男性，因為除非特殊註明，所有事例的確如此。

17 一名底特律的職業殺手說（Diez 1983: 79）：「我們不是他的法官，而是死刑執行人。」喬伊（Fisher 2002, 2003 中提及的殺手化名）和希臘人托尼（Hoffman and Headley 1992）都曾聲稱其受害人十惡不赦，藉以讓自己的行為合理化。

由於這些受害者通常都在犯罪組織中，殺手的說法也許屬實。我的受訪者也自行做出同樣的聲明。他還說，他是一名愛國的美國人，如果可能，他會為「九一一」復仇；然而純就技術層面而言，他很欣賞劫機者細心的陰謀。

18 職業殺手開槍通常不會超過三槍。這些職業殺戮行為不同於軍隊、警察和民間的恐慌進攻事例中的過度殺戮。

19 有一個較為罕見的事例，因為受害者是女性：迪米歐家族的兩名年輕人被指派去殺害一名幫派成員與其十九歲的美麗女友。兩名受害者都被認為向組織隱瞞了活動，並被懷疑向警方告密。女孩的男友在黑幫的俱樂部裡被帶有消音器的擊斃，同時一名殺手隔著車窗與那名女孩調情，另一人從另一側車窗中探出身來，突然開槍擊中她（Mustain and Capeci 1993: 152-53）。

20 例子參考 Hoffman and Headley 1992: 105-7。我研究虐待行為的社會結構（Collins 1974），並在第二冊做了更詳細的分析（亦見於 Einolf 2005）。在這裡，我的論點中主要的例外是連續殺人犯。他們通常獨自行動，有時也會在殺人前折磨對方。這種暴力是最罕見的。連續殺人犯在隱祕的計畫階段與技術的發展上和職業殺手類似，但他們只為自己工作，與受害者之間會發生更多情緒互動，而職業殺手會盡可能避免這種互動。連續殺人犯有幾種不同類型，在尋找受害者和暴力技術上各有專長。不過，那些受害者人數最多的連續殺人犯，往往會使用非衝突性的技術，例如毒殺病人或是停止生命維持系統的運轉（Hickey 2002）。這再次證明非衝突性暴力是最容易實施的。

21 希臘人托尼身材中等，體重七十二公斤；喬伊身高略低於平均水準，但體格強壯；羅森伯格（Harvey Rosenberg，又名「克里斯・迪米歐」〔Chris DeMeo〕）身高一百六十五公分，體格中等；羅伊・迪米歐（Roy DeMeo）略微矮胖，不過也很強壯。喬伊・加洛身高一百七十公分，偏瘦，他於一九五七年在理髮椅上殺死黑手黨老大阿納斯塔西亞（Albert Anastasia），後來還對另一個幫派挑起了戰爭。喬伊「瘋狗」・蘇利文（曾殺死超過一百人，被希臘人托尼稱為業內最優秀的殺手）身高一百八十公分，體重八十公斤（Hoffman and Headley 1992: xxii, 92, 96, 133, 154, 236; Fisher 2002: vii-viii, 198; Mustain and Capeci 1993: 28-37）。托尼也曾幫高利貸業者討債，身邊一般會跟著一個體重一百三十六公斤的壯漢，幫忙恐嚇和毆打受害者，他還提到其他幾名打手，體重從一百一十公斤到一百四十公斤不等。不過，這種雇傭打手與職業殺手明顯不同：他們擅長中等程度的身體恐嚇，因為高利貸業者希望得到能夠持續還款的顧客和員工，而不是死人。喬伊說：「這一行裡，差不多每個人都能當打手，力氣並不重要，雖然看上去越強壯，就越不需要證明自己的強壯，但差不多所有人都能揮動球棒或是鐵棍。」（Fisher 2002: 82）

22 同樣的，喬伊也如此描述一次復仇殺人事件中的受害者：「我能嗅到恐懼。如果你想知道為什麼動物會攻擊害怕牠的人，那是因為恐懼會流露出來並產生一種氣味。我看到了恐懼。我嗅到了恐懼。」（Fisher 2002: 68）

23 這也是透過醞釀怒氣來刺激自己的一個例子。拳擊手等運動員和隊伍的教練會尋找對手言行中的一切細節，將其建構成對己方的羞辱或輕視，用來為接下來的比賽醞釀怒氣。因此，暴力專家會將此前遭遇的羞辱儲存起來，或故意滋養怨恨。這種怨恨不僅是之前受到壓抑的羞恥隨著憤怒爆發出來。無可否認，謝夫（1994）的模型更加直接明瞭，但在情緒的自我管控方面，也有更複雜的情況。人們可能會故意將過去的情緒作為資源，用來在當下的衝突中占優勢。

24 這看起來似乎在道德上顯得十分冷酷，卻與德國王牌飛行員哈特曼的反應一樣，他在一次凌晨三點的任務中擊落幾架蘇聯戰機，而後回來打了個盹，接著又在六點的任務擊落更多飛機（www.acepilots.com; cf. Fisher 2002: 56, 63）。

25 同樣的，大部分人都不是好的說謊者，因為他們不知道如何控制自己的表情，結果很容易就暴露了自己在說謊。然而，那些真正出色的說謊者，也很容易因為微小的面部表情而暴露，艾克曼（1985: 76-79）將此稱為「欺騙快感」（duping delight），亦即因未被發覺所產生的愉悅。

26 參見：Fisher 2002: x; Hoffman xxv-xxvii。我發現我的線人思維深入，口齒清晰，比那些四肢發達的酒吧常客顯得更加嚴肅和沉穩。

27 希臘人托尼最好的朋友是「瘋狗蘇利文」，他們是紐約地下世界最頂尖的兩名職業殺手（Hoffman and Headley 1992: 263-64），這是職業階層中的「人以群分」現象。

28 為了避免一種常見的誤解，我們需要強調的是，犯罪組織並不是一個統一的官僚組織，而是若干鬆散組織形式的結合。主體結構是多個武裝團體之間的聯盟或公約組織，用來壟斷地盤和減少管轄權方面的爭吵。另一個層次上是有組織的犯罪生意，它們穩定的提供非法商品和服務，例如毒品、賭博、高利貸和贓車解體工廠，這些不是犯罪家族自己的生意，而是由受他們保護的個體經營。嚴格來說，美國黑手黨家族就像一個非法政府，由韋伯所稱的家長式專制制度統治，旗下存在一系列非法生意。

29 與此相關，低階殺手被認為能力不足，他們並未身處緊密的聲譽網絡中，因此獲得的情緒支持較少。

30 社會學家古德溫（Jeff Goodwin 2006）將恐怖主義定義為對同謀平民的襲擊，目的在於降低他們對軍隊或政治權威機構的支援，或是團結己方、刺激起義。為了達到第二個目的，他們需要在當地獲得一場盛大的勝利，來鼓舞己方士氣。游擊隊戰爭在某些方面類似恐怖主義：準備階段要足夠隱祕，襲擊過後要重新隱藏到平民中。但是游擊隊攻擊的是軍事目標，恐怖分子卻是直接襲擊平民；此外，游擊隊一旦與敵人爆發衝突，常會持續數分鐘乃至數小時，而恐怖分子的攻擊往往只有數秒；游擊隊也能從正常的軍事小分隊中獲得情緒支持。他們有著不同的克服衝突性緊張／恐懼的方法，這意味著在運行層面，他們的招募方式和組織結構可能不同。

31 我們並不知道與自殺攻擊相比，遠距離遙控炸彈失敗的機率有多高。一個舉世皆知的失敗案例是一九四四年七月刺殺希特勒的行動，如果當時帶來炸彈的德國軍官使用自殺攻擊，而不是將炸彈丟下並在它引爆前離開，這次行動很可能已經成功了。據估算，自殺攻擊的效率大概是其他恐怖主義攻擊的十至十五倍。一九八〇年至二〇〇一年間，自殺攻擊占全世界所有恐怖主義攻擊的百分之三，卻造成其中百分之四十八的死亡（Pape 2005; Ricolfi 2005）。

32 法國宗教戰爭中的一個近代早期案例展示人們逃避衝突時的細節：一五八九年七月二十八日，法國的新教徒國王即將襲擊巴黎（反新教大本營）。一名天主教修道士假裝要向國王呈上一封信件，於是來到國王的鄉間行宮。國王讀信時，修道士按照宗教的習慣跪在他面前，而後上前刺中他的腹部。兩人之間有一紙之隔，攻擊發生時，他們實際上沒有發生面對面的衝突（*Cambridge Modern History* 3: 5, 47）。

33 據估算，巴勒斯坦人的自殺攻擊中有百分之五至百分之十都失敗了（Ricolfi 2005: 79）。

34 我們之前曾看到的相似案例，是職業殺手喜歡獨來獨往，避免同夥在自己全神貫注之時造成干擾。

35 職業殺手中也有類似的複雜的情緒控制手段。其中一人曾在（犯罪世界的）公共場合假裝憤怒和無法自我控制，欺騙目標以為他不夠冷靜，因而不會構成真正的威脅（本章注釋16提到的訪談中描述這個場景）。此外，在藉恐嚇敲詐勒索和為高利貸收債時，職業「打手」也可能會假裝憤怒，或有意醞釀怒意，好逼迫受害者乖乖付帳。

36 一名十九歲的黎巴嫩少女隸屬於某地下反抗組織，後來成為一名自殺攻擊者，她的母親回憶道：「我們曾經與鄰居一起看電視，上面提到〔以色列〕占領〔黎巴嫩〕的事情時，我會跟鄰居激烈的討論。但羅拉（Loula）什麼也沒說過。她只是望著我們微笑。現在我們知道了，她當時正在計畫更大的行動。」（Davis 2003: 79）為了進行暴力陰謀而讓自己冷靜下來，需要長期的情緒控制技術。「九一一」襲擊的領導者之一穆罕默德·阿塔（Mohammad Atta）在遺書中給自己的話沒有流露太多悲傷，而是著重讓自己冷靜下來，避免流露緊張，並不斷重複真主之名（Davis 2003: 87）；最後這一點不僅具有宗教上的重要性，同時也是一種集中注意力的方法。

37 關於巴勒斯坦起義中的自殺攻擊者留下的影片，另外一種解釋是：這些是一種表忠心的機制，用來讓參與者就自己的動機留下公開紀錄，從而使其無法退出（Gambetta 2005: 276，引自 Merari 2005）。但這不能解釋為何他們的表情是冷靜而不是熾熱的。事實上，自殺攻擊者在行動時留下的影像與這些宣傳影像中流露出的表情是一樣的。

38 有學者（Ricolfi 2005）指出，一九五〇年代至一九七〇年代最常見的恐怖主義行動是劫機，這在一九八〇年代被廣泛傳播的自殺攻擊所取代。兩者都是高度引人注目的行動，有助於宣傳政治動機，但劫機只是一種勒索，自殺攻擊帶有殉難的意味，至少對某些觀眾來說是如此。我還想補充一點：一旦自殺攻擊的技術變得廣為人知，其潛在招募對象就會更加廣泛，因為這是一種將衝突最低化的技術。劫機位於光譜的另一端，需要經過長時間的衝突。

39 佩普（Robert A. Pape 2005）發現，並沒有證據支持自殺攻擊者有犯罪背景（亦見於 Sageman 2004）。事實上，習慣於虛張聲勢的衝突型犯罪風格不適用於需要偽裝的自殺攻擊任務。一名典型的自殺攻擊者（在二〇〇一年八月耶路撒冷的一家披薩店引爆，使十六名以色列人死亡，一百三十人受傷，其中包括兒童）被描述為一個害羞、「性格溫和的年輕人，從來沒有參與過打鬥，甚至跟他的兄弟都沒有打鬥過」（Davis 2003: 106）。

40 一八一九年在曼徹斯特附近發生的彼得盧屠殺（Peterloo Massacre）中，一支騎兵隊（約兩百人）闖入一群選舉改革的支持者中，用佩劍亂砍一通，儘管場景十分恐怖，但五萬人中只有十二人死亡，四十人受傷（包括被踩踏受傷），這說明不是所有士兵都能有效實施暴力（*Cambridge Modern History* 10: 581）。一名目擊者指出，騎兵隊中的許多人只是砍向演講者旁邊的標語，因此只是在進行象徵性的暴力（Lewis 2001: 358-60）。襲擊之所以會發生，是因為地方行政長官被法國和其他地方此前發生的暴力事件嚇壞了，此外當時群眾正在高呼「不自由毋寧死」等極端口號，因此部隊得到攻擊的命令。

41 我想強調可能會令讀者不安的一點：我不是在問為什麼大部分人都沒成為職業殺手或「牛仔警察」等。簡單的答案是：大部分人都不想這麼做，因為他們在道德上接受不了。但實際上，在法律或道德的任何一側，我們都能找到暴力的機會；許多暴力都有自己的道德準則，讓實施者深信不疑自己的行為是光榮的。我想問的是：為什麼大部分身處特殊衝突情境中的人，如士兵、警察、已被動員起來並深信自己對敵人占有道德優勢的群眾，都未能成為那積極參與暴力的少數人，以及真正有能力實施暴力的更少數人？我想說的是，這不僅僅是動機的問題；即使所有人中的大部分都不想成為暴力菁英中的一員，然而那些想這麼做的人，無疑要比真正成功做到的人多很多。關鍵因素並不是人們是否具有暴力的背景動機，而是在獲得和實踐暴力技術上存在社會限制。

42 揚科夫斯基（1991）稱黑幫成員為叛逆的個人主義者，而不是順從的集體主義者。因此，他們不是簡單的想要歸屬於某種群體文化，而是想在其中脫穎而出。這就像在學術界中，有些人樂於閱讀他人的著作，或是模仿他人來寫書，有些人喜歡寫原創性作品。他們所有人都在學術次文化圈中，其中順從這種文化的人活得更容易，卻不太可能為它帶來重要的發現。

43 重複一點：在互動儀式論中，情緒能量被定義為在某種互動實踐中的動機、信心和熱情。

44 揚科夫斯基（1991）指出，黑幫成員睡得很少，他推斷稱，這導致他們暴躁易怒。但這同樣表明他們工作很努力，而休息是很危險的。

45 這個類比能在多大程度上應用於暴力菁英，正是我們在研究暴力這個問題時最需要回答的問題之一。本書中提及許多種暴力，其中有些暴力也許更深的嵌入在與成功暴力者的網絡聯結中。曾有人指出，在黑手黨之類犯罪組織及恐怖組織中，網絡關係對事業發展至關重要；這對王牌飛行員、「牛仔警察」和持械搶劫者是否同等重要？由於有兩種網絡類型需要研究，這需要一個十分詳盡的研究項目才行。（跨世代的）網絡出身和（同等地位的）網絡起源對不同暴力可能有著不同的重要性。之前的暴力菁英是否會成為下一代暴力菁英的導師或偶像，並使其從中獲益？新一代暴力菁英是否會藉著彼此的能量與決心形成一個野心勃勃的團體，並共同攀上暴力菁英的頂峰？

46 泰德．威廉斯（Ted Williams）是所有棒球選手中最冷靜和技術派的打者，他曾作為戰鬥機飛行員執行三十九次戰鬥任務，卻沒有擊落一架敵機。威廉斯在訓練時曾創下射擊紀錄，但這並未讓他在實際的戰鬥條件下大放異彩。在韓戰中，他在戰鬥機飛行員中的地位一落千丈（在他執行前十次任務中的八次之後），開始生病，患上長期不癒的感冒，這很可能是一種對壓力的心理反應。但當復原回家，他很快就恢復健康，並重新在棒球場上有著出色的表現（www.tedwilliams.com; Thorn et al. 2001）。

47 暴力者的活躍世代比學者要短，不過這在不同類型的暴力中似乎也有差異，對青少年黑幫來說不到十年，對王牌飛行員來說可能只有三、四年。曾經開過槍的警察可能會出現「心力交瘁」問題，這也許可以說明：在這個特定的暴力菁英群體中，世代傳承可能有其限制。不過這個問題仍有待進一步研究。

第十二章　尾聲：實用的結論

1 安德森在二〇〇六年與我的私人通信中強調，在這次接觸中，他一隻手一直插在口袋裡，好讓對方以為他可能有槍。

參考文獻

Abbott, Andrew, and Emanuel Gaziano. 1995. "Transition and Tradition: Departmental Faculty in the Era of the Second Chicago School." In *A Second Chicago School?*, edited by Gary Alan Fine. Chicago: University of Chicago Press.

Abbott, Andrew. 2001. *Chaos of Disciplines.* Chicago: University of Chicago Press.

Adler, Peter. 1984. *Momentum.* Beverly Hills: Sage.

Allen, James. 2000. *Without Sanctuary. Lynching Photography in America.* Twin Palms, Fla.: Twin Palms.

Alpert, Geoffrey P., and Roger G. Dunham. 1990. *Police Pursuit Driving.* New York: Greenwood.

——. 2004. *Understanding Police Use of Force.* New York: Cambridge University Press.

Anastasia, George. 2004. *Blood and Honor. Inside the Scarfo Mob—The Mafia's Most Violent Family.* Philadelphia: Camino.

Anderson, David C. 1998. "Curriculum, Culture and Community: The Challenge of School Violence." *Youth Violence*, edited by Michael Tonry and Mark H. Moore. Chicago: University of Chicago Press.

Anderson, David L. 1998. *Facing My Lai: Moving beyond the Massacre.* Lawrence, Kans.: University of Kansas Press.

Anderson, Elijah. 1978. *A Place on the Corner.* Chicago: University of Chicago Press.

——. 1990. *Streetwise. Race, Class and Change in an Urban Community.* Chicago: University of Chicago Press.

——. 1999. *Code of the Street. Decency, Violence, and the Moral Life of the Inner City.* New York: Norton.

——. 2002. "The Ideologically Driven Critique." *American Journal of Sociology* 107: 1533—50.

Archer, Dane, and Rosemary Gartner. 1984. *Violence and Crime in Crossnational Perspective.* New Haven, Conn.: Yale University Press.

Ardant du Picq, Charles. 1903/1999, *Études sur le combat.* Paris: Éditions Ivrea, translated edition. *Battle Studies: Ancient and Modern Battles.* New York: Macmillan, 1921.

Arms, Robert L., Gordon W. Russell, and Mark Sandilands. 1979. "Effects on the Hostility of Spectators of Viewing Aggressive Sports." *Social Psychology Quarterly* 43: 275—79.

Arnold Forster, Mark. 2001. *The World at War.* London: Random House.

Arthur, Anthony. 2002. *Literary Feuds.* New York: St. Martin's.

Artwohl, Alexis, and Loren W. Christensen. 1997. *Deadly Force Encounters.* Boulder, Colo.: Paladin

Asbury, Herbert. 1928. *The Gangs of New York: An Informal History of the Underworld.* New York: Knopf.

Athens, Lonnie H. 1980. *Violent Criminal Acts and Actors: A Symbolic Interactionist Study.* Boston: Routledge.

——. 1989. *The Creation of Dangerous Violent Criminals.* Boston: Routledge.

Baca, Lee, and William J. Bratton. 2004. "Gang Capital's Police Needs Reinforcements." *Los Angeles Times*, October 29.

Bachman, R., and L. Saltzman, 1995. *Violence against Women.* Washington, D.C.: U.S. Dept, of Justice.

Bailey, James, and Tatyana Ivanova. 1998. *An Anthology of Russian Folk Epics.* Armonk, N.Y.: M. E. Sharpe.

Baldassare, Mark, ed. 1994. *The Los Angeles Riots.* Boulder, Colo.: Westview.

Bales, Robert Freed. 1950. *Interaction Process Analysis.* Cambridge, Mass.: Addison-Wesley.

Baltzell, E. Digby. 1958. *An American Business Aristocracy.* New York: Macmillan.

——. 1995. *Sporting Gentlemen.* New York: Free Press.

Barnett, Arnold, Alfred Blumstein, and David P. Farrington. 1987. "Probabilistic Models of Youthful Careers." *Criminology* 25:83—107.

——. 1989. "A Prospective Test of a Criminal Career Model." *Criminology* 27:373—88.

Bartov, Omer. 1991. *Hitler's Army.* New York: Oxford University Press.

Bayley, David H., and James Garofalo. 1989. "The Management of Violence by Police Patrol Officers." *Criminology* 27:1—27.

Becker, Howard S. 1953. "Becoming a Marijuana User." *American Journal of Sociology* 59: 235—52.

——. 1967. "History, Culture, and Subjective Experience: An Explanation on the Social Bases of Drug-induced Experience." *Journal of Health and Social Behavior* 8: 163—76.

Beevor, Anthony. 1999. *The Spanish Civil War.* London: Cassell.

Berkowitz, L. 1989. "Frustration-Aggression Hypothesis: Examination and Reformulation." *Psychological Bulletin* 106: 59—73.

Berndt, Thomas J., and Thomas N. Bulleit. 1985. "Effects of Sibling Relationships on Preschoolers' Behavior at Home and at School." *Developmental Psychology* 21: 761—67.

Berscheid, Ellen. 1985. "Interpersonal Attraction." In *Handbook of Social Psychology*, edited by Gardner Lindzey and Elliot Aronson. New York: Random House.

Besag, Valerie E. 1989. *Bullies and Victims in Schools.* Philadelphia: Open University Press.

Biddle, Stephen. 2004. *Military Power: Explaining Victory and Defeat in Modern Battle.* Princeton: Princeton University Press.

Bilton, Michael, and Kevin Sim. 1992. *Four Hours in My Lai.* New York: Viking.

Bishop, S. J., and B. J. Leadbeater. 1999. "Maternal Social Support Patterns and Child Maltreatment: Comparison of Maltreating and Nonmaltreating Mothers." *American Journal of Orthopsychiatry*, no. 2:69, 172—81.

Black, Donald. 1980. *The Manners and Customs of the Police.* San Diego: Academic Press.

——. 1998. *The Social Structure of Right and Wrong.* San Diego: Academic Press.

Blacker, Kay, and Joe Tupin. 1977. "Hysteria and Hysterical Structures: Developmental and Social Theories." In *The Hysterical Personality*, edited by Mardi J. Horowitz. New York: J. Aronson.

Blau, Peter M. 1964. *Exchange and Power in Social Life.* New York: Wiley.

Bloch, Marc. 1961. *Feudal Society.* Chicago: University of Chicago Press.
Block, R. 1977. *Violent Crime.* Lexington, Mass.: Lexington.
Blood, Robert O., and Donald M. Wolfe. 1960. *Husbands and Wives.* New York: Free Press.
Blumstein, Alfred, Jacqueline Cohen, Jeffrey A. Roth, and Christy A. Visher. 1986. *Criminal Careers and "Career Criminals."* Vol. 2. Washington, D.C.: National Academy Press.
Boden, Deidre. 1990. "The World as It Happens: Ethnomethodology and Conversation Analysis." In *Frontiers of Social Theory,* edited by George Ritzer. New York: Columbia University Press.
Bogg, Richard A., and Janet M. Ray. 1990. "Male Drinking and Drunkenness in Middletown." *Advances in Alcohol and Substance Abuse* 9: 13—29.
Bond, Michael Harris. 1991. *Beyond the Chinese Face: Insights from Psychology.* New York: Oxford University Press.
Borkenau, Franz. 1981. *End and Beginning: On the Generations of Cultures and the Origins of the West.* New York: Columbia University Press.
Boulton, Michael J., and Peter K. Smith. 1994. "Bully/Victim Problems in Middle-School Children: Stability, Self-Perceived Competence, Peer Perceptions, and Peer Acceptance." *British Journal of Developmental Psychology* 12: 315—29.
Bourdieu, Pierre. 1972/1977. *Outline of the Theory of Practice.* New York: Cambridge University Press.
Bourgois, Philippe. 1995. *In Search of Respect: Selling Crack in El Barrio.* New York: Cambridge University Press.
Bourke, Joanna. 1999. *An Intimate History of Killing: Face-to-Face Killing in Twentieth-Century Warfare.* New York: Basic Books.
Bourque, Linda B., Judith M. Siegel, Megumi Kano, and Michele M. Wood. 2006. "Morbidity and Mortality Associated with Disasters." In *Handbook of Disaster Research,* edited by Havidan Rodriquez, E. L. Quarentelli, and Russell R. Dynes. New York: Springer.
Bowden, Mark. 2000. *Black Hawk Down: A Story of Modern War.* New York: Penguin.
Boyd, Alexander. 1977. *The Soviet Air Force since 1918.* New York: Stein and Day.
Brondsted, Johannes. 1965. *The Vikings.* Baltimore, Md.: Penguin.
Browning, Christopher R. 1992. *Ordinary Men: Reserve Police Battalion 101 and the Final Solution in Poland.* New York: HarperCollins.
Budd, Tracey. 2003. "Alcohol-related Assault: Findings from the British Crime Survey." Home Office Report 35/03. Available at www.homeoffice.gov.uk/rds/bcsl/html.
Buford, Bill. 1993. *Among the Thugs.* New York: Random House.
Burchler, Gary, Robert Weiss, and John Vincent. 1975. "Multidimensional Analysis of Social Reinforcement Exchanged between Mutually Distressed and Nondistressed Spouse and Stranger Dyads." *Journal of Personality and Social Psychology* 31: 348—60.
Burgess, Mark. 2002. "The Afghan Campaign One Year On." *The Defense Monitor* 21, No. 8 (September 2002): 1—3. Washington, D.C.: Center for Defense Information.
Caesar, Julius, ca. 48—44 B.C./1998. *The Civil War. With the Anonymous Alexandrian, African, and Spanish Wars.* Oxford: Oxford University Press.
Caidin, Martin, Saburo Sakai, and Fred Saito. 2004. *Samurai!* New York: I Books.
Callaghan, Morley. 1963. *That Summer in Paris: Memories of Tangled Friendships with Hemingway, Fitzgerald, and Some Others.* New York: Coward-McCann.
Cambridge Modern History. 1907—1909. Cambridge: New York: Cambridge University Press.
Cameron, Euan. 1991. *The European Reformation.* Oxford: Oxford University Press.
Cannadine, David. 1990. *The Decline and Fall of the British Aristocracy.* New Haven, Conn.: Yale University Press.
Capote, Truman. 1986. *Answered Prayers.* London: Penguin.
Caputo, Philip. 1977. *A Rumor of War.* New York: Ballantine.
Carter, Hugh, and Paul C. Glick. 1976. *Marriage and Divorce: A Social and Economic Study.* Cambridge, Mass.: Harvard University Press.
Cazenave, N. and M. A. Straus. 1979. "Race, Class, Network Embeddedness, and Family Violence: A Search for Potent Support Systems." *Journal of Comparative Family Studies* 10: 280—99.
Chadwick, G. W. 2006. "The Anglo-Zulu War of 1879: Isandlwana and Rorke's Drift." *South African Military History Society Military History Journal.* Vol. 4.
Chagnon, Napoleon. 1968. *Yanomano: The Fierce People.* New York: Holt.
Chaiken, Jan M., and Marcia R. Chaiken. 1982. *Varieties of Criminal Behavior.* Santa Monica, Calif.: Rand Corporation.
Chambers Biographical Dictionary. 1984. Edinburgh: Chambers.
Chambliss, Daniel F. 1989. "The Mundanity of Excellence." *Sociological Theory* 7: 70—86.
Chang, Iris. 1997. *The Rape of Nanking.* New York: Basic Books.
Cherlin, Andrew. 1992. *Marriage, Divorce, Remarriage.* Cambridge, Mass.: Harvard University Press.
Christopher, Warren, ed. 1991. *Report of the Independent Commission on the Los Angeles Police Department.* Los Angeles: Diane Publishing.
Clayman, Stephen E. 1993. "Booing: The Anatomy of a Disaffiliative Response." *American Sociological Review* 58: 110—30.
Cleaver, Eldridge. 1968. *Soul on Ice.* New York: Random House.
Clum, George A., and Jack L. Mahan. 1971. "Attitudes Predictive of Marine Combat Effectiveness." *Journal of Social Psychology* 83: 53—62.
Cohen, Lawrence E., and Marcus Felson. 1979. "Social Change and Crime Rate Trends: A Routine Activities Approach." *American Sociological Review* 44: 588—605.
Collins, James J. 1977. *Offender Careers and Restraint: Probabilities and Policy Implications.* Washington, D.C.: Law Enforcement Assistance Administration, U.S. Department of Justice.
Collins, Randall. 1974. "Three Faces of Cruelty: Towards a Comparative Sociology of Violence." *Theory and Society* 1: 415—40.
——. 1986. *Weberian Sociological Theory.* New York: Cambridge University Press.
——. 1998. *The Sociology of Philosophies. A Global Theory of Intellectual Change.* Cambridge, Mass.: Harvard University Press.
——. 2000. "Comparative and Historical Patterns of Education." Pp. 213—39 in *Handbook of the Sociology of Education,* edited by Maureen T. Hallinan. New York: Kluwer Academic/Plenum Publishers, 213—39.
——. 2004. *Interaction Ritual Chains.* Princeton: Princeton University Press.
——. 2004a. 2004. "Rituals of Solidarity and Security in the Wake of Terrorist Attack." *Sociological* Theory 22: 53—87.
Conley, Carolyn. 1999. "The Agreeable Recreation of Fighting." *Journal of Social History* 33: 57—72.
Connolly, Irene, and Mona O'Moore. 2003. "Personality and Family Relations of Children Who Bully." *Personality and Individual Differences* 35: 559—67.
Coser, Lewis. 1956. *The Functions of Social Conflict.* New York: Free Press.
Coward, Martin. 2004. "Urbicide in Bosnia." In *Cities, War and Terrorism: Towards an Urban Geopolitics,* edited by Stephen Graham. Oxford: Blackwell.
Crespo, Al. 2002. *Protest in the Land of Plenty.* New York: Center Lane Press.
Croft, Elizabeth Benz. 1985. "Police Use of Force: An Empirical Analysis." Ph.D. diss., State University of New York, Albany. *Dissertation Abstracts International* 46:2449A.
Curvin, Robert, and Bruce Porter. 1979. *Blackout Looting! New York City, July 13, 1977.* New York: Gardner.
Daly, Martin, and Margo Wilson. 1988. *Homicide.* New York: Aldine de Gruyter.
Daugherty, Leo J., and Gregory Louis Mattson. 2001. *Nam: A Photographic History.* New York: Barnes and Noble.
Davis, Allison, B. B. Gardner, and M. R. Gardner. 1941/1965. *Deep South.* Chicago: University of Chicago Press.
Davis, Joyce M. 2003. *Martyrs: Innocence, Vengeance and Despair.* New York: Palgrave Macmillan.
DeKeseredy, W. S. and L. MacLeod. 1997. *Woman Abuse: A Sociological Story.* San Diego: Harcourt Brace.

DeVoe, Jill, Katherine Peter, Phillip Kaufman, Amanda Miller, Margaret Noonan, Thomas Snyder, and Katrina Baum. 2004. "Indicators of School Crime and Safety: 2004." NCES Report: 2005002. U.S. Department of Education, National Center for Education Statistics and Bureau of Justice Statistics.

Dietz, Mary Lorenz. 1983. *Killing for Profit: The Social Organization of Felony Homicide.* Chicago: Nelson Hall.

Dietz, Tracy L. 2000. "Disciplining Children: Characteristics Associated with the Use of Corporal Punishment." *Child Abuse and Neglect* 24: 1529—42.

Divale, William. 1973. *War in Primitive Societies.* Santa Barbara, Calif.: ABC-Clio.

Dobash, R. E., and R. P. Dobash. 1998. "Violent Men and Violent Contexts." Pp. 141—68 in *Rethinking Violence against Women*, edited by R. E. Dobash and R. P. Dobash. Thousand Oaks, Calif.: Sage.

Dobash, R. E., R. P Dobash, K. Cavanagh, and R. Lewis. 1998. "Separate and Intersecting Realities: A Comparison of Men's and Women's Accounts of Violence against Women." *Violence against Women* 4: 382—414.

Dollard, John. 1944. *Fear in Battle.* Washington, D.C.: Arms Press.

Dollard, J., L. Doob, N. Miller, O. Mowrer, and R. Sears. 1939. *Frustration and Aggression.* New Haven, Conn.: Yale University Press.

Dostoevski, Fyodor. 1846/2003. *The Double.* New York: Barnes and Noble Classics.

Draeger, Donn F. 1974. *The Martial Arts and Ways of Japan.* 3 vols. New York and Tokyo: Weatherhill.

Duffell, Nick. 2000. *The Making of Them: The British Attitude to Children and the Boarding School System.* London: Lone Arrow.

Duncan, Renae D. 1999a. "Peer and Sibling Aggression: An Investigation of Intra- and Extra-Familial Bullying." *Journal of Interpersonal Violence* 14, no. 8 (August): 871—86.

——. 1999b. "Maltreatment by Parents and Peers: The Relationship between Child Abuse, Bully Victimization, and Psychological Distress." *Child Maltreatment: Journal of the American Professional Society on the Abuse of Children* 4, no. 1, 45—55.

Duneier, Mitchell. 1999. *Sidewalk.* New York: Farrar, Straus, and Giroux.

——. 2002. "What Kind of Combat Sport Is Sociology?" *American Journal of Sociology* 107: 1551—76.

Dunning, Eric. 1996. "Problems of the Emotions in Sport and Leisure." *Leisure Studies* 15: 185—207.

——. 1999. *Sport Matters.* London: Routledge.

Dunning, Eric, Paul Murphy, and J. Waddington. 1988. *The Roots of Football Hooliganism.* London: Routledge.

Dunning, Eric, Patrick Murphy, Ivan Waddington, and Antonios Astrinakis. 2002. *Fighting Fans: Football Hooliganism as a World Phenomenon.* Dublin: University College Dublin Press.

Durkheim, Emile. 1912/1964. *The Elementary Forms of Religious Life.* New York: Free Press.

Dyer, Gwynne. 1985. *War.* London: Guild.

Dynes, Russell R., and E. L. Quarantelli. 1968. "What Looting in Civil Disturbances Really Means." *Trans-Action* (May): 9—14.

Eamon, M. K., and R. M. Zuehl. 2001. "Maternal Depression and Physical Punishment as Mediators of the Effect of Poverty on Socioemotional Problems of Children in Single-Mother Families." *American Journal of Orthopsychiatry* 71, no. 2: 218—26.

Eberhard, Wolfram. 1977. *A History of China.* Berkeley: University of California Press.

Eder, Donna, Catherine Colleen Evans, and Stephan Parker. 1995. *School Talk: Gender and Adolescent Culture.* New Brunswick, N.J.: Rutgers University Press.

Edgar, Kimmet, and Ian O'Donnell. 1998. "Assault in Prison: The 'Victim's Contribution.' " *British Journal of Criminology* 38: 635—50.

Egeland, B. 1988. "Intergenerational Continuity of Parental Maltreatment of Children." Pp.87—102 in *Early Prediction and Prevention of Child Abuse*, edited by K. D. Browne, C. Davies, and P. Stratton. New York: John Wiley.

——. 1993. "A History of Abuse Is a Major Risk Factor for Abusing the Next Generation." Pp. 197—208 in *Current Controversies on Family Violence*, edited by R. J. Gelles and D. R. Loseke. Newbury Park, Calif.: Sage.

Einarsson, Stefan. 1934. *Old English Beot and Old Icelandic Heitstrenging.* New York: Modern Language Association of America.

Einolf, Christopher J. 2005. "The Fall and Rise of Torture: A Comparative and Historical Analysis." Paper delivered at Eastern Sociological Society meeting, Washington, D.C.

Ekman, Paul, and Wallace V. Friesen. 1975. *Unmasking the Face.* Englewood Cliffs, N.J.: Prentice Hall.

——. 1978. *The Facial Action Coding System (FACS).* Palo Alto, Calif.: Consulting Psychologists Press.

Ekman, Paul. 1985. *Telling Lies: Clues to Deceit in the Marketplace, Politics, and Marriage.* New York: Norton.

Elias, Norbert. 1939/1978. *The Civilizing Process.* New York: Pantheon.

Elias, Norbert, and Eric Dunning. 1986. *Quest for Excitement: Sport and Leisure in the Civilizing Process.* Oxford: Blackwell.

Elkin, A. P. 1979. *The Australian Aborigines.* London: Angus and Robertson.

Elliott, Delbert S. 1994. "Serious Violent Offenders: Onset, Developmental Course, and Termination." *Criminology* 32: 1—22.

English, Kim, and Mary J. Mande. 1992. *Measuring Crime Rates of Prisoners.* Washington, D.C.: National Institute of Justice.

Erikson, Kai T. 1976. *Everything in Its Path.* New York: Simon and Schuster.

Espelage, Dorothy L., and Melissa K. Holt. 2001. "Bullying and Victimization during Early Adolescence: Peer Influences and Psychosocial Correlates." *Journal of Emotional Abuse* 2, nos. 2—3: 123—42.

Etzioni, Amitai. 1975. *A Comparative Analysis of Complex Organizations.* New York: Free Press.

Farrell, Michael P. 2001. *Collaborative Circles: Friendship Dynamics and Creative Work.* Chicago: University of Chicago Press.

Farrington, David P. 1993. "Understanding and Preventing Bullying." Pp. 381—458 in *Crime and Justice: A Review of Research*, edited by M. Tonry. Chicago: University of Chicago Press.

——. 2001. "Key Results from the First Forty Years of the Cambridge Study in Delinquent Development." In *Taking Stock of Delinquency: An Overview of Findings from Contemporary Longitudinal Studies*, edited by Terrence P. Thornberry and Marvin D. Krohn. New York: Kluwer/Plenum.

Faulkner, Robert F. 1976. "Making Violence by Doing Work: Selves, Situations, and the World of Professional Hockey." In *Social Problems in Athletics: Essays in the Sociology of Sport*, edited by Daniel M. Landers. Urbana, Ill.: University of Illinois Press.

Fein, Helen. 1979. *Accounting for Genocide.* New York: Free Press.

Felson, Marcus. 1994. *Crime and Everyday Life.* Thousand Oaks, Calif.: Pine Forge.

Finley, M. I. 1973. *The Ancient Economy.* Berkeley: University of California Press.

Fisher, David. 2002. *Joey the Hitman: The Autobiography of a Mafia Killer.* New York: Avalon.

——. 2003. *Hit 29: Based on the Killer's Own Account.* New York: Avalon Publishing.

Fitzgerald, F. Scott. 1934/1951. *Tender Is the Night.* New York: Scribner's.

Fox, Robin. 1977. "The Inherent Rules of Violence." In *Social Rules and Social Behavior*, edited by P. Collett. Oxford: Blackwell.

Franzoi, Stephen L., Mark Davis, and Kristin A. Vasquez-Suson. 1994. "Two Social Worlds: Social Correlates and Stability of Adolescent Status Groups." *Journal of Personality and Social Psychology* 67: 462—73.

Freud, Sigmund. 1920/1953. *Beyond the Pleasure Principle.* London: Hogarth.

Friedrich, Robert J. 1980. "Police Use of Force: Individuals, Situations, and Organizations." *Annals of the American Academy of Political and Social Science* 452 (November): 82—97.

Frijda, Nico H. 1986. *The Emotions.* Cambridge and New York: Cambridge University Press.

Fritzsche, Peter. 1998. *Germans into Nazis.* Cambridge: Harvard University Press.

Fuchs, Stephan. 2001. *Against Essentialism: A Theory of Culture and Society.* Cambridge: Harvard University Press.

Fukuzawa Yukichi. 1981. *The Autobiography of Fukuzawa Yukichi.* Tokyo: Hokoseido.

Fuller, J.F.C. 1970. *The Decisive Battles of the Western World.* Volume 1. London: Paladin.

Fulmer, T., and J. Ashley. 1989. "Clinical Indicators Which Signal Elder Neglect." *Applied Nursing Research Journal* 2: 161—67.

Fulmer, T., and T. O'Malley. 1987. *Inadequate Care of the Elderly: A Healthcare Perspective on Abuse and Neglect.* New York: Springer.

Fyfe, James J. 1988. "Police Use of Deadly Force: Research and Reform." *Justice Quarterly* 5: 165—205.

Gabriel, Richard A. 1986. *Military Psychiatry: A Comparative Perspective.* New York: Greenport.

——. 1987. *No More Heroes: Madness and Psychiatry in War.* New York: Hill and Wang.

Gabriel, Richard, and Karen Metz. 1991. *From Sumer to Rome.* New York: Greenwood.

Gambetta, Diego. 1993. *The Sicilian Mafia.* Cambridge, Mass.: Harvard University Press.

——. 2005. "Can We Make Sense of Suicide Missions?" In *Making Sense of Suicide Missions,* edited by Diego Gambetta. New York: Oxford University Press.

Gantner, A. B., and S. P. Taylor. 1992. "Human Physical Aggression as a Function of Alcohol and Threat of Harm." *Aggressive Behavior* 18: 29—36.

Garbarino, James, and Gwen Gilliam. 1980. *Understanding Abusive Families.* Lexington, Mass.: D. C. Heath.

Garner, Joel, James Buchanan, Tom Schade, and John Hepburn. 1996. "Understanding the Use of Force by and against the Police." In *Research in Brief.* Washington, D.C.: National Institute of Justice.

Garner, Robert, director. 1962. *Dead Birds.* Film of Peabody Museum of Cambridge: Harvard University expedition to Baliem Valley, New Guinea. Carlsbad, Calif.: CRM Films.

Gaughan, E., J. Cerio, and R. Myers. 2001. *Lethal Violence in Schools: A National Survey.* Alfred, N. Y.: Alfred University.

Geifman, Anna. 1993. *Thou Shalt Kill: Revolutionary Terrorism in Russia, 1894—1917.* Princeton: Princeton University Press.

Geller, William A. 1986. *Crime File Deadly Force.* Washington, D.C.: National Institute of Justice.

Geller, William A., and Michael S. Scott. 1992. *Deadly Force: What We Know.* Washington, D.C.: Police Executive Research Forum.

Geller, William A., and Hans Toch, eds. 1996. *Police Violence: Understanding and Controlling Police Abuse of Force.* New Haven, Conn.: Yale University Press.

Gelles, Richard. 1977. "Violence in the American Family." In *Violence and the Family,* edited by J. P. Martin. New York: Wiley.

Gelles, R. J. 1993a. "Through a Sociological Lens: Social Structure and Family Violence." Pp. 31—46 in *Current Controversies on Family Violence,* edited by R. J. Gelles and D. L. Loseke. Newbury Park, Calif.: Sage.

——. 1993b. "Alcohol and Other Drugs Are Not the Cause of Violence." Pp. 182—96 in *Current Controversies on Family Violence,* edited by R. J. Gelles and D. L. Loseke. Newbury Park, Calif.: Sage.

Gelles, R. J., and J. R. Conte. 1990. "Domestic Violence and Sexual Abuse of Children: A Review of Research in the Eighties." *Journal of Marriage and the Family* 52: 1045—58.

Gelles, Richard, and Claire Cornell. 1990. *Intimate Violence in Families.* Beverly Hills, Calif.: Sage.

Gelles, R. J., and M. Straus. 1988. *Intimate Violence: The Causes and Consequences of Abuse in the American Family.* New York: Simon and Schuster.

Gernet, Jacques. 1982. *A History of Chinese Civilization.* Cambridge and New York: Cambridge University Press.

Gibson, David. 2001. "Seizing the Moment: The Problem of Conversational Agency." *Sociological Theory* 19: 250—70.

——. 2005. "Taking Turns and Talking Ties: Network Structure and Conversational Sequences." *American Journal of Sociology* 110: 1561—97.

Gibson, James William. 1986. *The Perfect War: Technowar in Vietnam.* Boston: Atlantic Monthly Press.

Gilbert, Martin. 1970. *Atlas of the First World War.* London: Weidenfeld and Nicolson.

——. 1994. *First World War.* London: HarperCollins.

——. 2000. *A History of the Twentieth Century. Vol. Three: 1952—1999.* New York: HarperCollins.

Giles-Sim, Jean. 1983. *Wife-battering: A Systems Theory Approach.* New York: Guilford.

Gitlin, Todd. 1980. *The Whole World Is Watching: Mass Media in the Making and Unmaking of the New Left.* Berkeley: University of California Press.

Glenn, Russell W. 2000a. "Introduction." In *Men against Fire: The Problem of Battle Comand* by S.L.A. Marshall. Norman, Okla.: University of Oklahoma Press.

——. 2000b. *Reading Athen's Dance Card: Men against Fire in Vietnam.* Annapolis, Md.: Naval Institute Press.

Goffman, Erving. 1961. *Asylums.* New York: Doubleday.

——. 1967. *Interaction Ritual.* New York: Doubleday.

——. 1969. *Strategic Interaction.* Philadelphia: University of Pennsylvania Press.

Goldstein, Jeffrey, ed. 1998. *Why We Watch: The Attractions of Violent Entertainment.* New York: Oxford University Press.

Goldstein, Jeffrey, and Robert L. Arms. 1971. "Effects of Observing Athletic Contests on Hostility." *Sociometry* 34: 83—90.

Goode, William J. 1971. "Force and Violence in the Family." *Journal of Marriage and the Family* 33: 624—36.

Goodwin, Jeff. 2006. "A Theory of Categorical Terrorism." *Social Forces* 84: 2027—46.

Gorn, Elliot. 1985. "Gouge and Bite, Pull Hair and Scratch: The Social Significance of Fighting in the Southern Backcountry." *American Historical Review* 90: 18—43.

Goudsblom, Johan. 1992. *Fire and Civilization.* London: Penguin.

Gould, Roger V. 2003. *Collision of Wills: How Ambiguity about Rank Breeds Conflict.* Chicago: University of Chicago Press.

Grant, Ulysses S. 1885/1990. *Personal Memoirs of U.S. Grant.* New York: Literary Classics of the United States.

Grazian, David. 2003. *Blue Chicago: The Search for Authenticity in Urban Blues Clubs.* Chicago: University of Chicago Press.

Green, Lynn. 2001. "Beyond Risk: Sex, Power and the Urban Girl." Ph.D. diss., University of Pennsylvania.

Griffin, Sean Patrick. 2003. *Philadelphia's "Black Mafia": A Social and Political History.* Boston: Kluwer.

Griffith, Patrick. 1986. *Battle in the Civil War: Generalship and Tactics in America 1861—1865.* New York: Fieldbooks.

——. 1989. *Battle Tactics of the Civil War.* New Haven, Conn.: Yale University Press.

Grimshaw, Allen D., ed. 1990. *Conflict Talk.* New York: Cambridge University Press.

Grinin, Leonid E. 2003. "The Early State and Its Analogues." *Social Evolution and History* 2: 131—76.

Grossman, Dave. 1995. *On Killing: The Psychological Cost of Learning to Kill in War and Society.* Boston: Little, Brown.

——. 2004. *On Combat: The Psychology and Physiology of Deadly Combat in War and Peace.* Belleville, Ill.: PPTC Research Publications.

Gurney, Gene. 1958. *Five Down and Glory.* New York: Random House.

——. 1965. *Flying Aces of World War I.* New York: Random House.

Guttridge, Patricia, William F. Gabrielli, Jr., Sarnoff A. Mednick, and Katherine T. Van Dusen. 1983. "Criminal Violence in a Birth Cohort." In *Prospective Studies of Crime and Delinquency,* edited by Katherine T. Van Dusen, and Sarnoff A. Mednick. Boston: Kluwer-Nijhoff.

Halle, David, and Kevin Rafter. 2003. "Riots in New York and Los Angeles." In *New York and Los Angeles: Politics, Society, and Culture, A Comparative View,* edited by David Halle. Chicago: University of Chicago Press.

Haney, Craig, Curtis Banks, and Philip Zimbardo. 1983. "Interpersonal Dynamics in a Simulated Prison." *International Journal of Criminology and Penology* 1: 69—97.

Hannerz, Ulf. 1969. *Soulside: Inquiries into Ghetto Culture and Community.* New York: Columbia University Press.
Hapgood, Fred. 1979. *Why Males Exist: An Inquiry into the Evolution of Sex.* New York: William Morrow.
Harris, Marvin. 1974. "Primitive War." In *Cows, Pigs, Wars, and Witches: The Riddles of Cultures.* New York: Random House.
Hay, J. H. 1974. *Vietnam Studies: Tactical and Material Innovation.* Washington, D.C.: Department of the Army.
Haynie, Denise L., Tonia Nansel, Patricia Eitel, Aria Davis Crump, Keith Saylor, and Kai Yu. 2001. "Bullies, Victims, and Bully/Victims: Distinct Groups of At-Risk Youth." *Journal of Early Adolescence* 21: 29—49.
Hensley, Thomas R., and Jerry M. Lewis. 1978. *Kent State and May 4th: A Social Science Perspective.* Dubuque, Iowa: Kendall/Hunt.
Henton, J. R., J. Cate, S. Lloyd Koval, and S. Christopher. 1983. "Romance and Violence in Dating Relationships." *Journal of Family Issues* 4: 467—82.
Heritage, John. 1984. *Garfinkel and Ethnomethodology.* Cambridge: Polity.
Hickey, Eric. W. 2002. *Serial Murderers and Their Victims.* Belmont, Calif.: Wadsworth.
Hobsbawm, Eric. 2000. *Bandits.* New York: New Press.
Hoffman, William, and Lake Headley. 1992. *Contract Killer.* New York: Avalon.
Holden, G. W., S. M. Coleman, and K. L. Schmidt. 1995. "Why 3—Year-old Children Get Spanked." *Merrill Palmer Quarterly* 41: 432—52.
Hollon, W. Eugene. 1974. *Frontier Violence.* New York: Oxford University Press.
Holmes, Richard. 1985. *Acts of War: The Behavior of Men in Battle.* New York: Free Press.
Homans, George C. 1950. *The Human Group.* New York: Harcourt, Brace.
Horowitz, Donald L. 2001. *The Deadly Ethnic Riot.* Berkeley: University of California Press.
Horowitz, Helen L. 1987. *Campus Life: Undergraduate Culture from the End of the Eighteenth Century to the Present.* New York: Knopf.
Horowitz, Ruth. 1983. *Honor and the American Dream: Culture and Identity in a Chicano Community.* New Brunswick, N.J.: Rutgers University Press.
Howe, Peter. 2002. *Shooting under Fire: The World of the War Photographers.* New York: Workman.
Hughes, Thomas. 1857/1994. *Tom Brown's School Days.* New York: Penguin.
Human Rights Watch. 1999. *Leave None to Tell the Story: Genocide in Rwanda.* HRW# 1711. Available at http://hrw.org/doc/?t=africa_pub&c=rwanda.
——. 2002. "We Have No Orders to Save You: State Participation and Complicity in Communal Violence in Gujarat." Available at http://hrw.org/reports/2002/india/.
Hutchings, Nancy. 1988. *The Violent Family.* New York: Human Sciences Press.
Ikegami, Eiko. 1995. *The Taming of the Samurai: Honorific Individualism and the Making of Modern Japan.* Cambridge, Mass.: Harvard University Press.
——. 2005. *Bonds of Civility: Aesthetic Networks and the Political Origins of Japanese Culture.* Cambridge and New York: Cambridge University Press.
Inbert, Barbara, and John Sprague. 1980. *The Dynamics of Riots.* Ann Arbor, Mich.: Inter-university Consortius for Political and Social Research.
Ireland, Jane. 2002. "Official Records of Bullying Incidents among Young Offenders: What Can They Tell Us and How Useful Are They?" *Journal of Adolescence* 25: 669—79.
Jackson-Jacobs, Curtis. 2003. "Narrative Gratifications and Risks: How Street Combatants Construct Appealing Defeats in Physical Fights." Paper presented at Annual Meeting of American Sociological Association.
——. 2004. "Taking a Beating: The Narrative Gratifications of Fighting as an Underdog." In *Cultural Criminology,* edited by Jeff Ferrell, Keith J. Hayward, Wayne Morrison, and Mike Presdee. Unleashed. London: Glasshouse.
Jackson-Jacobs, Curtis, and Robert Garot. 2003. "'Whatchu Lookin' At?' and 'Where You From?' Provoking Fights in a Suburb and an Inner-city." Paper presented at Annual Meeting of American Sociological Association.
Jacobs, Jennifer E. 2004. "Ululation in Levantine Societies: Vocalization as Aesthetic, Affective and Corporeal Practice." *American School of Oriental Research Newsletter* 54 (winter): 19.
Jankowski, Martín Sánchez. 1991. *Islands in the Street: Gangs and American Society.* Berkeley: University of California Press.
Johnson, M. P. 1995. "Patriarchal Terrorism and Common Couple Violence: Two Forms of Violence against Women." *Journal of Marriage and the Family* 57: 283—94
Johnson, M. P., and K. J. Ferraro. 2000. "Research on Domestic Violence in the 1990s: Making Distinctions." *Journal of Marriage and the Family* 62: 948—53.
Johnston, Lynne. 2000. "Riot by Appointment: An Examination of the Nature and Structure of Seven Hard-Core Football Hooligan Groups." In *The Social Psychology of Crime: Groups, Teams and Networks,* edited by David Canter and Laurence Alison. Aldershot, England: Ashgate.
Jones, Nikki. 2004. "'It's Not Where You Live, It's How You Live.' How Young Women Negotiate Conflict and Violence in the Inner City." *Annals of the American Academy of Political and Social Science* 595: 49—62.
Jouriles, E. N., and W. D. Norwood. 1995. "Physical Aggression toward Boys and Girls in Families Characterized by the Battering of Women." *Journal of Family Psychology* 9: 69—78.
Junge, Astrid, Jiri Dvorak, Jiri Graf-Baumann, and Lars Peterson. 2004. "Football Injuries during FIFA Tournaments and the Olympic Games, 1998—2001." *American Journal of Sports Medicine* (Jan.-Feb.).
Kaldor, Mary. 1999. *New and Old Wars: Organized Violence in a Global Era.* Cambridge: Polity.
Kaltiala-Heino, Riittakerttu, Matti Rimplela, Paivi Rantanen, and Arja Rimpela. 2000. "Bullying at School—An Indicator of Adolescents at Risk for Mental Disorders." *Journal of Adolescence* 23: 661—74.
Kammer, Reinhard. 1969. *Die Kunst der Bergdämonen: Zen-Lehre und Konfuzianismus in der japanischen Schwertkunst.* Weilheim, Germany: O. W. Barth.
Kan, Sergei. 1986. "The 19th-Century Tlingit Potlatch." *American Ethnologist* 13: 191—12.
Kania, Richard R. E., and Wade C. Mackey. 1977. "Police Violence as a Function of Community Characteristics." *Criminology* 15: 27—48.
Kanter, Rosabeth M. 1977. *Men and Women of the Corporation.* New York: Basic Books.
Kapardis, A. 1988. "One Hundred Convicted Armed Robbers in Melbourne." In *Armed Robbery,* edited by D. Challenger. Canberra: Australian Institute of Criminology.
Kapuscinski, Ryszard. 1992. *The Soccer War.* New York: Vintage.
Katz, Jack. 1988. *Seductions of Crime: Moral and Sensual Attractions of Doing Evil.* New York: Basic Books.
——. 1999. *How Emotions Work.* Chicago: University of Chicago Press.
Kaufman, J., and E. Zigler. 1993. "The Intergenerational Transmission of Abuse Is Overstated." Pp. 209—21 in *Current Controversies on Family Violence,* edited by R. J. Gelles and D. R. Loseke. Newbury Park, Calif.: Sage.
Kautz, August V. 1865/2001. *Customs of Service for Non-commissioned Officers and Soldiers.* Mechanicsburg, Pa.: Stockpole.
Keegan, John. 1976. *The Face of Battle: A Study of Agincourt, Waterloo, and the Somme.* New York: Random House.
——. 1987. *The Mask of Command.* New York: Viking Penguin.
——. 1993. *A History of Warfare.* London: Hutchinson.
——, ed. 1997. *Atlas of the Second World War.* London: HarperCollins.
Keegan, John, and Richard Holmes. 1985. *Soldiers: A History of Men in Battle.* London: Guild.
Keeley, Lawrence H. 1996. *War before Civilization.* Oxford: Oxford University Press.
Kelly, James. 1995. *"That Damn'd Thing Called Honour": Duelling in Ireland 1570—1860.* Cork, Ireland: Cork University Press.
Kelly, John E. 1946. "Shoot, Soldier, Shoot." *Infantry Journal* 58 (January): 47.
Kerner Commission. 1968. *Report of the National Advisory Commission on Civil Disorder.* New York: Bantam.

Kertzer, David I. 1993. *Sacrificed for Honor: Italian Infant Abandonment and the Politics of Reproductive Control.* Boston: Beacon.
Keuls, Eva C. 1985. *The Reign of the Phallus: Sexual Politics in Ancient Athens.* Berkeley: University of California Press.
Kiernan, V. G. 1988. *The Duel in European History: Honour and the Reign of Aristocracy.* Oxford: Oxford University Press.
Kimmel, Michael S. 2002. "'Gender Symmetry' in Domestic Violence." *Violence against Women* 8: 1332—63.
Kimmel, Michael S., and Mathew Mahler. 2003. "Adolescent Masculinity, Homophobia, and Violence: Random School Shootings, 1982—2000." *American Behavioral Scientist,* no. 21.
King, Anthony. 1995. "Outline of a Practical Theory of Football Violence." *Sociology* 29: 635—51.
——. 2001. "Violent Pasts: Collective Memory and Football Hooliganism." *The Sociological Review* 49: 568—85.
——. 2003. *The European Ritual. Football in the New Europe.* Aldershot: Ashgate.
——. 2005. "The Word of Command: Communication and Cohesion in the Military." *Armed Forces and Society* 32: 1—20.
Kiser, Edgar, and Yong Cai. 2003. "War and Bureaucratization in Qin China." *American Sociological Review* 68: 511—39.
Kissel, Hans. 1956. "Panic in Battle." *Military Review* 36: 96—107.
Klewin, Gabriele, Klaus-Jürgen Tillmann, and Gail Weingart. 2003. "Violence in School." In *International Handbook of Violence Research,* edited by Wilhelm Heitmeyer and John Hagan. London: Kluwer.
Klinger, David. 2004. *Into the Kill Zone: A Cop's Eye View of Deadly Force.* San Francisco: Jossey-Bass.
Klusemann, Stefan. 2002. "The German Revolution of 1918 and Contemporary Theories of State Breakdown." M.A. thesis, University of Pennsylvania.
——. 2006. "Micro-situational Antecedants of Violent Atrocity: The Case of Srebrenica." Paper presented at American Sociological Association, Montreal.
Kooistra, Paul. 1989. *Criminals as Heroes.* Bowling Green, Ohio: Bowling Green State University Press.
Kopel, David B., and Paul H. Blackman. 1997. *No More Wacos: What's Wrong with Federal Law Enforcement and How to Fix It.* New York: Prometheus.
KR Video. 1997. "Somalia: Good Intentions, Deadly Results."
Kreps, Gary. 1984. "Sociological Inquiry and Disaster Research." *Annual Review of Sociology* 10: 309—30.
Labov, William. 1972. "Rules for Ritual Insults." In *Studies in Social Interaction,* edited by David Sudnow. New York: Free Press.
Lakoff, George. 1987. *Women, Fire, and Dangerous Things: What Categories Reveal about the Mind.* Chicago: University of Chicago Press.
Lang, A. R. 1983. "Drinking and Disinhibition: Contributions from Psychological Research." In *Alcohol and Disinhibition: Nature and Meaning of the Link,* edited by R. Room, and G. Collins. NIAAA Research Monograph No. 12. Rockville, Md.: U.S. Department of Health and Human Services.
Langtry, J. O. 1958. "Tactical Implications of the Human Factors in Warfare." *Australian Army Journal* 107: 5—24.
Lau, E. E., and J. Kosberg. 1979. "Abuse of the Elderly by Informal Care Providers." *Aging* 299: 10—15.
Laub, John H., Daniel S. Nagin, and Robert J. Sampson. 1998. "Trajectories of Change in Criminal Offending: Good Marriages and the Desistance Process." *American Sociological Review* 63: 225—38.
Leddy, Joanne, and Michael O'Connell. 2002. "The Prevalence, Nature and Psychological Correlates of Bullying in Irish Prisons." *Legal & Criminological Psychology* 7: 131—40.
Lejeune, Robert. 1977. "The Management of a Mugging." *Urban Life* 6, no. 2: 259—87.
Lejeune, R., and N. Alex. 1973. "On Being Mugged: The Event and Its After-math." *Life and Culture* 2: 259—87.
Lenski, Gerhard E. 1966. *Power and Privilege: A Theory of Stratification.* New York: McGraw-Hill.
Levine, H. G. 1983. "The Good Creature of God and Demon Rum: Colonial American and 19th-Century Ideas about Alcohol, Crime, and Accidents." In *Alcohol and Disinhibition: Nature and Meaning of the Link,* edited by R. Room and G. Collins. NIAAA Research Monograph No. 12. Rockville, Md.: U.S. Department of Health and Human Services.
Lewis, Jon E. 2001. *Eyewitness Britain.* London: Carroll and Graf.
Lincoln, C. Eric. 1994. *The Black Muslims in America.* 3rd ed. Grand Rapids, Mich.: Eerdmans.
Lithman, Yngve Georg. 1979. "Feeling Good and Getting Smashed: On the Symbolism of Alcohol and Drunkenness among Canadian Indians." *Ethnos* 44: 119—33.
Little, Roger W. 1955. "A Study of the Relationship between Collective Solidarity and Combat Performance." Ph.D. diss., Michigan State University.
Lloyd-Smith, Mel, and John Dwyfor Davies, eds. 1995. *On the Margins: The Educational Experience of "Problem" Pupils.* Staffordshire, England: Trentham Books.
Lowry, Richard S. 2003. *The Gulf War Chronicles: A Military History of the First Iraq War.* New York: iUniverse.
Luckenbill, David F. 1977. "Criminal Homicide as a Situated Transaction." *Social Problems* 25: 176—86.
——. 1981. "Generating Compliance: The Case of Robbery." *Urban Life* 10: 25—46.
MacAndrew, Craig, and Robert B. Edgerton. 1969. *Drunken Comportment: A Social Explanation.* Chicago: Aldine.
Mackenzie, Compton. 1913/ 1960. *Sinister Street.* Baltimore, Md.: Penguin.
MacMullen, Ramsay. 1974. *Roman Social Relations, 50 B.C. to A.D. 284.* New Haven: Yale University Press.
Magida, Arthur J. 2003. *The Rabbi and the Hit Man.* New York: HarperCollins.
Mann, Leon. 1981. "The Baiting Crowd in Episodes of Threatened Suicide." *Journal of Personality and Social Psychology* 41: 703—9.
Mann, Michael. 1986. *The Sources of Social Power.* Vol. 1. *A History of Power from the Beginning to A.D. 1760.* Cambridge: Cambridge University Press.
——. 1993. *The Sources of Social Power.* Vol II. *The Rise of Classes and Nation-States, 1760—1914.* Cambridge: Cambridge University Press.
——. 2005. *The Dark Side of Democracy: Explaining Ethnic Cleansing.* Cambridge: Cambridge University Press.
Marinovich, Greg, and Joao Silva. 2000. *The Bang-Bang Club: Snapshots from a Hidden War.* New York: Basic Books.
Markham, Felix. 1963. *Napoleon.* New York: New American Library.
Marrou, H. I. 1964. *A History of Education in Antiquity.* New York: New American Library.
Marsh, P., E. Rosser, and R. Harré. 1978. *The Rules of Disorder.* London: Routledge.
Marshall, M. 1983. "Four Hundred Rabbits: An Anthropological View of Ethanol as a Disinhibitor." In *Alcohol and Disinhibition: Nature and Meaning of the Link,* edited by R. Room and G. Collins. NIAAA Research Monograph No. 12. Rockville, Md.: U.S. Department of Health and Human Services.
Marshall, S.L.A. 1947. *Men against Fire: The Problem of Battle Comand.* Norman, Okla.: University of Oklahoma Press. Originally published by William Morrow, New York.
——. 1982. *Island Victory: The Battle of Kwajalein.* Washington, D.C.: Zenger.
Martin, Everett Dean. 1920. *The Behavior of Crowds: A Psychological Study.* New York: Harper.
Mason, Philip. 1976. *A Matter of Honor: An Account of the Indian Army, Its Officers and Men.* Baltimore, Md.: Penguin.
Mastrofski, Steven, Jeffrey Snipes, and Suzanne Supina. 1996. "Compliance on Demand: The Public's Response to Specific Requests." *Journal of Research in Crime and Delinquency* 33: 269—305.
Mauss, Marcel. 1925/1967. *The Gift.* New York: Norton.
Maxfield, Michael G., and Cathy Spatz Widom. 1996. "The Cycle of Violence Revisted Six Years Later." *Archives of Pediatric and Adolescent Medicine* 150: 390—95.
Mazur, Alan, E. Rosa, M. Faupel, J. Heller, R. Leen, and B. Thurman. 1980. "Physiological Aspects of Communication via Mutual Gaze." *American Journal of Sociology* 86: 50—74.
McAleer, Kevin. 1994. *Duelling: The Cult of Honor in Fin-de-Siècle Germany.* Princeton: Princeton University Press.